Premios Planeta
1979-1981

Premios Planeta
1979~1981

1979 / Manuel Vázquez Montalbán
LOS MARES DEL SUR
1980 / Antonio Larreta
VOLAVÉRUNT
1981 / Cristóbal Zaragoza
Y DIOS EN LA ÚLTIMA PLAYA

Prólogo de
Carlos Pujol
Ilustraciones de
Josep Serra Llimona

Editorial Planeta, Barcelona

Edición especial para Club Planeta

Córcega, 273-277, 08008 Barcelona (España)
Cuarta edición: abril de 1985
Depósito legal: B. 8.683-1985
ISBN 84-320-2530-5 colección completa
ISBN 84-320-2539-9 tomo IX
Printed in Spain - Impreso en España
«Duplex, S. A.»,Ciudad de la Asunción, 26-D, 08030 Barcelona

En 1979 la cuantía del Premio se elevó a ocho millones de pesetas, cifra que incluso a escala internacional supera a todos sus equivalentes, con la única excepción del Nobel. Tan extraordinario galardón, el más importante del mundo que se concede a una novela inédita, recayó aquel año en un escritor barcelonés ya muy conocido por sus obras anteriores, Manuel Vázquez Montalbán, quien con Los mares del Sur *continuaba la serie de novelas policíacas cuyo protagonista era el detective privado Pepe Carvalho.*

Al igual que en las novelas de años atrás, Carvalho, más que resolver una intriga con un estilo convencional de averiguación, tiene que enfrentarse con un doloroso nudo de conflictos humanos en el ambiente cruel y degradado que caracteriza a las historias del género llamado negro. Siguiendo las huellas de Chandler, se nos describe un mundo en el que la pintura de unos personajes inquietos e insatisfechos es más importante aún que el mismo misterio en torno al cual gira el relato.

Un hombre de negocios próximo a la cincuentena, casado y con hijos, aparece muerto a navajazos en un barrio suburbial, cuando desde hacía un año se le suponía en la Polinesia. El detective tiene que averiguar qué hizo en el curso de ese año, y lo que descubre —la doble vida que llevaba la víctima, sus extravagancias o sus ilusiones, como prefiramos llamarlas, sus gustos intelectuales y su obsesión por seguir los pasos de

Gauguin e irse a los mares del Sur— no será del agrado de todos, hasta el punto de que le será forzoso abrirse un difícil camino hacia una verdad triste que obstaculizan muchos intereses de todo orden.

De la serie de Pepe Carvalho ésta es quizá la historia mejor contada, con más rapidez, ingenio y violencia, utilizando los moldes de la novela popular para trazar un cuadro amargo y desolado que está mucho más allá del simple pasatiempo. En el fracaso colectivo de todas esas vidas, fracaso del que participa también un antihéroe lúcido que se refugia en las apariencias del cinismo, sólo queda en pie el sueño literario de la huida a los mares del Sur, que hace las veces de una imposible esperanza.

El finalista de 1979, al que se concedió una bolsa de dos millones de pesetas, fue el andaluz Fernando Quiñones, cuya calidad de poeta que domina todos los secretos del idioma se echa de ver en una excelente narración, a un tiempo dramática y divertida, en la que da voz a una prostituta gaditana (Las mil noches de Hortensia Romero).

El Planeta de 1980, que añadía a los ocho millones del Premio un millón más para la adaptación cinematográfica, fue para un escritor casi desconocido, Antonio Larreta, uruguayo afincado en España a quien se debían los guiones del popular serial televisivo de Curro Jiménez. *En contraste con la inesperada revelación de este novelista, su competidor en la última votación fue alguien tan consagrado como Juan Benet, quien con* El aire de un crimen *rompía por fin con su fama de escritor exclusivamente minoritario.*

Volavérunt, *la obra de Larreta, es una palabra latina que podría traducirse libremente por «lo que el viento se llevó», anunciando ya desde su título, acompañado del seudónimo que usó el autor para presentarse al Premio, que iba a tratar del pasado y que se ponía bajo el doble patrocinio de la pintura y de la literatura: su título es el de un capricho goyesco, y el novelista se presentaba oculto bajo el nombre de un héroe de Stevenson, David Balfour.*

Es ésta una novela histórica ambientada en la primera mitad del siglo XIX, que mueve con singular acierto figuras tan principales de la historia de España como Godoy, la duquesa de Alba —la casi legendaria Cayetana que según la tradición posó para las celebérrimas Majas—, don Francisco de Goya y Fernando VII. Resucitar novelescamente personajes de tanto relieve es siempre difícil, pero aquí el autor no sólo se ha documentado muy bien, sino que además ha sabido matizar su erudición de ironía, conjurando con humor y sensibilidad artística los peligros de cualquier reconstrucción de ese tipo.

El libro puede leerse también, y ésta es otra de sus características más originales, como un relato policíaco que en términos de Agatha Christie podría tener como lema argumental la siguiente pregunta: ¿quién envenenó a la duquesa de Alba? Porque tan ilustre dama —según expone la ficción de la novela— fue la víctima de un crimen sobre el cual el lector recibe interpretaciones contradictorias, hasta la ineludible sorpresa final. Muchos son los sospechosos, pero la verdad va a permanecer escondida hasta que en las últimas páginas se nos revele como la solución a la vez más coherente y de mayor hondura humana.

El doble juego de la vestidura histórica y del suspense está muy bien conducido, y la novela, a un tiempo vital, intrigante e impregnada de cultura, ofrece asimismo una turbadora perspectiva —inventada, pero dramática y convincente— de los personajes tomados de la realidad.

Larreta nos habla de un ayer lejano mezclando el misterio y la historia, como Vázquez Montalbán extraía de nuestra vida cotidiana de ahora mismo otro misterio policíaco más revela-

dor quizá por sus preguntas que por sus respuestas. Un año antes, también el pasado y sus secretos tenazmente pegados a la memoria daban materia al libro de Marsé, y en 1978 Semprún evocaba antiguos fantasmas personales que intervinieron en nuestra historia reciente, y sacaba de ese extraño juego del ayer y del hoy una novela de espías que era verdad. ¡Qué predilección en los autores del Planeta (a quienes habría que agregar no pocos finalistas, como Alfonso Grosso y Juan Benet, por ejemplo) por las historias de intriga y los enigmas policíacos, misterios que a menudo se injertan en la Historia con mayúscula, la vivida colectivamente por los pueblos!

El suspense de esos temas garantiza interés narrativo, pero sin duda hay algo más en esta coincidencia, un signo de los tiempos que tendrán que analizar y comentar los historiadores del futuro. Nuestra visión de la novela adquiere la forma de asuntos tenebrosos, con cadáver incluido, dobles personalidades, disfraces, coartadas, espías, contradicciones que van a conducirnos en último término a una verdad confusa o incierta y a una culpabilidad compartida. ¿Será que la vida se parece cada vez más a una novela de suspense? En cualquier caso ésta es la tónica de estos últimos años del Premio Planeta, una literatura de misterios y violencia, de una búsqueda de culpables que nos hacen penetrar ya en los territorios de la historia común a todo un país.

Esta Historia con mayúscula, tan dramática y tan omnipresente que parece que apenas deja lugar para cuestiones privadas o de carácter individual, está en el corazón de la novela ganadora del Planeta de 1981. Y Dios en la última playa, *del alicantino Cristóbal Zaragoza, se sitúa en el ambiente del terrorismo vasco, utilizando este tema de plena actualidad periodística, de crónica contemporánea, como marco de la intriga novelesca.*

El mayor peligro que tenía la empresa de Zaragoza era que ese trasfondo de historia viva, tan acuciante para los españoles de hoy, pasara a ser el centro de la novela, su motor y su justificación, y que se nos empujara a una discusión de carácter político; este planteamiento hubiera desplazado el interés novelesco hacia otras zonas extraliterarias. Pero Zaragoza ha sabido servirse de la situación elegida sin entrar en debates ideológicos, dedicándose a reflejar y analizar unas mentalidades y unos conflictos que abocan a circunstancias de amor y de muerte entrelazadas en el argumento de ficción.

El novelista toma un pedazo de la realidad como encuadre de su tragedia, pero nos va a hablar de unos desgarramientos íntimos, de una crisis de conciencia que pertenece por derecho propio a la literatura. La reacción del joven terrorista que se ve metido en un espantoso engranaje de violencias hubiera podido darse en cualquier otro país o en defensa de cualquier otra causa; no es la ETA aquí lo que se juzga, sino la situación humana del que se cree obligado a matar por unos ideales. Y así vemos la crisis de Josechu como un eco del drama que planteaba Albert Camus en Los justos.

Y Dios en la última playa *es por otra parte un relato de acción trepidante en el que se suceden los episodios de emoción y de riesgo, los tiroteos, crímenes y persecuciones, todo el arsenal de la novela de aventuras que se pone al servicio de una reflexión humanista sobre el sentido de la vida y de la muerte.*

Llegará tarde a Hendaya, *de José María del Val, la finalista de 1981, es una novela de suspense y de peripecias de espionaje, y la ganadora del premio cinematográfico,* El amante increíble, *de Leopoldo Azancot, es una impresionante historia de misterio, terror y fantasía con un claro simbolismo político. La presencia de la Historia, antigua o reciente, y el recurso del suspense siguen, pues, dominando la capacidad inventiva de los escritores. La ETA, Hitler y Franco y un fantasma alucinante presiden la convocatoria del Planeta de 1981, pero con un tema u otro, los buenos escritores van más allá de sus argumentos, los trascienden para sugerir una verdad humana que es perenne.*

CARLOS PUJOL

Manuel Vázquez Montalbán

LOS MARES DEL SUR

Editorial Planeta, S. A.

più nessuno mi porterà nel sud
(ya nadie me llevará al sur)

SALVATORE QUASIMODO

—VÁMONOS.

—Yo no me canso de mover el esqueleto.

—Vamos a moverlo de otra manera.

Loli amontonó sus mofletes para sonreír y sopló hacia arriba removiendo el flequillo a lo Olivia Newton-John.

—Estás caliente.

—Hoy toca, chachi.

El *Bocanegra* se puso en pie sobre sus piernas arqueadas. La bóveda galáctica del local formaba un arco de fluorescencias sobre su cabeza. Se subió los pantalones y anduvo con las piernas locas en dirección a la barra. Los camareros servían milagrosamente a tientas. Bultos amontonados sobre la barra se definían de pronto como parejas desperezadas, salientes de un nudo de brazos y lenguas. El *Bocanegra* pegó un puñetazo suave sobre un bulto.

—*Ternero,* arriba. Tu hermana y yo nos vamos.

—Joputa. Me has cortao.

La *Pecas* ya había escondido la lengua despellejada y trataba de utilizarla para quejarse de la intromisión de *Bocanegra.*

—Está bien. Si no queréis ir en coche, peor para vosotros.

—¿En coche? *Bocanegra* no me enrolles otra vez. Quiero pasar la noche tranquilo.

—Le había echado la vista a un zequis azul, demasié.

—¡Un zequis! Es otra cosa. No he subido nunca.

—¡Un zequis! —exclamó la *Pecas* con los ojos puestos en lejanos horizontes.

—Además, me parece que tiene teléfono. Más que un coche parece una *suite,* macho. Podemos follar los cuatro dentro del coche, y las ruedas aguantan.

—Eso me gusta —rió el *Ternero*—. Llamaré a la vieja: Tía, estoy follando en un zequis.

—Salid con la Loli y esperadme en la esquina de la fábrica de cartón.

Cruzó *Bocanegra* la pista de baile bajo los impactos de las ráfagas lumínicas. Diríase que sus piernas recibían electricidades desde la peana blanca, electricidades que acababan rizándose en sus cabellos negros, acaracolados.

—Siempre estás ahí, tío. Pareces un buzón —le dijo al portero al pasar.

—Me sustituyes, y yo me meto dentro a vacilar. ¡Vago!

—No me cuentes tu vida.

El *Bocanegra* se sintió abrigado por la oscuridad a medida que se alejaba del parpadeo rotular de la sala de fiestas. Metió la mano en el bolsillo derecho del pantalón y palpó la ganzúa, apoyada sobre el bulto de un cojón. Se acarició el cojón desde el interior del bolsillo. Luego sacó la mano y empuñó el paquete como para centrárselo o comprobar su arraigo. Con naturalidad llegó al lado del zequis, metió la ganzúa y se abrió la puerta dando un saltito, enjundiosa, como si fuera el portón de una caja fuerte. Olía el coche a coño de tía rica, pensó el *Bocanegra.* ¡Hostia!, puros. El copón, una petaca de whisky. Abrió el capó. Como si acariciara cabellos hizo el puente con los alambres. Cerró el capó. Se sentó en el coche con la sabiduría y elegancia supuestas en el propietario. Se amorró a la botella de whisky. Encendió un puro. Arrancó suavemente y giró con brusquedad el volante para que se oyera el viraje del coche ganando la bocacalle cercana. Por un túnel de ladrillos viejos y coches aparcados llegó a la esquina donde le esperaban Loli, el *Ternero* y la *Pecas*. Se hundió Loli en el asiento contiguo al tiempo que se cerraban las tres puertas con un ruido prefabricado.

—Otra vez me avisas. Coger un coche así es un lío. No nos va.

—No te irá a ti. Yo parezco un señor.

—¡Di que sí, *Bocanegra*!... —rió la *Pecas* desde atrás.

—Luego soy yo la que tiene que dar pasos cuando lo meten en la Modelo.

—Si das pasos, es porque te gusta darlos.

—La hostia, ¡Qué coche! ¿Adónde vamos?

—Vamos a follar a Vallvidrera.

—Yo prefiero follar en la cama.

—Lo mejor es hacerlo oliendo a pino —dijo *Bocanegra* y con una mano liberada del volante, se coló en el escote de la Loli para amasar una teta dura y grande.

—No te metas por el centro de San Andrés, que está lleno de guripas.

—Tranquilos. Esos tíos huelen los nervios. Tenéis que estar como si hubierais nacido en el coche.

—¿Qué fumas tú?, *Bocanegra*. Te vas a mear en la cama. No tienes edad para esos puros.

Bocanegra cogió una mano de la Loli y se la puso sobre el bulto del pene.

—¿Y para este puro tengo edad?

—¡Marrano!

La Loli sonreía, pero retiró la mano como si hubiera tocado un cable eléctrico. *Ternero* se inclinó hacia delante y concentró su atención en el recorrido de *Bocanegra*.

—Que no te vayas hacia el centro, leche. Que está lleno de patrullas.

—No te acojones, macho.

—No es cuestión de cojones.

—*Terne* tiene razón —apuntó la *Pecas.* Pero *Bocanegra* buscaba la Rambla de San Andrés y desembocaba en la plaza del Ayuntamiento.

—Tu madre...

El grito impotente del *Ternero* hizo sonreír a *Bocanegra.*

—No pasa nada, macho. Controlado. Todo controlado.

—¡Míralos!

La Loli había visto el coche patrulla aparcado en la esquina del Ayuntamiento.

—Tranquilos...

Arqueó las cejas el *Bocanegra* adoptando despreocupación, y pasó junto al coche patrulla. Una gorra ladeada se movió y apareció de perfil un rostro amarillo por la luz de la farola, mecida por la tensión de una pancarta de propaganda electoral. «Entra con nosotros en el Ayuntamiento.» En el rostro amarillo se subrayaron los trazos de las cejas arqueadas. Parecieron achicarse los ojos oscuros.

—¡Te ha echado una mirada!

—Siempre miran igual. Te perdonan la vida. Les pones una gorra y se piensan que todo el mundo es suyo.

—¡Nos siguen! —gritó la *Pecas* con la cabeza vuelta hacia el cristal trasero.

El ojo izquierdo del *Bocanegra* se clavó en el espejo retrovisor lateral. Allí estaban los faros amarillos y la luz rodante del coche patrulla.

—¡Te lo advertí, maricón, que eres un maricón y un fardón!

—Cállate, *Ternero,* o te parto la boca. A ver si me cogen.

—Chilló Loli y se agarró al brazo de *Bocanegra.* Salió despedida por el codazo y se echó a llorar acurrucada al lado de la ventanilla.

—Eso es. ¡Ahora corre al joputa este! ¡Para, coño, para y corremos! ¿Quieres que disparen?

Las llamadas luminosas del coche patrulla se conviertieron en sonoras. Lanzaba ráfagas de luz y sonidos para que se detuviera el CX.

—¡He de ganar terreno!

Aceleraba el *Bocanegra* y el mundo se acercaba peligrosamente al morro del coche, como si creciera y fuera a su encuantro. Viró en una esquina y se quédo sin espacio entre la hilera de coches aparcados a su derecha y un cochecillo con el culo asomado en la bocacalle. Chocó el CX y la Loli se dio con la cara contra el salpicadero. Retrocedió *Bocanegra* y dio con el culo del coche contra algo que respondió con una estruendosa queja de metal. Casi no la oyó el *Bocanegra,* que tenía los oídos copados por la cercanía de la sirena, y cuando enfiló correctamente la calle, los brazos le bailaban y el coche empezó a bandear dándose contra los aparcados a derecha e izquierda, hasta quedar el volante bloqueado entre los blandos brazos del *Bocanegra.* Se abrieron las puertas de detrás y saltaron el *Ternero* y la *Pecas.*

—¡Alto!¡Alto, u os quedáis fritos!

Bocanegra oyó los pasos acercándose. Loli lloraba histéricamente, con la nariz y la boca llenas de sangre, y sin abandonar el asiento. *Bocanegra* salió con los brazos en alto y cuando se puso en pie ya tenía encima el empujón del gris.

—Te acordarás de esta juerga. ¡Las manos sobre el coche!

Le buscaban los rincones del cuerpo y *Bocanegra* tuvo tiempo de salir del aturdimiento para darse cuenta de que reproducían la operación con el *Ternero* unos metros más allá y que la *Pecas* abría el bolso ante otro guripa.

—Hay una chica herida —dijo *Bocanegra* y señaló a Loli, que había salido del coche y seguía llorando lágrimas y sangre con el culo entregado al coche patrulla. Distrajo un momento la vista el policía en busca de la Loli, y *Bocanegra* le dio un empujón. Se le abrió un pasillo en la noche y se lanzó hacia él corriendo con los tacones llegándole al culo, los brazos enérgicos como émbolos. Pitos. Pitos. Insultos rotos por la distancia. Dobló varias esquinas sin perder de oído el ruido de las carreras que le seguían. Respiraba un aire húmedo y rugoso que entraba a borbotones y le quemaba los pulmones. Las callejas se sucedían sin portales propicios. Altos muros de ladrillos muertos o rebozados con un cemento arenoso anochecido. De pronto salió a la calle principal de San Andrés y todas las luces de este mundo le denunciaron manteniendo el equilibrio sobre una pierna mientras la otra frenaba. A unos metros le miraba sorprendido el centinela que montaba guardia junto a la garita del cuartel. *Bocanegra* se lanzó a la calzada y atravesó el paseo iluminado, en busca de los descampados que vislumbraba en dirección a la Trinidad. Necesitaba detenerse porque se ahogaba, tenía flato y casi le mareaba la quemazón que le producía el aire en los pulmones. Una vieja puerta de relamida madera, hervida por el sol y la lluvia, cerraba un solar. *Bocanegra* aprovechó las erosiones de la madera para adherirse y colgarse del borde superior e iniciar la subida a pulso. Los brazos quedaron excesivamente tensos por el peso del cuerpo, y *Bocanegra* cayó en cuclillas. Retrocedió unos pasos, se dio un impulso y se lanzó contra la puerta entablándose una lucha entre la madera bamboleante y el cuerpo que trataba de encaramarse. Notó el filo de la puerta en la ingle y dio un definitivo impulso que le convirtió en un cuerpo que caía por una pendiente de arcilla y se iba dando golpes contra piedras invisibles. Se arrodilló y se vio a sí mismo en el fondo de los cimientos de una casa en construcción. La puerta por la que había saltado coronaba la pendiente y le miraba como a un intruso. Le dolían ya todos los golpes que se había dado ciegamente, tenía todas las junturas de los músculos como destensadas, el sudor frío le empapaba de depresión. Buscó un rincón donde esconderse por si se les ocurría entrar en el solar. Fue entonces cuando le vio con la cabeza recostada sobre cascotes de ladrillo, los ojos abiertos mirándole y las manos como caracoles de mármol enfrentado al cielo.

—¡Me cago en Dios! —gritó el *Bocanegra* sollozando. Se acercó al hombre y se detuvo a un paso de la muerte evidente. El hombre ya no le miraba a él. Parecía obsesionar sus ojos en la vieja puerta lejana, como si hubiera sido su última esperanza antes de morir. Desde atrás de la puerta empezaron a llegar los pitos, los frenazos, las voces de persecución y alerta. El muerto y el *Bocanegra* parecían compartir la esperanza de la puerta. De pronto alguien empezó a empujarla y al *Bocanegra* se le escaparon las lágrimas y un hiiiii histérico que le nacía en el estómago. Buscó un montón de ruina para sentarse y esperar lo inaplazable. Contemplaba al muerto y le reprochaba.

—Cabrón. Me has jodido. Joputa. Sólo me faltabas tú esta noche.

—LOS DETECTIVES PRIVADOS somos los termómetros de la moral establecida, Biscuter. Yo te digo que esta sociedad está podrida. No cree en nada.

—Sí, jefe.

Biscuter no le daba la razón a Carvalho sólo porque adivinara que estaba borracho, sino porque siempre estaba dispuesto a admitir catástrofes.

—Tres meses sin comernos un rosco. Ni un marido que busque a su mujer. Ni un padre que busque a su hija. Ni un cabrón que quiera la evidencia del adulterio de su mujer. ¿Es que ya no se fugan las mujeres de casa? ¿Ni las muchachas? Sí, Biscuter. Más que nunca. Pero hoy a sus maridos y a sus padres les importa un huevo que se fuguen. Se han perdido los valores fundamentales. ¿No queríais la democracia?

—A mí me daba igual, jefe.

Pero Carvalho no hablaba con Biscuter. Interrogaba a las paredes verdes de su despacho o a alguien supuestamente sentado más allá de su mesa de oficina años cuarenta, barnices suaves oscurecidos durante treinta años, como si hubieran estado siempre a remojo de aquella penumbra de despacho ramblero. Apuró otro vaso de orujo helado y se contorsionó por el escalofrío que le recorrió la espalda. No bien hubo dejado el vaso sobre la mesa, Biscuter volvió a llenárselo.

—Basta, Biscuter. Me voy a respirar un poco.

Salió al descansillo, donde le asaltaron ruidos y olores del caserón. El taconeo y las castañuelas de la escuela de baile, el pic-pic meticuloso del viejo escultor, el olor a efluvios de basuras sedimentadas a lo largo de treinta años, mezclado con los barnices deslucidos y el polvo-engrudo refugiado en las molduras de los marcos, de los tragaluces cenitales que se cernían sobre el hueco de la escalera con sus ojos rómbicos y opacos. Saltó escalón a escalón ayudado o empujado por la energía del alcohol, y agradeció el asalto del aire de las Ramblas. La primavera había enloquecido. Se había puesto fría y nublada en aquel atardecer de marzo. Unos cuantos pasos y respiratorias profundas auxiliaron el embotado cerebro y el intoxicado hígado de Carvalho.

Tenía un millón doscientas mil pesetas en la Caja de Ahorros, que le rendía un cinco por ciento a plazo fijo. A ese paso no conseguiría llegar a los cincuenta o cincuenta y cinco años con el suficiente capital para retirarse y vivir del rédito. La crisis. La crisis de valores, se dijo Carvalho, todavía con cabezonería de alcohólico. Había leído en los periódicos que los abogados laboralistas también estaban en crisis porque los obreros recurrían a los asesores legales de las centrales sindicales. Unos y otros víctimas de la democracia. También los médicos y los notarios eran víctimas de la democracia. Tenían que pagar impuestos y empezaban a pensar que el mejor estatuto político es el del profesional que vive bajo el fascismo pero practica cierto grado de resistencia liberal.

—Los detectives privados somos tan útiles como los traperos. Rescatamos de la basura lo que aún no es basura. O lo que bien visto podría dejar de ser considerado basura.

Nadie escuchaba el discurso. Las gotas de lluvia le hicieron correr hacia la calle Fernando en busca de los escaparates, a cubierto, de Beristain. Allí coincidió con tres putas trotonas que se intercambiaban consejos sobre el aprovechamiento de las sopas preparadas. Salió de la tienda un niño muy pequeñito con un palo de hockey muy grande. A su lado, el padre le preguntaba una y otra vez: *¿Quieres decir que te irá bien? Sí, hombre, sí,* contestaba el niño, exasperado por la desconfianza paterna. Carvalho dejó el resguardo y aceleró el paso acera arriba en busca de una charcutería donde solía comprar los quesos y los embutidos. Volvió a detenerse, sacudido por el reclamo de los perritos amontonados sobre las virutas de paja, más allá de la cristalera que los separaba de la calle. Jugueteó con un dedo con el hociquillo impertinente de un cachorro de pastor alemán al que le mordían las patas traseras dos cachorrillos de bretón. Abrió la mano sobre el cristal como para transmitir calor o comunicación al animalito. Desde el otro lado del telón transparente, el perró lamió el cristal intentando llegar a la mano de Carvalho. Se despegó Pepe bruscamente y salvó la escasa distancia que le separaba de la charcutería.

—Lo de siempre.

—Han llegado los tarros con lomo y butifarras en adobo.

—Póngame dos.

Completó el dependiente el lote con meticulosidad rutinaria.

—Este jamón de Salamanca ya no es lo que era.

—A todo le llaman jamón de Salamanca. A todo lo que no es jamón de Jabugo o de Trevélez, pues de Salamanca. Hay que fastidiarse. Y así no sabes cuándo comes jamón de Salamanca o jamón de Totana.

—Se nota.

—Usted lo nota porque entiende. Pero yo he visto vender jamones de Granollers como si fueran de Jabugo. Ya ve usted.

Salió Carvalho con el paquete de queso de Casar, Cabrales, Ideazábal, chorizos de Jabugo, jamón de Salamanca para todo comer y una pequeña muestra de Jabugo para las depresiones.

Estaba más animado cuando llegó a la altura de la perrería en el momento en que el dueño se hallaba cerrando.

—¿Y el perro?

—¿Qué perro?

—El que estaba en el escaparate.

—Estaba lleno de perros.

—El lobito.

—Era una perra. Los tengo a todos dentro. De noche los meto dentro, en jaulas, no vayan a romperme el escaparate, no para llevárselos, sino para hacer alguna salvajada. Hay muy mal instinto.

—Quiero comprar la perra.

—¿Ahora?

—Ahora.

—Son ocho mil pesetas —dijo el dueño sin volver a abrir la puerta.

—Por ese precio no puede venderme un buen pastor.

—No tiene *pedigree.* Pero es un perro muy sano. Ya verá si se lo queda. Muy valiente. Conozco al padre, y la madre es de un cuñado mío.

—Me importa un pepino el *pedigree.*

—Usted sabrá.

El perro trotaba sobre el brazo doblado de Carvalho. De la otra mano colgaba una bolsa llena de queso, embutidos, latas de comida para perros, huesos de goma, insecticida, desinfectante, cepillo, todo lo que pueden necesitar un hombre y un perro para ser felices. Biscuter se quedó perplejo ante la prestancia de la perrita, sólidamente instalada sobre sus patas traseras, con medio metro de lengua fuera y dos orejas gigantescas que parecían las alas plegables de un avión en picado.

—Parece un conejo, jefe ¿Me la quedo yo aquí?

—Me la llevaré a Vallvidrera. Te lo dejaría todo lleno de mierda.

—Por cierto, le han llamado. He apuntado el nombre en la libreta.

Jaime Viladecans Riutorts, abogado. Mientras marcaba el número de teléfono gritó a Biscuter que le calentara algo para cenar. Oyó el trajín en la pequeña cocinilla que Biscuter había improvisado camino del lavabo. Biscuter canturreaba contento por el encargo, y la perrita trataba de morder el hilo del teléfono. Dos secretarias significaron la distancia y la importancia del comunicante. Finalmente, se puso al teléfono una voz de lord inglés con acento de pijo de la Diagonal.

—Es un asunto muy delicado. Tendríamos que hablarlo personalmente.

Apuntó la cita, colgó y se dejó caer en el sillón rotatorio con cierta satisfacción en el cuerpo. Biscuter extendía delante de él una servilleta y sobre ella quedó un humeante plato de madriguera con chanfaina. La perra trató de compartir la comida. Carvalho la depositó delicadamente en el suelo y le puso un pedacito de madriguera sobre un papel blanco.

—Tienen razón. A veces los hijos llegan con un pan bajo el brazo.

VILADECANS LLEVABA alfiler de corbata de oro y gemelos de platino. Por impecable lo era hasta la calvicie, convertida en agostado y pulimentado lecho de río, encajonado entre dos riberas pobladas de pelo canoso recortado por el mejor peluquero de la ciudad y probablemente del hemisferio, a juzgar por el cuidado con que una u otra vez la mano del abogado repasaba la consistencia de la maleza superviviente, mientras una lengua pequeñita subrayaba el saboreo recorriendo los labios casi cerrados.

—¿Ha oído usted hablar de Stuart Pedrell?

—Me suena.

—Le puede sonar por muchas cosas. Es una familia notable. La madre era una destacada concertista, aunque se retiró después de casarse y sólo tocó el piano públicamente en obras benéficas. El padre fue un importante industrial de origen escocés, famoso antes de la guerra. Cada hijo es una personalidad. Usted puede haber oído hablar del publicitario, del bioquímico, de la pedagoga o del constructor.

—Probablemente.

—Yo quiero hablarle del constructor.

Dejó ante Carvalho una serie de cartulinas donde estaban enganchadas gacetillas recortadas de los periódicos: «El cuerpo de un desconocido aparece en un descampado de la Trinidad.» «Ha sido identificado como el de Carlos Stuart Pedrell.» «Se había despedido de su familia hace un año pretextando un viaje a Polinesia.»

—¿Pretextando? ¿Necesitaba pretextar?

—Ya sabe usted lo que es el lenguaje periodístico. La impropiedad personificada.

Trató Carvalho mentalmente de personificar la impropiedad sin conseguirlo, pero ya Viladecans resumía la situación juntando las manos, repasadas por la mejor manicura del bloque capitalista.

—El asunto fue así. Mi amigo, íntimo amigo, nos conocíamos desde que estudiamos juntos en los jesuitas, pasó una época de crisis. Algunos hombres, sobre todo hombres tan sensibles como Carlos, soportan mal el paso de los cuarenta, de los cuarenta y cinco y, ¡ay!, la cercanía de los cincuenta. Sólo así se explica que durante meses y meses rumiara la idea de dejarlo todo e irse a cualquier isla de la Polinesia. De pronto se aceleró el proyecto. Lo dejó todo atado, desde el punto de vista del negocio, y desapareció. Todos supusimos que había marchado hacia Bali o Tahití o las Hawai, qué sé yo, y desde luego supusimos que sería una crisis pasajera. Pasaron los meses, hubo que hacer frente a una situación irremediable, hasta el punto que la señora Stuart Pedrell es hoy la que lleva los negocios y, finalmente, en enero esta noticia: el cuerpo de Stuart Pedrell aparece en un descampado de la Trinidad, apuñalado, y hoy sabemos con certeza que nunca llegó a la Polinesia. No sabemos dónde estuvo, qué hizo durante todo ese tiempo, y hay que saberlo.

—Recuerdo el caso. No se encontró al asesino. ¿También quieren al asesino?

—Bueno. Si sale el asesino, pues venga el asesino. Pero lo que nos interesa es saber qué hizo durante ese año. Comprenda que hay muchos intereses en juego.

Por el dictáfono le dijeron que la señora Stuart Pedrell había llegado. Casi sin transición se abrió la puerta y entró en el despacho una mujer de cuarenta y cinco años que hizo daño en el pecho a Carvalho. Entró sin mirarle e impuso su madura esbeltez como si fuera la única presencia digna de atención. Las presentaciones de Viladecans sólo sirvieron para que la mujer morena, de facciones grandes y en el comienzo de la maceración, acentuara la distancia hacia Carvalho. Un «encantada» fugaz fue todo lo que le mereció el detective, y Carvalho le respondió mirándole obsesivamente los senos hasta que ella se vio obligada a palparse el busto, en busca de alguna posible indiscreción en la indumentària.

—Estaba poniendo en antecedentes al señor Carvalho.

—Me parece muy bien. Viladecans le habrá dicho que sobre todo quiero discreción.

—La misma discreción con la que fue anunciado el caso. Por lo que veo en estos recortes, no se reprodujo ninguna foto de su marido.

—Ninguna.

—¿Por qué?

—Mi marido se fue en plena crisis. No era un hombre en sus cabales. Cuando estaba sereno, lo cual era un milagro, se colgaba de cualquiera para contarle la historia de Gauguin. También él quería ser Gauguin. Dejarlo todo y marcharse a los mares del Sur. Es decir, dejarme a mí, a sus hijos, sus negocios, su mundo social, lo que se dice todo. Un hombre en ese estado es fácil presa de cualquiera y si se aireaba mucho el caso podían salir desaprensivos a miles.

—¿Lo pactaron con la policía?

—Ellos hicieron lo que pudieron. Igual que el ministerio de Asuntos Exteriores.

—¿Asuntos Exteriores?

—Cabía la posibilidad de que realmente hubiera ido a los mares del Sur.

—No fue.

—No. No fue —dijo con cierta satisfacción.

—La alegra.

—Un poco. Estaba harta de este cuento. «¡Pues vete de una vez!», le dije en más de una ocasión. Estaba asfixiado por la opulencia.

—Mima...

Trató de cortarla Viladecans.

—Todo el mundo se siente asfixiado. Mejor dicho, todo el mundo menos yo. Desde que se marchó él, he podido respirar a mis anchas. He trabajado. He hecho su trabajo y tan bien como él, mejor que él, porque lo he hecho sin puñetas.

—Quisiera recordarte, Mima, que estamos aquí para otra cosa.

Pero Carvalho y la viuda se miraban de hito en hito, como si midieran su capacidad de ser agresivos.

—Es decir, que le tenía usted cierto cariño.

—Ríase si quiere. Un cierto cariño. Pero muy poco. Esta historia me ha servido para demostrarme que nadie es imprescindible. Y algo peor: que siempre usurpamos el lugar que ocupamos.

A Carvalho le desconcertó la pasión oscura que salía de aquellos ojos negros, de aquellas dos arrugas elípticas cercando una boca madura y sabia.

—¿Exactamente qué quiere saber?

—Qué hizo mi marido durante un año, durante ese año en que le creíamos en los mares del Sur y estaba quién sabe dónde y quién sabe qué burradas hacía. Tengo un hijo mayor que me ha salido al padre, con la agravante de que heredará más dinero que su padre. Otros dos que a estas horas deben de estar haciendo trial por cualquier montaña de ésas. Una chica enferma de los nervios desde que se descubrió el cadáver de su padre. Un niño pequeño al que me expulsarán los jesuitas... Necesito controlarlo todo muy bien controlado.

—¿Qué saben ya?

Viladecans y la viuda se miraron. Fue el abogado quien respondió.

—Lo mismo que usted.

—¿El muerto no llevaba encima ningún elemento que facilitase la localización?

—Le habían vaciado los bolsillos.

—Sólo encontraron esto.

La viuda había sacado del bolso una arrugada hoja de agenda erosionada por mil manos. Alguien había escrito sobre ella con un rotulador:

più nessuno mi porterà nel sud.

—YO A USTED ni le conozco.

Llevaba los cabellos cortos, un traje oscuro sin corbata, unas gafas de sol de cristales muy oscuros que resaltaban aún más la blancura brillante del rostro adolescente. A pesar de su delgadez tenía algo untuoso en su quehacer, como si tuviese grasa en las junturas de un cuerpo silencioso.

—Si se sabe que le doy esta información, me echan del cuerpo.

—El señor Viladecans es muy influyente.

—Con toda su influencia, no me salva. Además me tienen el ojo puesto. Por política. Aquello está lleno de hipócritas. De boca afuera todos están encabronados con la situación, pero a la hora de actuar, nada. Todos pendientes del coeficiente y de que no les jodan el pluriempleo.

—¿Es usted un policía rojo?

—De eso nada. Soy un policía patriota.

—Entiendo. ¿Usted participó en la investigación sobre Stuart Pedrell? Dígame todo lo que sepa.

—Poco. Primero pensamos que era un lío de maricones. Es muy raro que un tío rico desaparezca y reaparezca apuñalado un año después. Parecía un caso claro de enculamiento. Pero por una parte el forense nos dijo que era virgen de culo y, por otra parte, entre los plumas nadie le conocía. Luego las ropas.

No eran las suyas. Le habían vestido con ropas de segunda o tercera mano, muy usadas, con el decidido propósito de que no fueran una pista.

—¿Por qué dejaron entonces la nota?

—Para marearnos. Supongo. ¿Usted la entiende?

—«Ya nadie me llevará al Sur.»

—Sí, de eso ya nos enteramos. Pero ¿qué quería decir?

—El proyecto del muerto era haber llegado a los mares del Sur, en Oceanía.

—Pero lea bien la nota. Ya... nadie... me... me... me... llevará al sur. Se está refiriendo a alguien que, pudiendo llevarle, no lo lleva. Con eso chocamos ¿Por qué en italiano?

—¿Era su letra?

—Sí. Era su letra.

—Conclusión...

—Debió de padecer amnesia o algo así. Se metió en los bajos fondos y le dieron un navajazo. Eso si no fue un secuestro bien calladito por la familia. No quisieron soltar la pasta gansa y le cortaron el cuello. También puede ser un lío de negocios, pero casi queda descartado. Los negocios más conflictivos a que se dedicaba eran los de la construcción y no acababa de estar metido, es decir, utilizaba hombres de paja. Bien, amigo. No quiero largar más sobre este asunto. Ahí le dejo la lista de toda la gente a la que mareamos: socios, amigos, ligues y piques. Ya le dije a Viladecans que no iría más allá.

—¿La policía sigue?

—No. La familia ha hecho lo imposible para que no siga. Dejó un tiempo prudencial y luego se movió para detener las cosas. El prestigio familiar y todo ese rollo.

El joven policía hizo un extraño ruido con la lengua contra la pared interna de la mejilla y Carvalho lo interpretó como una despedida, porque a continuación se levantó para encaminarse hacia la puerta. Por el camino sufrió el asalto de la perra tratando de morderle los talones.

—¡Vaya chucho!

—Es una perra.

—Mal asunto. ¿La capará?

Carvalho frunció el ceño y el policía acabó de irse. Compungida por el desprecio, la perra inclinaba la cabeza a uno y a otro lado, como para ver el bien y el mal de la realidad.

—Eres muy blanda.

—Una bleda —apostilló Biscuter saliendo de detrás de la cortina.

—Eso es. Te llamaremos *Bleda,* por lo blandengue que eres.

—Y se caga donde quiere —reprochó Biscuter con rencor.

La diferencia que había entre Biscuter y *Bleda* era que más o menos, mejor o peor, *Bleda* era de cierta raza y Biscuter no. En su viejo compañero de cárcel la naturaleza había operado el milagro de la fealdad inocente: un feto rubio y nervioso condenado a la calvicie. Percibió el taconeo de Charo en la escalera, en el descansillo se abrió la puerta. El cansancio y el furor se repartían el rostro de Charo.

—Así que estás vivo. No me dirás: ahora mismo estaba a punto de llamarte.

—No. No te lo diré.

Carvalho sacó de un cubito de estaño una botella de vino blanco. La secó con una servilleta y llenó las tres copas que Biscuter había dispuesto sobre la mesa.

—Pruébalo, Charo. Los catalanes están aprendiendo a hacer vino. Es un *blanc de blancs.* Excelente. Sobre todo para estas horas.

—¿Qué horas?

—Estas horas. Las que median entre el postre de la comida y el primer plato de la cena.

Charo había caído en la trampa, se había sentado con las piernas abiertas a partir de las rodillas, juntas, y bebía vino imitando las pausas gustativas de Carvalho. Biscuter trataba de hacer lo mismo pero chascaba demasiado con la lengua.

—¡Ugggg! ¿Qué esto?

—Un perro. Mechor dicho. Una perra.

Charo se había puesto en pie alarmada por el olisqueo de *Bleda.*

—¿Es tu nueva compañía?

—Novísima. La compré ayer.

—No es nada del otro mundo. ¿Cómo se llama?

—*Bleda.*

—¿Acelga?

—En catalán *bleda* no sólo quiere decir acelga, también quiere decir blandengue, *fava tova.*

Aportó Biscuter su erudición y se marchó a la cocina.

Con la perra en el regazo tratando de lamerle la cara, Charo lanzó la retahíla de agravios contra Carvalho. Se ensimismaba el detective mientras llenaba copas que bebían con sed y aburrimiento. El sabor verde y ácido del vino le provocaba un cosquilleo detrás de las orejas y, para contrarrestarlo, toda su cavidad bucal se ponía en contacto. Se sentía ratificado, como si recuperara un rincón de patria dentro de sí mismo.

—Lo siento, Charo, pero estaba cansado. Estoy cansado. ¿Cómo va el negocio?

—Mal. Hay una competencia de no te menees. Con eso de la crisis económica se han puesto a joder hasta las monjas.

—Charo, no seas ordinaria. Pero tu clientela era selecta.

—¿Por qué no hablamos de otra cosa, rico mío?

Pepe había olvidado que el tema de su oficio le molestaba tratarlo con él. ¿O no lo había olvidado? Quería que Charo se marchase, pero sin agraviarla. La vio llevándose la copa a los labios, con las piernas juntas, con la incomodidad de una visita. Carvalho sonrió misteriosamente para Charo. De pronto había tenido conciencia de que buscando no crearse ataduras en esos momentos era el responsable sentimental y moral de tres personas y una perra; él mismo, Charo, Biscuter, *Bleda.*

—Vamos a cenar, Charo.

Se acercó al marco de la puerta tras el que trajinaba Biscuter.

—Y tú también, Biscuter. Invita la casa.

FUERON A CENAR al Túnel, donde Biscuter se sorprendió ante el plato de judías blancas con almejas que pidió Carvalho.

—Lo que inventan, jefe.

—Esto es más viejo que ir a pie. Antes de que llegara la patata a Europa, con algo había que acompañar la carne, el pescado, el marisco.

—Lo que no sepa usted, jefe...

Charo había recurrido a una menestra de verduras y atún fresco a la plancha. Carvalho seguía obsesivo con su vino, como si estuviera practicando una transfusión de sangre blanca y fría.

—¿En qué trabajas ahora?

—Un muerto desaparecido.

—¿Han robado un muerto?

—No. Un hombre que desapareció y un año después aparece muerto. Quería cambiar de vida, de país, de continente, de mundo y al final lo encuentran acuchillado entre latas y cascotes. Un fracasado. Un rico fracasado.

—¿Rico?

—Riquísimo.

Carvalho se sacó del bolsillo la agenda y empezó a recitar:

—Sociedad Anónima Tablex, dedicada a la producción de contraplacado, Industrial Lechera Argumosa, Construcciones Ibéricas S. A., consejero del Banco Atlántico, vocal de la Cámara de Comercio e Industria, consejero de Construcciones y Desguaces Privasa... Quince sociedades más. Lo más sorprendente es que dos de ellas son editoriales de mala muerte: una se dedica a libros de poemas y la otra a una revista de la izquierda cultural. Por lo visto, le gustaban las obras de caridad.

—Tirar el dinero, diría yo. Con la cantidad de revistas que hay, jefe. Y de libros. Vas al quiosco y no encuentras nada. El dueño se vuelve mico para encontrar algo.

—Y todo es basura —sentenció Charo mientras se llevaba a la boca una brizna de atún con ajo y perejil.

—Están todas llenas de tíos y tías en pelota.

Biscuter se despidió en cuanto acabó. Tenía sueño y debía levantarse temprano, dejar el despacho en condiciones e ir al mercado. Carvalho se lo imaginó minutos después en su soledad durmiente sobre la cama plegable del despacho.

—O haciéndose pajas.

—¿De quién hablas?

—De Biscuter.

—¿Por qué ha de hacerse pajas?

Carvalho borró con una mano lo que había dicho y con la mirada le dio prisa a Charo para que acabara. Presentía que la muchacha desearía subir con él a su casa en Vallvidrera y no sabía cómo frustrar sus propósitos. Charo acabó con el helado en tres o cuatro cucharadas y se colgó del brazo de Carvalho. Se metió en el coche del detective donde *Bleda* los recibió pegándoles una bronca ladrada y lamiéndoles luego lo que ellos no consiguieron poner a salvo. Fue un viaje silencioso, un ritual también silencioso el de abrir el buzón, subir la escalera hacia la puerta de casa, encender las luces, que se ensombraron por la vegetación del jardín, dejando caer oscuridades sobre la gravilla. Carvalho respiró el aire mirando a lo lejos la profundidad del Vallés y escuchando sin ganas el parloteo de Charo desde dentro.

—Mi casa está calentita. En cambio, la tuya... Hoy encenderás el fuego, supongo. Estás tan chalao que sólo lo enciendes en verano.

Carvalho se metió en su habitación, se quitó los zapatos, se quedó sentado en la cama con las manos entre las piernas y la vista fija en un calcetín deshabitado y contorsionado.

—¿Qué te pasa? ¿Estás malo?

Carvalho se puso en movimiento. Trató de ganar tiempo en la habitación dando unas cuantas vueltas divagantes en torno a la cama. Luego salió, pasó junto a Charo, que trataba de encender el fuego con todas las *Vanguardias* que había encontrado en la casa. Fue a la cocina y arrancó de la nevera una de las diez botellas de vino *blanc de blancs,* que le esperaban iluminadas, disfrazadas de botellas de champaña artesanal. Quizá no sea tan bueno como me parece, se dijo Carvalho, pero la obsesión no hace daño al que la tiene.

—¿Más vino? Te harás polvo el hígado.

Charo también bebió mientras Carvalho enmendaba sus frustrados forcejeos en la chimenea y encendía un impresionante fuego con la ayuda de un libro que había seleccionado de su mellada biblioteca: *Maurice* de Forster.

—¿Es malo?

—Es extraordinario.

—¿Por qué lo quemas?

—Porque es una chorrada, como todos los libros.

Charo quedó enrojecida e iluminada frente a las llamas. Dijo que iba a ponerse cómoda y volvió con el holgado traje chino que Carvalho le había traído de Amsterdam. Carvalho permanecía sentado en el suelo, con la espalda contra el canto del sofá y una copa de vino blanco en la mano.

—Cuando te da, te da.

La mano de Charo le acarició el cabello, Carvalho se la cogió para rechazarla, pero la conservó y la apretó efusivamente.

—¿Qué te pasa?

Carvalho se encogió de hombros. De pronto se puso en pie de un tirón y corrió hacia la puerta. La abrió y *Bleda* entró como una tromba.

—Me había olvidado del pobre animal.

Charo hundió su resignación en el sofá y su boca se apoderó casi mordiéndola de la copa de vino. Carvalho recuperó la posición inicial y se dedicó a acariciar el cogote del animalito y la pierna de Charo.

—Elige. O la perra, o yo.

Se echó a reír Charo. Carvalho se izó hasta sentarse en el sofá, le abrió el traje chino y manoseó los dos pechos tostados por los infrarrojos y solario de terraza. La mano de Charo se metió bajo la piel azul de la camisa de Carvalho, pellizcó los pezones del hombre, recorrió sendas abiertas entre las vellosidades del pecho.

Pero Carvalho se puso en pie, atizó el fuego, se volvió como sorprendido por la indecisión de Charo.

—¿Qué haces ahí? Vamos.

—¿Adónde?

—A la cama.

—Me gusta hacerlo aquí.

La mano de Charo se adaptó como una concha sobre la bragueta de Carvalho. Como si fuera un reclamo para el necesario crecimiento, el bulto de la bragueta empezó a subir hasta adaptarse al molde. Carvalho se agachó para recoger a

Bleda, la llevó al cuarto y la dejó sobre la cama. Cuando volvió junto al fuego, Charo ya estaba desnuda. La penumbra iluminada por el fuego acentuaba sus rasgos fundamentales de muchacha sin flor.

LE RECIBIÓ UNA SECRETARIA disfrazada de ex alumna de monjas a punto de casarse con un muchacho con el que sostuvo relaciones durante doce años.

—La señora Stuart Pedrell me avisó de su visita.

Estaban en el santuario del muerto. El despacho privado al que se iba a meditar, el despacho preferido a los otros quince que le esperaban en otras tantas razones sociales. Un estilo nórdico suave que se puso de moda mediada la década de los sesenta, corregido por juegos de mampostería sobre tapizado de pared de tela beige oscuro. Lámparas de papel encerado con cierto deje oriental, moqueta beige de lana, al fondo un extraño semáforo en la puerta de un despacho. Permanecía con las luces apagadas como si fuera un robot alado muerto, enganchado en la pared como las mariposas de colección. Ante el gesto pregunta de Carvalho, la ex alumna de monjas aclaró:

—El señor Stuart Pedrell lo utilizaba para dar o no dar paso a los que estábamos en la oficina, tanto a nosotros como a los visitantes.

Avanzó Carvalho hacia el semáforo esperando el milagro de su resurrección, incluso se paró antes de empujar la puerta que daba acceso al santuario. El semáforo y el hombre se miraron sin reaccionar. Finalmente fue el hombre quien empujó la puerta y se metió en el despacho mientras la secretaria desplegaba las persianas de librillo.

—Perdone, pero ahora la oficina está cerrada y está todo perdido de polvo. Sólo se hace la limpieza una vez al mes.

—¿Era usted la secretaria del señor Stuart Pedrell?

—Sí. Aquí sí.

—¿A qué destinaba este despacho?

—A escuchar música. A leer. A recibir amigos intelectuales y artistas.

Carvalho se aprestó a la tarea de revisar los libros escrupulosamente alineados en estanterías escrupulosas, los cuadros de firma que pendían por las paredes, el mueble bar con nevera empotrada, un sofá relax Charles Eames, el no va más de los sofás relax de la sociedad patriarcal moderna.

—Déjeme solo.

Salió la secretaria, complacida por haber sido mandada con tanta energía. Carvalho revisó los libros. Muchos de ellos en inglés. Editoriales americanas. *Los paradigmas de la ciencia* de Kung, *La tierra baldía* de Eliot, Melville, teólogos alemanes, Rilke, contraculturales americanos, una edición completa de las obras de Huxley en inglés, Maritain, Emmanuel Mounier, *Para leer a Marx.* Pinchados en las estanterías por chinchetas, se conservaban recortes de periódicos momificados. Algunos eran novedades literarias reseñadas en el *Times* literario. Otros eran noticias curiosas, al menos curiosas para Stuart Pedrell. Por ejemplo, las declaraciones de Carrillo sobre el abandono del leninismo por el PC español o la noticia de la boda de la duquesa de Alba con Jesús Aguirre, director general de Música. Aquí y allá, pinchadas sobre las tablas, tarjetas postales con reproducciones de Gauguin. Y en la pared, alternados los cuadros de firma, mapas oceánicos, un inmenso Pacífico lleno de banderillas de alfiler, jalonando una ruta soñada. Sobre la mesa de madera de palisandro un vaso de marfil repujado, lleno con varias clases de lápices, bolígrafos, rotuladores. Sobre una escribanía de bronce viejo, un paraíso de *bricolage* escolar: gomas de borrar de distintos colores, plumillas, plumines, mangos de pluma, gillettes, lápices Hispania en rojo y azul, caja de colores Faber, incluso plumas para hacer letra gótica o redondilla, como si Stuart Pedrell se dedicase a ejercicios caligráficos o a ilustrar ejercicios escolares. En los cajones, recortes de artículos y entre ellos un poema recortado de una revista poética: *Gauguin.* Cuenta mediante verso libre la trayectoria de Gauguin desde que abandona su vida de burgués empleado de banca hasta que muere en las Marquesas rodeado del mundo sensorial que reprodujo en sus cuadros:

desterrado a las Marquesas,
conoció la cárcel por sospechoso
de no infundir sospechas
en París
se lo tenía por un snob empedernido
sólo algunas nativas conocían su impotencia
pasajera
y que l'or de ses corps
era un pretexto
para olvidar las negras sillerías de las lonjas
el cucú de un comedor de Copenhague
un viaje a Lima con una madre triste
las pedantes charlas del café Voltaire
y sobre todo
los incomprensibles versos de Stéphane Mallarmé.

Así terminaba el poema de un autor cuyo nombre no le dijo nada a Carvalho. Abrió la carpeta de fina piel corinto situada como una bandeja para el pecho del que se sentaba en el despacho. Notas manuscritas de asuntos económicos.

Avisos de compra de objetos personales desde libros a cremas de afeitar. Un reclamo en inglés atrajo la atención de Carvalho:

I read, much of the night, and go south in the winter.

Y debajo,

Ma quando gli dico
ch'egli è tra i fortunati che han visto l'aurora
sulle isole più belle terra
al ricordo sorride e risponde che il sole
si levaba che il giorno era vecchio per loro.

Finalmente,

più nessuno mi porterà nel sud.

Carvalho tradujo mentalmente:

Leo hasta entrada la noche
y en invierno viajo hacia el sur
. . . .
Pero cuando le digo
que él está entre los afortunados que han visto la aurora,
sobre las islas más bellas de la tierra,
al recuerdo sonríe y responde que cuando el sol se alzaba
el día ya era viejo para ellos.
. . . .
Ya nadie me llevará al sur.

Se aplicó sobre un posible sentido cabalístico de los tres grupos de versos y se fue a zambullir en la patria propicia de

Charles Eames después de abrir el mueble bar y llenarse una copa de Oporto Fonseca diez años. No tenía mal gusto Stuart Pedrell. Carvalho dio vueltas y revueltas a los versos. La combinación podía traducir una simple frustración o tal vez fuera la clave de un propósito esfumado por la muerte del empresario. Se metio la nota en el bolsillo. Repasó los últimos rincones, incluido el desmontaje de los cojines de un tresillo y volvió hacia la pared donde campaba el mapa oceánico del Pacífico. Siguió la ruta de las banderas: Abu Dhabi, Ceilán, Bangkok, Sumatra, Java, Bali, las Marquesas...

Viaje imaginario. Viaje real. Examinó luego los aparatos audiovisuales situados en una esquina del despacho y sobre la mesa a la izquierda de Stuart Pedrell. Altísimo y fidelísimo sonido. Un minitelevisor de mesa incorporado dentro de una radiocassette americana. Probó todos los magnetófonos por si hubiera algo grabado. Nada. Repasó las cassettes de música clásica y del moderno sinfonismo rock derivado de los Pink Floyd. Ninguna pista. Llamó a la ex alumna de monjas, que entró en la estancia con los pasitos cortos como si temiera perder la dignidad del paso en el templo.

—¿Llegó a suscribir el señor Stuart Pedrell algún viaje antes de morir.

—Sí. Un viaje a Tahití.

—¿Directamente?

—No. A través de Aerojet. Una agencia.

—¿Había pagado ya el anticipo?

—Sí. E incluso solicitado cheques de viaje por una cantidad muy importante.

—¿Cuánto?

—No sé. Pero cubría los gastos de un año o más fuera del país.

Carvalho remiró los cuadros colgados. Pintores de firma

rigurosamente actuales. El más viejo, Tàpies, en torno a los cincuenta años; el más joven, Viladecans, en torno a los treinta. Una firma le fue familiar: Artimbau. Le había conocido en la etapa del antifranquismo, antes de la huida de Carvalho a Estados Unidos.

—¿Venían estos pintores por aquí?

—Venía mucha gente importante.

—¿Les conoce usted por el nombre?

—A algunos sí.

—A ése. A Artimbau.

—Ése era el más simpático. Venía mucho. El señor Stuart Pedrell le quería encargar una pintura mural muy importante en su finca de Lliteras. Un muro de contención enorme afeaba el paisaje, y el señor Stuart Pedrell quería que el señor Artimbau se lo pintara.

EL ESTUDIO DE ARTIMBAU estaba en la calle Baja de San Pedro. Carvalho experimentó el nerviosismo consabido al pasar ante la central de la Policía de Vía Layetana. Del caserón aquel sólo conservaba malos recuerdos y por mucha limpieza democrática que le echaran, siempre sería el hosco castillo de la represión. Sentimiento contrario le despertaba Vía Layetana con su aspecto de primero e indeciso paso para iniciar un Manhattan barcelonés, que nunca llegaría a realizarse. Era una calle de entreguerras, con el puerto en una punta y la Barcelona menestral de Gracia en la otra, artificialmente abierta para hacer circular el nervio comercial de la metrópoli y con el tiempo convertida en una calle de sindicatos y patronos, de policías y sus víctimas, más alguna Caja de Ahorros y el monumento entre jardines sobre fondo gotizante a uno de los condes más sólidos de Cataluña. Carvalho avanzó por la Baja de San Pedro y al llegar a un portalón con portería y patio al fondo, se metió en él y empezó la ascensión de una escalera ancha y erosionada que unía destartalados descansillos a los que daban talleres de arquitectos que empezaban, de artesanos a punto de jubilarse, simples almacenes de cueros o cartonajes que aprovechaban la generosidad espacial de aquellos pisos segmentados de antiguos caserones y palacios. Ante una puerta pintada con optimistas enramadas verdes y lilas, Carvalho se detuvo para llamar y esperar la apertura a cargo de un viejecillo lento y silencioso, con un mandil lleno de polvo de mármol. Le abrió la puerta de par en par y señaló con la cabeza hacia adentro.

—¿Sabe por quién pregunto?

—Será por Francesc. A mí nadie viene a verme.

Se metio el viejecillo en una pequeña habitación robada a la inmensidad de un estudio con paredes de cuatro metros de altura. Carvalho avanzó hasta que se le hizo visible Artimbau en el trance de pintar a una muchacha quitándose el jersey. El pintor se volvió sorprendido y tardo en leer el pasado en el rostro de Carvalho.

—¿Tú? ¡Coño!

La cara de niño moreno rodeada de espesa cabellera y barba negra parecía salir del túnel del tiempo. La modelo se había bajado el jersey para taparse dos senos blancos, céreos, dos semiesferas sólidas y tensas.

—Por hoy hemos terminado, Remei.

El pintor palpaba a Carvalho, le palmeaba la espalda como si fuera un pedazo de sí mismo recuperado.

—Te quedas a comer. Si te gusta lo que guiso.

Le señaló una cocina de gas butano sobre la que humeaba una cazuela de barro tapada. Carvalho levantó la tapadera y le asaltó el aroma de un extraño estofado sin patatas en el que lo vegetal competía con la carne.

—He de vigilar el peso y no pongo patatas, ni apenas grasa. Pero el resultado es bueno.

El pintor se palpaba una panza tobogán en el contexto de un cuerpo no demasiado grueso. La modelo se despidió musitando un saludo y dejando una lenta, larga mirada sobre Carvalho.

—Me gustaría saber pintar esa mirada —dijo riendo Artimbau cuando la modelo desapareció—. Ahora pinto gestos. Movimientos del cuerpo. Mujeres vistiéndose, desvistiéndose. Vuelvo al cuerpo humano después de haberme preocupado por la sociedad. Bueno, después de haberme preocupado como pintor, se entiende. Yo sigo aún en el partido. Salgo a pintar murales antes de las elecciones. El otro día pinté uno en el Clot. ¿Y tú?

—Yo no pinto.

—Ya lo sé. Te pregunto si militas.

—No. No tengo partido. Ni siquiera tengo un gato.

Era una respuesta hecha que tal vez en el pasado hubiera traducido la realidad. Pero no ahora. Carvalho pensó: tengo una perra, por algo se empieza; ¿acabaré teniendo tantas cosas como los demás? Artimbau tenía cosas: estaba casado, dos hijos. Quizá viniera la mujer a comer aunque no lo aseguraba. Le enseñó los cuadros y un álbum de dibujos sobre la agonía de Franco. No. Sabía que aún era impublicable. Trató de que Carvalho le devolviese informaciones y confidencias sobre su vida. Carvalho resumió en una frase veinte años. Había estado en Estados Unidos y ejercía de detective privado.

—Lo último que hubiera creído. ¡Un detective privado!

—Precisamente vengo a verte a causa de un encargo. Un cliente tuyo.

—¿Has descubierto un cuadro plagiado?

—No. Ha muerto. Asesinado.

—Stuart Pedrell.

Asintió Carvalho y se dispuso a escuchar al locuaz Artimbau. Éste, en cambio, parecía haber recuperado cierta reserva. Puso los platos sobre una mesita de mármol y pies de hierro. Una botella de Berberana Gran Reserva —para celebrarlo— que complació a Carvalho, contento cada vez que descubría un nuevo caso de corrupción gastronómica. Parsimoniosamente apartó del fuego la cazuela. Telefoneó su mujer. No iría. Llenó los platos del estofado dietético y acogió con mucha satisfacción el comentario elogioso de Carvalho.

—Está buenísimo.

—Las mismas verduras, la alcachofa o el guisante, sueltan agua y permiten que se cueza con menos grasa. La única herejía dietética es el vaso de coñac que le echo, para que se jodan los médicos.

—Que se jodan.

No siguió Carvalho la conversación a la espera de que Artimbau retornara al tema Stuart Pedrell. Masticaba el pintor con lentitud y aconsejaba a Carvalho que hiciera lo mismo. Se digiere mejor, se come menos cantidad, se adelgaza.

—Hablar de un cliente siempre es delicado.

—Es un cliente muerto.

—La mujer aún me compra cosas. Y a mejor precio que el marido.

—Háblame de la mujer.

—Aún peor. Es un cliente vivo.

Pero ya se había acabado la botella y el pintor abría otra que se medió en seguida gracias a la sed de los dos y a la capacidad de unos vasos cuyo fabricante había destinado a dar de beber agua.

—La mujer está muy buena.

—Ya lo he visto.

—Le propuse pintarla desnuda y no quiso. Es una mujer con clase. Aparentemente tiene más clase que él. Los dos eran ricos por los cuatro costados. Los dos tenían una educación impresionante y se han relacionado tan diversamente que acumulan experiencias muy variadas. Por ejemplo, yo era su pintor de cámara y el ex alcalde era uno de los que estaban tras los negocios inmobiliarios de Stuart Pedrell. Podían cenar ahí donde estás tú, conmigo y con mi mujer algo que yo había guisado, o recibir en su casa a invitados como López Bravo o López Rodó, o cualquier ministro del Opus, ¿entiendes? Eso da mucho poso. Esquiaban con el rey y fumaban porros con poetas de izquierda en Lliteras.

—¿Pintaste el mural?

—¿Te has enterado? No. Estábamos en tratos cuando murió, pero no llegamos a nada concreto. Él quería que pintara algo muy primitivo, con el falso candor de Gauguin cuando pintaba a los canacos, pero trasladado a todo lo aborigen del Empordà, donde está Lliteras. Le hice varios bocetos. No acabaron de agradarle. Yo estaba todavía con el rollo social y me salía quizás algo demasiado reivindicativo, el campesinado y cosas así. Pero también me desentendí porque, aquí entre nosotros, era un poco cantamañanas.

La segunda botella había desaparecido tras las fauces de Artimbau y Carvalho.

—¿Cantamañanas?

—Sí. Cantamañanas —sentenció con rotundidad y se fue a buscar una tercera botella.

—BUENO. Tal vez no fuera justo liquidarlo con un ¡cantamañanas! Lo es y no lo es. Como cualquier hombre es y no es lo que es.

Los ojos, sepultados en la selva pilosa, brillaban de satisfacción ante la excelente disposición receptora de Carvalho, como si el detective fuera un lienzo en blanco sobre el que pintar la figura de Stuart Pedrell.

—Como todo hombre rico con inquietudes, Stuart Pedrell se cuidaba. Al año recibía decenas de proposiciones de empresas culturales. Le llegaron a proponer hasta una universidad. O la propuso él, no recuerdo. Imagínate: editoriales, revistas, bibliotecas, donaciones, fundaciones. En cuanto se huele dinero ligado a inquietud cultural, puedes imaginarte, con el poco dinero que hay en este campo y la poca inquietud cultural que hay en el campo de los ricos. Por eso Stuart Pedrell daba largas a las cosas. Pero era un poco juguetón. Se interesaba por las empresas más diversas, hacía subir a los promotores y de pronto ¡zas!, se deshinchaba y los dejaba caer.

—¿Cómo estaba considerado entre los intelectuales y artistas y entre los empresarios?

—En cada sector se le miraba como un bicho raro. Los intelectuales y artistas no le apreciaban porque no aprecian a nadie. El día en que los intelectuales o los artistas apreciemos a alguien querrá decir que se nos ha fundido el ego y ese día dejaremos de ser intelectuales y artistas.

—Eso también les pasa a los carniceros.

—Si son dueños de carnicería, sí. Si son asalariados, no.

Atribuyó Carvalho a la tercera botella de vino la demagogia social freudiana de Artimbau.

—Entre los ricos se le respetaba más porque los ricos de este país respetan al que ha hecho dinero sin esforzarse demasiado, y Stuart Pedrell era uno de ellos. A mí me contó la historia de su enriquecimiento un día y es para mearse de risa. Fue a comienzos de los cincuenta, ya sabes la historia del bloqueo económico. Aquí entraban las materias primas en cuentagotas o de estraperlo. Stuart Pedrell acabó por entonces las carreras de abogado e intendente mercantil. Su padre ya le tenía destinado el negocio porque sus hermanos habían campado por sus respetos. Se sentía incómodo. Hizo un examen del mercado de materias primas y descubrió que a España le faltaba caseína. Muy bien. ¿Dónde se puede conseguir caseína? En Uruguay y en Argentina. ¿Quién la quiere comprar? Hizo un inventario de los clientes y los visitó uno a uno. Estaban dispuestos a comprarla si el ministerio aseguraba la importación. Nada más fácil. Stuart Pedrell movilizó influencias, llego incluso a ministros, y le abrieron las puertas del Ministerio clave: el de Comercio. Al ministro de Comercio le pareció muy patriótica la cosa, porque así se la presentó Stuart Pedrell. ¿Qué podía hacer España sin caseína? ¿Qué hubiera sido de nosotros sin la caseína?

—No quiero ni imaginármelo.

—Stuart Pedrell cogió el avión rumbo a Uruguay y Argentina. Discutió con los fabricantes en reuniones en las que se hinchó de bailar el tango; desde entonces le quedó la costumbre de bromear hablando en argentino. Solía hacerlo cuando estaba alegre, cuando estaba deprimido o mientras tocaba el piano.

—Es decir, siempre.

—No. No. He exagerado. Consiguió la caseína a un precio razonable. Ya había acordado en España un precio triple o cuádruple. Negocio redondo. Eso le dio los primeros millones, que empleó para poner en marcha todo lo demás. Poner en marcha es un decir, porque tuvo la habilidad de asociarse con gente emprendedora que compensaban su distancia crítica; podía decirse que era un empresario brechtiano, que son los que tienen más futuro. Un empresario alienado no tiene nada que hacer ante el futuro socialdemócrata que les espera.

—¿Qué socios?

—Básicamente dos: Planas y el marqués de Munt.

—Eso suena a mucho dinero.

—A mucho dinero y a muy buenos padrinos. Durante un tiempo se habló de que el alcalde estaba detrás de ellos. No sólo el alcalde: bancos, sectas religiosas y pararreligiosas. Stuart Pedrell ponía el dinero, dejaba hacer, dejaba pasar. Se comportaba esquizofrénicamente. Una cosa era el mundo de los negocios y otras sus vivencias intelectuales. Cuando ya tuvo la despensa bien llena y el futuro de cuatro generaciones asegurado, volvió a matricularse en la Universidad y estudió Filosofía, Políticas en Madrid, asistió a cursos de sociología en Harvard, Nueva York, la London School. Me consta que escribía versos que nunca publicó.

—Nunca publicó nada.

—Nunca. Decía de sí mismo que era un perfeccionista. Yo creo que carecía de lenguaje. Eso le pasa a mucha gente. Lo tienen todo para empezar a crear y descubren que carecen de lenguaje. Entonces trasladan la literatura a su vida o la pintura a su vestuario. Algunos ricos de ésos se compran periódicos o editoriales. Stuart Pedrell ayudaba a dos editoriales de mala muerte, pero no demasiado. Cubría los déficits anuales. Una miseria para él.

—¿Y su mujer? ¿Por qué se llama Mima?

—De Miriam. Todos se llaman así. Todos mis clientes se llaman Popó, Pulí, Pení, Chochó, Fifí. El cansancio es elegante y nada cansa tanto como pronunciar un nombre completo. Mima era una incógnita. Parecía un apéndice de Stuart Pedrell, conforme con su condición de esposa pija y culta de un hombre rico y culto. No desentonaba en los actos sociales ni cuando se sentaba ahí. Pero siempre silenciosa. Desde que desapareció su marido es otra. Ha desplegado una energía impresionante que preocupa incluso a los socios. Stuart Pedrell era más cómodo.

—Y Viladecans.

—Sólo le he visto cuando me ha pagado. El clásico abogado que se las sabe todas y permite que el jefe conserve las manos limpias.

—Amantes.

—Eso ya es muy delicado. ¿Qué quieres; pasado, presente o vino?

—Vino y el presente.

Trajo Artimbau otra botella.

—Es la última que me queda de esta clase. —Y derramó parte del líquido cuando llenó el vaso de Carvalho—. El presente se llama Adela Vilardell. Era la más estable. Pero hay algunas dispersas, ocasionales, últimamente más jóvenes de lo convencional. Stuart Pedrell había cumplido los cincuenta y practicaba el clásico vampirismo erótico. En la pista de Adela Vilardell puedo ponerte; en las de las muchachas ocasionales, no.

—¿Le conocías bien?

—No y sí. Un pintor puede conocer bastante bien a estos tipos, sobre todo si son clientes suyos. Desnudan el alma y el bolsillo. Es un doble ejercicio muy revelador.

—Los mares del Sur.

—Su obsesión. Creo que fue leyendo un poema sobre

Gauguin. A partir de aquel momento persiguió el mito de Gauguin. Se compró incluso una copia de la película interpretada por George Sanders, *Soberbia* creo que se llamaba, y se la proyectaba en su casa.

Carvalho le tendió la nota con versos hallada entre los papeles de Stuart Pedrell. Tradujo los versos de *La tierra baldía.*

—¿Sabes de dónde pueden ser estos versos italianos? ¿Captas algún sentido extra? ¿Algo que te dijera Stuart Pedrell?

—Lo de «leer hasta la noche y en invierno viajar hacia el sur» se lo he oído muchas veces. Era su estribillo etílico. Lo italiano no me suena.

STUART PEDRELL HABÍA VIVIDO en una casa del Putxet, una de las colinas que en otro tiempo dominaban Barcelona, como las colinas romanas dominan Roma, y aparecían cubiertas por un tapiz de viviendas vecinales para burguesía media, más algún ático dúplex para alta burguesía, en ocasiones vinculada con los antiguos moradores de las torres del Putxet. El dúplex para el *nen* o para la *nena* había constituido un buen y generalizado regalo al alcance de los propietarios de las torres supervivientes, tan buen y generalizado como el instituido en las zonas limítrofes de Pedralbes o Sarriá, últimas estribaciones donde la altísima burguesía resistía en sus viejas torres dignas y procuraba que sus polluelos se quedaran a vivir en las inmediaciones. La casa de Stuart Pedrell había sido herencia de una tía abuela sin hijos que le dejó aquella casa fin de siglo, obra de un arquitecto influido por la arquitectura férrica inglesa. Las verjas ya eran una declaración de principios y una cresta de hierros historiados, a manera de crin del dragón vidriado, recorría la espina dorsal del tejado cerámico. Ventanas gotizantes, fachadas ocultas por la hiedra, muebles de madera blanca con tapicerías azules en un jardín riguroso donde la elegancia de los altos setos de ciprés enmarca la controlada libertad de un pequeño bosque de pinos y la geometría exacta de un pequeño laberinto de seto de rododendros. En el suelo, grava y césped. Grava educada para apenas chirriar bajo las ruedas o los pies. Césped de casi cien años, bien cebado, cepillado, recortado, un viejo manto mullido en el que la casa parece flotar sobre una alfombra mágica. Servicio en seda y piqué, negro y blanco. Un jardinero rigurosamente disfrazado de payés, un mayordomo con las patillas homologables y un chaleco con listas de colchón fino. Echó de menos Carvalho las polainas en el chófer que se subía al Alfa Romeo para ir en busca de la señora de Stuart Pedrell, pero valoró la contención estilizada de su traje gris con solapas de terciopelo y el mucho mundo percibido entre los dedos vacíos de sus guantes de fina piel gris blanquecina en contraste con el volante negro.

Pidió Carvalho que le abrieran la casa de par en par y el mayordomo se la ofreció con una inclinación de cabeza que también podía ser una petición de baile. Y como si entrara en un baile fin de siglo, Carvalho recorrió la casa a ritmo de vals lento y tarareando mentalmente *El vals del emperador,* arriba y abajo de una escalera de mármol granate con baranda de hierro forjado hasta el delirio del encaje sobre el que se ensartaba un pasamanos de madera de palo santo. La escalera estaba bañada por las policromas luces de una vidriera que reproducía la escena de la muerte del dragón a cargo de san Jorge.

—¿El señor busca algo en concreto?

—Las dependencias del señor Stuart Pedrell.

—Si es tan amable el señor y quiere seguirme...

Siguió al mayordomo escalera arriba y desembocaron con la escalera en un distribuidor abalconado, idóneo para que la protagonista se asome ante la llegada del invitado predilecto, exclame ¡Richard! entre hervores de tirabuzones, se pellizque las largas faldas para izarlas y baje de puntillas la escalera que le lleva al abrazo-vals. Como si fuera ajeno a cualquier posible imaginería cinematográfica, el mayordomo le invitó a seguir a lo largo de un pasillo alfombrado y al final empujó con decisión una altísima puerta de madera de teca labrada.

—¡Valiosa puerta!

—Fue instalada por el tío abuelo del señor Stuart Pedrell. Tenía explotaciones de copra en Indonesia —recitó el mayordomo como si fuera un guía de museo.

Pasó Carvalho a un salón biblioteca con mesa de despacho que parecía un trono isabelino para los codos de un intelectual escribiente con pluma de ave. A la derecha se adivinaba la entrada al dormitorio pero Carvalho se quedó en el salón dando una vuelta sobre sí mismo para captar las dimensiones de la habitación, los trabajadísimos estucados del techo, la sustancia casi nutritiva de las maderas que cubrían todas las paredes, a veces respaldando a consistentes librerías llenas de ediciones encuadernadas, a veces como revestimientos murales sobre los que colgaban cuadros del XVIII y del XIX firmados por discípulos de Bayeu o de Goya cuando no era un Martí Alsina histórico romántico. Imposible que allí pudiera trabajar nadie a no ser en un diccionario comparado de arameo y aranés.

—¿Solía utilizar el señor Stuart Pedrell este despacho?

—Casi nunca. En invierno encendía el fuego en la chimenea y leía algunas veces al lado de la lumbre. Lo conservaba así por el valor que tiene cada una de las cosas que contiene. En la biblioteca sólo hay volúmenes antiguos. El más moderno es del año 1912.

—Está usted muy informado.

—Muchas gracias. El señor es muy amable.

—¿Ejerce alguna función en esta casa aparte de la de mayordomo?

—Lo de mayordomo es lo de menos. En realidad soy un conservador general de la mansión y administro la economía doméstica de la casa.

—¿Es usted contable?

—No. Soy profesor mercantil y estudio de noche Filosofía y Letras. Historia medieval.

La mirada de Carvalho aguantó la del mayordomo. Era una mirada triunfal, gozosa por el desconcierto que adivinaba en el cerebro de Carvalho.

—Ya estaba en la casa cuando llegó el joven matrimonio Stuart Pedrell. Mis padres estuvieron al servicio de las señoritas Stuart durante cuarenta años. Yo nací en esta casa y fui algo así como el ahijado de las señoritas.

La habitación privada no tenía más detalle significativo que una excelente reproducción pintada del *¿Qué somos? ¿Adónde vamos? ¿De dónde venimos?,* de Gauguin.

—Este cuadro es nuevo.

—Sí. Este cuadro es nuevo.

Había una total falta de entusiasmo en la voz del mayordomo.

—Lo puso sobre la cabecera de su cama el señor Stuart Pedrell cuando decidió venirse a vivir solo en esta ala de la casa.

—¿Cuándo fue eso?

—Hace tres años.

El mayordomo procuró ver sin ver que Carvalho abría los cajones más pequeños, desplazaba la cama para ver detrás de la cabecera, repasaba en los armarios traje por traje, ranura por ranura.

—¿Tenía usted mucha relación con el señor Stuart Pedrell?

—La normal.

—¿Tenían temas de conversación personales, más allá de la rutina del trabajo diario?

—A veces.

—¿Qué temas?

—Comunes.

—¿Qué entiende usted por tema común?

—Política. Una película.

—¿Por quién votó el señor Stuart Pedrell en las elecciones de junio de 1977?

—Eso no me lo dijo.

—¿Por UCD?

—No. No creo. Algo más radical.

—¿Y usted?

—No veo el interés que pueda tener mi voto.

—Disculpe.

—Voté a Esquerra Republicana de Catalunya, si le interesa saberlo.

Habían dejado atrás la cripta de Stuart Pedrell y la realidad de la casa les trajo lejanos acordes de un piano bien tocado, con disciplina manual, pero sin demasiada emoción.

—¿Quién toca?

—La señorita Yes —contestó el mayordomo, sin tiempo de adelantarse a las rápidas zancadas con que Carvalho empezó a perseguir la música.

—¿Yes? ¿Se llama «sí»?

—Su nombre es Yésica.

—Jésica.

Abrió la puerta Carvalho. Una cintura con estrechez subrayada por un cinturón rojo dividía el dorso de la mujer. Las nalgas forradas de tejano reposaban su juventud redonda y tensa sobre el taburete. La espalda crecía desde el vértice de la cintura con una delicadeza construida hasta llegar a la melena rubia con mechas que caía desde la cúspide de una cabeza echada hacia atrás para seguir más lejos el viaje de las notas. Carraspeó el mayordomo. Preguntó la muchacha sin volverse y sin dejar de tocar.

—¿Qué quiere, Joanet?

—Lo siento, señorita Yes, pero este señor quiere hablar con usted.

Se volvió rápidamente auxiliada por el giro del taburete. Tenía los ojos grises, tez de esquiadora, una boca grande y tierna, pómulos de muchacha diseñada, unos brazos de mujer hecha sin prisas y sin pausas; quizá exageraban las cejas, demasiado pobladas, pero acentuaban su carácter fundamental de chica para anuncio americano de la chispa de la vida. Carvalho también se sintió estudiado, pero no porción a porción como él había hecho, sino globalmente. Pon un Gary Cooper en tu vida, chica, pensó Carvalho y le estrechó la mano que ella le tendió como sin querer.

—Pepe Carvalho. Soy investigador privado.

—¡Ah! Lo de papá. ¿No le pueden dejar descansar en paz?

Toda la impresión de anuncio publicitario quedó destruida. Le había temblado la voz y le brillaron los ojos, lacrimosos.

—Son cosas de mamá y de ese horrible Viladecans.

El ruido de la puerta al cerrar indicó que el mayordomo no quería oír más de lo que había oído.

—Los muertos ni se cansan ni descansan.

—Usted qué sabe.

—¿Sabe usted precisamente lo contrario?

—Mi padre está vivo, aquí, en esta casa. Lo siento alrededor. Hablo con él. Venga. Mire qué he encontrado.

Cogió de la mano a Carvalho y le llevó hacia un atril situado en un ángulo de la habitación. Sobre él aparecía un grueso álbum de fotografías abierto. La muchacha desplazó las páginas lentamente, una tras otra, como si fueran cosas frágiles propensas a la rotura, dejó ante Carvalho una lámina gris oscuro sobre la que estaba enganchada la fotografía de un Stuart Pedrell joven, moreno, en mangas de camisa, fingiendo el logro de un bíceps de Míster Universo.

—¿Verdad que es majo?

La habitación olía a marihuana y ella también. Había cerrado los ojos, sonreía como extasiada ante el espectáculo interior que sus ojos veían.

—¿Tenía mucha relación con su padre?

—Antes de morir, ninguna. Cuando él se fue de casa, yo estaba estudiando en Inglaterra hacía dos años. Nos habíamos visto durante los veranos. Muy poco. He descubierto a mi padre después de muerto. Fue una huida hermosa. Los mares del Sur.

—Nunca llegó a los mares del Sur.

—¿Usted qué sabe? ¿Dónde están los mares del Sur?

Había voluntad de pelea en sus ojos, feroces, en sus labios apretados, en todo el cuerpo replegado sobre sí misma.

—Mientras estuvo en los mares del Sur, para entendernos, ¿no trató de ponerse en comunicación con usted o con algún hermano suyo?

—Conmigo no. Con los demás, no lo sé No lo creo. Nené está en Bali desde hace meses. Los mellizos eran casi dos desconocidos para él. El pequeño tiene ocho años.

—Y van a echarle de los jesuitas.

—Peor para los jesuitas. Es imbécil llevar a los jesuitas a alguien a estas alturas del siglo. Tito es un niño demasiado imaginativo para ese sistema de enseñanza.

—Cuando su padre se le aparece, ¿le dice dónde estuvo durante todo este tiempo?

—No es necesario. Yo sé dónde estuvo. En los mares del Sur. En un lugar maravilloso donde pudo empezar de nuevo. Volver a ser aquel muchacho que se fue a Uruguay a hacer fortuna.

No era muy exacta la versión de la muchacha, pero Carvalho tenía cierta debilidad por los afectos míticos.

—Jésica...

—Jésica... nadie me había llamado así nunca. Casi todos me llaman Yes. Algunos Yésica. Pero Jésica nadie. Suena muy bien. Mira. Mi padre esquiando en Saint-Moritz. Aquí está entregando un premio a alguien. Oye, ¿sabes que se te parece?

Carvalho borró con un gesto cualquier posibilidad de parecido. Cansado de la peregrinación sentimental por el álbum, se dejó caer en un sofá capitoné de cuero negro, donde quedó semihundido, en un forzado relax que le permitió contemplar tranquilamente a la muchacha afanada sobre el álbum. Los pantalones tejanos no podían ocultar las piernas rectas y fuertes de una deportista, ni el jersey de lanilla de manga corta impedía la evidencia de dos pechos breves con pezones inacabados. El cuello le servía de larga columna flexible para los continuados movimientos de la cabeza a derecha e izquierda, como si quisiera agitar continuamente la bandera de su melena rubia y espesa como una mermelada derramada lentamente desde un tarro prodigioso. Se contuvo la melena con una mano y volvió el rostró hacia Carvalho adivinando la contemplación. No retiró él la mirada. Ojo por ojo se observaron hasta que ella avanzó corriendo hacia el sofá, se sentó sobre las rodillas de Carvalho, le abrazó y refugió la cabeza contra su pecho llenándole la cara de serpentinas de cabellos rubios. Reaccionó el detective lentamente, consolidando la entrega filial de ella e insinuando después un abrazo que era algo más que protector de los secretos terrores de la muchacha.

—Dejadle dormir. Está dormido. Viajó hacia la purificación y ahora duerme. Le persiguen porque le envidian.

Modelo Ofelia, pensó Carvalho, y dudó entre zarandearla o compadecerla. La compadecía pasándole una mano sobre la cabeza, conteniendo las ganas de convertir la caricia en un insinuante sondeo de la nuca. Su propia indecisión le irritó y la apartó con una brusquedad controlada.

—Cuando se te esfume la marihuana de la cabeza quisiera volver a hablar contigo.

Ella sonreía, con los ojos cerrados, las manos unidas en un puño suavemente crispado entre sus piernas.

—Ahora estoy bien. ¡Si vieras lo que veo!

Carvalho anduvo hacia la puerta. Se volvió para despedirse. Seguía en la misma actitud extasiada. Una vez en su vida se había acostado con una muchacha así, en San Francisco, veinte años atrás. Era una puericultora a la que él estaba vigilando en relación con la infiltración de agentes soviéticos entre los primeros movimientos contraculturales norteamericanos. A la materia prima de la señorita Stuart le faltaba algo; un no sé qué de consistencia imperial que sólo puede emanar un cuerpo norteamericano. Llevaba a cuestas esa dosis de fragilidad, por pequeña que sea, que corresponde a cada meridional del mundo, sea cual sea su clase social. Sin recapacitarlo, garabateó su nombre, sus señas, su teléfono en un papel, y volvió sobre sus pasos para tendérselo a la muchacha.

—Ten.

—¿Para qué? ¿Para qué? ¿Para qué?

—Por si te viene a la memoria algo nuevo cuando estés en tus cabales.

Y casi escapó de la habitación a zancadas que fingían ser de avance.

PLANAS LE HABÍA CITADO en la Central Cervecera, uno de sus negocios, donde debía celebrar una reunión del Consejo de Administración. A la salida podía disponer de un cuarto de hora para él, veinte minutos a lo sumo. Luego tenía que retirarse a preparar el discurso como vicepresidente entrante de la Confederación de Empresarios.

—Las elecciones son esta tarde y voy a ganar. Seguro.

No necesitaba Carvalho la telefónica expresión de tanta seguridad en sí mismo, pero agradecía el dato y se dispuso a la entrevista con uno de los socios de Stuart Pedrell, como quien va a sostener un partido de tenis con un tenista que quiere ganar en dos sets, por seis a cero en los dos. La llegada de Carvalho truncó el proyecto de Planas de denunciar con el reloj el esperable retraso de Carvalho.

—Es usted puntual. Un milagro.

Y apuntó algo en una agenda que sacó del bolsillo trasero del pantalón.

—Cada vez que me encuentro con un hombre puntual, lo anoto en la agenda. ¿Lo ve? Pongo su nombre y la fecha. Es muy práctico. Así, si alguna vez necesito un detective privado, lo primero que tendré en cuenta es si le conozco, lo segundo si llegó puntual, lo demás es accesorio. ¿No le importa que charlemos mientras caminamos? Así hago un poco de ejercicio entre reunión y reunión. Me esperan unos spots publicitarios para mi Ciudad Jardín Alturas de Melmató.

Ni un gramo de grasa de más en aquel cuerpo de romano con el cráneo casi rasurado para ganar la partida a una calvicie inapelable. Planas caminó junto a Carvalho con las manos unidas en la espalda y mirando fijamente el suelo mientras pensaba las respuestas. Ningún desengaño económico en la vida de Stuart Pedrell. Los negocios iban viento en popa. Nunca habían emprendido operaciones especulativas dramáticas, insistió; estaban perfectamente cubiertas y muy bien avaladas. La mayor parte del capital inicial no era ni de Stuart Pedrell ni de él, sino del marqués de Munt.

—¿No ha hablado todavía con él? Es un tipo singular, un gran hombre, Alfredo.

De hecho la obra de más envergadura era el barrio de San Magín, un barrio nuevo, de arriba abajo, hasta la última farola. Eran años en que se daban facilidades, no como ahora. Parece como si el capitalismo fuera pecado y el capitalista un enemigo público. ¿Por qué se había marchado Stuart Pedrell?

—No había sabido superar el trauma de los cincuenta. Y pasó el de los cuarenta y el de los cuarenta y cinco con dificultades. Pero al llegar a los cincuenta se rompió. Lo había literaturizado demasiado. También había convertido su trabajo en una parodia. Lo había distanciado demasiado de sí mismo. Era como dos hombres. El que trabajaba y el que pensaba. Un poco de distanciamiento está bien, pero no hasta el punto de despegarse del todo. Se acaba siendo un nihilista y un empresario ha de ser algo bruto, ha de saber tragarse las puñetas, si no, no llega él a ninguna parte ni lleva a los demás a parte alguna.

—Pero Stuart Pedrell era rico.

—Muy rico. Lo era de nacimiento. No tanto como Alfredo Munt, pero era rico. Un caso muy diferente del mío. Mi familia no estaba mal de dinero, pero mi padre se hundió a los cuarenta. Fue una quiebra sonada. Quiso montar un banco con los Busquets y se fueron a pique. Mi padre pagó setenta millones de pesetas a los acreedores, repito, setenta millones de los años cuarenta, imagínese, y se quedó sin un céntimo. Yo estaba entonces en la Universidad. Era perfectamente consciente de la ruina. ¿Cómo fue su infancia, señor Carvalho?

Se encogió de hombros el detective.

—La mía fue triste. Muy triste —confesó Planas contemplando el desigual asfalto del patio de la fábrica de cerveza por donde paseaba con Carvalho—. Stuart descansaba en nosotros: en la seguridad del respaldo económico de Munt y en mi capacidad de trabajo. Él ponía la «perspectiva»; jamás supe qué quería decir con eso de la «perspectiva», pero él estaba convencido de que aportaba algo fundamental. Tenía demasiado tiempo de contemplarse el ombligo e ir de aquí para allá detrás de las mujeres. Yo no hago vacaciones desde 1948. Tal como se lo digo. Alguna vez un viaje para contentar a mi esposa. ¡Ah, eso sí! Cada año, cuando llega el mes de mayo, me voy a una clínica alemana de Marbella. Una cura de desintoxicación. Para empezar, un día a régimen de fruta, luego un litro de purgante horroroso y a partir de ahí empieza el suplicio: ¡un ayuno casi total de quince días! Y día sí día no me ponen una lavativa que no se acaba nunca. Pero, amigo, cuando uno creía que iba a acabar hecho polvo ¡quia! Empiezan a nacerle energías de todas partes. Juega al tenis. Sube montañas. Uno se cree Supermán. Hace cinco años que voy y siempre salgo ingrávido, como si pudiera flotar en el aire.

Se acercó a Carvalho y le tocó con los dedos las ojeras.

—Esas ojeras, hinchadas. Tiene fastidiado el hígado.

Le precedió hasta un despacho situado en un altillo del almacén. Pidió a una secretaria la dirección de la clínica Buchinger y se la dio a Carvalho. Con una enérgica consulta del reloj invitó a Carvalho a que le siguiera hasta el patio.

—Hay que tratar de envejecer con dignidad. Usted es más joven que yo, pero no mucho. No se conserva nada bien. Yo pensaba que los detectives privados hacían gimnasia, jiu-jitsu. Yo hago *footing* cada mañana por los alrededores de mi casa, en Pedralbes. Cojo un senderillo arriba y tris tras, tris tras, montaña arriba, hacia Vallvidrera.

—¿A qué hora?

—A las siete de la mañana.

—Yo a esa hora me levanto y me hago un par de huevos fritos con chorizo.

—No me diga. Pues, como le iba diciendo. Tris tras montaña arriba y luego tris tras montaña abajo. Dos veces a la semana masaje subacuático. ¿Lo ha probado? Sensacional. Es como una trituradora de agua que va golpeando todo el cuerpo. Un chorro así, a toda presión. Luego una buena ducha escocesa. Te pones así frente al masajista, como si te fuera a fusilar. Póngase usted así, como yo estaba ahora.

Se apartó Planas tres metros y apuntó a Carvalho con una hipotética manguera.

—Desde esta distancia envían un manguerazo de agua tibia, especialmente a aquellas partes del cuerpo que conviene reducir, y luego el mismo chorro de agua fría. Te queda una circulación de la sangre estupenda. Y la buena circulación de la sangre ayuda a fundir la grasa. Usted tiene una espléndida figura, pero se le ven los fondos de grasa que debería eliminar. Sobre los riñones y el estómago. Ahí. Ahí duele. Un buen chorro chiiiiiiiissss. Constancia. La clave del asunto. Luego no abusar de las bebidas. ¡Coño! Las dos... Me están esperando los publicitarios... ¿Alguna cosa más?

—¿Durante su extraño ocultamiento, nunca intentó Suart Pedrell ponerse en contacto con usted?

—Nunca. Desde un punto de vista mercantil no era necesario. Lo dejó todo muy bien clarificado con Viladecans. Luego se puso a trabajar Mima y resultó excelente, mucho mejor que su marido.

—¿Y desde el punto de vista humano?

—Nunca tuvimos muchas cosas que decirnos. Quizá la única conversación larga que tuvimos fue la primera, hace veinticinco años, cuando decidimos ser socios. Luego nos hemos visto miles de veces, pero hablar, hablar, conversar, nunca. Munt tenía otra relación con él. Pregúntele.

Le dio la mano como si le fusilara el brazo y a la vez le diera el pésame.

—No olvide lo de la clínica. Nada hay tan sano como unas buenas lavativas.

«Adiós, Planas —pensó Carvalho—; que tengas una sana muerte.»

—DE ESA MARCA NO TENGO.

—¿Qué blanco frío tiene?

—Viña Paceta.

—Venga.

Pidió unos caracoles de mar para abrir boca. El dueño le ofreció la alternativa de unos entremeses de pescado y mariscos en el que incluiría los caracoles. Después le aconsejó una dorada al horno y Carvalho aceptó porque así podría seguir con el vino blanco y porque el pescado contribuiría a que le bajaran las ojeras y mejorase el estado de su hígado. De vez en cuando le gustaba comer en Casa Leopoldo, un restaurante recuperado de la mitología de su adolescencia. Su madre estaba aquel verano en Galicia y su padre le invitó a un restaurante, hecho insólito en un hombre que opinaba que en los restaurantes sólo roban y dan porquerías. Alguien le había hablado de un restaurante del barrio chino donde daban unas raciones estupendas y no era caro. Allí entraron Carvalho y su padre. Se hinchó de calamares a la romana, el plato más sofisticado que conocía, mientras su padre recurría a un repertorio convencional pero seguro.

—Bueno sí que es. Y cantidad. Veremos si es barato.

Tardó en volver a pisar un restaurante, pero siempre conservó el nombre de Casa Leopoldo como el de la iniciación a un ritual apasionante. Había vuelto muchos años después, cuando ya el restaurante no podía llevarlo el mismo hombre reflexivo y atento que les había preguntado lo que deseaban comer regalándoles la condición de clientes habituales y sapientes. Ahora era un buen restaurante especializado en pescados, en el que se mezclaba una clientela de pequeños burgueses del barrio y gentes llegadas del norte de la ciudad atraídas por algún comentario propicio. Carvalho se había puesto a régimen de pescado y vino blanco frío. Los estados de ansiedad que antes combatía metiéndose en tascas y restaurantes y pidiendo a tenor de una gula no exenta de buen gusto, los superaba consumiendo las reservas vinícolas del país en vino blanco.

Sorprendió al dueño por su sobriedad en el postre y por su abstención de tomar un licor después del café. Tengo prisa, pretextó. Pero ya en la puerta decidió que había obrado contra natura, contra su naturaleza. Volvió a sentarse, reclamó la presencia del dueño y le pidió una copa doble de marc de Champagne helado. Mientras la paladeaba tenía la sensación de que volvía a ser él mismo. El hígado. La madre que lo parió. El hígado es mío. Hará lo que yo quiera. Pidió otra copa doble de marc y decidió que por fin había conseguido la transfusión de sangre que necesitaba desde hacía días.

Salió y se metió por la calle Aurora en busca de paisajes perdidos de su infancia. Al pasar delante de un edificio milagrosamente moderno en el contexto de una calle anclada en los tiempos del asesinato del Noi del Sucre, Carvalho vio cierto movimiento de gente ante la puerta. Un cartel discreto anunciaba una serie de actos sobre la «novela negra». Con un aplomo etílico, Carvalho se mezcló con los que esperaban el comienzo de uno de los actos. Se los sabía de memoria. Tenían ese aspecto de huevos cocidos que tienen los intelectuales en todas partes, pero en este caso adaptados a la española: parecían huevos duros con menos densidad que los huevos duros de otras latitudes. Sobrellevaban el peso de los huevos sobre los hombros con el lógico exhibicionismo, pero también con esa inquietud subdesarrollada de que el huevo peligraba. Estaban divididos por tribus de crianza o de afinidad más alguna tribu de estado intelectual más elevado, adivinable porque todos la miraban de reojo y, aunque con cierta desgana, cada cual quería toparse con ella y verse en la obligación de saludar y ser reconocido.

Empezó por fin el acto y Carvalho se vio metido en un anfiteatro azul en compañía de unas cien personas dispuestas a demostrar que sabían más sobre novela negra que los siete u ocho que componían la mesa.

Se inició la intervención de la mesa con la operación «conquista de aplomo», consistente en un ejercicio de desentumecimiento cerebral basado en distanciar la función, el lugar y el tema, para luego comenzar la misma según el rito posconciliar. Dos miembros de la mesa se habían atribuido el papel decano y empezaron a jugar una partida privada de ping pong intelectual sobre si Dostoievski escribió novela negra o no. Luego pasaron a Henry James, sin olvidar la necesaria mención a Poe, y acabaron descubriendo que la novela negra era una invención de un maquetista francés que dio ese color a la serie de Gallimard sobre novela policiaca. Alguien de la mesa trató de romper el monopolio discursivo del barbas y del latinoamericano miope, pero era apartado por codazos invisibles que le lanzaban los *seniors.*

—Es que...

—Yo creo que...

—Si me permiten...

No le permitían nada. Trató de colar por un resquicio de tiempo la frase: La novela negra nace con la Gran Depresión... pero sólo lo oyeron los de la primera fila y algunos de la segunda, entre los que se encontraba Carvalho. Por los movimientos de la nuez de los dos solistas se adivinaba que estaban a punto de llegar a alguna conclusión o fórmula inapelable.

—Podríamos decir...

Silencio. Expectación.

—No sé si mi querido Juan Carlos estará de acuerdo.

—¿Cómo no voy a estar de acuerdo contigo, Carlos?

Carvalho dedujo que el predominio de las dos *vedettes* se debía a una complicidad onomástica.

—La novela negra es un subgénero al que excepcionalmente se han dedicado grandes novelistas, como Chandler, Hammett o McDonald.

—¿Y Chester Hymes?

Le había salida aflautada, por lo contenida, la voz al que trataba de meter lengua en el asunto. Lo que fue inicial defecto se convirtió en virtud, porque la rareza sonora provocó cierto sobresalto en los disertantes monopolizadores que se volvieron para adivinar la causa de aquel ruido.

—¿Decía usted? —dijo con cansada amabilidad el miope.

—Decía que a esos tres autores hay que añadir el nombre de Chester Hymes, el gran retratista del mundo de Harlem. Hymes ha hecho un esfuerzo equivalente al de Balzac.

Ya estaba dicho. Los dos protagonistas estaban algo cansados de su protagonismo y dejaron que el intruso se explayara. Allí salió de todo. Desde la novela de la *matière de Bretagne,* de Chrétien de Troyes, hasta la muerte de la novela después de los excesos epistemológicos de Proust y Joyce, sin olvidar el maccarthismo, la crisis de la sociedad capitalista, las condiciones de la marginación social que fatalmente el capitalismo crea y que constituyen el caldo de cultivo propicio a la novela negra. El público estaba impaciente por intervenir. En cuanto pudo se levantó uno de sus representantes y dijo que Ross McDonald era fascista. Otro añadió que los autores de la novela negra siempre están bordeando las posiciones fascistas. Hammett fue exculpado porque militó en el partido comunista americano en unos tiempos en que los comunistas estaban por encima de cualquier sospecha y no habían recibido tratamiento descafeinante. No hay novela negra sin héroe singular, y eso es peligroso. Eso es simple neorromanticismo, terció otro del público dispuesto a salvar a la novela negra del infierno de la historia.

—Yo más bien hablaría de cierto neorromanticismo que potencia la novela negra, que la hace necesaria en los tiempos que corren.

Ambigüedad moral. Ambigüedad moral. He aquí la clave de la novela negra. Es esa ambigüedad en la que nadan los héroes como Marlowe o Archer o el agente de la Continental. Las dos *vedettes* iniciales estaban arrepentidas de haber perdido protagonismo y trataban de meter baza en el torrente verbal que se había desencadenado: universo cerrado... inmotivación... convenciones lingüísticas... la nueva retórica... es la antítesis del telquelismo por cuanto resucita la singularidad del autor y del héroe central... el punto de vista en *El asesinato de Rogelio Ackroyd...*

CARVALHO SALIÓ EN ESTE PUNTO, con la lengua y la cabeza espesas. Se acercó a la barra para pedir una cerveza y se vio acodado junto a una mujer castaña, con unos inmensos ojos verdes y el cuerpo cubierto bajo un poncho estrenado en alguna travesía de los Andes.

—¡Hola!

—Hola. Tú eres...

—Dashiell Hammett.

Se rió ella y le instó luego en serio a que le dijera su nombre.

—Nos presentó Horacio en la presentación del libro de Juan. ¿No es cierto? Yo he salido harta porque estaba cansada de macanas. A mí no me gusta nada todo ese rollo de la novela negra. Pienso lo mismo que Varese: Cuando la burguesía no puede conservar el control de la novela empieza a pintarla de colores. Te leo. Me gusta mucho lo que escribes.

Carvalho, desconcertado, se preguntó si Biscuter o Charo habrían publicado algo con su nombre. Pensó pedirles explicaciones en cuanto llegara a casa.

—Pues últimamente escribo con cierta desgana.

—Se te nota, se te nota. Pero eso nos pasa a todos. Pienso lo mismo que Cañedo Marras: los grandes cansancios presagian los grandes entusiasmos.

Carvalho tenía ganas de decirle, quítate el poncho, mi amor y vámonos a una cama negra, blanca, redonda, cuadrada, me da igual, porque cuando la burguesía no puede conservar el control de la cama empieza a adjetivarla.

—¿Vas a seguir aquí, o te vienes a beber seis botellas de vino blanco absolutamente sensacional?

—Sos rápido, forastero. ¿Qué insinuás?

—Que nos vayamos a la cama.

—No hay duda. Conoces a Juanito Marsé. Es su técnica. Dice que le han dado muchas bofetadas, pero que también ha levantado muchos planes.

—¿Qué saco yo? ¿La bofetada?

—No. Pero tampoco el plan. Espero a mi chica. La tengo aparcada allá dentro. Ya me entiendes. Lo nuestro es un amor imposible.

—No había hecho más que nacer.

—Son los mejores.

Se despidió Carvalho con una ligera reverencia. En la calle se concentró en el tema de los amores que acaban de nacer. Se vio a sí mismo de adolescente, impresionado por muchachas que pasaban, siguiéndolas, tomando el tranvía o el autobús que ellas tomaban, sin decirles nada, pendiente del milagro de un encuentro lleno de estética. De pronto ella se volvería, le cogería la mano y le llevaría más allá del misterio, donde se puede vivir eternamente en la contemplación del ser amado. Y otras veces, cuando se enamoraba de alguien en concreto, de pronto tenía la sensación de que le estaba esperando en un punto exacto de la ciudad, generalmente en el puerto, y acudía allí con el reloj impaciente, convencido de que se cumpliría la cita telúrica. Tal vez necesitara enamorarme, una cierta dosis de autoengaño, no se puede sobrevivir despellejado, sin posibilidad de meterte en ninguna iglesia, sin rezar no se puede vivir. Hoy ya no se puede creer en la liturgia del vino desde que algunos *gourmets* se han pronunciado contra el tinto *chambré* y defienden el tinto frío. ¿Dónde se ha visto eso? La raza degenera. Las civilizaciones se hunden el día en que empiezan a cuestionar lo incuestionable. El franquismo comenzó a hundirse el día en que Franco empezó a decir «... No es que yo...»; un dictador no puede empezar jamás a hablar con una negación que le afecte. No puedes salir a borrachera diaria. Ni sorprenderte de pronto con las mandíbulas apretadas, como si estuvieras haciendo un esfuerzo interior sobrehumano. ¿Qué esfuerzo interior sobrehumano estás haciendo? ¿Te parece poco? Amanecer. Un día tras otro. Con los caros y mediocres que son por regla general los restaurantes en esta ciudad. Dos semanas atrás había cogido el coche y se había dejado deslizar hacia las carreteras del sur en busca de un restaurante murciano, El Rincón de Pepe. Dormir por el camino fue un pretexto para comer en Denia un arroz a banda, y nada más llegar a Murcia saltó del asiento del coche al asiento del restaurante para pedir al *maître* un menú que le dejó perplejo: un plato de embutidos de la región, berenjenas con gambas a la crema, perdices a la tía Josefa, leche frita. Bebió cuatro jarras del Jumilla de la casa, pidió la receta de las berenjenas para darse una vez más cuenta de que si la guerra de los Treinta Años no hubiera sentenciado la hegemonía de Francia en Europa, la cocina francesa a estas horas padecería la hegemonía de las cocinas de España. Su único patriotismo era gastronómico.

Sin darse cuenta había llegado a las Rondas. Repasó su destruida geografía. Le dolió cada violación de su paisaje infantil y cuando estaba a punto de tocar fondo en el pozo de la autocompasión se acercó a una cabina para llamar a su amigo, gestor y vecino de Vallvidrera, Enric Fuster.

—Tú que conoces a gente de la universidad, de literatura y eso, búscame alguien que pueda descifrarme el sentido de unos versos italianos. No. Si supiera el autor no te habría llamado.

—Fuster aprovechó la llamada para montar una cena. Recurriré a mi paisano Sergio, es de Morella. De paso nos montará una cena de *collons*. No es que guise bien, pero siempre tiene materia prima de la tierra.

Si los caldeos creían que el mundo terminaba en las próximas montañas, Enric Fuster, como todos los del Maestrazgo, creía que lo que estaba más allá de sus horizontes era la Vía Láctea. Se sentó Carvalho a recuperar el pulso de la tarde. Se le disipaba la blanca y ácida borrachera. Tenía sed. Contemplaba el paso de las muchachas en flor y se las imaginaba veinte años después, cuando, como él, hubieran rebasado el ecuador de los cuarenta. Contemplaba el paso de las mujeres cuarentonas o cincuentonas y se las imaginaba niñas, jugando a ser reinas. Recordó un poema de Gabriela Mistral. A todo esto he de reconstruir un año en la vida de un muerto. Parece grotesco. ¿Qué le importa al muerto ese año? El muerto tampoco le importa a nadie. Cada asesinato revelaba la inexistencia del humanismo. A la sociedad le interesa el muerto en función de que pueda encontrar al asesino y hacer un castigo «ejemplar». Pero si no hay posibilidad de encontrar al asesino, el muerto deja de interesar tanto como el asesino mismo. Alguien que te llore en serio. Como lloran los niños cuando han perdido a sus padres entre la multitud. Aceleró las zancadas para recuperar el coche, pero se le hizo cuesta arriba el desaparcarlo, buscar la calle donde vivía el marqués de Munt, reaparcarlo, desaparcarlo. Se dejó caer en un taxi e inició la investigación de la ideología del taxista. Estaba la Virgen de Montserrat. Las fotografías de una familia bastante fea. No corras, papá. Un lacito con los colores del Barça. La leche. El taxista hablaba andaluz y a los dos minutos de conversación ya le había dicho que en las pasadas elecciones generales había votado por los comunistas del PSUC.

—¿Y la Virgen qué dice de su voto?

—Son cosas de mi mujer.

—¿Es religiosa?

—¡Qué va! ¿Religiosa mi mujer? ¿Cómo se come eso? Pero le gusta Montserrat, ya lo ve usted. Cada año tengo que alquilar unas celdas del monasterio, bueno, celdas, las llaman celdas, pero son habitaciones de hotel, sencillas, pero muy limpias. No les falta de nada. Pues cada año tengo que alquilarlas en mayo y subirme con ella y los niños tres días. Dirá usted que es una chaladura, porque ni ella ni yo meamos agua bendita. Pero le gusta la montaña.

Ésos leen a Marx hasta entrada la noche y en primavera viajan hacia la montaña sagrada.

—Y le diré a usted: ahora el que más disfruta soy yo. Porque hay una paz allí arriba, una paz. Me cogen ganas de meterme a fraile. Y qué preciosa es la montaña. Parece cosa de magia. Aquellas piedras cómo se aguantan. Y durante siglos, oiga, durante siglos. Antes de que naciese mi abuelo y el abuelo de mi abuelo.

—Y el abuelo del abuelo de su abuelo.

—La naturaleza nos enseña cada cosa. En cambio, mire, mire alrededor. Mierda. Mierda pura. ¡Si supiéramos lo que respiramos! A veces cojo alguna carrera al Tibidado y desde Vallvidrera, madre, la mierda flotante que se ve en esta ciudad.

—Yo vivo en Vallvidrera.

—Choque.

Le tendió una mano mientras controlaba el volante con la otra.

—Eso es inteligencia. A usted también le van las alturas. Como a mí.

Le dejó el taxista en una de las calles de la antigua barriada de Tres Torres, barrio residencial de viviendas unifamiliares hoy arrasadas y sustituidas por lustrosos edificios públicos de poca altura, amablemente retirados de las aceras para dejar lugar a una zona ajardinada donde crecían cipreses enanos, mirtos, alguna platanera muy bien resguardada, palmeritas y adelfos. Un *hall* de proporciones aptas para el Hotel Plaza de Nueva York se convertía en el inmenso escenario para las evoluciones de un portero de comedia musical. Recibió el nombre del marqués de Munt con mucho más respeto del que empleó Carvalho para pronunciarlo. A continuación abrió la puerta del ascensor, se introdujo dentro de él con Carvalho y mientras subían se limitó a musitar: el señor marqués le está esperando. El ascensor iba puerta a puerta de los cuatro inquilinos de aquel edificio de cuatro plantas. Le dejó en un recibidor de treinta metros cuadrados decorado según estilo japonés, japonés anterior a la desesperación de Madame Butterfly. En el recibidor se hizo cargo de su persona un criado mulato vestido de blanco y rosa, quien le introdujo en una escenografía de pesadilla blanca. Un inmenso espacio de ochenta metros cuadrados enmoquetados en blanco, sin más muebles que un piano de cola rosa claro y en la punta del salón una arquitectura completa de asientos construidos sobre el suelo y adosados a los tabiques, cubierto por el césped de moqueta blanca y sin más criatura extraña que un cono metálico terminado en una afilada punta de muerte que crecía del suelo y trataba de llegar al techo sin conseguirlo. Sobre los sofás reposaba, con la gravidez perfectamente estudiada, el marqués de Munt, setenta años de vida esnob reducidos a un anciano esquelético, blanco, pulcro, con los ojos convertidos en dos ranuras brillantes tras las que se insinuaba el baile continuo de unas pupilas malignas. Las venillas lilas en el rostro suavemente maquillado eran arañazos del vino que conservaba su frescor dentro de un cubo de hielo. En la mano derecha una copa, en la izquierda un libro, *La Grande Cuisine Minceur* de Michel Guérard, libro que le sirvió para indicarle a Carvalho que tomara asiento en cualquiera de los bultos que emergían de aquel casi uniforme paisaje lácteo.

—¿Merendará conmigo, señor Carvalho? Mi socio el señor Planas me ha dicho que usted desayuna huevos fritos con chorizo.

—Se lo he dicho para contrarrestar sus ataques dietéticos.

—Planas no ha descubierto el placer de comer. Es un placer que hay que descubrir a los treinta años. Es la edad en que el ser humano deja de ser un imbécil y a cambio paga el precio de empezar a envejecer. Esta tarde he decidido merendar «morteruelo» y beber Chablis. ¿Sabe usted qué es el morteruelo?

—Una especie de paté castellano.

—De Cuenca, para ser más exacto. Un impresionante paté hecho a base de liebre, codillo de cerdo, gallina, hígado de cerdo, nueces, clavo, canela, alcaravea... ¡alcaravea!... ¡qué hermosa palabra para una excelente merienda!

El mulato olía a perfume de semental homosexual, un perfume de madera olorosa sólida. Dejó ante Carvalho una bandejita con una hermosa copa alta de cristal de roca blanco.

—Apreciará usted conmigo que beber el vino blanco en copas verdes es una horterada incalificable. Yo no soy partidario de la pena de muerte salvo en casos de náuseas, y esa costumbre de la copa verde es un caso de náusea. ¿Cómo se le puede negar al vino el derecho a ser visto? El vino debe ser visto y olido antes de pasar a ser gustado. Necesita cristal transparente, el más transparente de los cristales. La costumbre de la copa verde la inició algún *maître* francés cursi, se apropió de ella la aristocracia cursi y de ahí fue bajando hasta llegar a las vitrinas a plazos y a las cristalerías de las listas de boda de la burguesía de medio pelo. No hay nada tan indignante como la incultura cuando hay medios para que no se produzca.

Carvalho diría que las venillas habían acentuado su color morado bajo la suave capa de maquillaje. La voz del marqués de Munt era hermosa, como la de un actor radiofónico catalán que trata continuamente de disimular su acento y logra una pronunciación castellana fuera de este mundo. El mulato trajo dos terrinas llenas de morteruelo, dos servicios y dos canastillas con pequeños panecillos.

—Beba. Beba, señor Carvalho, antes que el vino se acabe. Antes de que se acabe el mundo. Recuerde la sentencia de Stendhal: Nadie ha sabido lo que es vivir si no ha vivido antes de la revolución.

—¿Vivimos antes de la revolución?

—Sin duda. Pronto vendrá una revolución. Aún está por decidir el signo. Pero vendrá. Lo sé gracias a una larga dedicación a la Ciencia Política, pero además tengo a Richard, mi criado jamaicano. Es un gran especialista en la elaboración de cartas astrológicas. Se aproxima una gran revolución. ¿Le inquieta algo? ¿La escultura de Corberó?

La aguja amenazante era una escultura. Carvalho se sintió más seguro.

—Llevo años y años tratando de educar a mi clase predicando con el ejemplo. Se han defendido de mí acusándome de exhibicionista. Cuando me dediqué a las carreras de automóviles con bólidos de los de verdad, mis colegas de clase se dedicaban a mendigar en Madrid permisos de importación para Opels o Buicks. Cuando me separé de mi esposa y me fui a vivir al Sacromonte con unos gitanos, corrió la consigna de que jamás fuera recibido en una casa bien de esta ciudad.

—¿Dónde vivía en el Sacromonte?

Una sombra de molestia pasó ante los ojos del marqués, como si Carvalho tratase de salpicar de oscuras dudas la blanca evidencia de las cosas.

—En mi cueva.

Bebió vino y contempló complacido cómo Carvalho le secundaba.

—La aristocracia y la alta burguesía de esta ciudad buscan criados en Almuñécar o en Dos Hermanas. Yo los busco en Jamaica. Los ricos han de demostrar que lo son. Aquí todo el mundo tiene miedo de demostrarlo. Durante la guerra vinieron a buscarme los de la FAI y los recibí con mi mejor batín de seda. ¿No le da a usted vergüenza vivir así con lo que está pasando en el país?, me preguntó el jefe. Me daría vergüenza vivir disfrazado de obrero sin serlo. Quedó tan impresionado que me dio veinticuatro horas para marcharme. Me pasé a los nacionales y tuve la desgracia de vincularme al grupo catalán de Burgos. Una pandilla de advenedizos que habían cambiado de camisa para conseguir ser embajadores. Nada más entrar con los nacionales en Barcelona ya no me interesaba la cuestión y aproveché el estallido de la guerra mundial para hacer espionaje a favor de los aliados. Tengo la legión de Honor y cada año, el 14 de julio, voy a París y desfilo por los Campos Elíseos. Un estilo de vida como el mío merecería cierta atención por parte de esa clase dominante catalana cebona y aculada. Pues nada. Ahora han descubierto la oca con peras y el vino embotellado. No tienen nada que ver con sus abuelos. Los que hicieron la Barcelona modernista. Los grandes atunes en un país de sardinas. También eran unos zafios, pero la sangre se les movía a ritmo wagneriano. A éstos se les mueve a ritmo de música de telefilme. Usted es un plebeyo que bebe muy bien el Chablis; le he estado observando.

—¿Su cueva del Sacromonte era de renta limitada?

—Era la cueva más grande que encontré vacía. Me fui a una tienda de lujo de Granada y compré una cama metálica inglesa fin de siglo por un precio tres veces superior al que me costó la cueva. Metí la cama dentro y viví unos años muy feliz tratando de promocionar cantantes y bailarines gitanos. En cierta ocasión monté un grupo folklórico y me lo llevé a Londres vestidos con traje de faena. Imagíneselo: batas de cola, botas camperas, sombreros cordobeses, lunares postizos, claveles reventones en el pelo. Al llegar a Londres no nos dejaban pasar la Aduana. Con esa pinta no entran ustedes en el país. Pedí que me enseñaran las leyes que prohibieran la entrada en el país en traje de trabajo. No tenían esas leyes, pero no nos dejaban pasar. Finalmente, llamé a Miguel Primo de Rivera, por entonces embajador en Londres, y le expliqué el caso. Nos enviaron varios coches de la embajada y así entramos en Inglaterra, bajo la protección del banderín del cuerpo diplomático.

—¿Ha sido también imaginativo en los negocios?

—No he necesitado serlo. Mientras vivió mi padre, todo fue viento en popa. Mi padre me respetaba. Sabía que yo era un creador y que necesitaba cambiar mi vida y la de los demás. Cuando murió yo tenía casi cincuenta años y recibí una herencia absolutamente apabullante. Coloqué una importante parte a interés fijo para vivir fabulosamente bien hasta mi muerte. Otra parte la empleé en indemnizar a mi esposa por haberle hecho cinco hijos, y a mis cinco hijos por haberlos hecho herederos. Con el resto me metí en negocios, pero siempre utilizando a chicos como Planas o Stuart Pedrell. Chicos con ganas, con rabia, con ambición de poder y sin posibilidades de llegar a otro poder que no fuera el económico. Planas es impresionante y peligroso, puede triplicar cualquier fortuna en cuatro años. Beba y coma, señor Carvalho. Antes de que llegue la revolución.

NO DABA PIE a que la conversación fuera hacia otros derroteros. Le interesaban los de su propia vida y pasó a hablar de sus viajes.

—Sí, señor Carvalho, he cometido la horterada de dar tres veces la vuelta al mundo, sistemáticamente, en crucero, en avión, a ras de tierra. Conozco todos los mundos que hay en este mundo. Otro día, con más tiempo (hoy tengo Liceo: hay una *Norma* de la Caballé que no quiero perderme), le enseñaré mi museo privado. Lo tengo en mi casa señorial de Munt de Montornés.

»Me aterra que la posibilidad de gozar de la vida desaparezca. No sólo es cuestión de dinero, aunque lo es. Cuando era niño descubrí qué es la felicidad, qué es el gozo, gracias a un pedazo de calabaza y una rodaja de salchichón. ¿Ha leído usted *Cuore,* de D'Amicis? Hoy es un libro pedagógicamente impresentable, pero forma parte de la educación sentimental de mi generación y probablemente de la suya. Recuerdo una escena, una excursión campestre de Enrico, el chico protagonista, con otros compañeros de clase y entre ellos Procusa, el hijo de un albañil. Es precisamente el padre de Procusa quien les lleva de excursión y en un momento se ponen a comer y les da una rodaja de calabaza con salami por encima. ¿Qué le parece? Es una maravilla. Es la alegría de la naturaleza y de la comida espontánea. Literariamente no hay otro acto de comer tan hermoso hasta Hemingway. En *Al otro lado del río y entre los árboles* cuenta simplemente la comida de un pescador consistente en una lata de judías con tocino que guisa en una hoguera al lado del río. Junto a la comida de *Cuore* y a la de Hemingway no puede situarse ninguno de los grandes banquetes descritos por la literatura barroca. Pues bien. Estas posibilidades de gozo desaparecerán. Los astros no mienten. Todos nos lleva a la muerte y a la extinción.

—Pero usted sigue enriqueciéndose.

—Es mi obligación.

—Estaría dispuesto a defender su patrimonio utilizando todos los instrumentos posibles. Incluso la guerra.

—No lo sé. Depende. Si es una guerra muy fea, no. Pero toda guerra puede embellecerse, es cierto. No. No creo que llegara a respaldar la violencia. Ya no tengo hijos. Los tengo, pero no los tengo. Eso quita agresividad.

—Entonces, ¿qué teme usted?

—Que una época en que la necesidad domine a la imaginación me prive de esta casa, de este criado, de este Chablis, de este morteruelo... aunque es posible que el morteruelo sobreviva, porque últimamente la izquierda está empeñada en recuperar las famosas «señas de identidad popular», y la cocina popular es una de ellas.

—Stuart Pedrell quería huir a su condición. Usted la asume gracias a la estética. Planas es el único que trabaja.

—Es el único alienado, aunque tampoco lo aseguraría. He tratado de desalienarle. Pero tiene el equilibrio del desequilibrado. El día en que se mire en un espejo y diga «estoy loco», se desmoronará.

—Su pesimismo nace del temor de que las fuerzas del mal, los comunistas, por ejemplo, se hagan dueños de lo que usted ama o posee.

—No sólo los comunistas. La horda marxista se ha complicado. Hay en ella hasta obispos y bailarines de flamenco. Luchan por cambiar el mundo, luchan para cambiar al hombre. Si la lucha entre comunismo y capitalismo continúa por la vía competitiva, pacífica, ganará el comunismo. La única posibilidad que le queda al capitalismo es la guerra, siempre y cuando se acordara que fuera una guerra convencional, sin armamento nuclear. Ese pacto es muy difícil de establecer. Por lo tanto, no hay salida. Más tarde o más temprano habrá una guerra. Los supervivientes serán muy felices. Habitarán un mundo poco poblado y dispondrán de un acervo tecnológico de milenios. Automatismo y poca población. Jauja. Bastará controlar la presión demográfica para que la felicidad sea cosa de este mundo.

»¿Qué régimen político predominará en ese futuro paradisiaco?, me preguntará usted. Y yo le responderé. Una socialdemocracia muy liberal. En el caso de que no haya guerra y continuemos por la vida coexistencial, llegaremos a un serio atasco del crecimiento del sistema capitalista y es posible que incluso dentro del sistema socialista. ¿Ha leído usted *Comunismo sin crecimiento* de Wolfgang Harich? Acaba de editarse en España pero yo lo había leído en alemán. Harich es un comunista alemán que pronostica: «Si el ritmo actual del desarrollo mundial prosigue sin alteraciones, la Humanidad desaparecerá en dos o tres generaciones.» Propone un comunismo austero, es decir, un modelo de supervivencia económica frente a la tesis capitalista de crecimiento alternativo controlado, fiscalizado por la clase obrera y dirigido a conseguir su hegemonía como clase. Yo ya soy viejo y no viviré para verlo.

»No sufro por mi estirpe. No me importa lo que pueda ocurrir. Me entristece quizá que desaparezcan esta ciudad o los paisajes que amo. ¿Ha visto usted una puesta de sol en Mikonos? Tengo una casa en Mikonos, precisamente sobre rocas que dan al Poniente y a la isla de Delos. Amo los paisajes; en cambio, pocas personas me interesan, afectivamente se entiende. Tanto Stuart Pedrell como Planas eran como hijos míos. Casi podría ser su padre. Pero ellos tienen demasiadas ataduras con su siglo y con el que viene. Creen en la línea ascendente de la Historia, creen en el progreso humano, desde una óptica capitalista, pero creen. Planas se presenta a las elecciones de la CEOE, la Patronal como la llama la prensa. Yo jamás lo hubiera hecho.

—De las alternativas que ha dado para el futuro, ¿usted por cuál apostaría?

—No tengo edad para apostar. Todo eso ocurrirá después que yo haya muerto. Ya no me queda mucho.

Sirvió otra vez vino a Carvalho y colmó su copa.

—Aprendí a beber vino blanco entre las comidas gracias a una novela de Goytisolo, *Señas de identidad.* Luego el vino blanco fue sensacionalmente utilizado en una película de Resnais, *Providence.* Hasta entonces yo había permanecido aferrado a los oportos y jereces sólidos. Esto es una bendición. Además, es la bebida alcohólica con menos calorías, si exceptuamos la cerveza. ¿Qué vino blanco bebe usted?

—Blanc de blancs, marqués de Monistrol.

—No lo conozco. Yo soy un fanático de Chablis, de este Chablis. Y si no puede ser Chablis, un Albariño Fefiñanes. Es un vino bastardo impresionante. Raíces en Alsacia y tierras gallegas. Fue una de las mejores cosas que nos llegaron a través del camino de Santiago.

—¿Usted coincidía en muchas cosas con Stuart Pedrell?

—En nada. Fue un hombre que jamás le supo sacar partido a la vida. Era un sufridor narcisista. Sufría por sí mismo. Tenía una inquietud judaica. Pero en el terreno de los negocios era un chico listo. Yo le conocía de adolescente, casi de niño. Fui buen amigo de su padre. Los Stuart están establecidos en Cataluña desde comienzos del siglo XIX en relación con el tráfico de la avellana entre Reus y Londres.

—¿Dónde pudo estar ese hombre durante un año entero sin dar señales de vida?

—Quizá se matriculara en alguna universidad extranjera. Últimamente estaba muy interesado por la ecología. Se interesaba por lo último que se llevaba. En cierta ocasión le dije: Tu gran ventaja sobre un noventa y nueve por ciento de la gente de este país es que lees el *New York Times* cada día. Si Planas hubiera tenido la misma curiosidad, a estas horas ya estaría planeando un negocio para importar maquinaria depuradora. ¿Qué le parece el morteruelo? Excelente. Envié a mi cocinera a Cuenca durante un mes para que aprendiera a hacerlo. Es el *paté* más agradable que existe y entronca con esas raíces de la cocina española en la que predominan los platos ligados. Fíjese, España no ha creado ninguna sopa caliente importante, prescindiendo de los cocidos. En cambio, tiene la cocina más importante del mundo en el terreno de las sopas frías. Hay tantas variedades de gazpachos como de arroces. El morteruelo es excelente a estas horas y con este pan que me hago traer de Palafrugell. Imagínese. Es la hora del té. ¿Puede compararse el té a este vino blanco frío y a este morteruelo? Lástima que no estemos en tiempo de uvas, porque acabar este piscolabis con unas uvas moscatel sería el colmo.

—¿Tiene usted algún indicio para sospechar que Stuart se matriculó en alguna universidad extranjera?

—Ninguno.

—¿Entonces?

—Quizá hiciese un viaje, pero no a los mares del Sur. El control de fronteras no es perfecto. Más bien diría lo contrario.

Un hombre con ganas de desaparecer, desaparece. ¿Sabe qué llegó a decirse cuando yo me marché a las cuevas del Sacromonte? Que me había ido a la Antártida con una expedición financiada por mí. Salió un reportaje en la Prensa del Movimiento glosando el temple de la raza hispana que no se amilanaba ante los penúltimos secretos del mundo. Recuerdo una frase: «Nuestros santos exploraron los cielos con su ascética, nuestros héroes pueden explorar hasta el infierno.» Eso salió en la prensa, señor Carvalho, ya lo creo que salió.

LLAMÓ A BISCUTER por si hubiera habido alguna novedad en el despacho. «Ha llamado una chica que se llama Yes.» «¿Qué quería?» «Hablar con usted.» «Mañana será otro día.» Cogió Carvalho el coche y subió por las rampas del Tibidado camino de su casa en Vallvidrera. Tiró al cubo de la basura toda la correspondencia comercial que halló en el buzón, encendió la chimenea con *La Filosofía y su Sombra,* de Eugenio Trías, calculando que debía dosificar un poco la lenta quema de su biblioteca. Le quedaban unos dos mil volúmenes: a libro diario tenía para unos seis años. Era preciso establecer alguna pausa entre libro y libro, o comprar más libros, simple posibilidad que le asqueaba. Tal vez si dividía en dos partes cada uno de los tomos de la Filosofía de Brehier y hacía lo propio con la colección de clásicos de la Pléyade, pudiera resistir más tiempo. Le dolía quemar los clásicos de la Pléyade por el tacto hermosísimo de los libros. A veces los sacaba para acariciarlos y volvía a meterlos en el infierno paralítico de las estanterías rehuyendo el recuerdo de pasadas lecturas que en su tiempo juzgó enriquecedoras. Arregló el desorden de la habitación cuidadoso de que la interina no refunfuñara más de la cuenta ante el aspecto de cubil de la casa. Se duchó lenta, largamente. Se hizo medio kilómetro de rebanadas de pan con tomate y se comió el jamón de Jabugo en un abrir y cerrar de boca. Vacilaba entre descorchar o no descorchar una botella de vino cuando sonó el timbre campana de la puerta del jardín. Se asomó a la ventana y vio una muchacha nocturna más allá de los barrotes. A medida que bajaba las escaleras hacia la puerta se concretó la figura de Jésica.

Le abrió la cancela. Pasó de largo, se encaminó hacia la casa y ya al pie de los escalones se volvió.

—¿Puedo entrar?

Carvalho le ofreció la casa con el brazo. *Bleda* salió al encuentro de Jésica y le limpió un zapato con dos lengüetazos totales y certeros.

—¿No muerde?

—Aún no sabe lo que es morder.

—Me encantan los perros —dijo con un mohín de incredulidad—. Pero me mordió uno cuando era pequeña y me dan miedo. ¡Qué confortable es tu casa! ¡Oh, qué chimenea tan bonita!

Se admiraba de todo lo que veía con una insinceridad protocolaria, la que practica la gente bien para demostrar que aún le queda capacidad de envidia y sorpresa. El continente de una fugitiva de clase y el contenido de clase, pensó Carvalho mientras se ajustaba la bata para que no le salieran las vergüenzas.

—¿Te habías puesto cómodo? ¿Estabas ya acostado?

—No. Acababa de cenar. ¿Quieres comer algo?

—No. Me da asco la comida.

Desparramó sobre un sofá sus exactas caderas y su melena quedó como un lecho de miel para las facciones apenumbradas.

—Esta mañana me he portado como una tonta y no te he sido de ninguna utilidad. Quería disculparme y ayudarte en lo posible.

—A estas horas descanso. No trabajo a destajo.

—Perdona.

—¿Tomamos una copa?

—No bebo. Soy macrobiótica.

Algo tenía que hacer con las manos. Carvalho buscó el humidor y sacó de él un puro filipino de La Flor de Isabela. Era suave y poco enjundioso.

—Tengo remordimientos. Desde que apareció el cadáver de mi padre. Yo pude evitarlo. Si hubiera estado aquí, no habría ocurrido. Mi padre se marchó porque estaba solo. Mi hermano mayor es un egoísta. Mi madre también es una egoísta. Mis otros hermanos son pedazos de carne bautizada. Sólo podía entenderse conmigo. Había llegado yo a la madurez suficiente para hablar con él, para cuidar de él. Siempre le había admirado a distancia. Tan guapo, tan listo, tan seguro de sí mismo, tan elegante. Era un hombre elegante, no en el vestir, elegante en sus maneras. Acogedor.

—¿Y tu madre?

—Una mala bestia.

—¿Te había escrito tu padre a Inglaterra algo revelador?

—No. Me escribía pequeñas tarjetas. Alguna frase, algún pensamiento. Algo que había leído y le parecía curioso. Dos veces fue a Londres por negocios y resultó maravilloso. Ahora creo que fue maravilloso. Cuando llegó, en cambio, me molestó, me parecía como si me quitara tiempo. Si todo se pudiera volver atrás. Mira, lee.

Sacó de un capazo de paja una cuartilla doblada:

Volverás del mundo de las sombras
en un caballo de ceniza,
me cogerás del talle
para llevarme al otro lado del horizonte,
te pediré perdón por no haber sabido
impedir que murieras de deseo.

—No está mal.

—No te pido una opinión literaria. Sé que es muy malo. Te lo doy para que veas mi obsesión. No puedo continuar así.

—Soy un detective privado, no un psiquiatra.

—¿Quieres que me vaya?

Se sostuvieron la mirada. A pesar de la distancia, Carvalho olía la vida contenida dentro de aquel cuerpo desparramado. No había sido una pregunta reto, sino una queja. Carvalho se relajó. Se dejó caer en un sofá enfrentado al de Jésica y recibió inmediatamente el acoso de *Bleda,* empeñada en apoderarse de su zapatilla.

—Pon música —pidió ella.

Carvalho se levantó. Escogió la cuarta sinfonía de Mahler y de reojo vio cómo Yes se disponía a un relax completo. Abría las piernas, apoyaba la nuca sobre el canto del respaldo, desperezaba los brazos.

—¡Qué bien se está aquí y así! Si vivieras en aquel mausoleo.

—No está mal el mausoleo.

—Las apariencias engañan. Todo es frío, encorsetado. Se ha impuesto el estilo de mamá. Seguro que a ella le importan un bledo el rito, el protocolo. Pero como ha tenido que fastidiarse y entrar dentro de él, fastidia a todo el mundo.

Abrió los ojos, los enfrentó a Carvalho, se dispuso a decirle algo trascendental.

—Quiero irme de casa.

—Creía que ya no se decían estas cosas. Que se hacían y no se decían. Lo que has dicho tiene cierto regusto *démodé.*

—Yo soy muy *démodée.* No tengo el menor interés en dejar de serlo.

—Sigo sin ver qué pinto yo en este asunto. Yo soy un

empleado de tu madre, un empleado coyuntural, pero empleado. Investigo la muerte de tu padre. Eso es todo.

—Tienes los ojos humanos como él. No dejarás que me hunda.

—Tienes buenos flotadores.

Corrigió lo que parecía una impertinencia anatómica.

—Me refiero a que tienes recursos de todo tipo para aguantar. Y en cualquier caso no es de mi competencia. ¿Qué puedo hacer por ti?

Saltó la muchacha de su asiento y cayó de rodillas ante Carvalho apoyando la cabeza sobre su regazo, cortándole el pecho con un latigazo de cabellera.

—Déjame quedarme aquí.

—No.

—Esta noche.

Los dedos de Carvalho empezaron pellizcando la melena espesa y lenta. Acabaron buscando las sendas secretas que llevaban a la nuca.

QUEDÓ DESNUDA como si emergiera del mar de la noche. Indecisa y lenta se ajustaba nerviosamente la melena a uno y otro lado de las orejas y luego se decidió a rebuscar en su bolso, sacar un pequeñísimo envoltorio de kleenex y un espejito. Le tendió una mano como si le diera o le pidiera algo, pero ni le miraba. Salió de la habitación a saltitos como si temiera pisar cortantes o fuegos y volvió con un cuchillo. Carvalho se cubrió las partes con la sábana y la muchacha se sentó ante la mesa camilla, llena de papeles y objetos olvidados. Se hizo un espacio, depositó el espejo a modo de sagrada forma y luego abrió despacio el envoltorio de kleenex, del que sacó algo que parecía un pequeñísimo pedazo de tiza. Rayó la cocaína con el cuchillo hasta convertirla en polvo sobre el espejo.

—¿Tienes una pajita?

—No.

—¿Un bolígrafo?

Sin esperar respuesta, volvió a rebuscar en su propio bolso y sacó un bolígrafo barato de plástico transparente. Le quitó la carga y depositó el chasis cristalino junto al espejo. Fue corriendo hacia la cama, cogió a Carvalho de una mano y tiró de él sonriente, forzándole a salir de debajo de la sábana. Carvalho se encontró sentado, desnudo, junto a ella, también desnuda, bajo la luz centrada de una lámpara metálica que delimitaba el espejo donde se amontonaba brevemente la cocaína. Yes se apretó un orificio de la nariz con un dedo y encajó en el otro la canutilla del bolígrafo para aspirar la cocaína. Ofreció después el artefacto a Carvalho. Acogió con una sonrisa lenta el rechazo del hombre y volvió a aspirar cocaína. Carvalho se fue a buscar la botella de vino y un vaso. Bebió mientras ella terminaba la ración de polvo blanco con la grave concentración de un especialista en la materia.

—¿Tomas eso con frecuencia?

—No. Es muy caro. ¿Quieres? Me queda un poquito más.

—Tengo mis propias drogas.

—Dame un poco de vino.

—Te hará daño.

Cerraba los ojos y sonreía como si viviera un hermoso sueño, cogió las manos de Carvalho, tiró de él hasta ponerle en pie, pegó las puntas de su cuerpo a la piel sorprendida del hombre, frotó su mejilla contra un hombro, contra el pecho, luego la cabeza, el cuerpo entero, mientras sus manos seguían por la espalda de Carvalho un recorrido de palomas inciertas. Carvalho tuvo que imponerse al deseo y ella respondía con una obediencia drogada a las propuestas eróticas de su *partenaire.* Le besó con unas ganas reflejas ante la proximidad de la boca, siguió con los labios la senda del pecho, el vientre y el pene en cuanto Carvalho le inclinó levemente la cabeza hacia abajo. Cambiaba de postura al menor gesto de Carvalho, vencidas todas sus resistencias y todas sus pasiones, instrumental la piel y la voluntad. Hicieron el amor a una distancia de órbitas y sólo cuando recuperaron la visión del techo, ella pareció salir de su sueño para coger frenéticamente la mano de Carvalho y decirle que le amaba, que no quería marcharse. Carvalho pensaba que estaba en deuda y se sentía molesto consigo mismo.

—¿Cada vez que te acuestas con alguien has de drogarte?

—Estoy muy bien contigo. No me das miedo. Siempre me da miedo. Contigo no me ha dado miedo.

Carvalho le dio la vuelta, la puso a cuatro patas y se dispuso a sodomizarla. Ni una protesta salía de la cabeza oculta por cabellos dulces y vencidos. Con los brazos enlazados en su talle breve como un tronco joven desmayó Carvalho la cabeza sobre la espalda de Yes y sintió que le abandonaba el oscuro furor.

—Hazlo, si quieres. No me importa.

Carvalho saltó de la cama, buscó en la mesilla de noche la caja de Condal número 6, encendió el puro, se sentó en el borde de la cama y contempló como desde un balcón el espectáculo de su pene en retirada lenta. Adiós, muchacho, compañero de mi vida... El silencio de ella le hizo volverse. Dormía. La cubrió con la sábana y la manta. Recuperó el pijama, se lo puso, salió de la habitación, volvió a ponerse el disco de Mahler, activó el fuego en la chimenea y se tumbó en el sofá con el puro en una mano y el vino al alcance de la otra. *Bleda* dormía junto al fuego como si fuera el animal más confiado de este mundo y Yes dormía en la habitación hecha a la medida de una taciturna soledad de hombre que quema los días, los años, como vicios imprescindibles y desagradables. Saltó del sofá y *Bleda* despertó alterada de su sueño, moviendo las orejas y los ojos, rasgados y lectores, hacia el Carvalho que se dirigía hacia la cocina como si hubiera oído un tam-tam inexcusable. Multiplicó las manos para puertas y cajones multiplicados, hasta disponer sobre el mármol un ejército de programados ingredientes. Cortó tres berenjenas en rodajas de un centímetro, las saló. Puso en una sartén aceite y un ajo que sofrió hasta casi el tueste. Pasó en el mismo aceite unas cabezas de gambas mientras descascarillaba las colas y cortaba dados de jamón. Retiró las cabezas de gambas y las puso a hervir en un caldo corto mientras desalaba las berenjenas con agua y las secaba con un trapo, lámina a lámina. En el aceite de freír el ajo y las cabezas de las gambas fue friendo las berenjenas y luego las dejaba en un escurridor para que soltaran los aceites. Una vez fritas las berenjenas, en el mismo aceite sofrió cebolla rallada, una cucharada de harina y afrontó la bechamel con leche y caldo de las cabezas de gambas cocidas. Dispuso las berenjenas en capas en una cazuela de horno, dejó caer sobre ellas una lluvia de desnudas colas de gambas, dados de jamón y lo bañó todo con la bechamel. De sus dedos cayó la nieve del queso rallado cubriendo la blancura tostada de la bechamel y metió la cazuela en el horno para que se gratinara. Con los codos derribó todo lo que ocupaba la mesa de la cocina y sobre la tabla blanca dispuso dos servicios y una botella de clarete Jumilla que sacó del armario-alacena situado junto a la cocina. Volvió a la habitación. Yes dormía de cara a la pared, con los lomos al aire, Carvalho la zarandeó hasta despertarla, la hizo ponerse en pie, la condujo casi en brazos hasta la cocina y la sentó ante un plato en el que cayó una paletada de berenjenas al gratén con gambas y jamón.

—Reconozco que es muy poco ortodoxo. Normalmente se hace con bechamel químicamente pura y con menos sabor a gamba. Pero tengo un paladar primario.

Yes miraba el plato y a Carvalho sin decidir un comentario, o tal vez sin despertar aún del sueño. Sumergió el tenedor en el magma tostado y lo retiró lleno de algodón sucio y humeante. Se lo llevó a la boca. Masticó reflexiva.

—Está muy bueno. ¿Es de lata?

CARVALHO ESTABA DE SUERTE. Teresa Marsé había madrugado y fue sorprendida en pleno catacric catacrac de su caja registradora. La boutique olía a fresa. La cliente vestida de Irma Vila y su mariachi, recogió el cambio y salió dejando a Carvalho y a Teresa rodeados de fantasmales vestidos tercermundistas para fugitivos del *prêt-à-porter*.

—Has madrugado. Son las doce.

—He llegado hace un cuarto de hora. ¿Vives?

—¿Conocías a este tipo?

Teresa se quedó con la foto de Stuart Pedrell sin dejar de mirar a Carvalho.

—Te conozco de algo, forastero, y no sé de qué. Hace dos años, o quizá tres, viniste a preguntarme por un cadáver. Siempre vuelves y me preguntas por cadáveres. Me invitas a cenar y te vas a buscar el cadáver. Ahora la misma historia. ¿Otro cadáver?

—Otro.

—Stuart Pedrell, por lo que veo. Era más guapo al natural.

—Recurro a ti porque era de los tuyos.

—Quizá, pero con mucho más dinero. Cuando yo era una mujer casada, había frecuentado a los Stuart Pedrell. Mi marido también se dedicaba a la construcción. ¿Dónde me invitas a comer hoy?

—Hoy no puedo.

—Gratis no trabajo y menos para un tipo como tú.

Colgó los brazos del cuello de Carvalho y le introdujo la lengua hasta la campanilla.

—Teresa, puede decirse que aún no he desayunado.

La mujer se pasó la mano por el peinado afro pelirrojo, y se apartó de Carvalho.

—La próxima vez ven desayunado.

Le hizo pasar a la trastienda. Carvalho se sentó sobre un taburete de piano y ella se entronizó en un sillón filipino de mimbre.

—¿Qué quieres saber?

—Todo lo que sepas sobre la vida sexual del señor Stuart Pedrell.

—Está visto que en tus casos siempre salgo de puta distinguida. Aunque últimamente no me abofeteas. La primera vez me abofeteaste. Y me hiciste cosas peores. Sexualmente del señor Stuart Pedrell pasaba. Cuando le conocí yo era una virtuosa esposa de honrado industrial, asistente a reuniones de matrimonios católicos dirigidos por un tal Jordi Pujol. ¿Te suena?

—¿El político?

—El político. Un día a la semana nos reuníamos jóvenes matrimonios de la buena sociedad barcelonesa en torno a Jordi Pujol, para hablar de moral. Los Stuart Pedrell asistían a veces. Eran mayores que nosotros, de la edad de Jordi, pero escuchaban devotamente nuestras charlas sobre la vida cristiana.

—¿Eran muy carcas los Stuart Pedrell?

—No. No creo. Pero las reuniones daban tono. Éramos jóvenes burgueses con inquietudes controladas, ni pocas ni muchas. También se hablaba de marxismo y de la guerra civil. En contra, claro. En contra del marxismo y de la guerra civil. Lo recuerdo muy bien. Los martes nos veíamos en el Liceo. Los miércoles en mi casa o en la que tocaba, para hablar de moral.

—¿Eso es todo lo que sabes de Stuart Pedrell?

—No. En cierta ocasión me persiguió sentado en una silla. Yo también estaba sentada en una silla.

—Jugabais a indios.

—No. Él acercaba su silla, su mano, sus palabras. Yo alejaba mi silla. Él volvía a acercarla.

—¿Delante de Jordi Pujol?

—No. Fue en un aparte.

—¿Y?

—Llegó mi marido. No quiso ver lo que era evidente. No volvió a ocurrir. Stuart Pedrell llevaba una doble o quíntuple vida. No todo lo arreglaba persiguiendo en silla a jóvenes casadas. Por la cara que pones veo que el relato empieza a interesarte.

—¿Alguna historia interesante?

—Nada del otro mundo. Un repertorio de casadas y problemas con maridos sin el don del lenguaje. Stuart Pedrell sabía hablar. Quizá lo más sonado fue lo de Cuca Muixons, pero nada: cuatro bofetadas.

—¿El marido?

—No. La mujer de Stuart Pedrell se las dio a Cuca Muixons en el Polo. Luego se civilizaron los dos. Cada cual iba por su lado. Sobre todo desde que Stuart Pedrell ligó con Lita Vilardell. Eso ha durado hasta nuestros días. Una pasión intensa y muy literaria. De pronto Stuart la citaba en Londres, en un parque determinado, y se presentaba allí vestido de inglés, con bombín y todo. Cuidaba mucho el vestuario. Otra vez la citó en Ciudad del Cabo. No sé de qué se disfrazó, pero acudió puntualmente.

—¿No viajaban juntos?

—No. Así la cosa tenía más emoción.

—¿Ella no podía costearse los viajes?

—Los Vilardell tienen tanto dinero o más que los Stuart Pedrell. Lita se casó muy joven con un marino mercante también riquísimo. Tuvo dos o tres hijas con él. Pero un día el marido la encontró en la cama con el defensa lateral izquierdo del Sabadell. Bueno, entonces jugaba en el Sabadell, pero provenía de clubs con más solera. El marino mercante le quitó las niñas y Lita se marchó a Córdoba con un guitarrista de flamenco. También se le conoce un plan cabra con un marsellés gángster que la marcó con una navaja y ella, cuando se emborracha, asegura que se ha tirado a Giscard d'Estaing. Pero nadie le hace caso. Es muy mitómana. Lo de Stuart Pedrell ha durado años. Era una relación estable. Como si Stuart estuviera casado con ella. Un doble matrimonio. Los hombres sois un asco, siempre queréis casaros con las tías con que os acostáis. Es para adquirir la propiedad vitalicia. No. No me voy a enrollar.

—¿Qué se cuenta por ahí de su muerte?

—No ejerzo. Apenas si me veo con gente del *milieu.* Alguna cliente. Se dice que todo fue cosa de faldas. Últimamente estaba muy ido. La edad no perdona y menos a esos tíos que descubren su propia bragueta a los cuarenta años. La generación de mi padre, por ejemplo, era muy diferente. Se casaban y montaban al mismo tiempo el piso legal y el ilegal para la peluquera o la manicura de su mujer. Mi padre se lo montó a Paquita, la modista de mi madre. Una mujer saladísima. A veces voy a verla a Pamplona. Utilizando influencias conseguí meterla en una residencia para viejos. Tuvo una hemiplejia. Volviendo a Stuart Pedrell, fue una víctima del puritanismo franquista. Como Jordi Pujol.

—¿Cómo estaban sus relaciones con la Vilardell antes de desaparecer?

—Regular. Cenaban una vez por semana y se matriculaban en cursillos sobre arte tántrico. Eso ló sé seguro porque coincidimos en uno.

—¿Le ha guardado luto?

—¿Quién? ¿La Vilardell?

Reía tanto Teresa Marsé que el sillón de mimbre gemía aterrorizado por su suerte.

—Seguro. Ha debido ponerse el esterilet a media asta.

—LA SEÑORITA ESTÁ en clase de música, pero me ha dicho que cuando llegase usted la esperara. No tardará mucho.

La asistenta siguió dándole a la moqueta con el aspirador. Carvalho recorrió el césped de lana verde hasta llegar a la terraza, desde la que se dominaba el barrio de Sarriá y, más allá de la Vía Augusta, la escenografía brumosa de una ciudad ahogada en mares de bióxido de carbono. Plantas subtropicales en jardineras de azulejos, dos tumbonas Giardino de madera lacada en blanco y lona azul ultramar, la una gastada, la otra propiedad exclusiva de una perra salchicha que levantó la cabeza para observar a Carvalho con cierta prevención, luego ladró, saltó agitando sus tetas colgantes y se puso a olisquearle los pantalones. Arrugó el hocico desagradablemente sorprendida por el olor a otra perra y arremetió a ladridos contra Carvalho. Trató el detective de acariciarle poniendo en el trance lo mejor de su recién adquirido *glamour* canino, pero el ruidoso artefacto salió corriendo y se refugió bajo su tumbona, desde donde expresó su radical desacuerdo con el intruso.

—Está muy mimada —gritó la asistenta sobre el estruendo de la aspiradora—. Pero no muerde.

Carvalho acarició la platanera maltratada por la contaminación, una planta condenada a la condición de orangután botánico en el zoológico vegetal de un sobreático dúplex de barrio alto. Se acodó en la barandilla sobre el desfiladero angosto de la pulcra calleja de Sarriá en la que aún sobrevivían algunas torres ajardinadas.

—¡La señorita!

Anunció el heraldo y en el justo tiempo apareció ante Carvalho Adela Vilardell con el *Microcosmos* de Béla Bartók y un cuaderno pentagramado bajo el brazo.

—Vaya mañana. Voy escopeteada.

Treinta años de ojos azul grises contemplaban a Carvalho, unos ojos que habían heredado todos los Vilardell del fundador de la dinastía, un traficante de esclavos en los años en que ya casi nadie traficaba con esclavos, que volvió a su ciudad con el suficiente dinero para ser conde y que lo siguieran siendo sus hijos. Ojos azul grises del abuelo, cuerpo de gimnasta rumana impechada, facciones de sensible esposa de violinista sensible, manos que debían de asir el pene como si fuera la flauta mágica de Mozart.

—¿Le gusta lo que ve?

—Soy muy exigente.

Sin quitarse el abrigo se sentó Adela Vilardell en la tumbona para recibir inmediatamente a la perra como una rosquilla sobre su regazo. Carvalho trataba de no mirarla para evitarse otro comentario a la defensiva. Volvió a asomarse a la barandilla y desde allí se enfrentó a la mujer que le estudiaba como si calculase su peso y el esfuerzo necesario para volcarle hacia el vacío.

—¿Qué tal van los estudios?

—¿Qué estudios?

—Los de música. Me ha dicho su asistenta que estaba usted en clase de música.

—Me ha dado por ahí. Había llegado a cuarto de piano, pero lo dejé. Para mí entonces era un martirio impuesto por mi madre. Ahora, en cambio, es una delicia. Las mejores horas de la semana. No soy la única. Voy al Centro de Estudios Musicales, una cosa nueva que está llena de personas como yo.

—¿Cómo son las personas como usted?

—Gente mayor que quiere aprender algo que nunca aprendió por falta de tiempo, de dinero o de ganas.

—Usted fue por falta de ganas.

Asintió Adela Vilardell y quedó esperando el interrogatorio.

—¿Cuándo fue la última vez que vio a Stuart Pedrell?

—No recuerdo el día exactamente. Fue hacia finales de 1977. Estaba preparando su viaje y tuvimos una pequeña discusión.

—¿No iba usted con él?

—No.

—¿No quería él, no quería usted?

—No se planteó. Últimamente se habían enfriado nuestras relaciones.

—¿Por qué o por quién?

—El tiempo. Lo nuestro duraba casi diez años y había pasado por fases de gran intensidad. Habíamos convivido meses enteros durante los veranos, aprovechando que su familia veraneaba. Éramos ya una pareja veterana. Nos teníamos muy vistos.

—Además, el señor Stuart Pedrell se dedicaba también a otras mujeres.

—A todas. Yo era la primera en darme cuenta. Bueno, la segunda, porque supongo que Mima, su mujer, me aventaja. No me importaba. Sólo me molestaba que se dedicara a ligar con niñas de párvulos.

—¿De párvulos?

—Hasta los veinte años, tanto los hombres como las mujeres tendrían que estar en parvularios.

—¿Se beneficiaba usted económicamente de la relación con Stuart Pedrell?

—No. No me mantenía. Bueno, a veces me mantenía: por ejemplo, cuando cenábamos juntos pagaba él las facturas de los restaurantes. Tal vez le parezca a usted excesivo.

—¿Ni siquiera hacía usted el ademán de pagar?

—Soy o he sido una señorita y me han educado en el principio de que las mujeres no pagan en los restaurantes.

—Según parece, usted vive de renta. De mucha renta.

—De mucha renta. Debo agradecérselo a mi tatarabuelo, un pastor de ovejas del Ampurdán que reunió el suficiente dinero para enviar a mi abuelo a lo que nos quedaba de las colonias americanas.

—Conozco la historia de su familia. La leí en un *Correo Catalán* no hace mucho. Algo dulcificada.

—Papá era accionista del *Correo.*

—¿Durante el tiempo en que duró la escapada de Stuart Pedrell, no se puso en contacto con usted?

Los ojos azul grises se abrieron más, trataban de demostrar la más absoluta transparencia del cuerpo y el alma de Adela Vilardell en el momento en que contestara.

—No.

Un no que se le había enganchado algo al subir el aire por el pecho intetado.

—Ya ve lo que son las cosas. Años y años de relación, y luego nada.

Esperó algún comentario de Carvalho, y como no llegaba, añadió:

—Nada de nada. A veces pensaba: ¿qué hará este hombre...? ¿Por qué no se pone en contacto conmigo?

—¿Por qué pensaba usted eso? ¿No creía que estaba en los mares del Sur?

—En cierta ocasión estuve por allí, o muy cerca de allí, y hay carteros. Vamos, yo misma eché al buzón del hotel docenas de postales.

—Sustituyó usted a Stuart Pedrell con mucha rapidez.

—¿Lo pregunta o lo afirma?

Se encogió de hombros Carvalho.

—¿Y a usted qué le importa mi vida privada?

—Normalmente nada, absolutamente nada, menos que nada. Pero ahora puede tener que ver con mi trabajo. Se la ha visto recientemente disfrazada de motorista negro sobre una poderosa Harley Davidson y en compañía de otro motorista negro sobre otra poderosa Harley Davidson.

—Me encanta trotar en moto por los caminos.

—¿Quién es el jinete negro que le acompaña?

—¿Y usted cómo se ha enterado de todo eso?

—Aunque le parezca increíble, carecen de vida privada. Se sabe todo sobre ustedes.

—¿Quiénes somos ustedes?

—Ya me entiende. Llamo a cualquier puerta de cualquier persona que usted conoce levemente y lo sabe todo sobre usted. Por ejemplo, ¿es cierto lo del bombín?

—¿Qué pasa con el bombín?

—¿Es cierto que Stuart Pedrell la citó hace algunos años en un parque de Londres y se presentó disfrazado de inglés de la City con bombín incluido?

Una risa liberadora campanilleó en la garganta, larga y anillada, de la mujer.

—Completamente cierto.

—¿Me dirá el nombre del jinete negro?

—Ya debe de saberlo usted.

—Sí.

—¿Entonces?

BISCUTER PERMANECÍA SENTADITO en el canto de una silla arrinconada, y en cuanto vio entrar a Carvalho dio un salto y exclamó:

—Le espera esta chica, jefe.

—Ya lo veo.

Carvalho resbaló la mirada sobre Yes sin atender que acudía a su encuentro. Misión cumplida, Biscuter desapareció tras la cortina. Carvalho se sentó en el sillón giratorio y contempló a Yes detenida a medio gesto en el centro de la habitación.

—¿Te molesta que haya venido?

—Molestar no es la palabra.

—Cuando te has ido me puse a pensar. No quiero volver a casa.

—Es tu problema.

—¿Puedo quedarme en la tuya?

—No.

—Dos o tres días.

—No.

—¿Por qué?

—Mis obligaciones como empleado de tu madre y como compañero de cama tuyo tienen un límite.

—¿Por qué tienes que hablar siempre como un detective privado? No puedes decir cosas normales, excusas normales: espero parientes, no tengo sitio.

—Lo tomas o lo dejas. Lo siento. Por otra parte, vernos con tanta frecuencia me parece excesivo. Ahora voy a comer aquí tranquilamente y no pienso invitarte.

—Estoy sola.

—Yo también. Jésica, por favor. No me gastes en seguida. Utilízame sólo cuando te sea estrictamente necesario. Tengo trabajo. Vete.

Ella no sabía cómo irse. Sus manos divagaban como si buscara dónde apoyarlas, pero sus piernas retrocedían en busca de la puerta.

—Me mataré.

—Será una lástima. No evito suicidios. Sólo los investigo.

Carvalho abrió y cerró cajones, reordenó los papeles de la mesa e inició una llamada telefónica. Yes cerró la puerta tras sí con suavidad. Su retirada coincidió con la reaparición de Biscuter con una espumadera en la mano.

—Demasiado duro, jefe. Parece una buena chica. Una buena chica algo tonta. ¿Sabe qué me ha preguntado? Si había matado alguna vez a alguien. También me ha preguntado si usted lo había hecho.

—¿Qué le contestaste?

—*I ara!* Y ella seguía preguntando. No ha parado de preguntar. Yo no he dicho ni mu, jefe. ¿Es peligrosa?

—Para sí misma.

Carvalho colgó el teléfono bruscamente, se puso en pie y avanzó precipitadamente hacia la puerta.

—¿Se va? ¿No se queda a comer?

—No lo sé.

—Le había hecho unas patatas con chistorra a la riojana.

Carvalho se detuvo con un pie más allá del umbral. Patatas con chistorra a la riojana.

—Están calentitas —insistió Biscuter al verle vacilar.

—Después.

Bajó los escalones de dos en dos y saltó a las Ramblas con el cuello tieso y los ojos picoteando en las cabezas lejanas en busca de los cabellos mielados de Yes. Creyó verlos cerca de las arcadas de la Plaza Real y corrió hacia allí. No era ella. Tal vez hubiera ido hacia el norte en busca de su ciudad o quizá hacia el sur, hacia el puerto para ensimismarse en las aguas y el trajín de las *golondrinas* hacia el rompeolas. Carvalho fue hacia el sur a largas zancadas con los brazos subrayando el esfuerzo del cuerpo y los ojos vigilantes, repitiéndose mentalmente que era un imbécil. Se lanzó a la calzada rodeante del monumento a Colón entre miradas aviesas y algún insulto de los automovilistas. La Puerta de la Paz aparecía despoblada por la primavera fría aunque el sol calentaba a algunos ancianos en los bancos, y los fotógrafos ambulantes perseguían con su salmodia a los escasos turistas desganados. Junto a la garita donde vendían los tickets para las *golondrinas,* yacía una desastrada y sucia muchacha con niño mamante y semidormido. Un cartón a su lado contaba la historia de un marido canceroso y de una situación de extrema necesidad que exigía la limosna del paseante. Pedigüeños, parados, seguidores del Niño Jesús y de la santísima madre que lo parió. La ciudad parecía inundada de fugitivos de todo y de todos. Pasó lenta una barca, abriendo estelas pesadas en las aguas grasientas, Carvalho se quedó embobado contemplando la dignidad de un viejo jubilado con chaqueta demasiado grande, pantalón demasiado pequeño y un sombrero de fieltro tan hondo como el de un policía montado del Canadá. Uno de esos viejos pulcros que avanzan con decisión terrible hacia una sepultura pagada durante cuarenta años, primer domingo de mes a primer domingo de mes. ¿Quién llama? Di, ¿se ahorca a un inocente en esta casa? Aquí se ahorca simplemente. ¿Dónde había leído esto? ¿Quién es? El seguro de entierro. ¿Quién es? Los muertos. ¡Ah, bueno! ¿Para qué buscar a Jésica? ¿Qué responsabilidad tengo sobre ella? Se tirará a quince tíos en un mes y volverá a centrarse. Desanduvo lo andado en retorno a su despacho, pero aún buscaba con los ojos la posibilidad de Yes Rambla arriba. Se metió en una taberna junto al Amaya, en la que sólo se podía tomar vino del Sur. Bebió con sed tres manzanillas frías. Le dio un duro a una de las cinco gitanillas que entraron con suficiencia parando la mano a la altura de los ojos de los que tomaban copas y hablaban de fútbol, toros, maricones, mujeres, política y negocios menores de extrañas partidas de plomo viejo o de piezas de tela liquidadas a precio de saldo en almacenes en quiebra de la calle Trafalgar. Siempre le habían parecido almacenes quebrables o agonizantes en poder de dueños, dependientes y mozos viejos que medían viejas piezas de tejidos con viejos metros de madera, producto de una primera emisión conmemorativa de la instalación del sistema métrico decimal. Y sin embargo habían sobrevivido década a década desde la memoria infantil de Carvalho hasta ahora, en el momento real de la vejez y la muerte. Aquellos metros de color marrón. ¿También se venden los metros? Animales flexibles en hule amarillo, rígidas serpientes maderificadas, restallantes látigos de metal enrollados, plegables metros conscientes de su concentrado poder de medir el mundo. Los niños juegan con los metros hasta matarlos. Los metros en las manos de los niños son animales de medir apresados que se debaten manipulados por sus verdugos y van siendo conscientes poco a poco de que nunca más medirán nada. Con un metro plegable se podía hacer un pentágono o esta cara de la luna. Salió a la calle. La muchacha llevaba una frágil rebeca azul, falda diríase que falda-pantalón, aunque no tuvo tiempo de aseverarse, y zapatones que la elevaban veinte centímetros sobre el nivel del mar. Tenía a la vez fealdad y belleza, y cuando le dijo: «Perdone, ¿le apetecería acostarse conmigo? Son mil pesetas y la cama», Carvalho le vio un ojo morado y un pequeño arañazo en la piel transparente y venada de la sien. Siguió acera abajo y repitió su demanda a otro transeúnte que la esquivó marcando un semicírculo, como si quisiera rodearla de la cuarentena de la sospecha. Ejerce la prostitución como si preguntara la hora. Tal vez sea una nueva técnica de márketing puteril. He de preguntárselo a *Bromuro* o a Charo. Dudó entre regresar a la patria de patatas a la navarra, o ir a ver a Charo, recién levantada, malhumorada por sus olvidos y desdenes, preparando el cuerpo para la clientela del atardecer apalabrada por teléfono, clientes fijos en su mayoría que le consultaban problemas familiares y en ocasiones hasta la ruta del aborto para sus hijas precoces o sus propias mujeres, preñadas después de cinco o seis copas de champaña L'Aixartell, el que anuncian Marsillach y Núria Espert. Preparando el cuerpo o preparando reproches para un Carvalho cada vez más distante.

—En un momento se las caliento, jefe. Parecen puré. Bueno es que se deshagan, pero no tanto. El chorizo ha quedado deshecho; deshecho y está buenísimo. He procurado no pasarme de *bitxo* como otras veces.

Carvalho empezó a apalear patatas con chorizo hacia una boca sumisa. Pero poco a poco el paladar le fue indicando que debía prestar más atención a lo que comía.

—Buenísimo, Biscuter.

—Se hace lo que se puede, jefe. Hay días en que a uno le salen bien las cosas, y en cambio otros... Sin ir más lejos...

Las explicaciones autocomplacientes de Biscuter le sonaban a lluvia en los cristales, y allí buscó la salpicadura de las palabras. Llovía. Llovía duramente sobre la Rambla de Santa Mónica y sintió en la espina dorsal un escalofrío nostálgico de sábanas y mantas, nostálgico de gripes suaves y trajines domésticos en sordina. Pepe, Pepe, ¿te hago una limonada? En las manos *La isla misteriosa* y en la radio *Las aventuras del inspector Nichols,* en la voz de Fernando Forga.

—PODEMOS CENAR ESTA NOCHE con Beser, mi amigo, en su piso de San Cugat. Pasaré a buscarte por tu casa. Prepárate. Tú este año no has querido venir a mi casa para la matanza. Si Mahoma no va al Maestrazgo, el Maestrazgo va a Mahoma.

La llamada de Fuster le puso de buen humor. Consultó las notas que había tomado durante su conversación con Teresa Marsé. Había dibujado un círculo en torno al nombre de Nisa Pascual, la última *teenager* en la vida conocida de Stuart Pedrell. Iba a clase por las tardes en una escuela de arte situada a medio camino de Vallvidrera. A veces los caminos eran propicios. La escuela ocupaba una torre modernista que emergía en plena vegetación exuberante de vaguada húmeda, un asomo de artificio entre verdores pulcros y controlados de viejos árboles partidarios de la primavera a pesar de su edad. Algunos alumnos paseaban discutiendo entre silencios, empapándose de la humedad bienoliente que la lluvia había arrancado del paraíso podado. Las primeras luces se habían encendido en algunas clases acondicionadas en las que habían sido habitaciones de la mansión construida por un vicioso del modernismo. Colores de retina de pintor primitivo se habían adueñado de marcos, puertas y ventanas, subrayando el aspecto de vivienda lúdica para una vida y una cultura imaginarias. Nisa estaba en la clase de Meditación Artística. Los alumnos parecían guardar un minuto de silencio por algo o por alguien. Pero el minuto se prolongó. Cuatro. Cinco. Diez. Tras los cristales, Carvalho asistía a tanta meditación y a tanto silencio dudando sobre la orientación que les habían dado. Por fin los cuerpos recuperaron la animación. Una profesora semidisfrazada de maharaní movía los labios y los brazos como si remachara salmódicamente las últimas recomendaciones. Hubo turno de preguntas, y por fin los cuerpos se encaminaron hacia la salida. Nisa salió con otras dos chicas tan altas y rubias como ella. Era delgada y pecosa, con una larga trenza que le llegaba hasta las raíces del culo y un candor de virgen en los ojos grandes y azules rodeados de tantas pecas que eran pura mancha. Carvalho le hizo una seña y ella se le acercó curiosa.

—¿Podría hablar con usted?

—¡Claro!

—Soy detective privado.

—¿Le han contratado aquí? Es lo único que falta.

Reía contentísima por el hallazgo. Rió tanto que se acercaron sus dos compañeras a la espera de que les desvelara la causa de su risa.

—Ya voy. Ya voy. Ya os lo contaré. Hoy es mi día.

Carvalho devolvió con una mirada de impertinencia crítica las miradas curiosas que le dedicaban las muchachas.

—¿Han robado un collar muy valioso y usted lo está buscando?

—Mataron a Carlos Stuart Pedrell y yo estoy meditando sobre el caso. Por cierto, ¿qué meditaban hace un rato? En la clase.

—Es un método nuevo. Tan importante como pintar es pensar sobre la pintura. Cada clase nos pasamos media hora pensando sobre pintura. ¿Usted sabe pensar?

—Nadie me ha enseñado.

—Uno mismo debe aprender. ¿Qué me decía de Carlos?

Seguía la sonrisa rubia en sus labios, hechos a la medida del biberón.

—Que ha muerto.

—Ya lo sabía.

—Que me han hablado de usted como muy amiga suya.

—Lo fuimos. Pero ha pasado mucho tiempo. Se marchó de viaje y luego apareció muerto. Eso ya es viejo.

—¿No se puso en contacto con usted durante su desaparición?

—No. La verdad es que estaba muy enfadado conmigo. Me propuso que le acompañara y me negué. Si hubiera sido un viaje corto, de dos meses, yo habría ido. Pero era un viaje por tiempo indefinido. Yo le quería mucho. Era tierno, desvalido. Pero no entraba en mis planes buscar el paraíso perdido.

—Cuando usted no quiso acompañarle, ¿varió el proyecto?

—Llegó a decir que no se iba. Pero de pronto desapareció y supuse que finalmente se había decidido. Necesitaba aquel viaje. Era una obsesión. Había días en que era inaguantable. Fue un compañero maravilloso. Una de las personas que más han influido en mi vida. Me enseñó muchas cosas, era un hombre lleno de inquietud y de curiosidad.

—Por fin alguien me habla bien de Stuart Pedrell.

—¿Le han hablado todos mal?

—A medias. Digamos que no se lo tomaban en serio.

—Él era muy consciente de eso y sufría.

—¿Durante su larga ausencia no se puso nunca en contacto con usted?

—Le habría sido difícil. Me conmovió mucho lo que había ocurrido. Me costaba creer que todo había terminado. Que había dejado atrás una etapa en mi vida. Pedí una beca para estudiar arte en Italia y he pasado allí casi un año: Siena, Peruggia, Venecia...

—¿Sola?

—No.

—A rey muerto rey puesto.

—Nunca he tenido rey. ¿Es usted un moralista?

—Es mi papel. He de desconfiar siempre de la moralidad de la gente.

—Ah, si es así... Es fascinante. Nunca había hablado con un detective privado. Una vez vi hablar a uno por televisión y no era como usted. Se pasó toda la emisión hablando de lo que no podían hacer según la legislación vigente.

—Según la legislación, no podríamos hacer nada.

—He de ir a clase de Proyectos.

—¿Proyectan algo, o piensan en lo que pueden proyectar?

—Yo aquí me divierto mucho. ¿Por qué no se matricula? Podría introducir un poco de misterio en este caserón. ¿Qué tal si proyectamos un crimen y usted lo investiga?

—¿A quién le gustaría asesinar?

—A nadie. Pero podríamos convencer a la víctima. La gente aquí es muy imaginativa.

—Usted dejó a un Stuart Pedrell muy frustrado por su negativa.

—Muy frustrado. Casi desesperado.

—Y, sin embargo...

—Sin embargo, ¿qué?

—Le dejó.

—Era una relación ya muerta. Si él necesitaba marcharse es porque en el fondo ya no necesitaba nada de ninguno de nosotros: ni de su familia, ni de nadie. Mi viaje con él habría durado semanas y al final habría descubierto mi equivocación, nuestra equivocación.

—Ya ha empezado la clase —le advirtió una de las amigas al pasar a su lado.

Carvalho entretuvo los ojos en su talle pequeño, en la melena rubia rizada que le caía sobre la espalda fugitiva.

—Un día me llama y me cuenta cosas del oficio. Si quiere, invito a mi amiga. Veo que la mira mucho.

—Es mi tipo.

—¿La llamo y se lo digo?

—Me espera una reunión de ex combatientes.

—¿Ex combatientes de qué?

—De una guerra secreta. No ha salido en los libros. Si he de volver a hablar con usted, vendré a buscarla aquí.

Minutos después comprobaba que desde su casa no se divisaba la escuela de los meditadores de arte, pero seguramente podría verse desde la estación del funicular de Vallvidrera. Con unos prismáticos podría buscar cada día a la muchacha de pequeño talle y cabellos rizados. Al menos hasta que acabara los estudios y montase una tienda de marcos y cornucopias.

—¿Qué haces con los prismáticos? —le gritó Fuster asomando la cabeza por la ventanilla del coche.

—Quiero ver a una mujer.

Fuster miró hacia la Barcelona lejana.

—¿En qué calle? ¿En la Plaza del Pino?

—No. En el pie del Funicular.

—*Cherchez la femme.* ¿A quién ha matado?

—Estaba muy buena.

Por la cuesta, una mujer samoyeda subía su peso y el de una cesta. Se quedó escuchando mientras recuperaba el aliento.

—Nos espera mi paisano. Tráete sal de frutas.

Cuando subió al coche, *Bleda* se puso a ladrar tras la puerta enrejada.

—¿Qué es eso? ¿Te has comprado un perro? ¿Estás en crisis?

—Mi crisis no puede compararse con la tuya. ¿Dónde fue a parar tu barba de chivo?

Fuster se acarició la barbilla lascivamente desnuda.

—Como dice Baudelaire, el *dandy* debe aspirar a ser sublime siempre. Debe vivir y dormir delante del espejo.

BESER VIVÍA EN UN PISO de San Cugat en el que sólo había libros y una cocina. Parecía un Mefistófeles pelirrojo con acento valenciano. Riñó a Fuster por un retraso que ponía en peligro la paella.

—Hoy tomarás una paella valenciana de verdad —le informó Fuster.

—¿Has hecho lo que te dije?

Beser juró que había seguido todas las instrucciones del gestor. Inició Fuster la marcha hacia la cocina a través de un pasillo lleno de libros. Carvalho pensaba que con la mitad de aquellas existencias tendría asegurado el fuego en su chimenea hasta que muriera. Como si adivinara sus pensamientos, Fuster exclamó sin volver la espalda:

—Cuidado, Sergio, que éste es un quemalibros. Los utiliza para encender la chimenea.

Beser se enfrentó a Carvalho con los ojos iluminados.

—¿Es cierto?

—Completamente cierto.

—Ha de producir un placer extraordinario.

—Incomparable.

—Mañana empezaré a quemar aquella estantería. Sin mirar qué libros son.

—Produce mucho más placer escogerlos.

—Soy un sentimental y los indultaría.

En la cocina, Fuster inspeccionó como un sargento de intendencia la labor de Beser. Había trinchado poco los componentes del sofrito. Rugió como herido por una invisible saeta.

—¿Qué es eso?

—Cebolla.

—¿Cebolla en la paella? ¿De dónde has sacado eso? La cebolla ablanda el grano.

—Eso es una majadería. En mi pueblo siempre ponen cebolla.

—En tu pueblo hacéis cualquier cosa para significaros. Se puede poner cebolla a un arroz de pescado o de bacalao y hecho a la cazuela, a la cazuela, ¿entiendes?

Beser salió de estampida y volvió con tres libros bajo el brazo: *Diccionario gastrosófico valenciano, Gastronomía de la provincia de Valencia* y *Cien recetas de arroz típicas de la región valenciana.*

—No me vengas con libros de gente que no es de Villores. Morellano de mierda. Yo me guío sólo por la memoria popular.

Fuster alzó los ojos hacia el techo de la cocina y declamó:

¡Oh insigne sinfonía de todos los colores!
¡Oh ilustre paella
por fuera con su blusa de colores,
quemadita por dentro con ansias de doncella!
¡Oh policromo plato colorista
que antes que con el gusto se come con la vista!
Concentración de glorias donde nada se deja.
Compromiso de Caspe entre el pollo y la almeja.
¡Oh plato decisivo:
gremial y colectivo!
¡Oh plato delicioso

donde todo es hermoso
y todo se distingue, pero nada está roto!
¡Oh plato liberal donde un grano es un grano
como un hombre es un voto!

Beser buscaba en los libros sin hacer caso al estallido poético de Fuster. Finalmente, cerró los libros.

—¿Qué?

—Tenías razón. En la paella de los pueblos de Castellón no se pone cebolla. Ha sido un lapsus. Un catalanismo. He de volver a Morella urgentemente para un reciclaje.

—¡Ajá! —exclamó Fuster mientras precipitaba la cebolla en el cubo de la basura.

—Te lo dije bien claro. Medio kilo de arroz, medio conejo, medio pollo, un cuarto de kilo de costillas de cerdo, un cuarto de kilo de *bajocons,* dos pimientos, dos tomates, perejil, ajos, azafrán, sal y nada más. Todo lo demás son extranjerismos.

Se puso Fuster a la tarea mientras Beser les daba a picar migas de pan fritas con chorizo y butifarras de sangre de Morella. Sacó una garrafa de vino de Aragón, y los vasos parecían una cadena de cubos de agua en el trance de apagar un incendio. Fuster había traído del coche una caja de cartón aceitosa a la que trataba como si guardara un tesoro. Curioseó Beser el contenido y gritó entusiasmado:

—*¡Flaons!* ¿Tú has hecho esto por mí, Enric?

Se abrazaron como dos paisanos que se encuentran en el Polo y explicaron al avinado Carvalho que los *flaons* son el escalón superior del *pastisset,* de todos los *pastissets dels Països Catalans.* En todo el Maestrazgo se hacen con harina amasada con aceite, anís y azúcar y se rellenan de requesón, almendra molida, huevo, canela y raspaduras de limón.

—Mi hermana me los trajo ayer. El requesón es una cosa muy jodida y se estropea en seguida.

Beser y Fuster cogían imaginarios puñados del aroma que salía de la paella y se los llevaban a la nariz.

—Demasiado pimiento —opinó Beser.

—¡Esperad a comerla, *collons*! —rechazaba Fuster concentrado como un alquimista sobre las retortas.

—Unos caracoles finales para dar el toque. Eso es lo que falta. Pepe, hoy vas a probar la paella real, la del país auténtico, la que se hacía antes de que la corrompieran los pescadores ahogando peces en sofrito.

—Bien te la comes tú.

—Es que hago antropología, *collons*.

Dispusieron la paella sobre la misma mesa de la cocina y Carvalho estuvo dispuesto a comerla a lo rural, es decir, sin platos, seleccionando una parcela de territorio dentro del propio recipiente. En teoría era una paella para cinco personas que se comieron sin otro esfuerzo que envinarla continuamente para que llegase bien recocida al estómago. Terminaron la garrafa de seis litros y empezaron otra. Luego Beser sacó una botella de mistela de Alcalá de Chisvert para los *flaons*.

—Antes de que no sepas distinguir un soneto de un fragmento de la guía telefónica, soluciona el problema que quiere consultarte mi amigo el detective. Por cierto, no os he presentado. A mi derecha Sergio Beser, setenta y ocho kilos de mala leche pelirroja, y a mi izquierda, Pepe Carvalho. ¿Cuánto pesas? Éste es el hombre que más sabe sobre Clarín, sabe tanto que si Clarín resucitase le mataría. Nada de la literatura le es ajeno. Lo que no sepa él, lo sé yo. «Robustos esclavos, sudorosos por el fuego de las cocinas, dejaban sobre la mesa los manjares del primer servicio en grandes platos de arcilla roja saguntina.» ¿De quién es esto?

—De *Sónnica la cortesana,* de Blasco Ibáñez —adivinó Beser, displicente.

—¿Cómo lo sabes?

—Porque cuando te vas a emborrachar recitas la oda a la paella, de Pemán, y cuando estás borracho declamas la escena del banquete que Sónnica le organiza en Sagunto a Acteón de Atenas.

—«Cada comensal tenía detrás un esclavo para su servicio y todos ellos llenaron en la crátera los vasos para la primera libación» —prosiguió Fuster en solitario la recitación mientras Carvalho sacaba el papel donde había escrito a máquina el jeroglífico literario de Stuart Pedrell. Beser adquirió de pronto una gravedad de perista de diamantes y sus diabólicas cejas rojas se erizaron ante el desafío. Fuster dejó de declamar para llenarse la boca con el último *flaón* que quedaba. Beser se puso en pie y dio dos vueltas alrededor de los contertulios. Se bebió otro vaso de mistela y Fuster repuso el líquido para que no fuera cuestión de falta de gasolina mental. Recitaba el profesor en voz baja como si tratara de retener los versos de memoria. Recuperó su silla y dejó el papel sobre la mesa. Su voz salió fría como si en toda la noche no hubiera bebido otra cosa que agua helada, y mientras hablaba liaba un cigarrillo de «caldo de gallina».

—LOS PRIMEROS VERSOS no tienen problema. Pertenecen al primer poema de *The waste land (La tierra baldía),* de Eliot. Un poeta de la primera mitad de este siglo. *I will show you fear in a handful of dust.* Es el verso que más me gusta de todo el poema: *Te enseñaré la angustia en un puñado de ceniza.* Pero no viene a cuento, veamos lo del sur. No quisiera ponerme pesado, pero el mito del sur como símbolo del calor y de la luz, de la vida, del renacer del tiempo, aparece continuamente en literatura, sobre todo desde que los americanos descubrieron lo barato que les resultaba veranear con dólares. El segundo fragmento también está chupado. Pertenece a *Los mares del Sur,* el primer poema publicado por Pavese, un poeta italiano muy influido por la literatura americana. Nunca estuvo en los mares del Sur y seguro que ese poema lo escribió bajo la influencia de las lecturas de Melville. ¿Has leído a Melville? No pongas esa cara de incendiario. Leer es un vicio solitario e inocente. Pavese, en el poema, habla de la fascinación que ejerce sobre un adolescente el recuerdo de un pariente marino que ha recorrido medio mundo. Cuando el pariente vuelve, el muchacho le interroga sobre sus viajes por los mares del Sur y él contesta desencantadamente. Para el muchacho los mares del Sur son el paraíso; para el marino, un paisaje marcado por el trabajo cotidiano y rutinario. Estos poetas son la leche. Son como las mujeres: te hacen trempar y luego te dejan in albis. Son unos *escalfabraguetes.* En cuanto al tercer fragmento, es difícil saber de dónde lo ha sacado. Es un endecasílabo perfecto y puede pertenecer a cualquier poeta italiano desde el siglo XVI, pero la añoranza del sur es moderna. O bien se trata de un poeta meridional y al hablar del sur habla del Sur, es decir de Sicilia o de Nápoles. *Più nessuno mi porterà nel sud.* Y algo me dice que lo sé. *Più nessuno mi porterà nel sud.* En cualquier caso, los tres fragmentos marcan todo un ciclo de desencanto: la esperanza intelectualizada de leer hasta entrada la noche y en invierno ir hacia el sur, burlando el frío y la muerte. El temor de que tal vez ese sur mítico sea otra propuesta de rutina y desencanto. Y finalmente la desilusión total... Ya nadie le llevará al sur...

—Pero reúne los tres fragmentos cuando sí va al sur. Cuando tiene hasta los billetes comprados y los hoteles apalabrados.

—¿A qué sur? Tal vez había descubierto que aunque fuera al sur nunca llegaría al sur. *Aunque sepa los caminos, nunca llegaré a Córdoba,* escribe García Lorca. ¿Comprendes? A los poetas les gusta joderse y jodernos. ¿Has oído, Enric? El mariconazo sabe los caminos y no va a Córdoba. Son la leche. Como el otro paisano, el Alberti. Dice que nunca entrará en Granada. Ha castigado a la ciudad. Yo tengo otra concepción de la poesía. Ha de ser didáctica e histórica. ¿Conoces mi poema escénico sobre la campaña del Cid por el reino de Valencia? Te lo representaremos Enric y yo cuando bebamos un par de botellas de más y Enric esté dispuesto a hacer de caballo. *Più nessuno mi porterà nel sud.* Voy a leer los lomos de todos los libros de poesía que tengo, y seguro que saldrá.

Se subió a una escalerilla de tres peldaños y fue mirando estantería por estantería. A veces sacaba un libro, lo hojeaba y se quedaba leyéndolo entre exclamaciones de sorpresa. *¡Ni sabía que tenía este libro aquí!* Fuster escuchaba melancólicamente un disco de canto gregoriano que se había dedicado a sí mismo. *¡Caliente! ¡Caliente!*, gritaba Sergio Beser encaramado directamente sobre las estanterías como un pirata en pleno abordaje. *¿No oléis a mares del Sur? Oigo el oleaje.* Desencajó un delgado libro lleno de erosiones. Primero lo husmeó más que leyó para caer en picado sobre una de sus páginas.

—¡Aquí está! ¡Aquí está!

Fuster y Carvalho se habían puesto en pie excitados por la próxima revelación. Todo el calor de la comida y el alcohol subió con ellos y entre nubes de emoción veían a Sergio envuelto desde el mástil, con el misal entre las manos y el gesto grave del que va a comunicar el desenlace.

—*Lamento per il sud* de Salvatore Quasimodo. *La luna rossa, il vento, il tuo colore di donna del Nord, la distessa di neve...* Es como *L'emigrant* de Vendrell o *El emigrante* de Juanito Valderrama, pero con premio Nobel. Y aquí está su verso: *Ma l'oumo grida dovunque la sorte d'una patria. Più nessuno mi porterà nel sud.*

Saltó desde la estantería y previo crujido de maltratadas rodillas quedó ante Carvalho tendiéndole el librillo: *La vita non é sogno,* de Salvatore Quasimodo. Carvalho leyó el poema. El lamento de un meridional que reconoce su impotencia para volver al sur. Su corazón ya se ha quedado en los prados y en las aguas nuboladas de Lombardía.

—Es casi un poema social. Muy pòco ambiguo. Poco polisémico, como diría cualquier pedante con media hora de lecturas de *Tel Quel.* Son poemas publicados en la posguerra, en pleno neorrealismo crítico. Fíjate: «El sur está cansado de trajinar cadáveres... cansado de soledad, de cadenas, cansado en su boca de las blasfemias de todas las razas, que han gritado muerte con el eco de sus pozos, que han bebido la sangre de su corazón.» Hay un contrapunto amoroso, es decir, desvela su tristeza de desarraigado a la mujer que ama... ¿Te sirve de algo?

Carvalho releía la nota de Stuart Pedrell.

—Literatura.

Se le escapó salivilla despectiva:

—Me parece que sí, me parece que sólo es literatura. Vaya perra ha pillado la gente con lo del sur. Tal vez tuviera sentido antes de los vuelos *charter* y de los *tour operators,* pero ahora ha dejado de existir. El sur no existe. Los americanos construyeron una mitología literaria de la nada y el sur se debe exclusivamente a ellos. La palabra sur tiene un sentido previo para todo norteamericano, es su lugar maldito, su lugar vencido en un país de triunfadores, la única civilización blanca muerta que hay en Estados Unidos, la del «profundo sur». De ahí viene todo lo demás. Estoy seguro. ¿De verdad no conoces nuestro ciclo teatral valenciano? En un momento te lo representamos Enric y yo. Compara la auténtica literatura popular con toda esa literatura de quejicas. Yo seré el Cid y tú, Enric, el rey moro.

—Siempre abusas.

—No hay más que hablar. Voy a introducir en la situación. Está el Cid, aunque hay quien duda que sea el Cid. En fin, está el señor de Morella en las puertas de la villa y ve llegar la tropa mora. Se dirige al moro que manda y dice:

CID: ¿Quién sois vos que desde encima del caballo me miráis?

MORO: El rey de los moros que vengo a conquistar esta plaza.

CID: Pues no lo conseguiréis.

MORO: *Pos vos futarem les dones!*

CID: *Pos hi hauria guerra!*

MORO: *Pos que n'hi hasgue!*

CID: *Corneta, porta la trompeta!*

A coro, Beser y Fuster empezaron a cantar mientras bailaban cada cual por su lado:

Caguera de bou
que quan plou
s'escampa.
La de vaca sí
la de burro no. (*)

Quedaron satisfechos ante Carvalho y el detective aplaudió hasta que le dolieron las manos. Se inclinaron el profesor y el gestor.

—Esta primera pieza podría titularse: Defensa de Morella. Ahora otra pieza que transcurre ante los muros de Valencia.

Se puso Fuster a cuatro patas y se sentó Beser sobre él.

—Yo soy el Cid sobre *Babieca,* y un moro, al que debes imaginarte, exclama:

MORO: Che, *collons,* lo Cid!

OTRO MORO: Che, la puta!

PRIMER MORO: La puta, no, la Ximena.

—Ya está —dijo Beser descabalgando.

—El teatro popular siempre es breve. ¿Conoces *David y el arpa*?

A Carvalho le salió el no al mismo tiempo que un resoplido ardiente que le subía del hígado. Beser volvía a liar un «caldo de gallina». Fuster dormitaba con la cara apoyada sobre el tablero de la mesa de la cocina.

—Has de imaginarte el palacio de Jerusalén. David está cabreado con Salomón por motivos que no vienen al caso, pero

(*) Mierda de buey / que cuando llueve / se esparce. / La de vaca sí, / la de burro no.

es evidente que está cabreado. Imagina todo el lujo asiático que quieras y el arpa que quieras. ¿Has visto alguna vez un arpa?

—La he visto. La he visto. Es así.

Dibujó con las manos Carvalho un arpa en el aire. Beser la examinó con ojo crítico.

—Más o menos. Pues David está cabreado con Salomón por motivos que no vienen a cuento. Salomón le dice: *David, toca el arpa.* David se lo mira y arruga el ceño. Coge el arpa y la tira al río. Ya está. ¿Qué te parece?

Carvalho se puso en pie para aplaudir. Beser semisonreía como un torero triunfador que quiere fingir modestia. Fuster se incorporó y trató de aplaudir aunque no consiguió siempre que las palmas de las manos se encontraran.

Luego se apagó la pequeña luz que aún quedaba en la cabeza de Carvalho y se sintió trajinado, transportado a un coche y entre falsas imágenes y recuerdos se vio asimismo amontonado con Enric Fuster en el asiento trasero de un coche que no era el suyo ni el del gestor. El perfil rojizo del profesor se prolongaba en un «caldo de gallina» encendido que le ayudaba a ver la carretera por la que el coche descubría que la línea recta es la distancia más corta entre dos puntos.

SE IMAGINÓ A SU PROPIO HÍGADO como un animal corroído por el vitriolo. Como un puré de mierda y sangre que en su agonía le clavaría todo su dolor en el costado. Pero aún no le dolía. Tenía la cabeza y las piernas pesadas y una sed de desierto, una sed de agua desbordando la boca y precipitándose por el pecho. Mientras caminaba a oscuras hacia la nevera, se daba palmaditas en el hígado para calmar sus furias o agradecerle su paciencia. Nunca más. Nunca más. ¿Para qué? Se bebe esperando el clic que abre la puerta siempre cerrada. Levantó la botella de agua mineral helada, se llenó la boca, esperó a que las aguas de aguja le empapasen la pechera del pijama. Luego buscó una copa de cristal *modern style* que sólo utilizaba para botellas de champaña de más de quinientas pesetas, y la llenó de la misma agua mineral con la que se había duchado más que bebido. Decidió convertir aquella agua picante y helada en un alto champaña de alta madrugada.

—Pareces un duque jubilado y con hemorroides. Mañana mismo buscas un pasaje para los mares del Sur. Camarero, encargue a mi paisano, el valenciano, que me haga un cisne de hielo y que me lo llene de lichis frescos. ¿Qué coño pinta un camarero valenciano en esta historia?

Lo había leído en alguna parte. O tal vez hacer un velero a la medida de sus compañeros de naufragio. Leer hasta entrada la noche y en invierno viajar todos hacia el sur. ¿Qué sabéis vosotros dónde está el sur? Pero cuando le digo que él está entre los afortunados que han visto amanecer sobre las islas más hermosas de la tierra, al recuerdo sonríe y responde que cuando el sol se alzaba el día ya era viejo para ellos.

—El sur es la otra cara de la luna.

Gritó a la luna más que dijo, mientras agradecía el frío relente que le calmaba el calor interior del alcohol y el disgusto contra sí mismo. La otra cara de la luna. La ducha, primero caliente, después fría, le cambió la piel del cerebro. Las seis de la madrugada. Quería clarear. Los árboles ya eran bultos imponiéndose sobre el telón del horizonte.

—La otra cara de la luna.

Se estaba diciendo algo a sí mismo. Se sorprendió buscando un plano de la ciudad que guardaba para persecuciones sórdidas. Su esposa entró en el *meublé* de la avenida del Hospital Militar a las 4.30 de la tarde. Una hora sorprendente, porque en general las mujeres adúlteras prefieren entrar en los *meublés* cuando ya ha anochecido. En efecto, es una tontería que usted me pregunte si iba acompañada. La ruina de mapa quedó desplegada ante él como una piel de animal demasiado usado, con las junturas cansadas, casi rotas. Con un dedo señaló la zona donde habían encontrado el cadáver de Stuart Pedrell. La mirada viajó hacia el otro extremo de la ciudad. El barrio de San Magín. Un hombre muere apuñalado y a sus asesinos se les ocurre descontextualizarlo. Hay que llevarlo a la otra punta de la ciudad, pero también a un marco en el que su muerte tenga sentido, tenga paisaje humano y urbano adecuado.

—¿Fuiste a los mares del Sur en metro?

Como Stuart Pedrell no contestaba, Carvalho concentró su interés en la barriada de San Magín. Abrió el libro que le había prestado el morellense. A Stuart Pedrell se atribuían un buen puñado de especulaciones, pero sobre todo la de *San Magín, barrio de.* «A fines de los años cincuenta, y dentro de la política de expansión especulativa del alcalde Porcioles, la sociedad Construcciones Iberisa (ver Munt, marqués de, PlanasRuberola, Stuart Pedrell) compra a bajo precio descampados, solares donde se ubicaba alguna industria venida a menos y huertos familiares del llamado *camp de Sant Magí,* zona dependiente del municipio de Hospitalet. Entre el *camp de Sant Magí* y los límites urbanos de Hospitalet quedaba una amplia zona de terreno libre con lo que se demuestra una vez más la tendencia anular de la especulación del suelo. Se compra terreno urbanizable situado bastante más allá de los límites urbanos para revaluar la zona que queda entre las nuevas urbanizaciones y el anterior límite urbano. Construcciones Iberisa construyó un barrio entero en Sant Magín y al mismo tiempo adquirió también a bajo precio los terrenos que quedaban entre el nuevo barrio y la ciudad de Hospitalet. En un segundo plan de construcciones, esa tierra de nadie también fue urbanizada y multiplicó por mil la inversión inicial de la Constructora...» San Magín fue mayoritariamente poblado por proletariado inmigrante. El alcantarillado no quedó totalmente instalado hasta cinco años después del funcionamiento del barrio. Falta total de servicios asistenciales. Reivindicación de un ambulatorio del seguro de enfermedad. De diez a doce mil habitantes. Menuda pieza estabas hecho, Stuart Pedrell. ¿Iglesia? Sí. Se hizo una iglesia moderna al lado de la antigua ermita de San Magín. Todo el barrio sufre inundaciones cuando se desbordan las canalizaciones del Llobregat. El criminal vuelve al lugar del crimen, Stuart Pedrell. Tú te fuiste a San Magín a ver tu obra de cerca, a ver cómo vivían tus canacos en las cabañas que les habías preparado. ¿Un viaje de exploración? ¿Tal vez de búsqueda de la autenticidad popular? ¿Investigabas usos y costumbres charnegas? ¿La caída de la de en posición intervocálica? Stuart Pedrell, ¿qué coño fuiste a buscar a San Magín? En taxi. O en autobús. No. En metro. Seguramente fuiste en metro para una mayor identidad entre forma y fondo del largo viaje a los mares del Sur. Y luego dicen que la poesía es imposible en el siglo veinte. Y la aventura. Basta coger el metro y puedes ir de safari emocional por un módico precio. Alguien te mató, te hizo cruzar de nuevo la frontera y te dejó abandonado en lo que para él era la otra cara de la luna. El alcohol se le convirtió en un ramaje de plomo que ocupó todas sus venas y se quedó dormido sobre el sofá, con el mapa de la ciudad definitivamente sesgado bajo el peso del cuerpo. Le despertaron el frío y los lengüetazos de *Bleda* en la cara. Recuperó lentamente el viaje lógico que había emprendido en plena madrugada. Intentó devolver la vida al plano despiezado y finalmente lo acabó de romper quedándose sólo con el pedazo que delimitaba San Magín. Tenía un borroso recuerdo de casas de campo y albercas de cemento. Su madre caminaba ante él con la cesta llena de arroz y aceite comprados de estraperlo en alguna de aquellas casas. Cruzaban las vías del tren. A lo lejos, hacia ellos, venía la ciudad mellada de la posguerra, una ciudad delgada llena de palos grises y huecos. ¿Por qué había tantos palos grises sobre los tejados? Sacaron el aceite de un odre rancio. Cayó en el interior de la botella como un mercurio verde y lento. Esto sí que es aceite de verdad y no el de racionamiento. Él caminaba detrás. En su bolsa de hule había cinco barras de pan blanco, blanquísimo, como de yeso. Campos y campos, caminos pedregosos por los que pasaban ciclistas amalvados por el crepúsculo o carros movidos por percherones lentos y pesados como su mierda rotunda. Luego la ciudad empezaba insinuándose en un barrio de barracas en coexistencia con antiguas torrecillas y casas apresadas por la posguerra, cumpliendo condena de perdedoras de la guerra civil. Calles de tierra, luego adoquinadas, finalmente heridas por la espina de las vías de los tranvías al que subían cansados por la caminata, con la aventura en la cesta y en los ojos la promesa del hambre saciada.

—Llenaré un plato de aceite, pimentón rojo y sal, y untaremos el pan.

—Prefiero el pan con aceite y azúcar.

—Eso va muy mal para los cucos.

Pero su madre no dejó que la desilusión ensombreciera sus ojos.

—Bueno. Si te salen cucos te daré una cucharadita de azúcar del doctor Sastre y Marqués.

EL METRO, CUALQUIER METRO, es un animal resignado a su esclavitud de subsuelo. Parte de esa resignación impregna los rostros aplazados de los viajeros, teñidos por una luz utilitaria, removidos levemente por el vaivén circular de la máquina aburrida. Recuperar el metro fue recuperar la sensación de joven fugitivo que contempla con menosprecio la ganadería vencida, mientras él utiliza el metro como un instrumento para llegar al esplendor en la hierba y la promoción. Recordaba su cotidiana sorpresa joven ante tanta derrota recién amanecida. Recordaba la conciencia de su propia singularidad y excelencia rechazando la náusea que parecía envolver la mediocre vida de los viajeros. Los veía como molestos compañeros de un viaje que para él era de ida y para ellos de vuelta. Veinte o veinticinco años después sólo era capaz de sentir solidaridad y miedo. Solidaridad con el viejo barbado de tres días y vestido con traje bicolor, con una mano enganchada al skay pringoso de un portafolios lleno de letras protestadas. Solidaridad con las cúbicas mujeres samoyedas que amurcianaban una incoherente conversación sobre el cumpleaños de tía Encarnación. Solidaridad con tanto niño pobre y pulcro llegado tarde al obsoleto tren emancipador de la cultura. *Ejercicios del lenguaje. Diccionario Anaya.* Muchachas disfrazadas de Olivia Newton-John, en el supuesto caso de que Olivia se vistiera aprovechando las liquidaciones fin de temporada de grandes almacenes de extrarradio. Muchachos con máscara de chulos de discoteca y músculos de condenados al paro. Y a veces la reconfortante osamenta de un subejecutivo de inmobiliaria con el coche averiado y el propósito de utilizar transportes públicos para adelgazar y ahorrar para medios whiskies de mediana calidad, servidos por un insuficiente camarero con caspa y uñas negras sin otro encanto que saber llamarle a tiempo don Roberto o señor Ventura. El miedo a ser todos víctimas de un mediocre y fatal viaje de la pobreza a la nada. El mundo era un paisaje de estaciones semejantes a retretes sucios recubiertos por azulejos tiznados por la invisible suciedad de la electricidad subterránea y de los alientos agrios de las masas. La gente que subía y bajaba parecía cumplir el ritual de un relevo previamente acordado para justificar el rutinario ajetreo de la máquina. Carvalho subió de dos en dos los escalones de metal mellado y cariado para salir a una encrucijada de anchas calles embutidoras de camiones prepotentes y autobuses deshormados. *Que se note tu fuerza. Vota comunista. Vota PSUC. El socialismo sí tiene soluciones. Contra el reformismo. Vota al Partido del Trabajo.* Los carteles ocultaban insuficientemente muros de ladrillos prematuramente envejecidos y de rebozados apedazados. Sobre las vallas publicitarias la pulcritud rica de la propaganda gubernamental: *El Centro cumple,* como una propuesta de vacaciones pagadas. Y por encima de la artesanal propaganda militante, de la sofisticada propaganda de un gobierno de jóvenes leones con el pelo cortado a la navaja por un barbero de firma, cerca ya del cielo color de barato metal fundido, rótulos triunfales comunicaban: *Está usted entrando en San Magín.*

Y no era del todo cierto. San Magín crecía al fondo de una calle desfiladero entre acantilados de edificios diferenciales, donde coexistía el erosionado funcionalismo arquitectónico para pobres de los años cincuenta con la colmena prefabricada de los últimos años. San Magín sí era un horizonte regularizado de bloques iguales que avanzaba hacia Carvalho como una promesa de laberinto. *Está usted entrando en San Magín.* Proclamaban los cielos y añadían: *Una ciudad nueva para una nueva vida. La ciudad satélite de San Magín fue inaugurada por Su Excelencia el Jefe del Estado el 24 de junio de 1966.* Constaba en una lápida centrada sobre el obelisco que entorpecía la desembocadura de la urbanización de doce manzanas iguales, diríase que colocadas por el prodigio de una grúa omnipotente. Las aristas de hormigón cortante dolían en los ojos y no compensaban el intento de humanización de las mujeres vestidas con batas de nailon acolchadas, ni el sordo rumor de humanidad que salía de cada nicho, un rumor que olía a sofrito y a humedad guardada en armarios empotrados. Repartidores de butano, mujeres en seguimiento de una cotidiana senda de supermercados, pescaderías llenas de peces con ojos grises y tristes, Bar el Zamorano, El Cachelo, Tintorería Turolense, Ocasión: hay blancos murcianos, Libertad para Carrillo, Vosotros, fascistas, sois los terroristas, Clases particulares para niños atrasados, Parvulario Hamelín. Cada una de estas palabras era un milagro de supervivencia, como si fueran vegetación crecida del hormigón. Cada fachada era un rostro lleno de cuadrados ojos despupilados condenados a ir oscureciendo sobre una lepra granulada.

—¿Ha visto usted a este hombre?

La mujer había retrocedido, miraba a Carvalho, pero no la fotografía que éste le tendía.

—¿Cómo dice?

—¿Ha visto usted a este hombre?

—No tengo hora.

No le dio tiempo a aclararse, recuperó la marcha con las ganas y la facilidad de un helicóptero y Carvalho se quedó con la foto de Stuart Pedrell en la mano, recriminándose haber empezado tan mal una búsqueda en la que estaba dispuesto a meterse nicho por nicho en pos del aroma Paco Rabanne de Stuart Pedrell. Como si contemplase a otro, Carvalho asistió al espectáculo de sí mismo enseñando mil veces la foto, tienda por tienda. Sólo en dos ocasiones miraron la foto como si recibieran el reclamo de un recuerdo. Las más veces ni la miraban y sí en cambio escrutaban a Carvalho mientras sus narices se defendían del olor de policía.

—Es un pariente y voy buscándolo. ¿No ha oído la llamada de socorro por Radio Nacional?

No. No habían oído la llamada de socorro por Radio Nacional. Carvalho recorrió varias veces las calles con nombres regionales que trataban de arteriar la ilusión de una micro-España inmigrada, reunida gracias al impulso creador de los programadores de la ciudad satélite de San Magín. Siguió la senda abierta por unos albañiles con casco en busca de algo que comer, y entró en un bar-restaurante donde se acodaban casi un centenar de trabajadores ante el menú de lentejas estofadas y ternera a la jardinera. Carvalho se comió el menú con hambre y aprovechó el impacto de sus diez duros de propina para establecer cierta complicidad con el joven camarero tímido que le contestaba sin mirarle a la cara. Era un adolescente gallego con dos rosetones en las mejillas y las manos llenas de sabañones abiertos y supurantes. Llevaba dos años en el barrio. Era sobrino de la señora que hacía la limpieza en el bar. Le había mandado llamar del pueblo. Comía y dormía en el bar. Dormía detrás, en el cuarto donde guardan los cajones vacíos de bebida.

—No. No he visto a este señor nunca.

—¿Hay otro restaurante de más postín en el barrio?

—De más postín lo hay, pero no crea que va a comer mejor.

Aquí se guisa con sencillez, pero sano. Es una comida sana.

—No lo dudo. Es por si mi pariente frecuentaba el otro restaurante. A la gente le gusta variar.

El aire olía a carajillo de Fundador. Los jóvenes trabajadores reían, hablaban en voz alta, se empujaban, hacían amago de amasarse los cojones y se desafiaban a demostrarse quién es mejor extremo: Carrasco o Juanito. Los más veteranos removían el azúcar del carajillo con lentitud de *connaisseurs*. La velocidad de los jóvenes parecía quedar apresada en las pupilas lentas de los viejos. Cogían la foto, la distanciaban para contemplarla con ojos cargados de cementos, la manoseaban un poco como si el tacto les sirviera de ayuda. Era un no, constante, emitido por un rostro colectivo. El dueño del bar-restaurante no quiso perder el tiempo que necesitaba para meter en la caja registradora otras doscientas cincuenta pesetas producto de dos menús. Por encima del hombro paseó los ojos por la foto y también negó. Su mujer pelaba patatas con una mano, con la otra hacía los carajillos y con la lengua llamaba asquerosa a su hija, una muchachita con granos y sombras de sudor en los sobacos, reacia a levantar las mesas a la velocidad que le pedía su madre. A poca distancia, el heredero del negocio, un Travolta con nariz de patata, se cortaba las uñas con parsimonia, las piernas tejanas cruzadas, el culillo apenas apoyado sobre la heladera y los ojos concentrados en la extirpación de una pielecilla del meñique izquierdo.

«VINOS DE JUMILLA.»

Carvalho se metió en la bodega, estructuralmente igual a cualquier restaurante, farmacia o tintorería del barrio, y pidió una botella de Jumilla blanco. El bodeguero tenía ciento cincuenta kilos de humanidad blanquísima sólo adornada con los moretones de unas ojeras pura arruga. Carvalho y él estaban solos en la tienda, donde reinaba una inmensa cámara frigorífica de madera y herrajes cromados cuyo ruido al abrirse y cerrarse recordaba a Carvalho las viejas neveras de los bares y tabernas de su barrio. Aquélla era una gigantesca reproducción hecha a la escala del dueño, forrada por dentro con azulejos verdes. El hombre quiso invadir el territorio de silencio que rodeaba a Carvalho.

—Un desastre. Todo es un desastre. A pico y pala los pondría yo. Y los demás, al paredón. Sobramos dieciséis millones. Ni uno más ni uno menos. Esto sólo lo arregla una guerra.

Carvalho se bebió otro vaso y asintió sin demasiadas ganas, pero con las suficientes para que los ciento cincuenta kilos rodaran hasta él y se desparramaran en la silla de enfrente.

—¿Usted cree que hay derecho? Claro que no. A mí se me ha de estudiar. Se ha de saber tratarme. Encontrar el fondo. Pero ¿a las malas? Nada. Lo dicho. Sobramos dieciséis millones de españoles. No tenemos solución. Él sí sabía meternos en cintura y al que se movía ¡zas!, la guillotina. Yo no me canso de decirlo: prefiero que me digan las cosas. Prefiero enterarme. Que si quieres arroz, Catalina. Luego me lo traen todo cocido y no es eso, no es eso. Por mí ya se puede hundir el mundo. Lo he dicho con todas las letras, con las mismas con que ahora se lo digo a usted. Por eso ya no paso. ¿Usted me entiende?

Carvalho asintió:

—El otro día sin ir más lejos. Ya habíamos hablado de lo que había que hablar. Tú esto, yo aquello. Bien. Nada más que añadir. ¿Pues querría usted creer que una hora después ya estaba otra vez todo en danza? Y luego aún se ríe. Se ríe hasta que a mí se me hinchan los cojones y le pego una patada donde hay que pegársela. ¿Me entiende?

Carvalho se acabó la botella, dejó los veinte duros que le pidió al lado de diez kilos de antebrazo.

—Siga firme, amigo. Si no le van a tomar por el pito del sereno.

—No saben con quién se la juegan.

Dijo el hombre sin apartar la mirada del círculo de vino dejado por el vaso de Carvalho sobre el tablero de fórmica. Salió Carvalho a la calle y se metió en la barbería más sofisticada que encontró. Había fotos de cabezas de maniquíes de peluquería y sobrevivía el anuncio de «se esculpe el cabello». Pidió que le cortaran el pelo y le afeitaran. Estudió con prevención las manos del barbero, una costumbre adquirida en la cárcel, donde lo máximo que se podía exigir era un grado de suciedad no escandaloso y donde siempre ocupaba el puesto de barbero algún asesino hipocondríaco. Carvalho contó la historia del pariente desaparecido, enseñó la foto. El barbero la vio más que contempló, como si fuera un horizonte que rebanara con la navaja que sostenía con la otra mano. Corrió la fotografía de mano en mano entre los clientes de la barbería y volvió al barbero, que la estudió con mayor atención.

—A mí esta cara me dice algo... Pero no sé qué —añadió segundos después mientras se la devolvía a Carvalho.

—Quédesela y la va mirando de vez en cuando, por favor. Mañana volveré.

—Es una cara que la tengo vista. Ya ve usted.

Pasó Carvalho ante la bodega de vinos de Jumilla. El propietario estaba en la puerta, apuntalado sobre sus piernas, cortas y cónicas, y diciéndose algo a sí mismo en voz baja.

—¿Sigue todo igual?

—Peor.

—No ceje.

—Antes muerto.

Siguió Carvalho su camino y el hombre en sus cavilaciones. Tampoco el único dentista de San Magín había visto nunca ni la cara ni la dentadura de Stuart Pedrell. Ni los dos médicos con la consulta llena de viejos desdentados, masticadores de palabras blandas. Desde la *boutique* donde coexistía la corbata de seda con los calzoncillos de felpa, hasta las tintorerías, sin descuidar farmacias y puestos de periódicos. En algunos lugares la fotografía pareció remover un poso de recuerdo. Pero sólo eso. Tampoco en las dos academias nocturnas, regentadas por sendos hermanos, maestros cartageneros, habían conocido a Stuart Pedrell. La corazonada se le iba empequeñeciendo en el pecho y sólo la inversión en palabras y andaduras le forzaba a continuar una encuesta suicida.

—¡Esta noche gran mitin de Socialistas de Cataluña! ¡Trabajador, por un San Magín hecho a tu medida y no a la de los especuladores, asiste al mitin socialista en el Polideportivo La Creueta! Hablarán Martín Toval, José Ignacio Urenda, Joan Reventós, Frascisco Ramos. ¡Los socialistas sí tienen soluciones!

La voz salía de los altavoces de una furgoneta circulante a

poca velocidad. Las gentes acogían la proclama sin gran entusiasmo, conscientes de que debían votar a comunistas o socialistas, como una consecuencia biourbanística, pero sin fogosidad. Sólo algunos niños se asomaban a la ventanilla del vehículo para pedir «papeles» y volvían desencantados a sus juegos comentando: son más bonitos los de ucedé. Un mayorista de jamones le puso la foto debajo de la punta grasienta de un jamón colgante y una gota pesada de aceite de jamón de Trevélez cayó sobre el rostro de Stuart Pedrell. Corrigió el almacenista el desaguisado pasando la manga sobre la fotografía y la dejó barnizada y oscurecida, como si hubieran caído de pronto sobre ella veinte años de álbum. Abandonó la tienda y empezó a preguntar en las porterías de las casas que no habían incorporado el sistema de portero automático. Viejos porteros blanqueados por las penumbras salían del fondo de pozos iluminados por las pantallas del televisor para decirle que no, que nunca habían visto a aquel hombre. Una manzana. Dos. Aunque me cueste dos semanas de búsqueda, se decía, pero pensaba que en cuanto llegara la noche huiría de San Magín y volvería a coger el hilo lógico en busca de otra salida. Le parecía repetir siempre la misma portería, el mismo portero, como si entrara y saliera continuamente por la misma puerta. De pronto se dio cuenta de que las aceras estaban llenas de niños y la tarde oscurecida parecía preparada para recibir sus risas, gritos y carreras. También alguien había dado la orden de salida a las mujeres preñadas y picoteaban las aceras como patitos inseguros. Subió hasta la iglesia situada en la suave coronilla que remataba la pendiente sobre la que habían construido San Magín. Era una iglesia funcional hecha con materiales podridos sobre los que se habían ensañado el viento, la lluvia, los soles despóticos en aquella desarbolada loma y la peste sólida de los cañaverales que insistían en avisar la antigua existencia de un riachuelo muerto. El cura tenía la sacristía llena de carteles petitorios de ya inutilizadas y superadas amnistías. También un cartel en italiano anunciando *Cristo se detuvo en Éboli.* Levaba barba y un jersey Marcelino Camacho modelo 1975.

—Esta cara la tengo vista. Pero no ahora. Hace algún tiempo. Pero no sé. No sé decir de quién es ni cuándo. ¿Es un pariente de usted?

Tenía toda la sospecha revolucionaria centelleando en el ojo que abría más que el otro. Salió Carvalho seguido por aquel ojo perspicaz y tuvo que escoger entre volver a meterse en el laberinto de la ciudad satélite o ir hacia unas barracas iluminadas de las que salía música. Sobre el dintel de la puerta, un rótulo decía: *Comisiones Obreras de San Magín* y del interior emanaba una canción sentimental de Víctor Manuel dedicada al amor entre dos subnormales. Tendió la fotografía a un recepcionista que trataba de encender una estufa de virutas situada en el centro de un local donde anochecían dos docenas de sillas de diferentes padres, una pequeña nevera de hielo, una pizarra, una librería, murales llenos de convocatorias y carteles políticos.

—Claro que le conozco. Venía con frecuencia por aquí hace meses, recién inaugurado el local.

—¿Cómo se llamaba?

—¿No era pariente de usted? Eso lo sabrá mejor usted. Aquí todo el mundo le llamaba el Contable. No. No llegó a estar afiliado. Pero venía con frecuencia. Luego, de pronto, dejó de venir.

—¿Era muy activo? ¿Trabajaba mucho?

—Yo qué sé. No sé qué hacía en su trabajo.

—Aquí. Pregunto si trabajaba aquí.

—No. Venía a reuniones. Discutía poco. A veces intervenía en público.

—¿Era muy lanzado?

—No. No. Moderado. Por aquí hay cada elemento que quiere hacer la revolución en un día. Él era de los moderados. Ya en su modo de ser lo era. ¿No? Así, un hombre muy educado. Muy prudente. No hablaba por no ofender.

—¿No sabían ustedes su nombre, ni su apellido?

—Antonio. Se llamaba Antonio aunque todos le llamaban el Contable, porque trabajaba de contable.

—¿Dónde?

—No lo sé.

—¿No hizo amistades? ¿No venía con acompañantes habituales?

—Pues sí.

Se le había escapado una sonrisa.

—¿Con chicas?

—Con una chica. Una del metal que trabaja en la SEAT: Ana Briongos.

—¿Ella sigue viniendo?

—No. A veces. Pero es muy radical. Fue de los que se cabrearon cuando lo del Pacto de la Moncloa y aún no se les ha quitado el cabreo. Hay quien se cree que las cosas cambian de la noche al día porque uno quiere que cambien. Les faltan años y una experiencia como la guerra. Pasar una guerra civil les haría falta. El hombre es el único animal que tropieza dos y tres veces en la misma piedra. Una chica muy maja la Briongos. Con un par de cojones así. Lanzada. Pero impaciente. Aquí donde me ve, yo estoy en la brecha desde 1934 y he pasado por todo, oiga, por todo. Palo que se ha escapado, palo que se ha recibido. ¿Y qué? ¿Voy a ir por ahí quemando buzones? ¿Usted cree que hay que quemar buzones? ¿Ha oído hablar alguna vez a Solé Tura? Pues una vez le escuché yo una cosa que me hizo reflexionar. A ver si me acuerdo. La burguesía tardó cuatro siglos en llegar al poder y la clase obrera sólo tiene cien años de existencia histórica como movimiento organizado. Palabra por palabra. Se lo cito de memoria. Tiene cojones el asunto, ¿no? Pues hay quien se cree que llega con el carné de comisiones al palacio del gobierno y dice: Venga, a casa, que ahora mando yo. ¿Me explico? Gente así a montones. Hay que tener paciencia. Con paciencia no hay quien nos venza. Ahora bien, si empezamos a dar palos de ciego, pues nos las van a dar todas aquí, porque ellos de ciego no tienen nada. Tienen más vista que un sapo.

—¿Dónde puedo encontrar a la Briongos?

—Eso no es cosa mía, y aquí no le darán la dirección. Hable con el responsable si quiere, pero aquí no se dan nunca direcciones. Es una responsabilidad, a ver si me entiende.

—¿Tampoco sabe dónde trabajaba el Contable?

—Seguro no. Me parece que trabajaba a horas llevando la contabilidad de unos almacenes de vidrio, de botellas y aparatos. Por el bloque nueve o por allí, porque a veces le había visto andar por allí. Siempre muy tieso. Andaba así. Tieso. Tieso. Primero no confiábamos en él. Parecía un extraño y nadie sabía de dónde había salido. Pero el ir acompañado de la Briongos fue una garantía. Ésa ya estaba en la Modelo cuando aún llevaba calcetines. Su padre venga darle estopa y ella dale que dale. Una luchadora. Es una lástima que gente así se canse y tire por la ventana el esfuerzo de tantos años. Ahora va diciendo por ahí que pasa de todo y que todo lo controla la burguesía. Todo esto. Fíjese. A mí. A mí me controla la burguesía. Y uno oye y oye, y traga y traga, hasta que un día no pueda más. ¿Qué coño me ha dado a mí la burguesía, óigame usted?

—¡No te cabrees, Cifuentes! —le gritó un muchacho y se echó a reír con sus compañeros.

—Menos cachondeo. Un poco más de educación. También vosotros estáis hechos unos pasotas.

—¿Quieres un porro, Cifuentes?

—¿Prefieres medio kilo de goma-dos?

—¿Los oye? Mucha juerga, pero eso lo oye un enemigo de clase y la que arma. Es la inconsciencia de la juventud. Hay que ir por el mundo con prudencia y esperar que se den las mejores condiciones.

«Las mejores condiciones...» un eco de ideología en el recuerdo de Carvalho. Las condiciones. Podían ser las mejores, o bien objetivas o subjetivas. Las condiciones.

—De pronto, el Contable desapareció y nadie se extrañó.

—No. Tal como había venido se fue y no estamos como para preocuparnos por esas cosas. Si tuviéramos que preocuparnos por la gente que entra y sale del movimiento obrero, estaríamos todos en el manicomio. Y más en estos tiempos. A lo primero todo eran ingresos y euforia. Y ahora se mantiene cierta disciplina en los sitios de trabajo, pero aquí cuatro gatos. Sólo se anima esto cuando vienen los laboralistas y despachan consultas. El franquismo nos ha maleducado a todos. Cuando leo eso de que el pueblo español está maduro para la democracia, me subo por las paredes. ¡Qué madurez ni qué leche!

—¡No te cabrees, Cifuentes!

—¡Me cabreo si me pasa por los huevos, leche con el niño! ¡Que le aguante su padre! Yo estoy hablando con este señor y no contigo.

Le acompañó hasta la puerta.

—Son buenos chicos, pero les gusta cabrearme. Luego me dan todo lo que tienen, pero disfrutan jodiéndome, ya ve lo que son las cosas. Y yo aguanto porque estoy jubilado, vengo aquí y ahorro un jornal a Comisiones. Aquí donde me ve, yo he estado seis veces en la cárcel. La primera en el 34, luego en la caída

Núñez del 58. Cuando montamos Comisiones otra vez y cada vez que había lío en Artes Gráficas, Cifuentes a Vía Layetana. Un día le dije al comisario Creix: si quiere me vengo a vivir aquí, y el cínico se reía. Qué gente más mala, oiga. Me han dicho que se ha jubilado.

—¿Quién?

—Creix. Puede ser cierto. Debe de ser de mi edad. Y usted no sabe lo bueno. —Le cogió el brazo, lo llevó hasta la calle y le dijo en voz baja—: Creix y yo somos colegas.

Se retiró para captar toda la inmensidad de la sorpresa que sin duda reflejaría el rostro de Carvalho.

—¿No lo entiende? Pues ahora lo entenderá. Yo hice los cursos para mandos en la escuela del partido en Pins del Vallés, durante la guerra. Había quien salía comisario político para el frente y quien salía para la policía. Me dijeron que me metiera en la policía de la República. Me lo aconsejó el propio Comorera; tal como oye. «Mira, Cifuentes, comisarios políticos tenemos los que queremos, pero nos hacen falta policías adictos, porque la policía está llena de quintacolumnistas.» Pues bien, me meto en la policía. Luego pasé lo que pasé. Porque yo estaba en una comisaría de Hospitalet y mi jefe era un tal Gil Llamas. ¿Le suena? Ése ya debía ser entonces de la quinta columna porque después de la Guerra, tan pimpante siguió en el cuerpo.

»Es más, cuando salí de la cárcel en el 46 me lo encontré en la Ronda, no sé cómo se llama aquel trozo de Ronda, donde estaba el Olimpia, e hizo ver como si no me conociera. Pues bien. Luego las he pasado canutas, y hace meses me llega la carta de un gestor en la que me dice que puedo reclamar mis derechos como policía de la República. Voy a verle, un señor muy atento, muy profesional. Se queda con una comisión, y en paz. Pues bueno. Tire adelante. Aunque sea por vacilar. Y tira adelante. ¡Madre mía! ¡Mire!

Sacó de un billetero de plástico una circular redoblada y resobada: «... se le reconocen los derechos como funcionario de policía jubilado con el grado de subcomisario».

—Subcomisario. Yo. Y una pensión de treinta mil pesetas al mes. ¿Qué tiene usted que decir? Mi jubilación como mozo de almacén de primera era de quince mil pesetas y ahora treinta mil. Me siento rico, como si fuera rico y además, mire, subcomisario. Ya era hora que me saliera algo bien. Mi mujer no se lo quiere creer. Está algo delicada con tantos disgustos. Yo le enseño la carta. Le enseño cada mes las treinta mil pesetas, y ella tozuda que tozuda, «Evaristo —yo me llamo Evaristo—, eso no puede acabar bien.» ¿A usted qué le parece?

Era una consulta hecha a un hombre de mundo que llegaba del más allá de la ciudad de que había sido expulsado.

—Cifuentes, cuando a uno le reconocen la categoría de funcionario ya no hay quien se la quite. Viva tranquilo.

—A mí el dinero no me importa. Es por el puntillo. Un día voy a buscar la dirección de Creix y de tantos como él que me despellejaron vivo, y les pasaré este papel por las narices.

TRASTIENDA DE BOTICA DE GIGANTE, botellones para cincuenta litros de quién sabe qué inconfesables pócimas, matraces, alambiques, probetas, cristal turbado por polvos pajizos de virutas, estanterías de maderas blancas hervidas por la humedad y la penumbra, tapices, alfombras de serrines, gatos saltarines como de metal nervioso, bombillas desnudas, un viejo atleta con bigote cano realiza juegos malabares con cajas de cartón, un perro lobo triste olisquea al recién llegado, al fondo de un pasillo entre cristalerías gigantescas muertas, un hombre recio y grave utiliza una calculadora en la punta de una gran mesa, a su lado un muchacho comprueba el esmerilado de jeringuillas, por un altavoz colgado de las penumbras del techo canta Alfredo Kraus *Los pescadores de perlas*; resuenan sobre las cabezas tacones femeninos sobre el entarimado del altillo. El hombre de la calculadora dice: ¿Dígame? sin volver la cabeza y sólo lo hace cuando Carvalho le pone la foto de Stuart Pedrell ante los ojos nerviosos y una nariz que se mueve con inquietud caballar. Termina la operación con la calculadora, da un par de órdenes sobre cosas que deben hacerse antes del cierre y empieza a caminar con los hombros altos y los brazos separados del cuerpo. Sube la escalera de madera que lleva al altillo y tras él Carvalho descubre una pequeña oficina donde una muchacha escribe a máquina y una mujer poderosa, con los ojos empequeñecidos y tristes tras las dioptrías, ha interrumpido su trabajo para telefonear.

—*Tieta, m'ha preguntat la mare si pujaràs aquest diumenge que ve a La Garriga.*

Se interrumpe a la vista de Carvalho y sigue hablando en voz más baja. El dueño aleja a la muchacha con una demanda y se sienta sobre una mesa de oficina, respaldado por la batería de archivadores de metal gris. Un gato come un pedacito de hígado junto a la papelera. Un perro bretón contempla al recién llegado con la imperturbabilidad de Buster Keaton. Otro bretón más joven, que se parece a Lauren Bacall, le huele impertinente y trata de marcarle el tobillo con sus dientes hasta que un restallido de lengua del dueño le expulsa bajo una de las mesas. En la jaula bailan la danza de la esclavitud dos canarios locos. El dueño pulsa una tecla y la voz de Kraus se esfuma, recuperando el aire el semisilencio de almacén sumergido bajo uno de los bloques de ciento setenta y dos pisos de la barriada de San Magín.

—*La mare farà verdureta i carn a la planxa...*

—¿Trabajó aquí este hombre?

—Sí. Durante casi un año. Como eventual. Nos resolvía la contabilidad durante las horas del día.

—Se llamaba Antonio ¿qué más?

—Porqueres, creo.

—¿Sólo lo cree?

—Se llamaba Porqueres, porque siempre le llamé señor Porqueres. Él hacía su trabajo, yo le pagaba y en paz.

—¿Lo hacía bien?

—Muy bien.

—¿Cómo llegó aquí?

—Puse un anuncio en la puerta y se presentó.

—¿Y así, sin más, metió usted en su negocio a un contable?

—Traía una carta. No recuerdo bien de quién. Josefina, *¿t'en recordes de qui era la carta de recomanació del senyor Porqueres?*

Se encogió de hombros la mujer sin soltar el teléfono.

—Me parece que era del señor Vila, el contratista o el encargado de obras de todo el barrio.

Asumió el dueño.

—¿Porqueres se marchó sin despedirse? ¿A la francesa?

—Sí.

—¿Y no les extrañó?

—Un poco. Lo revisamos todo y estaba en orden. Tal como vino se fue. Un día u otro tenía que ocurrir. No era hombre para este trabajo ni para este barrio.

—¿Por qué?

—¿Usted qué creería de un hombre que se sabe de memoria los discos grabados por Plácido Domingo y que describe tan bien la escena final de la *Salomé* de Strauss, cantada por la Caballé? Yo soy muy aficionado a la ópera y pocas veces tengo el gusto de toparme con un auténtico entendido. Él lo era.

—¿Sólo hablaron de ópera?

—De ópera y del negocio. De hecho nos veíamos poco. Yo dirijo el almacén desde abajo y mi esposa es la que lleva la oficina aquí arriba.

—Vindrà també el noviet de la Míriam. Escolta, Inès. ¿No has rebut pas carta de l'oncle de l'Argentina?

—¿Dónde vivía?

—En el barrio. Muy cerca de aquí, pero no sé decírselo con seguridad. ¿Le ha pasado algo?

—Es un pariente y le busco. Ha desaparecido.

—Ya me pareció todo muy misterioso. Pero no me gusta meterme en la vida de la gente. Con que cumplan con su trabajo me basta. Hola, buenos días. Adiós, hasta mañana. Ésa es la relación ideal.

—¿En general?

—En general con todo el mundo y, en particular, sobre todo con los empleados.

—¿La dirección del señor Vila, del que le recomendó?

—No la sé. Vive en el límite de la ciudad satélite. En una torrecita antigua. Es inconfundible porque tiene un huerto detrás. ¿Puede haber lío? Le repito que era un trabajador eventual, a horas, que aquí rindió muy bien y sanseacabó.

Lauren Bacall había salido de su escondrijo y contemplaba con impertinentes ojos verdes al desconocido. Carvalho hizo medio gesto para demostrar la solidaridad de propietario de perro a otro perro. Pero *Lauren Bacall* ladró indignada y sólo otro restallido de lengua de su dueño la devolvió a su vigilante refugio.

—Veo que tiene un zoo completo.

—Se empieza aceptando el cachorrillo de un amigo y se termina en plena arca de Noé. En casa además hay un hamster.

—*Inès, ¿saps que a lo millor la Piula està prenyada? Passi-ho bé.*

Le despide la mujer sin separarse del teléfono. El dueño le acompaña hasta la puerta y se queda allí enmarcado, observando la marcha de Carvalho. Ha debido de pulsar de nuevo la tecla porque la voz de Kraus sale a la calle sin asfaltar y caracolea por las paredes del desfiladero habitado, repica contra las ventanas cerradas, remueve el polvo de los geranios melancólicos y levanta como un suave vientecillo algunos toldos hibernados en sus terracitas de tres metros cuadrados. Farolas palmeras de mercurio marcan una progresiva lejanía de círculos luminosos que aíslan aún más la oscuridad progresiva en la que se sumerge San Magín, mientras un frío húmedo sube desde el Prat y mete en la cabeza de Carvalho un horizonte de mantas y chimenea encendida. Pero sus pasos le hacen saltar de charco en charco de luz en busca de los límites denunciados por un lejano rótulo celestial, especialmente iluminado, en el que consta la advertencia de la finitud del paraíso: «Está usted saliendo de San Magín. Hasta siempre.»

TENÍA EL ASPECTO de un chalé de padre arquitecto desconocido, construido fin de semana tras fin de semana por alguna cuadrilla de inmigrantes contratados a destajo por un pequeño estraperlista años cuarenta dispuesto a gastarse el excedente económico en una casa con huerto lejos, muy lejos de la ciudad, donde descansar algún día de los trajines de la posguerra dura. Le recibió en la puerta un hombre cuadrado y canoso, con batín acolchado y pantuflas de ante forradas con piel de conejo. La casa olía a bechamel. Sonaba a niños quejándose y a mujeres airadas.

Vila le hizo subir a su estudio, un pequeño despacho en el que todo estaba dispuesto como si jamás se hubiera utilizado. Se dejaron engullir por los dos sofás de skay marrón y, ante la foto que Carvalho le tendió, Vila comentó sorprendido:

—El señor Stuart Pedrell.

—¿Le conocía?

—¿Cómo no voy a conocerle? Yo supervisé las obras de todo el barrio, primero como capataz de un bloque y luego todas, porque merecí la confianza del señor Planas. En cambio, al señor Stuart Pedrell no le traté nunca. Ni se acercó por las obras. ¡Qué muerte tan horrible! Me enteré por los periódicos.

—¿Le dice algo el nombre de Antonio Porqueres?

—No.

—Según parece, usted recomendó a este señor a un almacenista del barrio para que le diera trabajo.

—Ah, sí. Pero no llegué a conocerle. A mí me lo recomendó el señor Stuart Pedrell. Me llamó un día y me dijo que necesitaba trabajo y alojamiento para un amigo suyo de la infancia. Me pidió que llevara el asunto con mucha discreción. Yo nunca llegué a ver al señor Porqueres.

—¿Alojamiento?

—Sí.

—¿Se lo proporcionó?

—Sí.

—¿Dónde?

—La empresa se reservó cinco o seis pisos en el barrio. A veces son útiles para gente que trabaja en la empresa. Uno de esos pisos lo cedí al señor Porqueres.

—Sin verle.

—Sin verle. Para mí una petición del señor Stuart era una orden. Le dejé las llaves en la portería. No sé siquiera si ese señor sigue viviendo en el piso. El señor Stuart Pedrell me dijo que resolvería lo del alquiler directamente con la oficina central.

—Cuando pasó lo de Stuart Pedrell, ¿no se le ocurrió interesarse por el señor Porqueres?

—¿Por qué? ¿Qué relación hay entre una cosa y la otra? Además, yo había olvidado ya el asunto. Tengo en la cabeza los problemas de miles de viviendas. ¿Sabe cuántas cañerías se estropean al día? ¿Cuántos retretes hay que desatascar en una semana? Estas casas parecen hechas de papel.

—¿No las hizo usted?

—Yo ponía lo que me daban.

—Me envía el abogado Viladecans y la señora Stuart y es imprescindible que yo vea el piso donde vivió Porqueres.

—Puede ir de mi parte al portero, o si quiere me visto en un momento y le acompaño.

—No es necesario.

—Le haré una nota para que le facilite las cosas.

Empezó varias redacciones y ninguna le convencía. Rompió tres o cuatro papeles: *Señor García: Haga lo que le pida este señor. Es como si fuera yo mismo.*

—Cualquier cosa que necesite, ya sabe dónde me tiene. ¿Qué tal el señor Viladecans? Siempre por los juzgados removiendo asuntos. Yo no sé cómo aguanta en aquellos juzgados. Cada vez que voy por algún lío de por aquí, me deprimo. Aquello es inhumano, diría yo, ¿no encuentra? ¿Y la señora Stuart? ¡Qué desgracia! ¡Qué desgracia más grande! Yo con quien tuve tratos fue con el señor Planas, era el que venía más por la obra. Oiga. Es un cerebro. Parecía que no se enteraba de nada y tenía toda la obra en la cabeza, de la primera rachola al último saco de cemento. Esto es una gran obra. Se la podrá criticar todo lo que se quiera ¿eh?, pero esta gente antes vivía en barracas o realquilada, de mala manera, y ahora al menos tienen un techo. Y los pisos se han estropeado antes debido a que esta gente no sabe vivir en ellos. Se piensan que son como las barracas en las que vivían antes. Todos los ascensores se caen porque los tratan a patadas. No hay un pedazo sano. Todo son remiendos. Con el tiempo esta gente se va civilizando, pero les cuesta, les cuesta, es otra manera de vivir, ya comprende.

—Han tenido suerte que no vinieran zulúes.

—Pues no lo diga en broma. Hay negros. Guineanos y de otras partes. Lo que no se puede controlar ya es el lío de los realquilados. Hay viviendas pensadas para cuatro personas y muy justitas, en las que están viviendo diez. Dicen que es para pagar los plazos, pero también por dejadez. Donde caben cinco, caben veinte. Adelante, y no es manera. Ahora tengo una carpeta llena de anónimos sobre realquilados chilenos y argentinos que no tienen los papeles en regla. ¿De dónde ha salido toda esa gente? Lo he puesto en manos del señor Viladecans. Vienen huidos de su tierra y se meten donde pueden. Y si huyen será porque algo habrán hecho. A nadie le persiguen porque sí. Créame. Esto es una fuente continua de problemas. Yo les digo: Barcelona no se hizo en ocho años, ni en un siglo, y esto con el tiempo será como otra ciudad. Paciencia. Paciencia es una palabra que desconocen.

En cambio, el portero García tenía toda la paciencia de que carecían los demás. Salió del fondo de su portería como si procurara acostumbrarse al aire y la luz del exterior. Cogió la nota con lentitud. La leyó como si fuera un tratado sobre gastroenteritis y aun comentó:

—Es decir...

—Es decir, que quiero ver el piso donde vivía el señor Antonio Porqueres. ¿Está ocupado?

—Está tal como él lo dejó. A mi nadie me ha dicho lo contrario. Yo aquí soy ciego, mudo y sordo si no me lo dicen desde arriba. Pase.

Sobre la mesa del comedor, cubierta por un cristal, un niño hacia los deberes con las manos y veía la televisión con los ojos. El portero se inclino sobre el cajón del bufet como si tuviera que pedir permiso a los riñones. Los riñones le respondieron lentamente. También sus brazos secundaron la gimnasia lenta con la que se movía por el mundo.

—Ésta es la llave del piso.

—Quiero la de la escalera.

—¿Va a quedarse esta noche?

—No lo sé.

Tardó también en comprender que la respuesta de Carvalho no le dejaba otra opción que darle la llave, pero se la dio receloso, reteniéndola entre los dedos hasta que Carvalho se la arrancó.

—Estará todo muy sucio. Mi hija repasó el piso hace un mes, pero como a mí nadie me ha dicho nada... Las cosas de don Antonio están en su habitación y en el lavabo. Todo lo demás estaba ya en el apartamento cuando él lo alquiló. Usted mismo. Yo no le acompaño. Apenas si puedo moverme.

—Ya lo veo.

—Un aire. Hay muchas corrientes de aire en esta portería.

Parecía imposible que el aire pudiera meterse en aquella cripta. El niño gritó de pronto: ocho por cuatro treinta y dos, y lo escribió rápidamente sobre el papel como si le fuera la vida. El señor García cabeceó y bisbiseó:

—Siempre haciendo ruido. No soporto el ruido.

EL ASCENSOR estaba remendado con trozos de contrachapado. Su suelo parecía una cama elástica dispuesta a lanzarle contra el techo o dejarle caer al abismo. Carvalho se agarró a las paredes. Salió a un pasillo crema oscurecido por un polvillo grasiento, condenado a la penumbra por bombillas de veinte watios encarceladas tras las rejas de portalámparas de sótano. Ocho puertas grises de madera enferma cerraban los ocho apartamentos de cada rellano. Se detuvo ante el 7-H. Alguien había escrito rascando con una llave sobre la pintura el nombre de Lola. La puerta se abrió como se vence la hoja de un libro. Encendió una cerilla para localizar los contadores, pero estaban allí, a la vista, como un enjundioso panel cibernético. Se hizo la luz en el recibidor. En una nada de paredes desnudas y manchadas. Luego la luz descubrió un comedor-sala de estar con un tresillo de metal y tapicería de cuadros escoceses, metal pintado de negro y descascarillado, cuadros escoceses de irregulares descoloridos. Una lámpara de pie de madera torneada y papel encerado. Una herradura en una pared. En otra una valenciana tapándose los pechos con un abanico. Un banderín de Bultaco. Una caja de cerillas semivacía. Un cenicero en el que no se había eliminado del todo la ceniza sobre una mesita de centro. En una vitrina, cuatro copas de jerez y dos libros: *El sentido del éxtasis,* de Alan Watts, y *Los felices cuarenta,* de Barbara Probst Salomon. Luego aparecieron más libros dentro de una caja de embalaje situada junto a una cama plegable: *Ciudadanos y locos. Historia social de la Psiquiatría,* de Klaus Dörner; *Francis Scott Fitzgerald,* de Robert Sklar; *Les paradis artificiels,* de Baudelaire; *El hombre de yeso,* de Joseph Kessel; *Diálogo en el infierno entre Maquiavelo y Montesquieu,* de Maurice Joly; manualillos sobre *Qué es el socialismo..., el imperialismo..., el comunismo...,* y así hasta doce o trece, un libro del cura Xirinacs en catalán, *Poesías completas* de Cernuda. *Estructura de la lírica moderna,* de Friedrich. Al abrir la cama aparecieron sábanas y mantas plegadas con peste de humedades y meses. En la pared del dormitorio, un mapa del Pacífico y las costas de América y Asia, la boca de Asia a punto de morderle el culo a América. De nuevo los recortes de periódicos aquí y allá, pinchados en la pared por chinchetas, amarillentos, casi ilegibles. Notas políticas en torno al Pacto de la Moncloa, noticias muertas a fines de 1977 o durante 1978, aunque en menor cantidad, como si Stuart Pedrell hubiera pasado la primera fiebre de crear puntos de referencia en aquellas paredes extrañadas. En un armario un traje gris oscuro comprado en una sastrería de Hospitalet, un conjunto de chaqueta y pantalón de la misma sastrería, ropa interior, una corbata, un par de zapatos veraniegos de tela y esparto. La cocina era un desierto habitado por media docena de platos sobre el escurridor, una cafetera, dos tazas para café, un bote con azúcar convertida en una bola compacta y otro con café molido descolorido. En la nevera, desconectada, se había producido el milagro de la rodaja de jamón dulce momificada e incorrupta. Un tarro de pepinillos franceses, conservados en vinagre blanco y granos de pimienta, daba la nota exótica arrinconado en el fondo de un estante de la nevera, junto a media pastilla de mantequilla jabonosa envuelta en papel de estaño. En la alacena encristalada, un paquete de arroz americano «Uncle Ben», un tarro de sopa juliana deshidratada, un paquete de café sin abrir, dos cervezas, doce botellas de agua mineral con gas, una botella mediada de jerez seco barato, una botella de coñac Fundador y otra de anís Marie Brizard. En la última, pequeña, habitación del apartamento, encontró una caja con cremas y cepillos para el calzado y otra de cartón con productos fundamentales de botiquín: aspirinas, mercromina, tiritas, agua oxigenada, alcohol, una lima de callos. En el cuarto de baño, un juego completo de toallas, una botella de gel de baño Moussel, Moussel, Moussel, de Legrain, París, piedra pómez, un albornoz blanco, pantuflas diríase que árabes, un fregasuelos muy usado. Recorrió otras tres veces la casa inventariando todo lo que veía.

Luego salió sin desconectar el contador. Ya en la calle buscó una cabina telefónica. Ninguna de las dos inmediatas funcionaba. Entró en la bodega de vinos Jumilla. El dueño blanco estaba solo, sentado ante una copa llena de cazalla. No miró a Carvalho, pero le dijo que sí cuando le pidió permiso para telefonear. Llamó a Biscuter para que subiera a Vallvidrera a darle de comer a *Bleda*.

—No tengo nada para un perro.

—En Vallvidrera hay cosas. ¿Qué habías hecho para mí?

—Una merluza a la sidra.

—¿De dónde has sacado la sidra?

—El dueño del colmado de la esquina es asturiano.

—Dale merluza a la sidra. Pero quítale bien las espinas.

—¿Al perro? ¿Merluza a la sidra al perro?

—Conviene educarle el paladar. ¿Ha preguntado alguien por mí?

—La de siempre.

—¿La chica?

—La chica.

—Pasaré temprano por el despacho.

—¿Se lo digo si vuelve a llamar?

—No. Ten cuidado con las espinas. No vaya a clavarse el perro una en la garganta.

—¿Insiste en lo de la merluza a la sidra?

—Haz lo que quieras.

—¿No le puedo localizar en ninguna parte?

—No me he llevado la brújula para darte la latitud y la longitud.

Cortó la pregunta de Biscuter sobre la merluza a la sidra y *Bleda.* Que te aproveche, *Bleda.* Asómate al mundo de los hombres civilizados a través de una cocina digna y cuando me muera recuerda que un día te di de cenar lo que Biscuter había hecho con amor para mí.

—¿Qué le debo?

—A mí nadie me debe nada. Soy yo el que debo a todo el mundo —le contestó el hombre desde su ensimismamiento.

Carvalho recorrió el barrio hasta encontrar un bar abierto. Le prepararon un bocadillo de atún en aceite y se comió una ración de tortilla de patatas. Compró una botella de vino blanco frío sin *pedigree.* Regresó al piso de Stuart Pedrell, conectó el calentador. Se duchó, se jabonó con el gel Moussel, Moussel, Moussel de Legrain, París, se enfundó el albornoz, que olía a humedad. Recorrió el piso hasta sentir su frío maloliente de tumba sin cadáver. Inspeccionó la limpieza de las sábanas y mantas. Se hizo la cama. Se acabó el vino mientras miraba hoja por hoja todos los libros que Stuart Pedrell había salvado de su naufragio. Más que seleccionados, parecían muestras de una sed intelectual que a Carvalho le parecía enfermiza. Sólo encontró un papelito, a manera de punto, en una página de las *Poesías completas* de Cernuda.

Recuerdo que tocamos el puerto tras larga travesía,
y dejando el navío y el muelle, por callejas
(entre el polvo mezclados pétalos y escamas),
llegué a la plaza, donde estaban los bazares.
Era grande el calor, la sombra poca.

El poema se titulaba *Las islas* y relataba la aventura de un hombre que llega a una isla, se lo tira una mujer y después reflexiona sobre el recuerdo y el deseo. «¿No es el recuerdo la importancia del deseo?» Carvalho cerró el libro y apagó la luz. Se tumbó en la cama. De la oscuridad le caían olores de aire muerto, lejanos ruidos de coches, alguna voz, un goteo en el cuarto de baño del piso de al lado. Stuart Pedrell pasó en esa habitación las noches de un largo año. Le bastaba recorrer unos kilómetros para recuperar todo lo que había sido durante cincuenta años y en cambio permaneció en aquella oscuridad, noche tras noche, interpretando el papel de un Gauguin manipulado por un autor fanático del realismo socialista, un autor cabrón dispuesto a castigarlo por todos los pecados de clase dominante que había cometido. Y ese autor era él mismo. Incapaz de sacar el lenguaje de sí, él mismo se había convertido en lenguaje. Vivía la novela que no podía escribir o la película que no podía dirigir. Pero ¿para qué público? ¿Quién tenía que aplaudir o silbar al final de la interpretación? Él mismo. Es un sufrido narcisista, había dicho el marqués de Munt. Mucha capacidad de desprecio se necesitaba para aguantar noches y noches esa soledad anónima, una soledad de amnésico. A Carvalho le había costado mucho convencerse de que valía la pena cocinar para uno mismo. Le costaba comprender cómo un hombre puede falsificar su papel sólo para sí, sin la posibilidad de comunicarse. ¿Te mirabas al menos en el espejo, Stuart Pedrell? Saltó de la cama. Fue al cuarto de baño, encendió la luz, se miró en un espejo corroído por salpicaduras de aguas y dentífricos. «¡Qué viejo estás, Carvalho!» Arrancó una tira de papel higiénico. Volvió a la cama. Pensó en la viuda de Stuart y se masturbó furtivamente, como si lo hiciera en el retrete del colegio o detrás de un árbol. Se limpió con el papel higiénico y dejó caer la bola de papel en el suelo. Se durmió tras asumir la sorpresa de lo mucho que se parecen el olor de semen y el de las tumbas vacías.

SE DESPERTÓ A LAS DOS HORAS de dormir. Tardó en adquirir conciencia del lugar. Trató de volver a dormirse, pero le molestaban el olor y la consistencia de unas sábanas demasiado tiempo abandonadas. Se hizo café. ¿Qué se puede hacer en San Magín a las cinco de la mañana? Coger el autobús para ir a trabajar. A media taza de café tuvo la idea de que Ana Briongos no tardaría en coger el autobús que la llevaría a la SEAT. Acabó el café. Lo pensó y repensó, pero finalmente abrió el tarro de pepinillos. Probó uno. Repugnante. El ascensor subió lentamente a buscarle como un gusano sube por la gusanera en que está aprisionado para siempre. Aceras solitarias, pero más allá de la esquina límite de la manzana se vislumbraban regueros humanos desperdigados obsesivamente orientados hacia la entrada del barrio. Aceleró los pasos para sumarse a los madrugadores. Un muchacho que llevaba subidas las solapas de una cazadora de napa negra le informó que los autobuses de la SEAT paraban en la plaza de entrada, al lado mismo del obelisco donde rezaba la leyenda *Una ciudad nueva para una vida nueva.* Permanecían allí dos autobuses azules, sus luces interiores perfilaban a los primeros ocupantes, los abrigaban con un calor hogareño en contraste con la fría hostilidad de la madrugada.

—Siempre coge el de detrás —le dijo el conductor del primer autobús. No, aún no había llegado.

—Esa chica es del turno siguiente. No saldrá hasta dentro de una hora.

—¿No saben dónde vive?

—No. Pero viene siempre por ahí, de esa dirección.

Se llenaron los autobuses en silencio y Carvalho les vio partir, como si fuera el dueño de San Magín despidiendo las expediciones de sus argonautas en busca del vellocino de oro. Entre deambular por un barrio al amanecer o volver al piso de Stuart Pedrell eligió quedarse donde estaba. Pero el frío le echó en busca de algún bar abierto para los madrugadores. La inútil búsqueda le ocupó media hora y le permitió un nuevo recorrido por parte del barrio. Los acantilados de cemento empezaron a salpicarse de ventanas iluminadas. El sol reventaba más allá de los bloques y su resplandor marcaba un aura de apoteosis sobre las espaldas y la coronilla del paquidermo gris. Regresó al punto de partida por si tenía suerte de que Ana Briongos llegara con tiempo suficiente para conversar. Los autobuses vacíos esperaban.

Llegaban ahora los trabajadores en grupos más compactos; envalentonados por la mayor luminosidad hablaban y algunos reían. Ana Briongos fue acercándose y creciendo hasta configurarse como una muchacha baja y robusta, de facciones grandes y morenas, el pelo maltratado por una peluquería de barrio, sobre la solapa de su tabardo de ante acolchado una pegatina vieja en defensa de la libertad de expresión y una insignia con un lema contra las centrales nucleares. Aguantó firmemente la mirada del hombre que a las seis de la madrugada le preguntaba si era Ana Briongos.

—Sí. ¿Y usted quién es?

—Estoy buscando a un pariente desaparecido. He removido media ciudad y finalmente parece que vino a vivir aquí. ¿Lo reconoce?

Con un ojo en la foto y el otro en Carvalho, la muchacha hizo ademán de proseguir su marcha:

—Lo siento. Va a marcharse el autobús.

—Aún esperará diez minutos. Comprendo que no son horas. Quisiera hablar con usted en otro momento. A la hora de comer, por ejemplo.

—Como en la fábrica cuando acabo el turno.

—¿Y después?

—Tengo que hacer.

—¿Todo el día?

—Todo el día.

—La iré a esperar a la salida del turno.

—Ya le he dicho que no conozco a ese señor.

—Tal vez no haya mirado bien la fotografía. Me han dicho que ustedes dos se conocían, que salieron juntos, y me lo ha dicho un veterano sindicalista y comunista, de los que no mienten, a no ser que lo mande Moscú, o así me lo enseñaron de pequeñito.

—No se enrolle. Vale. Le conozco. Cuanto antes acabemos esta historia, mejor.

—Se le irá el autobús.

—Para lo que tengo que decir hay tiempo de sobra. Ese señor se llama Antonio. Vivió en el barrio. Nos conocimos. Nos vimos algunas veces. Un buen día desapareció y eso es todo.

—Desapareció del barrio, pero apareció muerto en un solar. Muerto a navajazos.

Apartó ella el rostro para ocultar el sollozo y se quedó de espaldas a Carvalho llorando ya sin contención. Se le acercó la compañera rápidamente.

—¿Te pasa algo?

—No. Ya voy.

Se había vuelto y sostenía la mirada de Carvalho. Cuatro

lágrimas habían bastado para enrojecerle la nariz. Le temblaban los carnosos labios cuando dijo:

—A las siete de la tarde aquí mismo.

Se sentó en el autobús junto a su amiga y le dio alguna explicación sobre Carvalho, porque la otra chica escuchaba, asentía y observaba a Carvalho preocupada. El detective les volvió la espalda, cruzó la plaza avanzando hacia la boca del metro, se dejó llevar por un borbotón de gente que dejaba caer las piernas por las escaleras de metal erosionado por millones de pisadas cansadas, pisadas cargadas con el peso extra de la evidencia de que cada día es igual al anterior, de que cada escalón de subida será mañana escalón de bajada.

—Tenías que haberte metido en un banco cuando eras jovencito. Ahora tendrías cuatro o cinco quinquenios.

Se lo dijo su padre días antes de morir, repitiendo por última vez la queja que le había acompañado como una obsesión desde que Carvalho le demostró que saldría de la universidad, de la cárcel, del país, de la vida con las sienes libres de coronas de laurel.

—Y si hubiera podido ser la Caja de Ahorros, mucho mejor. Tienen ocho pagas al año.

Carvalho escuchó estas recomendaciones con indignación hasta los treinta años, con indiferencia después y con ternura en los últimos años. Su padre quería dejarle un testamento de seguridades La seguridad significa coger el metro dos veces al día o utilizar un utilitario dos veces al día, para ir y venir del trabajo. El metro le fue acercando al corazón de la ciudad. Salió en el Paralelo, cruzó la destartalada vía entre soledades y se metió por la calle Conde del Asalto en busca de las Ramblas. Recuperó rincones habituales como si volviera de un larguísimo viaje. La fea pobreza del Barrio Chino tenía pátina de historia. No se parecía en nada a la fea pobreza prefabricada por especuladores prefabricados prefabricadores de barrios prefabricados. Es preferible que la pobreza sea sórdida y no mediocre. En San Magín no había borrachos derrumbados ante los portales, sorbiendo el hilillo de pequeño calor que salía de escaleras terribles. Pero no era un logro del progreso, sino todo lo contrario. Los habitantes de San Magín no podían autodestruirse hasta que no pagaran todas las letras que debían para comprar su agujero en aquella ciudad nueva para una vida nueva. En la portada de un periódico recién cocido se decía: Estados Unidos experimentará un crecimiento cero en 1980. El presidente Carter lo corroboraba con su presencia en la portada, presencia de director de sucursal de Caja de Ahorros cotidianamente sorprendido ante la evidencia de que entre sus atribuciones estaba la de bombardear Moscú o ponerse morado de tarta de manzana a todas las horas del día. ¿Qué harías tú si fueras presidente de Estados Unidos? Te tirabas a la Faye Dunaway. Eso para empezar. En el caso de que se dejara. Le advierto a usted que soy el presidente. Faye le miraría con sus ojos salvajes, fingiría el beso para morderle traicioneramente la nariz hasta arrancársela. Le advierto que acaba usted de comerse la nariz del presidente de los Estados Unidos. Carvalho entró en su despacho sin hacer ruido. Los ronquidos de Biscuter llegaban desde el catre plegable que el fetillo se abría todas las noches después de dejar hechas las bases de las comidas con que al día siguiente quería sorprender a Carvalho. Dormía encogido y con un ojo abierto. Las guedejas de pelo lacio y rubio le salían de los parietales como cuernos mal nacidos, desconocedores de su verdadero sitio.

—¿Es usted, jefe? —le dijo el ojo abierto, más que la boca, que acababa de roncar.

—El mismo. Vaya concierto. ¡Qué manera de roncar!

—Si estoy despierto, jefe —y siguió roncando.

Carvalho saltó por encima del catre y se dispuso a hacer café. Pero ya Biscuter abandonaba la cama frotándose los ojillos despestañados y saltones. Le sonrió recién llegado desde el más allá, como un ángel feo enfundado en un squijama amarillo.

—¿De juerga toda la noche? Las tiene así, jefe. Volvió a llamar la chalada esa y Charo y una señora, tenía voz de señora... Apunté el apellido en el bloc de notas.

Carvalho comprobó que la voz de señora correspondía a la viuda.

La señora Stuart Pedrell le invitaba a un aperitivo en Vía Véneto.

—¿Qué se celebra?

—La victoria del señor Planas como vicepresidente de la CEOE. Es el único momento libre de que dispone la señora Stuart. No olvide llevar corbata. En Vía Véneto son muy estrictos.

La secretaria volvió a recordarle que la cita era a la una.

—¿Tienes alguna corbata, Biscuter?

—Tengo una que me regaló mi madre hace veinte años.

—Servirá.

Biscuter volvió con una alargada caja de cartón. Estaba llena de bolas de naftalina y bajo ellas dormía la bella corbata del bosque, azul con topos blancos.

—Apesta.

—Le tengo mucho cariño. Es un recuerdo.

—Cuelga tu recuerdo en la ventana para que se vaya un poco la peste. Si salgo a la calle con esa corbata tal como huele ahora, me llevan al hospital de infecciosos.

—Estas cosas se conservan en naftalina.

Biscuter entreabrió la ventana, tendió un hilo de una puerta a otra y en el centro colgó la corbata acariciándola más que aprisionándola con unas pinzas de tender la ropa. Carvalho llamó a casa de los Stuart Pedrell.

—No, no despierte a la señorita Yes. Dígale que he llamado. La espero a las dos en el restaurante Río Azul, de la calle Santaló.

Nada más colgar sonó el teléfono. Una voz de hombre tenor lírico.

—¿Ahí hay un detective privado?

—Lo hay.

—Quisiera consultarle un caso confidencial.

—¿Se ha escapado su mujer?

—¿Cómo lo sabe?

—Intuición.

—No es un asunto para hablarlo por teléfono. Es muy delicado.

—Pásese por aquí. Ahora.

—En un cuarto de hora estoy ahí.

La mirada sorprendida de Biscuter le esperaba cuando colgó el teléfono.

—¿Cómo lo ha adivinado?

—Por la voz. Un noventa por ciento de estas voces corresponden a maridos a los que se les ha escapado la mujer. Supongo que hartas de oírlas.

Biscuter se fue a la compra; Carvalho se entretuvo dibujando monstruos floreados sobre un papel. Llamó el hombre casi furtivamente, llevaba un traje arrugado sobre un cuerpo no menos arrugado. Tenía calva de primera fila de revista y voz límite entre tenor lírico y tiple. Hay quien nace para parecer un marido abandonado, pensó Carvalho, aunque quizá lo lamentable sea nacer para marido. Se le echó a llorar tras la primera oración compuesta. Cuando consiguió decirle que su mujer era rubia y se llamaba Nuria, se rompió.

—Beba un trago. Es orujo.

—No bebo en ayunas.

—No hay que estar en ayunas a estas horas. ¿Quiere un bocadillo de algo? Tal vez quede un poco de merluza a la sidra.

El hombre había visto la corbata puesta a airear y no le quitaba el ojo izquierdo mientras con el derecho vigilaba a Carvalho.

—Yo soy un modesto industrial panadero. Tengo una fabriquita de pan.

Absolutamente odioso, ¿cómo se puede tener una fábrica de pan?

—Ha sido el oficio de toda mi vida. Mis padres tenían una panadería con horno en Sants y yo siempre me he movido en este ambiente. ¡Qué quiere que le diga! Es mi vida.

—¿Su mujer también es panadera?

—Echa una mano en las cuentas. Pero ella es de otro ambiente. Su padre era juez.

—¿Sabe usted dónde está?

—Lo sospecho.

—¿Dónde?

—Es muy vergonzoso para mí.

—No sólo sabe dónde está, sino con quién está.

—Sí. Comprenda, es muy vergonzoso para mí. Está en alguna de estas calles de por aquí. Se ha ido con el señor Iparaguirre, un pelotari vasco que presume de cosas, no sé de qué cosas presume.

—¿De qué cosas?

—¡Huy! No quiera usted saber. Excentricidades. No sé qué ven las mujeres en tipos así.

—Pero, ¿de qué presume? Dígamelo.

—De ser de esos de la ETA. Ya sabe usted. Vivía realquilado en un piso del inmueble donde tengo la central de mi pequeña industria y siempre pegaba la hebra conmigo o con mi mujer. Que si los vascos tienen muchos cojones, que si esto, que si lo otro. Ponen cuatro bombas, matan a cuatro infelices y ya se creen quién sabe qué, Kirk Douglas o Tarzán.

Rió llorosamente su propio chiste.

—Ha tenido usted suerte, podía haberse ido con uno del Grapo.

—¿Por qué he tenido suerte?

—Porque la ETA es otra cosa. Es un valor más sólido. Últimamente ya es el segundo caso de marido burlado por uno que dice ser de la ETA.

—¿Y no lo son?

—No.

—¡Qué cara más dura!

—Ligar justifica cualquier medio. En mis tiempos tenías media docena de octavillas y bajabas la voz para hablar de política: había alguna posibilidad. Hoy las mujeres, son más exigentes. Quieren emociones más fuertes.

—Pero mi Nuria no se había metido nunca en política. Oiga, y su padre de derechas, pero muy de derechas, fue uno de esos jueces que vinieron con los nacionales y, madre mía, las que llegaron a hacer. ¿De qué le viene a ella ahora esto? Y yo tampoco. La política no me interesa. No me ha de dar de comer.

—Bueno, usted sabe dónde está su mujer y con quién está. ¿Qué quiere que haga?

—Que la vea y le haga ver lo malo de su proceder. Ha abandonado a las criaturas. Dos niñas.

Más lágrimas.

—No puedo hacer nada por usted hasta dentro de unos días. Hay que darles confianza...

—Pero si tardamos mucho...

—¿Qué?

—Es inmoral.

—Lo más inmoral ya ha pasado. Hay que dar tiempo al asunto para moralizarlo.

—Yo pagaré lo que sea.

—Eso espero.

—Aquí tiene mi tarjeta y en mí tiene usted no a un cliente sino a un amigo. ¿Y qué les digo yo a mis niñas?

—¿Qué les ha dicho hasta ahora?

—Que su madre se ha ido a Zaragoza.

—¿Por qué a Zaragoza?

—Porque a veces va allí.

—¿Qué hace en Zaragoza?

—Tenemos almacenistas de harinas y nos tratamos mucho con ellos. No sé. No sé. Ya pensaba incluso en decirles... En momentos así, se le ocurren a uno tantas barbaridades...

—¿Qué quería decirles?

—Que había muerto.

Le miraba con los ojos encharcados, decidido, casi heroico, como enseñándole el puñal con que había matado a la adúltera.

—Un día u otro volverá y menudo susto se llevarían las criaturas. A los pelotaris, los ligues les duran poco.

—No es un pelotari de temporada. Me parece que tiene un contrato fijo en un frontón de Barcelona.

—Son gentes inconstantes. ¿Dice que están por este barrio?

—Sí.

—¿Cómo lo sabe?

—Hace dos meses el vasco se mudó y Nuria siempre llegaba tarde al despacho o a casa. Un día no pude más y la seguí. Se encontró con ese hombre muy cerca de aquí. En esa plaza donde está el monumento. Fueron a una pensión de mala muerte de una de estas calles. Subieron. Pregunté al portero si allí vivía el vasco. Allí vivía. Supongo que ahora están los dos juntos. Aquí le dejo la dirección. Pongo el asunto en sus manos. Al precio que sea. Sé el valor del buen trabajo. ¿Quiere un cheque? ¿Diez mil? ¿Veinte mil?

—Son cincuenta mil.

—Cincuenta mil —repitió el hombre, digiriendo la cantidad y haciendo amago de llevarse la mano a la cartera.

—No me pague ahora. Dentro de una semana, cuando Nuria vuelva a casa; entonces me pagará.

Su cortesía era tan excesiva ahora como su depresión anterior. Cuando Carvalho cerró la puerta tras él se dijo: Nuria, te doy unos días más para que te desahogues. Te convienen unas vacaciones matrimoniales. Apuntó en la agenda el día en que debía liberar a la malcasada de los brazos del terrorista. Liberó la corbata de su horca, la olió, la peste había disminuido. Biscuter llegó en el momento en que Carvalho braceaba con la corbata como una serpiente en torno a su cuello.

—Biscuter, no me sale.

—Con cuidado, jefe. Con cuidado, que me la destroza.

Le hizo Biscuter el nudo con dedos de violinista.

—Mírese en el espejo, jefe. Le sienta de puta madre.

NO ESTABA EL ZAR, aunque el local lo habían decorado para complacer los gustos del zar de casi todas las Rusias. Doscientos o trescientos hombres pulcros, encorbatados, con las facciones recién moldeadas por un escultor especializado en dirigentes de empresa. Cincuenta mujeres en lucha cotidiana e implacable contra la celulitis, las varices y los guardias de tráfico. Casi treinta camareros con bandejas aeroplanos cargadas de canapés, cucharas llenas de papillas que se acercan brumm brumm brumm a la boquita de niños inapetentes. Dedos inapetentes, pero mandíbulas implacables engullendo pedacitos de paraíso a doscientas pesetas el milímetro cuadrado: caviar ruso, salmón asturiano, dátiles encuadernados en piel de *bacon,* tortilla de patatas con gamba rampante sobre campo de mayonesa, picadillo de cangrejo ruso con salsa francesa, aceitunas de Kalamata, tacos de jamón Cumbres Mayores. Sin alcohol, recomendaba la mayoría, mientras con una mano se palpaban las cinturas maltratadas por masajistas con odio de clase. Cerveza sin alcohol, vermut sin alcohol, vino sin alcohol, jerez sin alcohol, whisky sin alcohol.

—Un whisky con alcohol —pidió Carvalho y el camarero eligió una botella de whisky con alcohol.

—Esto es un whisky con alcohol —le dijo a la viuda a modo de presentación. Llevaba un turbante de seda malva que subrayaba el parecido compartido por Maria Montez y Jeanne Moreau.

—Necesitaba hablar con usted y no había otra ocasión.

—De paso podré felicitar al señor Planas.

—Es su problema. El mío es que espero su llamada para decirme cómo van las cosas, y esa llamada no llega.

—Las cosas están casi donde estaban. En unas horas no puedo resolver un misterio que dura más de un año.

—¿Con quién ha hablado

Se calló todo lo relacionado con San Magín. Ella no se alteró cuando mencionó los nombres de Lita Vilardell o Nisa Pascual.

—¿Sergio Beser? ¿Quién es Sergio Beser?

—Un especialista en *La Regenta,* novela de Clarín. Pero también domina la literatura italiana.

—¿Por qué ha consultado con él?

—No puedo saberlo todo. La poesía no es mi fuerte, y su marido era muy aficionado a los versos.

—En resumen, ¿qué ha adelantado?

—Nada y mucho.

—¿Cuándo sabré algo? Supongo que seré la primera informada. Descarte a los otros candidatos o candidatas. Por ejemplo, mi hija. Yes no le ha contratado. Le he contratado yo.

—Siempre el criminal vuelve al lugar del crimen.

Así se introdujo Planas en la conversación.

—¿El señor Carvalho espera encontrar entre nosotros lo que busca?

—Le he hecho venir yo. No había otra manera de hablar con él.

—No le he felicitado todavía.

—Gracias. Como dije durante la toma de posesión en el Fomento, éste es un cargo al que servir y no del que servirse.

—Ahora no estás haciendo un discurso.

—Conviene que lo repita hasta que llegue a creérmelo.

Se marchó por donde había venido, con una copa de zumo de frutas en la mano. Recibió un abrazo lento y lleno del marqués de Munt, vestido de almirante de la armada de un país sin barcos. El marqués hizo un aparte con Planas para hablar sonrientes y susurrantes, las manos del alto y viejo marqués sobre los hombros del elegido. En un momento de la conversación, Planas miró por encima de su hombro hacia Carvalho y la mirada del marqués adquirió cierta dureza crítica al ponerse sobre el detective.

—Nos están mirando.

—¿Y qué?

—Cuando en las películas el protagonista le dice a la protagonista: Nos están mirando, ella ha de lanzar una risita ruborosa, ha de cogerle las manos y tirar de él hacia el jardín.

—Aquí todo el mundo mira a todo el mundo.

—Sí, pero disimuladamente. En cambio, el marqués de Munt y Planas, sus dos socios, nos están mirando y vienen hacia aquí.

—Carvalho, no bebe vino blanco. ¿No tienen aquí su marca?

—Tampoco lo bebe usted.

—No. Bebo algo heterodoxo que descubrí en Portugal. Un oporto con un cubito de hielo y una rodaja de limón. Es mejor que el mejor de los vermuts. Su Alteza Real el Conde de Barcelona, al que tuve el honor de servir en su Consejo, me recomendó la fórmula en una de aquellas interminables sesiones en Estoril, y Motrico estuvo de acuerdo en que era excelente. Isidro, tendrías que abandonar tu régimen, aunque fuera por un instante, y probarlo. Señor Carvalho, este hombre es imposible, cuando hace régimen hace régimen, cuando hace gimnasia, hace gimnasia.

Acarició el marqués con el dorso de la mano la mejilla de

Planas y la mejilla se apartó con tanta naturalidad como rapidez.

—Mima, estás estupenda y cada día más joven. Cuando te he visto a lo lejos he pensado: ¿Quién será aquella mujer tan radiante? Quién iba a ser.

—Señor Planas, le reclama el señor Ferrer Salat.

Siseos urgentes acallaron los rumores. El presidente de la Patronal habló para congratularse de tener a su lado un hombre tan eficaz, tenaz e inteligente como Isidro Planas. Planas escuchaba en posición de firmes, con las manos entrelazadas sobre los riñones, los hombros salidos, la cabeza ora erguida, ora bruscamente caída sobre el pecho; sobre todo, cuando sonreía ante alguna de las ironías o de los halagos de Ferrer Salat. Los aplausos al primer orador fueron breves pero intensos, como perfectamente hechos a la medida del local y de la circunstancia. Planas salió al escenario con la cabeza basculante, como si las palabras le subieran por una bomba hidráulica interior.

—No voy a pedir perdón por haber nacido. Los empresarios hemos de dejar de pedir perdón por haber nacido. Gran parte de la prosperidad en que hemos vivido se debe a nuestro esfuerzo y, sin embargo, ¡qué tiempos estos en que ser empresario o haberlo sido parece una vergüenza! Repito. No voy a pedir perdón por haber nacido y yo nací empresario.

Aplausos. Munt aprovechó la ocasión para inclinarse hacia Carvalho y musitar a su oído:

—¡Qué demagogo!

—Y no sólo no voy a pedir perdón por haber nacido, sino que voy a contribuir a que todos nosotros recuperemos la moral que se nos quiere arrebatar. Hay mucho suicida en el seno de esta sociedad que no sabe de esta misa la mitad. No sabe que hundiendo al empresariado se hunde el país y se hunde la clase obrera. Una sociedad libre corre parejas con una sociedad donde la economía de mercado y la libre iniciativa dicten su ley. Ésta es nuestra ley porque nosotros creemos en una sociedad libre. La libertad sólo merece ser sacrificada a la supervivencia, pero mientras una y otra puedan ir unidas, es preferible que lo vayan. Sabéis que en el pasado nunca pujé por ningún puesto. ¿Incomodidad política? Mi amigo, el marqués de Munt, diría que fue una incomodidad estética. Yo ni digo ni dejo de decir. Pero creo que nosotros fuimos, somos y seremos empresarios en cualquier régimen político y que nuestra función es conseguir la prosperidad general que beneficie a todos, que garantice la paz y la libertad. Me pongo incondicionalmente a las órdenes de nuestro presidente y al darle un abrazo de supeditación, le digo *¡Carles, si tu no afluixes, nosaltres no afluixarem, jo no afluixaré!*

Los aplausos impidieron captar la sorna con que el marqués de Munt gritaba contenidamente: *¡No afluixis, Carles!*

—Son incorregibles. Jamás saldremos de la retórica. ¿Y tú, Mima? ¿No te presentas a las elecciones para la asociación de mujeres empresarios?

Los ojos de la viuda Stuart riñeron blandamente al marqués. Carvalho sintió sobre sus hombros el brazo viejo, vacío, del marqués. Olió su perfume a sándalo y se sintió prisionero en una cárcel de confidencias y civilizadas hipocresías.

—Usted es de los míos, Carvalho. ¿Ha avanzado mucho en su investigación? He pensado sobre lo que estuvimos hablando el otro día. Tal vez no fuera una tontería lo que dije de la universidad. Recordé de pronto que Stuart me habló de tramitar una beca americana muy generosa que le permitiría moverse por Estados Unidos a sus anchas, para estudiar antropología social, creo. Le fascinaba el Medio Oeste. Pero eso fue antes de lo de los mares del Sur. ¿No es verdad, Mima?

—Entre lo de la beca y lo de los mares del Sur estuvo su proyecto de irse a Guatemala a estudiar la cultura maya.

—Cada quincena cambiaba de proyecto. Lo de los mares del Sur ya fue otra cosa. ¡Divino, Isidro! ¡Divino!

Planas se dejó abrazar por el marqués.

—Lástima de final. Parecía una recomendación de las que hacía Bella Dorita en el Molino. *¡No afluixis, Carles!* ¿Era la nota nacional empresarial?

—Tú te lo tomas todo a guasa.

—Todo menos la supervivencia de mi patrimonio. Es cierto. *No afluixeu. No afluixeu.* ¿Comemos juntos, Mima, señor Carvalho? Contigo ya no cuento, Isidro, comerás con tu jefe, supongo.

—Sí. Una comida de trabajo. Mañana vamos a Madrid. Nos recibe Abril Martorell.

—Empieza tu calvario. ¿Y ustedes?

—Yo tengo un compromiso.

—Yo comeré contigo si me dejas hablar dos minutos a solas con mi detective.

—Me llevo lo mejor del grupo. Seré inmensamente feliz, Mima.

—¿SIEMPRE ESTÁN ASÍ?

—¿Cómo están?

—Fingiendo.

—Allá cada cual con su comedia. Quisiera que usted se aplicara con sus cinco sentidos en lo que le concierne. Quiero conclusiones cuanto antes. Que nada ni nadie le distraiga.

—Dentro de cinco minutos he quedado citado con su hija.

—A eso me refería, entre otras cosas.

—Yo no busco su compañía.

—Hay muchas maneras de buscar y de no buscar y sólo una de evitarlas. Quiero informes del asunto cada cuarenta y ocho horas.

—¿Del asunto de su hija?

—No se haga el gracioso.

Yes le esperaba sentada en una silla apartada de la mesa, las rodillas y los pies juntos, las manos aferradas al canto de la silla, esperando una señal liberadora para levantarse. La señal fue la aparición de Carvalho. Se puso en pie. Vaciló. Finalmente avanzó precipitadamente hacia él. Le besó las mejillas. Carvalho la cogió por el brazo, la obligó a despegársele, a sentarse a la mesa.

—Por fin —dijo ella mirándole como si volviera de una larga guerra.

—Acabo de dejar a tu madre y sus socios.

—¡Qué horror!

—Hay cosas peores. Tu madre sospecha que soy un corruptor de menores que quiere seducirte y venderte en Beirut.

—¿Y no lo eres?

—Todavía no. Quiero dejar las cosas bien claras entre tú y yo. Dentro de una semana, más o menos, mi trabajo habrá terminado. Le entregaré un informe a tu madre, cobraré y me meteré en otro caso, si llega. Tú y yo no tendremos ocasión de vernos. Ni siquiera de relacionarnos. Si te parece bien que durante este período nos metamos en la cama de vez en cuando, por mí perfecto. Pero nada más. Ni esperes nada más en el futuro. Mi oficio no es hacer compañía a adolescentes sensibles.

—Una semana. Sólo una semana. Déjame vivirla contigo.

—Nunca te ha pasado nada grave, y se te nota.

—Yo no tengo la culpa de que nunca me haya pasado nada grave, como tú dices. ¿Qué gente vale la pena para ti? ¿La que sufre desde que nace? Una semana. Luego me iré sin molestarte más, te lo juro.

Había cogido la mano de Carvalho sobre la mesa y el camarero tuvo que carraspear para devolver su atención a la carta.

—Cualquier cosa.

—En un restaurante chino no puedes pedir cualquier cosa.

—Tú mismo.

Carvalho eligió una ración de arroz frito, dos rollos primavera, abalones con salsa, langostinos y ternera con salsa de ostras. Yes no se quitó una mano de la cara mientras mordisqueaba desganadamente de aquí y allá. Carvalho superó la indignación que solía producirle comer en compañía de un desganado y compensó las ausencias de Yes.

—Mi madre quiere que vuelva a Londres.

—Excelente idea.

—¿Para qué? Ya sé inglés. Conozco bien el país. Quiere que me vaya para que no la moleste. Para ella todo es perfecto. Mi hermano en Bali no le crea problemas, gasta menos que aquí y no mete las narices en el negocio. Los otros dos están todo el día sobre la moto y van estudiando para cumplir. Son dos pedazos de carne bautizados. El pequeño es todo de ella, lo tiene dominado, bajo su control. Sólo le estorbo yo, como le estorbaba mi padre.

Carvalho seguía comiendo como si no hablaran con él.

—Ella le mató.

La masticación de Carvalho se hizo más lenta.

—Lo intuyo. Lo siento aquí.

La masticación de Carvalho volvió a su ritmo normal.

—Es una familia horrorosa. Mi hermano mayor se marchó harto de todo y de todos.

—¿De qué estaba harto?

—No lo sé. Se marchó mientras yo estaba en Inglaterra, pero debía de estar harto. Esos desplantes de diosa, de mujer segura. Igual trataba a mi padre. Nunca le perdonó las aventuras que tuvo por ahí, ni tuvo el valor de tener ella las suyas. ¿Sabes por qué? Porque así hubiera tenido que perdonar a mi padre. No. No. Continuó haciéndose la virtuosa para así exigir, reñir, condenar. Mi padre era un hombre tierno e imaginativo.

—Los langostinos son excelentes.

—Aprendió a tocar el piano sin que nadie le enseñara y lo tocaba tan bien como yo, o mejor. Lo tocaba mejor.

—Tu padre era tan egoísta como cualquier otro ser humano. Vivió su vida y eso es todo.

—No. Eso no es cierto. No se puede vivir pensando que

todo el mundo es egoísta, que todo el mundo es una mierda.

—Yo he conseguido vivir y lo pienso. Estoy convencido.

—¿Yo soy una mierda?

—Serás una mierda. Seguro.

—Las personas a las que has querido ¿eran una mierda?

—Eso es hacer trampa. Necesitamos ser benevolentes con los que lo son con nosotros. Es un contrato no escrito, pero es un contrato. Lo que ocurre es que solemos vivir como si no supiéramos que todo y todos son una mierda. Cuanto más inteligente es una persona menos lo olvida, más lo tiene presente. Nunca he conocido a nadie realmente inteligente que amase a los demás o confiase en ellos. A lo sumo los compadecía. Ese sentimiento sí lo entiendo.

—Pero los demás no tienen por qué ser malos o estar lisiados. ¿Es ésa la división que estableces en la gente?

—También los hay tontos y sádicos.

—¿Y nada más?

—Ricos y pobres. También hay quien es de Zaragoza o de La Coruña.

—Y si tuvieras un hijo, ¿qué pensarías de él?

—Mientras fuera un ser débil, le compadecería. Cuando tuviera tu edad, empezaría a estudiarle, a espiarle para observar el momento justo en que la joven víctima experimenta la metamorfosis y hace sus primeros pinitos de verdugo. Y cuando fuera verdugo procuraría verle lo menos posible. Si fuese un verdugo con éxito, no me necesitaría. Si es una víctima, pagaría con creces la ayuda que yo pudiera darle. La pagaría con la inmensa satisfacción que me produciría seguir protegiéndole.

—Habría que esterilizarle.

—No es necesario. Ya lo he hecho yo por mi cuenta. Lo primero que exijo a mis parejas es un certificado de esterilet, diafragma o pastilla y si no están en regla, me pongo un preservativo. Siempre llevo una cajita en el bolsillo. Los compro en La Pajarita, una casa de gomas de la calle Riera Baja. Allí empecé a comprarlos y allí sigo. Soy un hombre muy rutinario. ¿Postre?

—No quiero postre.

—Yo tampoco. Me ahorro trescientas cincuenta o cuatrocientas calorías. Planas me ha traspasado sus manías sobre el régimen.

Yes arrugó la nariz.

—¿No te cae bien Planas?

—Nada. Es la antítesis de mi padre. Rígido, calculador.

—¿Y el marqués de Munt?

—Ése ha salido de una ópera.

—Me sorprendes. Eres muy dura con los demás.

—Ellos fueron los que cercaron a mi padre, los que le encerraron en ese círculo mediocre, de vida mediocre.

—Tu padre últimamente buscaba amantes de tu edad.

—¿Y qué? ¿Les pagaba acaso? Algo le encontrarían. No sabes lo que me alegro.

—¿Quién o qué mató a tu padre?

—Le mataron ellos. Todos ellos. Mi madre, Planas, el marqués, Lita Vilardell... Estaba muerto de asco, como lo estoy yo.

—Eso mismo podría decir tu madre.

—No. Ella ahora es feliz. Todo el mundo la elogia. Todos los cuchicheos son elogiosos. ¡Qué valiente! ¡Qué inteligente! ¡Lo hace mejor que el marido! Claro que lo hace mejor. Nada la distrae. Es como un cazador obsesionado por la presa. No sabe lo que es un matiz, una distracción.

—Déjame ir a tu casa. Un día. Hoy.

—¡Qué obsesión con mi casa!

—Es una casa maravillosa. Es la primera casa que he visto en la que mi madre se sentiría incómoda.

—Se nota que no has entrado nunca en las casas que construyó tu padre para los demás. Te espero en mi casa esta noche. Ven ya tarde.

—PUES NO HAN SONADO las campanas. Y tú aquí. ¡Cuánto honor! —Charo estaba a medio maquillar. No acababa de franquearle la puerta—. Creo que tú y yo nos conocemos de algo.

—¿Me dejas entrar o no me dejas entrar?

—¿Y quién puede impedir que entre el gran Pepe Carvalho? Muertecita de impaciencia estaba esperando que el señor volviera, de una expedición al Polo, digo yo. ¿Muchos osos en el Polo?

Carvalho recuperó el lugar con la mecánica de gestos habituales. Dejó la chaqueta en la silla de siempre, se dejó caer en el rincón del sofá acostumbrado, buscó maquinalmente el cenicero.

—Hace quince días que estas paredes no habían visto a vuecencia. Igual me lo han nombrado Papa de Roma, pensaba una, con lo que se mueren ahora los Papas de Roma y con lo jesuita que es mi Pepe. Porque tú eres un jesuita.

—Charo...

—Un jesuita es poco. Un jesuitón. Si Charo hace falta, venga Charo. Si Charo no hace falta, pues Charo al cuarto de los trastos viejos. Pero Charo ha de estar dispuesta siempre, siempre dispuesta para lo que el señor convenga. Te juro, Pepe, que estoy hasta aquí. Hasta más arriba de aquí.

—O se acaba la escenita, o me voy.

Con las piernas abiertas, los brazos en jarras, la cólera goteando de sus facciones pequeñas blanqueadas por el maquillaje base, Charo cabeceaba con los ojos cerrados y gritaba:

—¡Vete por donde has venido! ¡Toda la culpa la tengo yo, que soy una imbécil!

Carvalho se puso en pie, recuperó la chaqueta y avanzó hacia la puerta.

—Ahora se va. Al señor no se le pueden decir cuatro verdades, porque el señor se ofende. Y una no puede ofenderse. ¿Adónde vas? ¿Tú crees que te vas? ¡Pues no te vas!

Se adelantó la mujer y cerró la puerta con llave. Se echó a llorar y pidió protección a Carvalho. A pesar de la lentitud con que el hombre alzó los brazos, ella se dejó caer en ellos y siguió llorando contra su pecho.

—¡Qué sola me encuentro, Pepiño! ¡Qué sola! He pensado unas cosas, unas cosas que me dan miedo, Pepe, te lo juro. Te has cansado de mí porque soy un pendón. Siempre temí que no duraría.

—Charo, llevamos así ocho años.

—Pero nunca tan mal como últimamente, Pepe. Tú te has liado con otra. Lo noto.

—Siempre me he liado con una u otra.

—¿Con quién? ¿Con quién te has liado? ¿Qué necesidad tienes de otras tías? Yo voy con otros tíos para vivir, para comer, pero ¿y tú?

—Corta el rollo, Charo. Si lo sé, no vengo. Estoy metido en un caso difícil. Voy de aquí para allá.

—Ayer no dormiste en casa.

—No.

—¿De lío?

—No, de lío, no. Me quedé a dormir en una tumba.

—¿En una tumba?

—El muerto se había ido.

—Tú te estás quedando conmigo, Pepe.

Reía entre lágrimas. Pepe la apartó y avanzó hacia la puerta.

—Venía a invitarte para el próximo fin de semana, pero si no quieres, olvídalo.

—¿No querer yo? ¿Un fin de semana entero? ¿Dónde, Pepe?

—Me han hablado de un restaurante en la Cerdanya. Lo ha puesto un matrimonio jubilado y ella guisa muy bien. De paso podríamos hacer alguna excursión. Ir a Francia. Comprar unos quesos. Patés.

—Y yo me compraría una crema para estos granitos que me han salido; mira, Pepe, mira qué fea estoy, mira qué granitos.

—Te llamaré el viernes al mediodía. Podríamos salir al anochecer.

—El viernes por la noche, ya lo sabes, trabajo mucho.

—Pues el sábado por la mañana.

—No, Pepe, no. El viernes. Que se vaya a paseo el trabajo.

Le besó en la boca como si bebiera en él y le dejó marchar rozándole el cuerpo hasta el último momento, cuando ya los pies de Carvalho iniciaban el descenso de los escalones. La imagen de la viuda Stuart y de su hija se le sobreponían a la de Charo. En la calle, las putas sin collar iniciaban la busca a unas horas impensables en tiempos de prosperidad. ¡Cómo está el mercado! La puta vieja, empapada en alcoholes de todas las cosechas, coexistía con la puta joven, acanallada en quince días de aprendizaje ávido y ciego, para olvidar cuanto antes los prejuicios morales perdidos. Había más cinismo en los ojos jóvenes que en los viejos. *Te haré muy feliz. Cariño, me gustas. ¿Quieres echar un polvito?* La puta de entre horas, recién recogidos los cacharros en la cocina de su casa, pendiente del reloj para volver a casa a preparar la cena del marido y los hijos, disimulaba su caza ante los escaparates de tiendas en las que no había nada que mirar. Había conocido a Charo ante el escaparate de una tienda de maletas. La muchacha ya había dado el salto de puta fija en el Venezuela a *call-girl* establecida por su cuenta en el sobreático de una casa nueva construida en el corazón del Barrio Chino. Carvalho estaba borracho y le pidió precio, ella le dijo que se equivocaba. *Si me equivoco, estoy dispuesto a pagar mucho más.* Carvalho vio por primera vez el piso que iba a ser frecuentemente su hogar hasta las siete de la tarde, hora en la que Charo empezaba a recibir clientes fijos. *¿No te iría mejor un piso en el barrio alto?* Allí eran más caros y a los clientes les gustaba la mezcla de sordidez de siempre y sofisticación del progreso. Barrio Chino y teléfono. *La próxima vez llama. No me gusta que me cacen por la calle. Nunca he hecho la calle. No soy de ésas.* Carvalho se acostumbró a la esquizofrenia de la muchacha, a su doble vida de novia celosa de día y puta telefónica de noche. Primero él le propuso que se retirara, pero ella aseguraba que no servía para otra cosa. *Si me meto de taquimeca igual me meterá mano el jefe, y si me caso me meterán mano el marido, el suegro, el cuñado y todo Dios. ¡No te rías! En mi pueblo a las casadas les mete mano todo Dios y los suegros más que nadie. ¿A ti te da reparo que trabaje en esto? ¿No? Pues entonces déjame. Yo te quiero a ti y en paz. Cuando me necesitas no me hago la remolona.* Nunca hablaba de su trabajo ni de sus clientes. Carvalho sólo tuvo que intervenir en un caso. *Un tío guarro que quiere verme cagar y si no lo hago me amenaza con una pistola.* Carvalho le esperó en la escalera con una botella de orines y se la vertió por encima. *Como vuelvas, la próxima vez será mierda y te la iré a echar a tu casa, delante de tu mujer.* Demasiadas mujeres en su vida últimamente. La viuda, dispuesta a dejar la piel en un mundo hecho a la medida de hombres como Planas o su marido. La neurótica muchacha que había descubierto de pronto el dolor y la muerte. Charo pasándole factura por tan larga inversión de sexo y compañía. La próxima iba a ser Ana Briongos, a la que tendría que sacar sus secretos de amor y muerte con Stuart Pedrell. Y por si faltara algo, *Bleda.* Le conmovió la imagen de la perrita sola en el jardín de Vallvidrera, persiguiendo ruidos y olores, metiendo el hocico en todas las cosas para saber a qué atenerse. Es la más débil de todos. Le quedaba más de una hora para acudir al encuentro con Ana Briongos. Ya en el coche se dirigió maquinalmente hacia Vallvidrera y a medio camino razonó el impulso por el deseo de ver a la perra, incluso de llevársela a la cita en San Magín. Menuda estampa compondrías, Pepe Carvalho. Pasarías a la historia como Pepe Carvalho y *Bleda,* equiparables a Sherlock Holmes y el doctor Watson. Le irritó su debilidad y dio media vuelta. Los ojos rasgados de *Bleda* le persiguieron durante kilómetros. Soy un racista. Por un ser humano me habría sacrificado y al fin y al cabo ¿de qué depende que un hombre y una mujer sean seres humanos y un perro no? La haré estudiar el Bachillerato. La llevaré al Liceo Francés y les diré: quiero que hagan de esta perra una directora de la Feria de Muestras o presidenta de la Asociación Nacional de perras empresarios. Cosmonauta. *Bleda* podría estudiar para cosmonauta o para primera bailarina del Bolshoi, o para secretaria general del PCUS. Ningún perro ha construido San Magín. Ningún perro ha declarado jamás una guerra civil.

LA MUCHACHA LE ESPERABA caminando sobre sus piernas fuertes y cortas, indefinible su cuerpo envuelto en el grueso tabardo. Debió de olerle, porque se volvió de pronto en el momento en que Carvalho frenaba el coche a su altura.

—¿Quiere subir?

Se metió Ana Briongos en el coche sin mirar a Carvalho. Luego quedó allí, enfrentada al paisaje circulante de San Magín, que se sucedía a sí mismo, como si fuera una ciudad global, terráquea, inacabable.

—Hablamos aquí, en un bar. ¿Tiene casa?

—Comparto un piso con otras dos chicas.

—¿Y su familia?

—La mía bien. ¿Y la suya?

—No se enfade. Desconocía estos usos y costumbres en la clase obrera.

—Usted, como todos los guripas, desconoce muchas cosas de la clase obrera.

—No soy guripa.

—Yo no me trago lo del pariente perdido.

—Y hace bien. Pero no soy un guripa. La familia del muerto me ha encargado que investigue. Es un oficio como otro cualquiera. ¿No ha leído nunca novelas policíacas?

—Tengo otras cosas que leer.

—Gramsci leía novelas policíacas e incluso tiene una teoría sobre novelas policíacas. ¿Sabe usted quién es Gramsci?

—Un italiano.

—Muy bien. Uno de los fundadores del Partido Comunista Italiano.

—Allá él con lo que leía.

Los reclamos políticos seguían sobre su solapa, *Nuclears?, no gràcies,* y *Llibertat d'expressió* en compañía de la carátula de la tragedia con la boca cerrada por un brutal trazo rojo. Sobre la pegatina de la carátula había llovido mucho. Algunas letras estaban casi borradas y toda la pegatina cuarteada, como relavada por la lluvia.

—No puedo hablar de esto en el coche, me pone nerviosa. Vamos al chiringuito de Julio. Cerca de la iglesia.

El chiringuito de Julio era como un viejo merendero sin duda alquilado de los almacenes de la Metro-Goldwyn-Mayer. Mesas con hules a cuadros rojos, ristras de chorizos, ajos y jamones. Los equipos del Barcelona, el Español y el Granada posando para la posteridad. Ruido de fichas de dominó y voces tratando de salir de bocas ocupadas por humo y cigarrillos. Las marquesinas de madera del exterior esperaban el verano, la turba de familias entortilladas buscando el fresco polvoriento y sudado de la frontera del barrio. Carvalho se dio cuenta de que la amiga que acompañaba por la mañana a Ana Briongos ocupaba una mesa en compañía de un hombre y no les quitaba ojo. Ana pidió un café. Carvalho una menta con hielo. La muchacha contempló la bebida de Carvalho con estupor.

—Pensaba que era una bebida de verano o de mujeres con problemas de ovarios.

—¿Quién no tiene problemas de ovarios? Mira, chica, vamos a hablar despacito y claro.

—¿Por qué me tutea? ¿Ve como sí que es un guripa? Sólo los guripas tutean de esta manera.

—Tutéame tú a mí.

—Yo le hablo de usted, y usted también.

—¿Cómo se llamaba su amigo?

—¿Se refiere a Antonio? Ya lo sabe usted: se llamaba Antonio Porqueres.

—Primera mentira. Vamos a por la segunda. ¿Era contable?

—¿Por qué una mentira? Se llamaba Antonio Porqueres y era contable, o trabajaba como contable en casa Nabuco.

—Segunda mentira, ¿usted pretende no saber la verdadera identidad de Antonio Porqueres?

—Si tiene otra identidad, no me importa. Yo le conocí como Antonio Porqueres, y eso es todo.

—¿Cómo le conoció?

—En un acto público. Fue a fines de 1977. Tuvimos que celebrar varios actos de explicación de los acuerdos de la Moncloa. Nadie tragaba y nosotros con toda la buena fe de este mundo, venga; dale que dale. Que si favorece a la larga a la clase obrera, en fin, dijimos lo que nos habían dicho que dijéramos. Luego se vio que fue un chanchullo, como todo lo demás. Yo intervine en un acto del cine Navia, es el cine de aquí. Al acabar, Antonio se me acercó y discutió conmigo. Él estaba en contra de los Pactos de la Moncloa. ¿De qué se ríe?

—¿Pudo convencerle?

—Más o menos. Era un hombre que sabía escuchar, sabía dialogar. No era como los otros que conozco. No menosprecio a nadie y estoy bien con mi gente, ante todo porque son mi gente. Pero él tenía maneras, cultura, era un hombre instruido, había viajado, leído mucho.

—Había llegado aquí desde el planeta Marte. ¿No se lo planteó usted?

—Me contó que era viudo y había residido mucho tiempo en el extranjero. Estaba cansado y quería sobrevivir, simplemente sobrevivir, observar, participar en la nueva etapa del país.

—¿Llegaron a intimar?

—Llegamos a intimar.

—¿Del todo?

—¡Qué coño quiere saber! ¿Si nos acostábamos? Pues claro que nos acostábamos.

—Y de pronto se marchó. ¿Sin despedirse?

—Y de pronto se marchó, sin despedirse.

—Y usted no dio ni un paso, no se sorprendió.

—No di ni un paso ni me sorprendí. Tal como había llegado se había ido.

—Las mujeres nunca escarmientan. Aún siguen creyendo en el marino extranjero, alto y rubio como la cerveza.

—No creo en marinos. Ya sé por dónde va. Está mal informado. Las cosas han cambiado también aquí en San Magín. Un hombre y una mujer pueden aceptarse por las buenas, tal como son, vivir juntos y luego adiós muy buenas. Usted es de los que creen que esa libertad sólo pueden permitírsela los burgueses.

—Insiste en que Antonio Porqueres era Antonio Porqueres.

—Le digo lo que sé.

—Sabe poco, o así lo parece. Su hombre se llamaba en realidad Carlos Stuart Pedrell. ¿Le suena?

—Me suena.

—¿Sabe quién es?

—Algo he leído a veces en la prensa. ¿Un industrial?

—Un industrial. El constructor de San Magín.

Los ojos de Ana Briongos no fueron suficientes para contener su sorpresa. Quería decir algo y no podía.

—Convivió usted con uno de los responsables de este paraíso.

—No será un paraíso pero estamos mejor que en el Somorrostro. Usted no sabe lo que era aquello. Yo viví allí toda mi infancia. Antonio...

Había quedado apoyada contra el respaldo de la silla, el tabardo abierto dejaba ver un pecho generoso enfundado en un vestido de lanilla, y bajo el pecho generoso, casi sin transición, un vientre de preñada liberado del camuflaje del tabardo. Trató de taparse el vientre en un ademán intuitivo, pero lo cortó consciente de que ya era tarde.

Carvalho y ella se miraron. El efluvio de tristeza que salía de los ojos de Ana Briongos acabó impregnando los de Carvalho.

—¿Será niña o niño?

—Espero que sea niña. Un borde menos en el mundo.

—¿Y si es niño?

Se encogió de hombros y desvió los ojos hacia el cielo de jamones, chorizos, ajos, cencerros, diríase que uniformados por un engrudo de polvo y humo de tabacos baratos.

—¿El señor Stuart Pedrell es el padre?

—Yo soy la madre y el padre.

—¿Nunca sospechó que Porqueres no fuera lo que era?

—Siempre sospeché, pero no me importaba.

—La hacia caminar siempre a su derecha, le compraba flores algunas veces, había leído más que usted, empleaba dos mil o tres mil palabras más que usted, podía describir el encanto de un día de abril en París. ¿Nunca le dijo que abril era el mes más cruel? ¿Nunca le dijo que quería leer hasta entrada la noche y en invierno viajar hacia el Sur?

—¿Qué me pinta usted? ¿El cuadro de la muchacha inocente seducida y abandonada? Yo le expliqué por qué luchábamos. Yo le expliqué cómo es el sótano de Vía Layetana, cómo es la cárcel de mujeres de la Trinidad.

—De la Trinidad. Una premonición. En un solar de la Trinidad encontraron su cadáver.

La más total de las incredulidades se plasmó en el rostro de Ana Briongos.

—Le clavaron varios navajazos. Parecían haber actuado dos manos. Una mano blanda, indecisa. Una mano firme, asesina.

—Disfruta con los detalles.

—Lo tiraron en un solar abandonado, por encima de la valla probablemente. Pero no le habían matado allí. Cuando le encontraron estaba desangrado y alrededor apenas si había sangre. Le trasladaron desde otro lugar. Y ese lugar fue el barrio de San Magín. Sus asesinos buscaron la otra punta de la ciudad. Tal vez no supieran que iba a ayudarlos la falsa identidad de Antonio Porqueres. O sí lo sabían. Usted tiene que ayudarme. Debe de saber lo suficiente para orientarme.

—Probablemente, un atraco.

—¿Manejaba dinero en abundancia?

—No. Lo justo. Con lo poco que tenía era muy espléndido. Siempre estaba pensando en qué podía regalarme. Flores, no. No hay flores en San Magín. En eso se ha equivocado usted.

—Un día no acudió a la cita. ¿Qué hizo usted?

—Esperé unas horas. Luego fui a su casa. No estaba. Pero todo estaba como si fuera a volver.

—¿Tenía usted llave?

—Sí.

—Y volvió otro día.

—Y otro. Y otro.

—Y no le dejó ninguna nota por si volvía.

—Sí... no... No le dejé ninguna nota. ¿Para qué? En seguida me di cuenta de que no volvería.

—¿Sabía lo del niño?

—Sí.

—¿Atribuyó su huida a lo del niño?

—Primero no se me ocurrió porque yo le dije muy claramente que el hijo era mío. Pero luego fui atando cabos. Tal vez se sintiera culpable. Pero ¡qué estoy diciendo! Hablo como si se hubiera ido y en realidad le habían matado.

—¿No se le ocurrió llamar a hospitales, a la guardia urbana? ¿No se extrañó cuando semanas y semanas después seguía el piso montado?

—No volví al piso. Además, cosas suyas habían pocas. Era un piso alquilado. Apenas unos libros. Lo demás era de la empresa o del anterior inquilino.

—Usted sabe que si voy a la policía y les descubro la doble vida que Stuart Pedrell vivió en San Magín, usted es el único eslabón y caerán sobre usted.

—Tengo experiencia. Desde los catorce años me las entiendo con la policía. No tengo nada que ocultar.

—Siempre hay algo que ocultar, y la policía lo sabe.

—Conozco mis derechos. Saldré de ésta, no se preocupe. Vaya a la policía y cuénteles lo que sabe. Si quiere, voy yo misma.

—No estoy autorizado a darle ese permiso. Esto es una investigación privada que me encarga la viuda.

—La viuda. ¿Cómo es la viuda?

—Más vieja que usted y mucho más rica.

—¿Se llevaban bien?

—No.

—Parecía un hombre triste.

—Y usted le devolvió la alegría.

—Una leche le devolví yo. ¿Me toma por tonta? Me da la impresión de que usted piensa que esto es un poblado de salvajes.

—Voy a hacerle la última pregunta por hoy, ¿no recuerda

nada, ningún hecho o persona que pueda ponernos en la pista del asesinato?

—La última pregunta por hoy y para siempre. Y mi última respuesta. No.

—Volveremos a vernos —dijo Carvalho mientras se ponía en pie desabridamente.

—Espero que no.

—Dígale a su amiga y a su acompañante que la próxima vez disimulen mejor.

—No tenían nada que disimular. Están ahí porque les da la gana a ellos y a mí.

Salió Carvalho en el coche y se fue al encuentro del señor Vila. Estaba ante el aparato de televisión contemplando un programa sobre caballos y rodeado de sus nietos. Volvió a subirle al despacho.

—Usted tendrá información de los vecinos de este barrio.

—De todos no. Pero de casi todos.

—Tendrá incluso un fichero.

—El señor Viladecans me encargó que lo tuviera. Hay un fichero administrativo y otro de anécdotas. El administrativo es muy completo; el de anécdotas, menos.

—¿Qué anécdotas?

—Si se meten en algún lío. En fin. Conviene saber a qué atenerse. Esto es una selva.

—Necesito saber todo lo que sepan sobre Ana Briongos.

—Eso se lo digo sin necesidad de fichero. Esa chica, es roja, pero aquí no molesta. Sobre todo desde hace meses. Hace casi un año que no se la ve. Me dijeron que tenía novio.

—Dónde vive, con quién se relaciona, su familia. Todo lo que sepa sobre esto.

—Veré qué puedo hacer.

Un armarito que presagiaba anodinas entrañas dejó ver en

su interior ficheros de cartón que el señor Vila trajinó hasta sacarles tres o cuatro cartulinas que trató de leer a una distancia de hipermétrope.

—Sin las gafas no veo nada.

La dirección de Ana Briongos, la de su familia. Los padres y seis hermanos. Oriundos de Granada los padres, un chico mayor también, los demás nacidos en la geografía barcelonesa de la emigración. El más pequeño en San Magín. El padre, acomodador de un cine en La Bordeta. La madre trabaja en la limpieza del mismo cine. El hermano mayor está casado y trabaja en una fábrica de pipas en Vic. Luego viene Ana. Pedro Larios...

—¿Por qué se llama Pedro Larios uno de los Briongos?

—Es un hermano postizo. No sé decirle más.

Una niña trabaja de peluquera en San Magín. Los dos niños pequeños van al colegio. La ficha de Ana Briongos tenía una larga lista de actividades políticas. Junto a Pedro Larios Briongos, una referencia al robo de una moto a los catorce años.

—¿Qué más se sabe de este chico?

—Esto no es un fichero policial. Yo apunto aquí lo que me cuentan.

Anotó Carvalho algunos datos.

—La más absoluta discreción.

—No pase cuidado. ¿Se han metido en algún lío?

—No creo. Puramente rutinario.

—No es muy agradable controlar a la gente, pero ese control es más necesario ahora que nunca. Es muy bonito eso de la libertad, pero ha de ser una libertad responsable y por lo tanto vigilada. ¿Tiene algo que ver con el inquilino aquel por el que me preguntó el otro día?

—Probablemente.

—Declino toda responsabilidad. Fue una orden directa del

señor Stuart Pedrell, que en paz descanse. Ya lo comentaré con el señor Viladecans.

—De momento no comente nada. Yo mismo he de pasarle un informe.

—Como diga. ¿No quiere una copita?

—¿De qué me la daría?

—De lo que usted quiera. Calisay, estomacal, coñac, anís, Aromas de Montserrat.

Bebió una copa de Aromas de Montserrat mientras contemplaba la triste historia de una hermosa hacendada mexicana a la que su marido abandona por la obsesión de los caballos.

—*Iaio, què és un «Xarro»?*

—*Un Xarro és un pistoler, un «vaqueru».*

—*Un «vaqueru» de l'Oest?*

—*Sí, però de l'Oest mexicà.* Lo quieren saber todo. Tienen una edad en que lo quieren saber todo y uno no siempre sabe todo lo que ellos quieren saber.

—Casi nunca.

—Y buena verdad es ésa que usted ha dicho. Buena verdad. Sí, señor.

—Me han dicho que la familia Briongos nunca ha visto con buenos ojos los líos políticos en que se ha metido la hija.

—Nunca. Esa chica salió así vaya a saber por qué. Desde que era una mocosa está metida en líos. Y aun ahora. Pero con Franco también, no se crea. Y le dieron palos porque se los buscaba. Un día discutí con ella cuando lo del follón por el ambulatorio. Me dijo que yo había sido franquista. Yo no he sido nada. Pegué cuatro tiros en la guerra y del lado rojo, porque me pilló aquí la guerra, no por otra cosa. Yo le dije que era una liosa y que hablando la gente se entiende, hablando ¿eh?, pero a gritos no. Y va y me dice que soy un franquista. Yo a Franco no le debo nada. Bueno, nada; le debo la tranquilidad y el trabajo. Porque mucho criticar a Franco, pero con Franco no pasaba lo que pasa hoy. Nadie quiere trabajar. Cualquier recién llegado de Almería se cree que por agacharse a coger un papel van a darle mil pesetas. Oiga. Yo tampoco soy dictador, pero esto es un desbarajuste y así vamos a la catástrofe. Yo he trabajado como un animal para tener una vejez tranquila. Nadie me ha dado nada. Tengo a mis hijos casados y bien colocados. Salud. Cuatro duros para cuando no pueda trabajar. ¿Qué más quiero? ¿Pues que me lo fastidian todo cuatro chalados que piden la luna? No. Los padres son otra cosa. Buena gente. Trabajadores. Yo fui a ver al señor Briongos para que metiera en cintura a su hija. Un día me pedía un ambulatorio. Otro el alcantarillado de aquí. Escuelas. ¡Niña! ¡Eh tú, niña! ¡Para el carro! Ni que yo tuviera un bolsillo de aquí allá. Además, yo soy un mandado. Por suerte hace meses que no se mueve y se nota, ¡vaya si se nota! Se ve que eso del novio la ha aplacado. Y es lo que yo digo: ¡Dios nos libre de una mujer mal jodida!

Hizo un guiño como disculpando su osadía, levantó los codos como si fueran alones que le permitieran volar y estornudó más que se rió provocando la indignación de los nietos que no podían enterarse suficientemente de la triste historia de una hermosa mexicana abandonada por culpa de media docena de caballos.

El señor Briongos olía a tortilla francesa y la sombra de aceite que trataba de limpiarse de la barbilla con ayuda del pañuelo, era evidentemente una sombra de aceite de freír una tortilla a la francesa. Tenía aspecto de *croupier* de un *ferry-boat* del Mississippi venido a menos por culpa de una úlcera de estómago. Chupado, calvo, patilloso, ojos grandes como los de su hija, repartía personas y espacios a brazadas, como si invitara a Carvalho a entrar en un castillo gigantesco y conminara a la familia y a la servidumbre a que se retiraran a sus aposentos. La habitación era un calco de la que en el piso de Porqueres ocupaba el tresillo escocés. No quedaba apenas espacio entre un televisor cabezón antenado, una ampulosa mesa de comedor neoclásica, las sillas, un bufete-cristalería y dos butacones de skay verde ocupados por dos niños y una muchachita que tenía las uñas de una mano metidas en un bote.

—Cerrad el televisor, y a vuestra habitación. He de hablar con este señor.

La mirada aplastadora del padre cortó los gestos de protesta de los niños. La dama mexicana había optado por aprender a montar a caballo y así podía acompañar a su marido, el charro. Sobre la mesa platos sucios que empezó a retirar una mujer campana, con el pelo mal teñido de mechas platino y marrón.

—¿Se ha vuelto a meter la chica en líos? He de advertirle que yo nada tengo que ver con ella. Vive su vida y yo la mía.

—¡Ay, Señor, Señor! —rezongaba la mujer sin dejar de cumplir su misión.

—Esta hija nos ha dado muchos disgustos y ninguna satisfacción. Y no será porque no haya tratado de meterla en vereda. Pero ¿qué pueden hacer unos padres con tantos hijos y trabajando los dos?

—Demasiado leer y malas compañías —gritaba la mujer desde la cocina para que la oyeran.

—Leer no es malo. Según lo que se lee. Lo de las malas compañías a eso ya no diré que no. Venga. Dígame qué ha hecho, por favor, estoy preparado para lo peor.

—Nada. Creo que nada. No es exactamente sobre ella de lo que quería hablarle, sino de un acompañante que tuvo el año pasado.

—Ha tenido tantos, tantos, que se me cae la cara de vergüenza. No sé qué me ha dado más vergüenza, que se haya metido en líos políticos o que se haya ido a la cama con quien ha querido desde que aprendió que eso sirve para algo más que para mear. Y perdone, pero esta hija mía me enciende.

—Era un hombre ya mayor. Se llamaba Antonio Porqueres.

—Bueno. El músico. ¡Viene a preguntarnos por el músico, Amparo!

—¡Ah, el músico! —gritó Amparo desde la cocina.

—¿Era músico?

—Le llamamos el músico porque vino un día y se pasó todo el rato hablando de música. Yo me había comprado un disco de Marcos Redondo y lo estuvo mirando, le dio por ahí y empezó hablando de música. Cuando se marchó fue la juerga. Sole, la niña que ha visto usted aquí, es muy graciosa y empezó a sacar punta a todo lo que había dicho. Era para petarse de risa, oiga. Para petarse. Un tío muy estirado. Lo trajo porque a su madre ya se le caía la cara de vergüenza de que todo el barrio le dijera: ¿Conque la chica tiene novio fijo? y ella sin traerlo a casa. Fui a buscarla a la parada del autobús y le dije dos cosas bien dichas: Aunque sea por tu madre, preséntanos a ese hombre. Y lo trajo. Un día. Luego se marchó, y le ha dejado lo que le ha dejado.

—¿Usted sabe lo que le ha dejado?

—Tengo ojos en la cara.

—¡Ay, Señor, Señor! —insistió Amparo desde la cocina.

—Fui a buscarla otra vez a la parada de autobuses y le dije otras dos cosas muy bien dichas: Tú te apañas con eso. Yo no quiero saber nada. Bastante cruz he tenido en mi vida con lo de Pedrito.

—¿Quién es Pedrito?

—Mi hijo. Es una historia muy larga. Cuando ya tenía a Ana me llegó la oportunidad de trabajar en una presa en Valencia. Me fui allí sin la familia y ya sabe usted lo que pasa.

—El señor no tiene por qué saber lo que pasa. Hay hombres y hombres. Hay quien sabe hacer lo que tiene que hacer.

—Cállate tú. Tú a lo tuyo. Pues me lié con una chica de allí y va y se me muere de sobreparto. Todo el pueblo contra mí y nada: que me cuelgan al chico. Y ella había pasado por todo el pueblo, por todos los hombres del pueblo. Me vengo con el chico aquí y ésta, que es una santa, lo aceptó. Lástima que luego saliera malo, de mala semilla. ¡Vaya usted a saber de dónde ha salido! Hijo mío no es, cada vez lo tengo más claro. Pero ríase de la semilla. Bien mía es Ana y fíjese cómo me ha salido. Ni a Ana ni a Pedrito ha habido manera de domarlos. Y no será por falta de palos. Finalmente, por consejo de Amparo, metimos a Pedrito en lo del Tutelar de Menores: no había manera con él.

No podíamos con él. Él venga a escaparse y nosotros otra vez dentro, y así hasta ahora.

—¿Vive con ustedes?

—No —gritó la mujer desde la cocina, tajantemente, y añadió—: No vivirá mientras yo pueda evitarlo.

—Y no tiene malos sentimientos el chico.

—Lo que no tiene es sentimientos. Ni buenos, ni malos.

—No exageres.

—No hablemos del mal nacido ese, porque me enciendo y me conoces.

Estaba ocupando todo el marco de la puerta de la cocina, como dispuesta a dejarse caer sobre ellos y aplastarlos.

—¿La única vez que vieron a Antonio Porqueres fue cuando estuvo aquí hablando de música?

—La única. Bueno. Otra vez le di entradas del cine donde trabajo a la chica y vino con él. Le invité a una cervecita y no quiso. Hola. Hola. Y adiós, muy bucnas. Eso fue todo. Nunca más volví a verle. Nunca más.

Intentaba abrir los ojos y la expresión al máximo para que Carvalho leyera allí y comprobara la verdad de lo que decía.

—¿Puedo hablar con su hijo?

—¿Para qué?

—¿Para qué? —repitió la mujer, decididamente introducida en el comedor.

—Tal vez él tuviera otra relación con ese hombre.

—No tuvo ninguna relación. Ni siquiera le vio cuando vino aquí.

—Pregúntele a Ana, ella se lo dirá.

—Pregúntele a Ana.

Tenéis miedo. No sé si es ese miedo preventivo que tenemos todos los que no tuvimos nunca dónde caernos vivos, pero tenéis miedo.

—Pedro no se relaciona con nadie de la familia.

—Con nadie.

—Con nosotros hace meses y meses que no se ve. Yo no sabría decirle ni dónde para.

—Hace su vida. En esta familia todo el mundo hace su vida menos nosotros. Nosotros siempre pendientes de los demás. ¿Verdad, Amparo?

La mujer se marchó a la cocina con los ojos nublados y él se levantó. La audiencia había terminado.

Le dejó un par de números de teléfono.

—Si su hijo pasa por aquí díganle que tengo interés en hablar con él.

—No lo veremos. Se lo puedo decir con casi toda seguridad.

Le acompañó hasta la puerta.

—Uno cree hacer siempre lo mejor por los hijos y una de dos: o te lo pagan mal o es que te has equivocado. No he podido nunca con la chica. ¿Qué iba a hacer con el chico? Era un rebelde. Me plantaba cara desde que tenía dos palmos. Le pegaba dos hostias y seguía mirándome fijo, fijo. Otras dos hostias, y seguía igual. Y con Amparo se volvía. Un día le tiró una plancha conectada, para electrocutarla, el muy borde. Desde fuera se ve todo muy bonito. Meterlo en el asilo parece una jugada. Pero ¿qué podíamos hacer? Del asilo han salido hombres muy rectos. Y él tal vez, tal vez cuando sea mayor y tenga una familia. No es verdad que tenga malos sentimientos. En el fondo nos quiere. Cuando le eché la última vez de casa, venía a escondidas a traerles caramelos a los pequeños. Cuando sea un hombre hecho y derecho y tenga una familia, tal vez siente la cabeza...

Si tiene la suerte de que cuando pegue dos hostias a su hijo no le aguanten la mirada es posible que sea un hombre equilibrado.

—Por su interés y el de todos ustedes, díganle que me localice.

—¿Qué quiere decir?

—Búsquenle.

«BROMURO», EL LIMPIABOTAS, trataba desganadamente de pinchar con un palillo pedazos de calamar flotantes en una agüilla amarronada. Le colgaban todas las pieles de un rostro consumido y su calva llena de manchas y espinillas se ofrecía a la atención bobalicona del camarero situado al otro lado de la barra, pendiente de la puntería del palillo de *Bromuro.*

—No pescas na...

—Qué voy a pescar. Si todo es agua. No sé por qué le llamáis a esto calamares en salsa. Esto es el Mediterráneo con un sofrito. Ya no se puede comer ni de capricho. Poca hambre que tengo y sólo me falta esto. Ponme otro de vino. Al menos que funcione la «priva». Ponme vino vino, no del de polvos.

Carvalho rozó el hombro de *Bromuro.*

—Pepiño, leche. Últimamente vas hecho un desastrado. Mira qué zapatos. ¿Te los limpio?

—Termina la tapa.

—Qué tapa ni qué leche. Esto parece el hundimiento del *Titanic.* Nunca había visto tanta salsa para tan poco calamar. Chico, trae la botella entera y dos vasos a aquel rincón.

Se sentó Carvalho y *Bromuro* se inclinó sobre los zapatos.

—Quería hablar contigo.

—Larga ya.

—¿Qué tal estás de bandas de navajeros?

—Bien surtido. En este barrio me las sé todas y es mérito porque cada día hay más. Cualquier chaval con un par de huevos se establece por su cuenta.

—¿Y en las afueras? Trinidad, San Magín, San Ildefonso, Hospitalet, Santa Coloma...

—Para el carro. Eso no hay quien lo controle. Tú vas con retraso, Pepiño. Cada zona de ésas tiene autonomía. No es como antes. Antes se sabía todo lo que pasaba en Barcelona desde estos cien metros en los que yo me muevo. Pero ahora es imposible. Para mí, uno de Santa Coloma es del extranjero, ¿me explico?

—¿Y no tienes manera de enterarte?

—Na de na. Si fueran descuideros o chorizos a lo clásico, a la antigua, como en mis tiempos o en los tuyos, pues sí, podría enterarme de cualquier cosa. Pero en cosa de navajeros na. Son muy suyos. Van a la suya, tienen sus leyes, son jóvenes y ya sabes cómo son los jóvenes de ahora. Van a la suya. Sólo les faltaba que los hicieran actores de cine. De película. Te lo digo yo. Son de película.

—¿Qué llevas ahí?

—La pegatina contra las centrales nucleares.

—¿Te metes en política a tu edad?

—Yo soy un precursor de todo esto. Nos están envenenando. Respiramos y comemos mierda. Lo más sano es lo que cagamos porque el cuerpo nuestro se queda con lo malo y suelta lo bueno. La gente venga a reírse de uno y venga a llamarme *Bromuro* porque desde hace cuarenta años que lo estoy diciendo: nos meten bromuro en el pan y en el agua para que no empalmemos, para que no vayamos por ahí todos jodiendo como locos.

—¿Y qué tiene que ver eso con las nucleares?

—Pues que es lo mismo. Nos quieren joder ahora, pero a lo

grande, en plan bestia, a lo matanza de cafres. No me pierdo una manifestación.

—Eres un ecólogo.

—Ecoleches. Bebe vino, Pepiño, y no te quedes conmigo, que un día de éstos me voy al otro barrio. Que estoy muy mal, Pepiño. Un día me duele este riñón, otro me duele el otro. Toca, toca. ¿No notas un bulto? Lo tengo estudiado, porque yo me estudio. Yo soy un animal y actúo como los animales. ¿Qué hace un gato cuando está enfermo? ¿Se va al Seguro? No. Se va al balcón y se come un geranio. ¿Qué hace un perro? Ejemplo deberíamos tomar de los animales. Pues yo me estudio y esto me salió hace dos semanas. ¿A que no sabes por qué?

—No.

—Pues porque durante semanas y semanas me alimenté de berberechos en lata. Tengo un cuñado encargado de una fábrica de conservas en Vigo y de vez en cuando me manda un paquete con latas. Estaba mal de perras y me dije: *Bromuro,* te comes las latas, que el marisco alimenta mucho. Y me fui comiendo las latas hasta que vi este bulto. La cosa está clara. Sólo comía pan con tomate y latas de berberechos. Pan con tomate había comido siempre y no me salían bultos. Saca tú la conclusión. ¿Qué sale?

—Los berberechos.

—Tú lo has dicho.

—Me estás fallando, *Bromuro,* pensaba que me solucionarías lo de los navajeros.

—Y lo que te fallaré. Esta ciudad no es lo que era. Antes una puta era una puta y un chorizo un chorizo. Ahora han salido putas por todas partes y es chorizo cualquiera. Me dicen un día que te han trincado reventando un almacén de jamones y me lo creo. El mal anda suelto y sin ningún orden, sin organización. Antes hablabas con cuatro tíos y dominabas el cotarro. Ahora ni hablando con ciento. ¿Recuerdas a mi amigo, el macarrón aquel tan guapo, el Martillo de Oro? Pues el otro día me le dieron una paliza de muerte. ¿Quién? ¿La competencia? ¿Los marselleses? Nada. Cuatro guineanos se han juntado y van pidiendo guerra. Eso antes hubiera sido imposible. Había más respeto. Somos mala gente. Estamos todos locos. Necesitamos mano dura.

»Hombres como Muñoz Grandes, mi general en la División Azul, nos harían mucha falta. Aquello sí era un hombre que imponía respeto. Y honrado, porque el Paquito dejó a la viuda con el riñón bien cubierto, pero Muñoz Grandes se fue de este mundo con lo mismo con que había venido a él. ¿Qué te pasa a ti con los navajeros? Sí que has caído bajo.

—Emplean la navaja. Han empleado la navaja con el marido de una cliente.

—Pues te lo veo difícil. Un crimen a la navaja es más difícil de descubrir que un crimen de pistola. ¿Quién no tiene navaja? Es una muerte fría. Ves los ojos de la muerte. Se te acercan, se paran y ya tienes la muerte dentro abriéndote en la carne un pasillo helado. Carvalho se palpó la navaja que siempre llevaba en el bolsillo, un animal que vivía mordiéndose la muerte hasta que de pronto la soltaba con toda su rabia contenida.

—Guárdate de los navajeros, Carvalho. Están todos locos y son jóvenes... No tienen nada que conservar...

—Tendré en cuenta tu consejo. Toma, para que dejes los berberechos y te compres un bistec.

—Mil pelas por nada. No, Pepe, no las quiero.

—Otro día me informarás.

—Además no puedo con la carne, tengo el estómago jodido y la llenan de hormonas y de agua. No se puede ni respirar. Me compraré dos botellas de vino buenas, de ese que tú bebes. Eso alimenta y mata las bacterias.

—Suerte en tu lucha por un mundo sin centrales nucleares.

—De suerte nada. Vamos a tener nucleares hasta los supositorios. Nos van a meter todos los supositorios nucleares por el culo. ¿Has visto tú los políticos? Todos tragan. Todos dicen que sí a las nucleares. Ah, eso sí. Que se instalen con la aprobación popular, la juerga democrática que quede a salvo. Un Muñoz Grandes nos haría falta. Y hasta un Franco, te diría.

—Fue Franco quien puso las primeras nucleares.

—Porque se había muerto Muñoz Grandes, si no ¿de qué?

Llamó a Biscuter comunicándole que se iba directamente a Vallvidrera y luego localizó a Viladecans después de una persecución telefónica que terminó en el despacho de Planas.

—Necesitaría hablar con el policía que me envió.

—No abuse de ese contacto.

—No abuso. Es completamente necesario.

—Veré qué puedo hacer. Usted no se mueva mañana de su despacho de diez a once; si le localizo, le diré que pase a esa hora. Espere. El señor Planas quiere decirle algo.

—Carvalho, soy Planas. ¿Era estrictamente necesario que revolucionara usted el gallinero de San Magín?

—Tienen ustedes capataces fieles. Nadie me prohibió investigar en San Magín.

—En estos momentos cualquier relación entre la muerte de Stuart y nuestros negocios nos perjudicaría. Quisiera hablarlo personalmente con usted. ¿Le va bien mañana? Podríamos almorzar juntos. A las dos en la Oca Gourmet.

YES HABÍA SALTADO LA VERJA del jardín. Sentada en los escalones jugueteaba con *Bleda* tirándole de las orejas.

—No le tires de las orejas. Son muy delicadas y no quiero que se le queden caídas —le dijo Carvalho antes de abrir la puerta. *Bleda* completó con la lengua la tarea iniciada por *Bromuro* sobre los zapatos de Carvalho, luego trató de proseguir la limpieza pantalones arriba, pero Carvalho la cogió, la alzó a la altura de su rostro y se interesó por lo que había hecho durante el día. El animal reflexionaba la respuesta con la lengua fuera.

—Estoy aquí.

—Ya te he visto.

—He traído cena.

—Puede ser terrible. ¿Qué has hecho? ¿Una Vichysoise con cocaína?

Yes le enseñó una cesta de mimbre como si fuera un cebo.

—Está lleno de maravillas. Cuatro clases de quesos que nunca has probado, un paté de hígado de pollo hecho por una vieja de Vic a la que no conoces, un salchichón de jabalí del Valle de Arán.

—¿De dónde has sacado todo eso?

—Me han recomendado una *fromagerie* que está en la calle Muntaner, casi esquina a General Mitre. He apuntado la dirección para ti.

Carvalho pareció aprobar el parte gastronómico y abrió la puerta de la casa para que entrara la muchacha.

—Incluso te he traído un libro para que lo quemes. No sé si te gustará.

—Cualquiera es bueno.

—Es el libro preferido de mi madre.

—Arderá.

—Se llama *La balada del café triste.*

—Arderán la balada, el café y la tristeza, y hasta el jorobado que lleva dentro.

—¿Lo has leído?

—Antes de que tú nacieras. Empieza a romperlo.

Cuando Carvalho volvió con una brazada de leña, Yes estaba ante la chimenea y leía el libro.

—Es muy bonito. Me da pena quemarlo.

—Cuando tengas mi edad me agradecerás el haber leído un libro menos y sobre todo ése. Está escrito por una pobre desgraciada que no consiguió sobrevivir ni gracias a la literatura.

—¡Indúltalo!

—No. A la hoguera.

—Te lo cambio por uno tuyo, el que más odies. Te lo cambio por dos. Por tres. Te prometo que te traeré diez libros de casa para que los quemes.

—Haz lo que quieras.

—No. No. Lo rompo.

Lo hizo y dejó las hojas muertas sobre las cenizas viejas. Carvalho encendió el fuego y al volverse vio que Yes había dispuesto la mesa.

—Falta la cocaína.

—Eso vendrá luego. Sienta mucho mejor después de haber comido.

Carvalho trajo una botella de tinto de Peñafiel.

—Explícame eso del salchichón de jabalí.

—Me lo ha dicho el de la tienda. Aquí lo tengo apuntado. Se llama *xolis de porc senglar;* es un salchichón muy raro que hacen en el Valle de Arán. Me ha dicho que es muy difícil encontrarlo. Era el único que tenía.

Cabrales, queso de oveja navarro, Chester, un queso tierno del Maestrazgo. El elogio de la selección animó a Yes.

—Teníamos una criada en casa que decía: El que es listo para algo, es listo para todo.

—Esa criada era tonta.

—Ahora que has comido y has saciado la bestia que llevas dentro, voy a contarte mi plan. Cuando termines el trabajo, si quieres acabarlo, cogemos el coche y nos vamos de viaje. Italia. Yugoslavia. Grecia. Creta. La isla puede ser maravillosa en primavera. Si sale bien, cruzamos el Bósforo y seguimos a Turquía, Afganistán...

—¿Cuánto tiempo?

—Toda la vida.

—Para ti es demasiado tiempo.

—Podemos alquilar una casa en cualquier sitio y esperar.

—Esperar ¿qué?

—A que pase algo. Y cuando pase algo seguimos el viaje. Me gustaría ver a mi hermano en Bali. Es un buen chico. Pero si te molesta ver a mi hermano, no vamos a Bali o vamos a Bali y no le visitamos.

—¿Y si nos encontramos en la calle?

—Yo me haría la despistada. «¡Yes! ¡Yes!» «Usted se confunde, amigo.» «¿No eres mi hermana Yes?» «No. No soy hermana de nadie.»

—Entonces te dirá que su hermana tiene una cicatriz debajo de la teta izquierda y querrá comprobarlo.

—Y como es cierto, tú no le dejarás.

—¿Y *Bleda*?

—Nos la llevamos.

—¿Y Biscuter?

—No. ¡Qué horror! A ése no nos lo llevamos.

—¿Y Charo?

—¿Quién es Charo?

—Es como mi mujer. Es una puta con la que me relaciono desde hace ocho años. Ha comido en esta mesa y jodido conmigo en esa cama. No hace muchos días.

—No era necesario que me dijeras que es puta.

—Es que lo es.

Se levantó Yes y se le cayó la silla del impulso. Se metió en la habitación de Carvalho. Cerró la puerta. El detective fue hacia el tocadiscos y puso el *Himno de Riego.* Las llamas trataban de huir inútilmente chimenea arriba. Carvalho se tumbó en el sofá contemplándolas. Al rato, las manos de Yes le taparon los ojos.

—¿Por qué me echas siempre?

—Porque has de irte y cuanto antes mejor.

—¿Por qué he de irme? ¿Por qué cuanto antes mejor? Sólo te pido compañía.

—Me pides una vida de viaje continuo.

—Una vida que puede durar una semana, dos, cinco años. ¿De qué tienes miedo?

Se levantó para volver a poner el *Himno de Riego.*

—Es una música apropiada.

—La más apropiada que tengo.

La desnudó con parsimonia y entró en ella como si quisiera dejarla clavada sobre la alfombra. Ella se enroscó en él dulcemente. Enrojecidos los cuerpos por el fuego, se ablandaron de calor y humedad y al despegarse se distanciaron cada cual con su pedazo de techo y deseo.

—Siempre me ha horrorizado ser esclavo de los sentimientos porque sé que puedo ser un esclavo de ellos. No estoy para experimentos, Yes. Vive tu vida.

—¿Qué vida me asignas? ¿He de casarme con un heredero, rico naturalmente? ¿Tener hijos? ¿Veranear en Lliteras? ¿Un amante? ¿Dos? ¿Ciento? ¿Por qué no puede ser mi vida estar contigo? No es necesario que viajemos. Podemos quedarnos siempre aquí. En esta habitación.

—Cuando cumplí cuarenta años me hice un resumen de lo que me esperaba: pagar las deudas y enterrar a los muertos. He pagado esta casa y he enterrado a mis muertos. No puedes imaginarte lo cansado que estoy. Ahora descubro que ya no tengo tiempo de contraer deudas importantes. No podría pagarlas. El único muerto que me queda por enterrar soy yo mismo. No me interesa vivir un amor loco con una chica que no distingue entre el amor y la cocaína. Para ti esto es como la cocaína. Duerme esta noche aquí. Mañana temprano te vas y no volveremos a vernos.

Yes se levantó. Desde el suelo Carvalho vio las altitudes de su cuerpo exacto, la dulce humedad de su sexo, lamido por un animal voraz. Alejó hacia la puerta sus culos planetarios. Se volvió un instante mientras insistía en adecuar la melena a su oreja preferida. Luego se metió en la habitación y cerró. Instantes después Carvalho fue en su busca. La encontró aspirando cocaína. Yes le sonrió desde los fondos de un sueño blanco.

—¿NO PUEDE VIVIR SIN VERME? Ya le dije que no me gusta exhibirme.

—Tenía necesidad de hablar con usted.

—No soy el criado de nadie. Se lo he dicho a Viladecans. Si él me ha hecho favores, yo le he correspondido. Un policía no es un criado.

Paseaba nerviosamente por el despacho de Carvalho.

—No me gustaría que nadie del cuerpo supiera que me relaciono con un «huelebraguetas». No quiero ofenderle, pero así los llamamos.

—Ya lo sé. Va a ser muy breve. Cuando hicieron la investigación sobre Stuart Pedrell, supongo que ante todo rastrearon entre las bandas de navajeros.

—Hicimos lo que pudimos. Dicen que en esta ciudad hay una rata por cada habitante. También hay un navajero por cada habitante. Tenemos clasificadas unas cuantas bandas, pero cada día salen nuevas.

—¿No les llegó ninguna confidencia?

—Nos llegó la confidencia de que ninguna banda conocida se lo atribuía. No era avanzar mucho. Ya le digo que cada día salen nuevas. ¿Cómo no van a salir? ¿Sabe que el juez de peligrosidad social es un rojo? En cuanto se los pasamos, los manda a la calle. No los pasa ni por el rayo equis. Este oficio es cada día más asqueroso. Ahora hay que tener abogado durante el interrogatorio. ¿Cómo se puede sacarle algo a un chorizo sin darle un par de hostias? Los que hacen las leyes tendrían que tratar con esa gentuza. Menos mal que los abogados tienen más miedo que vergüenza y se acercan poco por comisaría.

Se había serenado. Tras las gafas de sol, sus ojos, aquietados, miraron a Carvalho con sorna.

—No querrá usted que le solucione el caso. Ahora es cosa suya.

—¿Rastrearon en todos los barrios de la ciudad?

—Ante todo la Trinidad y lo que le cuelga. Luego movilizamos confidentes en todas partes. Era difícil meterse a fondo por las presiones de la familia. Por ejemplo, no pudimos publicar la foto de Stuart Pedrell. Viladecans tiene mucha mano por arriba. Esto ya no es lo que era. En confianza le digo que voy a dejar el oficio. Pero antes de irme la armo. Me llevo a cuatro rojos por delante y luego que me busquen. Están creando una sociedad de lisiados. Mire.

Sacó del bolsillo un fajo de billetes.

—Cuarenta mil pelas. Las tengo siempre a punto por si me viene el impulso. Es lo que cuesta llegar a París y aguantar unos días mientras te alistan en una tropa de mercenarios para África. El día en que me cabree, la armo y me voy a Rhodesia.

—En Rhodesia ya hay un gobierno negro.

—¿También en Rhodesia? Se pudre todo. Pues me voy a África del Sur, con ésos no podrán, ésos lo tienen claro.

—¿A qué conclusiones llegaron en el asunto Stuart Pedrell?

—A que un día u otro saldría. Cuando menos se espera, coges a un angelito. Le obligas a que se coma un consumao de órdago y para ablandarte confiesa algo gordo que ha hecho. Entonces es cuando salen las cosas. Pero siempre a hostias, eso por descontado. Un día se meterá en la red el asesino. Por sistema le echamos encima el crimen más gordo vacante. Se amilana y te larga algo que se le puede creer. Es casi un favor mutuo. Me gusta mi oficio. Nunca diré que no me gusta, pero cada vez es más difícil. Los rojos nos odian y nos temen. Saben que somos el sostén de la sociedad y que si nos derriban se hacen los dueños. Con esta mano que usted está viendo le he pegado una hostia a un diputado de esos que ahora figuran tanto. Iban en comisión a entregar un escrito al presidente de la Diputación, y no tenían permiso. Aún vivía el viejo. Se puso chulo el tío y le largué una hostia de la que aún se acordará. ¿Usted conoce a algún editor? Ha de ser un editor con cojones. Hablo claro. Tengo un diario en el que cuento todo lo que hago, veo y me entero. Nos rodea una conspiración. Usted se moriría del susto si yo le diera nombres de tíos importantes que en este país cobran de la KGB. Me guarda el diario una tía amiga mía por si me pasa algo. Si usted tiene cojones para proponérselo a un editor con cojones, le doy una comisión.

—Fuerza Nueva tiene una editorial.

—Ésos son todos unos vendidos. El gobierno los aguanta para que lleven a los chavales como borregos. ¿Qué hacen? De vez en cuando un mitin, cuatro hostias y se acabó. Así mantienen embobados a los chicos e impiden que de verdad lo manden todo por los aires. Lo publicaré cuando esté en África del Sur o en Chile. *El poder rojo sobre España.* ¿Qué le parece el título? Ya tengo el seudónimo: *Boris Le Noir.* Suena bien. Desde pequeño me he contado a mí mismo «aventis» y yo siempre me llamaba *Boris Le Noir.*

—Le prevengo que Boris es un nombre ruso.

—También hay rusos que no son comunistas. La inmensa mayoría de rusos no son comunistas. Aquello es una dictadura férrea. De una dictadura fascista se sale, pero ¿de una dictadura comunista? Dígame una. No sé cómo hay gente tan ciega.

Acabarán apoderándose de todo. Empiezan capando a todos los hombres y masculinizando a las mujeres. Lo invaden todo. Ya no quedan países viriles al norte del ecuador. Fíjese en mis observaciones: países donde la democracia y el comunismo lo pudren todo: al norte. Países donde aún le queda al individuo capacidad de lucha y virilidad: al sur. Por ejemplo Chile, Argentina, Rhodesia, África del Sur, Indonesia. No falla. Hágame caso. Si aún tiene deseos de morir de pie, con una pistola en cada mano y los cojones en su sitio, envíelo todo a la mierda y alístese en un ejército de mercenarios.

—¿Todos sus colegas piensan como usted?

—No. También está podrido el cuerpo. Empiezan a salir socialistas como setas. ¿Dónde estabais hace cuatro años?, les pregunto y no tienen respuesta. Les falta sentimiento aventurero, son como oficinistas, ¿comprende? Hablar con usted me ha excitado. Me parece que me planto en la estación de Francia esta noche. ¿Y el libro?

—Llévelo con usted y añada alguna observación sobre el terreno.

—No es mala idea. Pero ¿y si se pierde? Haré una fotocopia y se la dejaré a mi tía. Un consejo: no se rompa los cuernos con lo del tío ese. Encuentre una explicación verosímil, désela a la familia y cobre. No tienen el menor interés en saber qué pasó en realidad. Ese tío los estorbaba, me lo huelo. A todos.

Chascó la lengua contra la cara interior del carrillo, se ajustó las gafas y se marchó.

—No sé cómo aguanta estos rollos, jefe. No sé cómo tiene estómago para gente como ésta.

—Es un buen chico y un día de éstos me lo van a dejar hecho un colador. Nunca llegará a director general.

—Él se lo habrá buscado. Ahora se va a matar negros porque no puede matar rojos. Está loco.

—Biscuter, te encargo una misión para los próximos tres meses.

—Mande, jefe.

—La cocina china es la más dietética de todas. Es sabrosa y no engorda. Te encargo que te especialices en cocina china.

—¿He de guisar ratas y serpientes?

—Menos ratas y serpientes, me guisas todo lo demás. Cada mañana te vas un par de horitas al restaurante Cathay y allí el dueño, que es amigo mío, te iniciará en los secretos.

—Ahora estaba trabajándome la riojana y no me salía nada mal.

—La cocina china es la cocina del porvenir.

—Gracias, jefe. Para mí es un honor y un aliciente. Conviene no estancarse en la vida. Gracias a cocinar para usted, he descubierto que sirvo para algo y me gustaría ampliar mis conocimientos.

—Y si te esmeras no descartes la posibilidad de que te pague una estancia en París para que te enseñen a hacer salsas.

—Yo a usted no le dejo aquí solo.

—¿Quién te dice que me quedaría solo? Yo también podría ir a París y establecerme una temporada allí.

—Podría ser muy chachi, muy fermo, jefe. No voy a dormir pensando en todo eso.

—Duerme, Biscuter, duerme tranquilo. Lo importante es que tenemos un plan que puede cambiar nuestras vidas.

—¿Y Charo?

—También vendría a París.

—¿Y el perro?

—Por descontado.

—¿En un piso? ¿Sabe que este perro no se queda así, que luego se hincha?

—Alquilaremos una casita en las afueras, junto al río, sobre una esclusa. Veríamos pasar las gabarras.

—¿Cuándo, jefe, cuándo?

—No lo sé. Pero tú serás el primero en saberlo.

—NO LE MOLESTARÁ que me haya sumado a la comida.

El marqués de Munt vestía un conjunto de *tweed,* y un *foulard* enloquecido le crecía bajo la nuez y los pellejos de la sotabarba. Sentado a su lado, Planas hacía girar dentro de la copa un líquido seguramente sin alcohol.

—Me lo ha pedido Isidro.

Planas le miró sorprendido.

—Una comida entre dos personas termina siendo un doble monólogo. Una tercera persona es la que establece realmente una conversación.

—Creía que hoy estaba en Madrid viendo a un ministro.

—Ya he estado.

—Isidro es así. Un día, a las nueve de la mañana, quedamos en vernos a la hora de comer. Nos encontramos y me enteré que mientras tanto había hecho el viaje de ida y vuelta a Londres.

—Señor Carvalho, iré directo al grano.

—Isidro, Isidro. Las cosas se plantean en el segundo plato.

—Pues yo quiero plantearlas ahora.

—Al menos deja pasar el aperitivo. ¿Se suma a mi propuesta? Claro. Como dice Bertolt Brecht: Primero el estómago y luego la moral.

Secundó Carvalho no sólo la propuesta del marqués, sino también su elección de vino blanco como aperitivo.

Dos camareros felicitaron a Planas por su reciente nombramiento y él les contestó con un nublado gracias, sin diluir el ceño con que había recibido a Carvalho.

—Una ensalada verde y pescado fresco a la plancha.

—Isidro, ¿por qué no pides una ensalada a la plancha y un pescado verde? Tendrías la misma suma de calorías y no irritarías nuestra imaginación visual.

—Allá cada loco con su tema.

—Es un hombre imposible. Ahora está preocupado por conservar la juventud de los músculos y las vísceras. ¿Le ha visto usted desnudo? Es como un atleta griego. Se le pueden delimitar todos los músculos. Y las vísceras aún las tiene mejor. Tiene un hígado que parece de cabrito.

—Tú ríete. Yo reiré el último.

—Lo que has dicho tiene poca gracia y poco mérito. A mis setenta y muchos años me conservo muy bien y sin renunciar a nada.

Carvalho pidió una mousse de gambas y lubina al hinojo.

El marqués empezó con unos caracoles a la borgoñesa y se sumó a la lubina.

—Ahora que tienen el estómago semilleno, creo que puedo empezar. No me gustó nada saber que usted había estado en San Magín husmeando. Si hay que encontrar algo encuéntrelo en cualquier parte, se lo repito, en cualquier parte menos en San Magín.

—Nadie me acotó el terreno. Viladecans no me prohibió ir a San Magín. Ni la viuda.

—Ya te lo había dicho. Viladecans no sabe lo que se hace últimamente. Ayer incluso me discutía el que yo me negara en redondo a remover San Magín. ¿Qué le pasa a ese chico?

—Yo apenas si tengo el disgusto de conocerle, es cosa tuya.

—Pero si se complican las cosas también te afectará a ti.

Carvalho, estamos en un momento delicado. Hemos conseguido parar la revisión de las obras de San Magín y los intentos de algunos periodistas de utilizar lo que llaman «escándalo inmobiliario» para salpicar mi carrera. Ahora estoy en un puesto delicado y no puedo exponerme a una campaña.

—Yo subrayo lo que ha dicho Isidro, señor Carvalho. Si yo fuera un urbanista, probablemente recomendaría demoler San Magín. Pero desgraciadamente no es posible. Un escándalo sólo serviría para perjudicar al señor Planas y a mí. Yo utilicé mi influencia con el presidente del Área Metropolitana para conseguir permisos casi imposibles. Un caso claro de especulación que no oculto ni del que me avergüenzo. Todo el milagro económico del régimen franquista ha sido un *bluff*. Todos nos hemos dedicado a especular con lo único que en realidad teníamos: el suelo. Como debajo de ese suelo no hay nada, no valía la pena conservarlo. Éste es un país muy desgraciado. Mucho suelo y poco subsuelo. Y ahora además se pudre el mar. ¿Ha notado usted el gusto final a petróleo que tiene esta lubina? La lubina es el pescado más guarro que hay en el mar. Se pega a los buques y se lo traga todo, el petróleo incluido.

—Voy a darle un consejo, Carvalho, y cuando yo doy un consejo es algo más que un consejo.

—Isidro.

—Déjame hablar a mí. Yo no hablo de cocina. Hablo de la realidad. Termine cuanto antes su investigación y pásele un informe verosímil a la viuda. Yo le pago la misma cantidad que ella le paga... Cobrará doble.

—Isidro. Eso se dice ya en el café, o incluso después de haber tomado un par de copas de Marc de Champagne.

—¿Usted me lo habría dicho igual?

—En el fondo, sí. Con otro tono y, por descontado, después de las copas. Pero la interpretación que usted hubiera podido hacer se parecería mucho a la que sin duda está haciendo ahora.

—¿Lo han consultado con la viuda?

—No. Hemos de llegar al acuerdo nosotros tres. A la viuda sólo le interesa una explicación que la deje tranquila al frente del patrimonio Stuart Pedrell. ¿Cree usted que la explicación será tranquilizante?

—Probablemente.

—Entonces no hay más que hablar. El señor Carvalho no quiere complicarnos ni complicarse la vida. El señor Carvalho con tal que pueda cumplir con su ética profesional, ya está. ¿Me equivoco?

—No. No se equivoca. Yo me comprometo a entregarle a mi cliente la verdad a que he llegado y que él necesita. Todo lo demás no me incumbe.

—¿Lo ves, Isidro?

—Pero este asunto es explosivo. ¿Qué ha ido usted a hacer a San Magín? ¿Quién es Antonio Porqueres? ¿Alguien relacionado con la desaparición de Stuart Pedrell?

—Sí. No añadiré nada más. En su día entregaré mis conclusiones a mi cliente.

—No olvide que le he hecho una oferta. Puedo ser cliente suyo también.

—Un detective de doble juego, señor Carvalho. Muy emocionante.

—No.

—Lo presumía, Isidro, date por satisfecho con el compromiso del señor Carvalho de que todo quede en familia.

—No me fío de los compromisos que me salen gratis.

—El mismo Isidro Planas de siempre.

—Lo que te sale gratis acaba costándote caro. Y tú no te rías. Anoche no te reías. Estabas tan preocupado como yo.

—Hoy es otro día.

—Lo que pasa es que te gusta quedar por encima de todo y de todos. A mí no me engañas con tus números de aristócrata desganado.

—Isidro, Isidro...

El marqués le palmeaba la espalda. Planas se levantó arrebatado y arrojó la servilleta contra la mesa, derribando una copa de cristal. Se agachó para que la voz sofocada no fuera audible más allá de la mesa.

—Estoy de ti hasta la coronilla, ¿entiendes? ¡Hasta la coronilla!

—No digas nada de lo que puedas arrepentirte.

—Siempre he sido yo el que ha dado la cara, mientras tú fingías estar por encima del bien y del mal y el otro cobraba con un mohín de disgusto. Cuando había que hacer algo sucio, lo hacía yo. ¿Quién trabajaba, quién ha trabajado como un negro?

—Tú, Isidro. Pero no olvides que eso era lo convenido. Tú eras un pobretón despabilado que sin nuestro dinero no habrías hecho nada en la vida. Estarías vendiendo lavaplatos en una tienda.

—¡Gracias a mí os habéis enriquecido! ¡Gracias a mí! ¡Y ahora estoy en condiciones de enviaros a la mierda! ¡No os necesito para nada!

Se marchó hacia la puerta y no pudo escuchar la advertencia del marqués.

—Al menos deja pagada la comida, no llevo dinero.

El marqués eligió un sorbete de champaña como postre. Carvalho, peras al vino.

—Está muy excitado. Es la proximidad del poder. Esta mañana ha sido recibido no por un ministro, sino por un superministro. La ambición de poder puede arruinarle. Es el talón de Aquiles de los luchadores. Pero no eche en saco roto cuanto le ha dicho. En el fondo yo lo suscribo. Yo tengo vanidad social y me molestaría salir en el periódico en una foto carné bajo el titular: *Banda de especuladores inmobiliarios.*

Planas estaba en pie al lado de la mesa; cabizbajo, musitó:

—Perdona.

—Vuelves en el momento oportuno, como siempre, Isidro. No llevo dinero encima. Has de pagar, o cárgalo en tu cuenta.

HABÍAN ASESINADO A UN GENERAL y a un coronel, pero nada detendría la marcha irreversible hacia la democracia. Lo decían todos. Incluso algunos generales y algunos coroneles. Los muchachos comunistas y socialistas habían trabajado durante la noche dejando las Ramblas y las calles afluyentes llenas de pancartas con los eslóganes electorales. *Esta vez puedes ganar,* prometían algunas pancartas. Ya era hora, contestó Carvalho. *Tú eres el centro de la ciudad,* declamaba el partido gubernamental desde carteles engomados donde engomados arquetipos se autoatribuían ser el centro de la ciudad. Noches atrás un borracho maricón o un maricón borracho bajaba Rambla abajo, pregonando:

—Ciudadanos. No os equivoquéis. El centro de la ciudad es la plaza de Cataluña.

Dos travestis madrugadores se paseaban disfrazados de Eugenia de Montijo, la española que fue más que reina. *La reconstrucción de Catalunya pasa por la democratización de los ayuntamientos,* declaraba o declamaba un líder con barbita desde la portada de una revista. En ningún programa electoral se prometía derribar lo que el franquismo había construido. Es el primer cambio político que respeta las ruinas. Cada siglo construye sus ruinas y todo nuestro cupo de ruinas las ha construido el franquismo. Tienes músculos pequeños para derribar tanta ruina. Tendría que ser un milagro nocturno. Al amanecer la ciudad se descubriría limpia de la corrupción, dichosamente mellada, con los arrabales convertidos en una venturosa escombrera y los ciudadanos iniciando la reconstrucción sobre los derribos. Tal vez así Yes no deseara dar vueltas y vueltas al mundo, como un satélite solitario, y Charo estaría contenta con su oficio, Biscuter feliz con sus conocimientos de cocina riojana y él volvería a amar la rutina de investigar, ahorrar, comer, recorrer las Ramblas dos o tres veces al día, de noche vengarse inútilmente de la cultura que le había aislado de la vida. ¿Cómo amaríamos si no hubiéramos aprendido en los libros cómo se ama? ¿Cómo sufriríamos? Sin duda sufriríamos menos. Me gustaría ir a un balneario lleno de convalecientes y encontrarme a Yes entre ellos. Empezar un amor entre baños de fango y tazas de hierbas salvajes. Un balneario de montaña sobre el que lloviera cada tarde y el trueno nos volviera a todos definitivamente silenciosos. Y no salir del balneario. Seguir uno tras otro el ciclo de las estaciones, familiarizarse con las luces débiles, orientarse según puntos cardinales pequeños, agradecer el calor de las mantas y sentir el propio cuerpo minuto a minuto. La relación con Yes sería agridulce y eterna. Gracias a las hierbas salvajes conseguiría la suficiente juventud para ser siempre joven al lado de Yes. Para impedir que un día ella abandonara el balneario llamada por las sendas del Este, en busca del origen y la parálisis del sol.

También hoy Charo estaba a medio maquillar. Se le abrazó y sonrió satisfecha cuando Carvalho se dejó caer en el sofá y adoptó la postura del que dispone de tiempo. Charo le dijo que en un momento estaba maquillada y podrían hacer el amor.

—Déjalo. Ahorra energías para el fin de semana.

—Este fin de semana será, será, bueno, no quiero ni imaginármelo. No saldremos de la habitación. Tiraremos la llave por la ventana, como en las películas.

—Yo quiero comer en el restaurante que te dije.

—Te dejaré hacer cinco comidas diarias, pero entre comida y comida, a la cama.

Ella misma cogió las manos de él y se las puso sobre la cara y los brazos para que la acariciara. Carvalho la acarició el tiempo suficiente para no desairar su demanda.

—Estás triste. ¿Qué te pasa?

—Es la digestión.

—¡Ah, a mí también me pasa! Después de comer tengo frío y siempre me cabreo conmigo misma porque he comido demasiado. A veces hasta me entra la llorera.

Aprovechó su retorno al lavabo para despedirse. Ella volvió a salir con pestañas postizas en un solo ojo.

—Ya te vas.

—Estoy acabando el trabajo. Quisiera dejarlo resuelto mañana y marcharme tranquilo.

—Es peligroso.

—No.

La llamada que esperaba estaba escrita sobre la libreta de notas junto a una breve redacción de Biscuter en la que le decía que se había enterado que su madre estaba en los Hogares Mundet y que se iba a verla. Ni siquiera sabía que Biscuter tuviera madre. La llamada decía: «El señor Briongos dice que su hijo estará hoy a las nueve en la puerta del cine Navia de San Magín. Ha llamado también la chica del señor Briongos diciendo que no vaya. Que se ponga en contacto con ella.» Carvalho se sacó la navaja del bolsillo. Pulsó el resorte y saltó la hoja con un chasquido. Se miraron la navaja y Carvalho. Ella parecía esperar la orden de ataque. El hombre parecía temerla. La volvió a cerrar y la devolvió al bolsillo. Abrió un cajón. La pistola dormía con su presencia de lagarto frío. Carvalho la cogió y la examinó. Hizo el amago de disparar contra la pared.

Luego sacó las balas de una caja de cartón y las fue cargando con parsimonia. Cuando cerró el tambor, el lagarto dormido ya estaba despierto, alerta, cargado de muerte. Le puso el seguro frustrando sus ganas de matar y lo metió en el bolsillo con la recomendación expresa de que se estuviera quietecita. La pistola le calentó aquella parte del cuerpo. De otro cajón sacó un protector de aros de hierro para los dedos. Se lo puso. Abrió y cerró la mano. Disparó el brazo golpeando a un antagonista invisible. Se sacó el protector y fue a parar al otro bolsillo de la chaqueta. Ya está. La Armada Invencible. Sacó de la nevera la botella de vino blanco, pero se lo repensó y fue en busca de la de orujo. Bebió dos vasos. Directamente de la cazuela comió con los dedos parte del bacalao al ajo arriero que Biscuter había dejado preparado. Hasta la vista, dijo a las cuatro paredes y se entretuvo bajando la escalera con pereza, recibiendo aquí el repiqueteo del martillo del escultor, allí el trajín rumoroso de la peluquería, la trompeta con sordina del muchacho lila. Se cruzó con dos mariquitas disfrazados de niños de primera comunión o dos niños de primera comunión mariquitas. Parecían Romeo y Julieta con barba y bigote huyendo de los Montescos o de los Capuletos.

—Pepe, Pepe, no te escapes.

El *Bromuro* llegó a su altura armado con la caja de limpia:

—Te invito a una copa. De lo que tú quieras. Gracias a ti soy rico.

—Tengo una cita.

—Le pegas dos por delante y dos por detrás de mi parte.

—No es una cita de ésas.

—Lástima. Qué poco tenemos los hombres para lo mucho que necesitan ellas. ¿Lo has pensado alguna vez?

—Alguna vez.

—¿Y no te echarías a llorar? Cuando yo era un caballero

divisionario a las órdenes de mi general Muñoz Grandes pegué una vez seis polvos en una noche. Y ella se habría tragado perfectamente otros seis. Y ésa fue mi gran noche. Son superiores. De aquí para abajo son superiores.

Dejó a *Bromuro* en su melancolía de macho insuficiente. Cogió el coche para hacer persimoniosamente el recorrido hacia San Magín. Al acercarse a la parte alta de la ciudad se vio rodeado por coches conducidos por mujeres en busca de las crías a punto de salir del colegio. Utilizó la impunidad del mirón y ellas emplearon la impunidad de fugitivas. La viuda Stuart habría hecho días y días aquellos recorridos en busca de sus hijos. Luego crecieron y se le marcharon a Bali o al Limbo.

ANA BRIONGOS LLEGÓ EN SU AUTOBÚS AZUL y respiró aliviada cuando vio a Carvalho en la parada. Saltó la primera y llegó hasta Carvalho forzando la marcha.

—Gracias por hacerme caso.

Empezó a andar. Casi se oía el ruido de las palabras que amontonaba en su cabeza. Miraba a Carvalho buscando un gesto de él que le incitara a hablar. Pero Carvalho caminaba tan pensativo como ella, arrastrando los pies como si dispusiera de toda la tarde y toda la noche para el paseo y para el silencio.

—¿Por qué fue a mi casa?

—Es la segunda bronca que me pegan en un solo día por culpa de este barrio. Pongan en la entrada: San Magín, ciudad prohibida.

—Usted no sabe el daño que ha hecho y que puede hacer con esa visita.

—El daño ya estaba hecho.

—Mis padres son dos desgraciados que se cagan de miedo por todo. Siempre han tenido miedo.

Carvalho se encogió de hombros.

—No se vea con mi hermano.

—¿Por qué?

—No vale la pena.

—Eso lo decidiré después de hablar con él.

—Mi hermano no es un chico normal. Tiene reacciones

inesperadas. Es como un niño. Un niño violento. Toda su vida ha sido el burro de los palos. Bofetada que se escapaba, bofetada que recibía. Mi madre siempre le ha odiado. Mi madre es mala. Tiene esa maldad ridícula, mezquina de los pobres. Es todo lo que tiene. Es lo único que le da carácter, personalidad. Y mi padre siempre ha vivido acoquinado ante ella. Pagando la falta del nacimiento de Pedro.

—¡Vaya cuadro!

—Cuando tenía siete años le internaron por primera vez. Le robó a una vecina para comprarse cuatro tonterías: volvió dos años después, más malo todavía. Dos años después. Tenía nueve años. Las librerías están llenas de libros que enseñan a los mayores a tratar con respeto a los niños. Mi hermano, a los nueve años, era carne para la correa de mi padre o para la zapatilla o la escoba de mi madre. Volvieron a internarlo a los once años. ¿Usted tiene idea de lo que era el reformatorio de Wad Ras?

—Pertenezco a otra generación. Yo fui de los que crecieron bajo la amenaza de ser internados en el asilo Durán.

—Y a pesar de todo siempre ha tenido fascinación por la familia. Siempre se ha creído uno más de los nuestros. Cuatro cuartos que tiene, cuatro cuartos que se gasta con mis padres o con mis hermanos. Tiene dieciocho años. Sólo dieciocho años.

—Sólo cuatro o cinco menos que usted.

—Es muy diferente. Déjele en paz. Haya hecho lo que haya hecho toda su vida lo justifica.

—¿Qué ha hecho?

—¿Qué busca usted? Usted es un miserable criado de ellos que viene a hurgar las narices en un mundo que no le pertenece.

—Como Stuart Pedrell. Como su Antonio. Él también hurgó las narices en un mundo que no le pertenecía.

—A mí no me paga nadie porque me duela la muerte de

Antonio. Y me duele. Me duele aquí. —Se señaló el vientre—. Pero era fatal.

—¿Qué pasó?

—¿Por qué no se va? Al final le espera una victoria fácil. Unas víctimas débiles. ¿Son las que le gustan?

—Paso porque me atribuya un papel que es el mío. Soy un criado de mis patronos, como usted lo es de los suyos. Pero no me gustan las víctimas, sean fáciles o difíciles. Las víctimas son consecuencias.

—Son personas. Son personas a las que quiero. Que pueden ser destruidas. A veces me viene la imagen de mi hermano cuando era pequeño y no sabía que era culpable, culpable de la humillación de mi madre. Recuerdo su carita y de pronto la veo deformada por toda la brutalidad que ha caído sobre él.

—Mi encuentro con su hermano forma parte de la lógica. Yo llegaré hasta el fin. En cada caso llego hasta el fin. Hasta mi fin. Yo termino ante mi cliente. Le digo lo que sé, y él decide. La policía se lo pasa a un juez. Mi juez es mi cliente.

—Una vieja histérica y rica que no sabe qué es el dolor.

—Es rica. Pero no vieja. Todo el mundo sabe qué es el dolor. Usted habla con muchas ventajas a su favor. Pertenece a la clase social que tiene la razón y la escupe a todo el mundo.

—Yo trataba de aconsejarle. Pedrito, ¡no hagas esto! Pedrito, no hagas aquello. Cuando estaba fuera de casa tenía el alma en vilo. ¿Qué hará Pedro? Y a mi vuelta siempre la había hecho. Siempre habían encontrado algún motivo para acosarlo, arrinconarlo. Le esperaba a la salida del colegio para que fuera directamente a casa y no la hiciera por el camino. Cuando vino la policía a buscarle por lo de la moto, ¿se imagina cómo le trataron? ¿Cómo nos trataron? Y sólo faltó que yo tuviera ficha política. ¿Sabe cómo tratan a los delincuentes comunes en las comisarías? ¿En las cárceles?

—No he hecho el mundo, ni la sociedad. No quiero ser la conciencia de todo. Es un papel excesivo. Supongo que no me habrá citado para contarme la triste historia de su hermano.

—He querido evitar el encuentro.

—No lo conseguirá.

—Usted sabe lo que va a pasar.

—Me lo imagino.

—¿No le basta? ¿No puede dar la cosa por concluida? Dígale a su cliente lo que quiera. A ella también le interesa que yo me calle.

—En eso ya se arreglarán entre ustedes.

Ella le cogió por un brazo y le zarandeó.

—¡No sea estúpido! Puede ocurrir algo terrible. Si yo le hablara. Si yo le contara todo... ¿no iría usted a verse con mi hermano?

—Quiero que me lo cuente él. Es él quien debe contármelo. No sea tonta. Le remordería la conciencia.

Carvalho siguió avanzando y ella se quedó de sal, en la encrucijada de dos calles, con una mano tendida hacia Carvalho y la otra tratando de asirse al vacío del bolsillo del tabardo. Corrió para ponerse a la altura de Carvalho. Caminaron en silencio.

—¡Qué fácil sería marcharse de aquí!

—Este barrio y estas gentes se irían con usted. Cada caracol lleva su cáscara.

—No pienso irme. Aunque le parezca mentira no sabría desenvolverme en otro sitio.

—Si le sale niño no se desespere. Hay hombres que han dado resultados excelentes. En el futuro los hombres serán mejores que las mujeres. No lo dude.

—Me da igual que sea niño o niña. Le querré igual.

—Uno de mis primeros oficios fue profesor de párvulos. Era

un colegio de barrio, un barrio viejo, con historia, pero poblado con las mismas gentes que viven aquí. Uno de mis alumnos era un niño morenito y triste. Tenía gestos de viejo sabio. Hablaba siempre como si estuviera disculpándose. Un día conocí a su madre a la salida. Era una mujer morenita y triste. Tenía gestos de vieja sabia. Hablaba siempre como si estuviera disculpándose. Era muy hermosa aunque tenía el cabello blanco. El niño podía haber salido de cualquier lugar del cuerpo. Podía haberle nacido del brazo, del pecho, de la cabeza. Era una madre soltera en unos tiempos en que ya no había justificación para serlo. La guerra había terminado hacía demasiado tiempo para ser una coartada.

—¿Y qué pasó?

—Nada. Me marché del colegio y nunca volví a verlos. Pero les recuerdo con frecuencia y a veces tengo la extraña sensación de que el niño tenía el cabello blanco. Eran los años de mi adolescencia y yo me masturbaba muchísimo. Algunas noches me masturbé pensando en aquella mujer.

—¡Qué marrano!

—La naturaleza es la naturaleza.

LLEVABA PANTALONES TEJANOS y una cazadora de plástico negro llena de falsas platas: argollas, cremalleras, remaches de metal lunar, de luna de rebajas. Zapatos de tacón alto para alzar un cuerpo nervioso, las manos metidas en los bolsillos rasgados de la cazadora, el cuello alto arqueado para fingir el acecho de la cabeza ante la realidad peligrosa, cabellos cortos, brillantes y lisos respaldando una cara de caballo joven. Miró a Carvalho y ladeó la cabeza como si no le gustara lo que veía. Le indicó con el hombro que le siguiera.

—Aquí no podemos hablar. Vamos a un sitio tranquilo. —Caminaba adelantado, a impulsos, como si cada paso fuera un latigazo—. Tómeselo con calma. No va a cansarse.

Carvalho no le contestó. Pedro Larios se volvía de vez en cuando y le sonreía.

—Ya falta poco.

Terminó la esquina y cayeron sobre ellos la soledad y la oscuridad del trasero del barrio de San Magín. Se vislumbraba contra la luna la silueta de la iglesia. Llegaba la voz de Julio Iglesias de un *juke-box* cercano. Carvalho y Pedro Larios quedaron bajo la campana de luz de una lámpara mecida por la brisa en lo alto de un poste metálico. Pedro seguía con las manos en los bolsillos. Sonriente miró a derecha e izquierda, de las sombras salieron otros dos muchachos y se situaron a cada lado de Carvalho.

—Es mejor hablar con compañía.

Carvalho valoró el cuerpo recio del de su izquierda. Le miró a los ojos. Los tenía opacos, como si no quisiera ver lo que tenía que ver. Tampoco sabía qué hacer con las manos. El de la derecha era casi un niño. Le miraba con la nariz arrugada, como los perros antes de la dentellada.

—¿No tiene voz? En casa de mi padre sí que habló. Demasiado.

—¿Te ayudaron éstos?

—¿Ayudarme a qué?

—A matar al que salía con tu hermana.

Pestañeó. Se miraron entre ellos.

—De eso nada.

—No te pases, tío. Ten cuidado con lo que dices —expuso el jovencito.

—Mira. Yo no sé qué te dijo mi padre, pero lo que yo te diga va a misa. No me gustan los chafarderos y tú eres muy chafardero.

—Tiene cara de chafardero —confirmó el jovencito.

—Acabemos de una vez —dijo entrecortadamente el grandullón.

—A mí los tíos que se meten donde no les llaman no me gustan. Y a éstos tampoco.

Dieron dos pasos hacia adelante. Carvalho estaba al alcance físico de sus brazos, a su espalda quedaba la tapia de un solar en construcción. El jovencillo fue el primero en sacar la navaja. La paseó ante la cara de Carvalho. Pedro sacó la suya, diríase que abierta ya dentro del bolsillo. El grandullón adelantó los puños, retrocedió los hombros, agachó la cabeza. El jovencillo lanzó un navajazo a la cara de Carvalho. Lo esquivó retrocediendo y el corpulento se le echó encima mientras Pedro atacaba de frente. El puño del corpulento le llegó blando a la cara.

Carvalho lanzó una patada hacia el chiquillo, que aulló y se dobló sobre sí mismo. Paró con las manos la acometida del corpulento y le empujó contra Pedro, que se le venía. La mano de Carvalho no llegó a la pistola. Se le enfrentó el chiquillo insultándole y con la navaja, ciega. Le cogió un brazo y se lo retorció hasta oír un chasquido y el grito de dolor:

—¡Me ha roto el brazo! ¡El muy cabrón!

Los otros dos miraban el brazo largo y blando del chiquillo. Arremetió ciego Pedro mientras el corpulento retrocedía. La navaja abrió un fino corte en la mejilla de Carvalho. Se envalentonó el grandullón y le acometió. Carvalho le pegó un revés con los dos puños juntos. En sus nudillos brillaban los aros protectores. Cuatro reventones de carne aparecieron en la cara cúbica del grandullón. Carvalho se echó sobre él y le pegó en la cabeza y en la cara con las dos manos. En su caída el muchacho se agarró a las piernas de Carvalho y le derribó.

—¡Mátale! ¡Mátale, Pedro! —gritaba el chiquillo.

Pedro buscaba entre los dos cuerpos ligados el sitio para meter la navaja. Carvalho emergió sobre su antagonista abrazándole el cuello desde atrás y con una navaja pinchándole en la cara.

—Apartaos o me lo cargo.

—Mátale, Pedro. ¡Mátale!

El mocetón trataba de hablar, pero el brazo de Carvalho le estrangulaba.

—Que se vaya el crío. Tú, niño de mierda, vete.

Pedro le indicó que obedeciera. El chiquillo desapareció de la campana de luz y empezó a tirar piedras desde la oscuridad.

—¡Nos vas a dar a nosotros, animal!

Cesaron las piedras. Carvalho liberó el cuello de su presa, le dio la vuelta de un empujón y cuando lo tuvo de frente le golpeó con saña en la cara, en el pecho, en el estómago. Cuando lo tuvo arrodillado, le martilleó la cabeza a puñetazos hasta derribarle. Saltó sobre el cuerpo y quedó frente a Pedro. Marcaba el navajero la distancia con su arma e iba retrocediendo ante el avance de Carvalho. El detective se quitó los aros mientras avanzaba y cuando tuvo las manos libres sacó del bolsillo la pistola. Abrió las piernas, levantó el brazo derecho, sosteniendo la pistola, y lo apuntaló con la mano izquierda apuntando directamente a la cara de Pedro. Quería hablar, pero la agitación de la respiración no se lo permitía. Le dolían el pecho y la herida de la cara.

—Al suelo. ¡Tírate al suelo o te vuelo la cabeza! Tira la navaja hacia mí. Cuidado con lo que haces.

Se despegó la navaja de la mano de Pedro. Luego se echó al suelo apoyando el cuerpo sobre los brazos en ángulo para controlar los movimientos de Carvalho.

—Pégate al suelo, mamón. Pégate al suelo. Abre las piernas y los brazos.

Quedó Pedro en el suelo como una equis oscura bajo la campana de luz. El mocetón se arrastraba tratando de alcanzar la oscuridad. Carvalho le dejó marchar. Se acercó a Pedro lentamente, tratando de serenar la respiración y de que se le fuera la nube roja que tenía entre las sienes. Pegó una patada a una pierna:

—Ábrelas más.

El caído le obedeció. Carvalho empezó a pegarle patadas furiosamente. El otro las rehuía como un animal eléctrico, pero las patadas llegaban a su cuerpo, le machacaban el estómago, los riñones, le buscaban afanosamente la cara. Desde el suelo Pedro oía los jadeos de animal cansado y furioso que salían de la entreabierta boca de Carvalho. Una patada en la sien le aturdió y luego sintió debilitados los impactos de otros golpes, liberado de la responsabilidad de defenderse, entregado una vez más a su mala suerte. La mano de Carvalho le levantó la cabeza por los pelos. Le hizo arrodillarse, luego ponerse en pie. Vio muy cerca el rostro del detective, la sangre de su mejilla. Le cogió por el cuello de la cazadora y le hizo avanzar hasta la tapia. Allí le empujó para que se estrellara contra el enladrillado. A su espalda, el detective volvía a respirar como un animal cansado, sin resuello, como si el aire gritase de dolor al salir de los pulmones. Pedro le oyó toser y vomitar. Trató de volverse, pero su cuerpo no le obedeció. Le temblaban las piernas y su cerebro le decía que había perdido. De nuevo sintió próximo el calor húmedo que salía del cuerpo de Carvalho. La voz del detective sonó casi serena.

—Ahora ponte en marcha hacia la casa donde vive tu hermana. No te olvides de la pistola. Ya es un milagro que no te haya dejado tieso, cabrón.

Pedro empezó a caminar. Cuando llegaron a las calles transitadas se pegó a las fachadas como le ordenaba Carvalho en voz baja. Debía de tener muy mal aspecto y no quería dar el espectáculo.

—ES MUY SUPERFICIAL.

Ana Briongos dibujó la herida de Carvalho con un trazo de mercurocromo. Había dicho a sus compañeras de apartamento que se marcharan. Su hermano se dejó caer en una cama plegable abierta. Carvalho le dijo a la muchacha que no le dejara dormirse. Ana se inclinó sobre su hermano para escuchar lo que decía. Comprobó la articulación de los dedos de una mano y Pedro aulló.

—Tiene este dedo roto y está hecho un mapa. ¿Todo esto se lo ha hecho usted solito? Ya podrá con un muchacho.

—Iba con sus compinches.

Ana no sabía por dónde empezar. Limpió con agua oxigenada las tumefacciones del rostro de su hermano. Quiso quitarle la cazadora, pero él se negó entre quejidos. Se abrió la puerta y apareció el padre.

—¡Pedro, hijo! ¡Qué te han hecho!

Se paró en seco al ver a Carvalho.

—Buenas noches.

—Muy buenas.

Al hombre le salió la voz estrangulada.

—Pedro, hijo, te lo dije. Te lo dije.

Se echó a llorar de pie, sin avanzar ni retroceder, como si no pudiera llorar y hacer otra cosa al mismo tiempo.

—Para eso no hacía falta que vinieras, papá.

—¿Está herido?

—Una paliza. Él se la ha buscado.

El padre contemplaba a Carvalho como si fuera un dios del que dependiera su destino.

—¿Qué va a hacerle?

Carvalho se sentó. La escena se le distanciaba por momentos. Ana parecía una enfermera lejana atendiendo a un herido con el que Carvalho nada tenía que ver. El viejo Briongos parecía estar en la puerta de una casa que no era la suya, sin atreverse a pedir permiso para entrar. Carvalho sentía sed y se oyó a sí mismo pidiendo agua. Ana se la trajo. Estaba fría, pero sabía a cloro.

—Dale una copita al señor. Le reanimará.

El viejo Briongos seguía esperando su decisión jupiterina.

Carvalho se levantó, cogió una silla, se acercó al yacente Pedro y se sentó al lado de la cama.

—Si no puedes hablar, limítate a escuchar y a decir sí o no.

—Si quiero, puedo hablar.

—Mucho mejor. Entre vosotros tres fuisteis a buscar a Stuart Pedrell y le matasteis. Tú y tus dos compinches.

—No sabíamos que se llamaba así.

—Fuisteis a buscarle y le matasteis. ¿Por qué?

—¿No vio lo que le hizo a mi hermana?

—¡Imbécil! ¡Imbécil! —gritó Ana Briongos exasperada.

—No querían hacerlo. No querían llegar tan lejos —terció el viejo Briongos.

—Sólo queríamos darle un susto. Pero el tío se excitó. Me puso una mano en el hombro el tío asqueroso, y empezó a darme consejos. El *Quisquilla,* el chiquito al que usted rompió el brazo, le dio una cuchillada. A mí de pronto se me escapó el brazo y le di otra.

El viejo Briongos se había tapado la cara y temblaba. Ana miraba a su hermano.

—¡Imbécil! ¿Quién te pidió que lo hicieras?

—¡Eres mi hermana!

—Compréndalo, caballero. Es su hermana.

Con los brazos abiertos, el viejo Briongos parecía abarcar la inmensidad de la hermandad que unía a sus hijos.

—Si no se hubiera enrollado no le habría pasado nada. Pero empezó a largar. Que si yo debía hacer esto. Que si debería hacer aquello. Que si mi hermana era libre y él no era el único hombre en su vida. ¡Eso dijo, Ana, te lo juro!

—¿Y qué, idiota? ¿Acaso no es verdad?

—Y ustedes se enteraron y se hicieron cómplices de un asesinato.

—No iba a denunciar a mi propio hijo.

—¿Y usted?

—¿Qué iba a arreglar ya?

El viejo Briongos sacó el poco valor que le quedaba para decir:

—Era un intruso. A él no le iba ni le venía.

—Calla, papá.

—Y le dejasteis tirado en un solar, en la otra punta de la ciudad.

—Nadie le tiró en ningún solar.

Carvalho miró perplejo a Pedro. Luego a los otros dos, que parecían conformes con lo que había dicho.

—Repite eso.

—Nadie le dejó tirado en ningún solar. Le dejamos malherido y él se fue.

—Pedro vino a casa a decirme que había malherido a Antonio. Mi padre y yo estuvimos buscándole toda la noche por todas partes y no dimos con él.

—Claro. Se fue a coger el metro porque prefería morir en un solar del barrio de la Trinidad. ¿Esperan que me lo crea?

—Yo no espero nada de usted. Pero es la pura verdad.

Briongos tenía en los ojos la lucecita de la penúltima esperanza.

—¡Vaya usted a saber lo que pasó luego!

—Stuart Pedrell murió de las dos puñaladas que le dieron estos dos aprendices de matarife. No harás carrera, chico. El jovencillo es un loco que matará por matar y el grandullón tiene tan pocos cojones como sesos. Al Capone iba por el mundo mejor acompañado.

—Las malas compañías, Pedrito. Las malas compañías. ¿Qué te ha dicho siempre tu padre?

Pedro permanecía tendido mirando el techo. Cuando sus ojos se encontraban con los de Carvalho, el detective veía en ellos un odio sin concesiones, un odio a muerte, un me las pagarás tenaz que le acompañaría toda la vida. Carvalho salió de la habitación seguido por Ana y su padre:

—Señor, por favor. No traiga más desgracia a esta familia. Yo trataré de arreglarlo. Le diré que se vaya a la Legión. Allá harán de él un hombre. Le meterán en cintura.

—Calla, papá. No digas más tonterías.

Briongos se quedó rezagado mientras Ana acompañaba a Carvalho hasta la puerta.

—¿En qué piensa?

—¿Qué hizo aquel hombre con dos navajazos en el cuerpo? No podía andar mucho rato. No tenía coche. No podía coger un taxi si no quería que le vieran la herida. ¿Por qué no pidió ayuda para que le llevaran a un hospital?

—Tal vez pensara que así me ayudaba.

—¿Quién le llevó hasta el descampado y lo tiró como un perro muerto?

Carvalho no esperó respuesta. Llegó a la calle. El relente le balsamizó las escoceduras de la cara y el cuerpo. Fue dejando a sus espaldas las islas de cemento de aquella Polinesia en que Stuart Pedrell había tratado de descubrir la otra cara de la luna. Había encontrado unos indígenas endurecidos, la misma dureza que Gauguin encontraría en las Marquesas, cuando los indígenas hubieran asimilado del todo que el mundo es un mercado global en el que hasta ellos están en perpetua venta. Cruzó la frontera y se lanzó a toda velocidad por las rampas del Tibidabo en busca de su madriguera. Se quedó ensimismado ante la chimenea apagada acariciando el terciopelo de las orejas de *Bleda,* rascándole la tripa mientras ella agitaba la pata en flagrante delirio de ciclista. ¿A quién recurrió Stuart Pedrell aquella noche? Habría elegido el que le pareció puerto más seguro de su antiguo reino. Imposible su casa. ¿Para qué entonces la investigación? Tampoco podía esperar una ayuda eficaz de Nisa. Tenía que elegir entre sus socios y Lita Vilardell.

A las tres de la madrugada llamó a Lita Vilardell. Cogió el teléfono un hombre. Era la voz del abogado Viladecans.

—Pregúntele a la señorita Vilardell si mañana tiene clase de piano.

—¿Para eso llama a estas horas?

—Usted pregúnteselo.

Se puso ella al teléfono.

—¿Qué quiere decir?

—Que mañana quiero verla, temprano si es posible.

—¿No podía esperar y llamarme por la mañana?

—No. Quiero que piense toda la noche en lo que vamos a hablar.

Se retiró del teléfono la mujer. Dialogaba con Viladecans susurradamente. Esta vez se puso él.

—¿No podría venir usted ahora?

—No.

Colgó Carvalho. Durmió a ratos entre sobresaltos, deshaciendo la cama con sus revolcones. En los ratos de plena vigilia se consolaba pensando que no era el único que aquella noche no podría dormir.

ACABABAN DE DUCHARSE. Preguntaron despreocupadamente a Carvalho si quería acompañarles en el desayuno. El detective rehusó con un gesto. Ellos prosiguieron untando las tostadas con mantequilla, distribuyendo las mermeladas con fascinación infantil. Bebiendo el café con leche como si fuera el elixir de la vida. Suspirando satisfechos ante los aires de la mañana que entraban por la entreabierta puerta de la terraza.

—¿No querrá ni un café?

—Un café solo sí. Sin azúcar, gracias.

—¿Es diabético?

—No. Una vez tuve un amor adolescente, una muchacha que se drogaba con café sin azúcar. Me acostumbré por amor y por solidaridad.

—¿Qué se hizo de la muchacha?

—Se casó con un austríaco que tenía una avioneta. Ahora vive en Milán con algún inglés, le gustan los ingleses, y escribe poemas surrealistas en los que a veces salgo.

—Fíjate. ¡Qué vida más interesante la de este hombre!

Viladecans sonrió ampliamente mientras ampliamente encendía el cigarrillo y ampliamente llenaba la habitación de un humo excesivo, como si hubiera querido consumir el cigarrillo de una sola succión.

—¿Acostumbra a establecer citas a las tres de la madrugada?

—Pensé que era una hora conveniente. Es la hora en la que se vuelve a casa y en la que se acaba de hacer el amor.

—Lo tiene muy reglamentado. Yo prefiero las sobremesas.

—Yo también.

Viladecans asistía al diálogo sin intervenir.

—En realidad, no sé qué pinto yo aquí —dijo al fin.

—Eso lo sabrá usted. Pero tal vez pinte mucho más de lo que parece. Ahora que ya tienen el estómago en orden, voy a contarles mi problema. El señor Stuart Pedrell fue apuñalado hace tres meses en la barriada de San Magín. Quedó herido, probablemente de muerte, y trató de encontrar ayuda. Hizo una rápida selección de los que podrían ayudarle y finalmente la eligió a usted. No en balde había por medio una apasionada relación de ocho años.

—Apasionada es mucho decir.

—Fue apasionada. Es lo mismo. Lo cierto es que la eligió a usted. Le pidió que fuera a buscarle, que la necesitaba, que estaba herido. Usted tal vez le regateara la ayuda, tal vez no. Pero finalmente fue. Le recogió. Le llevó a algún lugar. ¿Aquí? Probablemente aquí. Sin duda llamó a alguien para que le ayudara o no hizo falta que le llamara, ese alguien ya estaba aquí. ¿Me equivoco si supongo que era usted?

Viladecans pestañeó sonriente.

—Absurdo.

—Si no era usted era el de la Harley Davidson.

—¿De qué Harley Davidson me habla?

—Ella ya me entiende. Bien. Comprobaron que Stuart Pedrell se moría. Lo comprobaron hasta tal punto que murió aquí. Entonces usted y Viladecans o usted y el de la Harley Davidson volvieron a meter el cuerpo en el coche. Buscaron un punto alejado de la ciudad. Un lugar que tardaran en encontrarlo. Eligieron un solar cuyas obras estaban paralizadas. Solar y obras que probablemente Viladecans conocía como apoderado que es de algunas inmobiliarias. Fueron allí. Encaramaron el cuerpo sobre la valla, le empujaron, oyeron el ruido del cuerpo al caer y rodar por la pendiente. Pensaron que tardarían semanas en encontrarlo pero al día siguiente un ladronzuelo de coches trató de refugiarse en aquel solar, le pescó la policía y se descubrió el pastel. Stuart Pedrell debió de hablar antes de morir. Probablemente contó algunas incoherencias sobre dónde había estado durante el año de su desaparición. Ese año se convertía en un peligroso pozo de tiempo. ¿Le habría dicho a alguien que iba a buscar ayuda en casa de su antigua amante? ¿De aquella muchacha con la que se citaba en Londres a las cuatro de la tarde, sobre un prado de Hyde Park? O en el Tivoli de Copenhague, en el pozo de la risa.

—Está usted muy enterado de las fantasías eróticas de Carlos.

—Ya le dije que sobre ustedes se sabe todo. Necesitaban saber dónde se había metido Stuart Pedrell. A qué mares del Sur había llegado. Lo necesitaban ustedes y lo necesitaban su viuda y sus socios. Por medio hay millones y millones de intereses creados.

—Yo no desencadené su investigación. Fue enteramente cosa de Mima. Es más: me pareció un absurdo desde el comienzo, pero como abogado no podía negarme.

—Como abogado y como implicado. No soy un moralista ni voy a discutirles el derecho a quitarse los cadáveres de encima. Tal vez el procedimiento sea poco humano, pero el valor de lo humano siempre ha sido y siempre será convencional. Tal vez hubieran podido hacer algo para salvarle la vida.

—No se podía hacer nada.

—¡Lita!

—Déjalo. ¿Qué más da? Lo sabe todo y no sabe nada. Es su

palabra contra la nuestra. No se ha equivocado en nada. No era el de la Harley, era aquí el amigo. Estábamos juntos. En la cama por más señas cuando llegó su llamada. Si me hubiese llamado desde los mismísimos mares del Sur no me habría parecido una llamada más lejana, más absurda. Primero no quise ir. Pero su voz era preocupante. Fuimos los dos a buscarle. No quería ir a ningún hospital. Le hicimos la oferta de dejarlo en la puerta y que nos diera tiempo de marcharnos. No quiso. Pedía un médico amigo. Pensamos a quién podríamos llamar. No nos dio tiempo. Se murió.

—¿De quién fue la idea de tirarlo por ahí?

—No importa. Nos imaginamos el cuadro: el cadáver de Stuart Pedrell aparece en el apartamento de su amante que entonces se entendía con su abogado. Un reportaje de *Interviu* denunciaba la maldad de los ricos y de paso todo el tinglado de las empresas donde estaba metido Carlos... No había elección posible.

—Podían haberle dejado en la puerta de su chalé. En la postura del que va a llamar y no consigue reunir las últimas fuerzas. El vagabundo vuelve a casa para morir junto a los suyos.

—No se nos ocurrió. Nunca he tenido imaginación literaria. Tú tampoco, ¿verdad?

—Yo me desentiendo de lo que has dicho. Yo no he aceptado nada. Yo no he dicho nada.

—Podrías añadir que sólo hablarás en presencia de tu abogado, que eres tú mismo.

—Ríete si quieres, pero ahora queda por ver la reacción de Mima.

—¿Qué va a hacer ésa? ¿Levantar la bandera de su amor herido? A ésa le importaba Carlos aún menos que a mí. ¿Qué opina usted, señor Carvalho? ¿Podemos esperar un final feliz?

—Me parece que en realidad me plantea si pueden esperar un final sin molestias.

—Exacto.

—No depende de mí. La viuda tiene la última palabra.

—Quisiera sugerirle, señor Carvalho, y sigo sin aceptar nada, que conste, que este asunto podría resolverse a plena satisfacción de todos. ¿Puede borrarnos de esta historia? Estoy dispuesto a pagar espléndidamente el servicio.

—Yo ni un céntimo. No seas tonto. ¿Qué podemos perder?

—Mi factura a la viuda será bastante elevada. Me doy por bien pagado. He tenido además la oportunidad de recorrer una historia ejemplar que casi me hace creer en la fatalidad. Hay cosas que son contra natura. Tratar de huir de la propia edad, de la propia condición social lleva a la tragedia. Piensen en eso cada vez que tengan la tentación de marcharse a los mares del Sur.

—Si voy alguna vez, iré en plan de crucero. Pero no me tienta. Mi hermana estuvo y sí, todo es muy bonito, pero no puedes meter en el agua ni la punta del pie. Cuando no hay serpientes de agua hay tiburones. Prefiero el Caribe o el Mediterráneo. Son los únicos mares civilizados de este mundo.

—Cuando vaya a hablar con Mima, recuerde mi oferta. Por otra parte y por mucho que le pague cualquier revista especializada en difamación, no le pagará tanto como yo.

El abogado tuvo de pronto un acceso de prisa. Le esperaban en la audiencia desde hacía una hora. Carvalho no se dio por aludido ni siquiera cuando el abogado se quedó en la puerta esperando que le precediera. Lita Vilardell hizo un gesto a Viladecans para que se fuera. Carvalho le miraba los ojos dinásticos, heredados del último negrero europeo y primer negrero catalán. Poco a poco la mujer abandonó el rictus irónico de sus facciones y se puso a contemplar la agitación de las plataneras en la terraza, movidas por un súbito viento.

—El viento es la salvación de esta ciudad —dijo ella.

Finalmente se decidió a afrontar la mirada de Carvalho.

—Tal vez le sorprenda. Pero una amante puede sentirse más humillada que la mujer propia cuando se convierte en la olvidada y vieja concubina de un harén.

CARVALHO BUSCÓ LA BORRACHERA por la vía rápida. Mientras redactaba el informe, vació una botella de Ricard y toda el agua fría que Biscuter tenía en la nevera. Con el estómago convertido en un mar de anisado aguado, pidió toneladas de comida para absorber el líquido. Se acabó el bacalao al ajo arriero, la tortilla de patatas y cebolla que improvisó Biscuter, y además exigió un bocadillo de sardinas en escabeche que Biscuter hacía excelentemente, dando primacía al orégano sobre el laurel. Llamó a Charo para confirmarle el fin de semana y la hora en que ella debía pasar a recogerle por Vallvidrera.

—¿Qué te pasa? Tienes voz de constipado.

—Estoy borracho.

—¿A estas horas?

—¿Qué horas son las mejores?

—Espero que no te pases borracho el final de semana.

—Me lo pasaré como me pase por los cojones.

Colgó y compensó los remordimientos comiéndose los plátanos al ron que Biscuter le había preparado, atónito ante el despliegue de voracidad del detective.

—Biscuter, baja a la Rambla y que le envíen un ramo de flores a Charo. Hoy mismo.

Terminó el informe, lo metió en un sobre, se lo puso en el bolsillo. Cogió otro papel y escribió sobre él:

Tal vez te convenga hacer ese viaje, pero sola o mejor acompañada. Búscate un muchacho amable, al que le hagas un favor con ese viaje. Te recomiendo un muchacho sensible, con cierta cultura y no mucho dinero. Los encontrarás a montones en la facultad de Filosofía y Letras. Te adjunto las señas de un profesor amigo mío que te ayudará a buscarlo. No le abandones hasta que lleguéis, al menos, a Katmandú y déjale el suficiente dinero para que pueda volver. Tú sigue tu viaje y no vuelvas hasta que te caigas de cansancio o vejez. Aún volverás a tiempo de comprobar que aquí todo el mundo se ha vuelto o mezquino o loco o viejo. Son las tres únicas posibilidades de sobrevivir en un país que no hizo a tiempo la revolución industrial.

Escribió el nombre de Yes y sus señas en un sobre, metió dentro la misiva en la que añadió la dirección de Sergio Beser y algunas precisiones y consejos sobre el carácter de las gentes del Maestrazgo. Pegó el sello con un mar de saliva alcoholizada y salió a la calle con la carta en una mano como si fuera el pañuelo que pide paso a la ambulancia. Lo precipitó en los abismos de un buzón y se quedó contemplando éste como si fuera a partes iguales un objeto no identificable y la tumba de un ser querido. Misión cumplida, se dijo. Pero algo le inquietaba y lo descubrió de pronto al pasar frente al lugar donde antaño estuvo el frontón Jai Alai.

—¡La panadera!

Consultó su agenda y se metió en el trajín vespertino de las callejas ya animadas por el despertar de sus flores de la noche. Pensión Piluca.

—¿Está la señora Piluca?

—La señora Piluca fue mi madre y murió hace años.

—Perdone. Busco a un vasco que se llama como casi todos los vascos. Se hospeda aquí con una señora.

—Acaban de salir. Suelen meterse en el bar de la esquina.

—Estas calles están llenas de esquinas y de bares.

—El bar Jou-Jou.

Un tugurio que predicaba con el ejemplo ahorrando toda la energía eléctrica posible para que no se viera la pura mosca que cubría las «tapas variadas» y los chorizos de carne de perro. El vasco y la panadera se comían un bocadillo en una mesa esquinada.

—Con permiso.

Se sentó antes de que reaccionaran.

—Vengo de parte de la ETA.

El hombre y la mujer se miraron. Él era fuerte y moreno, con la barba como un césped azul sobre una mandíbula poderosa. Ella era una dama gordita y blanca con los rizos rubios mal ocultando las descuidadas raíces castañas de su pelo.

—Nos hemos enterado que vas fardando por ahí de terrorista y eso no nos gusta.

—¿Que yo...?

—Tú vas por ahí fardando de terrorista para ligar y llevarte a tías como ésta a la cama. Nos hemos enterado y te hemos puesto en la lista. Ya sabes lo que quiere decir. Por mucho menos hay quien aún está corriendo por el Polo. Te damos dos horas para que hagas las maletas. Y hazlas con cuidado, no te vayan a estallar.

Carvalho se desperezó contra el respaldo de la silla para que se le abriera la chaqueta y el vasco viera la pistola asomada al borde de la cintura del pantalón. El vasco se había puesto de pie. Miraba a la aterrada dama blanca y a Carvalho.

—Dos horas —insistió.

—Vamos.

—Te vas tú, ella no. ¿Quiere irse con este terrorista de pega?

—Yo no sabía...

—No se lo aconsejo. Si se porta bien no le pasará nada. Pero volverá a recurrir al timo un día de éstos y no me gustaría que usted estuviera a su lado cuando tuviéramos que volarlo.

El hombre salió de detrás de la mesa.

—Paga ese asqueroso bocadillo antes de irte. Deja la ropa de la mujer, luego subirá ella a buscarla.

—Me fui con lo puesto.

—Mejor. Entonces llévate lo que quede como recuerdo.

No volvió la cabeza Carvalho para verle marchar. La mitad del trabajo estaba hecho. Veinticinco mil pesetas. Había que ganar las veinticinco mil restantes. La mujer era un puro pánico paralizado sobre aquella silla mugrienta.

—No se preocupe. A usted no le pasará nada. Le teníamos ya muy localizado. Es la tercera o cuarta vez que nos lo hace. No es mal chico, pero le gusta demasiado la jodienda.

—¡Qué loca he sido!

—No. Me parece muy bien que se haya permitido un respiro. A su marido le sentará muy bien.

—No me dejará volver. ¡Y las nenas! ¡Mis hijas!

—Sí que la dejará volver. ¿Quién va a hacerle las cuentas? ¿Quién le cuidará las niñas? ¿Quién le llevará la casa? ¿Quién le irá a Zaragoza a buscar harina? Aproveche usted los viajes a Zaragoza o más adelante vuelva a dejarlo, pero elija mejor el acompañante.

—Nunca más.

—Eso nunca puede decirse.

—Es muy bueno mi marido.

—Los maridos han de ser buenos, sobre todo cuando no son nada más que eso.

—Y muy trabajador.

—Bueno, entonces ya es otra cosa. Ya son muchas cualidades. Vuelva. Me consta que la está esperando.

—¿Cómo lo sabe? ¿Cómo sabe tantas cosas?

—¿No ha oído hablar de nuestros comandos de información? Sabemos de todo más que el gobierno. Detectamos a ese farsante cuando vivía en la misma casa que ustedes y delegamos allí a uno de los nuestros.

—No vino nadie nuevo a la escalera. Como no fuera algún trabajador eventual. De ésos pasan y pasan.

—Por ahí va la cosa.

—¿Cómo sé que me aceptará otra vez? ¿Me acompaña usted?

—Llámele por teléfono.

Mientras ella telefoneaba se acabó Carvalho el bocadillo que el vasco había dejado a medio comer. Era de chorizo. Ni de perro. Debía de ser chorizo de rata y lagarto y en lugar de pimentón habían puesto minio, para que no se oxidara. Volvió ella llorosa, radiante.

—Puedo volver. He de darme prisa. Me ha dicho que iremos juntos a esperar a las niñas a la salida del colegio. Gracias. Muchas gracias. Le estoy muy agradecida.

—Dígale a su marido que no se olvide de mí.

—No le olvidaremos, ni él ni yo. ¿Cómo voy a casa? Me da miedo ir sola por este barrio.

Carvalho la acompañó hasta la Plaza del Arco del Teatro. La metió en un taxi y bajó a los urinarios para mear largamente los primeros alcoholes depurados por un cuerpo que le pesaba como si estuviera lleno de arena.

—SE LO HE PUESTO TODO POR ESCRITO. Me hago viejo. Antes podía recitar de corrido una conclusión y en general los clientes quedaban satisfechos.

La viuda de Stuart Pedrell tenía los cajones del despacho abiertos, los ojos también abiertos y con una mano movía el lápiz que le rascaba pensativamente una sien. Una peluca de media melena castaña cubría sus cabellos negros. Sus formas en reposo sobre el sillón gerencial estaban vestidas con la dignidad de una señora gerente que oculta hambres de penúltimas fiestas. Hojeó el informe de Carvalho sin leerlo.

—Demasiado largo.

—Puedo hacerle un resumen verbal. Pero acaso olvide cosas.

—Correré el riesgo.

—Su marido fue asesinado por unos navajeros en la barriada de San Magín. Una cuestión moral. Su marido había preñado a la hermana de un navajero y había tratado de redimir a toda una familia, a todo un barrio. Era demasiado. Sobre todo si tenemos en cuenta que su marido era uno de los constructores de ese siniestro barrio. Muy probablemente la chica de la historia lleve en sus entrañas un hijo del señor Stuart Pedrell, pero no se alarme: no quiere absolutamente nada. Es una chica moderna, trabajadora, de izquierdas. Ha tenido usted suerte. Usted y sus hijos. No termina ahí el caso. Su marido, herido de muerte, fue a refugiarse a casa de una de sus amantes, la señora o señorita Adela Vilardell, a la que encontró recién salida de una cama en la que aún yacía el abogado Viladecans. Él murió, puede decirse, en los brazos de Viladecans. Aterrados, porque les parecía un resucitado, los dos amantes destruyeron sus documentos, sólo dejaron la confusionista nota «... ya ninguno me llevará al sur» y a él lo tiraron en un descampado de la ciudad. Fue un hecho providencial porque, gracias a un error mío basado en la situación del descampado, he llegado a descubrirlo todo... pero de eso ya se enterará si lee el documento. ¿Llora?

En la pregunta de Carvalho había una mal controlada ironía. La viuda casi masticó la respuesta airada.

—Usted es de los que se creen que los ricos no tenemos sentimientos.

—Los tienen. Pero menos dramáticos. Todo lo que sufren les cuesta menos o pagan menos.

Había recuperado la compostura y miraba el informe como una mercancía.

—¿Cuánto?

—Hay una factura razonada en la última hoja. En total trescientas mil pesetas y a cambio tiene usted la seguridad de que nadie va a tocarles ni un céntimo del patrimonio.

—Es un buen negocio, sobre todo si la chica no reclama la paternidad de mi marido.

—No reclamará por la cuenta que le trae. A no ser que usted quiera poner este informe en manos de la policía y vayan en busca de su hermano. Entonces saldrá todo.

—Es decir...

—Es decir que si quiere tener la fiesta, la honra y la fortuna en paz tendrá que dejar impune este crimen.

—Aunque no hubiera aparecido lo de la chica, yo no habría movido ni un dedo para que la policía encontrara al asesino.

—Es una amoral.

—Quiero descansar. He ejercido de mujer de negocios durante un año, intensamente. Me ha ido muy bien. Me voy de viaje.

—¿Adónde?

Carvalho leyó la respuesta en el brillo irónico que dilató aún más las pupilas azabache de la viuda.

—A los mares del Sur.

—¿Una peregrinación sentimental? ¿Un acto de desagravio?

—No. Un viaje de ratificación personal. Como ya le habrá informado mi hija, con la que según parece ha intimado mucho, mi hijo mayor se gasta en Bali el dinero que le envío. Aprovecharé el viaje para verle y luego seguiré la ruta.

—La ruta que dejó su marido en un mapa.

—Y en una agencia de viajes. El recorrido estaba muy estudiado. Conseguí que se me pasara a mí el abono y así salvé el anticipo.

—Y eso lo hizo usted en las semanas que siguieron a la aparición de su marido.

—Sí. Reclamé a la agencia y me atendió.

Se había levantado la viuda. Fue hacia una caja empotrada tras un cuadro de María Girona, la abrió, llenó un cheque, lo arrancó, se lo entregó a Carvalho.

—Hay cincuenta mil pesetas de propina.

Silbó Carvalho asumiendo el papel de detective privado pagado en dólares en Santa Mónica por una clienta caprichosa.

—Que todo quede entre usted y yo.

—Hay que aumentar el grupo: Viladecans, la señorita o señora Adela, la muchacha de San Magín, su familia...

—No se lo habrá dicho usted a mi hija.

—No. Ni podré decírselo en adelante porque no volveré a verla.

—Me alegro.

—Esperaba su alegría.

—No soy una madre posesiva, pero Yes está traumatizada por lo de su padre. Busca un padre.

—Me hago viejo, pero aún no he llegado a esa edad en la que la pederastia se encubre de deseos de rejuvenecer o al revés.

Carvalho se había levantado. Alzó una mano semiabierta y se dio por despedido. Pero en la puerta le detuvo la propuesta de la viuda.

—¿No quiere venir conmigo a los mares del Sur?

—¿Todo pagado?

—Con lo que ha cobrado podría costearse el viaje. Pero eso no sería un problema.

A distancia parecía más frágil, más pequeña. De un tiempo a esta parte Carvalho trataba de descubrir en los adultos los rasgos y gestos que habían tenido en la adolescencia y en la infancia. Eso le hacía ser peligrosamente indulgente. La viuda Stuart Pedrell debía de haber sido una muchacha con toda la capacidad de entusiasmo de este mundo. Aún había mares en sus ojos y las facciones maceradas evocaron el rostro de una muchacha esperanzada que desconoce lo breve de la enfermedad que separa el nacimiento de la vejez y de la muerte.

—Ya no tengo edad para ser un gigoló.

—Todo lo ve por el lado sórdido: o pederasta o gigoló.

—Deformación profesional. Me iría gustosamente con usted. Pero tengo miedo.

—¿De mí?

—No. De los mares del Sur. Tengo obligaciones: una perra de meses y dos personas que de momento me necesitan o creen que me necesitan.

—Será un viaje corto.

—Hace tiempo leía libros y en uno de ellos alguien había escrito: quisiera llegar a un lugar del que no quisiera regresar. Ese lugar lo busca todo el mundo. Yo también. Hay quien tiene léxico para expresar esa necesidad y hay quien tiene dinero para satisfacerla. Pero millones y millones de personas quieren ir hacia el sur.

—Adiós, señor Carvalho.

Volvió a levantar la mano Carvalho y salió sin volver la cara.

YA HABÍA ENCENDIDO EL FUEGO, enfundado los pies en las zapatillas casi transparentes por el uso, trajinado en la cocina en busca del hilo inductor de un guiso que no acababa de configurarse, cuando reparó en que *Bleda* no había acudido a recibirle. Le calentó un poco de arroz hervido con verduras e hígado, lo volcó todo en el plato del animal y salió al jardín llamándola. No acudió. Primero pensó en la posibilidad de que se hubiera escapado tras los pies de la mujer de la limpieza o en que hubiera saltado el alto muro o quedado encerrada en alguna habitación de la casa. Pero una ansiedad oscura y progresivamente dolorosa le hizo buscarla por los rincones del jardín hasta encontrarla como un perro de juguete vacío sobre el charco de su propia sangre. Le habían tajado el cuello y le colgaba la cabeza cuando Carvalho la levantó para acercarla a sus ojos. La sangre se había secado sobre el pelo y le daba un aspecto de muñeco de cartón opaco, de muñeco de cartón opaco muerto, con los rasgados ojos semicerrados y el hociquillo arrugado en un gesto de inútil fiereza de animal débil. Tenía la carne de cartón, el ladrido y el lloro para siempre en silencio. La navaja había abierto un tajo profundo y largo, como si tratara de separar la cabeza del cuerpo.

La ciudad centelleaba a lo lejos, y sus luces empezaron a encharcarse en los ojos de Carvalho. Buscó una pala en el sótano, volvió junto a *Bleda* y cavó un hoyo a su lado, como si quisiera hacerle la última compañía. Abandonó el cuerpecillo de cartón en el oscuro fondo de tierra húmeda. Sobre el cuerpo dejó caer con cuidado el plato de plástico, la botella de champú, el cepillo, el spray de desinfectante ya inútil para aquella herida definitiva y fue echando tierra respetando la cabeza de perfil de *Bleda*, el pequeño brillo profundo de su ojo semicerrado, para las últimas paletadas. Recubrió la tierra con la gravilla que había separado, tiró la pala, se sentó sobre la baranda del muro y se aferró con las manos a los bordes de ladrillo para que el pecho no se le rompiera por los sollozos. Le ardían los ojos, pero sentía una súbita limpieza en la cabeza y en el pecho. Mirando hacia la ciudad iluminada dijo:

—Hijos de puta, hijos de puta.

Se bebió una botella de orujo helado y a las cinco de la madrugada le despertaron el hambre y la sed.

Antonio Larreta

VOLAVÉRUNT

I. SERRA LLIMONA

PRIMERA ADVERTENCIA

Si mi madre no se hubiera casado tantas veces por dinero, y no hubiera sido al mismo tiempo tan indiferente a los bienes materiales salvo cuando adoptan la ascética y abstracta forma de una cuenta bancaria, es probable que este libro no se hubiera publicado nunca. Pero una de sus últimas recomendaciones, en su lecho de muerte —en el que debo decir no dio muestra alguna de desfallecimiento su glorioso pragmatismo— fue que cualquiera de sus hijos, provisto de unas oportunas llaves, viajara a París, abriese una antigua casa de la Rue Neuve des Mathurins, y dispusiese de todos los muebles, objetos, chismes y bagatelas que quedaron allí soterrados desde 1940, sobreviviendo una ocupación, una guerra de liberación, al general De Gaulle, al mayo del 68 y a la especulación inmobiliaria. «No creo que lo que allí encuentren justifique una gala de Sotheby's —murmuró con voz débil, pero su energía intelectual intacta—. El bueno de Lorenzo era un avaro y dado lo que el juez me otorgó en el divorcio, que fue una tajada salvaje, y las dificultades de sus últimos años, lo más probable es que haya liquidado sus pocas reliquias de familia entre sus amigos del exilio, pero... ¿quién dice que no haréis allí un hallazgo interesante?» Yo fui el hijo designado para viajar a París, y esta Memoria que hoy doy a publicación fue, entre un mobiliario Segundo Imperio de por lo menos tercer orden, brocados estremecidos de polillas y una pequeña biblioteca de «Prix Goncourt» y otras novedades francesas de la época, mi hallazgo interesante...

Tras cuatro matrimonios felices y fructíferos, ya en los albores de la segunda guerra mundial mi madre decidió dos cosas: casarse una quinta vez por amor y elegir un pequeño país sudamericano como el refugio más seguro en aquel momento para disfrutar en paz y al mismo tiempo de mi padre y de su fortuna. Ambas decisiones se verificaron, con los años, sendos errores de cálculo. El amor de mi padre y la seguridad de aquel paisillo se fueron deteriorando de una manera sincrónica. Si el uno la atormentaba con sus celos, incluso retrospectivos, el otro la decepcionó —y terminó traicionándola— con una crisis económico-social que empezó insidiosamente y terminó en el caos, la violencia y la quiebra. En los últimos años de su vida, mi madre tuvo que recurrir a sus últimas reservas de buen humor para afrontar un marido maniático, unas rentas exiguas y varios nietos guerrilleros. Y así, la casa otrora desdeñada de la Rue Neuve des Mathurins, un legado que en su tiempo le había parecido casi una muestra de avaricia, se convirtió en uno de los pocos tesoros que podía repartir antes de morirse, junto a sus últimas alhajitas, algunos abrigos de pieles, ya opacos y raídos, sus Bonos del Estado (de un Estado en temible bancarrota) y eso sí, sus deliciosos y todavía vivísimos recuerdos de su dorada juventud. «Errare humanum est» fueron sus últimas palabras. Las exhaló con un profundo suspiro, y murió. Supongo que en ese error nos involucraba a todos: al país, a mi padre, a sus hijos, a sus nietos, el triste saldo de sus últimos cuarenta años. Pobre madre. Ojalá mi «hallazgo interesante» le procure algún consuelo postrimero.

Lorenzo de Pita y Evora, Marqués de Peñadolida, fue, creo, el tercer marido de mi madre. La conoció en Biarritz por 1932. Ella estaba inaugurando su segunda viudez —la del inglés que consolidó su fortuna— y él se había marchado de España, en las huellas de Alfonso XIII, optando por las relativas durezas de un exilio francés. Estuvieron casados no más de dos años, pero mi madre ha de haberle producido una perdurable impresión, porque al expolio del divorcio agregó, como si fuera poco, por voluntad propia y final, el legado de la casa de la Rue Neuve donde habían pasado aquel breve intermezzo *amoroso.*

No sé si el Marqués encontró los manuscritos que constituyen este libro en el mismo desván en que los encontré yo sumados a los suyos, o en otro lugar, o si le fueron entregados por alguien: él no lo dice claramente en su prólogo. Pero yo debo decir que sólo a mi irresistible tendencia a hojear revistas viejas debo el haber realizado el segundo descubrimiento, ya que los méritos del primero, sin duda, le corresponden. Algún criado distraído o algún tinterillo de la notaría debe de haberse ocupado de poner un poco de orden en la casa, a la muerte del Marqués, y no discriminó entre carpetas de facturas pagas e impagas, innumerables ejemplares de L'Illustration *y de* Blanco y Negro, *y este extraordinario documento que aquél no llegó a dar a luz. Allí lo encontré yo, húmedo, amarillento, ignorado como un cataléptico que despertó en su tumba y está ya agotado y sin fuerzas para clamar que está vivo y que lo rescaten de su olvido seguro.*

Cuando me hube impuesto del contenido del documento y calibrado su interés, viajé a España para realizar alguna investigación al respecto, corroborar la autenticidad de aquellos originales, confrontar sus aseveraciones en otras fuentes, con otros testimonios. Debo decir que el viaje ha sido desalentador. Me encontré con la suspicacia de los historiadores y con la hostilidad de los organismos oficiales, movidos oscuramente, me pareció detectar, por intereses de clase, hipocresías familiares y aun por imprecisas fuerzas políticas. Y esto, cuarenta años después de que el Marqués hubiera tropezado con las mismas piedras... Desistí de llevar adelante mis averiguaciones. Me documenté como pude (en su medida ya lo había hecho mi antecesor) y decidí finalmente darlo a publicación, complementando con mis propias notas, relativas al material, las previas y más extensas del Marqués, por lo cual las suyas y las mías aparecen en el libro confundidas, con excepción de alguna obligada, rara y señalada salvedad.

Y ahora dejo la palabra al Marqués. La que he llamado «Segunda advertencia» es, por supuesto, cronológicamente la primera; aunque vuelve a ser segunda, si tenemos en cuenta la que abre la Memoria de Manuel Godoy. Imposible no pensar en las muñecas rusas.

Madrid, primavera de 1980.

SEGUNDA ADVERTENCIA

He meditado mucho antes de decidirme a dar a la luz esta Memoria inédita, de singular interés histórico, que cayó en mis manos por los azares sumados del exilio y la curiosidad, un melancólico atardecer parisino de 1937, sin que pudiera desprenderme de su lectura hasta que ya clareaba un nuevo día. La lectura, ansiosa, asombrada, deslumbrada, reiterada, me había proyectado durante varias horas: en el espacio, a mi Madrid resignada sin resignación; en el tiempo, a un pasado no tan remoto que no quedaran aún vivos los trazos de la tinta y de la sangre, vibrantes las sombras del crimen y del dolor.

Esta Memoria que vuelve como un espectro a reclamar justicia —¿y quién es ese espectro?, ¿quién es la víctima al fin de cuentas en esta historia de un solo crimen y muchos culpables?— envuelve a un grupo de personas que desde la más encumbrada grandeza y desde la gloria póstuma a más oscuros o insignificantes destinos, pertenecen a la historia española y madrileña que cabalgó dos siglos: el alegre y despreocupado fin del XVIII y los albores trágicos del XIX, ese trance que como nadie captó y eternizó don Francisco de Goya y Lucientes. Justamente, uno de los personajes más relevantes de esta sobrecogedora pétite histoire.

El suceso en torno al cual gira todo el documento ocurrió el 23 de julio de 1802 y fue la muerte de María del Pilar Teresa Cayetana de Silva y Álvarez de Toledo, decimotercera Duquesa de Alba. (O Alva, como quieren muchos cronistas...) Cierto es que salvo un breve Informe policial levantado a los pocos días de aquella muerte, ni la Memoria ni las cartas que en ella se insertan son contemporáneas de la dramática desaparición de la Duquesa. Cierto es que ésta es curiosamente una historia vivida por jóvenes y contada por viejos, más de veinte, casi cincuenta años después de los acontecimientos. Cierto es que el manuscrito llegó a mí en francés y con una escritura que no se corresponde con la de quien se proclama su autor, por lo que presumo sea una traducción que él mismo encargó se hiciera de su texto, quedando así autorizadas desde la partida legítimas dudas sobre su autenticidad.

Aunque mayor autoridad, y lo declaro sin petulancia, entiendo me confiere el trabajo que he realizado, que ha sido el de retraducir aquella memoria al español, permitiéndome alcanzar ese trato íntimo y casi amoroso con una materia literaria que nos da a conocer sus más sutiles y evasivos reflejos, como los de la mujer que amamos; autoridad desde la cual me atrevo a llegar a dos conclusiones definitivas: primero, que el texto francés que obra en mi poder desde aquella tarde otoñal y azarosa, es sin lugar a dudas una traslación de un texto castellano, originariamente escrito en el estilo un poco recargado, sinuoso y solemne de una España que vacilaba entre la tradición barroca y la ilustración clasicista; segundo, que su autor es efectivamente don Manuel Godoy, como se proclama en él y como surge: a) *de la confrontación con su otros escritos;* b) *del lugar en que el documento fue hallado ochenta y seis años después de su muerte;* c) *de las verificaciones que he podido realizar de muchos acontecimientos y peripecias en él narra-*

dos. Verificación que, lo digo con dolor, hubiera podido ser más completa si hubiera podido efectuarla en mi propio país, pero sobre todo si hubiera encontrado más colaboración y menos prejuicios en los medios sociales y científicos en que la corroboración o refutación de aquellos hechos hubiera sido posible. Me estoy refiriendo por igual al estamento aristocrático de la sociedad española, o por lo menos a las familias históricamente vinculadas a los hechos, y a los organismos de investigación histórica.

Pero España sigue siendo España, de cerca o de lejos, y sigue todavía lejano el día en que, como dice el propio Godoy en un pasaje de su Memoria, llegue a ser una nación «sincronizada con el reloj de la Historia, ilustrada y moderna».

París, abril de 1939.

MEMORIA BREVE Y SECRETA DE DON MANUEL DE GODOY, DUQUE DE ALCUDIA, ESCRITA EN 1848, SOBRE LA MUERTE DE MARÍA DEL PILAR TERESA CAYETANA DE SILVA Y ÁLVAREZ DE TOLEDO, DUQUESA DE ALBA, ACAECIDA CUARENTA Y SEIS AÑOS ANTES, LAS EXTRAÑAS CIRCUNSTANCIAS QUE LA RODEARON Y SU MÁS VERAZ INTERPRETACIÓN, CON EL TESTIMONIO DE DON FRANCISCO DE GOYA Y LA CARTA PÓSTUMA DE OTRO ALTO PERSONAJE INDIRECTAMENTE INVOLUCRADO EN LOS SUCESOS, QUE ARROJA NUEVA LUZ SOBRE ELLOS.

ADVERTENCIA AL LECTOR

SE CUMPLEN EN ESTOS DÍAS los seis años de la publicación del último volumen de mis Memorias (1). Aunque su título pudiera sugerirlo así, esta BREVE MEMORIA no debe entenderse en modo alguno como un apartado o un apéndice de aquéllas, ni como un sedimento de sus fatigas, sino como obra del todo independiente, destinada a llenar muy distinto fin y escrita en un estado de espíritu harto divergente del que informó a aquéllas.

Que fueron pensadas, redactadas y publicadas con el fin de reivindicar para los siglos venideros la gestión política de mis augustos soberanos Sus Majestades los Reyes de España Carlos IV y su consorte María Luisa, y confundir ante el espejo de la Verdad a sus viles detractores, y exigiéndolo como lo exigían también mi honra y mi fama por los mismos enemigos escarnecidas, para rehabilitación de mi propia ejecutoria como gobernante y del influjo que mi persona y mis obras tuvieron sobre la Historia del Estado Español durante los años de mi Ministerio y hasta mi caída (2).

Esta que llamo Memoria Breve, en cambio, no es más que mi testimonio personal, hasta ahora sustraído al público, de un suceso de carácter privado del que fui no sólo testigo, sino, de algún modo, juez y parte: la muerte de la Duquesa de Alba, acaecida el 23 de julio de 1802. Se me preguntará, y yo no estaré para contestarlo, por qué esperé más de cuarenta años para escribirla. Responderé, a mi interlocutor futuro, que titubeé mucho antes de hacerlo, que durante largo tiempo pensé que moriría con los labios sellados sobre sus claves secretas, y que han sido por una parte el llegar al umbral de mis ochenta años y por otra un imperativo moral que algunos estimarán tardío, las razones que me han llevado al fin a redactarlas. Y ahora, si bien tomando las precauciones que aconseja la prudencia, las hago públicas con menos escrúpulo, justamente porque ha pasado casi medio siglo desde aquel infausto acontecimiento y desaparecido la mayoría de los personajes que en él se vieron, por un motivo u otro, involucrados (3), creyéndome además a estas alturas el único ser viviente que puede todavía ofrecer de él una crónica pormenorizada y veraz, sin ánimo de escándalo, ni de calumnia, ni de ajuste de cuentas con nadie, como no sea con mi propia conciencia.

He aquí pues mi Memoria de aquella muerte; o quizás, a riesgo de anticipar la difícil cronología de aquellos hechos y aquellas situaciones, debería decir: de aquel crimen, que en el sucesivo develar de los sucesos, no será sólo la muerte prematura y lamentable de la Duquesa motivo de estremecimiento para el lector piadoso, sino su premeditación y crueldad. A mis recuerdos, que son los de un anciano que durante los últimos treinta años de su vida no ha podido cultivar otra cosa que la memoria, privado como ha estado de la acción y de acometer toda otra empresa humana, adjunto un informe del Ministerio de Policía, elevado por Real Orden de mi egregio señor Carlos IV inmediatamente después de ocurrida la muerte de la Duquesa, y unas cartas recibidas muchos años más tarde, ambas en mi destierro de Roma, una en 1824, otra en 1829, que complementan, aun en lo que lo modifican y refutan, mi esfuerzo de rememoración.

No me ha sido fácil escribir este texto que, al fin, pondré algún día a juicio del lector. La redacción de mis Memorias, por su propia índole, me obligó a un estilo grave, elaborado, de prolija retórica, que estuviera de acuerdo con el carácter oficial y político de aquellos volúmenes (4). Para esta Memoria Breve me he propuesto un lenguaje más llano, más personal, más espontáneo, en aras de la autenticidad del testimonio y, como se verá en más de un pasaje, así sea en menoscabo de mi dignidad o de mi fama, o las de otras personas aludidas en su transcurso, aun las más augustas.

Por todo ello, y por la repercusión que pudiera tener en personas vivas todavía, demasiado íntimamente relacionadas con los sucesos o con sus protagonistas (y entre ellas incluyo a mi propios hijos), exhorto a que no se dé a esta Memoria divulgación pública hasta transcurridos por lo menos cien años después de mi muerte. Ésa es mi expresa voluntad, que transmito a mis herederos, sean ellos en el momento de mi desaparición física mis hijos o mis nietos (5) o mi muy querida y fiel esposa doña Josefa Tudó de Godoy, Condesa de Castillofiel, mi mujer legítima desde el día 7 de enero de 1829 y por tanto hoy, gracias a mi tarda rehabilitación, también Duquesa de Alcudia. Sé que ellos respetarán mi voluntad, y espero que esta fidelidad alcance no sólo a mis descendientes, sino a todos aquellos en cuyas manos pudiera caer, por la fuerza del destino, en algún remoto día, este testamento (6).

D. MANUEL DE GODOY,
Duque de Alcudia, París, 1848.

NOTAS

(1) Las Memorias Críticas y Apologéticas para la Historia del Reinado del señor Carlos IV de Borbón, fueron en efecto publicadas por Godoy entre los años 1836 y 1842 (constaban inicialmente, en su edición española, de seis volúmenes). Don Manuel fecha esta "advertencia al lector" en 1848, por lo que podemos inferir que esta nueva Memoria —llamada Breve sólo de acuerdo a un sentido de la medida todavía propio del barroco— fue escrita entre principios de 1847 (con Godoy en el "umbral de los ochenta", puesto que nació en 1767) y 1848.

(2) Las Memorias de Godoy finalizan en 1808, hasta incluir los sucesos de Bayona, o sea sólo unos meses más allá de su caída. En ellas, el autor no da noticia alguna de la muerte de la Duquesa, ni en ningún momento de la Duquesa misma, ignorando por tanto toda la incidencia que tan notable, activo e intrépido personaje tuvo en la vida pública de la España de Carlos IV, como si por su naturaleza eminentemente femenina, mundana y apasionada, sólo mereciera figurar en las crónicas de la galantería o del crimen. O en las de la Historia del Arte, fatalmente vinculadas siempre a aquéllas.

(3) En realidad, en 1848, entre los personajes implicados por alguna razón en la muerte de la Duquesa, sólo quedaban vivos Godoy, que murió tres años más tarde, y Pepita Tudó, que no moriría hasta 1868.

(4) Ese estilo alambicado, farragoso y ceremonial hasta el hartazgo fue atribuido por muchos, más que a Godoy, al abate Sicilia, al que aquél, por recomendación de Martínez de la Rosa, encargó la redacción última de sus Memorias; Sicilia, sin duda para prorrogar el contrato y con ello acrecentar sus emolumentos, se complació en esa suerte de alevosa hidropesía del texto. Cabe recordar, de paso, que Menéndez y Pelayo, eterno adalid de la ortodoxia, calificó el castellano de las memorias de "perverso".

(5) Godoy sólo tuvo una hija con la Condesa de Chinchón: Carlota, nacida en 1800 del embarazo que Goya inmortalizó en su célebre retrato, y casada en 1820 con el noble italiano Conde Ruspoli, aunque ya desde antes y por intercesión de su tío el cardenal Luis de Borbón, estaba autorizada por Fernando VII a usar uno de los títulos arrebatados a Godoy: el de Duquesa de Sueca. De su unión ilícita con Pepita Tudó, en cambio, tuvo Godoy por lo menos dos varones: Manuel y Carlos, muerto éste tempranamente en 1818, en Pisa, donde la diplomacia pontificia había obligado a confinarse a Pepita, para evitar a Roma el escándalo de su amancebamiento con Godoy. En 1848, los vástagos del otro hijo varón, Manuel, estudiaban en París y vivían con su abuelo en su casa de la Rue Neuve des Mathurins.

(6) Don Manuel, que bien podía tener en la memoria *Don Álvaro o la fuerza del sino* del Duque de Rivas, traslada sino por destino, como catorce años más tarde y al

italiano lo haría Verdi en su ópera, que, desde luego, Godoy no llegó a disfrutar. Y bien, "por la fuerza del destino", hemos sido nosotros quienes, en cumplimiento de la voluntad testamentaria de don Manuel, hemos diferido la publicación de este interesante documento hasta 1951, aunque lo hayamos encontrado muchos años antes (*). Y permítaseme agregar que no puedo escuchar al don Álvaro de Verdi el célebre comienzo del dúo del segundo acto ("Solenne in quest'ora..."), en que exactamente confía a don Carlos unos papeles en custodia, sin imaginar que don Manuel me habla, o canta, desde ultratumba.

(*) Único punto en que el Marqués de Peñadolida nos confía sus intenciones: las de postergar la publicación de la Memoria Breve desde 1939, año en que fecha su "advertencia", hasta 1951, en que ya no estaba en condiciones de publicar nada, oscuramente enterrado como estaba y está en Père Lachaise, y como oscuramente enterrado quedaría el "interesante documento" y su propio prólogo, hasta que yo los encontrara por la renovada fuerza del destino.

ROMA, NOVIEMBRE DE 1824...

HICE LO DE TODAS LAS MAÑANAS. Abandoné mis cuartos de Villa Campitelli, que de haberme parecido un triste calabozo cuando me mudé a ellos cinco años antes, se me antojaban ahora demasiado espaciosos para mi mal traída y peor llevada soledad, y en los que hubiera deseado resonaran con mayor frecuencia los gritos o las risas de los niños que se recreaban más allá de mis muros, en el jardín o en las cocinas (1); y me dirigí a pie hacia el Pincio, no tanto por ejercitar mis piernas como porque mi inestable economía me obligaba, cada vez más, a prescindir del coche; me paseé por el parque una media hora, disfrutando la tibieza del sol otoñal filtrado por los pinos, y cambiando saludos con los desconocidos de todas las mañanas; compré el periódico en las escaleras de la Piazza di Spagna, bebí un chocolate en el Café Greco, hablé del tiempo con el camarero, me enteré de las últimas noticias de París, de Londres y de Viena, ya que *Il Messaggero* nada se ocupaba de lo poco que la reacción autorizaba que sucediera en España (2); y de regreso en un coche de alquiler, pasé a recoger mi correspondencia.

Era, cada día, el acontecimiento más acuciosamente aguardado de una vida monótona y apenas librada a los estímulos de la sorpresa y la emoción: mi correspondencia. Por la ansiedad con que me anticipaba a conjeturar sobre el contenido de las cartas, que luego, si es que las recibía, respondía o no a mis cálculos; y por la perspectiva, tantas veces disipada en las brumas de la decepción, de pasar una tarde entera ocupada en contestarlas. Cartas de Madrid, de mi hija, poniéndome al día del punto en que se hallaban mis viejas demandas, de sus gestiones en la Corte, de las siempre renovadas negativas del Rey, de los pleitos inacabables, del eterno y mezquino tira y afloja de las capitulaciones sobre mis títulos y mis bienes (3); cartas de Pisa, de Pepita, con noticias sobre todo de la salud de nuestros hijos, que desde la muerte de Carlos era el foco obsesivo de nuestra inquietud, y con noticias también de sus nuevas amistades italianas, de los vaivenes de la vida doméstica, de los gatos y de la servidumbre, de los geranios de su jardín en que ella se empeñaba en revivir el Cádiz de su niñez; cartas, en el mejor de los casos, de Londres, de Lord Holland, o de Viena, donde me quedaban los últimos amigos, los pocos que se preocupaban todavía, no ya de mi destino de hombre público, que todos parecían concordes en dejar enterrado para siempre, pero sí al menos de mi aflictiva situación personal.

A eso se había reducido mi existencia. A esperar con ansias unas cartas que no aportaban nada nuevo, y sí sólo promesas, consuelos, engaños de la distracción; a cifrar en la tarea de contestarlas la aplicación de una energía poderosa que antaño me sobraba para dirigir los asuntos del Estado, para atender personalmente durante dieciséis horas diarias mis despachos del Ministerio, para vivir con plenitud el gobierno de una nación y de un imperio; y también, cuando sobrevenía, la guerra; y ¿por qué no decirlo? también —y siempre sobrevino— el amor. Y aquí estaba, lejanos aún los sesenta años, resignado al equivalente de un carteo de vieja señorita con su notario o su párroco o su pariente rico. Una rutina descorazonadora.

Aquel día, sin embargo, el correo incluía una misiva intrigante. Procedía de Burdeos, y estaba dirigida, cuando ya todos habían abandonado esa costumbre, a "Su Alteza, el Príncipe de la Paz, don Manuel Godoy...".

Al pronto no identifiqué la escritura. En sus rasgos largos, oblicuos, casi parabólicos y en cierto modo incultos, sin embargo, algo había familiar. Cavilé antes de abrirla; en Burdeos, lo sabía, vivían muchos españoles desterrados... Moratín, Silvela, el general Guerra, ¿Iriarte también?... (4). Yo no me carteaba con ninguno de ellos... Pero quizás... ¿Qué no cruza relampagueante la mente de un hombre en mi situación? ¿Se agota algún día la nostalgia de la acción y del poder? ¿Se pierden realmente las esperanzas? Hice saltar los lacres, rasgué el pliego, busqué la firma. Rezaba: Fr.co de Goya.

Goya. Don Fancho. El Maestro. Vivía, pues, todavía. Él había sobrevivido. No había sucumbido a la catástrofe de España ni a aquel nuevo embate de su enfermedad que cinco años antes, y era lo último que había sabido de él, lo había llevado a una terrible agonía. Ni tampoco estaba loco, vagando como un alucinado, con el ala de su sombrero erizada de velas encendidas por los cuartos de su quinta de Manzanares, pintando las extravagancias nocturnas de su endemoniada fantasía, tal como me lo habían descrito en aquel tiempo. Nada de eso. Estaba en Burdeos. Dueño de sí. El de siempre. Su caligrafía no había perdido el trazo firme y un tanto jactancioso con que, hacía ya treinta años, había osado firmar "Sólo Goya" a los pies del retrato de la Duquesa. Goya en Burdeos. Viejo imbatible, inesperado.

Rezaba la carta:

Mi Excelentísimo señor don Manuel,

no poca extrañeza a de causarle el que yo me dirija a Su Alteza después de tantos anyos de separación y de silencio, y de tantos infaustos sucesos como an ocurrido a nuestra querida España, q. p.a q.e recordarlos a quien los conoce y a bibido más en carne propia que yo mismo. Y tampoco sé si S.A. me acía en Burdeos (5), *donde acabo de benir con permiso de la Corte, q. si como espero querrá prolongar, aquí seguiré instalado con los míos asta q. las cosas cambien o yo muera, que ya me estoy acercando a los ochenta, don Manuel, pero no lo quiero entretener con mis achaques.*

El motibo de esta esquela es aber sabido q. S.A. a acometido la empreza de escribir sus memorias, de lo q.mucho me contento por q.e con eso se abentarán muchas mentiras y leyendas, y el yo pensar q.puedo contribuir con mi grano de arena y modestamente ayudarlo a lograr esos santos fines, relacionándole preciosos datos relatibos a un lamentable suceso q.acaeció ace ya más de beinte anyos, por q.e me inquieta que siga oculta la verdad, cuando ya no puede aser danyo a nadie q. se descubra y sí q. se mantenga innorada. Al ingenio de S.A. no escapará de q.e suceso se trata, q. a todos nos embolbió, sin q. se salvaran siquiera de las sombras q. arrojó personas por S.A. y por mí muy queridas y reberenciadas.

Si S.A. está de acuerdo en recabar de mí esas pribadas razones, pa. darles después el uso q.e ella juzgara apropiado, yo estoy dispuesto a biajar como sea a Roma, q.e de paso bolbería a bisitar la ciudad, después de cincuenta anyos, y aunq.e no creo ninguno de mis amigos de aquellos tiempos de aprendizage esté todavía bibo, yo aprovecharía para estudiar de nuevo los tesoros de las bellas artes de la Italia y aprender como entonces de ellos, q.e nunca es tarde para aprender y yo «aún aprendo», como digo en uno de mis últimos dibujos (6), *y si S.A. piensa como yo, no tendrá incombeniente en aprender de mí lo que tanto desearía contarle para al fin descargar de mis cansados ombros todo el peso de aquella vieja historia.*

Le embío a S.A. como umilde homenage esta copia q. ago de un antiguo boceto a lapiz q.nunca publiqué. P.aq. S.A. compruebe q. la mano no me tiembla todavía al dibujar, aunq. mi consejo si S.A. deseara acerse hoy un buen retrato sería q.e biajara a París y se iciera pintar por un joven llamado Delacroy, o lo llamara a él a Roma, q. ojalá tubiéramos uno como él en España, y a quien e admirado en su propio estudio durante mi reciente bisita a esa mannífica ciudad. Todavía aprendo, don Manuel, y asta de los jóvenes (7).

Esperando tenga a bien contestarme y decirme si nos podemos ver en Roma, antes de emprender biaje tan largo, me despido de S.A. con mil parabienes, memorias y felicidades q.e le desea su más aff.to amigo y servidor,

Fr.co de Goya

Bibo en el n.º 7 de la calle que llaman Fossés de l'Intendance. Y todavía aprendo.

Debo reconocer que la lectura de la carta no atrajo primera y principalmente mi atención, como debió haberlo hecho, sobre el antiguo y misterioso suceso a que aludía, ni sobre la historia secreta de cuya posesión Goya se sentía depositario, sino que me sumió en consideraciones más personales, no exentas de ironía. El viejo Maestro, a pesar de su juvenil e insistente disposición al aprendizaje, no estaba muy al día en sus conocimientos por lo que a mí tocaba. Seguía llamándome Príncipe, dirigiéndose a mí como Su Alteza, imaginándome en condiciones de viajar a París por el solo gusto de hacerme retratar una vez más, y hasta de traer a su joven y admirado Delacroix para pintarme con los Jardines de Tívoli o un salón del palacio Barberini como fondo (8); peor aún, pensaba que mis Memorias estaban ya a punto de editarse, cuando por el momento no eran más que un proyecto, un vago propósito diferido año a año, mes a mes, día a día, porque, sospecho, algo en mí se resistía todavía a mirar hacia el pasado como algo cerrado y cegado, cercenado, a admitir que de algún modo Manuel Godoy había muerto en 1808, o por lo menos una parte de él, el hombre público que España y el mundo estaban dispuestos a reconocer, así fuera para vituperarlo. Quedé perdido en estas amarguras, al punto de que ni siquiera me di cuenta de que el cochero, con algún pretexto, se había detenido en Piazza del Popolo y había desaparecido entre la animada muchedumbre mañanera. En forma maquinal, desenrollé el pequeño cilindro de papel que había llegado junto con la carta, dentro de un tubo de latón.

Era, inconfundiblemente, un dibujo de Goya, que podía sin forzamiento ni desmedro integrar su serie de los Caprichos. Llevaba, como ellos, una leyenda en cursiva, y esta leyenda decía: "¿De qué murió la cuitada?" En cuanto al dibujo, es tan difícil de describir como cualquiera de los goyescos, y es probable que a esta altura figure en los catálogos de su obra; pero como yo años después he extraviado mi copia, y nunca supe qué fue del original, no estará de más que, esforzándome, intente representarlo literariamente (9). El dibujo tiene un gran movimiento, como de remolino o espiral, y está compuesto por una figura femenina central, negros el vestido y la mantilla de maja, blanquísimos el rostro y los brazos, puntiagudos los zapatos, que vuela o intenta volar mientras una serie de monstruos, cabezudos, deformes, malignos, con cuerpos y miembros indeterminados y bocas amenazadoras, tratan de retenerla en su vuelo o más probablemente de descuartizarla en el aire, tal es la tensión de las piernas y el brazo derecho de la maja, y la agresividad de manos y dientes de los monstruos, mientras todo ese desgarramiento se hace serenidad y como vuelo definitivo en el busto de la mujer, en su rostro plácido e irónicamente sonriente, en sus ojos cerrados, y en el brazo izquierdo, estirado, como un ala libre de rémoras, hacia el cielo, y todavía sosteniendo con la mano nívea un vaso que, por volcarse ligeramente hacia abajo sin que salga de él líquido alguno, se diría vacío. Mas lo que más me impresionó del dibujo fue sin duda, no ya el extraordinario contraste entre la placidez angélica de su protagonista y los desesperados afanes de los monstruos, no ya su mérito de fantasía o movimiento o composición, sino que con su traslúcida metáfora traía con violencia a mi memoria —como no lo había conseguido la carta— el "lamentable suceso" a que el Maestro se refería de soslayo en ella: la inicua muerte de una singular y cautivadora mujer, el mundo de odio y de malevolencia que se abatió injustamente sobre ella, el pérfido vaso de veneno que al fin la arrebató a la paz definitiva.

¿Pero por qué diablos quería ese anciano necio y declinante resucitar en 1824 lo que habíase enterrado en 1802? ¿Por qué romper ahora un silencio que no había sido un decreto soberano, sino una suerte de convenio tácito que tejimos entre todos los que habíamos estado cerca de Cayetana y de su muerte en aquel verano bochornoso y trágico? ¿Y qué sabía realmente Goya? ¿La verdad? ¿O se vanagloriaba de lo que sería apenas un nuevo capricho de su imaginación? ¿Creía de veras estar en posesión de ese viejo secreto? Y en todo caso, ¿por qué no se callaba? ¿Qué importaba ya a nadie, como no fuera a él, que mucho debió amarla, y al posible asesino, y a mí mismo, que no lo iba a incluir en mis Memorias, cómo había encontrado la muerte verdaderamente Cayetana? ¿Acaso no se había callado Goya entonces, como todos? ¿Acaso no se aceptó por todos una versión oficial del jefe de Policía, avalada por el propio sello real? ¿Acaso los mismos allegados de la Duquesa, sus herederos, por ejemplo, entre los que figuraban un familiar suyo, su dama de compañía y hasta sus médicos, no habían optado por la circunspección y el silencio? ¿La propia plebe, agitada un instante por los rumores como por un fugaz vendaval, no había olvidado también?

Sé que me hice y me repetí toda esta retórica cascada de preguntas aquella tarde, yendo y viniendo por mis aposentos de Villa Campitelli, negándome a comer a pesar de la solicitud y los apremios de Magdalena, releyendo una y otra vez la carta de Goya, que tanto y tan poco decía, y sobre todo tratando de encontrar una respuesta en el boceto, en el rostro de Esfinge de la maja-Duquesa, en el vaso a un tiempo mortal y salvador, en aquella cursiva, perfilada, inglesa creo, del "¿De qué mal murió la cuitada?", que dejaba en el aire la estremecedora respuesta. Y hoy, que más de cuatro lustros han pasado, me pregunto si es la edad o la proximidad de la muerte —la misma cosa, pues— lo que ahora a mí, como entonces a Goya, hizo que se nos constituyera en una necesidad contar la verdad, nuestras verdades, distinta una de otra pero ambas imperiosas por igual sobre el "lamentable suceso". De modo que alguien hoy pudiera preguntarse a mi respecto con idéntica acritud con que yo me rebelaba aquella tarde: ¿Por qué querrá ese anciano necio y declinante resucitar mediado el siglo lo que se ha enterrado en sus albores?

Aquella noche misma, en la Ópera, con mis consuegros italianos, los Rúspoli, que circunscribían su contacto social conmigo a tres o cuatro gestos de cortesía por año, el más frecuente de los cuales era invitarme a su palco, asistí a una representación de la *Lucrezia Borgia* de Gaetano Donizetti, ya entonces uno de mis compositores favoritos. Me había apresurado a aceptar la invitación, en buena parte porque llegó en mitad de aquella tarde perturbada por la carta de Goya, como una forma providencial de evadirme del exagerado y creciente sobresalto que aquélla me había provocado. Pero me equivoqué en mis cálculos. Ni el resplandeciente lirismo del joven músico, ni las dulcísimas voces de la soprano y el tenor, ni los encantos nada andróginos de la jovencita que encarnaba al Conde Orsini, consiguieron arrebatarme a ese cielo de distracción u olvido que yo me había pronosticado. Seguía, obsesivamente, inmerso en ese otro cielo misterioso en que volaba la maja de don Fancho, copa en mano, tratando de escapar de las garras de aquellos feos demonios; seguía con ella, con esa imagen blanca y sin relieve, un signo apenas del alma más que del cuerpo, que se superponía, hasta excluirlas, a las propias imágenes de mis reminiscencias de Cayetana, borrosas y confusas en su remota carnalidad. Para peor, no de otra cosa parecía hablarse o cantarse en la ópera que de veneno desde el primer acto, y en el vaso y la ampolla que en el último van y vienen entre las manos de Lucrezia y las de su hijo, me parecía, como una alucinación, estar viendo el vaso de cristal veneciano que Goya había reproducido fielmente en la mano izquierda de la maja de su dibujo, y que era, Dios mío, sí, el mismo vaso esmaltado que yo podía recordar todavía, resplandeciente por la incidencia de la luz de las bujías en el cristal y en el líquido ambarino, sobre la mesa de tocador de Cayetana. Refulge el vaso en manos de Lucrezia y veo de repente a Cayetana —¿o sólo a la estampa goyesca?— llevándoselo a los labios. Me incorporo, lanzo un gemido ahogado, como los que en medio de la noche nos arrancan de una pesadilla para exorcizar sus fantasmas, y veo un largo rostro alarmado de quimera, el de mi consuegra, vuelto hacia mí, las luces del escenario al fondo y a mi consuegro que se inclina solícito y pregunta *sotto voce* entre los bigotes: "¿Cosa sucede, don Manuele?" (10).

Bebí una botella de Frascati, pensando que me ayudaría a dormir, y no tardé en acostarme, sin permitirme echar siquiera una ojeada a la carta o al dibujo. Pero no conseguía conciliar el sueño y las imágenes de la Cayetana de la realidad —Cayetana en vísperas de morir, con aquel vestido color del fuego, incandescente, el rostro ya macilento y arenoso de sus últimos tiempos, disimulado por los astutos afeites— pugnaban todavía por abrirse paso por detrás de la cara casi abstracta del boceto, el óvalo blanco, la breve elipsis de la boca, los dos pequeños semicírculos oscuros de los párpados entre el arco de las cejas negras y la línea punteada de las pestañas bajas. No quise dormirme con esa sucesión de imágenes, a las que para colmo se mezclaban los monstruos, viscosos, móviles, aberrantes, una masa de horror y de brutalidad pronta a saltar sobre mí en el sueño. Bajé de la cama, cogí un candil aún encendido y me fui a mi despacho. Allí guardaba, entre mis nuevos papeles, lo poco de los viejos que Murat primero y mi cuñado luego habían conseguido sustraer a la rapiña y a la confiscación (11). No me equivocaba. El documento que buscaba estaba allí, sueltas las páginas, amarillento y arrumbado. En el silencio de la noche, apenas turbado por un ruiseñor lejano o el crujir de un viejo madero cansado, leí el informe.

NOTAS

(1) Muertos María Luisa en Roma y Carlos IV en Nápoles, en enero de 1819, Godoy tuvo que dejar el palacio Barberini, que habitaba con ellos, y refugiarse en Villa Campitelli, una mansión que él mismo había regalado a Socorro Tudó, hermana de Pepita, y donde aquélla y una tercera hermana, Magdalena, se habían instalado con sus respectivas familias. Los niños que jugaban "tras los muros" —de lo que Godoy llama "sus cuartos" y que eran sólo una parte de la villa— no pueden ser otros que los hijos de Socorro y Magdalena.

(2) Quizá conviene refrescar la memoria del lector, en lo tocante a la España de 1824. Tras la invasión de los Cien Mil Hijos de San Luis y la ejecución de Riego, un año antes, la reacción se había desatado más feroz que nunca. El propio Goya, personaje muy importante en esta historia, llegó a temer por su libertad. Entre enero y abril de 1824, sintiéndose amenazado por posibles delaciones, buscó refugio en casa de un canónigo, y en mayo solicitó licencia del Rey para trasladarse a Plombières, Francia, en procura de un supuesto tratamiento de aguas medicinales.

(3) Estas negociaciones, en las cuales estaban implicadas la Embajada española en Roma y la Cancillería papal, no culiminaron hasta seis años más tarde, cuando Godoy, ya viudo de la Condesa de Chinchón y casado con Pepita Tudó, canjeó su preciado y litigioso título de Príncipe de la Paz por el feudo de Bassano, próximo a Sutri, a cuyo poseedor otorgó el Papa tratamiento de príncipe romano, pero por lo que Godoy, además de la renuncia al título español, tuvo que pagar 70.000 piastras. Hasta 1823, año de su muerte, siempre fue el cuñado de Godoy, el cardenal don Luis de Borbón, arzobispo de Toledo, quien se ocupó de gestionar en su nombre pleitos y demandas; luego quedó a cargo Carlota, la hija de Godoy, que terminó pleiteando ella misma con su padre, años más tarde, por cuestión de intereses.

(4) Moratín, Silvela y el general Guerra vivían efectivamente en Burdeos en 1824. Y también Pío Molina, el general Pastor, don Dámaso de la Torre, el pintor Brugada. No así Iriarte, que había muerto diez años antes, en 1814, cosa que Godoy ignoraba en 1824 o había olvidado en 1848.

(5) Goya, al llegar de España, pasó por Burdeos, estuvo dos meses en París y se instaló realmente en Burdeos en octubre. En noviembre, cuando escribió la carta a Godoy, ya estaba solicitando a Fernando VII una prórroga de su licencia, siempre con el pretexto de la imaginaria cura de aguas.

(6) Goya dibujó pues su famoso "Aún aprendo", apenas llegado a Francia, al ardor del entusiasmo de sus primeros descubrimientos franceses: la técnica de la litografía, el genio del propio Delacroix. Hasta ahora se fechaba vagamente el dibujo en el "período de Burdeos"

(1824-1828), pero la carta de Goya dirime la cuestión.

(7) Este fragmento de la carta confirma lo que hasta ahora era sólo un "wishful thinking" de los historiadores de Arte: que Goya no sólo vio la pintura del joven Delacroix en su estadía en París, coincidente con la exposición de su magna "Scènes des Massacres de Scio" en el Salón de 1824, sino que además lo conoció, estuvo en su taller y apreció su arte.

(8) En el palacio Barberini vivió realmente Godoy desde su llegada con los Reyes a Roma hasta la muerte de aquéllos. Su referencia a los Jardines de Tívoli, más enigmática, tal vez no sea otra cosa que un rasgo literario, o el signo de un gusto personal. En cuanto a los títulos, parece ser que Godoy ya había renunciado a usarlos, aunque seguía reivindicando ante Fernando VII su derecho a hacerlo.

(9) Ese boceto que Goya mandó a Godoy, y que pese a diferencias anecdóticas recuerda tanto al célebre "Volavérunt", ha desaparecido, por lo cual cabe pensar que al extravío de la copia se sumó la destrucción del original. Imposible saber en todo caso si éste se corresponde con uno de los que en 1828, tras la muerte del pintor, se identificaron con el número 15 en el inventario de sus bienes, y como "Dos caprichos, bocetos". Puede pensarse que el que nos importa fue efectivamente uno de ellos; también que alguna mano interesada lo hizo desaparecer o lo mantiene hoy todavía al margen del conocimiento público y de la catalogación de la obra de Goya.

(10) Éste es uno de los errores más flagrantes de la memoria —breve o larga— de don Manuel. No puede haber asistido en noviembre de 1824 y en Roma a una representación de la *Lucrezia Borgia,* porque Donizetti aún

no la había escrito ni la estrenaría hasta 1833 y en la Scala de Milán. O Godoy modificó deliberadamente la realidad o se le confundieron dos óperas con peripecias semejantes o trastocó esa función de ópera en Roma con alguna función posterior en la Ópera de París, en que probablemente se le fundieron el veneno y el vaso de la ficción de Donizetti con el veneno y el vaso de sus recuerdos.

(11) El propio Godoy, en sus Memorias, alude a la casi total confiscación y posterior desaparición de sus libros y papeles privados y a lo que Murat pudo salvar de ellos y devolverle. La sustracción y la ocultación, alevosa o no, de documentos signa estas otras Memorias breves, el hecho criminal a que se refieren y en general todo lo que concierne a la vida y la muerte de Cayetana de Alba. Como si a la posteridad le hubiera interesado barrer todo dato que no fuera el rostro ambiguo y enigmático de los retratos y los dibujos de Goya. Que ni siquiera ellos se habrían salvado del todo de la Inquisición, como lo sugerimos en la nota 9 de este mismo capítulo.

INFORME DEL MINISTERIO DE POLICÍA

Madrid, julio-agosto de 1802

EN LA VILLA DE MADRID, en el día del Señor del 31 de julio de 1802, en acatamiento de una Real Orden de Su Majestad don Carlos IV, emitida el 28 del mismo mes en su palacio de La Granja, y comunicada a estos departamentos por el Excelentísimo señor Primer Ministro don Manuel Godoy, Príncipe de la Paz, para su efectivo y pronto cumplimiento, se procedió a investigar las causas del deceso de doña María del Pilar Teresa Cayetana de Silva y Álvarez de Toledo, Duquesa de Alva, acaecida el día del Señor del 23 de este mismo mes en su domicilio de la villa de Madrid, y se ejecutó de acuerdo a los siguientes procedimientos: se apersonaron en dicha vivienda, conocida como palacio de Buenavista y sita en el antiguo huerto de Juan Hernández, con entrada por la calle de la Emperatriz sin número, el propio jefe de Policía en compañía de dos subalternos, y procedió a efectuar las averiguaciones del caso, inspeccionando el lugar de los hechos e interrogando a todas las personas que pudieran proporcionar valedera información concerniente a dicho deceso.

En ausencia de familiares directos, viuda la señora Duquesa

de Alva sin descendencia, fallecidos sus padres y con condición de hija única, nos reciben en el palacio la señorita doña Catalina Barajas, su criada de cámara, y don Ramón Cabrera, capellán, que se ponen a nuestras órdenes y nos aconsejan establecer comunicación con don Carlos Pignatelli, familiar de la difunta, y ellos mismos se ofrecen a convocarlo a nuestra presencia. Mientras esperamos la llegada del susodicho, que no se hospeda en el palacio sino en vivienda propia en la calle del Barquillo, procedemos a reconocer el lugar del hecho en compañía de la propia señorita Barajas, quedando el señor capellán a nuestras órdenes entretenido en sus quehaceres del oratorio del palacio;

la señorita Barajas resulta ser, además de criada de cámara, la persona de toda la servidumbre de la señora Duquesa más próxima a su ama por los años que llevaba a su servicio y la delicadeza de las funciones que desempeñaba, y también, por declaración propia, la persona que estuvo junto a la difunta en el momento de su fallecimiento, la que primera fue testigo de sus malestares y la socorrió en la víspera y la que mayormente la acompañó durante las horas que transcurrieron hasta su muerte;

la señorita Barajas nos conduce a las habitaciones privadas de la señora Duquesa, que se hallan en el piso alto, separadas del resto de la vivienda por varios salones vacíos (uno de ellos cubierto de espejos), todavía no incorporados a la vida del palacio por hallarse en construcción y sin el debido ornato, y uno solo de los cuales está destinado con carácter provisional a taller de pintura del pintor don Francisco de Goya, que ejecuta, por orden de la señora Duquesa, la decoración de esos salones. El cuarto de la señora Duquesa se compone de tres cámaras: un salón tocador y recibidor, un dormitorio con alcoba, y un gabinete higiénico con los últimos adelantos del progreso;

habitaciones éstas de las que su dueña no salió en las últimas doce horas de su vida, las que pasaron entre sentir ella los primeros síntomas de su enfermedad hasta su fallecimiento. Transcurridos ocho días de producido éste, y cinco de sus funerales, las habitaciones se hallan ordenadas y cerradas; la señorita Barajas personalmente ha realizado esa tarea; la señorita Barajas no encontró en ellas nada digno de su especial atención; la señorita Barajas nos hace notar que estas habitaciones tienen una sola puerta de comunicación con el resto del palacio, la que une el salón tocador con el pasillo general, lo cual dificulta en extremo el acceso al cuarto de personas extrañas a la dueña de casa o a su servidumbre personal;

procedemos a interrogar a la señorita Barajas y damos cuenta del resultado:

Pregunta. — ¿Su nombre?

Respuesta. — Catalina Barajas Carneiro.

P. — ¿Su vinculación con la difunta?

R. — Soy... era su criada de cámara.

P. — ¿Soy o era?

R. — Perdón. Era. La señora está muerta. Ya no me necesita.

P. — ¿Desde hace mucho tiempo desempeñaba usted ese cargo?

R. — Desde toda la vida.

P. — ¿Desde pequeñas las dos, digamos?

R. — Perdón. Trataré de ser más precisa. Estoy al servicio de la señora Duquesa desde que ella era soltera. Yo era prácticamente una niña. No recuerdo la edad exacta, perdone. Cuando casó con el Duque, seguí a su lado. Era una de sus doncellas. Me desempeño como criada de cámara desde el retiro de la anterior, hace unos ocho años.

P. — ¿No recuerda con exactitud la fecha exacta?

R. — Sí. La recuerdo. El día de santa Catalina de 1794. La señora quiso hacerme ese regalo en el día de mi santo. Era muy generosa y pensaba mucho en los demás.

P. — ¿Cuándo vio con vida a la señora Duquesa por última vez?

R. — Murió en mis brazos.

P. — ¿Tuvo una agonía muy dolorosa?

R. — Mucho. Pero en esos últimos minutos estaba tranquila.

P. — ¿Dijo algo antes de morir que pudiera interesar a esta investigación?

R. — Dijo... Perdón. No creo que interese. Preferiría...

P. — Somos nosotros que debemos juzgarlo.

R. — Dijo: "Catalina mía, esa pícara muerte me está haciendo señas, como un torero con su muleta. Allá voy..."

P. — ¿Qué causas cree usted que determinaron ese fallecimiento?

R. — Los propios médicos no se ponen del todo de acuerdo. Dicen que unas fiebres... Será. Volvíamos de Andalucía y allí vimos morir a muchos. Los síntomas, sin embargo, no eran los mismos. No lo sé, realmente. Y ya no importa...

P. — Si importa o no, lo estimaremos nosotros. ¿Tiene usted alguna razón para creer que en la muerte de la señora Duquesa haya intervenido un agente distinto a una enfermedad?

R. — No le entiendo, señor.

P. — Un agente externo... deliberado... Veneno, por ejemplo. ¡Un asesino, vamos!

R. — Dios me libre de pensarlo. ¡Anidaría un gran odio en mi corazón...!

P. — Deje sus sentimientos a un lado. ¿Piensa usted o no

que es probable que haya ingerido un veneno por inadvertencia?

R. — ¡Pero sería espantoso!

P. — ¿Me dirá usted que ignora qué es lo que se dice en Madrid?

R. — Yo no he vuelto a salir a la calle, señor. Los que estamos en palacio, no hacemos más que llorar. Nadie ha pensado en un veneno, estoy segura. Aceptamos los designios de la Providencia. Aunque sean difíciles de comprender. Han segado en su plenitud la vida de un ser maravilloso: mi ama.

P. — ¿No sabe usted de nadie que quisiera tan mal a la señora Duquesa como para desear apresurarle la muerte?

R. — De nadie, señor. Aquí en palacio, todos la queríamos. Fuera de palacio, usted debe saber más que yo. Pero no puedo creer que...

P. — ¿Recibió alguna visita su ama el día anterior a su fallecimiento?

R. — Recibió muchas, por la noche. Dio una fiesta. Eran dieciséis personas a la mesa. El señor Pignatelli o el secretario, señor Berganza, podrán proporcionarle los nombres. Yo estaba en las cocinas, dirigiendo el servicio.

P. — ¿Eso forma parte de sus obligaciones?

R. — Mis obligaciones eran hacer todo lo que mi señora esperara de mí. Y ella me tenía mucha confianza.

P. — ¿Vio a la señora Duquesa después de la fiesta?

R. — Por supuesto. Me llamó a su cuarto. Siempre la ayudo a... perdón, la ayudaba a desvestirse.

P. — ¿La encontró en un estado de ánimo normal?

R. — Como solía quedar después de las fiestas. Un poco triste, un poco inquieta...

P. — ¿Dijo o hizo algo extraordinario?

R. — No. Bueno... me invitó a beber. Nos habían regalado un vino de Jerez en nuestro viaje a Andalucía, y ella tenía un botellón en el tocador. Todavía está allí, usted debe haberlo visto.

P. — ¿Bebió usted?

R. — Las dos bebimos. Es un vino exquisito.

P. — ¿Cuándo dio la señora Duquesa muestras de sentirse mal? ¿Por la mañana?

R. — No. Una hora, dos horas después. Yo me había dormido. Volvió a llamarme. Náuseas, sudores fríos, dolores en el vientre... Poco después mandamos llamar al médico. Llegó el doctor Bonells. Ya era de día.

Concluido el interrogatorio, ya estaba en palacio don Carlos Pignatelli. El señor Pignatelli resulta ser un joven distinguido, de maneras desenvueltas y genio despierto. La señorita Barajas pone a nuestra disposición un salón de la planta baja, con mesa de despacho, que podemos ocupar y utilizar como nuestro mientras dure la investigación, y allí hacemos traer a nuestra presencia al señor Pignatelli, desarrollándose el interrogatorio de la siguiente manera:

Pregunta. — ¿Su nombre?

Respuesta. — Carlos Pignatelli y Alcántara.

P. — ¿Su relación con la difunta?

R. — No es fácil definirla. Antes que nada, diría una antigua y profunda amistad. Pero nos unía un extraño lazo de parentesco legal, puesto que mi padre, el Conde de Fuentes, casó en segundas nupcias con la madre de la Duquesa, lo que nos hacía, si usted quiere, hermanos, pero de tan curiosa índole que hubiéramos podido casarnos. Un poco complicado, comprendo... Para simplificarlo, nosotros nos llamábamos recíprocamente: primos. Primo Carlos. Prima Cayetana.

P. — ¿La frecuentaba usted mucho?

R. — Desde el principio, bastante. Nuestros padres se casaron el mismo día que ella con el Duque de Alba, y pertenecíamos al mismo mundo. Teníamos la misma edad —en verdad, era un poquillo mayor que yo—, íbamos a los mismos saraos, participábamos de las mismas diversiones. Luego yo estuve ausente unos años, viviendo en París. Cuando volví, éramos ya dos personas hechas y ella había enviudado. Desde entonces he sido un asiduo de su palacio de la Moncloa, primero, y ahora, aquí en Buenavista, y me convertí, creo, en algo así como su acompañante. Los franceses tienen un término para eso: "chevalier servant", caballero al servicio. No implica ninguna relación íntima, entendámonos.

P. — ¿Cuándo la vio por última vez?

R. — ¿Con vida? Supongo que es lo que interesa. Más o menos una hora antes de producirse su muerte, cuando salí a buscar de nuevo a don Francisco Durán, uno de sus médicos de cabecera, y digo de nuevo porque habíamos estado intentando vanamente localizarlo... Lo encontré al fin, lo traje, y ella murió al poco rato. Horrible. No podía creerlo. Mi prima era una mujer tan llena de vida, de espíritu... Perdone, no es lo que me está preguntando.

P. — ¿Qué causas cree usted que determinaron su fallecimiento?

R. — Los médicos podrán contestarlo mejor que yo. Supongo. No creo mucho en los médicos, aunque por supuesto corra a buscarlos cuando haya menester.

P. — ¿Tiene algún motivo para creer que en la muerte de su prima haya incidido algún agente... ajeno a su naturaleza?

R. — ¿Un veneno? Debí suponerlo, es inevitable. Quiero decir: los policías siempre se mueven en esas direcciones... Pues no, no tengo ningún motivo. Aunque tampoco sé por qué debería descartarlo...

P. — Concrétese a responder nuestras preguntas, por favor. De otro modo se hace difícil seguir el orden del interrogatorio. ¿Pensó usted en el veneno cuando vio enfermar repentinamente a la señora Duquesa?

R. — Me concreto. No. No lo pensé. Pensé más bien en su alocado viaje a Andalucía...

P. — Luego achaca a ese viaje algún contagio...

R. — No achaco nada. No soy quién para hacerlo. Pregúntenlo a los médicos, insisto. Pero todo el mundo le previno que no hiciera ese viaje, que los brotes epidémicos, que esto y lo otro, y ella como siempre se salió con la suya.

P. — ¿O sea que de no haber viajado la difunta, no habría contraído ese mal que la llevó a la muerte en pocas horas?

R. — ¡Insiste usted! ¿Qué quiere que le diga? ¡Sólo Dios lo sabe! Si es que tan insigne personaje presta alguna atención a esos detalles... Mi prima no estaba buena desde hacía mucho tiempo, tenía un organismo prematuramente debilitado... Si un mal la cogió de repente, encontró un campo propicio para prosperar.

P. — ¿Luego alguien pudo proponerse anticipar ese desgaste?

R. — ¿Qué quiere decir? ¡Otra vez el asesino! Pues bien, sí, no es imposible. Los seres excepcionales son un fastidio inmenso para los mediocres, señor. Y prima Cayetana era excepcional. Pero, claro, tendría que hallar usted un mediocre con pasta de asesino...

P. — Vayamos a algo más concreto. La Duquesa dio una fiesta la víspera de su muerte. ¿Podría usted decirnos...?

R. — Aquí tiene. He confeccionado la lista mientras esperaba. Di por sentado que me la pedirían. Dieciséis personas en total, comprendida la anfitriona. Una reunión íntima, pero hay invitados para todos los gustos: desde un príncipe heredero a una cómica. Léala. Es un espectro de la vida social de mi prima.

P. — La leeremos en su momento. Antes, ¿tiene usted a bien decirnos si durante la fiesta la señora Duquesa ingirió algo que no hayan probado sus invitados?

R. — Señor jefe de Policía, comer o beber algo distinto de lo que se ofrece a los invitados, es considerado en nuestro mundo una falta grave de educación.

P. — Terminado su interrogatorio, señor Pignatelli.

La lista de los comensales de la víspera del fallecimiento de la señora Duquesa incluye a las siguientes personas: don Fernando, Príncipe de Asturias, Generalísimo señor Duque de Alcudia y Príncipe de la Paz, don Manuel de Godoy y su esposa la señora Condesa de Chinchón, el Cardenal-Arzobispo de Toledo, don Luis de Borbón, los Condes-Duques de Benavente-Osuna, el Conde Haro y su prometida doña Manuela Silva y Waldstein, General Eusebio Cornel, doña Pepita Tudó, don Carlos Pignatelli, don Francisco de Goya, pintor, don Isidoro Máiquez, actor, doña Rita Luna, actriz, y don Manuel Costillares, diestro. Don Manuel Godoy y su señora esposa se retiraron aproximadamente a las dos de la madrugada; todos los demás, dos horas después; el propio señor Pignatelli, tras despedir a los otros invitados en nombre de la anfitriona, se retiró él mismo a su residencia. No parece haber ningún motivo para molestar a ninguna de esas personas por cuanto la señora Duquesa de Alva se mantuvo en buena salud hasta el final del sarao y éste se desarrolló dentro de la mayor normalidad.

Entendemos en cambio que interesa interrogar a los dos médicos que atendieron a la difunta durante su agonía y solicitamos al señor Pignatelli que los convoque para la tarde siguiente. Entretanto, retiramos una prueba del botellón de vino de Jerez para su correspondiente examen en los laboratorios oficiales.

En el día 1 de agosto de 1802, nos apersonamos a las seis de la tarde en el palacio de Buenavista y allí encontramos esperándonos a don Jaime Bonells y don Francisco Durán, médicos de cabecera de la difunta. El doctor Bonells es hombre anciano, con el talante y la filosofía de los antiguos médicos y su natural discreción; el doctor Durán es joven, enérgico y petulante, y pertenece a la nueva promoción de facultativos, formada en los conceptos de la medicina en boga en las Universidades de la Francia y la Inglaterra. Empezamos por interrogar al más anciano de ambos.

Pregunta. — ¿Su nombre?

Respuesta. — Jaime Bonells Sunyer.

P. — ¿Su relación con la difunta?

R. — Me cabe el honor de haber sido médico de cabecera de la insigne familia de los Alva desde hace más de cuarenta años; traté a la señora Duquesa desde su ingreso a la familia en 1775 y asistí a los últimos momentos del último Duque, su esposo.

P. — ¿También los últimos momentos de la Duquesa, el día 23 de julio pasado?

R. — No tuve el honor. En esos momentos me había reemplazado mi colega don Francisco Durán. Un joven facultativo de mérito, quiero puntualizar.

P. — ¿ Quiere decir que estaba en buenas manos?

R. — Desde el momento en que estaba en sus manos, huelga el decirlo.

P. — ¿No trató usted entonces a la Duquesa durante la agonía que la llevó a la muerte?

R. — No me he explicado bien, y le ruego tenga a bien perdonarme. Yo fui llamado por la mañana muy temprano junto al lecho de la Duquesa, y permanecí a su lado unas nueve horas, tratando de remediar su estado. Sin resultado, desgraciadamente. Dios no lo quiso así.

P. — ¿Era usted entonces su médico de cabecera?

R. — Me veo obligado a sutilizar. Lo era y no lo era. Atendí a la Duquesa con continuidad hasta hace cuatro años; luego ella se puso por decisión propia en manos del doctor Durán. Yo permanecí a sus órdenes; no podía menos, era mi deber moral seguir acudiendo a palacio cuantas veces me llamaran para tratar a sus familiares y criados. Pero a la Duquesa, personalmente, no volví a tratarla salvo por algún resfrío o constipado insignificantes, y siempre que se hallaba fuera de la ciudad mi citado colega.

P. — ¿Por qué entonces fue llamado usted esa mañana?

R. — No se me dijo expresamente, pero presumo que se acudió primero a don Francisco y no se le encontró. El viejo Bonells siempre está en su sitio y pronto a socorrer a quien sea —y tanto más tratándose de la propia Duquesa— como lo mandan la vocación médica y la moral cristiana.

P. — ¿Insinúa usted que el otro médico pueda haber faltado a ellas?

R. — ¡Por Dios! No he dicho eso. Sus razones de peso para no acudir de inmediato habrá tenido el doctor Durán, quien, repito, me merece todos los respetos profesionalmente hablando.

P. — ¿Qué juicio se formó usted del mal que aquejaba a la Duquesa?

R. — Pone usted el dedo en la llaga, señor jefe de Policía. Después de no visitar a mi paciente durante cuatro años, no estaba en las mejores condiciones para dictaminar sobre su estado. En el primer momento pensé en una intoxicación de estas que suelen procurarnos las miasmas del verano, pero al enterarme de que la señora Duquesa, contra todas las recomendaciones, incluso las mías, había insistido en viajar a Andalucía; al saber, por la señorita Catalina, que había llegado a estar en contacto con enfermos, me incliné a pensar que había contraído una de aquellas terribles fiebres, la había incubado durante varios días y al fin ella se había manifestado en forma virulenta, de un momento a otro, como suele ocurrir.

P. — ¿Piensa usted, como otras personas, que el de la Duquesa era un organismo desgastado y debilitado, propenso a coger cualquier enfermedad?

R. — La Duquesa era una mujer vigorosa, y no había pasado los cuarenta años. Ahora bien, si padecía de viejos males inconveniente o desaprensivamente tratados, eso no lo puedo juzgar... El doctor Durán, que la asistió durante los últimos años, podrá decirlo mejor que yo. Yo me limité a hacer lo que estaba en mis manos, y debo decir que la voluntad de Dios quiso que fracasara, y cuando supe que don Francisco había anunciado su visita, me retiré a mi casa para evitar interferencias y suspicacias que, desde el fondo de mi corazón, aborrezco.

P. — ¿Pensó usted en algún momento que la Duquesa pudiera haber sido envenenada?

R. — ¡¿Qué dice usted?! En ningún momento. ¿Y por quién? ¡Dios mío! Esas cosas no ocurren en la casa de Alva.

Estamos en España, señor jefe de Policía, y a pesar de que el demonio nos ronda, nada se aviene menos al alma española que un arma tan traidora y alevosa como el veneno. No, rechazo de plano esa insinuación.

P. — ¿Descarta usted pues que nadie haya podido tener interés en eliminar físicamente a la señora Duquesa?

R. — ¿Por qué iba a tenerlo? ¡Era la Duquesa de Alva! Tendría sus defectillos, como todos tenemos. Quizás era un poco veleidosa y propensa a las imaginaciones, y por tanto inclinada a veces a algunas fantasías, me refiero a ciertas formas de curanderismo, ¡pero no se envenena a nadie por eso, señor mío! Por lo demás, un médico de mi larga experiencia hubiera advertido en seguida los síntomas de un envenenamiento, los hubiera combatido adecuadamente, y en caso de no obtener éxito, hubiera exigido una autopsia. Esto no ocurrió; no tengo mejor respuesta a su pregunta.

Despachamos al señor Bonells, un poco alterado durante la última parte de la entrevista, e hicimos pasar a don Francisco Durán. El encuentro y saludo de los dos galenos fue frío pero ceremonioso. El joven facultativo se sentó y comenzó a hacer preguntas y fue necesario hacerle notar que estaba allí para responderlas.

He aquí el resultado de nuestro interrogatorio:

Pregunta. — ¿Su nombre?

Respuesta. — Francisco Durán y Conde.

P. — ¿Su relación con la difunta?

R. — Soy su médico de cabecera desde comienzos de 1798.

P. — ¿Sustituyendo a don Jaime Bonells?

R. — ¿Ya se lo dijo Bonells? Pobre viejo. Para él fue un agravio y no está dispuesto a olvidarlo. ¿Habló muy mal de mí?

P. — Por favor, doctor Durán, se lo repetimos. A nosotros nos toca preguntar. Y los interrogatorios son estrictamente confidenciales.

R. — Está bien. Está bien. Comprendo. Mejor. No nos alargaremos inútilmente. Pregunte.

P. — ¿Por qué razones empezó usted a tratar a la señora Duquesa?

R. — Oh, las habituales. Una recomendación. Atendí con buen éxito a uno de los niños de los Benavente-Osuna. La Duquesa se sentía aquejada por unos malestares de cabeza que se resistían a todo tratamiento... Bueno, para ser breve: el viejo Bonells no daba en la tecla. Yo di. No es un gran mérito. La medicina se desenvuelve entre azares y posibilidades. Es un arte que está en sus balbuceos y es mejor saberlo.

P. — ¿Entiende usted que su paciente, la señora Duquesa, tenía un organismo debilitado y propenso a...?

R. — Ésas son afirmaciones demasiado genéricas, más propias de un lego que de un hombre de ciencia. La Duquesa respondió bien a alguno de mis tratamientos y mal a otros. Tenía cerca de los cuarenta años, creo. Una edad en que ya la naturaleza ha cedido algunos palmos de terreno a la muerte.

P. — ¿Tiene usted una idea clara de lo que le causó esa muerte repentina y diríamos... violenta?

R. — Tenga en cuenta una cosa. Llegué cuando se estaba muriendo. Usted sabe que sus familiares me estuvieron buscando todo el día, pero yo había salido de caza y aún no había regresado... Una circunstancia deplorable. Quizá se pudo hacer algo. Tal como yo la encontré, lo mejor era dejarla morir tranquila.

P. — ¿Admite usted entonces que pudo morir por causa de un agente externo a la naturaleza?

R. — ¿Qué quiere usted decir? Aclárese.

P. — Un veneno...

R. — ¡Por Dios! Ya me parecía. ¡Qué melodramático! ¿Un veneno? ¿Por qué no? Pero también: ¿Por qué sí? No hay ningún rigor científico que nos lleve a esa conclusión. Es una hipótesis... ¡de teatro, de novela! Pero tampoco tengo razones científicas suficientes como para excluirla. ¿Quiere que le diga la verdad? Para mí vale tanto como la de las miasmas madrileñas o los contagios andaluces... Todo vale. Mientras sean especulaciones intelectuales sin ninguna evidencia... Pero no vamos a someter a una autopsia a la pobre Duquesa con tan pobre base, ¿no es así? Pues conformémonos con el dictamen médico, el que estuvimos de acuerdo en firmar Bonells y yo: "Certificamos la defunción parapá parapá parapá de doña María Teresa parapá parapá parapá a causa de unas fiebres intestinales que le provocaron parapá parapá parapá...

P. — Gracias, doctor Durán. Puede retirarse.

R. — Ah, a propósito. La buena de Catalina acaba de trasmitirnos que estamos todos convocados esta tarde al estudio del notario para la lectura del testamento de la Duquesa. Aparentemente nos deja un legado. A Bonells también. Espero que no le toque menos que a mí. No lo podría resistir. Tiene una tensión sanguínea altísima. Uno se siente tentado a hacerle una sangría. Si viene mañana, señor policía, quizá tengamos algo que celebrar todos juntos. La Duquesa era extraordinariamente generosa. Pero cada uno de nosotros, estoy seguro, preferiría seguir viéndola cantar y correr por el palacio. ¿Veneno? Melodramático, señores.

P. — Puede retirarse, doctor Durán.

En el día 2 de agosto tuvimos el resultado del examen del vino de Jerez y resultó negativo. Era, al parecer, un óptimo vino de Jerez sin adulteración alguna. Habiéndose usado todo su contenido en los exámenes, el botellón se devolvió vacío al tocador de la Duquesa. Al llegar al palacio de Buenavista, a la misma hora de los días anteriores, nos recibió don Carlos Pignatelli, en compañía de seis personas más: la señorita Catalina Barajas y los médicos don Jaime Bonells y don Francisco Durán, de los que ya hemos dejado constancia en sus respectivos interrogatorios, y don Ramón Cabrera, capellán, don Tomás de Berganza, secretario, y don Antonio Bargas, gentilhombre y tesorero de la Duquesa. Los siete, juntos, quisieron comunicarnos formalmente el hecho de haber sido nombrados, por partes iguales, herederos universales de la Duquesa, y su voluntad de ponerse todos ellos a nuestra disposición para el mejor resultado de la investigación, al mismo tiempo que su deseo de que ésta se realizara en tal forma que no diera más pábulo a los rumores que corrían por la ciudad (que ellos consideraban carentes de toda base, si bien se atenían a las conclusiones de nuestra encuesta) y no enturbiara con un escándalo innecesario la memoria de su ilustre y querida benefactora. Debemos decir que el señor Pignatelli, que tomó la palabra por los demás, se mostró de un talante harto más solícito que en la anterior entrevista, y que los señores Bonells y Durán manifestaron reiteradamente haber conferenciado y estar en un todo de acuerdo en rechazar la hipótesis de un veneno y la necesidad de una autopsia. En cuanto a las tres personas aún no sometidas a interrogatorio por nuestra parte, quedaron en palacio a nuestras órdenes. De modo que procedimos a efectuarlos. Llamamos primero a nuestra presencia al señor capellán.

Pregunta. — ¿Su nombre?

Respuesta. — Tomás Cabrera Pérez.

P. — ¿Su relación con la difunta?

R. — Tengo a mi cargo la capilla de palacio, como antes tuve la del palacio de la Moncloa y, durante los viajes que efectuaba la difunta a sus posesiones, los distintos oratorios privados de sus casas y palacios.

P. — ¿Era también su confesor?

R. — En ocasiones.

P. — ¿Quiere decir que la señora Duquesa no frecuentaba los sacramentos?

R. — De ningún modo, señor. Estaría tan fuera de lugar que yo se lo dijera como que usted me lo preguntara. Ésos son asuntos privados entre la persona y Dios y los sacerdotes no somos más que intermediarios de un...

P. — ¿Cuándo asistió religiosamente a la señora Duquesa por última vez?

R. — En los últimos minutos de su vida. Alcancé a darle los últimos auxilios. La extremaunción.

P. — ¿A qué causas atribuiría usted su fallecimiento?

R. — Dios quiso llamarla a su seno. Los medios naturales... la enfermedad, digamos... Pues no lo sé. Ya ha oído usted a sus médicos. La vi cuatro o cinco veces a lo largo de su agonía, para ayudarla en sus oraciones. Dios la sometió a una prueba muy dura. Los espasmos de dolor se sucedían constantemente. Casi no podía completar una avemaría. Al final estaba extenuada y tranquila, como si el organismo hubiera dejado de luchar para que el alma volara más libremente hacia Dios.

P. — ¿No se hacía usted pues idea del mal que la aquejaba?

R. — De eso tenía que ocuparse el médico, señor. Mi atención debía estar en otro lado. Toda agonía tiene dos caras. Agonía, en griego, significa lucha. Y la lucha es doble; una tiene que ver con la salud del cuerpo y de ésa se ocupa el médico; la otra tiene que ver con la salvación del alma y ésa es la única que debe inquietar a un sacerdote que está asistiendo a un moribundo.

P. — ¿Consideró usted en algún momento que la señora Duquesa pudiera haber sido envenenada?

R. — Mi respuesta está implícita en lo que acabo de decirle. No se me pasó por la mente. Pero ahora que usted lo nombra, ahora que según parece eso es motivo de conjeturas y comentarios en el mundo, puedo decirle que rechazo la idea con energía. Y entiéndame bien, los sacerdotes no nos asustamos del mal, estamos, incluso, más familiarizados con él que los demás mortales, pero en este caso pensar en un veneno me parece una característica perversión mundana. En estos tiempos de impiedad que corren, los misteriosos designios de Dios no son aceptados por causa suficiente. Hay que hallar explicación a las cosas, como quieren esos demonios de racionalistas.

P. — Gracias, Padre. Una última pregunta. ¿Sabía usted de gentes que quisieran mal a la Duquesa?

R. — Nunca hay que buscar los enemigos fuera, señor mío. Los enemigos nos acechan en nuestra propia alma. La Duquesa tenía los suyos, ¡cómo no! Como todos. El orgullo, las vanidades de este mundo, el desorden de los sentidos... ¡Ésos son los venenos! ¡Ésos son los envenenadores!

P. — Es suficiente, Padre. Gracias por su atención. ¿Es tan amable de decirle al señor de Berganza que pase?

El anciano Padre Cabrera, a quien no parecen quedarle muchos años de salud mental para disfrutar de la herencia que le ha tocado, deja paso al señor de Berganza, un hombre joven, pequeño y movedizo, que desde su entrada manifiesta su buena disposición y su interés en el interrogatorio.

Pregunta. — ¿Su nombre?

Respuesta. — Tomás de Berganza y García de Zúñiga.

P. — ¿Su relación con la difunta?

R. — Secretario privado, desde hace tres años. Pero desde mucho antes fue mi valedora, desde que quedé huérfano de padre, no tenía yo más de seis años. La señora Duquesa me protegió, cuidó de mi educación, pagó mis estudios, me tomó a su servicio. Todo se lo debo a ella.

P. — ¿En qué consistía su trabajo?

R. — En ordenar su correspondencia, en contestarla cuando no se tratara de cartas estrictamente privadas, en llevarle un "pour mémoire" de sus compromisos sociales, en atender cierto tipo de visitas, realizar cierto tipo de compras, en fin, usted me entiende, en todo lo que implica una confianza depositada en alguien por afinidad de gustos o de pareceres... Para darle un ejemplo, en la fiesta de la víspera, yo me ocupé de la disposición de los invitados en la mesa, de comprar las flores, de contratar a los músicos y elegir lo que debían tocar: Boccherini, Haydn, Corelli. ¿Ve usted? Mil detalles. Era una vida deliciosa y sin ella nunca las cosas volverán a ser como antes, pese a su incomparable generosidad...

P. — ¿Cuándo la vio usted por última vez?

R. — La noche de la fiesta, cuando ésta comenzaba y en algún momento en que me asomé a vigilar si todo marchaba debidamente. Así era. Fue una fiesta inolvidable. La señora

Duquesa estaba esplendorosa aquella noche, con su vestido color fuego. Quién iba a decir que pocas horas después... Perdone, no puedo recordarlo sin...

P. — ¿No la vio usted durante su agonía?

R. — No quise, no pude. Estaba demasiado acongojado. No hubiera podido dominarme delante de ella. Los demás estuvieron de acuerdo en que era mejor que no entrara... Y yo prefiero haberme quedado con aquel último recuerdo. ¡Ella reinando en la fiesta! ¡Una diosa! Eso era. Una diosa.

P. — ¿De qué diría usted que murió la Duquesa?

R. — Dios mío, era tan delicada, tan frágil, cualquier cosa pudo... Y en Andalucía se expuso locamente, a pesar de todas las advertencias. ¿Sabe que llegó a velar una noche entera a un pobre negro aquejado de aquellas horribles fiebres? No había forma de disuadirla. Hasta que al fin pudimos arrastrarla a Madrid... ¿Para qué, Dios mío, para qué? Para este fin tan triste... Perdóneme, se impacienta usted. ¿De qué murió? Yo diría que cogió las fiebres... ¿Pero no me pregunta usted del veneno?

P. — Háblenos de eso, por favor.

R. — ¿Qué puedo decirle? ¿Quién puede saberlo? Un veneno, sí, es un desenlace trágico para una vida maravillosa.... Es casi... lógico, ¿no? Sin embargo, ¿cuándo pudieron dárselo? ¿Durante la fiesta? ¿Alguien pudo haber osado envenenar su copa a la vista de todo el mundo? ¿Y quién? ¿Alguno de sus invitados? ¡Dios mío! ¿Ha visto usted la lista? La misma familia real, un cardenal, los Osuna... y los otros: Goya, Costillares, los Máiquez, ellos la adoraban... ¿Entonces quién? ¿Quién?

P. — Es lo que queríamos preguntarle, señor de Berganza. ¿Quién?

R. — Un monstruo. Alguien que por envidia haya querido acabar con una vida tan rica y tan brillante como la de ella... Eso, un monstruo. Tendría usted que buscar un monstruo, señor jefe de Policía.

P. — Gracias por su colaboración, señor de Berganza. Puede retirarse.

R. — ¿Le digo al señor Bargas que pase a declarar?

P. — Si es tan amable.

El señor Bargas es un caballero entrado en años, vestido de negro, con cierto aire leguleyo y parsimonioso. Entra a declarar con mucha circunspección y disipa en un instante la atmósfera un poco febril y efervescente dejada por el señor de Berganza. Se sienta en silencio y no levanta casi sus ojos grises tras sus gafas de pinza.

Pregunta. — ¿Su nombre?

Respuesta. — Antonio Bargas.

P. — ¿Bargas qué?

R. — Bargas Bargas.

P. — ¿Su relación con la difunta?

R. — He sido su gentilhombre y tesorero. Lo fui antes del finado Duque.

P. — ¿Cuándo la vio con vida por última vez?

R. — Unas horas antes de morir. Yo estaba en la antecámara, no quería entrar, pensé que molestaría. Ella me mandó llamar. Quería verme.

P. — ¿Tenía algo que comunicarle?

R. — Yo creí que, pese a sus malestares, quería despachar conmigo como todos los días. Pero me bastó verla para comprender que era imposible. La pobre duquesita... Perdón, para mí siempre fue la duquesita; la conocí que era casi una niña, el día de sus bodas. Pues bien, la señora Duquesa se moría. Lo comprendí en seguida.

P. — ¿Y para qué lo mandó llamar? ¿Para despedirse de usted?

R. — Quizá. Quizás eso también. Pobrecilla. Pero quería decirme algo: el nombre del notario a quien había dejado en depósito su testamento.

P. — ¿A qué causas atribuye usted la muerte de la Duquesa?

R. — Me atengo a lo que dicen los médicos. Todo lo demás me parece cháchara vana.

P. — ¿En ningún momento pensó usted que algún agente externo, algún...?

R. — ¿Veneno? Ni por un instante. Fantasías de desocupados.

P. — ¿Sabe usted de gentes que quisieran mal a la Duquesa?

R. — De nadie. Un poquitín de celos, a lo sumo. Pero con la intención que usted lo dice, de nadie. Era una mujer franca, recta, generosa. Desarmaba a cualquiera, al más recalcitrante.

P. — Puede retirarse, señor Bargas. Y gracias.

R. — Gracias a usted.

El señor Bargas se retiró, tras detenerse un momento a secar sus gafas, y con su interroga... (1)

NOTA

(1) Aquí se interrumpió mi lectura. Faltan, creo, una o dos páginas finales del informe, con los corolarios que no variaban sustancialmente su contenido. La hipótesis del veneno quedaba rechazada por falta de indicios, la común versión de los médicos y sobre todo por la ausencia de móviles aparentes. Se la reputaba fruto de la imaginación popular y de la maledicencia cortesana, fermentadas ambas en la canícula reinante. M. G.

ROMA, NOVIEMBRE DE 1824 (cont.)

ERAN LAS CUATRO Y MEDIA DE LA MAÑANA cuando terminé la lectura del informe, y la densidad y la viveza de los recuerdos, la rememoración casi corpórea, hasta con una temperatura y un perfume propios, de una noche igual y una lectura igual, veintidós años antes, dejó idéntico también, como un poso, el mismo saldo de otrora: el informe era tranquilizador, porque después de las murmuraciones que habían corrido como pólvora, después de la palpable amenaza de escándalo, después de la inquietud de las primeras averiguaciones, después de presentir y creer lo peor, llegaba con él un alivio inmenso. Todo volvía a su orden y el orden quedaba a salvo, como era mi obligación frente a la Corona y a mi amado señor don Carlos IV; todas las sombras se desvanecían, no sólo las que alcanzaban, maliciosa presunción e insidioso reporte, a la misma persona de la Reina por su vieja rivalidad con la de Alba, y a mí por militar Cayetana en partido enemigo del mío (1) (entonces todo escándalo inevitablemente nos impregnaba) sino también las que cubrían, más secretamente pero con proximidad más peligrosa, a otra persona relevante para la nación, cuya vinculación a una muerte misteriosa y extraña, no digamos ya a un asesinato premeditado, hubiera constituido simplemente una tragedia para el honor de España. Pero creo, otra vez, estar adelantándome a los acontecimientos.

La orden de averiguar exhaustivamente las causas de la muerte de la Duquesa había emanado del propio Rey don Carlos y yo no había hecho otra cosa que hacerla ejecutar, sin omitir, al paso de los datos que me iban llegando sobre la marcha de la investigación, algunas sugerencias y recomendaciones, ni inhibirme de tomar finalmente mi propia decisión: la de suprimir del informe, por inconvenientes y propicios a la propagación de nuevas sospechas y rumores, algún extremo surgido a lo largo de los interrogatorios. Que si la diligencia en las averiguaciones se complementó con la oportunidad y el celo de la censura, ello no hizo más que evitar a la Corona un trastorno mayor que el que había instigado al Rey a actuar. Y el resultado era este alivio, este volver las aguas a su cauce, este tono profesional y parco del informe contra el que se iban a estrellar y a deshacer, desalentados, los malos ánimos de la calumnia, y los arrestos, más débiles, de la simple curiosidad. El caso estaba, oficialmente, cerrado.

Pero eso no excluía una turbación de mi conciencia; al contrario, yo sabía que el informe era deliberadamente incompleto, que algún dato esencial había sido escamoteado —¡por mí mismo!—, que sus dictámenes eran, no aventurados ni desaprensivos, pero sí el fruto de una adulteración. Y eso hacía que mis sentimientos, al paso de la lectura, fueran contradictorios: aquel alivio y esta inquietud, aquella satisfacción del deber cumplido frente a mi señor, esta conciencia de mi responsabilidad en lo que tenía de mendaz, aunque fuera sólo por omisión, el dichoso informe (2). Que extrañamente, leído tantos años más tarde en esa noche desasosegada de Villa Campitelli, me revivió esos mismos sentires contrapuestos, como si otra vez hiciera sólo unos días de la muerte de Cayetana, como si a mis aprensiones al conocer las formas externas de su agonía se sumaran de nuevo, audibles en el ámbito del palacio, las supuraciones de la imaginación perversa, que hacían otra vez de "la vieja y el favorito" (como se nos apodaba cruelmente a la Reina y a mí en los pasillos y en los corros de la Puerta del Sol o del Paseo) los maquinadores de un criminal envenenamiento (3): como si, en la procuración de pruebas de nuestra inocencia, pudiera saltar una vez más como un siniestro muñeco de sorpresa otro sospechoso, al que yo mismo, y horror, la Reina misma, pudiéramos considerar un asesino. Y un asesino tan próximo, que me parecía sentirlo respirar junto a mi lecho... pero, ¡Dios mío! si estaba yo en Roma y en 1824, y Madrid y aquel 23 de julio de 1802 estaban tan distantes en la distancia y en el tiempo. Sin embargo...

¡Maldito Goya! ¿Qué sabía? ¿Qué había barruntado ese zafio campesino con algo de brujo en sus ojuelos negros? ¿Acaso, si sus datos o sus imaginaciones incriminaban a aquella misma persona, podía pensar que yo iba a recibir ahora su revelación con agrado y hasta con cierta vindicativa complacencia?

La luz ya entraba por las celosías. Y mientras me dejaba ganar por el sueño, empezaba a atraerme la idea de llamar a don Fancho a Roma...

Empero, al día siguiente, cambié el orden acostumbrado de mi paseo matinal, y empecé por acudir a la estafeta, donde despaché una carta para Burdeos. Decía así:

Estimado don Francisco, grande fue mi alegría al recibir noticias suyas y saberlo con sus energías intactas, siempre dispuesto a la composición de nuevas obras de su ingenio, y pronto a emprender tan largos viajes como el que acaba de llevarlo a Francia o el que me propone hacer hasta Roma para visitarme. Lamentablemente, aunque he residido en Roma todos estos aciagos años del destierro, he decidido cambiar de aires y aunque no sé todavía si terminaré en Londres o en Viena, puesto que descarto París por las razones que usted puede colegir, de seguro emprenderé la marcha en breve (4). *Pero volveré a escribirle, porque de veras me gustaría encontrarlo y que habláramos del pasado, aunque mis Memorias no son todavía más que una intención y en el momento en que las escriba, si llega, sólo hablaré de los aconteceres políticos, de los que usted para su bien se vio exento* (5). *Quizá si llegamos a vernos pueda usted retratarme, que bien veo que no ha perdido usted la mano por el boceto que me envía y que mucho le agradezco, tan interesante por la fantasía como habilidoso por el dibujo. En cambio yo, como lo comprobará si nos vemos, harto he perdido en apostura y reciedumbre, que también para mí han pasado velozmente estos tristes años* (6). *Le ruego salude de mi parte a los amigos españoles con que tenga trato en ésa, y presente mis afectos a los familiares que le acompañan. ¿Está Javier con usted?* (7). *Reciba usted mi amistad y consideración de siempre,*

DON MANUEL DE GODOY,
Príncipe de la Paz.

Carta de que guardé, como es mi costumbre, copia.

NOTAS

(1) Efectivamente, la Duquesa de Alba militó, se ignora si por otra razón más válida que su vieja rivalidad con la Reina, en la "cabala" enemiga de ésta y de Godoy que se había formado en torno de la joven y controvertida figura del Príncipe de Asturias; otra personalidad de ese grupo fue el Ministro Cornel, enredado con la Duquesa hacia el 1800, pero es aventurado conjeturar que ningún amante haya tenido tanto ascendiente intelectual sobre ella como para hacerla adoptar partido político alguno. Por lo demás, tampoco es probable que haya existido ninguna simpatía natural entre dos personalidades tan contrarias, la una tan vital e independiente, la otra tan pusilánime y sombría, como las de la Duquesa y el futuro Fernando VII. Cabe pensar que la Duquesa, en la declinación de sus atractivos, haya decidido simplemente jugar un poco a la política, como tanta mujer notable en su circunstancia.

(2) No faltará quien opine que la mala conciencia de Godoy se mueve en un campo vecino de la hipocresía, pero teniendo en cuenta la imagen de intachable honradez que él mismo intentó dar años atrás en sus Memorias, hay que reconocer el esfuerzo de sinceridad que hizo este anciano de ochenta años en este testimonio.

(3) Ya insistiremos más adelante en que el uso del veneno estaba tan difundido en Europa desde el Renacimiento, que el atribuir a una testa coronada o a un gobernante un asesinato por envenenamiento no era un punto más extravagante que suponer hoy en día a un Jefe de Estado instigando a sus servicios secretos para que procedan a la eliminación de un personaje políticamente peligroso por arma de fuego.

(4) Godoy visiblemente miente a Goya. Nunca existieron más que unos vagos proyectos de radicarse en Inglaterra, discutidos en su correspondencia amistosa con Lord Holland. El detalle de "descartar París", sin duda por la mayor inestabilidad de los gobiernos franceses de la época, aparece como un refuerzo de plausibilidad de la mentira. Toda la carta revela al político astuto, capaz de soslayar hasta el fin la respuesta verdaderamente comprometedora: la que debía al ofrecimiento de Goya de "referir preciosos datos relativos a un lamentable suceso".

(5) En este extremo, Godoy cumplió con lo dicho. En sus Memorias no presta prácticamente ninguna atención a lo personal o privado. Incluso la alusión a su casamiento con la Condesa de Chinchón concierne exclusivamente al aspecto político de la alianza. Pepita Tudó no aparece citada una sola vez, ni mencionada no ya su relación con la Reina, sino la sola fama de que ella existiera. El vago rótulo de "calumnias e infamias" —nunca especificadas— intenta comprenderlo todo.

(6) Godoy tenía, al escribir la carta, cincuenta y siete años. Y es probable que la inacción y las frustraciones hubieran tenido efectos perniciosos, como él mismo insistirá más adelante, sobre el físico antaño vigoroso y atrayente del ex generalísimo y ex guardia de corps.

(7) Es evidente que Godoy, tras tantos años de haber perdido de vista a Goya, prefiere hablar vagamente de "los familiares que le acompañen", sin ninguna referencia expresa a su compañera doña Leocadia Weiss o a los hijos de ésta; prefiere recordar a Javier, el hijo de Goya que presumiblemente ha visto junto a su padre hasta 1808, cuando aquél tenía veinticuatro años, y que no es probable siguiera con él pasados los cuarenta.

BURDEOS, OCTUBRE DE 1825

EN OCTUBRE DE 1825 resolví hacer de incógnito un viaje a París con fines políticos que hoy no interesa descubrir (1). Y para evitar la suspicacia de la cancillería vaticana fingí partir como todos los meses hacia Pisa a visitar a la Condesa de Castillofiel y a sus hijos, costumbre que contaba con una tácita aquiescencia papal; desde Pisa, coche, caballos, cochero y postillón previamente contratados, seguí hasta París. Allí mis asuntos tuvieron un trámite más rápido de lo previsto —lo que en buen romance quiere decir que se malograron o que yo me había ilusionado fuera de toda proporción— y decidí regresar sin más dilación a Pisa, tanto por deseo de consolarme junto a Pepita y los míos (2), como por no dar un margen innecesario de éxito a los espías pontificios, a la sazón tenidos por los más hábiles de la Italia (3).

De modo que cogí el camino de Lyon, que de allí me llevaría a Ginebra y a través de Milán, a la Toscana. Fue en Lyon, en un albergue de sus cercanías, en que por cierto se yantaba espléndidamente (4), donde mis ojos recayeron casualmente en una señal de la carretera real, una gran flecha de madera pintada de blanco, en la cual se leía escrito con mayúsculas negras de fuerte trazo: "BORDEAUX". No sé si influyó la placentera digestión, o por el contrario ese muy otro sabor de fracaso que me llevaba de regreso a mi enfadoso encierro italiano, pero el hecho es que olvidando a los espías y mi propio anhelo de Pepita, decidí sin más cavilación desviar el rumbo hacia Burdeos. Los caballos eran buenos, el cochero diestro y animoso, y la Francia es una dulzura para los ojos en otoño, de modo que hice el viaje de buen talante y no puedo recordar en qué medida durante el trayecto fueron o no ganando mis pensamientos los sucesos que, ahora sí de modo inevitable, iban a ser materia de mi entrevista con el viejo maestro. Sé que en algún momento me asaltó el temor de que en el curso de un año, Goya hubiera muerto y yo me quedara con mi curiosidad insatisfecha; pero en ese caso, decidí, siempre podría entretenerme con los liberales del exilio bordelés, platicar con ellos de España y de las ¡ay! cada vez más remotas perspectivas de un retorno a un régimen de gobierno que no fuera oscurantista y cruel como el del Rey Fernando, y sí más acorde con nuestros viejos sueños de una España sincronizada con el reloj de la historia, ilustrada y moderna (5).

Me dirigí a la calle Fossés de l'Intendance; su nombre me había quedado curiosamente grabado en la memoria, porque la ortografía pintoresca del pintor en castellano se tornaba irreprochable en francés y eso me había divertido. Pero Goya ya no vivía más en esos cuartos; una dama servicial lo recordaba como un vecino de carácter mudable ("tantôt gentil, tantôt farouche") y a su mujer como una hembra alborotadora ("une cancannière, une espagnole trop bavarde qui adore le raffut du ménage"), pero no sabía a ciencia cierta si seguían viviendo en Burdeos o se habían trasladado a Plombières, como en más de una oportunidad les había oído decir (6). La locuaz informante terminó por darme al fin un dato precioso: Goya, al parecer, acostumbraba reunirse todos los días "l'après-midi" con otros españoles en una chocolatería de un compatriota apellidado algo así como Poc. O Pot. No, Poc. Estaba segura: Poc. Unos jovencitos parientes suyos solían recitar en solfa: "Allons prendre un choc chez Poc, c'est le chic de notre époque." La chocolatería tenía tanta aceptación entre los propios bordeleses que no me sería difícil encontrarla (7).

Las señas las obtuve esa misma tarde en la fonda donde me hospedaba, y ni siquiera fue necesario usar el coche, porque a pie se llegaba en pocos minutos a la "rue du Petit-Taupe", tras un breve y agradable paseo y no demasiadas vueltas. En el camino, cruzando una plaza tapizada de hojas secas doradas al sol de media tarde, vi algo que ya me había llamado la atención en el vestíbulo de la fonda: un cartel anunciaba para esa noche misma, en el Grand Théâtre de la ciudad, una representación de "El Barbero de Sevilla". Me alegré pensando que de no encontrar a Goya me procuraría el consuelo del maestro Rossini y sobre todo de la visita del que pasaba por ser uno de los más bellos teatros de ópera de Europa, que hasta habíamos estudiado su imitación en Madrid, en un proyecto de coliseo frente al Palacio Real (8).

A poco, cuando todavía no había terminado de contornear el monumento central de la plaza, me sorprendió oír hablar castellano. Lo hacían dos caballeros, y en voz muy alta, como solemos hacerlo los españoles en calles y mesones, y aminoré el paso, para que no me distinguieran, y en uno de ellos, pese al tiempo transcurrido, reconocí al punto a Manuel Silvela, inconfundibles la bronca gravedad de la voz y la nariz de filo acuchillado que los años no habían hecho más que acentuar (9). No así el otro, en cuyo rostro decrépito y vencida figura no identifiqué al pronto a ningún viejo conocido. Me retrasé aún algo más y pude ver que llevaban mi misma dirección y que internándose por una estrecha callejuela penetraban en la que al fin de cuentas se llamaba: Maison Poc. Pero entretanto algo había ocurrido. Se había apoderado de mí una suerte de pánico, al comprender, con la velocidad y la claridad de un relámpago, cuán insensatas ilusiones me había hecho prediciéndome que un encuentro con cualquiera de estos liberales refugiados en Burdeos pudiera serme grato o provechoso; cuando, aunque lo que ellos y yo hubiéramos deseado hacía ya un cuarto de siglo para España no estuviera del todo divorciado y abundara en coincidencias, en tan contrarios campos habíamos militado, que era insensato optimismo suponer que el solo hecho de ser yo como ellos víctima de la persecución de un mismo gobierno, iba a significar que acogieran con alegría a quien habían tenido también por enemigo, y por nefasta su política (10).

En todo caso, no me sentí inclinado a hacer la prueba, a exponerme a un desaire o un agravio, y me encontré a dos pasos de la puerta de la Maison Poc y probablemente de Goya, renuente y tentado de poner harta distancia entre aquellos hombres y yo. En esa vacilación estaba cuando mi mirada recayó sobre un espejo que decoraba el ingreso junto al panel en que se leía "Chocolat et pâtisseries". La imagen que me devolvió el espejo, vista con ojos desprevenidos, ¡era tan dorosamente distinta de la del Godoy que estos hombres habían dejado de ver casi veinte años antes y que sin duda recordarían!... Mi rostro aparecía socavado y fláccido, afiladas la nariz y la boca antaño carnosas y sensuales, invasora la calvicie donde un tiempo caía suave el pelo ondeado en las sienes, debilitado y empequeñecido el cuerpo recio, apagado el brillo de las pupilas y el rubor que el viento de Asturias deja impreso en la piel. Nadie iba a reconocerme. Bastaba, para pasar inadvertido, ponerme las gafas, dirigirme al camarero en un francés insospechable y ser discreto.

Luego de que mi entrada hubiera provocado apenas unas

vagas miradas de curiosidad, fue a poco de sentarme, junto a la ventana, por sumar el contraluz a los cambios de la edad con el fin de hacer el reconocimiento aún más arduo, que identifiqué a don Leandro de Moratín en el otro de los que por mi lado habían pasado. El reconocerle no fue tal vez más que un eco, un rebote de mi propia imagen descaecida en el espejo. Pobre Moratín. Era una ruina de hombre (11).

No estaban solos. Había tres hombres más sentados a su mesa, desconocidos para mí aunque españoles por el habla, pues los cinco hablaban en voz muy alta, chanceando con el que parecía ser el dueño de la chocolatería (¿Poc?) (12), o comentando trivialidades, por lo mucho que de sus palabras me llegaba. No eran, por cierto, conspiradores ni el nombre de España se citó una sola vez que yo lo oyera, mientras uno de ellos se empeñaba en contar al detalle algo relativo a un estúpido trámite burocrático en no sé qué maldita oficina. Y el tono de la conversación no varió con la llegada de Goya.

Porque Goya llegó al poco rato, deteniéndose un instante en el umbral como para recuperar el aliento tras imitar la empinada carrera del pequeño topo —que así se llamaba la calleja— y me conmovió verlo después de tantos años, vigorosos todavía el empaque de la figura y la expresión del rostro, aunque abotargados una y otro por los muchos años, que era de lejos el más anciano de todos los presentes, aunque no por cierto el que diera más impresión de decadencia. Había adquirido eso sí, y fue lo único que me sorprendió, con su redingote gris paloma, sus polainas negras y su jabot de un pálido crema, un cierto aire forzado y convencional, como si quince meses en Francia hubieran podido más que treinta años en la Corte española para imprimir un uniforme de honorabilidad burguesa a la estampa mezcla de campesino, bohemio y majo, que yo le recordaba de Madrid (13).

Se sentó frente a mí y dos o tres veces, no más, me miró con sus ojos todavía penetrantes, ocupados como los tenía todo el tiempo en leer en los labios de sus contertulios, ya que sin duda no podía oírlos. Pero esas dos o tres veces bastaron para inquietarme y pretendiendo que procuraba recibir más apropiada luz de la ventana sobre mi periódico, cambié de lugar y quedé de espaldas a él. Ni siquiera así me atreví a permanecer allí mucho rato. La tertulia prometía prolongarse y era improbable que Goya quedara solo y pudiera yo abordarlo; mejor sería, por la mañana, dejarle un mensaje en la misma chocolatería, de modo de librar a su discreción el declarar o no mi presencia en Burdeos a sus amigos; y me marché, creyendo pasar tan inadvertido como a mi entrada. No hubiera podido decir si el chocolate de Poc era excelente o abominable, tanto me había entregado a la tarea de cultivar mi incógnito.

Solo en un palco, asistiendo a un Barbero desatinadamente traducido al francés ("Una voce poco fa", por ejemplo, se tornaba "Une voix ne trompe pas"), noté que ya comenzado el segundo acto, alguien, un hombre, se sentaba en una silla próxima a la mía, ateniéndose a una prudente segunda fila. No me volví ni le presté atención. La contralto era bonita y apetitosa aunque no tenía las agilidades de una Malibrán (14). Pero tras el aplauso que siguió, inexorable, al aria de don Basilio (en que "un venticello" se volvía, atormentado, "une brise légère"), el recién llegado posó una nudosa mano sobre mi rodilla y susurró en voz más timbrada de lo conveniente: "¿También a usted le gusta la ópera, Alteza?" Alguien chistó en seguida. En medio de mi confusión, yo acababa, absorto, de encontrarme cara a cara con el viejo Goya, que sin darse por enterado de la creciente reprobación de los espectadores más cercanos, ni esperar mi respuesta, agregó frunciendo el ceño sobre sus pupilas astutas: "No hay nada más revelador que una nuca, o la relación entre la cabeza y los hombros, sobre todo para un pintor. Lo vi esta tarde en lo de Poc y supuse me estaba buscando." Hubiera seguido platicando quizás en su voz destemplada de sordo, si los chistidos no hubieran redoblado a nuestro derredor, el propio director de orquesta no nos hubiera dirigido una mirada fulminante antes de dar al aire su primer golpe de batuta después de la ovación, y yo mismo, incómodo como me había hecho sentir, no le hubiera impuesto silencio con un gesto tal vez demasiado imperioso.

Bebiendo champagne en lo alto de las escalinatas durante el intermedio, Goya me hizo admirar el teatro, su vasto vestíbulo, la justa proporción de los volúmenes, la riqueza del ornato y sobre todo la exquisita elegancia de la cúpula que coronaba, esbelta, la inmensa fábrica. "¿Recuerda, Alteza?" —me dijo repentino, mirándome con fijeza a los ojos, respirando pesadamente e inclinando su macizo tronco desde un escalón superior—. "Aquella noche ella enseñó el palacio y las galerías y los techos que yo iba a pintarle y aquella gran escalinata, como ésta, y si el tiempo se lo hubiera permitido también se hubiera construido una cúpula, porque nada la arredraba, ¿verdad?, y ella quería hacer de su palacio de Buenavista su monumento en vida... o su mausoleo... Pobrecilla." Y abruptamente, al borde del suspiro, lo contuvo, bajó la vista, se irguió, bebió hasta el fondo su resto de champagne, y en lo que me pareció un propósito de ocultar su emoción, me dio la espalda y fue a dejar la copa sobre la mesa distante.

No la había nombrado, pero había hablado de ella y de aquella noche, como si no hubiera posibilidad de error, de malentendido alguno, como si tácitamente, desde su saludo en el palco, no hubiéramos pensado los dos en otra cosa que en

Cayetana, en su palacio y en la noche funesta. Y llegué a preguntarme si, sordo como era, frecuentaba la ópera por otra razón que por evocar otras escalinatas, otros frisos, otros mármoles y otros espejos.

De modo que en el último acto no logré prestar atención a las intrigas de Fígaro ni a los avatares sentimentales de Almaviva y su Rosina; al compás de las melodías de Monsieur Crescendo, danzaban en mi imaginación los invitados de la última fiesta de Cayetana (15).

Goya vivía ahora en la calle de la Croix Blanche, un rincón más ameno de Burdeos, con sus árboles que todavía se desojaban, sus casitas aseadas y sin pretensiones, sus ventanas de pequeños cristales, sus jardines recoletos. Salió a abrirme una mujer todavía joven, más airosa que bella, de ojos muy oscuros y expresivos, y vestida y peinada con harto desaliño. "Bien venido, Alteza. Soy Leocadia" —dijo con desparpajo, y desviando de inmediato la vista, tendió la mano, pero evitando, al estrechar enérgicamente la mía, que yo llegara a besársela.

Nunca la había visto antes. Debía de ser apenas una adolescente cuando yo dejé España, y sólo sabía de ella que era prima de la nuera de Goya y que convivía con éste desde hacía muchos años, junto a algún hijo de su marido abandonado. Me impresionaron a un mismo tiempo su vitalidad y su timidez, y sobre todo la brusquedad que parecía ser el único puente posible entre ambas, su forma de hablar tan pronto seca, tan pronto gárrula, su costumbre de esconder los ojos, aprensivos, y de clavarlos abruptamente en uno, como si fuese un desafío, una prueba, casi un pulso. Era, visiblemente, una mujer que no había obtenido nada gratis en la vida (16).

Goya no tardó en aparecer, ataviado con el mismo uniforme

de la víspera, que a la luz matinal se veía menos pulcro. "Anda, tráenos un café, Leocadia" —ordenó a la mujer—. "Nosotros tenemos que conversar", agregó con un movimiento de cabeza que me involucraba. Ese modo tajante, musulmán, de excluir a la mujer del trato de los hombres, aun en el ámbito doméstico, me retrotrajo a muchos años atrás. Fuera de España, había empezado a olvidarlo.

El Maestro me condujo a una pequeña habitación azul, acristalada, que daba sobre el jardín, y que parecía ser, con sus cómodos sillones de mimbre, sus pajareras, sus libros y periódicos, y una mesa cubierta por un mantel de flores de un pálido amarillo, un modesto rincón en que disfrutar del sol de la mañana y quizá refugiarse del "raffut" y el "bavardage" de Leocadia.

Ella trajo el café, hizo algún comentario que no pretendía más respuesta que la que obtuvo —mi sonrisa y un gruñido del viejo— y volvió a dejarnos solos. Después de su alusión a la Duquesa en el vestíbulo del Grand Théâtre no habíamos vuelto a hablar de Cayetana y ahora parecía dirimirse secretamente cuál de los dos iba a romper el fuego; sin duda no pensábamos en otra cosa mientras intercambiábamos cortésmente superflua información sobre nuestros respectivos destierros en Roma y en Burdeos. La conversación no era fácil; nunca lo había sido con Goya desde que progresiva pero aceleradamente había ido perdiendo su oído treinta años antes; y ahora aún lo era menos porque estaba definitivamente sordo y yo no tenía práctica alguna en el empeño de hacerse uno entender por el movimiento de los labios o por algún código establecido de gestos.

Felizmente, frente a mí, en el muro, había un simpático dibujo en que un niño jugaba con un perrillo de aguas, y pude ponerme a mirarlo con atención, no porque realmente me interesara, sino por dar un respiro a la plática. "¿Es delicioso ese dibujo, verdad?", preguntó Goya. Y a mi silencioso asentimiento, agregó con alegría: "Pues no es mío. ¿Sabe usted quién lo ha hecho? Venga." Y me llamó a la ventana, obligándome a ponerme de pie, y señaló hacia el jardín. Allí jugaban con un aro cuatro o cinco niños, cuyas risas y exclamaciones nos llegaban, mitigadas, a través de los vidrios. "La vestida de azul —añadió Goya— es nuestra Rosarito. Hizo ese dibujo hace dos años y ahora apenas tiene diez. No he conocido un don natural tan extraordinario. Madame Vigée-Lebrun tendrá poca suerte en la disputa del título de primera gran pintora de la Historia."

Parecía rebosante de orgullo. Por ese orgullo, por el talento de la niña deduje que era hija suya. Nunca lo supe a ciencia cierta. Sí sé que, con el paso de los años, no ha llegado a convertirse en lo que soñaba Goya, aunque, esto me lo ha escrito Pepita desde Madrid, ha enseñado dibujo a la propia Reina de España (17).

Con el pretexto de enseñarme otras muestras del ingenio de la pequeña, me llevó a su estudio, que quedaba en el lado opuesto de la casa. No oculté mi sorpresa. El sol, que bañaba la habitación que acabábamos de dejar, no tocaba esta otra, orientada al norte. "No hay luz más engañosa para pintar que la luz natural" —explicó el viejo—. "Me gusta pintar de noche. O con los postigos cerrados."

La prueba estaba a la vista. El estudio estaba lleno de velas, palmatorias, cabos de velas de todas las alturas, restos de sebo sobre la madera de las mesas y en las baldosas del piso, candelabros de toda forma y tamaño, y hasta vi, depositado en un estante, el celebrado y mugriento sombrero, con su borde erizado de delgadas bujías a medio consumir y sus chorretes de cera y sus chamusquinas en la alta copa descolorida (18).

Contemplamos los dibujos de Rosarito y también unas preciosas miniaturas sobre marfil en que estaba entonces experimentando Goya con el entusiasmo de un jovenzuelo que se ejercita en un nuevo oficio capaz de abrirle quién sabe qué horizontes; y unos grabados de toros, realizados en una técnica llamada litografía, que, aunque mentira parecía, era aún un nuevo aprendizaje para este anciano insaciable. No en balde había insistido en su carta de hace un año: "Aún aprendo..." (19).

Le manifesté luego mi sorpresa que no ver en los caballetes ninguna pintura grande, ningún retrato en elaboración, como solía haber siempre en su estudio de Madrid. "No es la primera vez que paso un tiempo largo sin pintar ningún retrato —dijo súbitamente sombrío—. Durante la guerra, por ejemplo, estuve dos años sin hacerlo. ¿Cómo podía pintar a un caballero en su despacho o a una dama en su salón, mientras el pueblo se mataba en las calles o en los caminos?" Y tras un silencio, agregó: "Y después que ella murió, tampoco. Estuve un año entero sin pintar absolutamente nada." Levantó los ojos hacia mí, con una complicidad que yo no comprendí: "Esto es, excepto dos retratos... Sólo dos retratos por motivos que tenían que ver con su muerte..." Se alejó, se puso a limpiar distraídamente un pincel, y al fin dijo: "De todo eso tenemos que hablar esta tarde, don Manuel."

Esta vez no se había dirigido a mí como Alteza. El tono se había hecho más personal, casi indiscreto. De repente estaba ahí, corpórea, inminente, la promesa o la amenaza de su carta. Y la tentación que me había traído desde Lyon, que me había hecho atravesar la Francia entera. Me sobrecogí, como un adolescente que al fin se encuentre ante la mujerzuela que se ha procurado con afán y desearía entonces hallarse lejos, junto a sus padres. Lo enfrenté y articulé con singular cuidado mis palabras.

"Hubo una investigación policial entonces, don Fancho,

que yo personalmente ordené y vigilé. Las conclusiones fueron terminantes. No hubo una mano criminal en la muerte de la Duquesa. No hubo veneno." Me comprendió. Por su rostro pasó una sombra triste, un atisbo de ironía y decepción. "Usted y yo sabemos que la investigación no se hizo a fondo. Por lo pronto no le hicieron autopsia. Yo sé que hubo veneno. Me consta. Lo sabía de antemano. Y tuve las pruebas." Todo él se había oscurecido, como si en efecto se hubieran echado los postigos de la habitación. Hasta la voz se hizo sombría y cálida, con una vibración en las profundidades que produjera ondas perceptibles en el sonido final. "Y usted está escribiendo sus Memorias. Es necesario que sepa la verdad."

Volví a enfrentarlo, a silabear cuidadosamente mi discurso. Hubiera sido insensato entrar en una controversia con él. "No he empezado a escribirlas. Es sólo un falso rumor. Quizá no lo haga nunca." Optó por no oírme. "Yo no pudo escribir. Tampoco puedo pintar lo que ocurrió aquel día en una serie de escenas, como esas vidas de santos que pintaron el Carpaccio o Zurbarán. Pero puedo contárselo a usted, casi minuto a minuto, y en tal forma disipar..." Lo interrumpí. Le hablé con mayor energía, alzando la voz, pero sin preocuparme de su sordera. Le dije que mis Memorias, si algún día las escribía, sólo abordarían los aspectos políticos de mi gobierno y del reinado de Carlos IV. Por primera vez me respondió como si me hubiera oído. "Pues con más razón, don Manuel. Los rumores que circularon en torno a su posible asesinato, ¿no señalaban acaso hacia lo más alto? Digámoslo. Han pasado más de veinte años. Las dos han muerto. Acusaban a la Reina. No me diga que todo eso no tuvo que ver con la política."

Estaba arrepentido de estar allí, como si por torpeza o candidez me hubiera metido en una trampa. No iba a ser posible hablar normalmente con Goya. Oiría lo que quisiera oír. La sola perspectiva de argüir con él me desalentaba. La sola mención de doña María Luisa me sonaba a sacrílega. ¿Qué hacer? Entonces irrumpió, con su acostumbrada brusquedad, Leocadia. "Fancho, está pronta la comida. ¿Qué tal estamos de apetito, Alteza?"

Durante la comida, Goya no supo ocultar su impaciencia. Se ajenó del todo de la conversación, aun al precio de ser descortés, comió apenas y bebió más vino del que Leocadia, a estar a sus desabridas observaciones, juzgaba prudente. Tampoco hablar con Leocadia era muy cómodo. Insistía en llamarme, cada vez, Su Alteza, pero eso iba acompañado por una familiaridad y una petulancia del tono que desmentían aquel aparente respeto, de modo que por la contigüidad del título, la franqueza perdía frescura y se acercaba a una grosera parodia de tal, y por la contigüidad del tonillo confianzudo, el título mismo se ridiculizaba y se vaciaba de sentido. Fue un respiro ver a Goya ponerse inopinadamente de pie y oírlo decir: "Ahora don Manuel y yo queremos quedarnos solos. Ya has hablado bastante, Leocadia. Tráenos más café al estudio. Y una botella de brandy."

Leocadia me había salvado de Goya y Goya me salvaba de Leocadia; pero ahora no hubiera tenido más escape que marcharme. ¿Y no había venido por cierto a escuchar lo que Goya se preparaba a contarme, mientras encendía velas aquí y allí, y luego, haciendo tiempo para la última interrupción de Leocadia, disponía dos sillones frente a frente y echaba los postigos? Todavía esperó que Leocadia cerrara la puerta, cosa que ella hizo no sin cierta violencia, y advertí que la vibración del portazo le llegaba, si no su ruido: esperó aún que yo me bebiera el café mientras él apuraba una primera copa de brandy tras haber llenado con demasiada rapidez la mía, hasta desbordarla, como si lo consumiera una ansiedad que le hacía temblar un pulso que a estar por sus miniaturas debía gozar todavía de perfecta firmeza.

NOTAS

(1) En ninguna biografía de Godoy, ni por supuesto en sus Memorias, aparece alusión alguna a este viaje, a esta "ilusión": ¿un retorno a España? ¿un plan de golpe de Estado?

(2) Obsérvese cómo Godoy oscila inconscientemente entre la formalidad hipócrita y la llaneza confidencial llamando a las mismas personas en un mismo párrafo "la Condesa de Castillofiel y sus hijos" y "Pepita y los míos". Ese movimiento pendular entre las apariencias a guardar y la confesión sincera es característica de esta Memoria Breve.

(3) Es probable que Godoy exagerara sin proponérselo la preocupación que sus movimientos podían causar, ya en 1825, a la cancillería papal y sus servicios secretos. Otra ilusión, simplemente.

(4) La tradición gastronómica de Lyon es antiquísima.

(5) También y por supuesto con mayor extensión e insistencia, se empeña Godoy en sus Memorias en hacer "bella figura" en lo tocante a su programa político-cultural de fines del siglo XVIII y principios del XIX, pero de todos modos hay que reconocer que sus gobiernos fueron moderadamente ilustrados, incorporaron en la medida

de lo posible a las figuras más destacadas del pensamiento y de las ciencias, e hicieron por éstas mucho de positivo y ciertamente no las persiguieron como luego, con saña inquisitorial, lo hiciera Fernando VII.

(6) Goya, ya hemos visto, recurría a hablar de Plombières y de su cura de aguas cada vez que llegaba el momento de pedir una prórroga de su licencia al Rey de España, pero en realidad no parece haber tenido nunca intención de acudir a tomarlas, como no sea por el testimonio vago de la "dama servicial".

(7) Esa chocolatería en que se reunía la "intelligentsia" española perteneció efectivamente a un exiliado llamado Braulio Poc.

(8) Fue imitado de hecho y sin falsos pudores por Garnier en la Ópera de París.

(9) Silvela estuvo realmente en Burdeos en 1825 y sólo tenía cuarenta y cuatro años.

(10) Las insensatas ilusiones de Godoy tienen que ver con todo lo contradictorias que fueron las ideologías españolas durante el reinado de Carlos IV, en que a veces los mismos ideales de ilustración y progreso eran compartidos por quienes batallaban en campos políticos opuestos, contradicciones que alcanzaron su máxima tensión entre los afrancesados, durante la dominación napoleónica y la guerra de la Independencia. Pero el tema excede las pretensiones de estas notas.

(11) Moratín tenía sesenta y cuatro años en 1825, y en diciembre del mismo año, seis semanas después de que lo viera Godoy "decrépito" y "vencido", enfermó gravemente del mal que ya, con pocos períodos de alivio, lo llevaría a la muerte en 1828.

(12) Braulio Poc, como ya hemos dicho, paisano de Goya.

(13) La aguda observación de Godoy nos da tal vez una interpretación válida del retrato de Vicente López de 1826, en que aparece un Goya "aburguesado", bien distinto del de los autorretratos, diferencia que hasta ahora se había atribuido más a la óptica del propio López que a una transformación de su modelo, como propone Godoy.

(14) Es seguro que Godoy admiró el arte de la Malibrán mucho más tarde, ya viviendo en París, pero esta comparación retrospectiva, recordémoslo, la hace en 1848.

(15) También es el Godoy de 1848 el que puede hablar de Monsieur Crescendo, un malicioso mote que le endilgaron los franceses a Rossini, en una etapa asaz tardía de su carrera.

(16) Leocadia Weiss tenía quince o dieciséis años cuando la conoce Goya en 1805, en la boda de su hijo Javier con Gumersinda Goicoechea, prima de aquélla. Por lo tanto estaba ahora alrededor de los treinta y cinco años. Y su relación con Goya, aunque no puede precisarse, se remonta más o menos a 1813, fecha de su definitiva separación de Weiss.

(17) No sólo Godoy; nadie ha podido determinar con relativa autoridad si Rosarito Weiss fue o no hija de Goya, aunque éste la trató y quiso como tal. Tampoco se equivoca Godoy en el oscuro destino de la artista ni en decir que fue maestra de la joven Isabel II.

(18) Se sabe que Goya usó un sombrero semejante al que describe Godoy cuando pintó los frescos de San Antonio de la Florida, y se lo imagina, más que saberlo realmente, así equipado mientras pintaba las pinturas negras en la Quinta del Sordo. Él mismo, muchos años antes, en uno de sus muchos autorretratos, se inmortaliza así.

(19) La crítica goyesca coincide con las aseveraciones de Godoy. En 1825 Goya se habría dedicado por entero, salvo una parte de la primavera en que volvió a enfermar (tal como en 1793 y en 1819) a pintar sus miniaturas y sus toros llamados luego "de Burdeos".

Relato de Goya

ADVERTENCIA

NO ME SERÁ FÁCIL CONTAR mi entrevista de aquella tarde, y describir adecuadamente aquellas horas con Goya, en que él, de hecho, monologó, dándome muy pocas oportunidades de intervenir o renunciando yo espontáneamente a hacerlo por no turbar el caudaloso fluir de sus recuerdos con ímprobas réplicas entre un hombre sordo y otro incapaz de hacerse entender por él. Entre las varias maneras de encarar esa ardua transcripción, al fin he optado por intentar reproducir el soliloquio de Goya, su fluencia, su desorden, su emoción, sin pretender imitar la llaneza ni lo pintoresco ni aun lo incorrecto de su habla. Me impulsó a ello el haberlo hecho con éxito, en ocasión de más de un enfrentamiento verbal, en mis Memorias (verbigracia, relatando mi acalorada discusión con el Príncipe de Asturias en 1805, a propósito de un dato según él deliberadamente erróneo que yo diérale sobre el movimiento de las escuadras de Nelson), y especialmente los elogios que con ese motivo recibí de tan insigne poeta dramático como Martínez de la Rosa; aquellos pasajes, según él, me acreditaban un natural talento para el diálogo teatral, por lo menos en prosa. De modo que aun descontando que sólo en parte llevaré a buen puerto mi intento, y que el registro de mi memoria está inevitablemente sujeto a errores y alteraciones, incluso graves y siempre involuntarias, aquí va el fruto de esa ambiciosa empresa. De mi papel de aquella tarde, de pasivo oyente y receptor de la extensa confidencia, sólo apuntaré, a modo de paréntesis, las impresiones más notables que recibí en su transcurso. A partir de este momento, y excluidos los paréntesis, habla pues Goya.

M. G.

I

¿POR DÓNDE EMPIEZO, DON MANUEL? No quiero remontarme al pasado. Correría el peligro de empantanarme en él y no llegaría a contarle lo que me propongo. Si a usted le interesa.... ¿Le interesa, verdad? Ese silencio, supongo, equivale a un sí. El pasado... Podría llegar muy lejos. A la primera vez que la vi, en la Alameda de Osuna, en el centro de una tertulia de jóvenes que organizaban no sé qué caridades... Ella jugaba, como siempre. Entonces era todavía muy joven. Tenía la baraja en la mano y le echaba las cartas a una amiga, como una gitana... ¿Conoce usted esos pequeños cuadros del holandés Rembrandt en que una luz que viene nadie sabe de dónde se concreta en un personaje, inundando de sombras el resto? Así pasaba con ella. Ella bailaba, o reía, o echaba las cartas, o jugaba con su perrillo de lanas, y todo se oscurecía alrededor. La luz se iba hacia ella y allí quedaba vibrando. Podría recordarla una mañana cualquiera en Sanlúcar de Barrameda, aquel verano de 1796, chapoteando en la alberca con la chiquilla negra que había ahijado, riendo las dos niñas, la negra y la blanca, igualadas en edad y en rango por el regocijo del desnudo y del agua fresca... Pero, ya le digo, no quiero perderme en el pasado. Entre aquella tarde en la Alameda y aquella mañana en Sanlúcar y ese triste mes de julio de 1802, yo la había conocido, la había frecuentado, la había pintado... (1). ¿De qué sirve darle vueltas a las cosas? Si no empiezo por ahí, me parece que no puedo meterle diente a la historia. Usted es un hombre de mundo. Usted lo supo, don Manuel. Yo la había amado. Todo gira alrededor de eso, como en la gallina ciega. ¿No pintamos ciego al amor?

Los años habían pasado. Las aguas se habían calmado. Quiero decir: yo me había resignado. A no haber sido más que un breve capricho en su vida. ¡Yo!... que había querido ser el único, y había llegado a cometer la imprudencia... ¿o sería más propio decir la inocencia? de poner mi nombre junto al suyo en dos sortijas gemelas, en un retrato del que luego no sabía desprenderme... Y como si fuera poco, usted debe haberlo visto, todavía aquella firma a sus pies, en la arena, "sólo Goya", ¡sólo yo, Dios mío, el único, qué incauto, qué pretensión la mía...! Y qué golpe cuando me caí de esa nube. Pero durante años y años guardé el retrato. ¿Qué quiere usted? Lo miraba y la ilusión todavía permanecía viva, como si cobrara cuerpo, en esos anillos y esa firma en la arena. Y ella, pobrecilla, ya no sería más que eso... polvo... arena... (2).

Los años habían pasado. Vayamos a julio de 1802. Ya no éramos más que buenos amigos. No quedaba ni sombra, no digo ya del amor, ni siquiera de las recriminaciones o del rencor. Ella nunca había entendido muy bien —tampoco yo hice por explicárselo— si había habido mala intención de mi parte al representarla tan a menudo y tan equívocamente en mis "Caprichos"; muchas veces había puesto yo no poco de ironía, y hasta, sí, lo reconozco, una pizca de resentimiento... Eso quizás había empezado a distanciarla. Y yo no hubiera podido echárselo en cara. Nos veíamos menos. Su vida había empezado a cambiar. No se la encontraba, como antes, en los teatros, en los toros, en las verbenas. Corrían rumores de que ahora le apasionaba la política y que frecuentaba el cuarto del Príncipe de Asturias. ¿Formaba parte de ese bando que se oponía a usted y a la Reina, no es así, don Manuel? Nunca había hablado yo con ella de los asuntos de gobierno, ni nunca me había parecido ella interesarse por ellos. Pero, todos lo decían, estaba cambiando.

Un día me enteré de que quería construirse una nueva morada, otro palacio, abandonar aquel bello y querido palacete de la Moncloa en que yo, años atrás, la había pintado. Y levantarse una enorme fábrica en la huerta de Juan Hernández, sustrayendo sus amenidades al esparcimiento del pueblo (3). Era algo extraño en ella. Extraño que no le importara ofender así a los madrileños por dar rienda suelta a una ambición puramente personal. ¡Era tan generosa, tan sencilla, tan indiferente a las tentaciones de la grandeza! Pero lo hizo. Como un desafío. Como si dijera al pueblo: puesto que me queréis, demostradlo, soportad mi capricho.

Un día me llamó a su nueva casa. Ya estaba el huerto amurallado, con rejas que impedían el paso del público, y todavía protestaba éste a voces desde el Paseo, por la odiosa usurpación. Dentro del palacio sin terminar, entre un ejército de arquitectos y artesanos y jornaleros, ella parecía un general en jefe aprestándose para una batalla perdida, pálida, excitable, consumida de ansia, no sé si me entiende usted, como si le fuera en ello la vida. La poca vida que le quedaba... Esa tarde me enseñó salones y galerías, me señaló muros y techos, y la inmensa escalinata que recordábamos ayer en el teatro, y me dijo: "Fancho, todo esto debes pintarme, murales y paneles y techos y frisos y sobrepuertas, ¡que mi palacio ha de ser el más espléndido de toda Europa, más que el de la Emperatriz Catalina en San Petersburgo, y tú conquistarás la inmortalidad por haberlo pintado!" Le brillaban los ojos, se le enronquecía la voz, extendía los brazos como una sibila, era toda fuego en aquellos días, pero no con el ardor de la juventud; era una excitación tirante excesiva, estridente —déjeme usar un símil de pintor—, un color metálico, que me llenaba de aprensión, porque no era suyo... Uno se resiste a admitir los cambios en las personas que ama, ¿no es así? Ella había cambiado y no había sido para mejor.

Fue a partir de esa entrevista que empecé a frecuentar el palacio, para estudiar lo que en él pintaría, y terminé, de acuerdo con ella, por instalar en uno de los salones vacíos un pequeño taller. Llevé bastidores y pinturas, llevé mesas y caballetes; el tesorero, don Antonio, me proporcionó todas las velas que quisiera. Emprendí la tarea. Pintaba pequeños bocetos al temple según los temas en que nos íbamos poniendo de acuerdo; en aquello también me llevé una sorpresa. Creyendo agradarla, empecé por proponerle escenas populares, tipos y accidentes de ese Madrid de los cómicos, los toreros y los majos, en que a ella tanto le había gustado mezclarse, pero también en eso había cambiado, y al fin, a mi pesar, convinimos en episodios y héroes de la Mitología, y trocamos majas y floristas por náyades y ninfas. Yo, siempre buscando complacerla, empecé a idear una inmensa y variada alegoría en que un personaje femenino —ella, claro, aunque yo me reservaba la sorpresa final de darle su rostro— aparecía indistintamente como musa o ninfa o diosa, hasta su definitiva glorificación en el techo del gran salón de los espejos, flanqueada por los cuatro ejércitos del Arte, del Pensamiento, de la Poesía y del Amor. Mi autorretrato, como de contrabando, estaría en uno de los ángulos. Y todo el movimiento y el ritmo de la composición haría que la mirada de la diosa recayera en él. Era un premio secreto que yo, una vez más, quería cobrar a la inmortalidad (4).

Todo esto no eran más que proyectos, una docena de bocetos todavía confusos y desmañados, en el momento en que ella me anunció, a la entrada del verano, que cerraba el palacio, suspendía los trabajos, y se marchaba a Andalucía, pese a las advertencias de que había allí epidemias, y que era aconsejable no exponerse a ellas en plenos calores (5). Como le dije ayer, don Manuel, cuando algo se le metía entre ceja y ceja, nada la amedrentaba. Y así se marchó, diciéndome: "Fancho, durante mi ausencia no pintes, sueña. No me gustan todavía tus bocetos. Se ve a la legua que son obra de encargo y yo quiero que te salgan del alma, que los pintes a pesar mío, que entonces aparece el genio en tu pintura, como en la cúpula de San Antonio." ¿Qué podía hacer yo? Siempre tuve escasa inclinación a la Mitología, si no era la de mi propia invención. ¿Acaso ella hubiera tolerado mis brujas y mis monstruos en el techo del gran salón? (6).

(Mientras habla, Goya trata de mantenerse calmo y aplomado, pero no consigue quedarse quieto en su sillón, se levanta con cualquier pretexto, para encender alguna vela más o recoger la copa que acaba de olvidar en un estante o rellenar la mía, y vuelve a sentarse, a veces en el escabel que tiene frente al caballete; y suda bajo su chaqueta de paño, súdanle las patillas hirsutas y se le empapa la camisa color crema.)

En la tarde del 22, yo estaba trabajando en aquel desnudo de mujer que usted me había encargado, don Manuel, ¿se acuerda? Nunca supe si hablaba usted en serio o en broma cuando decía que mi cuadro iba a presidir su gabinete galante. ¿Es que realmente lo tenía usted? Se sonríe. Dejémoslo (7). Yo trabajaba en el desnudo, o mejor dicho en inventarle una cara a la dama, que todavía no la tenía, y lo hacía sobre unos apuntes de una mocita cualquiera que encontré en mis carpetas, y si usted tuviera buena memoria recordaría que, cuando llegó allí de improviso, yo tenía los postigos echados, como están ahora, y en la cabeza ese sombrero que ve usted, con las velas en el ala, sólo que encendidas. Bueno, tal vez no era el mismo sombrero, que ni el mejor fieltro aguanta el sebo tantos años, no más que nosotros sin quebrarnos los lagrimones de desengaño que nos va echando la vida, y valga la comparación. Usted se presentó, pues, a apremiarme con el desnudo o vigilar su marcha. Discutimos la cara, que a usted le pareció iba quedando demasiado insulsa, y yo que no, que así había de ser, que toda la vida del cuadro debía estar en el tono del cuerpo, y el rostro cuanto más neutro mejor, y usted pensaba o así me lo daba a entender, que con lo anodino de las facciones yo lo que hacía era borrar la identidad del cuerpo desnudo, porque los dos sabíamos muy bien a quién pertenecía. Eso no había necesidad de hablarlo, ¿verdad, don Manuel? (8).

> (¿Qué está diciendo Goya? ¿Que yo conocía ese cuerpo o simplemente que había adivinado la identidad de su dueña? No lo sé. Pero tampoco lo averiguo. Me hago el desentendido.)

El cuadro, desde luego, era una osadía. Los dos nos preocupábamos por guardar el secreto, yo al pintarlo en la soledad de mi estudio en lo más duro del verano, cuando en Madrid la gente sólo se visita de noche, usted al quererlo para esa especie de santuario en el que entrarían, imagino, sólo personas de su mayor intimidad. Pero las ocurrencias de la Historia y de la política revolvieron España como un pordiosero un cubo de desechos y alguien terminó pescando nuestra mujer desnuda, que ahora llaman la maja, ¿sabe usted? Y no la pescaron para admirarla sino para hacer de ella el chivo expiatorio de la famosa corrupción de los tiempos, y de la suya propia, don Manuel, sobre todo de la suya. ¡Qué risa! ¿Lo sabía usted? ¿No lo sabía? Fue allá por 1814, cuando ya ocupaba el trono don Fernando y acababa de restablecerse el Santo Oficio, en pleno proceso contra usted. Husmeando y husmeando, sacaron a relucir las dos majas, la desnuda y la vestida, y se volvieron también contra mí por haber pintado para usted esas que ellos llamaban: obscenidades. Junto a Velázquez, junto al Tiziano, junto al Correggio, fíjese usted qué buena compañía. Aquellos buenos inquisidores reclamaron todas esas pinturas al Depositario General de Secuestros, que era quien las tenía en su poder, ¡y se dedicaron a su contemplación, bueno, a su examen, hasta concluir que constituían delito! Unos meses después, por mayo del año siguiente, me parece, me citaron ante el Santo Tribunal —que si hubieran podido hubieran convocado también a Velázquez, a Tiziano, a Correggio, menuda fiesta hubiera sido— para que las reconociera y declarara si eran obra mía, en qué ocasión las había hecho, por encargo de quién y con qué propósito y finalidad. Creo que le estoy repitiendo las palabras exactas de la citación, don Manuel. ¡Figúrese, presentarme ante aquellos santos varones y decir que el Príncipe de la Paz me las había encomendado para su gabinete galante! Pues bien, me defendí como pude, como gato entre los leños, y las cosas pintaban bastante feas, cuando, de repente, empezó a rumorearse que la dama del desnudo no era una modelo cualquiera, sino una dama de la nobleza. Se inventaron muchas mentiras pero, curiosamente, también se decía la verdad, y el nombre de ella empezó a circular de boca en boca, y al fin uno de aquellos canónigos que me interrogaban, tras muchos circunloquios, llegó a nombrarla... No me dieron tiempo ni a reaccionar. Fue como un aleteo de alas negras, como si un ejército de murciélagos hubiera invadido la sala de Audiencia. El Tribunal Inquisidor levantó la sesión. Una semana despues se había echado tierra al asunto, la investigación se dio por cerrada, y a mí no volvieron a fastidiarme desde entonces. Alguien había intervenido, sin duda, y alguien de gran predicamento, porque usted sabe bien que ni el propio Rey... (9). Pero me voy por las ramas. Sepa disculparme. ¡Han pasado tantas cosas en España en estos años de su ausencia, que no alcanzaría lo que nos queda de vida para comentarlas!

Discutíamos pues usted y yo sobre la nueva cara de la mujer, cuando Pedrín, aquel chico picado de viruelas que me hacía los mandados, apareció para anunciar que acababa de detenerse a mi puerta, junto al coche de Su Alteza, el de la señora duquesa de Alba, Recuerdo bien que la primera reacción, suya y mía, fue la de apresurarnos a retirar el caballete con el cuadro y a cubrir éste con un lienzo. Y yo, se lo confieso ahora, preguntándome al mismo tiempo según mi natural receloso, si usted y ella habían convenido de antemano encontrarse en mi estudio. Pero, si era así, ¿qué razones lo habían movido a usted para que ella viera el cuadro? Y en ese caso, ¿por qué parecía ahora tan interesado como yo en ocultarlo...? Desatinos.

Y no tuve mucho tiempo para entretenerme en ellos. Ella tenía el paso vivo y era impaciente por encima de todo, y apenas había caído el lienzo sobre el desnudo, estaba allí, frente a ambos. "Es un golpe de suerte encontrarte en el estudio de Fancho" —dijo dirigiéndose primero a usted—. "Me aseguraron que estabas en La Granja y te había borrado de mi lista de invitados." A ella la oía, siempre. En parte por aquella voz cantarina que redondeaba cada vocal como una perla, en parte porque había aprendido, años atrás, a articular para mí, y parecía complacerse marcando el movimientos de los labios en forma tan enérgica y móvil —y por si fuera poco, tan seductora—

que se diría que hablaba el francés. "A eso vengo, Fancho" —agregó—. "A invitarte a una fiesta que doy esta noche en honor de mi prima Manuelita, la pequeña, ¿te acuerdas? Pues se casa ya, con el Conde de Haro. Quiero celebrar su compromiso, y quiero además que la pintes. Vendrás, por descontado. ¿Y vendrás, tú, Manuel?" Se volvió hacia usted, y cruzaron unas cuantas réplicas que no entendí, y volví a preguntarme si no se habrían citado y no sería todo una engañifa para un crédulo.

> (No lo había sido. Le insinúo que tal vez leyó también entonces en los labios de Cayetana las palabras que me dirigió en seguida, y que hoy prefiere discretamente ignorar. Con desenfado ella había dicho: "¿Y vendrás tú, Manuel? Por supuesto que sí, no acepto ninguna excusa. Esta noche a las diez, en mi nuevo palacio, se entra por la calle de la Emperatriz. Puedes venir con cualquiera de tus mujeres..." Goya se ruboriza, carraspea, ni niega ni admite que sí oyó a la atrevida. Y sigue empecinado su historia.)

Ella entró hasta el centro de la habitación, se arrojó informalmente sobre el diván en aquella actitud tan suya, las manos enlazadas tras la cabeza, que yo había reproducido en su desnudo, y todo eso sin quitarse la mantilla que desde la alta peineta le sombreaba la cara. Quedaba una zona de penumbra; allí relumbraban, como dos carbones encendidos, los ojos. Nos contó que había decidido en un rapto abandonar Andalucía porque se aburría. La epidemia era realmente un azote. Sus amigos, asustados, habían resuelto no holgar allí este verano. El pueblo estaba lúgubre y aterrorizado, nadie sin algún familiar agonizando. Al fin habían terminado por impresionarla y hartarla con tantas advertencias y presagios, y se había venido para Madrid. A mí me resultó en aquel momento un modo bastante desaprensivo y frívolo de hablar de aquella calamidad, ¿no? Pues en justicia a su memoria debo decirle, don Manuel —después lo supe—, que no había dejado Andalucía sin desvivirse por sus vasallos afectados por la fiebre. Se había arriesgado visitándolos y velándolos. Les había dejado una suma cuantiosa para medicamentos y vacunas. Sólo que a ella, con su temperamento, la enfermedad y la muerte la impacientaban más que nada... o quizás en el fondo fue una premonición... "Si has terminado, Manuel, déjanos" —dijo al fin incorporándose—. "Tengo algo privado que concertar con Fancho y aún debo ocuparme de las flores y echar una ojeada a todos los preparativos de la noche." Usted se marchó al instante. ¿Qué tenía de único aquella mujer que obedecerla era tan irresistible como mandar a las demás?

No bien usted se hubo ido, mientras yo me preguntaba qué se traería conmigo, saltó en pie y empezó a dar zancadas a un lado y otro del estudio, con aquel paso tan suyo, largo, vivo y ondulante, que los años estaban volviendo más angular, más eléctrico. Antes de que yo pudiera evitarlo encontró el cuadro con el lienzo echado, y espió, lo descubrió, quedando frente a frente con su propio desnudo. Las palabras se le ahogaron en la boca. "Pero ésta..." empezó a decir. Me daba la espalda y yo esperaba me regañase, pero así estuvo, quieta, mirando el cuadro, hasta que se volvió, con los ojos más brillantes en la sombra de la mantilla. "¿Qué pasa, Fancho?" —dijo—. "¿Te has olvidado de mi cara?" Y como desalentada se dirigió a mi taburete, se dejó caer sentada, se arrancó la mantilla y expuso bruscamente la cara a la luz, rígida, como ofreciéndola. "Pues aviado estás, porque a eso he venido, a que la pintes." Yo miraba sin comprender aquel rostro que los años, demasiado de prisa, habían estragado y dije al fin, cohibido: "¿Otro retrato?" Ella rió, acre. "Tonto" —explicó—, "lo que quiero es que me compongas la cara directamente, con tus pinturas. Ya con los afeites no consigo mejorar en nada esta desolación y esta noche doy una fiesta y no quiero que me eclipsen los quince años de Manuelita ni el bicho de la de Osuna" (10). Ahora quedaba claro, tristemente claro, lo que me pedía, y pese a mis protestas continuó rogándome, hasta que no tuve otro remedio que acceder, y ella, secándose alguna lágrima —no era raro que le subieran repentinamente a los ojos, como a pesar suyo, flujos de un corazón que se desbordaba, ¿recuerda usted?— concluyó: "Si has podido acordarte tan bien de mi cuerpo" —y señaló el desnudo— "no te dará mucho trabajo devolverme mi rostro de entonces". Yo volví a protestar, vencido ya, dije alguna galantería que me temo sonaría a hueco, porque la verdad es que desde hacía tres o cuatro años ella había ido perdiendo notablemente su maravillosa lozanía. La piel se había vuelto macilenta, sin la color y la frescura de antes, los ojos demasiado febriles y hasta un tanto desorbitados, hasta sus bellísimos cabellos parecían ralearse y perder la vida. Como si algo la consumiera por dentro, un mal...

(Goya no exageraba. Dos años antes, por lo menos, recuerdo que Cornel era ministro en aquel momento y Cayetana había ido con él a cenar con los Reyes, doña María Luisa me la había descrito como "una piltrafa". Yo había pensado que era un juicio ofuscado por los celos, pero a los pocos días la encontré, después de mucho tiempo, en un sarao en la Alameda de los Benavente-Osuna, y realmente me alarmó la precoz decadencia de aquella bellísima criatura) (11).

Un mal, don Manuel... Y yo creía saber cuál era, aunque no osaba hablar de eso con ella; no tenía pruebas, no podía mencionarlo. En los años más intensos de nuestra amistad, allá por 1796, en la temporada que pasamos juntos en Sanlúcar, una noche ella volvió muy excitada de no sé qué fiesta en que había estado, y me dijo que había descubierto una medicina prodigiosa. Alguien la había traído de América en su estado natural: hojas de un arbusto que mascan los indios del Altiplano de los Andes. Habrá oído usted hablar de eso, yo también había oído en la Corte, y de sus extraordinarios efectos. Y ese alguien la había sometido a un proceso de maceración o destilación o síntesis... una cosa de alquimia, créame, de brujería... hasta obtener un polvillo fino que bastaba aspirar por la nariz para que empezara a obrar sobre nuestra naturaleza (12). Abrió una preciosa cajita de rapé llena de ese polvillo que acababan de regalarle y de hacerle gustar por vez primera. La verdad: lo probamos los dos aquella noche... y muchas otras noches de aquella temporada, y yo llegué a entusiasmarme porque por un momento pensé que los efectos del polvillo obraban de tal manera sobre los sentidos y sobre el cerebro que así como parecían redoblar otras percepciones, redoblarían mi captación del color y de las formas reales o imaginarias, y yo llegaría por fin a ser el pintor que siempre había soñado, ¡capaz de pintar algo que está más allá de la superficie de la realidad, el mundo de nuestros fantasmas y de nuestros sueños! Pero el precio era demasiado alto. Lo comprendí a tiempo. ¿Recuerda usted un "capricho" que intitulé "Volavérunt"? La maja lleva muy ufana una gran mariposa en la frente que parece arrastrarla en el vuelo hacia alguna región de delicias e ignora los monstruos que se agolpan y acechan a sus pies. Pero los monstruos terminarán por triunfar, ¿me comprende usted? Y la mariposa no es más que un espejismo. Esos terribles polvillos nos llenan la cabeza de maravillosas mariposas multicolores, pero al fin nos sumen en el horror gris de los demonios. Ésa es la idea del "Volavérunt". Ya le digo, lo comprendí a tiempo. Uno se habitúa, empieza a necesitar la medicina con más y más frecuencia y termina por convertirse en su esclavo. La hice partícipe de mis temores. Se reía. Lo atribuía a mi espíritu receloso de campesino, a la estrechez mental de mi edad. Pronto nuestra relación desembocó en una ruptura —no, no quiero decir que el famoso polvillo tuviera influencia alguna en eso— y yo me volví a Madrid, derrotado y amargado, y ella se quedó en Sanlúcar, rodeada de una pequeña corte de toreros a los que, si mis sospechas no andaban erradas, había iniciado en los mismos hábitos. Y así como el amor o los celos se convirtieron en adelante en un tema prohibido entre los dos, tampoco de eso —esto es, del polvillo— volvimos nunca a hablar, como si de una manera subterránea e inconfesable estuvieran los asuntos mezclados. Y ahora, varios años después, la veía sentada en mi estudio, tan dócil, tan inerte, dispuesta a que yo la pintara como un lienzo, como una tabla, como un trozo de cobre, y no me atrevía a decirle: es ese maldito polvillo, estoy seguro, has seguido utilizándolo y te ha destruido, déjalo, aún estás a tiempo, déjalo y volverás a ser hermosa como antes, y no tendrás que someterte a esta humillación, la de que yo te devuelva con mi artificio una luz y una color que fueron tuyas, sólo tuyas...

(Goya va poniendo tanta pasión en su relato que a esta altura de la tarde, todo lo ocurrido en aquella otra tarde de julio de 1802 parece cada vez más próximo, y como mágico efecto de ello, Goya, se diría, va volviéndose más joven, recuperando una voz más llena y viril, un ardor en los pequeños ojos, una agilidad en los movimientos, hasta empezar a parecerse más al Goya de mis primeros recuerdos que al que he visto llegar, hace veinticuatro horas, a la chocolatería de Poc.)

Pero no le dije nada. Amontoné en una mesilla mis pinceles más pequeños y una amplia paleta de colores, y empecé mi obra, no usando sólo de mi artesanía sino de lo que había aprendido observando a mis amigas actrices y en especial a La Tirana y a Rita Luna modelarse delicada y astutamente el rostro con afeites antes de posar para mis retratos (13). Para un pintor no era difícil recordar aquellas técnicas: los ocres a la base, los carmines graduados en los pómulos y las sienes, los negros orillando el ojo, la esfumatura de ocres pálidos, verdes y morados en lo cóncavo de las cejas y en los párpados. Puede usted imaginar los encontrados sentimientos que yo experimentaba coloreando con mis dedos untados como una doncella o un peluquero aquel rostro que, devastado y todo, era el de ella, el de la mujer que había amado, que quizás aún entonces... Basta. No me haga caso. Soy incurable. A mis setenta y nueve años, sigo incurable. Pues bien, poco a poco fueron volviendo la lozanía de la complexión, el rubor juvenil, la suave gradación de la color, el mirar aterciopelado; todo artificio, pero intachable el efecto final. Di por terminado mi trabajo; ansiosa y dominante, exigió un espejo. Corrí a dárselo. Deseaba que se fuera cuanto antes. Aquello había sido demasiado para mí. No sé cuál de los dos se había humillado más. Empecé a guardar mis pinceles.

Dijo algo a propósito del cuello. No la estaba mirando y apenas oí lo que decía, y estaba demasiado contrariado para prestarle atención. Pero cuando guardé los pinceles y me volví hacia ella, la vi, el mentón y el espejo en alto, pintándose de blanco el cuello con los dedos que se deslizaban suave pero nerviosamente por debajo de la barbilla. Tardé un momento en darme cuenta de lo que ocurría y de repente salté hacia ella, gritando, le arrebaté el blanco de la mano y arrojándola sobre el diván empecé a fregarle el cuello con mi propia corbata, con desesperación. Tardó en darse cuenta de lo que ocurría —usted también, don Manuel, por los ojos que me pone, ¿eh? —pero le bastará con una palabra que al fin logré que ella me oyera en medio de sus gritos y protestas y pataleos: ¡Veneno! Sí, veneno. El blanco de plata es veneno, un muy peligroso veneno, y yo me había cuidado muy bien de excluirlo, junto a otras pinturas igualmente nocivas, de los afeites con que iba a pintar algo tan delicado como el rostro de una mujer (14). Por fin nos calmamos; yo moderé mis reproches y ella sus quejas y burlas; conseguí quitarle con un diluyente apropiado todo el blanco, y aunque ahora se quejaba de escozor por lo menos había evitado la intoxicación.

"Es una pena —se lamentó—, me veré obligada esta noche a usar una gasa al cuello, que es el recurso de todas las viejas." Y se maravilló de que los materiales que usáramos los pintores pudieran ser en tal grado perniciosos y hube de hablarle del violeta de cobalto y del amarillo de Nápoles y del verde Veronese... (15). "Es una trampa —comentó—. Tienen los nombres más deliciosos y poéticos y pueden resultar tan letales como el cianuro o el arsénico..." Volvió a ponerse de pie de un salto, y esta vez sí esperé que se fuera, pero me defraudó: volvió a pasearse por el estudio, a detenerse ante el desnudo haciendo, para ella misma, comentarios que yo no podía oír, y a fisgonear entre los lienzos, aquí y allá, arriba y abajo, hasta sacarme de las casillas pero también hasta encontrar lo que buscaba: el último retrato que yo le había hecho, el de Sanlúcar, el que ella llamaba su "retrato en negro". Y no cejó hasta obligarme a apoyarlo, con sus buenos dos metros de alto, en el respaldo de un sillón. Allí estaba, como frente a un espejo, ella mirándose en la otra, las dos pintadas por mí, pero con la ironía de que la del cuadro ahora tenía una belleza y una juventud más auténticas y parecía decir: "Así eras." Y casi como un eco de mis pensamientos, oigo que ella dice en efecto: "Así era." Y corre hacia el desnudo y lo señala con un dedo acusador y añade: "Y así..." Y se vuelve despechada hacia mí, como si mis cuadros representaran una afrenta más grave que la memoria misma, y amenaza: "Un día vendré a que me pintes el cuerpo, Fancho, y te obligaré a que lo hagas todo con ese blanco de plata, como si pintaras un sudario, para morir ahí mismo..."

Pareció abatida —ella tenía ese temperamento bravío y ardiente que de pronto se abandonaba, como si adivinara que las cosas, la vida misma, y la lucha que implica, no valieran la pena— y volvió a contemplar su "retrato en negro", quieta, silenciosa, tal una niña aplicada estudiando ante su pizarra. No hizo, tampoco esa vez, ningún comentario sobre el "Goya" de la sortija ni el "Sólo Goya" de la arena que yo la obligué en el retrato a señalar con el dedo. Nunca lo hizo. Supongo que era su forma, la del silencio, de expresar su desacuerdo. Pero al mismo tiempo se abstenía de protestar. Lo que imagino no era otra cosa que el respeto de esa mujer sobremanera sensitiva y delicada hacia el amor que había despertado sin proponérselo. Luego vino hacia mí, me cogió de una mano y me obligó a sentarme junto a ella, en el diván. Sin soltar mi mano, dijo tristemente: "Gracias, Fancho, por haberme conservado joven y guapa para siempre, y con ganas de vivir, en mis retratos, en tus dibujos, en ese desnudo que querría que tuviera mi cara, para que todos supieran que yo fui así. Estos días no pienso más que en morirme o en desaparecer, en evitarme y evitar a los demás el espectáculo de la derrota. Tú que me has ayudado a vivir" —y señaló hacia donde estaban sus retratos— "bien podrías ayudarme a morir, dejarme un día revolver entre tus pinturas y... ¡No me interrumpas! ¡No me digas que no sería hermoso! ¿De qué murió la cuitada? ¡De amarillo de Nápoles! Es mejor que morir de simple fiebre amarilla, que es lo que se estila en estos tiempos." Rió, lloró, no sé, yo estaba muy sobrecogido; de repente se ahuyentó una lágrima al borde mismo de las pestañas. "No debo llorar" —dijo—. "Se iría al demonio tu denodada labor." Y cogió la mantilla y se fue, pero esta vez con infinita prudencia, como quien deja un niño durmiendo en una habitación. Lo que dejaba, acunada entre los dos, era la idea de su muerte.

(Goya se sirve otra copa de brandy. Esta vez se olvida de volver a llenar la mía. Se ha quitado la chaqueta y desanudado el corbatón. El cabello, húmedo de sudor, parece oscuro. A pesar de la terrible melancolía de su historia, el contarla lo rejuvenece; recupera el aspecto del Goya de 1802. No se necesita más que un pequeño esfuerzo de imaginación para ver a su lado a Cayetana, llena de gratitud y de encontrados afectos por aquel hombre moreno, pequeño y recio que suda de inquebrantable fidelidad.)

Notas

(1) Aquella tarde en la Alameda pudo muy bien remontarse a 1785, fecha en que Goya pinta sus dos primeros retratos de los Condes-Duques de Benavente-Osuna; Cayetana de Alba tenía entonces veintitrés años. Diez años más tarde, a poco de ser designado Goya director de la Academia de San Fernando (cuya presidencia de honor ostentaba precisamente la madre de la Duquesa), recibió la visita de los Duques de Alba y el encargo de que los retratara a los dos, cosa que hizo. A partir de esa fecha empieza a frecuentar a la Duquesa, que queda viuda a fines de ese mismo año, y ya 1796 y 97 son los años en que culmina la relación entre el pintor y su modelo-amiga-protectora-amante. Y su estadía juntos en Sanlúcar de Barrameda, de la que queda el maravilloso testimonio del álbum de dibujos, en uno de los cuales aparece la Duquesa, justamente, jugando con su amiguita de color.

(2) El retrato a que se refiere en forma algo incoherente Goya es el más famoso de los que pintó a la Duquesa: aquel en que ella aparece con vestido y mantilla negra y un dedo señalando la tierra. Estaba efectivamente en poder del pintor (contra toda lógica) al morir su mujer

Josefa Bayeu en 1812 y hacerse el inventario de los bienes que, por acta notarial, entrega ya a su hijo Javier. Figura como "un retrato de la de Alva con el número 14 (estimado) en 400 (reales)".

(3) La Huerta de Juan Hernández tenía libre su acceso al pueblo de Madrid, que la había convertido en uno de sus predilectos lugares de esparcimiento, hasta que la Duquesa, reivindicando viejos derechos de propiedad, consiguió recuperarla y levantar en él su palacio de Buenavista. Esa actitud fue enormemente impopular y se dio el caso de que un personaje tan querido del pueblo madrileño como la Duquesa, viera de repente su nombre vituperado en pasquines que ni la Inquisición ni el Rey pudieron evitar se fijaran. Caído Godoy, que como vimos obtuvo del Ayuntamiento que a la muerte de la Duquesa se comprase Buenavista para él, el palacio fue sucesivamente Museo Militar, residencia del Regente (1840), Embajada de Turquía, Dirección de Artillería y por fin Ministerio de Guerra.

(4) Nada queda de esos bocetos de Goya para los murales y techos del palacio. Es muy probable que él mismo, descontento como estaba con los temas y la ejecución, y muerta la Duquesa a cuya glorificación estaban destinados, los haya destruido.

(5) La Historia se ha ocupado más de la epidemia de fiebre amarilla de 1803, que fue una catástrofe en toda Andalucía (el propio Godoy dedica bastante espacio en sus Memorias a describirla y contar los medios que se emplearon para combatirla), pero casi todos los veranos había brotes, y como vemos el de 1802 no fue insignificante.

(6) Cierta es la escasa inclinación que confiesa Goya por la

mitología. Fuera de cuatro o cinco obras primerizas, de la época de su aprendizaje en Italia, no hay en toda la pintura de Goya otra mitología que la muy personal de sus Caprichos y Disparates. Y eso en pleno auge del neoclasicismo.

(7) Se confirma aquí una de las teorías más comúnmente aceptadas sobre la ejecución de las "majas": que ellas fueron pintadas por encargo de Godoy, en cuya posesión se encontraron al confiscar sus bienes en 1808. En cuanto al gabinete galante parece haber existido —quizás en 1802 no era más que un proyecto— por lo menos en el palacio de Buenavista, e integrado, aparte de las Majas, nada menos que por la Venus del Espejo de Velázquez, la Escuela del Amor del Correggio y la Bacante del Tiziano, adquiridas por el Príncipe de la Paz a los herederos de la Duquesa.

(8) Goya nos da aquí una explicación bien sencilla —bien de pintor— de ese problema que ha turbado tanto a los críticos y que es la neutralidad del rostro de la maja.

(9) Salvo noticia del apercibimiento —cuyo texto cita Goya de memoria con notable exactitud— todo rastro del proceso contra Goya e incluso de su sobreseimiento ha desaparecido por completo de los archivos de la Inquisición. Otra inquisición, aparentemente, se interesó en hacerlo desaparecer. Un nuevo caso de silenciamiento en torno a la vida y milagros de la notable Cayetana.

(10) Finalmente hay una fecha definitiva para la célebre carta de Goya a Zapater, que los comentaristas databan vagamente entre 1795 y 1800, y en la que Goya dice a su amigo zaragozano: "Más te valía venirme a pintar a la de Alba que se me metió en el estudio a que le pintase la cara y se salió con ello..." La carta tiene que haber sido escrita en la

mañana del 23, cuando Goya ignoraba todavía que "la de Alba" estaba agonizando en su palacio.

(11) La carta de la Reina existe y ha sido publicada. Textualmente dice doña María Luisa: "La de Alba se despidió esta tarde de nosotros; comió con Cornel y se fue, está hecha una piltrafa; bien creo que no te sucedería lo de antes, y también creo estarás arrepentido de ello." La alusión a un viejo "affaire" amoroso entre Godoy y "la de Alba" es bien explícita.

(12) El interés por las plantas americanas, con sus raras virtudes medicinales, era tan grande en la España de ese tiempo que no pasaba año sin que se publicaran nuevos tomos de la "Flora Peruviana" de don Hipólito Ruiz y don Jose Pavón. El propio Godoy dice en el tomo I de sus Memorias: "En aquellos años nos llegaron del Perú nuevas remesas para el aumento de la Flora Peruviana y chilense que nos remitió nuestro botánico Juan Tafalla, más de cien especies nuevas, aumento no tan sólo para el lujo de la ciencia, sino también para la medicina, por las raras virtudes de algunas de las plantas raíces y cortezas que nos enviaban." Nada tiene de extraño que una de esas plantas "de raras virtudes" haya llegado a manos de la Duquesa.

(13) Efectivamente, Goya había pintado a la Tirana en dos oportunidades, en 1794 y en 1799, pero a Rita Luna no la pintó hasta 1814, que se sepa, por lo cual, o hay un retrato anterior desaparecido de la actriz, o Goya tuvo un fallo de memoria, o lo tuvo Godoy al recordar las palabras de Goya. Tanto la Tirana como Rita Luna fueron célebres actrices de su tiempo y es lógico que Goya las traiga a colación en el trance curiosísimo de "maquillar" a la Duquesa.

(14) El blanco de plata, también llamado blanco de plomo y

blanco de Krems (es un carbonato básico de plomo), era prácticamente el único blanco utilizado por los artistas hasta mediados del siglo XIX y figura entre las más tóxicas de las pinturas usadas habitualmente por aquéllos. Produce una enfermedad llamada dramáticamente "saturnismo". El pintor brasileño Portinari murió envenenado por blanco de plata. Sin embargo, en este caso las aprensiones de Goya eran excesivas porque si bien se recomienda enérgicamente no aspirarlo ni tragarlo, el efecto tóxico es resultado de la acumulación de muchas pequeñas cantidades. De todos modos, no era Goya el único en exagerar su peligrosidad; siempre se tuvo por sumamente tóxico y siempre se tomaron grandes precauciones para su uso.

(15) El violeta de cobalto es arseniato de cobalto y debe ser usado con extrema prudencia; el amarillo de Nápoles, antimoniato de plomo y venenoso como todos los colores de plomo; y el llamado verde Veronese (en Francia), verde opaco (en España), "emerald green" (en Inglaterra), "schwein-furt" (en Alemania), es una combinación de arseniato y acetato de cobre. Es el más venenoso y peligroso de todos los colores, y para disimularlo se le dan los nombres más fantásticos. (El verde de Scheel, usado antiguamente, era arseniato solo. Veneno puro, pues, y no es descartable que Goya lo usara bajo el nombre de otro verde similar.) No es raro que Goya lo llamara verde Veronese. Aparte de que pudo aprender a llamarlo así en Italia, grande fue la influencia de un veneciano, Tiépolo, en la pintura española de la segunda mitad del XVIII, y Goya no se había sustraído a ella; y Tiépolo bien podía llamar "Veronese" a un verde que había aprendido del Maestro Paolo.

II

LLEGUÉ A LA FIESTA demasiado temprano, como de costumbre; ella aún no había bajado de sus aposentos y yo me entretuve con algunos de sus familiares: don Ramón, el capellán, Berganza, el secretario, y el señor Bargas, su tesorero (16), que solían estar siempre presentes al comienzo de todos los saraos y luego se desvanecían discretamente a medida que los invitados se iban haciendo dueños del terreno; a mí los unía una ya vieja amistad, y aquella noche se habló, por lo que hube de hacerme repetir, de un grave amago de incendio que se había producido en palacio pocos días antes. Todos lo presumían intencional; tan vivo estaba todavía el resentimiento del pueblo por lo que consideraba una usurpación, que ni siquiera el dictamen real reconociendo sus derechos a la propietaria, había servido para mitigarlo (17). Lo que aquellos fieles servidores y sobre todo el impresionable Berganza temían era un ataque directo contra su ama, y la forma en que tal ataque podía afectar su ánimo, ya que éste se les antojaba singularmente desasosegado y aprensivo desde su regreso de Andalucía. Pero como dando un mentís a esas inquietudes, apareció ella en el salón, impartiendo sus últimas órdenes y retocando personalmente el arreglo de las flores que encontraba a su paso; sin atisbos de la melancolía que al secretario y a los otros afligía, y que a mí me había impregnado en el estudio pocas horas antes. Parecía la de sus tiempos mejores, y secretamente me enorgullecí de haber contribuido a ese resultado. Ella lo había hábilmente realzado con un vaporoso vestido de muselina en que los oros y los fuegos, en capas y más capas superpuestas, lograban un efecto de tornasol, como se sumaban en su cuello, en sus orejas y en sus dedos los rubíes y el oro para repetirlo en sus luces. Estaba resplandeciente y parecía saberlo. Giró sobre sí misma y me cogió de las manos, apartándome un poco. "Ya ves, Fancho mío" —me dijo—, "he evitado todos los colores venenosos. Y tengo un vestido blanco y plata que es el que más hubiera deseado ponerme esta noche." Dijo eso y se alejó, a modificar el arreglo de unas flores en un gran vaso de porcelana china. ¡Todas las rosas que alegraban la decoración repetían los colores de su atavío, como una variación de un mismo tema musical! Pero entretanto yo intentaba descubrir si sus palabras, tan ambiguas, había que tomarlas en su sentido literal o encerraban algún mensaje secreto a propósito de lo hablado en la tarde sobre el blanco de plata y sus fantasías de muerte. En todo caso, había logrado inquietarme de nuevo y disipar la dichosa impresión que me había producido su entrada. A esa altura, empezaron a llegar los invitados.

Nadie como ella tenía esa gracia natural y unas artes tan finas de hospitalidad, como para permitirse la audacia de mezclar a gentes de la condición más dispar en un salón, un palco de teatro, o en torno a una mesa. Nadie le disputaba ese cetro, ¿verdad?, y se sabía que en su casa es donde podía hallarse a un torero departiendo con una Grande de España, y a un sesudo filósofo galanteando a una cómica. Siempre para el mejor disfrute de todo el mundo, porque la atmósfera relajada y libre emanaba de la propia anfitriona; usted debe recordarlo, ella no vacilaba en involucrar en el mismo tuteo a un príncipe de sangre real y a un hombre de pueblo, en la misma broma a una aristócrata y a una maja de Lavapiés. Felizmente, si ella estaba cambiando, en eso por cierto no se advertía ninguna rigidez. Aquella noche empezaron a llegar los invitados y a poco, como si en ello hubiera un plan deliberado, estaban juntos el propio Príncipe de Asturias con Isidoro Máiquez y Rita Luna, y el torero Costillares con los Condes-Duques de Benavente-Osuna (18). Ignoro en qué momento llegó usted, don Manuel, pero también a usted lo recuerdo allí, platicando animadamente, sin que la presencia de sus enemigos políticos —lo era el Príncipe, por supuesto, pero también lo era Cornel, ¿verdad?, y hasta la propia dueña de casa— provocara en usted la menor desazón. Ella tenía ese arte y en eso no había decaído, y había que verla aquella noche, don Manuel, bueno, usted la vio, como olvidada de todas sus nostalgias, con aquellos ojos negrísimos iluminados por la incandescencia viviente de sus muselinas. Alrededor de ella, todo se hacía placer de vivir.

> (Fueran cuales fueran las artes de Cayetana, aquel comienzo de su fiesta no fue tan armonioso como lo quiere Goya. Pero él evita evidentemente, por delicadeza, hacer alusión a un incidente que tuvo lugar en aquella primera hora, y que nos cogió desprevenidos a todos. Yo estaba en la fiesta desde hacía ya un rato, con Pepita, cuando hizo su entrada mi mujer en compañía de su hermano Luis, el cardenal. Ni Mayte ni yo esperábamos encontrarnos allí; ella ignoraba incluso que yo hubiese llegado de La Granja ese mismo día. El encuentro fue un golpe para ambos y repercutió en el embarazo de Cayetana y de todos los que percibieron nuestra

sorpresa. Se lo anoto a Goya y éste admite haberlo advertido) (19).

No tengo por qué negarlo; algo capté en la atmósfera. Para un sordo, que además se da el caso de que es pintor, o si usted lo prefiere, para un pintor que tiene la desgracia de ser sordo, hay una manera de oír... con los ojos, por así decir, que reemplaza las noticias que nos llegan por el oído. Recuerdo nítidamente aquel momento. El abanico de doña Pepita, con quien yo estaba, se cerró de súbito y tembló en su puño crispado; me volví y vi la mano del cardenal demorarse, vacilante, en el aire, un tiempo más de lo debido en extenderse hacia la anfitriona que se inclinaba a besar su anillo; vi el fugaz estupor trocarse en una débil sonrisa en los labios de Mayte, perdón, de la Condesa —perdóneme, tenga en cuenta que la conocí muy pequeña (20)—, y también lo vi a usted avanzar para recibirla con un poco más de prisa y menos de aplomo de lo que hubiera sido natural; vi un fulgor de regocijo malévolo en los ojos saltones de don Fernando; advertí una tensión, una suspensión en las figuras que imagino estaría enmascarado por lo vivo y desenvuelto de las réplicas que allí se cruzaban; pero sobre todo percibí, al volverse ella, sus ojos negros todavía desconcerta dos, irritados y divertidos por la sorpresa y sus mejillas en que otro rubor de vida se añadía al de mis carmines. Un rato más tarde me explicaba riendo todo el incidente como un malentendido; no sé si llegó a explicárselo también a usted. El cardenal había sido invitado porque era amigo de Haro y era quien iba a oficiar su boda, y había anunciado que acudiría con su hermana; ella pensó que se trataba de doña Luisita, su cuñada, y no de su esposa; y aun eso olvidó cuando lo encontró a usted en mi estudio y lo invitó a la fiesta (21). Sólo puedo decirle que ella no daba excesiva importancia a esos errores de ceremonial o a esos trances espinosos del comportamiento mundano; se reía con su pariente Pignatelli cuando la encontré en el comedor, cambiando las tarjetas de lugar para suavizarle el mal trago a todos, a su esposa, a usted, a doña Pepita, al propio cardenal. "¡Me gustaría ver la cara que pone Berganza!", decía —Berganza era el secretario y se desvelaba por la etiqueta— y riendo todavía volvimos al salón donde ya habían llegado los homenajeados, los novios: el Conde de Haro y la pequeña y deliciosa Manuelita (22).

El mal momento había pasado. Y se siguió departiendo hasta la hora de la cena en un clima de excelente humor. Pero si usted, don Manuel, se hubiera visto como yo en la absoluta necesidad de afinar la observación y hacer de la vista un sentido doble —cuidado, no se sonría, no estoy diciendo un doble sentido— hubiera podido tomarse el desquite de mi sagacidad y hubiera podido leer en mis actitudes lo que a mi vez me estaba pasando. No sé, lo hubiera leído en mi forma de alejarme hacia los ventanales, por ejemplo, y pretender que contemplaba el jardín. Porque la verdad es que si ella tenía aquel don admirable para reunir a las gentes más dispares, también tenía la maldita manía de rodearse de todos sus antiguos amantes y admiradores y aquella noche, no diré que estaban todos, pero sí que eran un porcentaje condenadamente alto entre sus invitados. Y con todos menos conmigo, yo por lo menos así lo sentía por culpa de mis viejos y tozudos celos, con todos coqueteaba, como para avivar los rescoldos; con Pignatelli, que como era su pariente seguía teniendo expedita la entrada a palacio; con Cornel, que como continuaba conspirando con ella en el cuarto de don Fernando, no había cesado de frecuentarla; hasta con Costillares que había tomado ardientemente el partido del pueblo agraviado y le había combatido con denuedo el proyecto de su palacio... Para todos tenía un murmullo, una risa secreta, un íntimo golpe de abanico en el sitio del corazón, un impulsivo apretón de manos sostenido demasiado tiempo, y lo peor de todo: una lágrima, esa lágrima pronta, que afloraba a los ojos pero nunca llegaba a derramarse, y que fugaz, relampagueante, iba dirigida también a la altura del corazón. Tal era mi desasosiego, que me hacía dos veces sordo. Nunca me parecían más flexibles e insinuantes esos labios que al decir aquellas frases incomprensibles que quizás eran inocuas, pero a mí, por ir dirigidas a otros, se me antojaban cargadas de sensualidad y de misterio. Así, sordo y celoso, cavilando sobre mi cajita de rapé, llegó la hora de la cena.

> (Goya parece más joven que nunca cuando revive los celos; y quizá se contiene porque sin duda a mí me alcanzaron, y él —con la intuición de los celos y la suya propia, que ha demostrado era notable— no podía ignorar que yo era, como Cornel, como Costillares, como Pignatelli y como él mismo, un amante más en el coro de aquella fiesta final de Cayetana) (23).

Quedamos sentados uno frente al otro, en el centro de la gran mesa ovalada y ella había dejado las dos cabeceras a los jóvenes homenajeados como un pretexto, sospecho, de sentar bien lejos de ella a los invitados que más le aburrían: el Príncipe Fernando y el Conde-Duque de Osuna, a quienes de paso honraba dándoles la derecha del Conde de Haro y de la futura Condesita. Ella se sentó, divertida, entre dos caballeros de temperamento y atuendo tan dispar como el cardenal y Costillares; con el primero sé que le gustaba hablar de botánica, una de sus pasiones tardías; con el torero mantenía siempre una relación muy viva y agresiva que, para mi reconcomio, olía todavía a fuego mal apagado; por mi parte mis vecinos de mesa eran Rita Luna, con quien me era más fácil conversar, porque tenía la precisa dicción de las actrices, y la Condesa-Duquesa, que me anunció, haciendo un apreciable esfuerzo de articulación de sus labios finísimos sobre sus enormes dientes, que deseaba encargarme una nueva serie de pequeños paneles para un nuevo gabinete, ahora que me sabía menos absorbido por mis tareas de Primer Pintor del Rey (24). Pero las conversaciones particulares —y no sólo las mías, claro, que eran necesariamente limitadas— pronto dejaron lugar a un asunto que dominó la atención de todos los comensales. Alguien había mencionado la cuestión del abortado intento de incendio. Empezaron a cruzarse preguntas, explicaciones, conjeturas, bromas, sin que yo llegara a entenderlas mucho hasta que el ir y venir de las réplicas terminaba por aplacarse, una y otra vez, para que la anfitriona emitiera su opinión o su propia teoría. Ella no tomó el asunto demasiado a la tremenda y prefería conducirlo hacia el lado de las burlas y de las suposiciones absurdas; sin embargo, yo la conocía demasiado bien para no descubrir en la inquietud de su mirada y de la gesticulación que el episodio la había afectado realmente, y que le dolía más de lo que estaba dispuesta a admitir que esas manos anónimas estuvieran animadas de tanto resentimiento contra ella como para desear destruir su anhelado palacio. Pero, como digo, adoptó el camino de la guasa. Y tras provocar a Costillares, a quien acusaba riendo de haber instigado a los incendiarios porque se había erigido a sí mismo en "campeón del pueblo llano", se dedicó a rastrear a lo largo del óvalo de la mesa otros posibles enemigos. Bromeó con usted, don Manuel, por el rencor que podía usted guardarle porque ella frecuentaba el bando de sus opositores políticos. Bromeó con la Condesa-Duquesa por ser las dos eternas rivales en lo que toca a la protección de cómicos, toreros y poetas. Y de súbito se encontró cara a cara conmigo y creo que sólo con el movimiento de los labios me dijo: "Tú no necesitas el fuego de las teas, Fancho; tú tienes tus violetas y tus verdes para acabar conmigo, pero eso será cuando yo te lo pida, ¿verdad?" Y yo quedé muy turbado, sin saber si los demás habían podido oír o comprender sus palabras, y tratando de entender yo mismo qué grado de chanza o qué grado de verdad había en ellas. A partir de ese momento preferí encerrarme en mí mismo y no volví a oír nada durante el resto de la cena. La veía a ella, moverse a un lado y otro y gesticular y reír, y me seguía preguntando el porqué de esa estúpida obsesión con los venenos.

(No quiero decírselo a don Fancho, pero la obsesión con los venenos, a esta altura, casi me parece más la suya que la de Cayetana. La frase de Cayetana, si la dijo, no la oí, y en todo caso fue una frase al pasar, en medio de un diálogo que sí había sido embarazoso, y arriesgado al extremo, en que Cayetana había jugado, como a ella la gustaba hacerlo, peligrosamente, con las verdades: la de su enemistad política conmigo, la de sus confabulaciones con Fernando, Escóiquiz y Cornel, la de su misma rivalidad con la Reina, que el propio Príncipe, mal intencionado como era, no perdió la oportunidad de recordar para molestia de todos. Pero Goya, obsedido por el asunto de los venenos, nada de estas tensiones había sabido captar, pese a su extrema capacidad de percepción. Aunque ahora barrunto que aquella frase casual de Cayetana, que yo no alcancé a oír, fue sí escuchada y registrada por alguien que, sentado a aquella mesa, estaba ya a esa hora demasiado dispuesto a interesarse por un veneno mortal) (25).

Se había recibido a los invitados y cenado en unas primeras habitaciones de la planta baja que habíanse habilitado provisionalmente y que luego no estarían destinadas más que al despacho de la dueña de la casa y de su secretario y tesorero; fuera de eso sólo estaban terminadas la capilla y la sacristía, las cocinas, los dormitorios de los criados y familiares y, en la planta alta, sus cuartos particulares. Pero al término de la cena ella expresó su intención de enseñar todo el palacio, inconcluso y sin ornato como estaba, y no esperó la anuencia de nadie: ya estaba un ejército de criados al pie de la escalinata, provistos de grandes hachones, prontos para abrir el camino. Y así empezó aquel extraordinario paseo nocturno a la luz de las antorchas, subiendo todos en desordenado desfile las gradas de aquella magnífica escalera que era uno de los espacios que yo me vería más apurado por decorar debidamente, aunque sólo fuera por la riqueza de mármoles y oros con los que iba a tener que competir. Todo esto lo iba explicando ella a medida que subíamos, tan atenta a informar a sus invitados, como a que los criados iluminaran todo a tiempo y a satisfacción de todos, mientras nuestras sombras se alargaban fantasmales hacia los techos altos, y la conversación se hacía una efervescencia de exclamaciones en el gran vacío, que me llegaba por la vibración del aire. Después seguimos, por la galería vidriada en torno al patio —el reflejo de las llamas en el cristal hacía aún más fantástica aquella procesión—, hasta el saloncito octogonal que se abría, por una de sus caras, sobre la gran sala de los espejos, la que algún día debía coronarse con mi alegoría. Allí, en medio de un rectángulo de criados en severa formación con sus antorchas que se multiplicaban al infinito en los espejos

—qué espectáculo, don Manuel, de los que hubieran desafiado el genio de un Tintoretto—, nos detuvimos todos los invitados en torno a la orgullosa y allí se bebió y se brindó —otros criados aportaron lo necesario— por la feliz conclusión del palacio, a despecho de incendiarios y celosos (26). Yo miraba el techo, envidiando la libertad e inconstancia de las pinceladas del fuego, que componía y descomponía mil veces por segundo una pintura desarrollada en el tiempo, dinámica, y mucho más fascinante que la de mis bocetos, cuando sentí que me cogían del brazo. Era ella, anunciándome que todos nos dirigiríamos ahora a mi improvisado taller. Quise oponerme, mas no valieron mis súplicas. Si nunca me ha gustado enseñar mis obras inacabadas, por evitarme comentarios o consejos fuera de lugar y tediosas explicaciones, menos aún esta vez; aquellos borroncillos no me complacían en absoluto. Pero no había lugar a hacer una escena y convertirme en el aguafiestas de aquel excitante paseo en que ella, dominadora, con sus tornasoles rojo y oro, parecía la emperatriz del fuego. Y así fue que todos fuimos a parar al salón de música, provisionalmente transformado en taller de pintura, y ahora en sala de recepción, pues se alcanzaron sillas, bebidas, dulces, y hasta un trío de músicos, en un rincón, atacó una pieza de Boccherini. Fastidiado por las opiniones que al fatuo de Cornel o al ignorante Costillares les merecían mis invenciones, hubiera deseado echarlos a todos de allí con cajas destempladas; como era imposible hacerlo, preferí dedicarme a escuchar la encantadora música del Maestro. ¿Sabe usted —bueno, se lo habrá imaginado anoche— que aún hoy percibo lo bastante la música como para deleitarme con ella? Pero no permanecimos mucho tiempo, sin embargo, en aquella parada del paseo. Ella se había movilizado de nuevo, fatalmente. Todo le impacientaba, por aquel genio vivísimo y rápido que le permitía comprender las cosas, y aun disfrutarlas a fondo, cuando los demás apenas comenzaban a vislumbrarlas. Pues despachó a los músicos, ordenó a los criados que continuaran sirviendo abajo las bebidas, y anunció que el paseo estaba terminado. Pero...

"¡Un momento! —exclamó deteniendo a los que encabezaban la comitiva—. Olvidé advertirles algo. ¿Sabéis que Fancho puede convertirse en un envenenador peligroso? ¿Sabéis que sus potes de pintura aparentemente inocentes guardan más veneno que los guardapelos y las tabaqueras de los Borgia?" Yo estaba paralizado. Ella pronunciaba su arenga como para que yo no perdiera una sola sílaba y yo no comprendía el porqué del absurdo espectáculo que había decidido dar. Entre la sorpresa y el desconcierto de los demás, se lanzó como un felino hacia la mesa donde se acumulaban mis potes y cogió uno entre los amarillos. "¿Veis este amarillo? Si es el de Nápoles, cuidado, ¡podéis morir de sólo mirarlo! Y no estoy haciendo ninguna alusión a tu novia, Fernando" —añadió descaradamente dirigiéndose al Príncipe—. "¡Dios nos libre! ¡Esperemos que no nos traiga esas malas costumbres de Italia! (27). ¿Y veis este inocente morado con que se suele pintar la túnica de Jesús Nazareno? Pues no es nada tan santo, aunque se llama hipócritamente violeta de cobalto. ¡Oledlo tan sólo y se os paralizará la sangre en las venas!" Surgían exclamaciones, preguntas, risas nerviosas. Yo estaba demasiado contrariado para responder, y, por supuesto, más sordo que nunca. Pero ella no cejaba. Revoloteó entre sus muselinas y canjeó el violeta por un verde, con la presteza de un mago de feria. Paseó el pote bajo los ojos de los atónitos espectadores. "¡Y el verde! ¡El color de los prados y de los ojos de los ángeles! ¿O sólo es el de los ojos de Lucifer? ¡Pues mejor! ¡Verde Veronese! ¡Veneno puro!" Esta vez destapó el frasco, ¿no lo recuerda usted?, y volcó un poco de polvo en el dorso de su puño izquierdo, y se lo llevó a la nariz, ese gesto odioso que yo le había visto hacer tantas veces con el polvillo blancuzco de los Andes, y ya iba a aspirarlo, cuando salté hacia ella y de un solo golpe brusco de la mano aventé el montoncito de polvo verde de su mano izquierda y le arrebaté el pote de la derecha, furioso, y gritando: "¿Está usted loca? ¡Es veneno mortal!" "¿Visteis?", llegó a gritar ella entre el embarazo de los presentes, pues mi gesto había sido verdaderamente violento y ella no había podido contener un grito al ser golpeada. Y no sé qué hubiéramos podido hacer o decir luego, si otro incidente no hubiera venido a resolver la penosa situación. Mayte, perdón, su esposa de usted, don Manuel, la señora Condesa de Chinchón, lanzó un gemido y se desplomó; si no llegó a caer al suelo fue porque su hermano el cardenal, con los reflejos muy rápidos, la pudo coger antes de que cayera del todo. Hubo un revuelo. La sentaron, hicieron espacio en torno de ella para dejarla respirar, alguien pidió sales y don Fernando ofreció un frasquito que sacó de su bolsillo, pero el cardenal nos tranquilizó a todos diciendo: "No es nada. Un desmayo. Suele pasarle. Habrá sido la resina de las antorchas", y mientras devolvía gentilmente las sales al Príncipe, a ella la llamaba a la realidad dándole suaves golpecitos en las manos y en las sienes, murmurando un santo conjuro que yo, descompuesto todavía, estuve muy lejos de comprender. Sí recuerdo que a instancias del propio cardenal los dejamos solos en mi taller y salimos hacia la sala de los espejos. ¿No lo recuerdo mal, verdad? ¿Fue él y no usted quien socorrió a la señora Condesa? Quizá no debería preguntarlo...

> (Después de tantos años, le digo a Goya, no hay mal alguno en hacerlo. Sí, fue mi cuñado el que socorrió a Mayte. Ellos estaban entrañablemente unidos desde la infancia, y ella, creo, buscó refugio

en él cuando la relación conmigo fue haciéndose, como sucedió, cada vez más tirante y distanciada. Yo hubiera auxiliado a Mayte, por supuesto, porque no había dejado de ser un marido solícito, pero él, simplemente, se me adelantó. Vuelve a excusarse Goya diciendo que me está aburriendo, pues me cuenta como nuevas cosas que yo viví o presencié igual que él. Le digo que no es así, es decir: no "igual que él", nunca unos y otros vivimos o percibimos lo mismo de un mismo acontecimiento. Por ejemplo el arrebato de Cayetana en el taller a propósito de los venenos a mí me pareció un juego inocente, y la propia reacción de Goya me resultó natural y no le di más trascendencia en el momento. Otra cosa es que al día siguiente, al enterarme de que Cayetana se moría de un mal extraño que los médicos no podían dictaminar, no haya pensado automáticamente en los venenos.)

Volvimos atravesando salones y galerías —el espectáculo era el mismo que a la ida, pero yo no tenía el ánimo para más efectos ópticos— y bajamos la escalinata. El trío ya estaba tocando de nuevo en el salón y todos se sentaron a escucharlo; yo quedé de pie, cerca, pues tocaban algo muy tenue, un "adagietto". Miré el nombre del músico en la partitura del cellista. Haydn, rezaba. Ella seguía siendo fiel a las preferencias musicales del finado Duque (28). Vino el breve rondó. Los aplausos premiaron al trío. Me volví y vi una figura alta, color de fuego, que aprovechaba para dejar el salón. Decidí seguirla, reprocharle —y sobre todo, hacerme perdonar— la escena del taller. Pero ella andaba muy rápido. Llegué al pie de la escalinata cuando ya desaparecía en el piso alto, a la sala de los espejos cuando entraba a sus cuartos por el pasillo del extremo opuesto. Siempre una llama oscilante que parecía burlarse de su perseguidor. No pude seguir tras ella. Al acercarme al taller, salían en ese momento su esposa y su cuñado de usted, con el criado que había de iluminarles el camino. Y se entretuvieron conmigo. El cardenal me dijo: "Gracias por tu hospitalidad, Francisco. A ver cuándo vienes a visitarnos a Toledo. Tal vez sea tiempo de que nos hagas dos nuevos retratos (29). Y no juegues con los venenos." Mayte se asió a su brazo con un gesto de niña atemorizada, quebrado otra vez el cuerpo hasta el punto que temí un nuevo deliquio, pero musitó: "Adiós, Francisco, ven a vernos" y se marcharon escoltados por el criado portando su hachón. Eran de los pocos en Madrid que me llamaban Francisco, no Fancho, ni Paco, ni Goya: Francisco. Así habían aprendido a llamarme de niños, cuando los pinté por primera vez junto a sus padres, y así seguían llamándome. Siempre sentí un gran afecto por ellos, y siempre se portaron espléndidamente conmigo. Los vi marcharse, del brazo, a pasos cortos, por el salón de los espejos, y los recordé en igual actitud —él siempre abreviando su paso para acompasarse al de ella— como los había visto en Arenas de San Pedro, de la mano, cazando mariposas en el jardín o yéndose a dormir después del rosario, bajo la tierna mirada del Infante don Luis. Se habían marchado, pues. Vacilé. Ella había entrado en sus cuartos y yo no me atrevía a llamarla. Al fin volví al taller y decidí ponerme al trabajo.

Debo haber permanecido allí alrededor de una hora, poniendo un poco de orden en los bocetos que habían pasado de mano en mano e intentando dibujar un capricho en que la maja —ella— se entendía con un viejo boticario, que era una deformación monstruosa de mí mismo, tal como acababa de entreverme en los espejos de la sala, y perpleja, vacilaba en elegir entre los potes que él le ofrecía. El capricho había de titularse "¿Cuál me la asegura?", ambiguamente, pues aunque la actitud de la mujer y la lubricidad del viejo más decían de filtros de amor y juventud, la verdad es que lo que pedía la maja era que le garantizaran la muerte. En todo caso aquel capricho no fue más allá de ser eso, un antojo momentáneo que, rasgado el papel en mil pedazos, fue a dar a un cesto. Oí dar las dos en los Jerónimos y decidí que era tiempo de irme; un momento antes, por la ventana, había visto alejarse un carruaje; los invitados habían comenzado a marcharse a sus casas. Apagué las luces y salí. En la oscuridad, la sala de los espejos se volvía oprimente, atravesé rápidamente su larga extensión y el saloncito octogonal, y respiré más a gusto en la galería donde, por lo menos a través de una ventana abierta, algo llegaba del aire nocturno del verano y de la algarabía de ese Madrid insomne siempre.

La señora Condesa, su mujer, aparentemente no se había recuperado del todo de su vahído, se había sentido mal y había habido que llevarla. Usted la había acompañado esta vez. Al menos eso me dijo el susurrante Pignatelli, excitada su malignidad porque el cardenal y Pepita ahora debieran marcharse juntos.

Hacía conjeturas sobre lo que podrían hablar en el trayecto, mientras Máiquez tocaba la guitarra y Rita entonaba sus tonadillas de siempre. Ella, por el momento, me daba la espalda, atenta al canto de Rita, sentada en un escabel y con un brazo apoyado en el muslo de Costillares. Y de repente, aprovechando la tregua de unos aplausos, saltó en pie, como una viva llamarada, y arrancando la guitarra a Máiquez se puso ella misma a cantar. Ahora le veía el rostro, y lo desencajado de éste, lo febril de las pupilas y lo extático de la expresión, y la suerte de insidiosa violencia que ponía en el canto, que desgranaba motivos de amor y muerte, me dieron en seguida la idea de que si yo había evitado que aspirara el verde Veronese —lo que, al fin de cuentas, ho hubiera pasado de ser una farsa— ella se había consolado pronto aspirando de veras los polvos de los Andes. Cuando estaba bajo sus efectos, adquiría una energía como artificial y dolorosa —para quien tan bien la conocía como yo, desde luego— y perdía su gracia natural; aquel incomparable desenfado se volvía de repente más seco y chirriante, menos cordial. Empezó a derramar lágrimas mientras cantaba y vi alarmado el negro que yo le había puesto en las pestañas desteñirse sobre las mejillas, y debió de darse cuenta porque terminó de cantar abruptamente, devolvió la guitarra a Máiquez y tarareando los últimos compases de la canción se marchó de la habitación donde estábamos. Un rato después estaba de vuelta, corregido más o menos el daño, y se sentó aparte, poniéndose a beber copa tras copa, mientras escuchaba, tensa y celosa como una pantera, con una asombrosa falta de simpatía, a su prima Manuelita hablar de ajuares y de fechas y de viajes de boda. Ella adoraba a Manuelita, pero sus demonios se habían puesto en acción y no me tomó de sorpresa cuando en otro impulso felino se plantó en medio de la tertulia, diciendo: "Ay, niña, nos aburres con tus cuentos de novia y esta velada se está pareciendo a las de doña Tadea (30). Aquí hace falta un poco de emoción. ¡Una conspiración! ¿Qué te parece, Fernando?, o un crimen pasional, aunque sea sólo ficción, Isidoro, o por lo menos un incendio. ¿Dónde están tus incendiarios, Costillares? ¿Podrán perdonarme el palacio si los contrato para animar mis fiestas?" Súbitamente vi un relámpago en sus ojos, y me alarmé. Podía significar cualquier cosa. "¿Pero para qué los necesitamos?", clamó. Corrió hacia una de las teas que iluminaban la habitación, la arrancó de su soporte y haciéndonos frente, a Pignatelli, a Costillares, a mí, que la conocíamos demasiado y nos aprestábamos a intervenir, gritó: "¡Me basto sola para incendiar mi casa!" Se lanzó hacia los cortinados y nosotros hacia ella, y ella se debatía entre gritos y risas, y también nosotros nos reíamos para aliviar lo enojoso de la situación y al fin Costillares consiguió cogerla por detrás, por los codos, y Pignatelli rescatar la tea, mientras yo vertía el agua de un florero en las incipientes llamitas que festoneaban el brocato. La de Osuna se había puesto en pie y se había acercado al cardenal, pidiéndole tácitamente que interviniera; Máiquez tocó unos burlones acordes trágicos en la guitarra comentando el dramón que allí se estaba ofreciendo; Cornel dormitaba, borracho, me imagino, entre unos cojines; el Príncipe Fernando no había perdido su expresión divertida y estúpida; Manuelita se había abrazado a su prometido; y yo estaba allí, como un tonto, el florero en una mano y las rosas en el otro (31).

Pareció darse por vencida, pero no tanto por nuestra intervención como porque algo dentro de ella se hubiera aflojado, abandonado, repentinamente, como siempre. Nada valía la pena. Ni su palacio, ni la velada, ni nosotros. Se sacudió de Costillares, rió un poco, como para sí, recogió su chal de Cachemira con gesto indolente, y se marchó sin decir palabra, en un clima de fracaso y tristeza que me sobrecogió. Se cruzaron algunas miradas de comprensión o de ironía, alguien despertó a Cornel diciéndole que era hora de marcharse y Pignatelli, como familiar, se encargó de oficiar la despedida. Cuando llegamos al vestíbulo, miré hacia arriba. Los altos techos y la boca de la escalinata estaban oscuros, tétricos. Había una mancha en lo alto de los escalones. Me pareció que era el chal de Cachemira, como una mancha de sangre sobre el mármol de Carrara.

(En los últimos tramos de su relato, Goya se ha llenado de pesadumbre y abatimiento. Curioso, eso no lo envejece. La memoria de la pasión —si memoria es— es tan intensa que tengo la impresión de tener ante mí algo a la vez vigoroso y vulnerado: un toro herido.)

NOTAS

(16) Como recordaremos, esas tres personas más don Carlos Pignatelli, los dos médicos de cabecera de la Duquesa y doña Catalina Barajas, su criada de cámara, fueron los herederos a quienes la Duquesa dejó sus bienes personales en un testamento otorgado cinco años antes —el 16 de febrero de 1797— en Sanlúcar de Barrameda, lo que indicaría que los barruntos de muerte no eran nuevos en la duquesa.

(17) Por lo que cuentan las crónicas, fueron varios los incendios intencionales de que se hizo objeto al palacio de Buenavista durante su erección.

(18) Isidoro Máiquez y Rita Luna eran cómicos célebres y formaban pareja; Costillares fue uno de los mejores toreros de su tiempo; los Condes-Duques de Benavente-Osuna representaban lo más ilustrado y al mismo tiempo mundano de la rancia nobleza española, y especialmente la Condesa-Duquesa era mujer de gran brillo, verdaderamente rival de la de Alba en los últimos esplendores de aquella Corte borbónica.

(19) El embarazoso episodio cuestiona (del mismo modo, ya lo veremos, que cierta carta de Jovellanos) la habilidad

de que luego se jacta Godoy para conciliar sus varias vidas paralelas. Antes se diría crasa desaprensión.

(20) Goya la conoció muy pequeña porque en los albores de su carrera de pintor mundano pintó al infante don Luis (hermano de Carlos III) con su familia morganática, su mujer y sus hijos, allá por 1783, en su mansión campestre de Arenas de San Pedro. Hay un retrato de familia en que aparecen todos y también un retrato individual de María Teresa (del mismo 1783) que lleva esta inscripción: "La S. D. María Teresa, hixa del Sr. Infante Don Luis de edad de dos años y nueve meses." Eso explica que Goya, diecinueve años después, la siga llamando Mayte.

(21) Es probable que Cayetana de Alba, pese al desenfado con que formuló su invitación, haya dado por descontado que Godoy acudiría con su mujer legítima; y que haya sido la presencia de Pepita la que trastornó todo.

(22) Manuelita de Silva y Waldstein, que casó antes de cumplir los catorce años con el Conde de Haro, fue pintada por Goya un año después (ya lo veremos más adelante) y murió en 1805. Era pariente cercana, por vía paterna, de la Duquesa, cuyos apellidos eran Silva y Álvarez de Toledo.

(23) Por primera vez Godoy reconoce explícitamente algo que hasta ahora, para los comentaristas, no ha sido más que motivo de especulación, basado en rumores registrados por cronistas de la época, en la célebre carta celosa de la Reina, etc.

(24) O la Condesa-Duquesa desistió luego de su proyecto, o Goya, que le había pintado quince años antes sus escenas populares para la Alameda, y hace cinco sus no menos famosas seis escenas de brujería, se excusó de hacer una tercera serie. No olvidemos que tras la muerte de la

Duquesa, Goya dejó un buen tiempo de pintar, según propia declaración.

(25) Nueva alusión de soslayo al asesino. Ahora, por lo menos, sabemos que Godoy lo identificaba como uno de los comensales de la cena de la Duquesa.

(26) Para los que se escandalicen de los ejércitos de criados que según el relato de Goya resultaba tener la Duquesa, basta decirles que eran, a su muerte, más de trescientos los que tenía a su servicio.

(27) Imprudente —u oportunísima, según se mire— alusión de la Duquesa a la mala fama de que gozaba la Corte de Nápoles en lo que atañe a un uso muy liberal del veneno. No olvidemos que, como está documentado en la correspondencia de Godoy con Napoleón y hasta en la de la propia María Luisa, y en las mismas Memorias del primero, los tres años que pasaron entre la boda de Fernando y la muerte de su mujer, la Princesa María Antonia de Nápoles, fueron años de perpetuo sobresalto para la Reina, que temía ser envenenada de un momento a otro por su nuera, y por orden de los Reyes de Nápoles. Irónicamente, las circunstancias de la muerte de la Princesa, que murió de tuberculosis, pero temiendo ella misma alimentarse de toda cosa que no pasara por su estricto control ("su manía de comer lechuga, vinagre puro, tortilla de mozzarella con mucha pimienta", dice la propia Reina en una carta) arrojaron sospechas sobre su suegra, a las que sale al paso el propio Godoy. Toda una historia para ser contada en "amarillo de Nápoles".

(28) El Duque de Alba, aún joven, murió en 1795, poco después de que lo pintara Goya en su bello retrato en que aparece hojeando una partitura de Haydn.

(29) Goya pintó varias veces a Luis y a María Teresa de Borbón y Vallábriga. En 1783, como ya dijimos, cuando

tenían seis y tres años respectivamente, en un retrato de familia y en sendos retratos individuales que forman pareja; también son una pareja, como los que Goya solía pintar a marido y mujer de la nobleza o de la burguesía, los retratos de Luis, ya cardenal, y María Teresa, ya prometida a Godoy, pintados en 1797; y aun los que pintó en 1800: el del cardenal-arzobispo y el celebérrimo de María Teresa embarazada. Estos "nuevos retratos" de que le habla el cardenal a Goya no llegó nunca a pintarlos éste. Los de 1800 son los últimos de la pareja.

(30) ¿Será doña Tadea Arias de Henríquez, pintada por Goya ocho años antes?

(31) Las crónicas de la época registran ese rapto de la Duquesa, tea en mano, amenazando a sus invitados con quemar ella misma el palacio. Sólo difieren un poco las palabras que la atribuyen: "¡Voy a hacer yo por mi mano lo que quieren hacer los demás!"

III

EN ALGÚN MOMENTO, al comienzo de la noche, habíamos convenido con ella una entrevista para el día siguiente, al mediodía. Yo debía reemprender el trabajo. Revisaríamos los bocetos, discutiríamos ideas nuevas, si era preciso yo empezaría otra vez desde el principio, pero "mételo en la cabeza, Fancho —me había dicho—, quiero inaugurar el palacio cuanto antes, que en cualquier momento nos invade Napoleón". La broma había sido celebrada por sus familiares, aunque el cura, en realidad, se hizo la señal de la cruz; nadie sospechó entonces que unos años después su broma iba a convertirse en una trágica realidad. Pero ella no llegó a verlo, y eso tampoco lo pensamos, ni el secretario, ni el tesorero, ni yo; que ella no llegaría viva a la próxima noche, que se moriría antes que las rosas.

Llegué a palacio hacia las dos, después de holgazanear por el paseo; era extraño, contemplándolo a través de las rejas y el jardín, ver todo en silencio, porque aunque las obras seguían suspendidas hasta setiembre, tal era la cantidad de criados que ella tenía, que siempre podía haber algunas decenas yendo y viniendo. Aún más me llamó la atención, ya llegando a la puerta de la calle de la Emperatriz, reconocer en un birlocho que se marchaba el de don Jaime Bonells, el anciano médico de cabecera, que había asistido al Duque en 1795. Pero como ella lo llamaba apenas uno de sus familiares o criados tuviera un dolorcillo, no había todavía razones para alarmarse. No me quedaban, sin embargo, muchos momentos de tranquilidad. En el vestíbulo encontré a Pignatelli y a Catalina (32), que acababan de despedir a Bonells. Hablaban a media voz, con aire circunspecto, y ella corrió escaleras arriba, sin saludarme. Pignatelli, al verme, se limitó a fruncir el ceño y a hacer un gesto expresivo y lúgubre; con el índice derecho señaló el piso alto y sacudió sombríamente la cabeza. Tras ello me dejó solo con mi inquietud, marchándose a la calle. No había ningún criado a la vista. Vacíos, aquel enorme vestíbulo y aquella altísima escalinata sobrecogían. Ningún rumor me llegaba a través de los largos pasillos o desde el piso alto. El palacio era tan grande que podía estarse bailando —o agonizando— en él, sin que uno se enterase. Me senté en una silla dejada allí para algún postulante. Miré las paredes, el techo; en aquel momento tuve la absoluta seguridad de que nunca había de pintarlos. Pasaron veinte minutos, fácilmente, al cabo de los cuales sentí sobre las losas del pavimento el rumor de otro coche que llegaba. Un momento después, Pignatelli hacía pasar a don Francisco Durán, el otro médico de la casa, el que la atendía con preferencia en los últimos años. Los dos, sin hacer caso de mí, se dirigieron hacia la escalera y empezaron a subir. Catalina apareció en lo alto y bajó unos escalones para recibir a Durán. Los tres desaparecieron, rápidos. Subí los escalones de dos en dos y llegué a tiempo de verlos salir de la galería. Los cuartos de ella empezaban en el otro extremo de la sala de espejos, al lado opuesto del saloncito octogonal. Mi taller quedaba, por tanto, a poco que dejara la puerta abierta, prácticamente en el camino de cualquiera que fuera o viniera de los cuartos al resto del palacio. Antes de dar caza a Catalina y a los dos hombres —tan ensimismados parecían que ni advirtieron mi persecución— decidí meterme en el taller y esperar allí. En algún momento Catalina saldría a despedir al médico y yo podría abordarla.

Corrí un poco una mesa y un taburete fingiendo que trabajaba; desde allí controlaba cualquier pasaje por la sala de los espejos. Volvió a pasar mucho rato, y en vano trataba de tranquilizarme; sobre todo de no hacer suposiciones, aunque inevitablemente pensaba que un exceso de aquel endemoniado polvillo de los Andes podía justificar este ir y venir de médicos y estos aires compungidos. No sé en qué momento mi mirada recayó casualmente sobre la mesa en que se alineaban, como una hueste de infantería, mis potes de colores. Tuve una intuición repentina y me lancé sobre ella. Faltaba el verde Veronese. No podía ser. Pero faltaba. Volví a mirar. Faltaba. Quizás ayer, al poner orden, confundí su lugar. Faltaba. Cerré los ojos y respiré hondo. Traté de calmarme. Revisé uno por uno los potes. Pasé por delante del amarillo de Nápoles y del blanco de plata y del violeta de cobalto, diciéndome: ahora aparecerá el bendito verde, todo es un error, una ofuscación. Pero faltaba. Retrocedí vacilando sobre mis piernas, busqué el taburete. Tenía las manos heladas y seca y rígida la garganta. Temblaba, sudaba. ¿Cómo había dicho ella la víspera? “Tú tienes tus violetas y tus verdes para acabar conmigo...”

(Goya se ha puesto a temblar. Le traspiran las sienes. La voz se le ha hecho débil y sorda. Cierra los párpados, como para conjurar un vahído. Es terrible. Yo también tiemblo. Yo también sé que alguien ha robado un veneno. No estamos en Burdeos. Estamos en Madrid, en otro taller, y falta el verde Veronese entre los potes de colores.)

Cuando salí de mi atolondramiento, pude ver que se había reunido mucha gente en la sala de los espejos: el capellán, el tesorero, el secretario, varias doncellas y criados y Manuelita Silva, pálida y asustada. Unos rodeaban a Catalina, otros a Pignatelli. No tenía necesidad de preguntarles nada. Ella agonizaba. Por los espejos, se veía, entreabierta, la puerta que conducía a sus cuartos. Fui lentamente hacia ella. Nadie me prestaba atención. Nadie se dio cuenta, unos segundos después, de que me había deslizado dentro de sus cuartos privados. Éstos consistían fundamentalmente en dos habitaciones espaciosas: el dormitorio y un pequeño salón o antecámara que servía a la vez de vestuario y tocador. En este último era en el que yo acababa de penetrar y no había nadie en él. La puerta que comunicaba con el dormitorio estaba entrecerrada. El cuarto estaba en penumbra, las celosías filtraban la luz de Occidente en aquella tarde de verano, estrías que se quebraban contra los cortinados y los muebles. Y de repente vi el vaso. Allí, sobre el tocador, el vaso en que se rompía, cegadora al pegar en el cristal, una de aquellas estrías de luz. Un precioso vaso veneciano, regalo de un embajador pontificio, un vaso donde los azules y el oro se entrelazaban en un complicado arabesco alrededor de dos medallones de finísimo esmalte. Siempre lo había admirado; ahora me hipnotizaba. Y fui sumisamente hacia él. No lo toqué. El vaso estaba lleno hasta la mitad de un líquido verdoso, por supuesto. Digo por supuesto porque yo lo hubiera visto verdoso de cualquier manera, tan convencido estaba de que había una relación no sólo lógica, sino también misteriosa, mágica, entre la pintura extraviada y el vaso que me llamaba; lo digo también porque la luz al refractarse en el cristal y en el líquido mezclaba los azules y los oros, y daba, dentro del vaso, una pequeña concavidad glauca, marina. ¡Verde!

Mi instinto, más que mi oído, me hizo volverme. Se abría la puerta del dormitorio y como si se hubiese producido un llamado, desde la sala entraban Catalina y Manuelita. El médico conferenció un instante con ellas —yo seguía allí ignorado, como un fantasma— y luego volvió a entrar en el dormitorio acompañado por Catalina. La pequeña Manuelita, para dominar su desazón, prefirió sentarse en una silla contra la pared, junto a la puerta, y esperar. Fue entonces que me vio y me sonrió con un infinito desamparo. Creo que dijo: "Se nos muere...", pero no estoy seguro. Quizás era, simplemente, lo que yo estaba temiendo escuchar. Estremecido, tuve que apoyarme en el tocador. Miré el vaso y otra vez a Manuelita. Los dos desviamos la mirada en el mismo momento. Y así nos quedamos, ella sentada como una niña que aguarda la penitencia de la Madre Superiora, yo de pie, inmóvil de desconcierto y dolor; y así seguíamos cuando volvieron Catalina y el médico. "Quiere verlos a los dos" —dijo Catalina, y viendo mi estupor, aclaró: "A usted también, don Fancho." Manuelita ya había desaparecido dentro del dormitorio. El médico iba a lavarse las manos en una jofaina y Catalina se aproximó con una toalla; con un aire repentinamente conmovido, ese hombre de apariencia fría la cogió por los brazos sin decir palabra. No había esperanza. Un impulso irracional se apoderó de mí: coger el vaso, llevármelo, esconderlo, como si ella me lo estuviera rogando desde el fondo de su alcoba. Esperaría a que Durán se marchara. Catalina lo acompañaría. Entonces actuaría. Empecé a pensar de qué manera podría sacarlo de allí sin que lo advirtieran; es posible que nadie le diera ninguna importancia; que en medio de la angustia que los oprimía, ni siquiera supieran que ese vaso estaba allí. Pero Catalina y Durán no terminaban su rito de lavamanos, y ya Manuelita estaba de vuelta. ¿Me equivoqué o realmente al salir del dormitorio sus ojitos acongojados se detuvieron una fracción de segundo sobre el tocador? No tuve tiempo de pensarlo dos veces. Catalina me instaba a pasar a la alcoba. Allí quedaba el vaso. Yo iba a ver a su víctima.

(Guardo silencio sobre el vaso. No le digo nada a Goya. No le digo que lo tuve en mis manos la noche antes, cuando todavía era un inocente vaso veneciano del *quattrocento,* admirando la dama y el ciervo de sus dos preciosísimos medallones esmaltados. No le digo que hoy todavía sigo viéndolo, centelleante, mágico como él dice, y trágico también, sobre la mesa de tocador de Cayetana.)

¿Me perdona si no le hablo de lo que fue mi última entrevista con ella? Sólo puedo decirle que a pesar del sufrimiento, a pesar del desasosiego del cuerpo y del espíritu, a pesar de aquel rostro ceniciento y aquellos ojos quemados por la fiebre, era la misma de siempre, chusca hasta en el delirio... chusca hasta con Dios y con la muerte... "Yo lo quería así, Fancho mío" —me dijo—, "sólo que quizá se haya dado demasiada prisa..." Pero no quiero hablar de eso.

(Goya, aparentemente, tiene dificultades para seguir su relato. Estoy por decirle que no lo haga, cuando consigue otra vez modular una voz que le flaquea y se quiebra, seca y áspera, como barro cocido.)

Después volví al salón. Caí sentado en una silla, la cabeza gacha, ajeno a lo que ocurría alrededor de mí. Había movimiento de faldas y conversaciones en voz baja. Entraron otras personas: Pignatelli, el capellán, Bonells, el viejo médico, que se había marchado no hacía más de dos horas. El cura traía consigo los últimos auxilios, un cáliz recubierto. Lo depositó sobre el tocador, haciendo lugar entre joyas y perfumes. Entonces advertí que el vaso ya no estaba en su lugar. Había desaparecido. Nadie había tocado nada en aquella habitación, donde sólo se hablaba de muerte, y sin embargo alguien se había tomado el trabajo de sacarlo de su lugar... Pero, ¿quién? ¿Catalina? ¿Quizás ella...? Como una respuesta se asomó a la puerta del dormitorio —seguramente había entrado al salir yo— y llamó con un gesto al cura. Todos supimos que se moría. La habitación se llenó de gente. Aparecieron la de Osuna, Haro y la desconsolada Manuelita, Costillares. Pignatelli lloraba. Bargas cayó derrumbado en una silla. Berganza se mordía un puño. Me retiré a un ángulo, y allí estuve, en la sombra, incapaz de salir de mi estupor, asombrado de la muerte, sintiendo en la frente un vientecillo que se colaba entre los visillos y que me parecía iba a barrerlo todo, suave y lentamente, para siempre. No sé cuánto tiempo estuve así. Sé lo que me arrancó de mi estado. Una luz, cegadora otra vez. El vaso estaba otra vez en el mismo lugar de antes, esplendente sobre el tocador. Por magia se había desvanecido y por magia había vuelto a materializarse, provocándome otra vez con sus luces de diamante. Giré por detrás del tocador, más fascinado que con algún propósito preciso, y cuando estaba casi por tocarlo, vi estupefacto que ya no contenía ningún líquido. Había sido vaciado y secado. No llegué a cogerlo. Los dedos que retraje me quemaban. Miré en derredor, por si alguien había visto mi gesto. En un rincón, el Conde de Haro consolaba a Manuelita, y ésta tenía los ojos perdidos, como viendo a través de mí, del fantasma, anegada de dolor. ELLA había muerto.

(Creo que Goya está llorando. Resopla, pero quedo, con una furia sorda. Se hace un larguísimo silencio. Se llena una copa de brandy y otra vez se olvida de invitarme. Hago un gesto que implica mi intención de dar por terminada la entrevista y marcharme, y él me detiene con un ademán enérgico de su recia mano. Quiere terminar su historia. Y yo quiero oírla hasta el final.)

Un mal sueño que había empezado con mi llegada al palacio y se concluía con un despertar terrible. Ella había muerto. Y yo sabía cómo. Pero si no había tenido el tino y la lucidez suficiente para gritarlo cuando descubrí que faltaba mi pote de pintura —entonces ella estaba todavía viva— no tenía sentido decirlo ahora, cuando ya no había remedio, cuando entre Catalina y otras doncellas habían empezado a amortajarla y cuando los médicos no se ponían de acuerdo y hablaban de las miasmas del verano, de una infección virulenta, de un contagio de la fiebre amarilla, traído secretamente desde el sur. Sin mencionar en ningún momento la palabra veneno. La que a ella la había obsedido en la víspera, sin embargo, desde que la sorprendí untándose el cuello de blanco de plata hasta que le aventé el polvillo verde de la mano. Mis dos últimos contactos físicos con ella, porque en el lecho de muerte no me dejó acercarme, pero de eso ya le he dicho que no quiero hablar.

En el funeral me llegaron los rumores que corrían: había muerto envenenada y la mano asesina, la que había instilado aquella ponzoña en su copa en la noche de la última fiesta, era la misma mano anónima de los incendios, un castigo del pueblo, entonces, o era su mano de usted, don Manuel, aguijoneado desde La Granja por la Reina, un castigo desde lo alto, entonces (33). ¿Cree usted que yo hubiera debido presentarme a la policía y decir lo que sabía: que un veneno había desaparecido, un vaso había sido lavado con diligencia, y que ella había jugado en mi estudio y después en palacio con la idea de morir de amarillo de Nápoles o de blanco de plata? ¿Qué hubiera probado mi declaración? ¿A qué hubiera conducido? A una investigación, tal vez... (La hubo igual pero yo no lo supe hasta después.) ¿Y qué podía resultar de eso? ¿Probar que había un veneno mortífero perdido en el palacio? Un escándalo, el afianzamiento de unas sospechas que yo sabía calumniosas... ¿Pero para qué seguir buscando razones? Yo callé por una razón sola, que para mí era irresistiblemente poderosa, que me ha hecho callar veinte años. Callé porque su muerte era un secreto entre ella y yo. El último. Acaso... el único.

Volví a palacio, a mi taller; los herederos, pues ya se había abierto el testamento, me habían encargado un mural para su mausoleo. Allí supe que había habido una investigación. Pero a sus resultados negativos, se sumaba que ninguno de los de la casa aparentaba prestar el menor crédito a los rumores (34). Me encerré y me dediqué a mi trabajo. Venciendo mi repugnancia, me armaba de tenacidad y abocetaba el mural. En medio de toda la tragedia sólo había hallado un consuelo: su testamento incluía un legado para mi hijo Javier, como obligación impuesta a los herederos de por vida (35). Y la satisfacción no nacía tanto del legado mismo como de que el testamento había sido otorgado por ella en Sanlúcar, en febrero de 1797, o sea en el momento más dichoso y pleno de nuestras relaciones, y sin embargo, mis celos, la ruptura, la separación, mis impertinencias, mis... "caprichos", por así decirlo, no la habían llevado nunca a revocar el legado. Así era de fiel, de entera, más allá de lo que yo, ciego de mí, había experimentado como infidelidades y carencias.

Trabajaba yo una tarde en el boceto, cuando apareció en el

taller Pignatelli, que había cambiado radicalmente su actitud para conmigo desde que ella había muerto y me trataba ahora con un cariño profundo y triste que era una forma, creo, como otras tantas que practicábamos, de mantenerla viva en palacio. Vino a decirme que el legado de Javier habían empezado a efectuarlo aquella misma mañana, y que ellos, los herederos, estaban empeñados en cumplir con la más pasajera expresión de voluntad que ella hubiera manifestado; en consecuencia habían convenido hacerme entrega de un vaso de cristal que ella usaba en sus paseos, y que de acuerdo a Catalina, y a Bargas el tesorero, ella había recomendado en diversas ocasiones que debía pasar a mi poder si moría antes que yo. Era un recuerdo póstumo. Habían resuelto, pues, cumplirlo. Yo sabía de qué vaso se trataba. En él habíamos bebido los dos, por primera vez, camino a Sanlúcar, en la primavera de 1796 y eso había sido el dulce inicio de otras intimidades. Recordaba también que ella había manifestado su deseo ante sus familiares, provocando mi sonrojo, como si todos supieran el porqué de mi encaprichamiento con el vaso. Seis años habían pasado, una ruptura, una muerte, y ahora me volvía esa prenda de un pasado de fugaz pero completa felicidad. Acepté el generoso ofrecimiento. Pignatelli me dijo antes de marcharse, tras algún comentario sobre mi trabajo: "Hable con Catalina, don Fancho, ella tiene el vaso." En ese momento no pensaba en otra cosa que en aquel alto en el camino, cerca de Écija, en la merienda bajo los árboles, lejos del capellán y de Catalina, en ella bebiendo en el vaso con su boca carnosa y sonrosada y alzando los ojos hacia los míos y tendiéndome el vaso y diciéndome: "Goya, beba..." Todavía entonces no me decía Fancho (36).

Esa noche busqué a Catalina en las habitaciones de la planta baja y ella, atareada como estaba —siempre lo estaba— dejó sus ocupaciones y se ofreció a darme el vaso. Me llevó por los pasillos hacia la capilla y antes de llegar a ella se detuvo ante una pequeña puerta, sacó su manojo de llaves, escogió una y abrió. Si la puerta era pequeña, la habitación que encerraba no lo era. Era una suerte de fantástico bazar en que se acumulaban todas las riquezas con que se había de ornar el palacio, y que ella había ido arrebatando a otras de sus moradas, comprando en subastas, adquiriendo a anticuarios o encargando a París, a Milán, a Venecia y hasta la lejana Estambul. No voy a describirlas, aunque lo merecieran. Pero imagínese usted, don Manuel, todo el fasto imaginable de tapices, porcelanas, esmaltes, armas y relojes, estatuas de mármol, cuadros, cristales, lámparas, divanes, pebeteros... (37). Catalina abrió una alacena; en ella se ordenaban vasos de cerámica, porcelana y vidrio, piezas únicas, que no formaban juego, y en las que se podía encontrar de todos estilos, formas y colores. "¿Era éste, verdad?" —dijo Catalina, poniendo las manos sobre el que era, en efecto, el vaso que ella usaba en las meriendas campestres, un vaso de Baviera, creo, de grueso cristal adiamantado blanco y rubí, pero mis ojos ya estaban imantados por otro que acababa de ver en un estante superior: un vaso azul y oro, veneciano, con ricos esmaltes... Nunca en mi vida mentí con más aplomo. "No, es ese de ahí, el azul —afirmé—, yo estaba presente cuando se lo regaló el Nuncio y mostré tal entusiasmo por él, que ella me lo hubiera dado ahí mismo, me lo dijo, si no hubiera sido ofensivo para el prelado." Había parte de verdad en la afirmación —yo había presenciado el acto del regalo, había admirado la pequeña obra maestra— pero no creo que esa parcial verdad haya dado suficiente verosimilitud a mi mentira. Catalina, que era persona de una sola pieza, y creo que daba por sentado que yo también lo era, me miró desconcertada, pero no más que un instante. En seguida tomó una resolución, cogió el vaso veneciano y lo puso en mis manos. "Pues aquí está —dijo—, su voluntad fue que usted lo tuviera." El pleito estaba zanjado.

> (Goya, de repente, es un anciano. Acabado, doblegado, temblequeante. El recuerdo del robo del vaso lo ha vaciado de su energía, como si en aquel momento, por haber canjeado el vaso del amor por el vaso de la muerte, hubiera empezado a morir él mismo. Vuelve a hablar y se diría que hubiera adivinado sus pensamientos. Nunca lo he visto más viejo.)

Cambiando el vaso, yo había renunciado a un secreto muy dulce, compartido con ella, por otro secreto también compartido, pero aciago; y la posesión del vaso, que escondí en mi estudio de la vista de todo el mundo, fue un poco un cáncer durante aquellos meses de total abatimiento, en que no pude volver a coger un pincel como no fuera para la desesperante pero irrenunciable tarea de terminar el mural de su panteón (38). El silencio en torno mío se había hecho más denso que nunca, porque nacía y se alimentaba de mi privación sin consuelo, de mi horror. Hasta que algo vino a sacarme de mi parálisis. Presentóse en mi estudio, un día de aquel duro invierno, y con la pretensión de que hiciera su retrato, un médico militar llamado don José Queraltó. Yo le conocía poco, y mi primera reacción fue negativa, pero cuando ya estaba por marcharse recordé repentinamente que había ganado un gran renombre como experto en cosas de la farmacología y de la química, y me di cuenta de que era el hombre que yo necesitaba. Acepté el encargo. Cuando convinimos el precio del retrato él ignoraba que a mis honorarios habría de añadir un pequeño peritaje de su especialidad. Saqué el vaso de su escondite y volví a examinar su fondo, el poso que el tiempo había ido resecando y que era casi invisible. Yo no había querido recurrir a los médicos de mi casa; la mentira que debía pergeñar hubiera resultado demasiado flagrante. Y por supuesto tampoco había querido involucrar a Bonells o a Durán. Ahora, inesperadamente, el problema se resolvía solo. Una tarde me presenté en casa de Queraltó con el vaso envuelto en un lienzo. Le conté una historia de un niño travieso y un juego imprudente con mis colores; yo había lavado luego el vaso, pero temía que algo quedara en su poso, que alguien pudiera beber en aquél e intoxicarse. Queraltó, con un bisturí, recogió un poco de materia y la depositó en la misma lente de la lupa con que la había observado. A la siguiente sesión me dio el resultado. Era arseniato de cobre casi en estado puro. Me aconsejó: "No lo use para beber, Maestro. Al fin y al cabo es un vaso demasiado precioso para darle un uso doméstico, ¿verdad?

Por ese mismo mes de enero recibí otra visita. Manuelita Silva, la flamante Condesita de Haro, apareció en mi estudio en compañía del Conde su marido deseando también que la retratara. Era, también eso, una decisión de los herederos de su prima, el cumplimiento de un deseo varias veces manifestado: que el retrato que yo le pintara fuera su regalo de boda. Ésta se había realizado en su fecha prevista, si bien con la mayor intimidad, por el duelo que los Silva debían a su ilustre pariente; pero ahora, pasados seis meses, venían por su regalo póstumo. La circunstancia era tal que me hacía muy difícil negarme. Era un deseo de ella y yo no podía poner obstáculos a su cumplimiento. Pero, además, lo confieso —y no sé si influido por la reciente confirmacón que había obtenido de boca de Queraltó—, pesó en mí que fuera Manuelita quien me lo pidiera, Manuelita, cuyos ojos amedrentados y llorosos yo nunca había logrado desligar del todo de la fugaz desaparición del vaso y de su limpieza inexplicable. De modo que también esta vez, una segunda vez en aquel año, accedí, acepté el encargo. Con una sola condición: el retrato debía pintarlo en mi estudio, puesto que los médicos me prohibían exponerme a los fríos del invierno. Lo de los médicos era una nueva mentira, Manuelita se avino a posar en el estudio varias tardes, y desde la primera de ellas, el vaso azul y oro estaba sobre mi mesa de trabajo, bien a la vista, y de modo que desde mi lugar yo no dejaría de ver el efecto que su descubrimiento iba a causar a la muchacha.

Lo vio durante la primera pose; su boquita aniñada se abrió en un rictus de estupor, sus mejillas se tiñeron de rosa, sus pupilas se achicaron como para verificar que la vista no la engañaba, y le costó luego mantener la pose, los ojos fijos en mí bajo su tocado helenizante, como habíamos convenido. No pasó demasiado tiempo sin que pretextara algo, un problema con su estola de gasa, creo, para levantarse de su sillón y casualmente acercarse a mi mesa a confirmar su primera impresión. Ya en la sesión siguiente no se contuvo, y antes de pasar a la antecámara a cambiarse, me preguntó de sopetón: "Ese vaso, ¿no es igual que uno que tenía prima Cayetana?" Yo tenía preparada mi respuesta: "Es el mismo. Me lo legó al morir. Estaba sobre su tocador el último día. Ella había bebido de él, pero nunca se pudo comprobar en qué consistía la bebida, porque una mano solícita lo cogió y lo lavó antes de que ella muriera." Era una nueva mentira. La policía nunca se enteró de la existencia del vaso. Pero mis palabras bastaron para que la tierna criatura posara luego toda la sesión en un estado de permanente nerviosismo, con los ojos yendo y viniendo del vaso a mí y de mí al vaso, inquisitivos, y por más que me empeñé nunca pude evitar que el retrato tradujera, dentro de la dulzura del rostro de la niña, esa tensión en el cuello largo, esa aprensiva inquisición en los ojos oscuros (39).

El día de la última pose, cuando ya se marchaba, cambiada a

su invernal traje de calle y a una pequeña capota que la hacía aún más niña, no pudo contenerse más y cayó sentada en un taburete, retorciéndose las manos por dentro del manguito de piel. "Tengo que contárselo a alguien y prefiero que sea a usted, don Fancho. Usted la quería tanto como yo. Usted tiene el vaso y me parece que ya ha adivinado algo." Yo me había arrodillado ante ella, rogándole con mi sola actitud que, ya que se había decidido a hablar, lo hiciera de modo que no perdiera yo una sílaba. Llevó el manguito hasta la barbilla y habló. Parecía una niña que confesara una travesura, haber robado unos chocolates o roto algún adorno.

"¿Recuerda que Cayetana quiso vernos a los dos antes de morir, don Fancho? Pues bien, apenas entré en la alcoba, se incorporó, hurgó entre las almohadas, extrajo una cajita de rapé y la puso en mis manos. Me dijo: «Hazla desaparecer, arrójala donde quieras, quémala, pero que nadie la vea. Nadie.» Cogí la cajita, temblando. Estaba impresionada por su aspecto cadavérico y por la intensidad con que me hablaba. Me di cuenta de que era la última vez que vería a Cayetana. ¿Cómo era posible semejante descomposición en el término de una noche? «Es una medicina que he estado tomando a espaldas de los médicos», me dijo, «y esos tontos terminarán diciendo que me he envenenado». De modo que era eso, pensé. Veneno. Eso lo explicaba todo. Desde ese momento ya no puse en duda de que prima Cayetana se había..." No pudo pronunciar la palabra, tal era su miedo, su congoja. Respiró con dificultad, angustiada. "Yo había quedado muy asustada la noche anterior: toda aquella escena en su taller, tan exagerada, a propósito de los venenos; luego el episodio de la tea, en que realmente parecía empeñada en prender fuego al palacio; pero sobre todo al final, cuando se fue sin despedirse de nadie, subiendo aquella escalera como quien sube al patíbulo... Yo no había podido conciliar el sueño, tan afectada había quedado por su abatimiento, por su soledad. Y mientras tanto ella había ingerido ese veneno que ahora tenía yo en mis manos, dentro de aquella cajita de apariencia inocente... Las ideas se me agolpaban en la cabeza. Creo que ya entonces recordé aquel vaso sobre el tocador que usted, don Fancho, contemplaba con tanta aprensión... Y la vi, como en un halo luminoso, echando lentamente el veneno en el vaso cuando nosotros todavía estábamos subiendo a nuestros coches... «¿Qué te ocurre? —me preguntó—. ¿Harás lo que te he pedido?» Y cuando la tranquilicé y le dije que lo haría, me despidió. «Ahora vete —dijo—. No sé si me pondré buena para tu casamiento, pero por Dios, no vayáis a postergarlo por mí. Me encanta tu novio. Es apuesto, distinguido e ingenioso. Si yo tuviera diez años menos, no serías tú la que lo hubieras enamorado. Anda, vete, y sé feliz, niña mía.»" Yo mismo cogí el pañuelo que Manuelita había sacado de dentro del manguito y le sequé sus lágrimas sobre la sonrisa que volvía a provocarle la burla afectuosa de su prima. Ella concluyó con suma gravedad: "Cuando salí a la antecámara, lo primero que vi fue el vaso, y en sus ojos, don Fancho, con certeza, que usted sabía la verdad, por más que yo mantuviera oculta la cajita en mi puño cerrado. Usted también quería hacer desaparecer el veneno. Pero tuvo que entrar al dormitorio, y entretanto Catalina y el médico salieron y yo quedé sola allí, con el vaso. No había tiempo que perder. Me eché sobre los hombros el chal de Cachemira que ella había usado la víspera y escondí el vaso, junto con la cajita, debajo del brazo. En un rincón apartado de la sala de los espejos, pude enterrar la cajita y vaciar el vaso en la tierra de una quencia. Nadie me había visto. En aquel momento apareció mi novio... mi marido, y fuimos juntos al cuarto de Cayetana. Todo el mundo se apiñaba allí, se agitaba, hablaba a media voz. Ella se estaba muriendo. Ni yo misma sé cómo ni en qué momento repuse el vaso en su sitio. Sólo sabía que había cumplido con su último deseo. Y cuando me encontré con su mirada, don Fancho, quise decirle con la mía: ya está, está hecho, como ella quería. Es un secreto entre ella, usted y yo. ¿No me equivoco, verdad? ¿También usted cree que prima Cayetana se envenenó?"

Le mentí. Le dije que no lo creía. Que toda su historia del vaso eran imaginaciones, que yo sólo había advertido que ella había limpiado el vaso, pues se lo había visto dejar sobre el tocador. Y que la cajita de rapé —y aquí no tuve necesidad de mentir— guardaba unos polvillos que yo conocía y que no daban la muerte. No dijo nada más, como para no quebrar el frágil e improbable milagro de mis palabras. Se secó las últimas lágrimas, se compuso el flequillo, metió las manos en el manguito, se puso de pie. "Adiós, don Fancho", musitó. Y se fue. Prefería aceptar sin discusión mi versión de los hechos que seguir pensando que su querida Cayetana se había matado. Aunque sabía que no se iba muy convencida, creo que de todos modos la envidié por su engaño. No volví a verla. Dos años después supe que había fallecido a consecuencias de un parto. Pobre y dulce niña. También el médico Queraltó murió por entonces, ¿sabe usted? Ese vaso parecía conservar sus poderes maléficos. Salvo a mí, acababa con todo aquel que lo tocara. Pero no me haga caso. Soy supersticioso, como buen campesino (40).

Con las últimas pinceladas al retrato de Manuelita, se cierra mi historia, don Manuel. Ya sabe usted todo. Excepto, quizá, las razones profundas de mi conducta, las que tuve para callar durante más de veinte años y para querer hablar ahora. ¿Por qué callé? Por ese pacto misterioso que se estableció en torno al vaso, mientras ella agonizaba en la habitación contigua... Por ese secreto que ella me confió sin decírmelo... Ilusión de enamorado, si usted quiere. Como si en el momento de alejarse de mí hubiera hecho un gesto —de reconocimiento, de complicidad, de gratitud— que me dejaba el consuelo de ser su destinatario, de haber compartido ese último movimiento del corazón. Pero ella quería, exigía el secreto. Como lo probaba incluso el extraño afán de hacer desaparecer los inocentes polvos de los Andes, si es que en su delirio no había confundido un veneno con el otro. ¿Y por qué he querido contárselo ahora? El tiempo ha pasado. La herida se ha cerrado. Ya no necesito asirme de aquella fantasía. Y debo pensar en esos pobres reyes que cargan ya con demasiadas culpas que no eran suyas, en usted también. Usted, que va a escribir sus Memorias, que tiene el deber de hacerlo, que va a tener en sus manos limpiar la fama de la Reina de toda la basura con que la han ensuciado...

(Goya sigue hablando. Lo escucho a medias. Tal vez no creo demasiado en lo que me dice. Me pregunto cuál es la verdadera y profunda necesidad que lleva a Goya a romper el pacto...)

Tenemos que poner orden en nuestras cosas antes de morirnos, don Manuel. Desembarazarnos de algunas, también. Ponerle fuego a otras. Como ella, con su tea.

(Goya mira fijamente la llama de una vela que se consume.)

NOTAS

(32) Catalina Barajas, criada de cámara de la Duquesa y, como ya vimos, uno de sus siete herederos.

(33) Conviene dejar sentado de una vez por todas que la muerte provocada por veneno era moneda corriente en la Europa de aquellos tiempos. Sin remontarse a la leyenda negra de los Borgia, que incluye un papa envenenador, o al caso Paracelso o al famosísimo "affaire des poisons" que conmovió a Francia en 1679 y en que se vio implicada la propia Mme. de Montespan, amante de Luis XIV, en la misma Corte española de fines del XVIII y comienzos del XIX hay por lo menos cuatro casos en que corrieron serios rumores de envenenamiento: un intento contra Jovellanos (1797); la muerte de la Duquesa de Alba (1802); los prolongados y vivos temores de la Reina María Luisa, como ya hemos visto, de vivir en continuo peligro de ser envenenada por su nuera María Antonia de Nápoles y por instigación de sus consuegros (1802-1805); la propia muerte de la Princesa María Antonia, achacada según las murmuraciones a su suegra que al fin habría hallado así una salida a sus propios temores (1805). En fecha no muy lejana (1791), en Viena, nada menos que

Mozart temió en su agonía haber sido envenenado y la posteridad no ha descartado que su asesino fuera el Maestro Salieri, Maestro de Capilla del Emperador. En esos tiempos, la muerte por envenenamiento era conocida en la Corte austriaca por "el mal italiano".

(34) Según algunas crónicas las sospechas por la muerte de la Duquesa alcanzaron a sus siete herederos que, en una improbable asamblea, se habrían puesto de acuerdo para eliminar a la testadora. O Goya no conoció ese extremo, o lo había olvidado en 1825. Él parece obsesionado sólo por el hecho de que la sospecha había recaído en la Reina y en Godoy; es lo que explica mejor su tarda confesión.

(35) En efecto, en el testamento cerrado que otorgó la Duquesa aparece Javier, hijo del pintor, como beneficiario. Se le declara legatario con la carga número 16 y última que se imponía a sus herederos: la de dar "al hijo de don Francisco de Goya, diez reales diarios de por vida".

(36) Existe una carta de Marianito, el nieto de Goya, hijo de Javier y Gumersinda Goicoechea, a Carderara, a quien recurría a veces para venderle alguna antigüedad con que socorrerse. Dice la carta: "Muy señor mío; allándome escaso de fondos y sabiendo lo aficionado que es Ud. a cosas antiguas le remito un vaso que es el que siempre usaba en biages y días de campo la antigua Duquesa de Alva, Da. Ma. Teresa de Silva. Ésta se lo dejó a mi abuelo a su muerte para que lo conservara como memoria." Por lo que se ve, Goya, en el ámbito familiar, justificó su posesión del vaso veneciano con las razones que le permitieron apoderarse de él, pero que en realidad valían para un vaso distinto.

(37) Bien se lo puede imaginar don Manuel, que adquirió

algunas de las piezas más ricas del tesoro de la Duquesa. ¿Es posible que Goya lo hubiese olvidado?

(38) El mural ha desaparecido de su lugar originario: el panteón de la Duquesa en la iglesia de los Padres Misioneros del Salvador, conocida como iglesia del Noviciado. Sólo queda un boceto, probablemente el que estaba pintando Goya cuando apareció Pignatelli a ofrecerle el vaso.

(39) El estudio del retrato de la Condesita de Haro confirma con exactitud las palabras de Goya: pese al encanto innegable de la joven modelo, aparecen esa tensión y esa aprensión en el cuello y los ojos.

(40) Efectivamente, tanto la Condesita como el médico Queraltó, pintados, es de suponer, a comienzos de 1803, todavía en pleno invierno, murieron ambos en 1805, desapareciendo con ellos dos de los tres testigos que algo podían decir del vaso envenenado. Fuera de un probable asesino...

Mi relato

I

DEJÉ BURDEOS A LA MAÑANA SIGUIENTE.

Hice llamar al cochero y al postillón, cuando todavía no eran las cuatro. El primero, sin duda, dormía la mona. Se levantó contrariado, balbuceante y lento de entendederas. No llegaba a comprender que nos marchábamos y que había que enjaezar a las caballerías y cargar el equipaje. El postillón no estaba en la fonda; llegó apenas a tiempo de montar en su caballo y partir. Durante toda la primera jornada aprovecharon los dos la menor ocasión de cerrar los ojos y echar un sueño, así fuera un instante, mientras yo, que tampoco había dormido, seguía insomne, alterado, asaltado sin descanso por las imágenes que el viejo había sabido despertar con su evocación de aquella noche en Buenavista; un palacio que yo había llegado a habitar varios años sin que nunca los recuerdos se me hicieran tan vivos y acuciantes como ahora, tanto tiempo después, instigado por la memoria martirizada de don Fancho (1).

No hubiera valido de nada volver a encontrarme con él, si no hubiera sido para sentarlo delante de mí y decirle: Don Fancho, está equivocado, ha vivido engañado todos estos años, no se atormente más. Cayetana no se suicidó, la mataron. Pero yo no podía decírselo, si no le decía toda la verdad, si no le contestaba su relato con el mío, tan semejante y tan distinto, la misma historia en contraluz, la misma pero otra, el haz y el envés de los sucesos, el verdadero crimen agazapado en la sombra, peso insostenible del árbol del conocimiento, fruta que tal vez sólo yo había mordido... aparte del asesino. Pero yo no podía decirlo. No hice más que dejarle una breve misiva de despedida. El postillón la deslizó bajo la puerta de la Maison Poc.

De modo que ya estaba atravesando de nuevo la Francia, en dirección de Niza, encerrado en mi coche, ciego ahora a las bellezas del paisaje, a las amenidades de la Provenza, a la grandiosidad del paisaje que había cobijado a Pío VII, a todo lo que se me ofrecía en el camino que no fueran mis obsesivas reminiscencias de aquel sarao en el palacio de Buenavista. Pero mis recuerdos se remontaban, irresistiblemente, más atrás, hasta el origen de la tragedia. Hasta 1797.

Habían sido, pese a algunos nubarrones en el horizonte, tiempos apacibles para España. Se había conseguido la paz de Basilea, se había firmado con la Francia el tratado de San Ildefonso. Yo lograba, por entonces, ya como Príncipe de la Paz, dar un sesgo ilustrado a mi gobierno; incluso había obtenido la designación como Ministro de un hombre tan difícil de digerir por los estómagos de la reacción como el insigne Jovellanos. Los negocios del Estado me apasionaban y a ellos dedicaba sin tasa mis energías, y sin embargo, mi vida personal se había visto por entonces harto conmovida y más enmarañada que un puñado de cerezas. Un año antes había conocido a Pepita Tudó y mi amor por esa muchacha, toda donaire y vida, había ganado terreno a la prudencia. Nadie en palacio, ni los propios Reyes —¿es preciso decir que la Reina fue la primera en adivinarlos?—, ignoraba los lazos de intimidad que muy pronto me unieron a la endiablada gaditana. Y sin duda fue esa indiscreción que precipitó la realización de un viejo y vago proyecto de los Reyes: el de casarme por encima de mi rango y emparentarme a la Corona por otros vínculos que los que tan sólo por el afecto y por la confianza me estrechaban a las propias personas reales. Así me vi, un poco sin comerlo ni beberlo, casado de la noche a la mañana con la pequeña María Teresa Borbón y Vallábriga, prima hermana del Rey; con la Mayte de los malestares y los desmayos (2).

Pero era yo tan vital y optimista en aquellos tiempos que estas complicaciones no me afligían. En el fondo, luego vi que equivocadamente, quería yo sacar el mejor partido de todo, y disfrutar a un tiempo del amor de Pepita, del encumbramiento que me significaba mi matrimonio, y de la confianza constante de los Reyes, a cuya propia vida doméstica en palacio yo me había naturalmente incorporado con el paso de los años. Milagrosamente, el tiempo y las energías me daban para todo: para cumplir con mis deberes conyugales sin renunciar a Pepita y sin sacrificar mi vida personal dedicar todo el tiempo que ellos deseaban a los Reyes, y todo eso trabajando de sol a sol y a veces hasta medianoche en mi despacho. Quizá, simplemente, tenía yo un cierto arte para mezclar las obligaciones y los afectos y éstos entre sí aunque parecieran irreconciliables. Portentosa época aquélla, pletórica. Y amarga en comparación con este destierro y esta decadencia, esta soledad y este abandono, estos suplicios de ahora (3).

Pero retrocedo otra vez cincuenta años, a aquel animado y gozoso 1797 de mi España y mi juventud. En la placentera rutina de palacio, sólo se proyectaba una sombra: Fernando, el primogénito, dejaba de ser el niño apagado y aprensivo que había sido para convertirse en un adolescente caviloso y hosco, que daba muestras cada vez mayores de desapego hacia sus padres y hasta ciertos indicios de recelo y hostilidad; y el amor, día a día más atribulado y afanoso que le profesaban Sus Majestades, no parecía vencer esas resistencias sino aumentarlas, ni sus manifestaciones servir para otra cosa que para moverlo a desaires o desprecios. Don Carlos se agraviaba y dolía; doña María Luisa, lacerada por su intuición de fémina, vislumbraba la gravedad del problema, si bien no por cierto el desastre, no sólo familiar sino nacional, en que todo ello derivaría diez años después (4).

Durante un tiempo, y coincidiendo con los primeros signos de la pubertad de Fernando —que en verdad se iba presentando en forma asaz laboriosa e ingrata— nos consolaba a todos un poco que el muchacho, a medida que se apartaba de sus padres, fuera dando muestras de un creciente apego hacia mí, como si yo fuera, en su despertar a la virilidad, el modelo que él hubiera escogido, más por un movimiento de sus anhelos juveniles que por una deliberación de su inteligencia. Pero el hecho es que, a veces hasta con cierta porfía y exageración, Fernando procuraba mi compañía, se complacía en hacerme infinitas preguntas e incitarme a narrar historias, imitaba mi comportamiento y mi manera de vestir, y aun trataba de inmiscuirse en mi trabajo o deslizarse subrepticiamente a mi lado en las caballerizas, en los vestuarios, en el frontón o el casino, como si se hubiera impuesto un aprendizaje en el mundo másculo que complementara las enseñanzas piadosas de su preceptor, el padre Escóiquiz. Tan incondicional era el aprecio en que sus augustos padres me tenían, que llegaban a ver de algún modo compensado por esa inclinación del Príncipe hacia mí, el ostensible rechazo de que a ellos iba haciéndolos objeto. Hasta que, repentinamente —entonces supuse que por alguna torpeza involuntaria de mi parte, hoy sé a ciencia cierta que en virtud de la maliciosa influencia de Escóiquiz—, un día Fernando cesó de buscarme, de imitarme, aun de hablarme, y me hizo víctima manifiesta de un aborrecimiento mucho más señalado que el que parecía experimentar hacia sus padres. Los Reyes se sintieron apesadumbrados; yo prefería sufrirlo en silencio, en espera de que se pasaran aquellas mudanzas y contrastes de un capricho adolescente (5).

Estos inquietantes sucesos no afectaban mi antigua amistad con la Reina, antes la fortalecían. Realmente tan sólida, tan inconmovible en sus fundamentos y en su activo y permanente pábulo era esa amistad, que entiendo sea difícil para ojos extraños imaginarla sobreviviendo como sobrevivió a todas las trágicas vicisitudes a que estuvo expuesta durante más de seis lustros, hasta alcanzar indemne al último aliento de mi egregia amiga, exhalado al cabo de sus últimas protestas de lealtad y de gratitud hacia mí (6). Menos dramático, aunque también singular y quizá más significativo es que, hacia la época a la que me estoy refiriendo, haya superado también el escollo de lo que podía entenderse por mis veleidades: la aparición de Pepita en mi vida y la presteza con que acepté que me casaran con Mayte. Doña María Luisa era mujer, si apasionada, excepcionalmente juiciosa y comprensiva, y supo salvaguardar la singularidad y profundidad de nuestro afecto de toda circunstancia aparentemente adversa. Fue, por encima de todo vínculo, por encima incluso del sagrado lazo que unía a la valedora y al valido, una amiga y una madre. Vayan estas palabras como homenaje a aquel afecto inquebrantado, a aquella gran mujer que —lo sé— sabrá desde su lugar junto al Altísimo comprender una vez más y perdonar una vez más: el que yo me vea ahora, por la obligación que me he impuesto de escribir esta Memoria, en el trance de referir algunas de nuestras intimidades.

Mis encuentros con doña María Luisa, aparte de nuestra diaria y casi constante frecuentación en presencia del Rey, tenían lugar en aquellos aposentos, que, en el ala izquierda del palacio, estaban siempre dispuestos para mi reposo a cualquier hora del día. De esos aposentos sólo teníamos llave yo mismo y mi ayudante de cámara, quien se ocupaba de tenerlos aseados y en orden y con mudas de ropa blanca y las bebidas o las frutas o confituras que a mí se me antojara tomar tras las breves siestas que me concedía a lo largo de mis durísimas jornadas. La propia Reina tenía su llave, por supuesto, y esto, sospecho, era un secreto a voces; pero no la usaba ella a discreción, sino tan sólo los días y las horas prefijados, que eran los martes y los viernes a las seis de la tarde. Ésas eran las tardes que todas las semanas del año, el Rey, en extremo metódico como era, dedicaba a su propio esparcimiento personal: la carpintería. El viejo Maese Bertoldo, admirable artesano italiano, que había tenido a su cargo la dirección de los trabajos de ebanistería de la Casita del Labrador, en Aranjuez (7), venía a palacio en esos días y dirigía los trabajos del Rey en el taller que éste se había hecho construir a ese propósito; y aun cuando la Corte no estuviera en Madrid, como ocurría muchos meses al año por las largas temporadas que pasaba en La Granja o El Escorial o el propio Aranjuez, Bertoldo viajaba como uno más del séquito, tan adicto era Su Majestad a sus enseñanzas y a su distracción de martes y de viernes. Por modo que si se daba que yo también estuviera habitando cualquiera de esos palacios, mis entrevistas con doña María Luisa se celebraban, al igual que en Madrid, en los cuartos que me hubieran allí designado para mi alojamiento. Sólo la enfermedad de alguno de los dos, o algún inaplazable compromiso diplomático, o la guerra misma, nos obligaban a suspender las citas. Pero, por lo general, debo decir que lo óptimo de nuestra salud, lo desahogadamente que la Reina postergaba al más encopetado embajador, y la brevedad de las guerras de aquellos años, hicieron raros los martes y los viernes en que no se produjeran nuestros clandestinos encuentros.

Y ahora, para cabal entendimiento de la historia, no tengo otro remedio que explicar al lector en qué consistían esas entrevistas y en qué atmósfera se desenvolvían.

Allí dentro, en mis aposentos, dejábamos de ser Su Majestad y Manuel, y nos transformábamos, por mágico avatar, sólo en Malú y Manú. Eran los motes afectuosos de nuestra secreta intimidad, inventados casi desde sus comienzos. Recíprocas y tan semejantes invocaciones nos aproximaban, nos impregnaban a uno del otro, nos identificaban por encima de todas las diferencias, incluida la del sexo. Malú y Manú eran amigos, hermanos, cómplices, compinches, camaradas, cofrades únicos de una logia sólo por nosotros y para nosotros constituida, gemelos de un solo óvulo, idénticos, inseparables e indiferenciados, canjeables. En la cámara de alto techo, con las celosías bajas, y una luz gris y tenue para envolverlos y amparar sus juegos, que eso eran, juegos, y dudo que alguien alcance siquiera a comprender o admitir su esencial inocencia, Malú y Manú nacían todos los martes y los viernes a las seis de la tarde, al pasar yo la llave de la puerta que acababa de cerrar tras de mí y acercarme al vasto lecho blanco, umbrátil bajo las puntillas del dosel, donde Malú esperaba, despojada, expectante y feliz, el primer signo de reconocimiento y de saludo. Y tras los primeros holgorios, los mimos, las risas, el uso de todo un código sólo por Malú y Manú inventado, conocido y consagrado, llegaba al fin la pregunta que iniciaba el gran juego: "¿Quién quiere Malú que la visite hoy?" Pregunta que, aunque era de rigor la hiciera Manú, podía hacerla Malú misma si era día de languidez o de pereza y prefería no tomarse el trabajo de elegir esa vez la identidad de quien había de visitarla. Que no era otro que Manú bajo uno cualquiera de los disfraces que se guardaban en la antecámara: el elegido, claro, por Malú o por él mismo según quien pronunciara el abracadabra.

El origen de los disfraces se remontaba a doce años antes. Yo era entonces guardia de corps de don Carlos III, y arrastrado por mi hermano Luis acudí un sábado de Carnaval a un baile de máscaras que patrocinaban, de forma más o menos extraoficial, los entonces Príncipes de Asturias, a quienes aún no había tenido el inmerecido honor de conocer. En una ropería de cómicos del barrio de Lavapiés me agencié un disfraz de juglar, algo raído, pero de rico terciopelo carmesí y largas calzas blancas de seda —que resaltaban casi en demasía la vigorosa musculatura de mis piernas— y provisto de un laúd de utilería, acudí a la fiesta. Fue allí que me divisaron, por vez primera, los ojos avizores de mi señora doña María Luisa, y como ella y don Carlos ya habían distinguido con su protección a mi hermano Luis y lo vieran entretenerse conmigo, no tardé en ser llamado a su presencia, y ése fue no sólo el origen de los disfraces sino el momento que marcó, para siempre, el rumbo de mi existencia (8).

La Princesa no quiso olvidar nunca aquella primera imagen que de mí había tenido —el jubón, el birrete con la pequeña pluma verdinegra, las calzas, el laúd— y se divertía diciendo que mi uniforme de la Guardia Real no era, en última instancia, más que otro disfraz igual que aquél y que ella debería descubrir algún día cuál era el verdadero Manuel, si el juglar o el húsar, que así se entretenía motejándome.

Tres o cuatro años más tarde, ya muerto Carlos III y ella Reina, por tanto, y yo capitán, acompañé una tarde a Sus Majestades a la plaza, para ver torear al eximio Pepe Hillo, y como yo secreteara al oído de la soberana mi admiración por la estampa del matador y por su riquísimo traje de luces, cuál no sería mi sorpresa cuando días más tarde trajo un mensajero a mi cuarto una caja primorosamente envuelta, de la cual, no sin emoción y maravilla, extraje otro traje de luces aún más espléndido que aquel que había envidiado al torero, cuajado de azabaches y madreperla en un encaje de rojos y de rosas y de negros, verdadera joya de exquisita artesanía, acompañado por una breve esquela que rezaba: "Para Manuel, matador secreto, que sabrá estoquear a la indómita vaquilla." La esquela no traía firma, pero la intención y la oportunidad del regalo, por no hablar de su largueza, harto declaraban su alto linaje. Más o menos en aquellos días, nacieron Manú y Malú.

El disfraz de torero no fue más que el primero de una larga serie. No pasaba mi santo o mi cumpleaños, sin que —ya con la firma de Malú— un nuevo disfraz se añadiera a mi guardarropa; también con la tierna signatura me llegaban cada primavera, cada verano y cada otoño, de Aranjuez o de La Granja o del Escorial, las nuevas invenciones con que Malú distraía sus ocios auxiliada por el refinado artificio de sus sastres y costureras, y que enviaba a su Manú, atado casi siempre como estaba a las temperaturas extremas de Madrid por causa de sus tareas de gobierno. De tal modo fueron sumándose en la antecámara, trajes y trajes hasta formar toda una extravagante teoría en las perchas de los armarios: al torero se sumaron el gladiador y el marinero, el cruzado y el sultán, el emperador y el abad, el pastor y el pirata, el capitán de los tercios y el caballero templario, el mandarín, el rajá de la India y el humilde jardinero del convento, sin contar con los personajes que proporcionaba la mitología, de modo que a veces, en un año entero, alguno de aquellos personajes quedaba relegado y aburrido en los armarios, esperando en vano el honor de visitar a Malú, que por descontado tenía sus predilectos a la hora de responder a la pregunta —¿Quién quiere Malú que la visite hoy?— y salvo cuando, adelantándoseme ella misma a inquirirlo, me daba ocasión de desempolvar a algún postergado volatinero u olvidado caballero andante.

Mientras yo me retiraba unos minutos a la antecámara, el tiempo que me llevaba operar mi transformación, ella hacía la suya que siempre era más sencilla y fácil, porque, cosa extraña, detestaba Malú los embelecos del disfraz y del ornato en la intimidad y todo lo resolvía con escasos elementos: una sábana que a menudo con más ayuda de la imaginación que de la destreza se volvía túnica, hábito, clámide, rasgado traje de cautiva o de náufraga, unos peines que se tornaban en cuernos de vaquilla, en crucifijo alzado por la mártir o en el puñal de Judith para mi torero, mi gladiador o mi Holofernes, un collar que era rosario en las manos de una novicia, maneas en los tobillos de Briseida o gargantilla en el cuello de la princesa mora.

Porque en eso consistía al fin de cuentas el juego. En que a la aparición de Manú, de vuelta en la estancia, Malú esperara pronta a darle la réplica representando el personaje complementario de la bien pautada y ceremonial comedia: si Manú era el fiero y cruel Solimán, Malú era la trémula cautiva cristiana, y al contrario, cuando Manú era el rudo y fanático cruzado, encontraba a Malú convertida en una altiva morisca llena de despecho y aborrecimiento; el marinero intrépido debía arrojarse al mar por socorrer a la púdica náufraga y el salaz jardinero sorprender a la extática monjita entre los rosales; el verdugo arrastraba a la relapsa a las llamas y el honrado pastor quedaba hechizado ante el espectáculo de la princesa dormida; Júpiter-Toro, con su piel y sus cuernos, raptaba a Europa entre sus patas, y Dafne se paralizaba en árbol al contacto de los dedos de Apolo; Aquiles era el único que no sabía a ciencia cierta a quién habría de encontrar en su tienda al volver de la batalla: si a Patroclo o a Briseida, según una única alternativa para el capricho de Malú (9). Y a medida que avanzaba la comedia, la identidad de los personajes se absorbía, se disolvía en una liturgia que, en todos los casos, enfrentaba el asalto, la violencia y el poder de Manú con la resistencia y la huida, el debate y la entrega —y hasta a veces la agonía y la muerte— que eran el privilegio de Malú, fuera esclava, hechicera o vaquilla. Terminado el juego, perdido el disfraz por los suelos o entre las sábanas a lo largo de su peripecia, Malú y Manú volvían a su ser, pasaban de una complicidad a otra, de la locura a la ternura, de la batalla a la conspiración, del juego del pecado al juego de la inocencia. Porque todo era, lector mío remoto, un juego.

Creo que hay un episodio que arroja una luz póstuma, a modo de epílogo, sobre esta historia de Malú y Manú. Veinte años después, anciana ya doña María Luisa, evocaba ante sus invitados italianos, durante una velada en el palacio Barberini, los buenos tiempos de su Corte madrileña. Y de repente, para mi sorpresa y la del Rey, se volvió hacia mí diciendo: "Manuel, ilustremos a nuestros nobles amigos romanos con estampas más que con cuentos. Ve, viste tus antiguos uniformes, paséate ante los presentes con ellos, para que vean cómo eras, mi querido Manuel, y de ellos infieran cómo era nuestra Corte y cómo éramos todos..." Y no hubo forma de negarse. Tuve que hacer traer la media docena de uniformes de gala, de mis antiguos cargos y dignidades oficiales, que me seguían acompañando en el exilio, bien que hacía ya diez años que no los lucía, y vistiéndolos en una antecámara, desfilar con cada uno de ellos ante los ojos atónitos de los circunstantes, que proferían en medio de su embarazo exclamaciones de asombro o admiración frente al lujo y la riqueza de las guerreras, de sus charreteras y hebillas, de los sombreros empenachados —ni a los generales napoleónicos habían visto tan fastuosamente ataviados— pero sin comprender lo que realmente estaba sucediendo en aquel imponente salón del palacio romano: que Malú, rediviva, evocaba a Manú, y otros atavíos, y otros atardeceres, en aquel don Manuel sometido al ridículo de su extraña parada. No llegué a pasear todos los uniformes. Al tercero o al cuarto, un temblor empezó a agitar el cuerpo de la Reina, y algo que no se podía discernir fuera risa o sollozo se volvió raudal de lágrimas y desmayo, y hubo que llevársela a sus cuartos y la velada acabó allí. Malú había renacido por un momento, pugnando con su ardor juvenil, con su incontenible amor por el juego, como un flujo de vida irreprimible bajo los pliegues de la falda de la augusta anciana. Fue un extraño incidente, del que nunca hablamos (10). Pero las postreras palabras que doña María Luisa, unos meses después, susurró en mis oídos fueron, como no podía ser de otro modo, desde la desolación de su agonía: "¿Quién quiere Malú que la visite hoy?" Si Manú hubiera sabido hacerlo, de dulce muerte se hubiera disfrazado en aquel oprimente crepúsculo romano.

Volvamos a 1797. Una tarde cualquiera, no era martes ni viernes, me dirigí a mis aposentos para refrescarme y descansar un rato, cuando al cerrar la puerta sentí, ante mi gran sorpresa, una voz sorda que ordenaba desde la alcoba: "Pasa la llave." Obedecí maquinalmente preguntándome cuál de los dos, doña María Luisa o yo, nos habíamos equivocado de día o por qué otro motivo había transgredido la antigua costumbre, haciéndome una visita imprevista. Me dirigí a la alcoba. Dos brazos descubiertos, asomando entre las sábanas en la penumbra del lecho, corroboraron por un instante que había habido un error, y empecé a decir: "Malú, ¿qué ocurre?", cuando las palabras se me congelaron en los labios y todo yo, en cuerpo y alma, me sentí paralizado ante lo que estaba viendo, sin dar realmente crédito a mis ojos. Fernando, el Príncipe, ocupaba el lugar de Malú, y me miraba con sus ojos saltones entrecerrados y la boca gruesa entreabierta, el labio inferior caído bajo los dientecillos grises y afilados, el superior retraído bajo la desproporcionada nariz, una caricatura de sonrisa en que se mezclaban el temor y la burla. "Su Alteza...", llegué a musitar, y sentí que un verdadero fuego me invadía la cara, mientras, sin que pudiera controlarlas, mis rodillas flaqueaban, anticipándose a una comprensión de lo que ocurría que mi ofuscada mente no alcanzaba aún. Entonces aquella boca sardónica e innoble pronunció lo irremediable: "Te estaba esperando, Manú..."

Sentí vértigo, vacilé sobre mis piernas, una náusea se alzó por el esófago como otra llama, el rostro ardía ya y las sienes, y en medio de la horrible confusión sé que vi las polainas y la ropa del Príncipe arrojadas y revueltas junto a la cama, en el suelo, y recordé que en las últimas semanas, más de una vez, Malú había sentido un rumor en la estancia y había temido la intrusión de una rata. No sé cuánto tiempo pasé en ese pánico —la sonrisa y la mirada obtusas de don Fernando, el cuerpo que ahora sabía desnudo bajo las sábanas, las prendas amontonadas sobre el tapiz persa— mientras me preguntaba, con la insistencia de un martillo golpeándome en las sienes y atenazándome la garganta hasta el vómito, si realmente, había oído bien, si él había dicho Manú y no Manuel, simplemente, pero en todo caso, ¿qué hacía allí, qué...? Las preguntas me afloraron a los labios: "¿Qué hace Su Alteza en mis aposentos? ¿No son horas de clase con el padre Escóiquiz?" Se rió, con su risa cortada y húmeda, como un chapaleo. "Vamos, Manuel" —dijo—. "Es la primera vez que te visito. Deberías recibirme mejor." Yo apenas estaba consiguiendo dominar el temblor de mis piernas y esa invasora sensación de asco, pero todavía no entendía, no salía de la confusión. Intenté, con la rudeza del manotón final que da un ahogado, argüir: "Tendré mucho gusto en recibir a Su Alteza, pero en otro momento. Ahora debo volver a mi despacho. Se inquietarán mis secretarios, y también por Su Alteza el pobre padre..." Hablaba demasiado, sin convicción alguna, como quien rezara un conjuro para despertar de un mal sueño. Pero la mirada fría y malévola de don Fernando no me dejaba evadirme al delirio, me traía a la terrible realidad de su presencia allí, en mi alcoba, en mi lecho. Como la de su voz helada y metálica, cuando me interrumpió: "No perdamos tiempo, Manuel, ya que se inquietan esperándonos. Yo también quiero jugar. Pregúntame." Algo en mi cerebro se alzó como una barrera para no dejarme comprender el espantoso sentido de la orden del Príncipe. Ahogada la voz, respondí sumiso, inerte: "¿Qué debo preguntar, Su Alteza?" El Príncipe volvió a sonreír, si aquello era sonrisa o mueca no lo sé, y tomándome un tiempo que a mí se me antojó inacabable terminó por decir con un remedo del mohín materno, grotesco, vil, monstruoso: "¿Quién quiere Fenú que lo visite hoy?"

Fenú, había dicho. No había escapatoria. Fue como si de repente una jaula cayera en derredor de mí, apretándome entre sus barrotes, y al mismo tiempo una mano me arrancara los vestidos de un solo tirón, exponiéndome al oprobio del mundo, desnudo, vulnerable, lamentable, aterrorizado. Un embate de náusea se alzó hasta mi paladar y todo yo temblaba, de miedo, de vergüenza, de ira, impetrando de la divinidad que aquello fuera un sueño, una siniestra y cómica pesadilla, pero la voz de don Fernando, una vez más, tenía el cuerpo implacable y desesperante de la realidad. Insistió: "Pregúntamelo. Es una orden."

De repente mis rodillas dejaron de sacudirse, el rubor y la sensación de fiebre se disiparon, fui quedándome frío e inmóvil, yerto casi, ante mi verdugo. De modo que él, interpretando mi silencio como una desobediencia, continuó: "Está bien. Como quieras, Manuel. Puedo prescindir de tu colaboración." Y tras atarse las dos puntas de la sábana a la nuca, como para improvisar una túnica, concluyó con una mirada alta y desafiante de sus ojos exoftálmicos: "Fenú quiere recibir a Solimán."

Odié a aquel infame renacuajo de piel escamosa y como con la droga se estimula al corredor en medio de la carrera, con ese odio alimenté una energía que me permitió asumir de repente una cierta autoridad para amenazarlo con llevarlo de las orejas a la presencia de su padre y denunciar su perversidad a Escóiquiz, pero, por supuesto, a esa altura yo había perdido todo buen juicio, y lo único que logré con mis advertencias fue escuchar, otra vez, y ahora más larga, cascada y percutante, aquella risa canalla que nunca se le había podido corregir. "Has perdido la cabeza, mi buen Manuel" —dijo—. "El único que puede amenazar aquí soy yo. Con irle con el cuento al Rey, justamente, o al reverendo. Pero no me gustan las amenazas tibias. Mi padre es tan imbécil que tal vez terminaría por absolverte y Escóiquiz es menos fuerte de lo que se imagina. Si no me obedeces, iré directamente al Santo Oficio y os denunciaré, a ti y a esa puta de mi madre." Y esgrimiendo una llave que sacó de entre las piernas agregó: "Y no os daré tiempo a deshaceros de esta llave, que robé a mi madre de su alhajero, ni de todos los disfraces que guardáis en esos armarios." Y bajó la voz de súbito hasta que no fue más que un repelente susurro: "Vamos. Fenú quiere recibir a Solimán. ¿Qué otro recurso te queda, Manú? ¿Matarme?"

Lo había adivinado. Yo sólo estaba pensando en matarlo, en borrarlo de la faz de la tierra, pero sabía que no podía hacerlo, que estaba perdido, en sus manos, y que sólo me quedaba una salida: Solimán (11).

Si aquellos minutos frente al lecho fueron los más atroces que pasé en mi vida, la resignación de que ya me había armado mientras me cambiaba de ropa en la antecámara, no era por cierto un alivio, porque estaba amasada de rabia y humillación. Había caído en una trampa, y no tenía otro remedio —como muy bien había puntualizado don Fernando— que prepararme de la mejor manera posible para hacer mi papel de Solimán. Con la amargura, por lo demás, de saber de antemano que mi naturaleza facilitaría las cosas, que Solimán visitaría a Fenú, por más repugnancia que Fenú le provocara. Así estaba hecho Manú. Y siento la necesidad moral de aclarar, por prurito de honestidad, que no sería aquélla la primera vez que yo tuviera trato carnal con una persona de mi mismo sexo. A los doce años, el canónigo penitenciario de la catedral de Badajoz, me había inducido a ciertas prácticas que me resultaban sobremanera placenteras y que él ejecutaba de rodillas en la sala del Cabildo; siendo ya guardia de corps, no tendría aún dieciocho años, una noche de borrachera cedí a la tentación del cuerpo tierno y dulcísimo de un compañero extranjero (12). Pero don Fernando, con todos los respetos debidos a un Príncipe que llegó luego, por los medios que fuera, a ostentar la Corona de la nación casi veinte años, me resultaba particularmente repulsivo, y yo mismo me rebelaba de antemano contra la respuesta indiscriminada de mi naturaleza a los solos estímulos del contacto o de la imaginación.

Y las cosas ocurrieron, ya en la alcoba, como yo lo había previsto en la antecámara. De mi parte, un mero desahogo animal, cumplido con más despecho que deseo; de la suya, sólo la estéril satisfacción de un capricho de la voluntad, de una malvada curiosidad. Don Fernando recogió sus ropas con aire sombrío, se vistió descuidadamente en el rincón más oscuro de la estancia, y antes de marcharse arrojó la llave sobre el lecho. Dijo todavía, con una voz que parecía haberse hecho más mecánica y sin relieve: "Nunca volveré a tu cuarto. Te odio. Te odiaré hasta el último día de mi existencia."

Y lo cumplió. Desde aquel día, alentado por Escóiquiz, a quien supongo siempre habrá ocultado la sórdida aventura de Fenú, empezó a conspirar contra mí, un largo y paciente trabajo que culminó más de diez años después en Aranjuez y en Bayona, pero no se conformó con eso. Su odio —hacia mí, que al fin de cuentas no había hecho otra cosa que obedecerle, ya que no complacerle— me persiguió hasta su muerte, y aun después de ella, tanto repercutieron en mi vida sus intrigas y persecuciones.

Los Reyes, desde luego, nunca supieron lo ocurrido. No fue problemático para mí deslizar la llave en la mano de doña María Luisa diciéndole que la había olvidado en su última visita; pero la verdad es que desde aquella tarde el juego de los disfraces se me hizo más penoso, y que algo debió trascender de ello a la Reina, puesto que pretextando un día un compromiso, otro un malestar, un día dejamos de jugar y la seda de los disfraces empezó a pudrirse en los armarios.

Siendo como era, todavía casi un niño, no le fue difícil al Príncipe, con el pérfido aliento de Escóiquiz soplando en su oído, hallar oportunidades para reavivar su rencor hacia mí o recelar las más diversas maquinaciones de mi parte. Pocas semanas habían pasado de nuestro encuentro, cuando pretextando que ese día cumplía catorce años, impetró de su padre que lo dejara asistir regularmente a los Consejos de Estado, como una manera de irse adiestrando en la ciencia del gobierno de la nación; el Rey, dando muestras una vez más de su prudencia, entendió que el punto en que se hallaba la educación del príncipe no autorizaba todavía a dar tal paso, y denegó el permiso. Don Fernando tuvo una crisis de rabia, lloró y chilló de forma que todo el palacio se enterara de que por causa de mis propias insaciables ambiciones yo había influido en la voluntad del Rey, consiguiendo así mantenerlo apartado de los negocios del Estado. Tan cargado quedó el ambiente de malestar, que rogué de modo apremiante a mi señor que me eximiera de mi cargo y me permitiera separarme por un tiempo de la Corte. Era un ruego que yo reiteraba con creciente frecuencia, cansado como estaba de celos y de intrigas, y esta vez el buen Rey, tal vez con la intención de desvanecer los rumores que su propio hijo había puesto en circulación, accedió a aceptar mi renuncia. Así fue que me hallé al fin felizmente apartado del poder y de todo cargo oficial, pero al regresar a ellos dos años después (bien que sin alejarme nunca de la amistad y trato de los Reyes), ya alrededor del Príncipe se había organizado una verdadera facción cuyos objetivos eran arruinar definitivamente mi carrera política y aun algo más grave: desprestigiar y desplazar a la Reina.

Unos años después, en 1802, y como conté en mis memorias, hubo un duro enfrentamiento entre el Príncipe y yo, con motivo de su proyectada boda con la princesa María Antonia de Nápoles. Yo aconsejé al Rey su padre que difiriera la boda, en atención a que el Príncipe no estaba todavía preparado a sus años (que ya eran, sin embargo, dieciocho) ni por el nivel de sus conocimientos, exiguos pese a todos los esfuerzos hechos porque mejoraran, ni por su entereza moral, para asumir las responsabilidades del estado matrimonial y la emancipación que éste conllevaba. Entendía yo que el Príncipe debía completar primero su educación y acaso remediar su atraso viajando dos o tres años por Europa, lo que en aquellos días llamábamos "el baño de nuestro siglo". Los Reyes confiaron mis dudas a Caballero, pidiéndole su consejo, y el desleal Ministro no tardó en transmitir aquéllas al Príncipe, cuyo cuarto, foco de rumores y conspiraciones contra mi gobierno, frecuentaba. El resultado fue la furia de don Fernando por mi intercesión, que juzgaba mal intencionada —hasta el punto de sentir atacados sus mismos derechos a la Corona— y la consolidación de su resentimiento para conmigo (13). Esta vez, curiosamente, la Reina no estaba de acuerdo conmigo y le apremiaba casar al Príncipe, porque al mismo tiempo, por las mismas capitulaciones, casaba a la Infantita Isabel con el hermano de María Antonia, que había de ser Rey de Nápoles y las Dos Sicilias, proporcionando así un nuevo trono a la familia. De modo que se puso fecha a la doble boda contra mis consejos, pero eso no aplacó las iras de don Fernando. Así estaban de exasperadas las cosas, con su natural efecto sobre la actividad conspiratoria en el cuarto del Príncipe —que, como ya he dicho, frecuentaba la propia Duquesa de Alba—, cuando mediaba el mes de julio de 1802...

NOTAS

(1) Aunque Godoy pasa de prisa por el tema, conviene recordar que a la muerte de la Duquesa de Alba, y con la anuencia de los Reyes, obtuvo que el propio Ayuntamiento de Madrid adquiriera para él el palacio de Buenavista, de modo que no tuvo mayores escrúpulos en instalarse a vivir allí donde había muerto trágicamente su ex amiga y amante. Y de la misma manera que la Reina puso en juego su privanza para comprar a bajo precio las joyas de la Duquesa —después de haber querido incautárselas con una Real Orden que no prosperó— Godoy supo quedarse con buena parte de sus obras de arte (La Venus del Espejo de Velázquez, La Escuela del Amor del Correggio, una Virgen de Rafael, entre otras), y hasta con sus criados, como consta en documentos de la época.

(2) La opinión corriente entre los historiadores es que María Luisa precipitó la boda de Godoy para neutralizar la peligrosa pasión de éste por Pepita Tudó. El propio Godoy, en sus Memorias, cuenta brevemente como Carlos IV lo "enlazó a su familia, con el designio (...) de elevarme a tal altura donde sus tiros no alcanzasen" (los de sus enemigos políticos). Y sigue: "Este enlace fue obra de su voluntad absoluta, no de otro modo que lo había sido mi

entrada al Ministerio. Carlos IV ordenó de tal modo la celebración de este matrimonio que entre imponérmela y comunicar al Consejo el decreto relativo a ella, no medió ningún tiempo. Yo le obedecí en este asunto con igual lealtad y sumisión que en los demás actos de mi vida." Y poco más adelante dice en una única alusión a Pepita, y a los rumores que circularon sobre un previo matrimonio con ella: "El tiempo ha hecho justicia de la infame calumnia que movieron (enemigos y envidiosos) propalando que yo rompí otros sagrados vínculos para celebrar estas bodas." En todo caso es visible que María Teresa de Borbón y Vallábriga fue sacrificada a los diecisiete años a la "razón de Estado" o a los intereses sentimentales de la Reina, y a un marido desafecto que no hacía más que acatar una decisión real.

(3) Desde 1848, Godoy evoca con nostalgia su época dorada. En 1819 habían muerto los Reyes, y en 1835 Pepita lo dejó solo en París para conducir personalmente los interminables litigios de Godoy en Madrid, y nunca volvió a su lado. A esta altura Godoy no es otro que el extravagante (y supuestamente mitómano) "Monsieur Manuel", que se sienta a tomar el sol en un banco del Palais Royal y cuenta a sus escépticos amiguitos, niños de pocos años, historias de antiguas batallas y glorias olvidadas. Pero es indudable que desde esa soledad Godoy tiende a idealizar su capacidad juvenil para amalgamar trabajos y amores. Aunque testimonios de la época abonan su excepcional dedicación de los deberes del gobierno, también está el del propio Jovellanos consignando en su diario el 22 de noviembre de 1797 su repugnancia moral ante la desaprensión con que Godoy encaraba y exhibía su vida amorosa: "El Príncipe nos invita a comer a su casa. A su lado derecho, la

Princesa; al izquierdo, en el costado, la Pepita Tudó... Este espectáculo acabó mi desconcierto; mi alma no puede sufrirle; ni comí ni hablé, ni pude sosegar mi espíritu; huí de allí; en casa toda la tarde, inquieto y abatido, queriendo hacer algo y perdiendo el tiempo y la cabeza." Si este texto vale para hacerse una idea del extremo puritanismo de Jovellanos, vale también para juzgar ese "arte" que se atribuye Godoy para mezclar los afectos, "aunque parecieran irreconciliables".

(4) El motín de Aranjuez. Bayona. La caída de los Borbones. La invasión napoleónica. La guerra.

(5) Hoy está abundantemente documentado que en el caso del joven Fernando, a una propensión natural a la desconfianza y a las sombrías cavilaciones, se sumó la malévola influencia del cura Escóiquiz, a quien, paradójicamente, el propio Godoy escogió unos años antes como preceptor del Príncipe.

(6) No exagera Godoy. La Duquesa de Luca, ex Reina de Etruria, hija de Carlos IV y María Luisa, dice a su hermano Fernando VII a poco de morir su madre: "El día antes de morirse me llamó a su cama y me dijo: Yo me voi a morir. Yo te recomiendo Manuel; puedes tenerlo y estar segura que no puedes tener una persona más afecta, tú y tu hermano Fernando. Yo la besé la mano; la dixe que la amaba con toda mi alma y ésta fue la última vez que la pude hablar..."

(7) Otro error que comete la memoria de Godoy. La Casita del Labrador no fue levantada hasta más tarde, entrado el siglo XIX, si bien por los mismos Carlos IV y María Luisa.

(8) El relato que hace Godoy de ese primer encuentro con los Príncipes de Asturias, disipa una leyenda y explica en parte otra. Parece totalmente falsa la versión según la cual Carlos

y María Luisa se fijaron por primera vez en él a propósito de una cabalgadura encabritada y de la bravura demostrada por el joven Manuel con su caballo; otra legendaria versión, la de que llamó la atención de los Príncipes cantando acompañado por una guitarra, resultaría ser una extrapolación de la situación original: el disfraz de juglar y el laúd de utilería.

(9) Aparte de denotar un nivel de cultura clásica que hoy podría parecer estimable, y sorprendente en dos personajes que la posteridad no ha juzgado como particularmente cultivados, llama la atención el parentesco de las "comedias" representadas por Manú y Malú con la literatura europea de fines del XVIII y comienzos del XIX. El turco fiero y su cautiva cristiana, o su opuesto el cruzado y la morisca, hacen pensar inevitablemente en Lord Byron; la náufraga pudorosa y el marinero parecen una ilustración del final de *Paul et Virginie* de Bernardin de St. Pierre; el verdugo y la hechicera evocan las imágenes violentas de la novela gótica inglesa; el jardinero y la monja respiran el aire sacrílego de cierto romanticismo francés. Antes que imaginar a María Luisa o a Godoy ávidos lectores de las últimas novedades editoriales, hay que pensar que los escritores moldearon una mitología que poblaba la imaginación de la sociedad antes de plasmarse en libros.

(10) El episodio de los uniformes del palacio Barberini lo refiere Bausset en sus "Mémoires anecdotiques sur l'interieur du palais impérial", con la diferencia de que Godoy lo sitúa más cerca de la muerte de la Reina y Bausset varios años antes.

(11) Si el incidente que cuenta Godoy pudiera suponerse deformado por su resentimiento hacia Fernando VII, resulta interesante confrontarlo con otro, público e históricamen-

te admitido, ocurrido en 1814 en ocasión del viaje de Fernando de Valencay a Valencia y de su asunción como Rey Constitucional de España. Su antagonista, en esa oportunidad, fue casualmente el cuñado de Godoy, el cardenal Luis de Borbón, entonces presidente de la Regencia Constitucional, que se había trasladado también a Levante para tomarle juramento. Las respectivas comitivas de Fernando y el cardenal se encontraron en Puzol, dieciocho kilómetros al nordeste de Valencia. Los dos personajes bajaron de sus carruajes y se quedaron esperando, cada uno, que el otro saliera a su encuentro. El cardenal, al fin, optó por avanzar y Fernando le tendió la mano para que se la besara, como a Rey. Pero Fernando aún no había jurado la Constitución y no podía ser reconocido como Rey todavía, de modo que el cardenal, naturalmente, vaciló. Fernando, al cabo de un momento, rojo el rostro de ira según los testigos, llevó su mano hasta la nariz del cardenal, y ordenó: "Besa." El cardenal se doblegó y besó. ¿Acaso ese "Besa" no tiene un impresionante paralelismo, por visos de caprichos, arbitrariedad y abuso de poder, con las palabras del Príncipe a Godoy en la alcoba, por más diversas que sean las circunstancias?

(12) En el capítulo II de sus Memorias, tras narrar su admisión en el cuerpo de guardias de Carlos III, dice Godoy: "Tuve allí dos compañeros que eran hermanos, de apellido Joubert, naturales de Francia, educados en su país, altamente instruidos, estudiosos sin medida, uno y otro de costumbres dulcísimas, con quienes trabé sendos lazos de amistad, y de aquel linaje de amistad verdadera y generosa que se engendra en la edad juvenil." Interesante la repetición del adjetivo —"dulcísimo"— tantos años después. ¿Será demasiado aventurado pensar que uno de los

Joubert es el "compañero extranjero" que tentó a Godoy?

(13) Puede leerse la historia completa de la frustrada intervención de Godoy frente a Carlos IV para conseguir la postergación de la boda en Capítulo XI de la Parte Segunda de sus Memorias. Allí dice asimismo que las bodas se acordaron el 14 de abril de 1802.

II

Yo estaba ese verano en La Granja, con la Corte. Los Reyes, cada vez más, insistían en tenerme a su lado, como si nuestra inmediación física fuera más importante para la conducción de la nave del Estado que mi presencia en Madrid al frente del gobierno y los ministerios; y yo había terminado por ceder, contando con esa tregua a las iniciativas y a las intrigas de la diplomacia y a las inquietudes y solicitudes del pueblo que suelen traer consigo los calores del estío. La Reina, especialmente a medida que iban quedando enterrados para siempre en el pasado, ya que no en el olvido, nuestros juegos de martes y de viernes, se mostraba cada vez más premiosa en procurarse mi compañía, como si bastara sentarnos frente a frente con una baraja para exorcizar los peligros que su agudísima intuición veía cernirse sobre España, sobre la Corona y sobre la propia vida familiar; peligros que, obvio es decirlo, concernían todos a la personalidad del Príncipe, a la hormigueante actividad de su camarilla de cómplices o instigadores, y al río caudaloso de murmuraciones y calumnias que fluía incesante de su cuarto en palacio. El Príncipe, aquel verano, no había querido moverse de Madrid, pretextando unos estudios que deseaba completar antes de casarse y que todos sabíamos no existían; eso, entre otras cosas, hubiera aconsejado que yo no me fuera de vacaciones a La Granja, pero la Reina insistió, hostigó al Rey con los argumentos que le daban la vehemencia y el mando, y yo terminé allí, holgando entre los jardines y las fuentes durante el día y jugando interminables partidas de *crapaud* durante la noche, mano a mano con doña María Luisa, que, como digo, mientras me tenía a su lado y podía acariciar mi rodilla como un talismán, respiraba tranquila por la suerte de la nación y la suya propia.

A mediados de julio me llegó, con mi correo privado, una carta que decía escuetamente: "Colombina regresó al hogar tras su última escapada, Arlecchino la ronda de nuevo, el Capitán Fracassa ha abandonado su tienda de campaña y los tres se han puesto a estudiar el «canevás» de un nuevo *intermezzo* cómico. ¿No sería prudente que le dierais una leída antes del estreno? Il Suggeritore." La carta era una advertencia clara. Mientras yo perdía el tiempo en La Granja, mis enemigos lo ganaban en Madrid. La Duquesa (Colombina) había vuelto de Andalucía, se veía con Fernando (Arlecchino) y con Cornel (el Capitán), y los tres estaban empeñados en algún nuevo manejo concerniente a la Italia y muy probablemente al Reino de Nápoles. El código, en ese sentido era inequívoco: las máscaras de la *commedia dell'arte* cambiaban de nombre según la nacionalidad de los personajes que sostenían los hilos desde el otro extremo de la trama; si hubieran sido franceses, por ejemplo, Arlecchino hubiera pasado a llamarse Sganarelle. Pero además la inminencia de las dobles bodas, el resquemor que aún quedaba por mi intervención para que el Rey postergara su fecha, la vieja ojeriza de la Corte napolitana hacia nuestra política francesa, abonaban generosamente la posibilidad de que la maniobra en que nuestros enemigos de entrecasa estuvieran embarcados en pleno verano, concerniera realmente a Nápoles. Aquella misma noche, enseñé la carta a los Reyes. Doña María Luisa no ocultó su contrariedad, pero admitió que yo debía volver a Madrird, ya que implícitamente mi corresponsal prometía en la última frase poner en mis manos los documentos secretos con que se estaban manejando "nuestros cómicos". De modo que al amanecer me puse en camino.

No fui a casa al llegar a Madrid, sino directamente el palacio real. Conservaba en éste mis aposentos de reposo, tenía allí ropa suficiente para cambiarme, y me prometía, mientras esperaba ponerme en contacto con el autor de la carta, pasar por lo menos una noche en compañía de Pepita, sin molestar innecesariamente a Mayte, cuyos silencios cargados de un oscuro resentimiento se me hacían cada vez más insoportables. Despaché algunos asuntos en palacio, mandé aviso a Pepita de mi llegada, y por la tarde resolví darme una vuelta por el taller de Goya. Verdad es que no iba sólo a vigilar la marcha de mi "desnudo", sino a hablar con don Fancho de un nuevo retrato ecuestre, de cuya comisión me había convencido en La Granja doña María Luisa, pero este segundo objetivo de mi visita no llegué a concretarlo aquella tarde, y luego, la marcha de los acontecimientos hizo que lo siguiera postergando hasta cuando Goya, aduciendo vagas razones de salud, se negó redondamente a hacerme el retrato (14).

Debo repetir que el encuentro con Cayetana fue totalmente casual y no estaba combinado de antemano como los celos de Goya pudieron hacérselo dudar. Sin embargo, fue un encuentro afortunado en su misma condición fortuita, como inmediatamente se comprenderá. Cayetana dijo aquellas osadas palabras que, yo supuse, Goya alcanzó a oír: "Puedes venir con cualquiera de tus mujeres...", mas al instante, con la prudencia que le aconsejaban las circunstancias, dio la espalda al Maestro, bajó la voz y siguió rápidamente: "Me alegro de que hayas vuelto —dijo—. El asunto lo merece. Ven esta noche y encontraremos un momento para que pueda enseñarte esos papeles. Pero ten cuidado. Fernando y Cornel están también invitados".

Puedo imaginar el pasmo y el escándalo de mis lectores. Cayetana de Alba trabajaba para el bando que fingía combatir. Y debo otra vez remontarme al pasado para explicar cómo habíamos llegado a esta curiosa situación, en que una antigua amante, por el azar de las cosas, y tras haber devenido primero una enemiga política, se volvió más tarde una aliada, una cómplice, y para emplear una palabra que por cierto a la propia Cayetana no asustaba en absoluto, sino que la regocijaba calificarse con ella: una espía.

Desde mis tiempos de oficial, la imagen de la joven Duquesita de Alba, con su asombrosa cascada de cabellos negros, gallarda, de alegre y festivo talante, y con fama de librepensadora y un poquitín disoluta, alteraba la vigilia y los sueños de la entera guardia de corps y en particular los míos. Pero era, pese a su célebre llaneza, por rango y por estado, como un planeta lejano, inaccesible, coto privado de un Grande de España, y en el mejor de los casos, de sus iguales. Fueron los años también en que más activa y frívolamente se desplegó la rivalidad de la Duquesa con la propia Princesa de Asturias, y hubiera sido imperdonable error de mi parte dar indicios de la menor inclinación por la primera, cuando la segunda la celaba en tal modo, tantos y tan frecuentes eran los motivos de competencia —los vestidos y las joyas, las fiestas y los torneos, los galanes y los validos— para añadir uno más, tenido por tan precioso, con riesgo de perder lo que se tenía seguro por conquistar lo que se veía, si tentador, lejano y esquivo (15).

Las cosas quisieron que, diez años más tarde, yo hubiera adquirido también, por mis medios y a mi modo, la grandeza; que la veleidosa Duquesita se hubiera transformado en una mujer cabal y espléndida; y que los dos nos encontráramos una tarde de 1794 en mi despacho —yo ya era Primer Secretario de Estado, ella solicitaba mis auspicios para una verbena de caridad que organizaba en la pradera de San Isidro— y sintiéramos, al estar a solas por vez primera, que el destino nos ponía por delante un desafío y que no estaríamos a nuestra altura, ninguno de los dos, de no aceptarlo. Quiero decir que nunca hubo entre nosotros prolegómenos de amor ni supercherías de amor, sino una suerte de reconocimiento por el cual los dos admitíamos estar enfrentados a un rival insuperable del sexo contrario, y estar obligados a aceptar el reto, aunque sólo fuera uniéndonos carnalmente, como dos magníficos duelistas están condenados a batirse, dos caballos de raza a disputar una carrera que dirima la vana comparación de sus proezas, el piano y el violín a desentrañar en implacable emulación la secreta armonía de una sonata. Puede parecer una extrema petulancia de mi parte, y por cierto no lo habría confesado entonces; pero a mis ochenta años, reducido como me veo a esperar la muerte, bien puede decir que a los veintisiete era el hombre más apuesto —y más codiciado— de la Corte, el único que podía mirar de hito en hito a Cayetana de Alba y decirle con la mirada: si tú eres la primera entre las hembras, yo no reconozco rival entre los varones (16). De modo que a poco de aquel encuentro, admitiendo la fatalidad que nos llevaba irremisiblemente a ello, nos hicimos amantes; de igual a igual, sin que mediara cortejo o seducción, resistencia o presión, soborno o regateo de ninguna de las partes, libres los dos frente a toda otra cosa que no fuera nuestra propia contienda, la de nuestros sexos, de la que salimos, como no podía ser de otra manera, igualados.

Insisto en que no hubo sentimiento amoroso, ni pretensión de él, y eso mismo, creo, esa impagable sensación de libertad, pudo ser la trampa que nosotros mismos nos tendíamos, porque al día siguiente, exaltados, buscamos vernos, y al siguiente también, y sobrevino una inagotable primavera. Que fue repentinamente cortada, antes de que nos pusiéramos a analizar lo que ocurría, cuando nuestra imprudencia hizo cosquillas en las orejas de la Reina, y ese vientecillo no tardó en hacerse huracán que todo lo arrastraba a su paso: a mí se me acusó de traición y se me amenazó con la pérdida de todos los favores y con el escándalo, que también habría de involucrar a la Duquesa. Mintiendo un poco, disimulando otro tanto y arrepintiéndome sinceramente el resto logré volver las cosas a su cauce. Pero doña María Luisa era consciente de haber corrido un grave peligro y supo —entonces era todavía joven— aventar todo riesgo de recaída. Cayetana y yo no volvimos a vernos en varios años (17).

En el intervalo yo conocí a Pepita, me enamoré de ella, y me casé con Mayte; no es un sarcasmo, o si lo es, lo fue del destino que nos abrazó a los tres. Cayetana enviudó, se dedicó a tener amantes por debajo de su rango —un pintor: Goya, un torero o dos: Costillares, ¿Pepe Hillo?, un cómico cuyo nombre he olvidado— y al cabo del tiempo, tal vez por despecho, aunque no es un sentimiento que uno asocie naturalmente a su persona, empezó a frecuentar el cuarto de don Fernando y a alistarse en su bando político, contra la Reina y contra mí. Fue hacia 1800 que volvimos a encontrarnos. Repetimos los gestos de la pasión, pero no se repitió el prodigio. Ella estaba desconocida, desconfiada, insegura, lo sentía hasta en su manera de mirarme con recelo por debajo de las pestañas larguísimas, como si quisiera controlar en mis pupilas el desdichado reflejo de sus años (18). Se confesaba desazonada, hastiada de todo, de los hombres y de la política, buscaba, decía, otro aliente en la vida. Y por ahí derivamos a nuestro extraordinario convenio. Si tenía tan pobre impresión del Príncipe, si todas sus maquinaciones terminaban por parecerle mezquinos manejos de cocina, si no veía en los ardides políticos en los que por inercia seguía envuelta, ningún proyecto, ninguna perspectiva, ningún progreso para España, bien podía —la idea fue de ella, no mía— cambiar de bando sin decirlo y empezar a trabajar para mí, a quien reconocía, pese al desdén que le inspiraba el Rey y la inquina que aún sentía por la Reina, un hombre de Estado que podía llevar a la nación a puerto más seguro que el pusilánime de don Fernando y su perversa camarilla (19). Todo empezó como una broma en aquel atardecer en su lecho del palacio de la Moncloa, pero dos días después llegó a mi despacho un abultado sobre con informes en extremo interesantes sobre la correspondencia y las vinculaciones que el padre Escóiquiz había logrado entablar con la embajada pontificia. Empezamos a encontrarnos, otra vez, a escondidas; pero ahora era para convenir nuestras claves, informarme ella de lo que se había tratado la víspera en el cuarto del Príncipe o pedirle yo que indagara esto o aquello. Rara vez fornicábamos. Éramos dos conspiradores, no dos amantes.

Aun cuando me libré de la última parte de aquella velada, sin duda la más penosa —Cayetana tea en mano, haciendo el ridículo delante de todos, y la fiesta cerrándose con un nota tan lúgubre—, debo decir que el malestar, aquella noche, no tuvo casi respiro, y que si estoy de acuerdo con Goya en reconocerle a Cayetana las artes más exquisitas de hospitalidad, no fue aquélla una de las veces en que más brillaran. Para mí, personalmente, fueron varias horas de extrema tirantez, sólo premiadas por la lectura del documento que, a cierta altura, ella pudo poner en mis manos (20). Verdad es que se sumaron toda clase de percances. Primero fue la inadvertencia de Cayetana al invitarme "con cualquiera de mis mujeres" y la llegada inesperada, para mí al menos, de Mayte con su hermano. Todos necesitamos recurrir a la simulación mundana para ignorar aquel disgusto, sobre todo Mayte, Pepita y yo, los más afectados por algo que, sin serlo exactamente, había tomado los visos de un engaño puesto por azar en descubierto. Yo sabía que no debía esperar un solo reproche de parte de Mayte, pero sí la mayor espesura de su sofocante silencio doméstico. En cuanto a Pepita, siempre supo ejercitarse en la paciencia de mantenerse en un segundo plano, pero exponerla innecesariamente a un contraste así, era agraviarla en forma asaz injusta. Apenas habíamos logrado superar este embarazo, cuando se produjo la inoportuna alusión del Conde Haro a las próximas bodas del Príncipe, tema espinoso si los había en aquel momento para ser tratado en su presencia y en la mía. Don Fernando, que no era de perder ocasiones de atacar, así fuera en público, dijo sibilinamente al imprudente que le daba los parabienes: "Sí, me caso en setiembre, para confusión de algunos que han querido una vez más anteponer sus ambiciones a mi felicidad." Yo, huelga el decirlo, no recogí el guante. Me limité a comentar: "Sus Majestades han decidido hacer de esas bodas una verdadera fiesta nacional." A lo que el Príncipe respondió vivamente: "¿No lo son, Manuel?", y yo a mi vez: "Las mayores desde vuestro nacimiento, Alteza" (21). En ese momento, de extrema tensión, entró la Duquesa, seguida por Goya y Pignatelli, y recuerdo que venía riendo y que eso ayudó a distender la atmósfera. Pero ya, en el término de una hora, me había tocado protagonizar dos incidentes de inocultable malestar. Finalmente, se sumó la temeridad de Cayetana durante la cena, hurgando en sus enemistades, que si podían tomarse a la ligera mientras se tratara de la de Osuna o de Costillares, entraban en terreno harto más escabroso cuando se trataba de sus actuales relaciones conmigo o con la Reina. El Príncipe no desaprovechó la oportunidad de ser una vez más desagradable, y hasta me pareció vislumbrar en él una nueva suspicacia, como si temiera que Cayetana no estuviera jugando del todo limpio con él, en una palabra: como si estuviera en el umbral de adivinar la verdad. "No temas a la Duquesa, Manuel" —me dijo a través de la mesa—. "Suele tomar tu partido y defenderte en mi cuarto." Y agregó dirigiéndose a Cayetana: "Espero que hagas lo mismo conmigo, querida, cuando se habla de mí en el cuarto del señor Godoy." Parecía, de algún modo, estar refiriéndose a un doble juego de Cayetana, pero ésta no se mostró afectada por la alusión, si la había, y siguió su aventurada inquisición de enemigos. El Príncipe no estaba en ánimo de callarse y dijo todavía a la dueña de casa: "Godoy no hubiera incendiado el palacio, Cayetana, puedes estar tranquila, de no estar seguro de que yo estaba dentro; y ahora comprendo por qué lo has invitado a último momento: es una forma de asegurarte que no nos pondrá fuego." Y rió con su horrible risa chapoteante, provocando una incomodidad que sólo la sordera —¿natural? ¿voluntaria?— de Goya en aquel momento puede haberlo librado de experimentar. Un minuto más tarde todavía encontró ocasión de referirse a la vieja rivalidad de Cayetana con su madre, y no tuvo reparos en señalar groseramente a Pignatelli con su cuchillo (y con su lengua): "Antes sólo os disputabais jóvenes pisaverdes y un destierro de la materia en cuestión arreglaba las cosas, pero ahora, querida Cayetana, lo que está en juego es España y no podemos enviarla a París mientras vosotras os calmáis los nervios." Esta desatinada broma del Príncipe, que pocos celebraron con una risita de compromiso, siempre la ha recordado como una oscura profecía de los sucesos que, seis años más tarde y por las nefastas maquinaciones de su facción, terminaron, en cierta forma, con los destinos de España fiados y entregados a la Francia. Pero nadie debe haber pensado eso aquella noche, ni el propio Príncipe. Los demás, ante todo, supongo, aborrecerían ese lenguaje y recordarían con nostalgia los tiempos en que el Príncipe era callado y poco comunicativo. Porque si una cosa había aprendido con los años era a constituirse en una verdadera calamidad social (22).

El paseo a la luz de los hachones fue un remanso; la conversación se hizo dispersa y trivial, el Príncipe, envidioso, calló al fin, y Cayetana, por un rato, pareció más atenta a hacer grata la velada a sus invitados que proclive a ensayar nuevos juegos inquietantes. Me había dicho, sin embargo, esa tarde en el estudio de Goya, que encontraría un momento para enseñarme esos papeles, el momento no parecía presentarse y ya era noche avanzada; pero como una respuesta a mi callada impaciencia se deslizó a mi lado mientras escuchábamos el trío de Boccherini y me dijo: "Cuando todos bajemos, tú te entretienes aquí arriba y me esperas en mis cuartos."

El discurso de los venenos y el desmayo de Mayte facilitaron las cosas. Cuando dejamos a mi mujer y a mi cuñado en el taller de Goya y salimos todos a la sala de los espejos, camino a la planta baja, me fue muy sencillo afectar un resto de preocupación por Mayte y quedarme entretenido en la puerta hasta que todos hubieron desaparecido hacia la galería. A la dramática luz del hachón que sostenía un criado rezagado para iluminarles luego el camino, la pobre Mayte, los ojos cerrados, reclinaba su cabecita de frágil y largo cuello en el hombro purpurado de su hermano mayor, que la abrazaba tiernamente. Era un cuadro de abandono y ternura, pero yo no me podía detener a contemplarlo.

Corrí a los cuartos de Cayetana por la sala solitaria y espectral. Conocía su ubicación por dos visitas anteriores, realizadas al filo de la madrugada y cuando Cayetana aún no se había instalado definitivamente en el palacio. Me alegré de encontrar las habitaciones amuebladas e iluminadas, y me dispuse a esperar. Pero no me era fácil. Nunca es fácil esperar en el cuarto de una mujer. Así, sin ella presente, es como un mundo desconocido en que uno teme moverse, sentarse, fumar o leer. No diría que es un mundo hostil, pero sí extraño, destemplado, inhóspito, en que nos sentimos a un tiempo intrusos y atrapados. Deseaba que apareciera Cayetana cuanto antes. Hasta que vi el vaso. Nunca lo había visto antes. Era una pieza tan magnífica y espejeaba de tal modo a la suave y fluctuante luz de las velas, que me distrajo de mi impaciencia y mi malestar. Lo cogí en las manos, admiré sus esmaltes, la dama de alto tocado, el ciervo de altas astas, el prodigioso arabesco del turquesa y el oro, pasé la yema del índice por su borde sutil, intenté hacer cantar el cristal con la uña (23). Afiné el oído y escuché pasos. Dejé el vaso y fui hasta la puerta, que había dejado abierta. Cayetana llegaba y nos entretuvimos un momento allí. La enlacé con mis brazos, la besé. Hacía tiempo que no la veía tan cautivante. (Ignoraba que, en realidad, estaba besando el último retrato de Goya.) En el silencio llegó otro rumor. Cayetana miró hacia los espejos de la sala. "Tu mujer. Tu cuñado. Y Goya", susurró, y cerramos la puerta. Estábamos solos. Y a salvo, creíamos, de cualquier indiscreto.

El cuarto recobró su orden, su sentido, con la sola presencia de la mujer. Cayetana fue hasta el tocador, corrigió la posición del vaso, como si hubiera presentido que yo acababa de tocarlo. Y luego se miró largamente al espejo. "¡Dios mío! —exclamó—. ¡Qué maja estoy esta noche!" Era un adjetivo que le gustaba aplicarse, pero esta vez lo dijo sin asomo de humor, como una comprobación meditada. Sonreí, volví a enlazarla por la cintura y la besé en el cuello. "No me beses ahí —musitó—, puedes envenenarte." No entendí la alusión, no estaba en antecedentes. Pero no era el momento de hacer preguntas. "Será mejor que nos demos prisa —le dije—. No debemos estar ausentes mucho rato." Me apartó, rió, pasó a su dormitorio. "¿Cuál de tus mujeres es más celosa? —bromeó—. Apuesto que la que está en La Granja." No contesté, me senté en el taburete que enfrentaba el tocador, de espaldas a la luz de los candelabros, y esperé que me entregara los papeles. Cuando volvió, los traía en la mano. Eran cuatro o cinco pliegos escritos con una letra muy estrecha y alta, la de don Fernando, y estaban dirigidos a su futura suegra, la Reina de Nápoles. El encabezamiento ya era típico de él: "Mi querida y única madre", incalificable, por lo que implicaba de repudio a su verdadera progenitora. Y el tono de adulación no variaba, a todo lo largo de la carta, que, más que otra cosa, era un minucioso y exhaustivo informe de nuestras últimas estrategias acordadas vis a vis de la Francia y la Inglaterra; un secreto de Estado, desde luego, que como tal debía guardarse, no ya por el Príncipe de Asturias sino por cualquier español honrado (24). Pero el Príncipe no era cualquier español; era un español vil, rencoroso, intrigante, dispuesto a llevar a su país a la catástrofe, como después lo hizo, para satisfacer su malevolencia y su encono hacia sus padres y hacia mí. Aquéllos, tironeados entre el quererlo como hijo y sospecharlo su enemigo, no dejaban nunca, en última instancia, de prodigarle su confianza en los asuntos del Estado; y lo que él no sabía por ellos, o por sus innobles espionajes, lo conocía por el ministro Caballero, que era más su cómplice que un colaborador nuestro, aunque el bueno de don Carlos IV no terminara nunca por creerlo; y aquí estaba la prueba, esta carta detallada, que unía las prolijidades de la delación a las tergiversaciones de la malicia y las invenciones de la calumnia, una carta que nos ponía en las manos de los Borbones de Nápoles, y a través de su Corte, en las de Metternich y Pitt, y que sólo podía traducirse en nuestro mayor aislamiento y vulnerabilidad frente al propio

Emperador de los franceses (25). Olvidé mientras la leía la presencia de Cayetana, que se había reclinado en un diván, frente a mí, y jugaba con los flecos de su chal de Cachemira, sus ojos puestos en los míos, esperando la manifestación de mi cólera como el mejor reconocimiento de su buen trabajo. "¿Cómo está esta carta en tus manos?", pregunté. "No es más que una copia" —fue su respuesta—. "El original ya marchó a Nápoles, pero yo estoy encargada de traducirla al francés y al inglés, porque el Príncipe no puede hacerlo." (26) "Luego tiene el propósito de hacerla llegar a Inglaterra y a los realistas franceses —dije—. ¿Sabes quiénes son sus corresponsales?" "No. Pero lo sabré —aseguró Cayetana sin dejar su grácil pose de abandono—. Como no puedo traducir todas las lisonjas y futesas que le dice a su suegra, y por algo debo sustituirlas, necesitará saber a quién..." Fue en ese momento que escuchamos el primer ruido.

Fue no más que un rumor, un pequeñísimo crujido que podía provenir de una pisada o del apoyo involuntario del cuerpo contra la puerta, pero que podía ser también sólo el quejido de la materia inerte en el silencio de la noche. Cayetana, prestísima, saltó en pie. Yo instintivamente escondí los pliegos bajo la guerrera. Ella dijo: "¿Bebes algo? Tengo aquí un vino de Jerez riquísimo que me acaban de regalar en Sanlúcar. Lo reservo para mi cuarto, y para ciertos invitados..." Comprendí en seguida qué juego se traía. Si alguien estaba escuchando debía creer que la nuestra era una entrevista amorosa, si es que, como yo me temía, ya no había escuchado, irreparablemente, una parte de nuestro diálogo sobre la carta. Pero ahora se trataba de seguirle el juego. "No tengo ganas de beber, por el momento", respondí, cogiéndola por un brazo e impidiéndole llenar dos copas sobre la mesilla lateral en que había dos o tres botellones. "Bésame." Obedeció. Nos besamos. En un respiro le susurré muy bajo: "¿Qué hago con la carta?", y ella respondió con el aliento apenas: "He hecho una copia. Te la daré ahora mismo." Nos besamos de nuevo, toda nuestra atención puesta en ese silencio denso que parecía envolvernos, como una red, y detrás del cual, remoto, se sentía al trío tocar algo de Haydn. Pero si bien nada había vuelto a oírse que delatara a un posible escucha, había que seguir fingiendo. Abrazándola todavía le entregué la carta y ella volvió a desaparecer en el dormitorio para cambiarla por la otra. Como si nuestro propio silencio fuera una confesión de culpa, me sentí impulsado a decir cualquier cosa y en aquel momento mis ojos volvieron a recaer sobre el vaso veneciano. "Está bien, beberé" —dije en voz alta—, "pero a condición de que me sirvas en ese vaso color turquesa". "No tienes poca pretensión" —dijo Cayetana, de regreso—. "Es una pieza de colección." "Me lo imagino. Es el vaso más hermoso que he visto en mi vida" —afirmé, cogiendo la carta—. "Y me empeño en beber en él como prenda de que no te soy indiferente." A esta altura parecía que la carta y el vaso eran una misma cosa, y que beber era la cifra que se traducía por leer aquélla o guardarla o llevársela. No era ningún código; era la asociación irracional que nacía de nuestra alteración. Cayetana llenó el vaso de vino de Jerez y me lo tendió. "Bebe pues." Bebí un sorbo. "Yo también quiero probarlo", ronroneó, insinuante. Dejé el vaso. Volví a abrazarla, y le pasé el líquido boca a boca, imaginando en mi insensatez que esos lances silenciosos, que sólo podía adivinar a través de la puerta, desplazarían de la mente del espía toda idea aproximada a lo que realmente había sorprendido. Pero al mismo tiempo, inquívocamente, sentí que Cayetana se me iba haciendo más y más deseable a medida que la galanteaba para el testigo invisible. "El resto dejémoslo aquí. Lo beberé después para celebrar este reencuentro" —agregué—. "Ahora quiero tenerte en mis brazos. Vamos a tu alcoba." La comedia dejaba de ser tal, arreciaba el ímpetu del aguijón del deseo. "Vamos —repitió como un eco Cayetana—, ya no importa que nos echen de menos. El tonto del Príncipe no se hace una idea de que realmente estás poniendo fuego a mi palacio." Tampoco Cayetana fingía.

Y ya nos dirigíamos, abrazados, acariciándonos, al dormitorio, cuando se oyó el segundo ruido. Primero, un golpe sordo, y luego un rápido y siseante rumor en "decrescendo", como de pasos alejándose. No había duda, esta vez. Alguien había estado escuchando detrás de la puerta. Ante la certeza, era mejor cerciorarse. Salí sigilosamente al pasillo. No había nadie. La sala de los espejos parecía vacía y silenciosa. Pero una sombra cruzó el vano de luz que dejaba la puerta abierta del taller de Goya. Sin embargo, cuando miré el espejo que la reflejaba, atraído por el movimiento, mis ojos llegaron tarde, la sombra ya se había desvanecido y no quedaba más que el vano luminoso, quieto, enigmático. Por un momento pensé en Goya, pero su cuerpo pesado de campesino no podía deslizarse a esa velocidad sobre los mármoles de la sala. Y sin embargo, estaba seguro, el espía estaba allí, oculto en el taller de Goya, que no tenía otra salida; me hubiera bastado ir hasta allí para desenmascararlo. ¿Quién, empero, iba a desenmascarar a quién? Dudé, y en ese momento mi pie izquierdo tropezó con algo. Me incliné a recogerlo. Era un objeto pequeño, que cabía en la concavidad de la mano, y suave al tacto. Lo acerqué a la luz que provenía del cuarto de Cayetana. Era un pequeño y finísimo saquito de cabritilla, con las armas de Asturias grabadas a fuego, y dentro guardaba el frasquito de sales de don Fernando, que yo había visto a mi cuñado devolverle al Príncipe cuando él las alcanzó con cargosa solicitud para socorrer a Mayte. Era don Fernando, pues, quien había estado escuchando detrás de la puerta. Pero ¿qué había oído? ¿Sólo nuestros juegos amorosos a propósito del vaso y del vino? ¿O algo que en este momento le probaba que Cayetana era mi aliada y no la suya? De ser así, estaría furioso, allí escondido y asustado, próximo a uno de sus ataques. (Esos que solía remediar con las sales y que nadie había querido llamar nunca epilépticos) (27). ¿Qué hacer? Tomé una rápida resolución. Guardé el frasco de sales y decidí no decir nada por el momento a Cayetana. Le diría, antes bien, que el rumor había que achacarlo al viento, a una ventana abierta de la sala de los espejos, un cortinado que se volaba. Ahora quería, ante todo, tenerla en mis brazos. Ella dejó caer los suyos y el vestido color de fuego se deslizó a lo largo de su cuerpo, hasta quedar como una rosa gigante sobre la alfombra.

Cuando bajé, tras dejar que Cayetana se me adelantara unos minutos, y al atravesar la larga sala de espejos en la penumbra, vi a Goya sentado frente a la ventana de su taller, abstraído. Su presencia corroboraba, si hubiera sido necesario, que no había sido él el espía. Pude entrar y preguntarle quién lo había visitado media hora antes, pero yo sabía su respuesta: el nombre del dueño del frasquito de cristal de roca, con tapón de lapislázuli, que llevaba en mi bolsillo. Excusé la pregunta y me lancé hacia abajo. En el vestíbulo encontré a mi cuñado, don Luis, que venía de visitar el oratorio del palacio en compañía del capellán de Cayetana. Ya en el salón me dirigí directamente a don Fernando y le tendí el saquito de cabritilla sobre la palma abierta. "Creo que esto es suyo, Alteza", me limité a decir. Prácticamente me lo arrebató, sin contener la ira. Nadie nos había visto. Teníamos otra vez un secreto que compartir. Esta vez era que le gustaba deslizarse por los pasillos y atisbar en los dormitorios ajenos (28). En ese momento casi había descartado que hubiera oído la primera parte de la conversación.

No me quedé mucho rato más en el palacio. Mayte volvió a sentirse mal y me pareció ineludible ofrecerle mi compañía. Viajamos hasta casa en silencio. Ese silencio que emanaba de su informe resentimiento, incapaz de materializarse en reproches o en gritos. Quizá no me perdonaba haberme sorprendido en Madrid y en compañía de Pepita; quizás había advertido que me ausenté una hora durante la fiesta. Quizá. No lo sabía. Con ella nunca se sabía. Había optado por el silencio (29).

NOTAS

(14) Ya lo sabemos. Goya se negó a pintar tras la muerte de la Duquesa. Sin embargo, en su carta a Zapater sobre el maquillaje de la Duquesa, Goya alude al encargo del retrato ecuestre, lo que significa que Godoy llegó a encargárselo.

(15) El propio Pignatelli, que Goya nombra tanto en su relato, fue objeto de famosa rivalidad entre la Duquesa y la entonces Princesa de Asturias. Dice Ramón Gómez de la Serna: "...bello oficial de las guardias, dichoso enamorado que ardió entre dos fuegos, pero al que perdieron dos regalos: la sortija de abultado diamante que le hizo la de Alba y la caja de oro que le dio la Princesa". Don Ramón se divierte contando las incidencias según las cuales la Princesa se pone la sortija en un besamanos, para descubrir por el sonrojo a su rival, y la de Alba, furiosa, rompió con Pignatelli, y por venganza regaló a su peluquero, que lo era también de la Princesa, la caja de oro que ésta había dado a Pignatelli y éste a ella. Todo terminó con el destierro de Pignatelli a París. Concluye el autor: "Comenzada así la contienda, continúa en otros detalles, y llega la de Alba a vestir sus azafatas con trajes que eran imitaciones de los que llegaban de París para la Princesa..." Ya veremos con

cuánta razón habla Godoy de lo activa y frívolamente que se desplegó la rivalidad de las dos damas.

(16) El testimonio de los cronistas y la historia de sus respectivas conquistas amorosas parecen abonar esa alta exponencia sexual del valido y la Duquesa, aunque sus retratos, para el gusto de hoy, hagan un poco exageradas las palabras del primero.

(17) Es conmovedora la ingenuidad con que Godoy, sin sospecharlo, se caracteriza moralmente. ¿Era, en su relación con la Reina, algo más que un *gigolo* agradecido y de buen corazón?

(18) Sus años... Eran treinta y ocho en ese momento. Godoy tenía cinco menos.

(19) El resentimiento de Godoy hacia la figura de Fernando VII es tan ostensible que le resta objetividad a sus aseveraciones, pero la Historia dice que no exagera y que España no tuvo jamás un personaje tan pernicioso y detestable al frente de su gobierno.

(20) Esto no parece muy gentil de parte de Godoy para con la Duquesa, en cuyo cuarto aquella noche, y como él mismo lo confiesa más adelante, hizo algo más que leer la carta de Fernando...

(21) Para la doble boda de Fernando y la Infantita Isabel con los Príncipes de Nápoles, Carlos IV y María Luisa tiraron, como suele decirse, la casa por la ventana, desde el desembarco de los dos contrayentes italianos en Barcelona hasta su llegada al palacio de Aranjuez en un barco que merecía figurar en el *atrezzo* de una alegoría barroca.

(22) Verdad es que Godoy no pierde ocasión de dejar sentada su opinión sobre el Príncipe...

(23) Un vaso prácticamente idéntico a éste en cuya descripción coinciden Goya y Godoy ha sido expuesto en el British

Museum en 1979 en su exposición llamada: "La Edad de Oro del Vidrio Veneciano".

(24) Esta carta del Príncipe a su futura suegra no se ha conservado en la correspondencia de la Reina de Nápoles. Por lo rastrero de su contenido parece anticipar la famosa carta que dirigió en octubre de 1807 al Emperador de los franceses.

(25) Godoy, en cuatro líneas, alude a más matices de política internacional de los que pueden explicarse en una nota, tan compleja y contradictoria era la estrategia diplomática española del reinado de Carlos IV. Bástenos saber que la Carta de Fernando era de gran deslealtad para con sus padres, y por ende, con el gobierno de su país.

(26) El Príncipe tenía preceptores y maestros, pero pasaban los años, y para desesperación de sus padres, no aprendía. Dícese que fue siempre un gran ignorante. Las palabras que Godoy pone en su boca, sin embargo, en sus Memorias y en esta Memoria Breve, atestiguan una considerable astucia.

(27) No hay otra noticia de estos ataques del Príncipe, que quizá no eran más que crisis histeroides de rabia y frustración, sin llegar a la epilepsia que le endilga Godoy.

(28) ¿No era acaso lo mismo que había hecho cinco años antes?

(29) Esa actitud de la Condesa de Chinchón fue, más adelante, motivo de varias cartas de la Reina a Godoy, llenas de preocupación por ese empecinado silencio en que se encerraba. El 3 de enero de 1806 decía María Luisa: "Desearía que tu mujer hablara contigo y no hubiera adoptado ese completo silencio..." Y el 10 de enero de 1807: "Mucho siento que tu mujer no lo pase bien y que sea tan callada, pues en perjuicio de su salud, Dios la ponga buena y la aga más abierta y clara de genio..."

III

PEPITA SE PRESENTÓ INOPINADAMENTE en mi despacho de gobierno la tarde siguiente, intranquila y acongojada. ¿Qué sabía yo de Cayetana? Al parecer estaba mala, malísima, había cogido no sabía qué fiebres, y los médicos daban pocas esperanzas. Dejé mis asuntos a medio terminar y nos fuimos, disparado el coche por la calle del Arenal, hacia el palacio de Buenavista. Cuando llegamos, ya había muerto. La vimos, yacente en su lecho, blanquísima bajo una mortaja de rosas blancas que las criadas le renovaban constante, amorosamente. Cuando volvimos al saloncito, me encontré frente al tocador. Todo estaba intacto, idéntico a la noche anterior, incluso en su desorden, y el vaso en que habíamos debido estaba en su sitio, pero... ¡vacío! Oscuramente, no había podido pensar en el trayecto desde el Palacio Real en otra cosa que en el vaso. Y los rumores que se escuchaban en la antecámara mortuoria eran tan vagos y contradictorios, respecto a las causas de la muerte, que cada vez sentía con más intensidad que el secreto estaba en el vaso. Trataba de recordar los sucesos de la noche anterior en su orden exacto, pero no podía; estaba demasiado confundido, golpeado por la muerte de Cayetana y presintiendo que tenía una explicación horrible, que esas fiebres de que hablaban no eran tales, que una mano criminal había actuado en la sombra.

Con apenas vestigios de mi atención, escuchaba lo que se decían los que estaban cerca de mí: el de Haro, el de Osuna, Cornel. Todos hablaban de epidemia y de Andalucía. Y yo, por encima del hombro del Conde-Duque, seguía mirando el vaso vacío.

Catalina Barajas, que había envejecido diez años en una noche pero se mantenía entera y disponía el duelo con más eficacia y autoridad que los varones de la casa —el atribulado Pignatelli y una serie de hombres estupefactos que parecían no poder separarse del lecho de Cayetana—, nos instó a todos, hombres y mujeres, a retirarnos a la sala de los espejos mientras ella ponía orden en los cuartos antes de que llegase más gente. La obedecimos. Pero yo dejé pasar unos minutos, y que los corrillos volvieran a formarse en la sala, y volví al saloncito. Ella metía en un cofre, apresuradamente, los objetos que aparecían abandonados sobre el tocador: unos zarcillos, unas hebillas, una peineta, un pulverizador de ámbar. Me miró con sorpresa. Suspendió su tarea y se inclinó hacia mí, como si esperara una orden, algo que no podía provenir sino de mi autoridad, dado mi insólito regreso. Ante esa expectativa, evidente, me fue aún más difícil hablar, pero lo hice. Dije: "Anoche estuvimos con su señora bebiendo aquí y yo bebí de ese vaso azul. Querría..." Me miró larga y tristemente. "Su Alteza no pensará que pueda haber ingerido algún veneno...", dijo con suavidad. Un frío me recorrió la médula. Ella frunció el ceño, pensativa. "Pues sí —añadió—, ella bebió también de ese vaso mientras la desvestía..." Y se interrumpió, mirando el vaso, atónita. "Es extraño —murmuró—, sólo bebió unos sorbos. Pero ahora está vacío. ¿Quién puede...?" Se interrumpió de nuevo, me miró. Era mujer inteligente y pensaba con rapidez, pero estaba desconcertada. "¿Su Alteza no ha sentido nada?", preguntó al fin. Sacudí la cabeza. "Entonces no puede ser, ¿verdad?" La voz se animó, un asomo de ilusión apareció en los ojos. "Si usted también bebió es que no ha habido veneno, sino esas malditas fiebres andaluzas." Cerró el cofre, pareció esperar que yo me retirara, poniendo punto final a aquel extraño diálogo. Yo hubiera insistido todavía: "Salvo que alguien haya echado el veneno en el intervalo." Pero me retuve, no lo dije. Ella se quedó boquiabierta, como si hubiera escuchado las palabras que yo no había pronunciado, cavilando, la mirada neutra, la cabeza inclinada, y habló de repente con una voz que no era la propia de su rango sino la de su dolor de mujer: "¿Y quién podía querer hacerle tanto daño?" "Nadie", dije con verdadero sentimiento. Y nos quedamos en silencio. "Perdóneme, la dejo trabajar", le dije al fin. Y ella respondió: "Gracias, Alteza, sí, debo poner todo en orden." Hizo una inclinación de cabeza, levantó del taburete el chal de Cachemira y empezó a doblarlo. A mí me seguía cantando en el oído su pregunta: "¿Y quién podía querer hacerle tanto daño?" Salí.

En la penumbra del pasillo, a la luz de las celosías de la antecámara y en el momento en que mantenía abierta la puerta, obtuve la respuesta. Acababa de ver el rostro del Príncipe, como mágicamente convocado por mis aprensiones. Estaba allí, a dos pasos de mí. No pude soportar más de un instante el convivir con él en el estrecho espacio del pasillo, sin vernos, adivinándonos, oyéndonos la respiración. Me alejé hacia la sala; sentí que él se deslizaba en la antecámara. A recuperar su abominable carta a la Reina de Nápoles, sin duda. Catalina sería interrumpida de nuevo. Pero esta vez se cuidarían muy bien de hablarle de venenos.

Debo hacer un alto en el relato y tratando de ser desapasionado y de no dejarme llevar por mis sentimientos que al fin y al cabo son los del odio, exponer la teoría que me formulé sobre la muerte de Cayetana de Alba. No, Catalina, nadie quiso hacerle daño a tu ama, nadie se propuso envenenarla. Ella no era la víctima predestinada. Esa víctima era yo.

Don Fernando me odiaba y yo era irrevocablemente su enemigo. Los celos y el odio traen consigo esa lucidez que le permitió intuir aquella noche una nueva humillación: Cayetana de Alba se había pasado al otro bando, lo traicionaba, se burlaba de él conmigo, juntos lo exponíamos a nuevas derrotas. Según era su costumbre y sabía hacerlo, el Príncipe se deslizó como una rata por los salones y los pasillos oscuros para comprobarlo; pegado a la puerta, oyó la confirmación de sus recelos y oyó a su enemigo celebrar la obtención del documento secreto —con el que volvería a azuzar la animosidad de sus padres contra él, a alejarlo una vez más del poder— y oyó a los dos traidores brindar y los imaginó entregados a las más dulces y envidiables delicias como otro brindis más, para mayor escarnio de su víctima, a quien debemos a nuestra vez imaginar anhelante, desesperado e impotente en su escondite del pasillo (30). Entonces cayó al suelo el frasquito de sales y en su ofuscación —al oír un ruido cuyo origen probablemente no identificó— sólo pensó en escapar; corrió de puntillas hasta la sala de los espejos y al ver abierta la puerta del taller de Goya, no vaciló en ocultarse allí; jadeante y muerto de miedo, mientras el pintor dibujaba sin haberlo oído entrar, sus ojos de rata acosada cayeron sobre la mesa con los potes de pintura, sobre aquel polvo verde que, según habían podido comprenderlo un rato antes, era un veneno mortal. La tentación era demasiado fuerte. Los traidores se habían trasladado al dormitorio, él lo había oído; su enemigo había prometido brindar después con aquel vino en el precioso vaso, él también lo había oído... Los sucesos se encadenaron sin pausa. Don Fernando cogió el pote, volvió a los cuartos de Cayetana, volvió a ser la rata deslizante que conocemos y penetró en el salón, llegó sigilosamente al tocador, virtió el polvillo verde en el vaso, y en seguida deshizo el camino, y sin atreverse a devolver el veneno a su sitio, se deshizo de él de alguna manera, y volvió a incorporarse a la reunión, donde su ausencia tal vez ni siquiera había sido advertida.

Pero media hora más tarde me vio entrar al salón y devolverle el frasco de sales, que probablemente ignorara aún haber extraviado. ¿Y qué puede haber pensado en aquel momento ante mi sonrisa irónica? ¿Que yo lo había descubierto, le había ganado otra batalla, había vuelto a burlarme de él? Él no sabía que el vaso seguía en su sitio, intacto, esperando a su víctima sin discriminarla. Quiero creer que no dejó fríamente envenenarse a Cayetana. Que sólo comprendió la verdad al día siguiente.

El pueblo madrileño se mostró dispuesto a olvidar sus agravios y el pleito por la huerta de Juan Hernández, y a estremecerse de pena y llorar por la muerte de su antigua amiga y protectora, pero como suele suceder en Madrid, pronto los afectos fueron desplazados por la curiosidad y la murmuración; máxime cuando por deseo expreso de la difunta, las exequias se llevaron a cabo en el mayor secreto y eso no hizo sino inflamar los rumores en torno a la muerte. Pronto todo Madrid decía que "la de Alba" —como se la llamaba— había muerto envenenada, y se buscaban culpables en todas partes pero se les encontraba sobre todo en las alturas. Nadie prestó demasiado crédito a que la muerte fuera un "castigo del pueblo", como había dicho Goya, ejecutado por la misma mano anónima de los incendios, ni dio mucho pábulo a que los siete herederos, entre los que figuraban los dos médicos, pudieran haberse puesto de acuerdo para acortarle los días a su protectora con el fin de heredarla antes. Ya he dicho en otra parte que en aquellos tiempos todos los rumores nos involucraban a la Reina y a mí, y esta vez no se nos eximió. En los cálculos de aquellas mentes malévolas, a los viejos celos de la Reina —una rivalidad en la que yo era sólo una de las piezas— se sumaba la alianza que la de Alba había establecido con el Príncipe, y de ese modo envenenarla no era tan sólo una forma de quitárnosla del camino, sino también una advertencia para otros pesonajes que pudieran sentirse tentados a seguir sus pasos y fortificar así el partido de don Fernando. En éste, desde luego, nadie tenía motivos para sospechar un posible culpable; ni siquiera trascendió que Cayetana hubiera dado una fiesta en la víspera, y que cualquiera de sus invitados hubiera tenido, materialmente, ocasión de envenenar su comida o su bebida; por lo demás lo que se rumoreaba era un largo y progresivo envenenamiento, acreditado por la decadencia física de Cayetana, una lenta destilación de opio que al fin había acabado con ella. Para eso se nos imaginaba a la Reina y a mí entregados a secretos conciliábulos con extraños individuos versados en el uso de los venenos, y a oscuras ceremonias, misas negras de las que Cayetana no sería la primera ni la última víctima (31). Así estaban las cosas cuando fui convocado por Sus Majestades a La Granja.

Los rumores, por supuesto, habían llegado hasta ellos. No diré que eso los trastornaba en demasía, acostumbrados como estaban ya a ser objeto de la maledicencia cortesana y popular, pero don Carlos, sobre todo, se empeñó en que naciera de la propia Corona la iniciativa de investigar las circunstancias de la muerte de Cayetana, y al instante promulgó una orden que yo, personalmente, debía imponer al ministro del Interior. Aquella noche, mientras jugábamos al "crapaud", la Reina, que sabía de la fiesta muchos más detalles de los que yo hubiera imaginado, dejó en un momento la baraja y preguntó: "¿Qué piensas tú, Manuel, cómo murió la de Alba?" Yo estaba esperando la pregunta. "Creo, Majestad —le dije— que murió de esas fiebres andaluzas, como piensan los médicos." "Pero tú estuviste con ella la víspera, me han dicho incluso que avanzada la noche desaparecisteis los dos en sus cuartos, debes haber notado que no estaba bien..." No podía creerlo. Era tan grande la perfidia del Príncipe, el deseo de herir a su madre y de malquistarme con ella, que había corrido a contárselo, había osado referirse a ese lapso de tiempo, a esa ausencia que él, en realidad, había utilizado para cometer su crimen. "Si tenéis tan fidedignos informantes, Majestad, no sé qué puedo aclararos yo..." Doña María Luisa no tenía mucha paciencia para este tipo de conversación indirecta, y confundiendo las cartas sobre la mesa —de un "crapaud" que desde luego yo iba ganándole— atacó con su franqueza un tanto brutal: "Vamos, Manuel, ¿qué hacías tú encerrado con ésa?" Tenía en el bolsillo interior de mi guerrera la mejor respuesta: la copia de la carta de don Fernando a la Reina de Nápoles. La puse sobre la baraja desordenada. Ya no tenía sentido seguir manteniendo secreta la identidad de "Il Suggeritore", como había hecho hasta entonces. Y de paso, aclarando mi encierro, desacreditaba una vez más al informante. Porque si bien nunca llegaría a decirle a los Reyes que su primogénito era un asesino, tenía sobradas razones para combatirlo desde ahora como al mismo demonio.

Durante los pocos días que duró la investigación, yo recibía puntualmente los informes al final de la tarde. Nadie creyó en los venenos. Catalina Barajas no hizo referencia alguna a su conversación conmigo y se limitó a decir que "nadie podía querer mal a una mujer tan generosa". Nadie, aparentemente, y ese fue mi primer alivio, atestiguó que el Príncipe de Asturias hubiera abandonado la reunión para subir al piso alto mientras todos escuchaban al trío. Nadie lo vio entrar ni salir de los cuartos de la difunta. Nadie llamó la atención sobre el vaso veneciano que, para ese entonces —súpelo ahora por Goya— se alineaba entre miles de objetos inocentes en el depósito de Cayetana. Los médicos descartaron airados la posibilidad de un error, aunque uno y otro no coincidían en sus dictámenes y parecían reprocharse uno al otro cierta negligencia, atribuyéndola ambos a la edad de su rival, uno a la juventud y el otro a la vejez. El pote con el verde Veronese no fue encontrado (ni buscado, en verdad) y es probable que haya desaparecido con los escombros de las obras del palacio. El frasco de sales en su saquito de cabritilla cayó en la oscuridad, fue recogido y devuelto a su dueño, y ni éste ni el que lo encontró comentaron tan insignificante accidente. Ese pequeño silencio, en ondas concéntricas, se amplió a un silencio total que lo cubrió todo. El populacho olvidó sus sospechas con la misma frivolidad que las había concebido. Años después don Fernando pudo ser Rey de España. Se le hicieron todos los reproches, se le encontraron todos los defectos, pero nadie dijo nunca que fuera un asesino.

NOTAS

(30) La elección del adjetivo "impotente" no parece casual. Sabido es que Fernando, aunque luego lo remedió, estuvo casi un año sin consumar carnalmente su matrimonio con María Antonia de Nápoles, con la consiguiente preocupación de ambas Cortes. Y el despecho de la propia Princesa.

(31) También se rumoreó, aunque Godoy no lo dice, que él y la Reina habían empleado el curare, veneno con el cual ambos estarían en cierto modo familiarizados. Efectivamente, María Luisa y su hermano Ferdinando, Duque de Parma, fueron discípulos de Condillac en su infancia (lo que desmiente en parte la escasa formación intelectual que se le atribuye) y Condillac conocía las experiencias sudamericanas y los estudios sobre el curare de La Condamine, que había publicado en 1751 (el mismo año del nacimiento de María Luisa) el opúsculo sobre su viaje y sus descubrimientos; en cuanto a Godoy, tuvo contacto con Humboldt en 1799 (Humboldt se entrevistó con Urquijo, entonces Primer Secretario de Estado, en Madrid, pero también vio a los reyes y a Godoy) y los vastísimos conocimientos del naturalista sobre la flora americana

tenían que incluir necesariamente el curare. Por lo cual, teóricamente, María Luisa y Godoy estuvieron en condiciones de saberlo todo sobre el veneno y, por supuesto, también de obtenerlo en las Indias. Este género de suspicacias no nacía, claro está, del pueblo, sino de personas cultivadas.

Epílogo

NO VOLVÍ A VER A GOYA tras nuestra entrevista de aquella tarde en Burdeos. Guardé siempre viva y presente su última imagen: aquel viejo acabado con los ojillos fijos en la bujía que se consumía, como un secreto holocausto de la memoria, de la fidelidad, del amor. Tres años después, a fines de 1828, supe que había muerto. Unos pocos días antes mi hija me había comunicado desde Madrid la muerte de Mayte, mi mujer, cuya salud yo sabía desde largo tiempo atrás seriamente afectada. Esto sí daba un vuelco a mi vida, por más que no hubiera vuelto a verla desde 1808 y en esos veinte años de separación no hubiera recibido una sola línea de ella. Pero ahora, al fin, quedaba libre para casarme con Pepita, para dar a mi vida personal el orden y la paz de conciencia que nunca había tenido. La noticia de la desaparición de Goya, en medio de esa conmoción, no llegó a impresionarme.

Dos meses después se presentó en Roma un amigo que mi hija utilizó como correo para enviarme unos papeles personales entre los cuales había una carta que decía simplemente: "Para entregar a Manuel a la muerte de Mayte." Reconocí la escritura: era la de mi cuñado Luis, que había muerto en 1823, más de cinco años antes. ¿Qué podía significar ese mensaje póstumo? El sobre lacrado me llenó de presentimientos. Estuve varios días sin abrirlo. Consideré incluso la posibilidad de arrojarlo al fuego. No me producía curiosidad, sino miedo. Al fin, la noche antes de que Pepita llegara de Pisa, dispuesta ya la celebración de la boda con la venia papal, me armé de fuerzas y la abrí. No hago más que transcribir la carta.

UNA CARTA

MI QUERIDO MANUEL,

soy un hombre enfermo. Hace ya meses que mi salud es muy mala, empeora cada día y siento, con creciente y cegadora claridad, que el Señor ha decidido llamarme a su seno. Soy joven todavía, no tengo más de cuarenta y cinco años, pero tú sabes que la mía fue una naturaleza enfermiza y las tensiones y zozobras de los últimos tiempos nada hicieron por robustecerla. Los médicos pretenden, sin éxito, engañarme. Pero yo sé que mis días están contados y quiero esperar el fin con paz de espíritu. Eso me lleva a escribirte. Hace veinte años que sobrellevo una pesada carga; quiero aliviarme de ella ahora, y disponerme libremente, del mejor modo posible, a recibir una cristiana muerte, sin que me desvelen otras inquietudes espirituales que las de mi propia salvación.

Yo supongo que Mayte no tardará mucho en seguirme. También su salud es endeble y la han quebrantado años de intenso sufrimiento, un sufrimiento cuya condición es difícil de establecer en ella, porque la Mayte de estos últimos tres lustros, la que tú no has conocido ni visto —y me consta que ni siquiera te ha escrito— no ha hecho sino agravarse en aquellas notas extrañas, evasivas e inaprensibles de su carácter, por lo cual a menudo es imposible adivinar, ni aun con la mucha experiencia que me da el sacerdocio, si su dolor es moral, espiritual o simplemente una excrecencia de su debilidad, una atmósfera psíquica que la envuelve, la atrapa y la tiene como presa en sutiles y ¡ay! quizá diabólicas redes. Pobre hermana mía. En verdad no le deseo una larga vida. Y menos cuando yo falte. He sido su soporte —ella nunca ha sabido encontrar por sí sola el del amor divino— y mi ausencia no hará seguramente sino acentuar su desamparo. ¿O acaso magnifico mi influjo moral, la irradiación de mi amor por ella y la protección que he podido y todavía, por poco tiempo más, puedo brindarle?

Pero no quiero ni debo concederme la vanidad de hablar de mí, ni de mis propias dudas, que las tengo, y angustias, que me las llevaré conmigo a la tumba. Esta carta es para hablarte de Mayte. Y no puedo extenderme en consideraciones laterales. Tengo probablemente poco plazo para escribirla, y seguramente menos fuerzas; las pocas que me va dejando Dios, que día a día, gota a gota, me las arrebata. Confío sin embargo en su misericordia. Me dejará terminar esta carta. Algún día la leerás. Yo dispongo que sea después de la muerte de Mayte. Con esa expresa voluntad la dejo en manos de tu hija Carlota, para que entonces y sólo entonces la haga llegar a las tuyas. Tú vivirás, querido Manuel. Tú eres de la sangre saludable y robusta de tu familia campesina, de tus valles de Asturias, no de ese líquido delicuescente y tenue que corre por mis venas y por las de Mayte, la que acortará nuestro pasaje por la tierra y nos llevará, quizás antes de que nuestras almas estén realmente dispuestas, a la porción del reino de los cielos a que nos hayamos hecho acreedores.

Mayte se salvará. Se lo ruego al Señor cada amanecer y cada noche, y sé que es un ser esencialmente inocente sobre el cual el mal se abatió como un ave de presa. El mal, para Mayte, ha sido nada menos y nada más que la vida misma, su trámite, sus exigencias, su afán. No estuvo nunca preparada para ella, como un bajel que se lanza al mar desprevenido para resistir sus embates, y debe enfrentar una tormenta irresistible para sus frágiles defensas; si no sucumbió del todo a ella, es porque por algún misterioso instinto de conservación —misterioso en ella, quiero decir, tan poco instintiva, tan inepta para navegar los mares— supo buscar una playa recoleta y segura donde encallar. Esa playa hemos sido mi casa, mi protección, mi compañía, yo mismo.

¿Me permites, caro cuñado, que intente contarte en pocas palabras quién es Mayte (quién fue, en qué ha devenido) y cómo ha sido su vida, una vida que durante más de diez años tú como marido compartiste, me atrevo a decir sin percibirla ni comprenderla nunca?

Mayte creció en un mundo aislado, cálido y excesivamente protegido: el que nuestros padres inventaron como su refugio doméstico en Arenas de San Pedro, al que en cierto modo los condenó su casamiento y su exclusión de la Corona, la Corte y las prerrogativas de la familia real. Éramos príncipes, pero no podíamos llamarnos tales; éramos una buena y corriente familia burguesa, pero nos sabíamos príncipes. Estábamos al margen de dos mundos, segregados de la Corte e incapaces de integrarnos en una sociedad distinta, más sencilla y donde gravitaran menos la tradición y el privilegio. Quedamos solos. Una isla. Y en esa isla nacimos Mayte y yo. Ella creció, dulce y vulnerable como fue desde la cuna, sintiendo siempre el amparo del hermano varón, que le llevaba tres años y la prohijó desde el primer día, sin que el advenimiento posterior de una tercera hermana cambiara las cosas para esa singular parejita que atravesó la infancia en una unión casi mística, hecha de amor incondicional, de complicidades, de juegos secretos. Una isla dentro de otra isla. Yo la protegía: de sus debilidades físicas, de sus miedos, de los demás, los extraños, los adultos; y ella me dejaba ser su caballero andante, me hacía sentir a mi vez más fuerte e intrépido de lo que realmente era, aunque sólo fuera por comparación a su desvalimiento. Éramos felices. Lo hubiéramos seguido siendo si la vida no nos hubiera asaltado con sus reclamaciones; me refiero a la vida exterior, la del mundo, la que nos obligaba a abandonar la amenidad de nuestro jardín poblado de pequeños insectos y pequeños misterios, de mariposas y de sueños, y el santuario de nuestros juegos invernales, en los desvanes habitados por soldados de madera, espadas de juguete, falsas barbas, proles de muñecas, y las invenciones fantasmales de nuestra linterna mágica.

Cuando llegó el momento de abandonar todo eso, de ingresar en la vida adulta, de ese temido desgarramiento, yo cometí un acto de salvaguardia personal que tal vez fue una cobardía y una traición hacia Mayte: opté por la religión. Esa carrera, a mis ojos adolescentes, me alejaba menos de mi círculo mágico que las armas o la diplomacia, el mundo, en un palabra. Ella siguió creciendo —a duras penas, a pesar suyo, sin ilusión— más pendiente de mis progresos en la piedad o en la teología, que de los suyos de mujer incipiente, de lo que le iban agregando de gracias la naturaleza, la costumbre, las modas y la perspectiva de un destino matrimonial. En el fondo los dos seguíamos soñando con regresar a nuestro jardín. De hecho, cuando a mí me lo permitían mis estudios eclesiásticos, lo hacíamos, volvíamos a nuestra colección de mariposas, que ella ampliaba en mi ausencia para sorprenderme, o volvíamos a sentarnos, los dedos entrelazados, ante nuestra linterna mágica en la que ahora pergeñábamos imágenes piadosas, las que más nos enternecían: fugas a Egipto, Anunciaciones, ángeles llevando de la mano a Tobías.

Ya ves que no puedo hablar de Mayte sin hablar de mí. Es inútil luchar. Quizás eso sea lo que me hace tan imperiosa esta carta; quizás eso explique que antes de morir quiera escribirla a alguien, más allá de las justificaciones de mi conciencia. Si te he elegido a ti como depositario de todo esto, quizás es porque tú eres el tercer personaje de esta historia, Manuel. El que sin proponérselo representó la irrupción de la Vida, con toda su crueldad, su imperio, su ceguera, en un mundo tan cerrado, tan completo y tan vulnerable como el nuestro. Imagínate un huevo vacío, a un tiempo incomparablemente inexpugnable e incomparablemente frágil.

Tu boda con Mayte se decidió a espaldas nuestras; diría que a las de nuestros propios padres, que fueron consultados por nuestro primo el Rey pero en tales términos que dejaban poco margen a la discusión o a la negativa. Nada es más despótico que una gracia soberana. En descargo de mi padre, debo decir que él, con todo lo que amaba a mi madre, nunca dejó de sentirse culpable por su unión morganática y por haber hecho de sus hijos lo que él afectuosa pero tristemente llamaba "mis pequeños parias"; y que el ofrecimiento de don Carlos IV le dio de algún modo, creo yo, la oportunidad de reparar esa injusticia por lo menos frente a Mayte, que ahora podría llamarse, como él, Condesa de Chinchón, y accedería a través de su matrimonio contigo a las más altas esferas de la vida en la Corte. Todo ocurrió, lo recordarás, con extraordinaria rapidez. Yo mismo, ocupado como estaba en mis propios honores y vanidades —Su Santidad acababa de otorgarme el capelo cardenalicio— no entré a considerar con la gravedad que requería el caso la inmolación que se estaba haciendo de la persona de mi hermana en aras de discutibles razones de Estado. Y no te agravies si hablo de inmolación, querido Manuel, no es en menoscabo o desdoro de tu persona que lo digo, porque creo que de esa brutalidad de las costumbres tú mismo fuiste víctima.

Mayte y tú no debisteis casaros nunca; no estabais hechos el uno para el otro; las ventajas de la unión resultaron a la postre harto insignificantes comparadas con las que había fantaseado la ilusión de los que la proyectaron. Pero, a decir verdad, la propia Mayte no se rebeló en ningún momento al destino que tan desaprensivamente le procuraron los reyes con su idea, mis padres con su consentimiento y tú mismo con tu aceptación. También ella se sometió, sólo que apenas tenía diecisiete años, y ninguna madurez mental ni moral, ni siquiera física, y lo hizo, si no con alegría, por lo menos con el talante suave y sumiso con que siempre obedecía a mis padres y quién sabe, incluso, si no ilusionándose un poco ella misma con su cambio de estado y los honores que la esperaban. En aquellas semanas, recuerdo, nos hicimos retratar los dos por el maestro Goya, el bueno de Francisco, yo con mis ropajes flamantes de cardenal; ella, diría yo, disfrazada de la mujer de mundo que empezaría a ser; y los dos envanecidos de nuestros respectivos, paralelos y brillantes destinos. Pero hay algo que siempre me ha sobrecogido al contemplar los dos retratos. Hay tal profunda inseguridad en el porte y la mirada de cada uno, tal ausencia de aplomo y de confianza en el primero, tales resplandores de incertidumbre en los ojos, que me revelan una verdad entonces inconfesa: no estábamos tan engañados por los honores como queríamos creeerlo o representarlo. Somos dos niños asomándonos amedrentados al mundo; yo a mis altos destinos eclesiásticos; ella a los suyos, cortesanos. Dios quiso que yo pudiera sobrellevar mejor los míos. Hasta cierto punto. La desgracia que se abatió sobre mi querida hermana fue también mi Calvario. Así, por decisión de los demás y frívola aquiescencia nuestra, dejamos para siempre el paraíso.

Como sacerdote sé que es muy difícil penetrar la realidad íntima de una pareja de cónyuges. Aunque Mayte buscó en mí desde el principio un refugio para su fracaso matrimonial, nunca fue explícita conmigo en cuanto a definir las razones de ese fracaso. Siempre pensé que sus primeras experiencias con las obligaciones del matrimonio debieron serle en extremo crueles y violentas. No estaba preparada para eso, ni la imagino mínimamente guiada por su instinto o por amigas diligentes en los sinuosos caminos adolescentes de la sensualidad. Desde la primera visita que hice a tu casa después de la boda, lo supe. Algo, que no era físico, se había quebrantado en Mayte. Los ojos se le volvieron, de aprensivos, tristísimos; el andar, de vacilante o desgarbado, trémulo; la voz, de tímida y aniñada, opaca, sin vida. Algo fue quebrado, mutilado, cercenado; en vez de florecer como mujer, Mayte dejó de crecer, se volvió sobre sí misma, se marchitó. Como si su primer contacto con la Vida, la hubiera atemorizado de una vez para siempre. No sé, querido Manuel, cómo fue en efecto tu relación carnal con ella, y hasta a veces he pensado que lo que la horrorizaba era haber descubierto su propia desordenada pasión, una carnalidad demasiado bestial que tú le habrías despertado, y por la que se sentía avergonzada, humillada, condenada. No lo sé. En todo caso, contigo habían irrumpido en su vida las dominaciones: el mundo, el demonio, la carne. Tú no eras libre de darle el amor que puede ser el precio del rescate, ¿verdad? No tuvo otra salida que huir hacia dentro de sí misma, hacia ese mar interior de silencio que, lo recordarás, ya antes de dejar tú España la había inundado y nos daba escalofríos.

Primero fue ese hastío, ese miedo; después vino la maternidad, y otra vez la naturaleza, con sus demandas implacables, fue una prueba demasiado dura para ella. Tuvo un embarazo difícil y accidentado, un parto que casi le cuesta la vida, un desapego revelador hacia la niña que acababa de nacer. No era la hija del amor, sino, déjamelo decir otra vez, de la inmolación. O quizás de la vergüenza, por un apetito con el que no podía reconciliar a la niña de Arenas que hubiera querido seguir siendo para mí. La pobre Carlota, tú lo sabes, ha crecido sin madre, y eso explica su naturaleza exigente y tiránica, insaciable. Aún ahora es ella la que debe velar, cuando no estoy yo para hacerlo, por esa madre que nunca la sirvió o la quiso como tal. El nacimiento de Carlota fue el segundo círculo del infierno que desde su casamiento contigo empezó a descender Mayte. También el retrato que le hizo Francisco durante el embarazo (encargado por mí, que no admitía todavía la magnitud del desastre) trasunta el estupor y el pánico en que vivía y que trataba de olvidar pretendiendo regresar otra vez conmigo a los juegos de la infancia. Pero ya no estábamos en Arenas de San Pedro. Yo ya tenía veintitrés años y era Arzobispo de Toledo; ella tenía veinte y estaba por dar su primer vástago al Príncipe de la Paz. Detrás de eso, incubaba la tragedia. ¡Qué presentimiento de vida destruida y sin esperanza! Yo mismo, aunque intentaba apoyarme en la fe y en mis actividades pastorales, no lograba quitarme de la cabeza la desesperante melancolía de los ojos de Mayte.

Me lo contó mucho más tarde, reviviendo en espasmos y angustia, el horror de aquellas horas. En el ápice de su agonía de parturienta, te vio como el demonio que le infligía esos tormentos. Sí, Manuel, en su imaginación cambiaste de naturaleza y jerarquía: eras el propio Lucifer. Y desde aquel momento, oscuramente, desde la masa informe de sus rencores irracionales, empezó a crecer, deforme pero nítido, alucinante pero corpóreo, un monstruo: el deseo de vengarse. Era la única respuesta que veía; se sabía herida, se presentía destruida, se quería sumisa; bebería hasta las heces, como su cáliz predestinado, aquel padecimiento, pero se tomaría una venganza. No sabía cómo ni cuándo. Sólo conocía a la víctima. Empezó a tener alucinaciones. A pensar obsesivamente en tu muerte o en tu propio tormento. Pero todos los finales —el campo de batalla, un caballo enloquecido, una fiebre— le parecían demasiado benignos. Te soñaba descuartizado, ahorcado, quemado. Y aun eso era poco para su venganza. Ignoraba que faltaba el elemento liberador: ella y nadie más debía consumarla. Sólo así se restablecería el orden, la justicia, la armonía de este mundo, ella podría cazar de nuevo mariposas conmigo e impalarlas en nuestras vitrinas de Arenas. Todo esto lo supe mucho más tarde, demasiado tarde. De otro modo te lo hubiera advertido y quizás hubiera servido de algo. Por lo menos os hubierais podido separar ocho años antes —y no esperar tu caída y tu destierro— y se hubiera evitado lo peor. Porque lo peor llegó. Y es la materia de esta carta.

¿Te acuerdas de la última fiesta que ofreció Cayetana de Alba en la misma víspera de su muerte? Tú y yo asistimos y es bien probable que el fin inmediato y sorprendente de Cayetana nos la haya grabado particularmente en la memoria, pero yo voy a hablarte de la fiesta, tal como la vivió Mayte, tal como ella me la volvió a contar a mí unos años después. Trataré de no extenderme en detalles innecesarios. Mayte, recordarás, llegó al palacio de Buenavista en mi compañía, y creyéndote en La Granja; pero no bien entramos te vimos mezclado entre los invitados, y entre ellos también vimos a Pepita. Fue un primer golpe para Mayte. Ella decía no tener celos de Pepita, ni quererla mal; más bien se compadecía de ella, la consideraba otra víctima de tu genio maligno. Pero el veros allí a ambos lo entendió como una trampa que se le hubiera tendido (todos de acuerdo: tú, Cayetana, Pepita), una afrenta, una bofetada dada en público, una burla. Por ese entonces en Mayte eso se había ido haciendo una obsesión: la de ser el objeto permanente de la burla de todos, empezando por ti, que dirigías el juego hacia su objetivo. Desde que nunca achacaba tus errores a ligereza o desaprensión, sino a puro y simple deseo de afrentar su persona, de ridiculizarla, de solicitar la cómplice ironía de los otros para tu avieso propósito. Fue mal comienzo para aquella velada. A partir de ahí, Mayte ya quedó descompuesta, y predispuesta, sintiendo que todas las miradas pasaban del sarcasmo a la lástima, temiendo que la noche le deparara aún peores trances. Experimentó también como una provocación el verte platicar aparte con Cayetana (sabía que te veías a escondidas con ella, te hacía vigilar); le llegaban susurros y risas y seguía sintiéndose su blanco. Tu malicia para con ella no tenía límites; podía imaginarte contando vuestras intimidades o sus inepcias de madre o de ama de casa; su fantasía, curiosamente, podía convivir con un suficiente sentido de la realidad como para seguir desenvolviéndose dentro de ésta sin despertar sospechas ni alarmar a nadie; el menor detalle le era alimento; y como en nadie se confiaba y con nadie confrontaba sus conjeturas, éstas no hacían sino fortificarse en su ánimo hasta ser los rígidos barrotes de hierro que la aprisionaban y tras los cuales se debatía secreta e inútilmente en su humillación.

Más tarde, durante la cena, Cayetana bromeó sobre los incendios provocados en Buenavista y barajó la candidatura de los presentes. En su juego desafiante, la propia Reina, tú, la de Osuna, el pueblo mismo eran portadores posibles de las teas alevosas. Mayte quiso hablar, proponerse ella misma como una supuesta mano incendiaria y llegó a decir con su vocecilla átona: "Tus vestidos son demasiado elegantes, Cayetana. ¿No te contaron que me vieron la otra tarde pasearme en mi calesa por el Prado con una tea encendida?" Como siempre que pretendía ser irónica, se extendía demasiado, no era incisiva, perdía la atención de los oyentes. En una palabra, había pretendido hacer una broma. Nadie la oyó, su frase cayó en el vacío, Cayetana le contestó una nadería que demostraba su desatención. Y ella se sintió una vez más rechazada, disminuida. No contaba en aquella mesa, no era nadie, ni como enemiga era tenida en cuenta. Estuvo a punto de abandonar su puesto; el que ni siquiera sus vecinos de mesa advirtieran su estado no hizo más que confirmarla en sus aprensiones: no existía o existía sólo para el desprecio.

Luego vino el paseo por el palacio, la parada en el taller de Francisco, el número de Cayetana a propósito de las pinturas venenosas. A lo largo del paseo Mayte no pensaba ya en otra cosa que en su postergada, inalcanzable venganza, y se entregaba a la fantasía de actos concretos: te veía despeñándote por la enorme escalinata de mármol y llegar abajo hecho un pelele descoyuntado, y debía cogerse de la balaustrada para evitar el vértigo; el mismo fuego de los hachones podía volverse una sola única pira para hacer crepitar y expeler tus demonios en un holocausto definitivo, y el aceite de las antorchas se tornaba una náusea que debía ahogar en el perfume de su pañuelo. El discurso de Cayetana sobre los venenos tuvo como eco una imagen y un efecto más realistas: tú te retorcías en el suelo, agonizante sin remedio ni socorro, aullando tu castigo entre los demás, trocados en estatuas de indiferencia, desdén o condena. Era tan fácil, decía Cayetana. Bastaba oler, probar, tocar con la punta de la lengua aquel polvillo verde esmeralda; bastaba, pensaba Mayte, mezclarlo en el rapé, espolvorear una lechuga, vertirlo en el agua que bebías por la noche. Las imágenes le produjeron un éxtasis; por un momento —¡al fin!— te había visto muerto y ella tenía su premio. Dios la había oído, podía vivir tranquila el resto de sus días, olvidarte. Se desmayó.

Cuando volvió en sí, yo estaba a su lado, nadie hablaba de venenos, te miró y vio un hombre cualquiera, no vio al diablo. Solía ocurrirle en esos trances extremos. Despertaba por un momento a la realidad. Pero no le duraba mucho. Salimos al rato de allí, una vez que ella pareció restablecida en sus fuerzas, y en la puerta de la sala de espejos, nos encontramos con Francisco, que volvía. El diablo le puso otra celada en ese momento. Desvió la mirada, al acaso, y vio por los espejos a Cayetana y a ti departiendo en la penumbra del pasillo. Estabais abrazados, creyó veros besándoos, susurrabais como conspiradores o amantes, os deslizasteis dentro del cuarto y cerrasteis cautelosamente la puerta tras de vosotros. Mayte vio los ojos de Cayetana cruzarse altivamente con los de ella. Otra vez el desprecio. Se cogió fuertemente a mi brazo, para evitar otro vahído, y nos fuimos. El minuto de la realidad había pasado.

Cuando el capellán de Cayetana nos ofreció enseñarnos la capilla y yo acepté, ella dio un pretexto: prefería descansar esperando a los músicos. Yo la dejé pues, sentada entre los otros invitados, y me marché con el capellán. Una vez más, sin adivinar los huracanes de celos y de odio que llenaban aquella suave y adorada cabecita. Ella no esperó mucho. Tenía a su lado a Fernando (nunca habíamos sido amigos suyos, porque nos apartaba de él su crueldad y su doblez, desde niños), pero nos unía un estrecho parentesco y podía, en cierto modo, confiarse a él. Le dijo que se retiraba un minuto, que temía sentirse mal de nuevo e interrumpir a los músicos. Fernando volvió a ofrecerle su frasco de sales. Ella aceptó, lo cogió al vuelo, y salió. El vestíbulo estaba solitario, la escalera también, a la luz de unas pocas antorchas. Subió rápidamente, atravesó galerías y salones, se vio reflejada y multiplicada hasta el terror en cristales y en espejos, pero siguió, imantada, encandilada, hacia el cuarto de Cayetana. Pasó por delante del taller de Francisco, la puerta estaba abierta, Francisco dibujaba de espaldas a la sala. Siguió todavía, se metió en el pasillo oscurísimo, tanteó los muros hasta encontrar la puerta que había visto cerrarse tras de vosotros, se pegó a ella, escuchó.

Al principio no comprendió de qué hablabais; de una carta, de Nápoles, de cosas que no entendía. Pero de repente empezasteis a hablar de un vino y un vaso y un brindis, y hubo silencios y ella pudo imaginar lo que estaba ocurriendo entre vosotros y redobló su desesperación, y si os oía reíros era de ella que os seguíais riendo, y su odio hacia ti crecía, y su necesidad de destruirte... cuando algo pasó, un golpe, un ruido sordo a sus pies (ella no comprendió su causa), y un súbito silencio en el interior del cuarto y el sudor frío y el temor de ser descubierta. Huyó. La sala de los espejos parecía interminable. No llegaría a cruzarla y desaparecer a tiempo, si alguno de vosotros la seguía. Vio abierta la puerta del taller de Goya, se escabulló por ella. Francisco seguía de espaldas, no había advertido su llegada. Oyó un rumor de pasos en el extremo del pasillo. Pensó que eras tú. Tembló. Pero mientras tú no te asomaras dentro del taller, estaba a salvo y... ¡te había burlado! Los pasos se alejaron, la puerta se cerró leve pero nítidamente en el silencio sepulcral. Se quedó allí, ignorada por Goya, exaltada, recuperando el aliento pero ardiendo todavía de furia vindicativa, pequeña, trémula, desvalida Némesis con su vestido rosa pálido y su carita de pájaro perdido en aquella espantosa soledad. Había visto sobre la mesa, al alcalce de su mano, el frasco de pintura verde que media hora antes había sido motivo de la disputa entre Francisco y Cayetana. Las palabras le sonaban todavía en el oído, con la resonancia del inminente desmayo. ¡Veneno mortal! El diablo había jugado bien sus cartas.

Volvió a la puerta del pasillo, con el veneno en sus manos, como un cáliz. Escuchó. No se oía nada. Estaríais en la alcoba. Pero tú habías prometido beber más tarde el licor en ese bello vaso, sí, lo habías prometido. No tenía más que entrar y echar un poco de polvo en el vaso que viera sobre el tocador. Demasiado ocupados en la alcoba, no la oiríais. Entró, con la cautela y el paso aéreo que había aprendido con las mariposas. El vaso, lo vio e identificó en seguida. ¡Tan maravilloso, a la luz de los candelabros, esperándola! ¡Una mariposa azul y oro! Echó un poco de veneno en el licor. No oyó nada. También se hace un silencio mágico en torno al cazador de mariposas. El polvillo quedó flotando en la superficie del líquido. Lo revolvió con la cruz de plata y diamantes que llevaba colgada al cuello y era mi regalo de boda. Secó la cruz en los flecos de un chal abandonado junto al tocador. Se marchó sigilosamente, como había entrado. Había capturado su mariposa. ¡Qué éxtasis!

Me la imagino como una autómata atravesando el salón de los espejos, que ahora multiplicaban al infinito su secreto triunfo; en la galería abrió una de las ventanas, el aire fresco de la noche madrileña la arrancó de su trance, comprendió que debía deshacerse del veneno y lo arrojó al patio. Sintió un ruido áspero y sordo. Bajó. Volvió a ocupar su lugar entre los invitados. El trío terminaba su divertimento. Vio a Fernando y recordó el frasco de sales. No lo tenía, no podía devolvérselo. ¿Dónde lo había perdido? Él se lo iba a reclamar de seguro, era una joya. Otra vez la angustia. Los aplausos premiaron a los músicos. Los invitados hablaban entre ellos. Fernando, de momento, olvidaba pedirle el frasco. Sintió el impulso de pedirme socorro. Pero yo había ido a visitar la capilla y ella no se sentía con fuerzas para afrontar otra vez el palacio oscuro y buscarme, aunque le hubiera gustado poder entrar al oratorio, rezar, pedir ayuda, sostén, guía. Cogió el crucifijo en su puño derecho, y oró, allí, sola, sin que nadie se diera cuenta, sin que nadie le prestara atención. Era una de las ventajas del desdén. O más probablemente la veían allí, aislada de todos, el puño al pecho y los ojos bajos, y suponían que todavía no se había recuperado del todo de su desmayo. La música empezó de nuevo. Suspiró aliviada. Eso le daba tiempo. Tiempo para todo.

Tiempo para rezar. Tiempo para que yo regresara y le cogiera las manos, devolviéndole las energías perdidas. Tiempo para que, allí arriba, saliendo de la alcoba, tú cogieras el vaso y bebieras. Te vio hacerlo. Llegar descalzo y semidesnudo al tocador, coger el vaso, alzarlo en un brindis, y beber generosamente de él... El vaso se estrelló contra el piso, se oyó un largo quejido de dolor. Era la flauta travesera cantando su dramática zarabanda. Y Cayetana volvía ya, los ojos muy brillantes, el paso indolente, pasando junto a ella sin mirarla, deslizándose hasta cerca de los músicos, para sentarse en el suelo, semiechada sobre un cojín y escuchar desde allí el final de la partita. ¿Qué había pasado? ¿Te habíais quedado solo arriba y estabas por coger el vaso y beber, o Cayetana te había abandonado retorciéndote de sufrimiento sobre el diván del tocador? No habías gritado, sin embargo. Un grito de agonía tiene, por fuerza, que atravesar las salas y las galerías, bajar las escalinatas, buscar hasta encontrar el oído que lo espera como el único premio posible a tanto miedo. Pero el grito no llegó. En su lugar se oyeron voces, voces de hombre, animadas, plenas, que procedían del vestíbulo, y cuando ella se volvió éramos tú y yo que entrábamos con el capellán. Los invitados aplaudían, se ponían de pie y rodeaban a los músicos. Ella te vio entre sus párpados entrecerrados, dirigirte a Fernando y devolverle el frasco de sales. Le pareció una vez más que te sonreías, que Cayetana, sentada todavía en el suelo, sonreía también para sus adentros. Otra vez se burlaban de ella, la despreciaban. Había envenenado inútilmente el vaso. Tú eras más listo. No habías bebido. No se contuvo y dejó escapar un gemido. Fui a socorrerla, como siempre, pero tú estabas más cerca y te me adelantaste. Te ofreciste a llevarla a casa y yo no pude oponerme a que lo hicieras. Ella por supuesto, no se oponía nunca. La sumisión también era una venganza. Sé que regresasteis en silencio. Ella esperaba todo el tiempo que tú le dijeras algo del veneno; lo hubiera preferido. Era peor que no le dijeras nada, que ignoraras que ella, por una vez, había sido capaz de enfrentarte, de atacarte, de devolverte en la misma moneda de crueldad las mil muertes que le habías hecho padecer. Te odió más que nunca, porque habías sobrevivido.

Al día siguiente se enteró de la muerte de Cayetana. Y comprendió lo que había ocurrido. Era algo que en ningún momento había pensado. El veneno estaba destinado a ti. ¿Por qué Dios le iba a hacer esa terrible jugarreta? No pudo ir al funeral, cayó en una tremenda postración nerviosa —que a nadie en verdad extrañó demasiado, tan deplorable era su estado en aquellos días —y temía delirar, acusarse. Su acto de justicia se había convertido, por misterioso designio de la providencia, en un crimen.

No necesito decirte que nada de esto supe bajo secreto de confesión. Fue dos años después que, espontáneamente, me lo contó. Apareció un día de verano, transparente de delgadez y de zozobra en mi Arzobispado de Toledo y me dijo que necesitaba descansar de la niña y de los trajines de la casa; que venía a quedarse una, dos, tres semanas, el tiempo que yo quisiera tenerla conmigo. Intuí que necesitaba algo más que mi compañía, pero me abstuve de decirle nada. Esperé que ella misma se manifestara; anduvo varios días vagando sin rumbo por Toledo, perdida por los claustros, asomándose a los puentes, agostándose al sol o escurriéndose como una sombra por el Arzobispado, sin rumbo fijo, huidiza, callada, inasible y tenue como una de aquellas mariposas que cazábamos en la infancia. Pero yo no me proponía cazarla; esperaba que se posara, que viniera a mí, y sabía que al fin lo haría. Un día que descansábamos de la canícula bajo un viejo olivo, se derrumbó lenta, lentamente a mi lado, como la figura de un sueño; y cogiéndome una mano sobre mi regazo empezó a hablar lenta, lentamente, como si no hiciera más que seguir una historia que estuviera contando desde siempre, y que se hallaba, de algún modo, fuera del tiempo. Lo contó todo. Era muy extraño. No estaba arrepentida. No tenía conciencia de una culpa ni de una responsabilidad. Tu seguías siendo el culpable de todo. De su sufrimiento, de su desvelo, y sí, también de sus actos de aquella noche. Pero no podía seguir viviendo a solas con su secreto. Sabía que yo podía ayudarla a llevarlo, como cuando éramos niños, y los secretos se nos hacían intolerables, y buscábamos la sombra de un olmo o el rincón más oscuro del desván de nuestros juegos para contarnos, bajo juramento, algo tan inocente como haber pedido a los Reyes Magos una nueva red o haber roto en un descuido los dedos de la muñeca de porcelana o haber escrito una comedia, para el santo de nuestro padre. Así me hablaba, secreteando, como si sólo la complicidad confiriera importancia a lo que me contaba, y esto fuera nimio: Cayetana muriendo envenenada no pesaba más que los dedos de la muñeca. Yo ya sabía que estaba loca.

Ese cuento que parecía no haber empezado sino al comienzo de los tiempos, en la niñez de Arenas de San Pedro, pareció también no terminar nunca, prolongarse a lo largo de los días y las noches de Toledo, en aquella juventud amasada de muerte que era la nuestra; yo tenía veintisiete años entonces, ella no más de veinticuatro, pero ya no nos quedaba otra cosa para el resto de nuestros días que contar la una y escuchar el otro, desasosegarse y procurar la calma, desesperarse y consolar, ella a mis pies, su manecilla sudada en mi mano tremante, y las dos en mi regazo húmedo y estéril, para siempre. Se quedó muchos meses, no recuerdo cuántos y su cuento fue como una sola estela continua, en que se engastaban mis devociones. Yo trabajaba muchísimo entonces en mis tareas pastorales. Pero ese tiempo no contaba, se desvanecía, era sólo treguas del tiempo verdadero, que era el tiempo del cuento sin principio ni fin.

Cuando tú abandonaste España, cuatro años más tarde, sin que mediara palabra alguna entre ella y yo, hizo sus bártulos y se vino a vivir definitivamente conmigo. Ahora traía a la niña, que ya era grandecita y aliviaba las horas con sus gracias, pero Mayte estaba siempre al acecho de la noche y aguardaba que las niñeras se llevaran a Carlota, para apretarse contra mis rodillas, contando. Era curioso. No quería saber más de ti, no respondía tus cartas, apartaba con repugnancia las que tú me escribías, desviaba la conversación de una manera abrupta y destemplada si alguien preguntaba por ti; pero luego, en el silencio nocturno, tú eras su único tema, y se enredaba *ad infinitum* en los recuerdos de vuestra vida juntos. Todos éstos, es cierto, parecían congelarse un cierto 22 de julio, como si el demonio hubiera sido exorcizado aquella noche con la serie ordenada, concatenada y fatal de imágenes objetivamente expuestas y pulidas hasta el agotamiento: el beso en el espejo, el veneno en la mesa de Goya, el vaso en el tocador, la cruz de plata revolviendo el vino... y la otra visión, la imaginaria: Cayetana bebiendo inadvertidamente después de la fiesta.

El tiempo pasó. Yo tuve responsabilidades políticas que me alejaron de Toledo y de ella, aunque no conseguía olvidarla. Estuve en Cádiz con las Cortes, en Madrid ocupando la Regencia, en Valencia recibiendo a aquel que el pueblo dio en llamar "el Deseado". Cuando regresé en 1814, confinado por el Rey en Toledo, la encontré muy cambiada. Había empezado a refugiarse en las devociones y las confituras; se había ido convirtiendo en una mujer gruesa y plácida, de expresión muy juvenil y algo tonta, que sólo hablaba de rezar y de comer, de Dios y de turrones, sin distinguir demasiado una cosa de otra. Mi confinamiento duró seis años y fue muy triste, menos que por verme apartado de la política por decisión —y desconfianza— del soberano, por la melancólica contemplación de esa Mayte transformada, que ya no acechaba por las noches el momento de hallarse a solas conmigo, sino el de encerrarse a comer los dulces que el médico insistía vanamente en prohibirle. Ya casi nunca hablaba del pasado. Cuando lo hacía, eran referencias frías, áridas, impersonales, como quien se conforma con dar dos o tres claves imprescindibles de un asunto demasiado conocido para concederle todavía atención o un resto de emoción. Todo esto, supuse, es la salud relativa que por caminos tortuosos e indirectos sabe encontrar la locura. Una forma de evadirse y sobrevivir. Una padrenuestro, diez mazapanes, un gloria. Dios sabrá perdonarme esta irreverencia, pero quiero darte la versión más aproximada posible a la verdad.

Hace tres años, con el regreso de los liberales, volví a la actividad política, lo sabes, como Presidente de la Junta Provincial. Volví a alejarme de Mayte. Ella ha quedado en Toledo, pero la llegada de Carlota, con su marido italiano y los hijos que han ido llegando ha dado un tercer aliciente a su vida: ahora suma los nietos a su piedad y a su gula, y es extraordinario ese tardío nacimiento del sentimiento maternal en una mujer que no pudo tenerlo en absoluto hacia su propia hija. Ya no queda nada de la niña de Arenas, de la adolescente que me aguardaba al término de mis cursos de teología, de la mujer pálida y temblorosa que apareció en Toledo hace veinte años. Sin embargo, sé que la suya es una vida de sufrimiento, una agonía enmascarada de sosiego. Está demasiado gorda; los médicos desesperan de curarla, y ella no colabora con ellos sino con la enfermedad; no le dan muchos años de vida.

Me sobrevivirá, pese a todo. Yo me acabo ya, Manuel. A mi mala salud de siempre, añádele los afanes que me ha hecho vivir mi país a lo largo de quince años de invasiones, luchas fratricidas, esperanzas truncadas una y otra vez, y fracasos, fracasos, fracasos; añádele sobre todo el dolor de Mayte, que es el mío, que no me ha dejado un momento a lo largo de todo este tiempo, porque haberla perdido —primero en tus manos, luego en las de la locura— ha sido una privación de la que no he sabido consolarme, hasta el punto que ahora pienso con nostalgia en aquellos años de Toledo en que cada noche esperaba verla caer de rodillas a mis pies, coger mi mano, apoyar su cabeza en mi regazo purpurado y contar sin principio ni fin, infinitamente, su tragedia. Que era —es— una sola cosa con la mía.

¿Conoces un capricho de Francisco que él ha llamado "Volavérunt"? Una mujer va por los aires, con una mariposa en la frente, como una gran estrella luminosa, y un montón de monstruos agazapados a sus pies. Cada vez que lo veo pienso en el alma de Mayte, que siempre cifró su vuelo en el tenue aleteo de las mariposas de su infancia, en el suave, tibio y susurrante misterio de nuestra adolescencia compartida, y no pudo, por más impulso que tomara para despegar del suelo, conjurar los monstruos de su camino: el mundo, el demonio, la carne, todo lo que tú convocaste en su vida sin proponértelo.

Otra vez te lo digo: no es una acusación, Manuel. Pero me duele como una llaga tu ignorancia de Mayte, de su sufrimiento, de su vía crucis. Me es irremediable escribirte. Y acabo. Me ha costado demasiado esfuerzo. Es probable que me haya acortado aún más la vida. Debo recogerme. Pido al Señor que no tarde en llevarme con él, y ojalá venga esta noche misma. Lo esperaré junto a Mayte: no la de ahora, sino la del recuerdo; no la de los monstruos, sino la de las mariposas.

Dios te guarde, Manuel. Tu cuñado (que hubiera deseado no serlo nunca)

LUIS

FIN DEL EPÍLOGO

HACE VEINTE AÑOS que recibí esta carta. De a poco, me he ido acostumbrando a ella, he ido cancelando, lenta y afanosamente, mi propio relato de la noche del 22 de julio de 1802. Al fin y al cabo, todo mi error nace de un juego de manos: el frasco de sales pasó, sin que yo lo supiera, de las del Príncipe a las de Mayte, y ese solo insignificante detalle invalida lo que fue casi treinta años mi convicción profunda, lava de culpa al Príncipe, me arrebata ese triunfo que yo podía jugar —y nunca había jugado— de cara al juicio de los siglos. Verdad es que la carta de Luis me revela una ignorancia más terrible que la de quien detentaba o no la posesión de un frasco de sales: mi ignorancia de Mayte, de lo que acechaba al fondo de sus silencios. ¿Dónde empiezan los crímenes en esta historia diabólica?

En una de mis mudanzas de casa se extravió el dibujo de Goya, el de la maja y el vaso de veneno. Nunca he visto el grabado de que él y Luis coincidieron en hablarme: el "Volavérunt". ¿Le hubiera encontrado yo aún otro sentido? He olvidado mis latines. Ni siquiera sé lo que significa esa palabra: Volavérunt...

París, 1848.

Cristóbal Zaragoza

Y DIOS EN LA ÚLTIMA PLAYA

I. SERRA LLIMONA

TENÍA EL DÍA EL CANTÁBRICO. Rompía en altas olas, que se rendían acodiciadas con la arena entre rodales de espuma burbujeante. Frescachón y racheado, el noroeste despeinaba los pensamientos. Los dispersaba.

Pronto sería la hora del baño y la playa se llenaría de gente deseosa de sol. Lo sabía el hombre de los prismáticos, que observaba los primeros niños vigilados de cerca por doradas mamás bajo los toldos listados de colores vivos. Lo sabía él, y el joven de cabello largo que se le acercó con paso decidido.

—¿Una foto, mi coronel?

¿A quién le recordaba la voz que oía a su espalda? El hombre de los prismáticos la asoció a su hijo mayor, dado a la chirigota. ¿O era la del yerno, que había anunciado su llegada de Madrid para aquel mismo día? Era lo que más le fastidiaba del viento. Que acentuaba la maldita sordera conquistada, entre otras cosas, en la ya lejana batalla del Ebro.

El hombre se volvió con los prismáticos en las manos. Su bigotito negro, trazado a tiralíneas, se arqueaba sonriente como imantado por la otra sonrisa, la de los ojos. Pero de repente sus facciones se endurecieron y su nuez saltó interrogante desde la flaccidez del cuello.

—¿Qué quiere usted?

El bigotito negro recuperó su escueta horizontal. Tembló el labio inferior, repentinamente azul.

—Que Dios nos perdone, coronel— dijo el joven.

Nadie oyó los tres disparos.

Como quien se dispone a tumbarse al sol, el coronel se agachó lentamente y quedó recostado sobre el pretil que separaba la explanada de la zona arenosa.

Había muchas gaviotas en el aire cuando el joven cruzó el amplio espacio enlosado en dirección a la Ducati roja que se veía en la calzada, tú tranquilo, Josechu. Lentamente, sin nervios, la descolgó del caballete. Luego montó y, tras el enérgico patadón, salió despacio en dirección al centro.

Fueron dos hermanos, de cinco y siete años, quienes identificaron el cadáver de su abuelo en el del señor de los prismáticos.

Aquella misma tarde informaba la radio del suceso.

«UNA GAVIOTA PUEDE SER EL AVISO. Recuerdo que había muchas. Volaban muy bajas y lo escrutaban todo con sus ojos de vidrio girando la cabeza, ladeándola hacia nosotros. Pero no pude fijarme demasiado en aquélla. Había que hacer bien las cosas. Sobre todo acertar en el blanco. Dos balazos al corazón y el tercero en la cabeza cuando el enemigo cae abatido. No sufre y uno sabe que ha hecho bien las cosas.

»El enemigo... Ahora, después del tiempo pasado, sé que el enemigo no existe más que dentro de nosotros. Fue lo primero que comprendí mientras intentaba escapar de la gaviota. Era grande y maniobraba en el aire con sorprendente agilidad después de abandonar a sus atrafagadas compañeras de vuelo para seguirme a pocos metros de mi cabeza, en la moto. Digo mal, no me seguía. Me perseguía emitiendo extraños gritos de histeria.

»Debió de ser todo un espectáculo porque la gente que había en las terrazas nos miraba como quien presencia un número de circo. Hasta hubo una jovencita que se subió a una silla y empezó a aplaudir entusiasmada.

»Tuve que acelerar al máximo para librarme de mi perseguidora. ¿Puede creer alguien esto que digo? Éstos no lo han creído. Ni siquiera Mikel. El Mostachos ha escupido entre mis botas cuando se lo he dicho, pensando que quería tomarle el pelo. Lo he dejado estar. Ahora se figuran que soy un traidor o que me he vuelto loco.

»Ella escoró hasta perderse mar adentro en solitario. La gaviota.»

MIKEL LE OYÓ ENTRAR EN LA HABITACIÓN.

—Un huevo me vais a costar tú y tu Begoñita —dijo sin levantar la cabeza de las tripas del estéreo.

Y añadió riendo:

—En gasolina, claro.

Entre las dos camas de cuerpo —revuelta la de Josechu, con un hermosísimo culo de mujer asomando bajo la almohada, espejeante culo de portada de *Playboy*—, la ventana rectangular enmarcaba un prado muy verde con idílicas vaquitas pastando sueños. De no haber sido por la cinta plomiza de la carretera, por la que circulaban algunos vehículos bajo el sol de agosto, se habría dicho que la ventana era un cuadro tópico.

Mikel preguntó:

—¿Habéis ido a la playa?

—Yo sí.

—¿Sin Begoña?

—No habrá más Begoña.

Le sonó rara la voz de su hermano menor. Algo pastosa.

—Ya será menos —repuso Mikel. Y se volvió sonriente limpiándose los dedos con una hilada de estopa. Pero la sonrisa se le pudrió en los labios al ver la cara de Josechu. Terrosa. Desencajada. Con los pómulos hundidos y la mirada extraviada.

—Pero qué te pasa.

Josechu murmuró:

—Toma. Esto es tuyo.

Sujetaba en la mano derecha una Parabellum. La tenía cogida del cañón, casi de la punta, por lo que quizá su pulso temblaba más de lo debido.

La primera reacción de Mikel fue de asombro, pero en seguida le invadió la sospecha de que su hermano, demasiado impulsivo, hubiera cometido alguna barbaridad.

—Pero, ¿cómo tienes tú esto?

Los cuarteados labios de Josechu temblaron en una sonrisa de angustia. Como si fuera a vomitar.

—Me tomas por idiota —dijo. Y se dejó caer pesadamente en la cama.

Mikel le zarandeó.

—La has disparado, Jose.

—Muy agudo.

—¿Contra quién? ¡Habla!

—Ese militar.

Mikel le miró a los ojos. Estaba aterrado.

—¿Qué militar?

—Os oí. Aquí mismo. Tú estabas sentado ahí con un tipo agitanado.

—¿Qué oíste?

Josechu se incorporó.

—¡Todo! Pensabais ajusticiarlo, ¿no? Pues ya está hecho. Acabo de matarlo yo. Solo.

—Pero ¿a quién? ¿A quién has matado?

Le separaban de la puerta un par de metros de distancia, que Mikel salvó saltando ágilmente sobre el rodapié metálico de la cama.

Después de echar el cerrojo volvió al lado de su hermano.

—A ver, di. ¿A quién has matado y por qué?

—Pensáis que soy un niñato loco.

—¿A quién has matado?

—A Sanromán.

Sudaba a mares. Le temblaban las piernas.

—¿El coronel de Estado Mayor?

Asintió entrecerrando los ojos.

—Ha sido muy fácil —dijo después—. Pero había una gaviota, Mikel...

—¿Una gaviota?

Mikel le quitó la camisa, empapada de sudor, y le friccionó el pecho con la punta de la sábana.

—Tranquilo —dijo—. Ahora ya está hecho.

Se disponía a cerrar la ventana cuando vio abajo, junto a la puerta del establo, a una muchacha que le hacía señas con la mano. «Va en seguida, Begoña», dijo, y ordenó a su hermano:

—Ahora te metes en la ducha. ¿Me oyes? Y te vas por ahí con Begoña. A cualquier parte. Como todos los días. ¿Lo entiendes bien? Se trata de disimular. De que nadie sospeche.

Lo ayudó a levantarse y lo empujó hacia el cuarto de baño.

—Y que no se te ocurra coger la moto. ¿Entendido? Hablaremos más tarde.

«DECÍA MI MADRE, no se puede ir por la vida sin temor de Dios, es estrellarse, seguía diciendo tras una pequeña pausa obsesiva, y yo la veía fresca aún la cara, la frente ceñida por el pañuelo de amasar, qué pan aquél, un pañuelo blanco atado a la nuca. Lo decía sin dejar de apuñear la masa, espolvoreándola de vez en cuando con una harinita ingrávida como la primera nieve que nos caía y que miraban los asombrados terneros sobre el morro sonrosado y húmedo. Y hablaba sin mirarme, pienso yo que para no ver mi expresión de sapo aburrido ni leer mi pensamiento, siempre el mismo cuento de Dios, con los codos en la mesa y la mirada un sueño perdido en los héroes de carne y hueso, nada de Capitán Trueno, que yo ya había cumplido los quince y andaba de potes con Zin y porqueaba con la mujer de Popeye, el bedel, que podía ser mi abuela.

»Los héroes de carne y hueso, ¿cómo serán?, pensaba yo con los ojos llenos de las últimas imágenes, las del bombazo en la torre sur de la central eléctrica, más de tres kilos de chicle, qué apagón tan cojonudo, dos horas y media a oscuras todo el mundo, por huevos. Por huevos de los héroes de carne y hueso. Y yo suspirando como un idiota.

»Me acordaba de aquellos días hundido en el asiento trasero del viejo Seat negro, qué cacho de muslos los de la Gayola empujándome contra la puerta, prensándome, qué enormidad de carne bajo la falda oscura hasta los pies, y yo armado, de bragueta quiero decir, y de lo otro, porque íbamos de faena, aunque ninguno de nosotros sabía aún a dónde nos dirigíamos ni lo que había que hacer. Ninguno excepto el Mostachos, que estaba delante de mí, al lado de Burguete, un verdadero diablo cuando se ponía al rollo. Yo miraba el perfil matón del Mostachos, la banda azul del afeitado bajando desde los caracolillos entrecanos de la patilla en hacha, el brochazo zaíno del bigote a lo Villa, el último peloalambre de la ceja, retorcido y brillante como una crin asilvestrada. Un gitano de los de mona y pandero, pensé.

»Al otro lado de Gayola decía Zin más dolido que cabreado, qué lástima tener que hacer esto, con la tierra que nos ha dado Dios. Y fue por estas palabras que me acordé de las de mi madre. Entonces di en cavilar si venía Dios con nosotros, los terroristas, o si seguía amasando con ella en la cocina, dale que te pego a la pasta, que ahora me recordaba el cacho de goma que hace volar por los aires la gran cabronada del centralismo.

»Y tenía razón en lo de la tierra. Zin sabía lo que se decía aunque así al pronto se le tomara por un señorito vago. La verdad era que teníamos una hermosa tierra. Variada. Tan pronto el Seat agujereaba una pinada de mil demonios, interminable, como se deslizaba entre un mar verde de prados, campos abiertos bajo un sol que doraba las seculares piedras de los caseríos y adormecía a los tábanos clavados en la piel de las bestias, los emborrachaba de sangre y de un calorcillo clorofórmico.

»La carretera atravesaba un pueblo medio desierto, se confundía con sus calles, malditos señalizadores, protestaba Burguete, se abría otra vez a la ondulación verdeante de las colinas, se internaba entre cuadros de cepas, curvas y más curvas al bajar, hasta que se asomaba de puntillas el Cantábrico entrevisto desde acá del desmonte. Vamos a por dinero, roncó el Mostachos desde delante. Y en seguida la orden, listos los pasamontañas. Yo llevaba el mío escondido bajo el chubasquero negro de plástico. Y la Gayola, a mí me da mucho calor, me asfixio y me pongo nerviosa. Sus ojos de muñeco travieso brincaban bajo los rizos, dos deditos de frente cetrina hasta las cejas, y se volvieron hacia los míos, no sé si más cachondos que burlones o al revés.

»—¿Canguelo?

»Yo lamí con la mirada sus infinitos muslos. Fue mi única respuesta. Entonces ella agarró mi mano y la hundió en el surco caliente entremuslero al tiempo que apretaba las piernas y meneaba el culo adelante y atrás.

»—A veces las balas le destripan a uno —dijo sacando la punta de la lengua y escondiéndola en seguida—. Por si te pasa, al menos que no te vayas sin cumplir del todo el capricho.

»Y Zin, manipulando la pipa, déjalo, coño, no lo distraigas.

»El Burguete, dándolo por hecho:

»—Paro en la plaza.

»Pero el Mostachos dijo que no, mejor que te quedes donde empieza esa calle, va a la carretera y aunque es contra dirección no nos va de veinte duros de multa.

»—Cinco minutos tenemos. Ni uno más —añadió volviendo media cara.

»Montamos las pipas. Todos menos Gayola, que llevaba su preciosa armónica a los pies medio tapada con el faldellín impregnado de porro marinero que decía ella no sé por qué. Y su hocico rozó mi oreja helada, cuando terminemos esto será la nuestra.

»—Toda la noche para nosotros, guayabote.

»Y me guiñó.

»Qué huevos, la tía, pensé.

»Y el frenazo.»

MIENTRAS CAMINABA POR LA CLOACA en que se había convertido la ciudad repetía su catecismo particular. «Se vuelve a ver en la historia que David, si sabe elegir bien su honda, es capaz de derribar a Goliat, el estado opresor. La lucha contemporánea ya no tiene nada que ver con la guerra de frentes y estrategias clásicas. Hoy, todo un ejército puede ser prácticamente aniquilado o paralizado por un minúsculo número de resistentes practicando los principios de la Guerra Revolucionaria, que vamos a llamar, para abreviar, GE.» Saber elegir la honda era, pues, la cuestión.

Josechu pidió una cerveza en el bar donde almorzaba a media mañana con los compañeros de oficina.

—Si no está muy fría lo dejas. («No todas las fases de la GR son cruentas, o de acción violenta. *Las acciones cruentas no aparecen más que en las etapas más avanzadas.*») ¿Ya oíste, Fermín?

—Ya oí.

Fermín le ofreció un purito canario de boquilla de plástico y una sonrisa un poco golfa.

—No pienses que me engatusas, ¿eh? Te he pedido una cerveza bien fría. No fría. Bien fría. Helada.

—¿Y cómo a estas horas por aquí? No es hora de entrar ni de salir. Y los del piscolabis ya se fueron.

—Pues ya ves.

El de la barra tiró la cerveza en una jarra de vidrio, dejó que la espuma se levantara como la caperuza de un gran merengue y la decapitó con una especie de espátula mojada.

—Helada como picha de viejo —dijo. Y pasó a interesarse por Begoñita, ¿es verdad que habéis terminado?, y a preguntarle qué coño pasa contigo, que estás tan formal, con lo cabra que eres, Josechu, que te conozco desde que eras así. Y mientras Fermín hablaba reidor y chancero él miraba la fachada de enfrente, abarrocada y sucia, con la fila de balcones cada uno con su timpanito particular lleno de churretones negros, el pretencioso portal con la lámpara de vidrio biselado colgando del techo, y el letrero azul sobre blanco, Casa González, fundada en 1943.

—¿Ya te enteraste de la última?

Josechu esperó con la mirada puesta en el nacional de la acera. Esperó también que el lametazo de la cerveza refrescara su esófago al bajar cosquilleante. El agror le provocó el medio eructo que exigía el momento.

—Ni me enteré ni quiero enterarme.

—Han volado un *jeep*. Guardiaciviles.

—Con su pan se lo coman.

Pagó, sacó un paquete de Ducados de la máquina que había detrás de la puerta y agitó los dedos de la mano izquierda mientras agarraba con la derecha el tirador. Agur, Fermín, y Fermín se encogió de hombros como quien está pensando los hay para todos los gustos.

En el ascensor repensó el discurso que traía preparado para el señor González. Que tenía almorranas y que había decidido lavarse el culo con agua fresca durante las ocho horas de oficina.

—Así que me da la liquidación y en paz.

—¿Lo sabe tu madre?

—Eso es lo de menos.

—Para ti. Pero yo fui íntimo de tu padre, que en gloria esté. Entraste en esta empresa...

—Por influencia. Ya lo sé, señor González. Y salgo por las almorranas. No me negará que es una influencia como otra cualquiera. ¿O es que usted es tan idiota como parece?

Mal hecho, se decía un cuarto de hora después mientras bajaba en el ascensor. Mikel te reserva un guantazo de canguro pesopesado y tu madre un novenario de por vida con cien mil pares de jaculatorias y puede que hasta un exvoto de cera: el alma en pena de su Josechu adorado.

Le inquietaban vagamente, porque su verdadera preocupación era Papadoc. La reacción suya al enterarse del pitote que había armado en la oficina, ya que Papadoc se enteraba de todo. Hasta de lo que iba a pasar.

—Me cuesta controlarme —le había confesado Josechu la tarde anterior.

—Pues aprende a guardar tus impulsos. Pides la cuenta y te despides. Me haces falta. Pero sin armar escándalo.

En el cuartucho donde tenía la mesa de trabajo y el teléfono, Papadoc guardaba los libros de contabilidad de las empresas que asesoraba. Eran libros auténticos, capaces de justificar los escasos impresos que le permitieran demostrar en un momento dado el modo de ganarse la vida. Pero el teléfono de Papadoc echaba humo. Biarritz, Madrid, Roma, Bayona, París a veces, los pueblos del área euskera. Incansable. Inmunizado contra la claustrofobia. Cien pares de orejas y con más ojos en la nuca que Argos en todo su cuerpo. Receloso y cauto. Tierno y endiabladamente duro, aunque nunca insensible. Si podía evitar el derramamiento de sangre lo evitaba. Pero no dudaba en sacrificar a nadie cuando la Guerra Revolucionaria lo exigía. «El poder se toma por fascinación», le había dicho a Josechu el primer día que habló con él, poco después de haber matado al coronel Sanromán, y efectivamente, Papadoc fascinaba. Toda su persona era la misma fascinación. Chicarrón en la raya de la cuarentena. Cara de águila salvaje. Entre místico y sensual, según se le mirara a los ojos o la sonrisa. Forzudo. Josechu había de verlo más adelante reventar con una sola mano un bote de Coca-Cola, le habían acribillado un hombre. Soltero. Cuando necesitaba una mujer, no con frecuencia, llamaba por teléfono. A los diez minutos entraba en su cubil una zagala con aspecto de criada de casa bien. Aseñorada, limpia como los chorros del oro, con el pelo recogido y cara de agua y jabón. Ni guapa ni fea. Sana. Después de un rato se marchaba como había entrado. Sin despegar los labios y sin cobrar.

—¿Crees que puedes fiarte de ella? —le preguntó Josechu en cierta ocasión.

—No hay ser humano del que uno pueda fiarse. Ni de uno mismo.

—Lo añadido va por mí.

—Tú lo has dicho.

A veces hablaba como lo hacen los curas. Mejor dicho, empleaba expresiones bíblicas. Se le notaban dos cosas. Que la frase se le había escapado y que se había dado cuenta del patinazo. Era un segundo. Menos aún. Pero la rigidez momentánea de sus facciones lo delataba.

A poco de haberlo conocido, Josechu confió a su hermano la sospecha. ¿Qué te parece, Mikel? ¿No será Papadoc uno de esos curas liberados? Mikel sentenció: Papadoc es Papadoc.

Desconcertante. Porque en ocasiones tenía todas las trazas de un *capo* entrenado en Irak o vaya usted a saber dónde. Costurones en la piel y quizá en el alma. Se sabía que había escapado de la cárcel con siete etarras más.

—Dicen que la fuga la planeaste tú.

—El Señor que está en los cielos, Josechu.

Y se reía.

Cigarrillos y café. Nada de alcohol. Una sola vez le vio Josechu achispado. Cuando recuperó un miembro de cierto comando. Fue un trabajo personal. El chaval estaba herido en una pierna, y cercado, y Papadoc tiró tres bombas de mano sobre la zona ocupada por la policía. Rescató a su hombre y consiguió engañar a un camillero, se nos muere, le dijo, y se trata de un inocente ciudadano, un peatón. Cuando lo tuvo a salvo encañonó al practicante y le obligó a que atara al chófer. Después él hizo lo propio con el sanitario.

Dicen que nadie sabe quién es. Que no tiene amigos. Que, además, no podría tenerlos. Él se sienta, escucha la opinión de sus hombres, consulta sus notas, abate la cabeza hasta casi rozar la mesa con la frente, se rasca la nuca, mira el humo del cigarrillo que acaba de encender con la colilla del anterior, lo aspira hasta el fondo y resuelve. Se hace. No se hace. Hay que esperar que se confíen. Cambiamos de escenario. De táctica. Se levanta, menea la cabeza de una forma que no deja lugar a dudas.

—Os tendré al corriente. Agur.

Siempre que dice agur coge la escoba y barre cuidadosamente la porquería que dejan sus hombres en el suelo. Es algo así como un movimiento reflejo.

—¿Te has fijado, Mikel?

—En qué.

—Cuando se mete a barrendero es cuando más cura me parece. O un fraile. ¿No te has dado cuenta? Es la humildad en persona.

—Y tú un imaginativo.

Le apetecía ir de potes después del lío de la oficina pero le faltaba alguien con quien compartir la euforia idiota del vino.

Entró en un chiringuito que le salió al paso. Al primer culín le subió la presencia de Begoña al pensamiento como un calor dulce y tierno. ¿Por qué no ir en su busca?

Josechu paró un taxi y dio la dirección del parvulario en el que trabajaba su antigua novia. Vio los ojos del taxista helados en el retrovisor, escuchó una voz,

—Han caído dos.

—¿Cómo dice?

—Dos etarras. Dicen que son los del *jeep* de esta mañana.

—Déjeme aquí.

—¿Aquí mismo?

—Sí. En la esquina esa.

A veces los nacionales se dedicaban al taxi en sus horas libres de servicio. Lo sabía Josechu. Igual que sabía que llevaban el cogote muy arregladito. Como el taxista que le había tocado en suerte.

«QUIEN NO HA PASADO POR ESTO no lo sabe. Imposible vivir de reojo o pasarse la vida en un cubil como el del Papadoc. Mi lenguaje es completamente distinto. Yo no pudo fingir que ignoro la sangre que derramo. La patria, nuestra cultura, de acuerdo, sí. Pero el precio es demasiado elevado. Nadie puede sostener en pie su propio cádaver.

»Redactar panfletos inflamados, obedecer ciegamente una orden o la simple contraseña que nos dan unos timbrazos de teléfono, a tal hora en tal sitio, ignorar dónde vas, lo que una voluntad ajena pretende destruir, y luego tener que alimentarse de soledad, que emborracharte de odio. Y fingir constantemente, que es como teñir tu alma de sangre y echártela como una púrpura sobre los hombros, de forma que únicamente puedas verla tú impregnada de muerte.

»Mi propia razón convertida en torpedo que lo destruya todo, cuerpos y almas, naturaleza y espíritu. Máscaras. La que te pones en la calle, la de casa, la máscara de la contracultura, la asesina.

»De noche, en la soledad de tu cuarto, eres tú. Sobrecogido y desconcertado. Pero a la luz del día, ante los miembros del comando, entre y desde ellos, te obligas a ser una nueva especie de diablo. O un histrión loco. Porque hay que escupir el arte de los burgueses aunque te habría gustado ser el último criado de Miguel Ángel o una zapatilla de Goya. Porque hay que aceptar que si alguien enciende cada noche las estrellas, ese alguien es el dios Marx.

»De nada vale hurgar en la conciencia en busca de un poco de reflexión. La respuesta ha sido dada. Tajante. Con toda la contundencia bruta del puñetazo en la sien. El único remedio es la revolución. El medio no cuenta. "Las negociaciones están bien cuando las armas hablan." Lo dijo Blas —o Goitiri— y punto redondo.

»Hay que ser un verdadero perro. Un cínico. Si el corrosivo de la duda llaga tu mente sólo podrás curarla aplicando el inútil ungüento del escepticismo. Negar. Negar brillante, inteligente, lúcidamente. Pasar de todo. Destruir por sistema hasta arribar con la nave llena de locos a la desoladora orilla de la nada. Cinismo y nihilismo. Y la revolución. ¿No es una porquería?

»La vida llama a la vida. Se trata pura y simplemente de comprender esto. Lo demás no importa. Y si importa, en cierta medida, es secundario.»

—HUEVOS HA DEMOSTRADO TENERLOS.

—O una dosis enorme de irresponsabilidad.

Mikel insistió.

—Josechu es un tío bragado. Le conozco muy bien.

También el Renco era un bragado. Sabía batirse y no hacía ascos a una ejecución. Sin embargo se acobardó en el momento preciso. Papadoc recordaba como si las estuviera viendo las gotas de sudor de la cara del Renco cuando llegaron al final del túnel, el día de la fuga. Redondas, espesas, gotas mercuriales. Toda su cabeza era una esponja estrujada por los dedos invisibles del pánico. Lo dicen los comunes, lloriqueaba el Renco, ¡hay ametralladoras esperándonos! ¿Es que no lo entiendes? Quieren acabar con nosotros. Antes era la ley de fugas y ahora dejan que nos escapemos para liquidarnos. ¡Nos matarán, Papadoc! Sudaba hasta por los ojos. Se negaba a salir al descampado, suplicaba que le mataran allí los compañeros, ¿por qué no lo hacéis de una vez?, se cagó hasta los talones, maldecía, lanzaba alaridos mientras lo arrastraban fuera del túnel. Tuvo que ser el propio Papadoc quien le golpeara en la nuca con el canto de la mano. En aquella ocasión lo salvó, pero meses después el Renco había de traicionarlos por causa del miedo.

—¿Y qué hay de la chica?

—¿Begoña? No sé. Supongo que tendrá que hacerse a la idea. Muchos noviazgos o lo que sea terminan así.

—No lo digo por ella. Es tu hermano. El peligro es tu hermano. Supongo que sabes que, tal como están las cosas, y debido a su carácter, Josechu es un cartucho de dinamita.

—Sí, claro.

Papadoc le preguntó si se acostaban juntos.

Mikel se encogió de hombros.

—No la veo yo de esa clase de chicas. Begoña es muy suya. Formal.

—¿No la buscará él?

—¿Quién puede saberlo?

—Está bien. Lo tendré un tiempo conmigo.

Lo psicoanalizó. Primero, por qué mató al coronel.

—Era la única forma de ingresar en la Organización.

Segundo, por qué eligió precisamente a Sanromán y no a otro enemigo.

—Me enteré casualmente de que planteabais su ejecución.

—¿Cómo?

Fue en su propia casa. En el mes de julio. Mikel se descuidó. Dejó la puerta de su cuarto entornada creyendo que estaban solos y Josechu, que volvía al clarear el día, pudo escuchar lo que hablaba su hermano con el Mostachos. A pesar del calor se le enfrió el aliento. La emoción. Su hermano, a quien él miraba con desprecio por lo ajeno que parecía estar en la lucha de la Patria por su libertad (la Patria de Josechu eran las pintadas, las manifestaciones, y el ver cómo se las arreglaba para poner la ikurriña en el lugar más insospechado y difícil, cucaña en la que rivalizaban los jóvenes de su edad), su propio hermano, Mikel, resultaba ser un héroe de carne y hueso.

Tercero, qué era la historia de la Patria para él.

—Apenas la conozco.

—¿Te interesa?

—Conozco lo esencial. Lo demás no me quita el sueño. ¿Te gustaría profundizar algo más en ella?

—Si vas a ser tú quien me enseñe, sí. Te corre por las venas. Cuarto, ¿tenía idea de la vida que le esperaba en la Organización?

—Un mili tiene que estar siempre dispuesto. A cualquier hora del día o de la noche.

—Lo sé. Y no me importa. Quiero luchar.

—Tendrás que prescindir de todo. Familia, afectos, tu vida privada. Será como si estuvieras muerto para todo menos para la causa.

Un brusco encogimiento de hombros.

—¿Y el peligro?

—Me gusta el peligro.

—¿Miraste a Sanromán?

—Lo maté cara a cara.

—No hay que mirarlos. Nunca. Es lo primero que tienes que meterte en la cabeza.

Durante los días que convivió con él, Papadoc notó que se encariñaba con Josechu. Quiso ver personalmente cómo se comportaba en su primera actuación y se presentó en la sucursal del banco disfrazado de sacerdote. Eran las once y media en punto cuando oyó el frenazo, Burguete, no falla, pensó Papadoc mirando distraídamente al techo a través de los impolutos espejuelos, arcangélicos cristalitos montados al aire que daban a su cara un aspecto seráfico. Primero entraron la Gayola y Mostachos, ¡quietos todos!, menuda pareja, dijo para sí Papadoc sofocando la risa, mientras su mano derecha acariciaba la Parabellum hundida en el profundo bolsillo de la sotana. Qué facha la Gayola, con dos cortezas de pipas pegadas al jersey, sobre la teta izquierda, y el oscuro faldellín y las botazas, con la metralleta debajo del brazo, tranquilos, hale, que no pasa nada, cara a la pared y las manos a la vista, ahí, y el Mostachos con la bolsa de lona, ¡tú, llénala!, al cajero. Parecía una réplica de Pancho Villa, con el vientre bajo y salido, pensó Papadoc sonriendo a la mirada vivaz de la Gayola, que no había reconocido, a ver, padre, usted quietecito y a rezar que es lo suyo.

—Es lo que hago, hija mía.

Y otra vez la Gayola:

—Tú, guayabete, controla a esos de la derecha. Ponlos debajo del reloj y fríelos si se mueven.

Allí estaba Josechu. Sereno, con el cuello del chubasquero subido y el lustroso pelo ensortijado sobre la frente. Tenía las piernas separadas y sostenía la pipa con la mano derecha, ligeramente apoyada en la cadera. Papadoc, que llevaba puesta una venerable calva a fin de despistar a los hombres del comando, clavó los ojos en los de Josechu, mirada de dulce reproche de confesor que encandiló al neófito del atraco. Se distrae, pensó Papadoc inmovilizándole con la mirada, y la Gayola, que estaba en todo, padre, o se pone cara a la pared o lo dejo frito con todos mis respetos a la sotana.

—Perdona, hija.

—Perdonado y absuelto a la primera. Pero hágame caso.

La Gayola se lo contaría después al mismo Papadoc riéndose toda, el vientre, el tetamen, los pliegues del cuello, los hombros, los zarcillos de plata sucia, se reía toda ella menos ella misma, ¡qué canguelo tenía el curita, si lo hubieras visto, Papadoc, con aquella cara de panoli que ponía!

Y Josechu, como cabreado:

—Pero ¡qué coño estás diciendo! De panoli nada.

—¿En qué te fundas? —le había preguntado Papadoc.

—Los ojos. Tenían algo aquellos ojos. O sea, que de panoli nada.

—¿Los ojos?

—Sí. A mí me miró el jodido erudito y no era cualquier cosa.

—¿Te estuvo mirando mucho tiempo?

—Demasiado.

—Eso significa que te has distraído.

Papadoc había decidido enviarlo una temporada a Bayona. O a las Ardenas. Pero aquella tarde no se lo comunicó.

«NO ES UNA CABRA LOCA la Gayola. Lo parece. A mí me comprendió en seguida. Me vio por dentro, te estoy viendo, guayabete, tal cual una radiografía, te fijas en todo, piensas demasiado, Josechu, y eso no va con el rollo que nos llevamos aquí.

»Acaba de traerme una bolsa de pipas.

»—¿Qué santo fue el que dio su túnica a un mendigo? Pues mira, guayabete, yo acabo de gastarme en estas pipas mi último capital. Eso significa que voy para santa.

»Como no la han dejado cerrar por dentro la puerta y ha visto que el Mostachos me esposaba al somier se ha puesto histérica, ¡cabrones!, eso es lo que sois, y tratáis a los demás de verdugos, qué pasa, ¿eh? ¡Indecentes! ¡Capitalistas!

»Yo he tratado de tranquilizarla, déjalos, a mí me da igual, puedo leer perfectamente.

»Una fiera, Gayolita. Pero se ha derrumbado. Se ha desmoronado como un montón de piedras mal calzadas que empieza a rodar una, allá va, y cede la de abajo y venga, a rodar todas.

»—No puedo verte así, con las esposas.

»—Está bien. Las escondo.

»Llorando Gayolita, no quiero hacerte el número, Josechu, amor, ¿me dejas que te llame amor?, antes no querías pero es que no puedo remediarlo.

»—Aunque a lo mejor no te pasa nada.

»—Pues claro. ¿Qué puede pasarme?

»—Eso. Dime, ¿qué es ese libro?

»—La Biblia.

»—No me jodas, Josechu. Ni te pongas fúnebre. Por Dios santo. ¡Ay, ni sé lo que me digo, coño!

»He abierto su bolsita de plástico y le he ofrecido pipas pero ella ha rodado la cabeza, creo que es la primera vez en mi vida que rechazo una pipa, te lo juro, amor, pero es que no me pasaría, ¿sabes?, tengo la saliva demasiado espesa, amarga. Yo he puesto mi mano libre sobre sus ancas, sé que le gusta la caricia, y ella ha tomado mi cabeza como el sediento que coge el cuenco de agua y se me ha bebido el alma con el beso en la boca.

»—Y ahora, agur.

»No, no, agur no, dice meneando la cabeza, y veo el bailoteo de sus rizos locos, no, Josechu, agur nunca, hasta la vista.

»Me he quedado solo con la bolsita de pipas. Es decir, estoy con el cuerpo desnudo de Gayola como aquel día, el del atraco al banco. Fue fácil. El Mostachos cogió la bolsa de manos del cajero, millón y pico, ¡un kilo largo!, diría después a Papadoc, yo me asomé a la plaza para ver cómo estaba el panorama y Gayolita se quedó en mitad de la sala con su metralleta, es que el juguete le chifla, hasta que oyó el silbido de Burguete. Diez minutos después cambiábamos de coche.

»Los demás nos dejaron solos en el piso del comando. Y qué orgullo el mío, qué vanidad ridícula, paseándome entre las cajas de munición apiladas perfectamente una sobre otra, paseándome entre las escopetas de cañones recortados, las placas de matrícula recién pintadas, pavoneándome entre tanto instrumento de muerte, los detonadores, los fusiles cetme, las pistolas, el montoncito de documentos de identidad archivados en la caja de zapatos, los rollos de mecha, el chicle envuelto en el grueso papel de embalar. En el domitorio, desnuda como un viejo cuadro de burdel, qué magnífico culo redondo y blanco. Gayolita. Fruta gordal. Robustez, leche y rosas la piel, poder dormido, y voy y le digo, a veces pienso que te has escapado de un lienzo de Rembrandt.

»—Yo no me escapé de ningún lienzo, me escapé de casa. Mariola estaba cansada de obedecer estúpidamente. Mariola por aquí, Mariola por allá. Porque yo me llamo así. Lo que pasa es que de pequeñita, cuando me preguntaban idiotamente cómo se llama la nena, yo decía Gayola. Y en Gayola quedé.

»Una historia vulgar. El trabajo en un almacén, el ligue con Sebas, muerto en un enfrentamiento con la Guardia Civil, la rabia, porque Gayolita se había enamorado de él, yo pienso que sigue enamorada, y el acoso a Sancho Parra, íntimo de Sebas, tú sabes quién es el mandamás de la Organización y si no me llevas me chivo. Fue así como conectó con Papadoc.

»A mí me abrió los ojos. El terrorismo no es únicamente el *jeep* despanzurrado, lleno de trozos y manchado de sangre, me dijo después del primer polvo. El terrorismo es una droga, y además, una señal. Un mensaje. ¡Eh, dices a la gente, que nosotros estamos aquí! Tampoco se trata de una vulgar bomba. Cuando pones la primera en una ciudad todas sus viviendas se convierten en bomba. Es un volcán. O mejor, un polvorín con la mecha encendida. Cuando el terror se propaga, cada tío y cada tía lleva una bomba dentro. Ahí no vale decir que uno pasa de política. ¡Nada, Josechu! Ahí el truco falla. Eso de yo no me meto, ni opino, a cambio de que vosotros hagáis lo que os salga de las pelotas, eso no cuenta cuando anda de por medio el terror. Es una espiral. Una bola que, a medida que rueda, engorda.

»Me decía todas estas cosas desnuda en la cama, escupiendo cáscaras de pipa que revolaban torpemente como esas mariposas noctámbulas para caer inertes sobre los pechos frutales de ella, en el vientre, enredada alguna en el terciopelo del pubis.

»Más que matar, la misión del terrorismo es advertir. De lo demás se encargan ciertas revistas. Nos hacen el juego. Sin saberlo, claro.

»—¿Tú crees que no lo saben?

—O sabiéndolo. Me da igual. Pero fíjate. Las fotos de un atentado. Cuanto más macabras son, mejor servicio nos hacen. Eso que ves de la sangre, el pedazo de pierna, la mano mutilada debajo del coche, todo eso, esas imágenes, son una gran propaganda para nosotros. Yo diría que es terrorismo puro.

»—La propaganda por el hecho.

»Fue entonces cuando me dijo piensas demasiado, te fijas en todo, Josechu, y eso no va con nuestro rollo. Acabarán jodiéndote unos u otros. Hasta las pipas se pusieron de luto cuando Gayolita pronunció estas palabras. Pero ella recobró en seguida su talante desenfadado. Se impuso su vitalidad, las ganas que tenía de vivir. Saltó desnuda de la cama y me arrastró hasta el baño, ¡con agua fría no!, grité al descubrir sus intenciones, y ella, no me seas merengue, guayabete, anda, vamos. De poder a poder. Yo gritaba bajo la lluvia helada y Gayola me inmovilizó cubriéndome de kilos lúbricos, de caricias que sólo ella podía inventar, y practicar, que vamos a palmar, burra, no será verdad, con lo bonito que ha de ser morirse una a tu lado.

»Hicimos el amor a menos cero grados.»

BEGOÑA LE VISITABA casi todas las noches. Se sentaba en el borde de la cama y le miraba sin decir palabra, una estatua —a veces incluso oía su voz, escuchaba sus quejidos de placer en la oscuridad de grillos inseguros, o bien dentro del coche, no, Josechu, sabes que eso no, no quiero llegar hasta ahí, no debemos; o sentía rebullir entre sus manos la manita entresudada, sentados frente al televisor, la respiración asmática de la madre de ella como si todo el comedor respirara vigilante y desconfiado.

Josechu, inmóvil en la cama, procuraba oscuramente evitar el final del sueño, o retrasarlo, vibrantes los músculos de la cara y un pene de bronce dispuesto a responder.

Se removía inquieto, balbuceaba unas palabras.

—Josechu, amor. Despierta. Tienes pesadilla.

Gayolita le acariciaba el pecho, el vientre, y un Josechu amasado en sueños acababa siendo absorbido por el calor animal de ella, se hundía en sus entrañas, donde araba agobiado hasta vaciar una desesperanza que ella recibía glotona, aunque triste, porque el hombre que tenía encima estaba poseyendo a otra mujer, o a un sueño, algo imposible de matar. En cuanto a él, le devolvían la realidad unas palabras que olían a mala digestión, palabras pastosas, ¿es la grasa de las pipas?, se preguntaba, guayabete, no sé qué me das, y le entraban ganas de llorar.

Sus ojos, abiertos, bebían la oscuridad del cuarto. El cosquilleo de una lágrima que baja por el pómulo hasta que la fiebre del pesar la seca. Entonces la veía. Volvía a ver a Begoña aquella mañana de agosto, el vestido claro de falda acampanada, las cintas negras trenzadas a media pantorrilla, los brazos dorados, la carita alargada de nariz vasca y mirada verde.

—Iremos en tu coche.

Y Begoña:

—Mejor la moto, Josechu. En el coche nos asamos. Además, no se puede aparcar con tanto veraneante.

—¡Nada de moto!

—Cómo estás.

—Estoy como me da la gana.

Mientras sucedía esto, Mikel le miraba desde la ventana. Estaba inmóvil, con la estopa en las manos y un gesto de reproche en la cara. «Se trata de disimular, de que nadie sospeche», le acababa de decir.

Al otro lado de la ventanilla respiraba un mar infantil vestido de verano. Josechu buscó la gaviota en el azul inflamado de sol sin encontrarla.

Begoñita, ofendida al volante:

—¿Dónde desea que le lleve el señor?

Un Josechu agresivo le clavó en el vientre su ira afilada.

—¡No jodas la marrana más de lo que está!

—Perdona, hijo.

Era consciente de su crueldad. Pero había decidido terminar aquella misma mañana con Begoñita, a la que no podía comprometer alegremente.

—Estoy harto de ti.

Ella le miró a punto de llorar.

—Pero ¿qué te he hecho yo? Habla. Di algo.

—No tengo nada que decir.

—¿Sabes qué? Me vuelvo a mi casa.

—Después. Te largas con tu madre y lo dejamos. Es lo mejor.

Las manos de ella temblaban al volante. Lo que quieres, pensó, es acostarte conmigo. Pero vas dado.

Encontraron la entrada bloqueada. Algo pasa, dijo ella, tratando de meter la segunda.

Había un coche patrulla atravesado en la carretera y un par de guardias civiles de metralletas hambrientas. Parecían muy nerviosos, especialmente el que se les acercó:

—¿Adónde se dirigen?

Josechu se adelantó a Begoñita:

—Al Paseo Marítimo. A tomar una caña.

—Al Paseo no se puede ir por aquí. Tendrán que dar la vuelta. Aquel compañero les indicará.

—¿Ha ocurrido algo?

El guardia civil les indicó el camino con el cañón del arma, circulen, por favor. En seguida, el dédalo de callejuelas por las que trotaban mujeres de nalgas asustadas arrastrando a sus hijos de la mano. Otro que se han cargado, dijo Begoñita sin encontrar respuesta, y añadió:

—Esto se está convirtiendo en un infierno.

—El infierno lo han hecho ellos.

—Entre todos, Josechu.

De cada esquina salía un guardia verdoso como el miedo, llameante el tricornio bajo el sol.

—Mejor que nos larguemos —dijo ella.

—Sigue. Entraremos por la otra parte.

Superado el barrio antiguo, las calles céntricas se veían llenas de vehículos de la Policía Nacional y de la Guardia Civil. En una esquina, al pie de un semáforo en verde, Josechu distinguió entre la gente a un par de nacionales cacheando a un anciano con aspecto de mendigo. Listos que son, pensó, y dejó escapar una risita desencantada y cínica que no consiguió ahuyentar su obsesión, el porqué todos los asesinos experimentan la necesidad de volver al lugar del crimen. Fue entonces cuando recordó a la gaviota, seguro que me reconoce, pensó, y murmuró entre dientes un estaría bueno cargado de ironía.

Begoñita:

—¿Decías algo?

—Que tuerzas a la derecha.

—Lo sé, hombre. Ya lo sé.

En la terraza del bar el camarero murmuró al oído de Josechu:

—¿Ya te enteraste de lo que hay?

—No. ¿Qué pasa?

—Otro.

—¿Dónde ha sido?

—Ahí mismo.

Alargó el brazo y explicó minuciosamente, allá, al final del Paseo, desde aquí se ve la mancha de sangre, parecía que se había sentado a tomar el sol, muchos lo hacen. Y Begoñita, mordiéndose las uñas, esto no hay quien lo pare, Dios mío.

—¿Se sabe quién es? —preguntó él indiferente.

—Sí, hombre. Yo le conocía. A veces venía aquí con la familia. Es un tal Sanromán. General o algo así. Estaba esperando a sus nietos para bañarse. Ellos son los que lo han encontrado. Imagina. El mayor está en el ambulatorio. Le ha dado un mal. La impresión.

—¿Cuándo ha sido?

—Pues mira, a poco de marcharte tú.

Begoñita, ah, pero ¿tú has venido aquí esta mañana? Habría querido tragarse la pregunta pero ya era tarde. La explicación de Josechu, absurda, podía ser la causa del cabreo, porque ella no le había dicho la víspera que lo esperaba en el Paseo Marítimo. Estaba segura, aunque disimuló.

—Si hubieras visto, Begoña —el camarero—. Josechu venía en la moto de allá, precisamente de donde había caído el señor Sanromán. Iba despacio, mirando...

—Buscándola a ella —intervino Josechu.

—...y, oye, qué cosa, un pajarraco de ésos, una gaviota, coño, que no se lo dejaba. Siguiéndole. Él en la moto y el bicho volando detrás como si quisiera picotearle la cabeza. Te ha seguido un buen rato, ¿eh, tú?

Josechu forzó una sonrisa mientras pensaba que todo el mundo le había visto perseguido por la gaviota. Y el camarero, riendo aún:

—Bueno, qué va a ser. Tengo chipirones. Fresquísimos.

—Me apunto —dijo Zin detrás de Josechu, que se volvió sorprendido.

—¿Tú por aquí? Te hacía en el Náutico.

—Pues ya ves.

Lo que menos podía figurarse Josechu. Que Mikel había llamado a Zin al Náutico y que lo había citado en un merendero para pedirle que localizara a Josechu y que no se separara de él ni un instante. Y Zin, ¿qué pasa con Josechu?

—No preguntes. Haz lo que te digo y ya nos veremos en el piso de Papadoc. Te llamaré.

—¿Y qué ha pasado con ese coronel?

—Ni idea. Desde luego cosa nuestra no es.

—Pues van a revolver toda la ciudad. Hasta las tripas.

—Tú ándate con cuidado.

Teodoro Zin había estudiado el bachiller con Josechu y se conocían desde niños. Más que amistad, era un sentimiento de hermandad el que los había unido, pero últimamente apenas se veían porque Zin hacía una vida muy rara. Viajaba y, cuando estaba en la ciudad, vivía a lo gran señor al margen del negocio familiar, del que se encargaban el padre y el hermano mayor, Iñaki. Chico formal éste, eterno enamorado de Begoñita, a quien había pronosticado un mal vivir si se casaba con Josechu.

—Es un irresponsable —le dijo el último día que fue a buscarla al parvulario—. Un loco de atar.

Begoñita estuvo a punto de abofetearle. Se contuvo, pensando que Iñaki hablaba por boca del despecho, mira, será todo lo loco que tú quieras pero no pienso dejarlo por nadie,

—y menos por ti. ¿Te enteras?

—De todas formas, te esperaré.

—Pues vas a hacerte viejo.

—No lo creo. Tú vales, no eres como las chicas de hoy. Así que hasta la vista.

Josechu despreciaba a Iñaki por lo que representaba, el trabajo, el orden, el empeño que había puesto siempre en amontonar millones desinteresándose de la suerte del País. Todo junto lo vas a pagar, cochino burgués, lo amenazó una Nochevieja delante de todos. No lo olvides, Iñaki, la Patria no perdona a los renegados como tú. Chocó con la frialdad desdeñosa de Iñaki, con la muralla de sus dientes salidos, te ríes como los chacales. Y se abalanzó sobre él, inútilmente, porque estaba como una cuba.

Cómo era la vida, pensaba ahora Josechu palmeando amistosamente la rodilla de Zin, que se había sentado a su lado y bromeaba con Begoñita, tú maja como siempre, hay que ver la suerte que tienen algunos. Si Iñaki era lo despreciable que pueda existir en la persona, Zin era como una prolongación de Josechu. Era su propia vida compartida, las primeras confidencias, ¿ya te salen los pelos, Zin?, el primer furor místico, Dios nos mira desde cualquier sitio, los primeros secretos revelados, ¿sabes qué me ha dicho la mujer de Popeye?, no, di, pues que su marido la tiene morcillona. Zin era él mismo y más que él, sin embargo Iñaki le ponía enfermo. ¿Cómo pueden ser tan diferentes los hermanos, Zin? Es que sois al revés. Mis padres, que lo habrán hecho del revés. ¿Por la oreja? Pero qué burro eres, Josechu.

—Os invito a comer —dijo Zin de sopetón—. Y os aconsejo que aceptéis antes de que me lo piense. Josechu me sale demasiado caro. El saque que tiene, el niño.

Cómo es la vida, seguía rumiando Josechu, Zin tan alegre, bromeando el tío, sin sospechar el miedo que llevo dentro. Porque el miedo es como la herida que te haces o como la bala que te destroza. De momento no se siente. Tiene que pasar un tiempo, enfriarse uno, para que el miedo empiece a doler o el dolor a dar miedo.

Josechu a Begoñita:

—Tú qué dices. ¿Comemos o no?

Pero Begoñita se había puesto el hocico del enfado y decía que no, que no tenía apetito, y pensaba, qué cínico, Josechu, es que no le conozco.

—Yo me voy.

Se encaró con él.

—Y mira lo que te digo, me voy ahora mismo.

—¿Sin esperar los chipirones?

—Sin los chipirones. Que os aprovechen.

Josechu la agarró del brazo.

—Espera, mujer.

—¡Déjame!

Pero el déjame significaba suplica, humíllate, pedazo de ceporro, híncate a mis alpargatas, con la ilusión que me hacía que me desataras las cintas como tú sabes antes de meterme en el agua. Y Zin riendo con ganas, enseñando la dentadura recostado en la silla, con la cabeza echada atrás hasta descubrir el velo del paladar, Zin con la congestión en la cara, pero qué felices sois, coño, qué niños.

Begoñita, de pie, resistiéndose al tirón de Josechu:

—Pues ¿sabes qué te digo, Zin? Que una está demasiado crecidita para aguantar niños. Que la que con niños se acuesta ya sabes cómo se levanta.

A Josechu:

—¡Déjame, animal, que me haces daño!

Fue en aquel instante cuando apareció Iñaki. Traje claro de verano, camisa azul marino de algodón, repeinado, serio.

—¿Te molesta este tipo, Begoña?

—Pues, mira, sí. Me está molestando.

Los dedos de Josechu aflojaron la presión. Ni se dignó levantar la cabeza hacia ella. Sólo dijo sordamente a Begoñita que se largara. Es el momento, Jose, pensó, aprovéchalo. Deja que sea feliz. Apártala de ti, carajo. Pero la rabia se iba apoderando de él, le subía a la cara como un ardor seco de horno.

Se levantó temblando, las manos crispadas y los ojos cerrados para no presenciar el fin. Y bramó:

—¡Largo de aquí, guarra! ¡Mala puta!

Mientras Iñaki se llevaba a Begoñita, Zin sujetó a Josechu.

—Quieto, hombre. Tranquilo. Todo se arreglará.

«Yo estaba vacío de Dios. Pero cuando descubrí que a veces la persona pretende alcanzar categorías que superan lo humano, tan frágil, tan aniñadamente limitado, y que en mi caso concreto era mi identificación con la infamia y el crimen, supe que ese dilatarse sin freno rompiendo las barreras de la conciencia conduce a la degradación o a la locura. Que nos hace animales. Fieras.

»Puede suceder sin embargo, y de hecho sucede, que en alguna de estas ocasiones la persona se encuentra con Dios. Cuando esto se produce se descubre de golpe lo auténticamente radical, la raíz de lo que en nuestro ser llevamos de divino, oscurecido por ideas superpuestas a la Divinidad. Son capas bulbosas, envolventes, túnicas que aislan el cogollo de lo que constituye la verdadera esencia de lo humano, que es la Verdad Sellada.

»Comprendí entonces que, fuera cual fuese el pretexto, no podía matar a mi prójimo, porque hacerlo era destruir parte de la Divinidad. Supe también que si llegaba alguna vez al extremo de no poderme perdonar a mí mismo, buscaría mi perdón en el amor de Dios. Todo lo que pudiera ocurrir era accesorio. No importaba.»

—LO MATARÉ, ZIN. Te juro que lo mataré.

—¿A quién? ¿A Iñaki? No vale la pena. Deja que se muera él solito.

—Es una serpiente. Cómo sabe aprovechar las ocasiones, el tío. Qué jeta. ¿Por qué ha tenido que meterse? No es asunto suyo. Es cosa nuestra. De Begoña y mía.

—Pero tú te has pasado. La has insultado públicamente de mala manera. Anda, vámonos de aquí.

—Te juro que lo mataré.

—Está bien, hombre. Pero primero vamos a comer. Te invito.

Curioso. De repente había olvidado al coronel Sanromán. Se le había borrado del pensamiento por completo. Y hacía cuatro horas que había pronunciado aquellas palabras, ¿una foto, mi coronel?, que lo había encañonado y había disparado fríamente después de invocar el nombre de Dios, que Dios nos perdone, coronel.

Ahora era Begoñita el hervor en el pecho. Un aceite hirviendo la dichosa Begoñita, la he perdido, esta vez la he perdido para siempre, y el fantoche de Iñaki llevándosela del brazo como una cosa suya, el cabrón, ¡es que lo mato!, abriendo la puerta del insultante BMW, qué ademanes de lacayo, el puerco, mientras la gente de las mesas le miraba, a Josechu, compadeciéndolo y despreciándolo al mismo tiempo porque había perdido la compostura, jodidos burgueses de mierda que no acababan de ver que es mucho más que la compostura lo que he perdido, es mi vida, mi propia vida.

—No tengo ganas de comer.

—Pues vamos de chiquiteo. A mí me da igual.

Todavía le temblaban los dedos cuando se sentó junto a Zin en el Talbot. Poco a poco iba desapareciendo la mancha roja que nublaba sus ojos. Otra mancha, roja también, medio tapada por el piadoso serrín, se veía al otro lado de la explanada a veinte metros de Josechu, que volvió la cabeza.

—¿Qué hijo de su madre habrá sido esta vez?

Josechu se encogió de hombros.

—Al carajo nos vamos —continuó Zin disimulando—. ¡Al infierno!

Al infierno. Y fue entonces, al pensar en el infierno, cuando la cara de Sanromán se le puso delante, una cara pálida de ojos ligeramente salidos, ¿qué quiere usted?, bigotito a tiralíneas años cuarenta, negro, demasiado negro para el vejestorio, pensó, y concluyó, si se lo teñía merecía los tiros,

—hace calor.

—No se le ve el fin a este carnaval de tiros y bombas —dijo Zin tratando de sonsacarle—. Yo me pregunto qué buscan los etarras. O los que sean. No van a poder. Es imposible. Quien tiene los triunfos gana. ¿O no?

—A veces.

—Siempre, Jose. Quien tiene los triunfos gana y esta vez los tienen los de Madrid. Quítatelo de la cabeza.

—A mí me da lo mismo. Yo no juego. ¿Puede saberse dónde vamos?

—Había pensado en la taberna de Maite.

—Listo tú.

En la taberna no bromeó con Gloria, la hija de Maite. Como

si no existiera, con las buenas migas que hacían. Zin le observaba. Ajeno a todo, mirando la pequeña cazuela de pil-pil como si lo tuviera hipnotizado.

—Jose...

Ni siquiera le oía. Vaciaba los blancos sin el paladeo ritual. A destajo trabajaba, pensaba Zin, y asociaba el estado de Josechu, mudo, sordo y ciego, a la orden que había recibido de Mikel, su hermano. ¿Se trataba de una orden o de un simple favor? Localiza a mi hermano y no te separes de él ni un segundo.

—¿Sabe Mikel que andas de morros con Begoñita?

—¿Qué?

—Tu hermano. ¿Cuándo lo has visto por última vez?

—Esta mañana. En casa.

—¿A qué hora?

Josechu soltó la carcajada, Gloria, maja, si ese valle que anuncian tus teticas es el valle de Josafat quiero morirme ahora mismo. Zin pensó que se hacía el sueco, mientras le reía la gracia, pero seguía observándole en busca del pequeño detalle, que podía ser el más significativo, el revelador.

—Te he preguntado a qué hora lo has visto.

Al extremo de la barra una sólida moza de buen ver levantó el brazo, Zin, qué te cuentas.

Y Josechu:

—Tráetela a la maciza.

—Es Mariola. ¿No la conoces?

—No. Me gustan sus cachas.

Rió un poco achispado.

—La verdad es que sabes cuidarte —dijo con la boca llena.

Mariola tenía una sólida estructura, dientes perfectos y en sus cosquilleantes ojos le bailaban unas ganas locas de vivir.

—Hola.

—Mira. Este amigo, Josechu, que quiere conocerte.

—Hola, Mariola —saludó Josechu poniendo a sus palabras música de anuncio televisivo.

—Coñita, ¿eh?

Ella metió su codo en el costillar de Josechu y se largó con viento fresco renegando, qué tipo tu amigo, Zin, ¿quién se ha creído que es, el Robert Redford?

De nuevo en su sitio le sacó la lengua, ¡saludos a papá!, dijo levantando el gallo sobre las voces de bronce. Y le volvió la espalda.

—¿Quién es? Tiene la fuerza de un tío.

—A lo mejor lo es. Nunca se sabe.

Josechu a Gloria:

—Cámbianos el pienso, amor. Y acércate un poco, a ver qué hay del valle ese que escondes entre tus mandarinas. ¡Quiero morirme en él, leche!

Gloria sacudió una mano mojada y le salpicó la cara.

—Por mí puedes morirte cuando quieras.

—Como verás, no es mi día con las mujeres, Zin.

—Doy fe.

—¿Qué tendrán, las puñeteras, que un día se te dan bien y al otro te arruinan? Como las cartas. ¿No te has fijado? A rachas.

Miraba a Gloria mientras se explicaba, será porque hace como un mes que no me la cepillo,

—y está riquísima, con la falta que va a hacerme hoy.

A pesar de estar colocado recordaba perfectamente el asombro de Sanromán, ¿qué quiere usted?, y el movimiento de la falda de Begoñita cuando se fue del brazo de Iñaki. Veía las cintas de sus alpargatas, el breve pie caminando de puntillas. Pensó, si seré animal, el daño que puede hacer en un rato un loco de mierda como yo, pero

—¡lo pide la Patria Vasca! —gritó levantando el vaso.

Y en aquel preciso instante, Mikel. Su mirada severa, el tañido de su voz:

—Qué pasa, ¿eh?

Le metió en el coche a empujones sin permitir que terminara el blanco.

«LA PRESENCIA DE MIKEL interrumpe mis reflexiones.

»—Voy a quitarte las esposas —me dice.

»A través de la puerta, entreabierta, oímos cómo despotrica Gayolita, vuestras actitudes son fascistas, ¿qué es eso de esposar a un compañero?, bastante tiene con lo que le espera.

»Mikel hurga con la llavecita. Veo sus fuertes dedos temblando. No acierta.

»—¿Qué me espera, Mikel?

»—Un juicio.

»—Un juicio es la muerte.

»—¿Y qué puedo hacer yo?

»Le miro angustiado y le oigo murmurar, pensaremos algo, mientras abre las esposas y yo recupero la sensación de libertad,

»—es curioso, Mikel, sin la pulserita me siento tan persona como tú y sin embargo sigo siendo tu prisionero.

»Mikel me mira. Está jodido.

»—No eres mi prisionero.

»—Pues ya me dirás.

»—Te lo digo. Si acaso eres prisionero de algo, es de tu falta de conocimiento.

»—Siempre has sido un padre para mí.

»—Déjate, anda.

»Ahora mismo podría escaparme. Mikel, que no está para nada, se ha descuidado y la culata de su Parabellum es una tentación en su cinto, sobre los riñones.

»Me levanto y paseo el cuarto arriba y abajo.

»—Cierra la puerta y estáte quieto —me ordena Mikel, que sigue sentado en el borde de la cama con la cabeza hundida entre los hombros.

»Obedezco.

»—Vendrá Papadoc.

»—Un alto honor —ironizo—. Se lo dices de mi parte. Puedes decirle también que puede ahorrarse la molestia.

»—Yo no estaré.

»Mikel esconde la cara. Sentado como está, con la cabeza colgando, sus lágrimas pierden los caminos. Quiero decir que caen sobre las baldosas, gruesas gotas que destilan el dolor de mi hermano. Ahora mismo le abrazaría y le diría no te preocupes, tú no tienes la culpa, en realidad nadie tiene la culpa, las cosas son como son y nada más. Le diría además, por si le servía de consuelo, que estoy viendo una larga procesión de imágenes. Las personas que dan vida a estas imágenes eran para mí seres de una transparencia definitiva en sus intenciones, en el amor que nos profesábamos, Mikel no me hagas llorar, que prefiero seguir pareciéndote un cínico irresponsable antes que derrumbarme. Era nuestro mundo, Mikel, sólido y simple, sin las complicaciones que cayeron más tarde sobre nuestras cabezas, que si la tiranía del centralismo, que si la Patria y la libertad del pueblo. Estábamos unidos. Una piña éramos, Mikel, tú lo sabes, a pesar de nuestros enfados. En cambio ahora ya ves los papelitos que hemos de representar, tú el verdugo y yo la víctima.

»—Estarán los del comando y Papadoc. Hablarás ante ellos, que son los que han de decidir qué se hace contigo. Pero hazlo.

No me jodas con tus sarcasmos, que te conozco. Cuéntales todo lo que te ha pasado.

»Mikel levanta la cabeza. Tiene los ojos como tomates y le tiemblan los labios.

»—Hazlo, Josechu. Tienes que defenderte.

»—No me entenderán.

»—Eso está por ver. Tú explícate. Trata de convencerlos de que la razón está de tu parte.

»Se levanta, echa su brazo sobre mi espalda y yo me siento un niñito indefenso entre su fortaleza. Temo derrumbarme cuando oigo su voz empañada, Josechu, diles eso de la gaviota que me contaste. Lo de Begoña. Todo.

»—Ellos tienen sentimientos —añade.

»—Pero los ocultan como quien se tapa las vergüenzas.

»Vergüenzas o vicios inconfesables, lo sé, Mikel. No trates de convencerme. Lo sé por experiencia. Ellos huyen de Dios. Y lo saben, Mikel. Igual que lo sabes tú, que tampoco harás nada para arrodillarte y pedirle perdón a tu conciencia.

»—Quizá tú nos hagas reflexionar a todos.

»—Imposible. Está por medio el orgullo del guerrillero. El juramento prestado, el miedo a lo que les pueda pasar.

»Las voces suben de tono al otro lado del tabique. Oímos la de Gayolita, sin entender del todo lo que dice, pero grita como una condenada.

»Pregunto a Mikel:

»—¿Qué le pasa a ésa?

»—No quiere tomar parte en el juicio. Dice que es una farsa.

»—Deja que hable con ella. Acabará por hacerme caso.

»—Lo intentaré. Pero ten en cuenta que si se niega a juzgarte se retrasará el juicio. Quizá ni se celebre.

»—Soy culpable, Mikel. Os he traicionado y sé lo que merezco.

»La disputa sigue al otro lado del tabique y Mikel vuelve a derrumbarse. Ahora le veo hojear la Biblia de espaldas a mí, la culata de la pipa al alcance de mi mano, qué raro, pienso, porque Mikel de tonto ni un pelo, ¿qué diablos se propondrá?

»—¿Lees esto?

»—Sólo los evangelios. Me recuerdan otros tiempos.

»—Si te sirve de algo...

»—Consuela.

»Eludimos las palabras. Ahora mismo yo le preguntaría por Zin, cómo ha tomado lo mío. Si está conforme con lo de las bolas. Demasiado teatral lo de la bola blanca y la bola negra. Por un momento me parece ridículo que la vida de una persona dependa de un simple color. Porque ¿qué es en realidad un color? El profe de Física nos decía que los colores no existen y que el negro, precisamente el negro, era la ausencia de color, es decir, la negación de la vida.

»—¿Te acuerdas del concurso de pintura que gané en *El Corte Inglés*?

»Mikel me mira extrañado.

»—Sí. ¿Por qué?

»—Pensaba en las bolas blancas y negras. ¿Qué tendría yo, siete años?

»—Seis. Fue el año que hice yo el ingreso en el Instituo. Tú pintaste un arco iris.

»—Todos los colores excepto el negro. Ya ves.

»Me sale la pregunta sin darme cuenta, ¿y Zin? No pregunto por Mostachos, no, sé lo que piensa de mí y respeto su opinión, nada que reprocharle, ni me interesa lo que tiene decidido hacer conmigo Papadoc. Pregunto por Zin porque me acuerdo que él concursó conmigo y que pintó una cara horrenda con carboncillo. Excepto el negro, no usó ningún color.

»Mikel sigue callado con la Biblia en las manos. Mira

absorto el volumen, de tapas achocolatadas y letras y filetes de oro, le da vuelta, lo deja descansar sobre la palma de la mano como si lo sopesara.

»—Madre no sabe nada de lo tuyo —dice sin mirarme.

»—Ni falta que hace. Yo he intentado verla pero la autopista estaba llena de coches patrulla.

»—¿Entonces?

»—Dile lo que te parezca. Que he sufrido un accidente. Lo primero que se te ocurra.

»Dejamos transcurrir unos segundos y yo pregunto:

»—¿Cómo está?

»Mikel se encoge de hombros, hombros desalentados que expresan la soledad de nuestra madre, quizá su próxima muerte, y la soledad en que va a quedarse él.

»—¿Sabes quién va a verla a veces?

»Claro que lo sé. Pero me lo callo. Yo alargo el brazo y tomo el libro de la mano de Mikel. Mis pulpejos acarician el pequeño surco de las letras doradas, el relieve que hay en la tapa con las Tablas de la Ley y los diez mandamientos en números romanos.

»—No sé —miento al final.

»—Begoñita.

»Oigo quizá por última vez su nombre en boca ajena.»

LES SORPRENDIÓ LA TORMENTA a la salida de la ciudad. Destellaban secos latigazos sobre el vehículo, que se abría paso entre la doble estela de las ruedas delanteras. Arreciaba la lluvia. Espesa, dura, rebotando rabiosamente sobre la base, estrellándose contra un parabrís poblado de esplendentes estrellas de agua. Estrellas vivas.

La pregunta de Mikel rompió el agobiante silencio:

—¿No tienes nada que decir?

Josechu hizo un amplio ademán de impotencia, cómo explicárselo, a él ni a nadie, ni siquiera a mí mismo, cómo decirle todo lo que llevo dentro.

Dejó resbalar el cuerpo en el asiento en el preciso instante del fogonazo, cárdeno, cegador, seguido de un trallazo desgarrado que le obligó a volver la cabeza.

—Podrías explicarte.

—¿Qué quieres que te diga?

—Todo. Quiero saberlo todo. Dónde has estado desde que saliste de casa esta mañana, qué te ha pasado con Begoña.

Mikel trató de hacerle comprender a su hermano el peligro que estaba corriendo, le dijo que había dejado de ser libre y que toda la policía estaba siguiendo su rastro.

—Cualquier fallo, la menor imprudencia que cometas puede ponerlos sobre tu pista y entonces nos comprometerías a todos.

—Tampoco hay para tanto. Tú me has dicho que hiciera mi vida normal y he ido con Begoña a tomar una caña al Paseo Marítimo, donde vamos casi todas las mañanas. He provocado una discusión con ella adrede.

—¿Adrede?

—No quiero comprometerla. Entonces se ha presentado Iñaki. Me he cabreado de verdad, lo reconozco. Y se ha largado con él. Luego Zin ha hablado de tomar unos potes. No hay nada más.

—Estás medio borracho.

—No volverá a pasar. Descuida.

Mikel recordó la tarde en que su padre le había preguntado tímidamente si como sospechaba pertenecía a la Organización, ¿estás con ésos? Se miraron en silencio. Lo sabía, hijo, lo que no puedo asegurarte es si haces bien o haces mal. El hombre apocado que había sido siempre se había convertido en un viejo derrotado que no esperaba nada de la vida. Le habló de su hermano, tío Luis, demasiado conoces la historia, hijo, fue un socialista de aúpa en su tiempo. Tres años de cárcel le costó la broma. Y ya ves, luego hizo una fortuna con Franco. ¿Le oíste tú alguna vez hablar contra él? ¿Qué hace cuando le mientas sus tiempos de rojez? Se ríe. Dice que son pecadillos de juventud. En cambio yo, ya ves. Cuatro años menor que él, sin haber hecho la guerra, ni carne ni pescado. Podría haberme situado y todo me ha salido mal. A mi granja, pues, me dije. Puede que sea mi sino, porque yo creo que cada persona nace con un sino marcado en la frente. No lo sé. Pero me resigné. A todo estoy resignado. Incluso a que me maten a los hijos en cualquier calle. Porque Josechu seguirá tus pasos. Hará como tú. Recuerda el día que te lo digo, Mikel. Sólo que no me extrañaría que asistieras a sus funerales. Es demasiado impulsivo.

—Demasiado impulsivo, Josechu. No se puede ser así. Hay

que tener pies en el suelo, los nervios bien amarrados y la cabeza aireada. ¿Entendido?

—De acuerdo.

La lluvia sacaba brillo a los prados y ameraba las tierras de labor, las esponjaba. Un Josechu absorto miraba los espejeantes charcos, el vuelo parabólico de los vencejos entre la cortina de agua, los bosques de chopos de un verde negruzco de puro saludables. Pensaba, qué va a pasar ahora, y cerraba los ojos al recuerdo de la imagen del coronel Sanromán con sus prismáticos, tan confiado él...

—Pero tenía que hacerlo —gritó tratando de justificarse—. Tenía que demostraros a los de la Organización que soy tan capaz como el primero.

Durante la pausa abierta tras la explosión de sinceridad de Josechu, Mikel había dejado de pensar puesta toda su atención en el rumbo a través del mar en que se había convertido la carretera. Como si el coche fuera un barco.

Luego dijo:

—He hablado con cierta persona de la Organización. Un hombre muy importante.

—Y qué.

—Quiere conocerte.

—¿Cuándo?

—Hoy mismo. Esta tarde.

—¿Pensáis reivindicar la muerte de Sanromán?

—No. Y deja de hacer preguntas. En seguida que lleguemos a casa te acuestas. Te conviene estar fresco para después.

Se durmió con la pregunta de la madre incrustada en la cabeza como un tiro de gracia, ¿cómo es que no trajiste a Begoñita, Josechu?, con la cuajada tan rica que le había preparado. Begoñita, los ojos de Sanromán, aquella enorme gaviota que crecía y crecía hasta oscurecer el mundo con la sombra de sus alas, que escoraba y se perdía mar adentro, aquella gaviota solemne amenazándole desde su ausencia, advirtiéndole, recriminándole, qué has hecho Josechu, cómo has podido llegar hasta el crimen.

El cielo estaba muy azul cuando se despertó. Era un gran cuenco de porcelana recién lavada con desflecados manchones de algodón a la deriva, merengues que se fundían lamidos por el poniente, copos de azúcar como los de la feria. Olía a tierra mojada y el vaho del establo ascendía denso y cálido como un aliento de recental. La ducha le había resfrescado y a la tensión siguió la curiosidad por lo que iba a suceder en la entrevista.

Mikel le esperaba en el coche. Agur, ama. Le pareció a Josechu que su beso profanaba la frente de la madre. Y de nuevo en la carretera, esta vez en dirección a la ciudad.

A la entrada les pararon dos veces. Documentación. A ver, la del coche. La metralleta había metido su ojo aniquilador en el vehículo y les miraba. ¿Adónde van? Mikel cogió unos papeles de la guantera y quiso mostrarlos al policía, yo al trabajo, dijo, mi hermano no lo sé, él se lo dirá. Qué sangre fría la de Mikel, pensó orgulloso Josechu. Y esperó a que el nacional le preguntara para mentirle una sonrisa frívola y la respuesta preparada, los amiguetes, hay que aprovechar la vacación. Pero el nacional les dejó ir, qué fácil engañarlos, se dijo, al fin y al cabo son gente de campo.

Silencio en las calles de sol. Un sordo pavor rasgado a veces por la sirena histérica del vehículo policial, ¿adónde irán?, por el recelo de la mirada, un pavor que se acentúa ante la presencia de un uniforme de cualquier color, verdoso, azul, amarronado.

Josechu:

—Andan como locos.

—Gracias a ti.

—No me jodas, Mikel, que tampoco es eso. ¿O vas a decirme que el terror lo he inventado yo? El terror existe desde que el mundo es mundo probablemente porque la humanidad necesita de él. Pero en esta ocasión sois vosotros los que habéis despertado a la bestia dormida, que puede ser la peste o el pánico a los milenios. La habéis despertado y la dejáis suelta por la calle para espantar a la gente.

Josechu siguió como si hablara consigo mismo, la bestia, que en este caso es el terrorismo, es un ser legendario y por eso precisamente más temido. Porque además es impalpable. ¿Te imaginas lo que ha de ser luchar contra un enemigo invisible? Yo creo que lo que pasa es que el ser humano desea la presencia del terror. Inconscientemente, pero lo desea. Aberrante, pero ¿qué otra explicación cabe? A ver, di.

—Puede que tengas razón.

—Tú fíjate. La bomba atómica. Ése, ése es el verdadero mito del terror de nuestro tiempo. Vive y crece ajeno a nuestra voluntad y a la de sus creadores. Es algo muy parecido al coco de los niños, que tiene su razón de ser en los miedos infantiles y que se alimenta de ellos. Es algo irracional.

—Si, quizá.

Mikel, su ceño fruncido como si le costara comprender los argumentos de su hermano. Mikel, un hombre de una sola pieza pero poco imaginativo. Como no le gustaba estudiar se quedó en reválida de cuarto. Josechu observó el entrecejo de su hermano, obtusamente cerrado. Lo más probable es que ni me entienda, pensó, pero ¿qué otra cosa es el terror que un pánico supersticioso? Quizá haya en ello un cierto componente religioso, porque los grandes sacerdotes del terror atómico siguen existiendo. Salen a diario en los periódicos. Breznev, ahora Reagan... Son los herederos del hechicero de la tribu, y de la misma manera que el hechicero tenía a la tribu medio loca de miedo, estos tíos de hoy nos alienan, los muy jodidos. Además, marcan la pauta. Ponen a nuestra libertad los límites que les viene en gana. Los nuevos Zeus, amos y señores del rayo atómico, siguen estando investidos del mismo poder sacerdotal que tenía el hechicero, porque la gente necesita del miedo y del tío capaz de suministrarles ese miedo.

—Ya hemos llegado.

—¿Vive aquí tu personaje?

Mikel se encogió de hombros.

—Nunca he sabido donde vive. Ni me importa.

—Perdona, hombre.

—Me jode tu impertinencia. Además, tienes que aprender a no hacer preguntas. Anda, vamos allá.

El sol de atardecida doraba la empinada calle sin asfaltar. Dos sombras alargadas avanzaban juntas, recia la de Mikel y esbelta, casi frágil, la que proyectaba el cuerpo de su hermano. Frente a los humildes portales a los que el encalado daba un vago aspecto de palomar, griterío de niñas. Más abajo, al final del desmonte poblado de hierbas crecidas entre cascotes y montones de basura, unos arrapiezos descalzos jugaban al fútbol con una pelota desinflada. Bar Esquivel, comidas económicas.

—Espérame aquí —dijo Mikel.

Josechu observó los techos de la ciudad, envueltos en el casquete de porquería negruzca. Al menos aquí arriba se respira, pensó. Una quinceañera espigada volvió la cara al pasar junto a él y le miró a los ojos buscando guerra, carne de burdel, se dijo, y qué rematadamente puerca es la sociedad. Empezaba a sentirse incómodo en la espera y recordó sus tiempos de colegial, cuando el jefe de estudios le acompañaba al despacho del director casi todos los días por indisciplinado,

¡Josechu! Era Mikel quien le llamaba desde la puerta del bar Esquivel.

—Vamos entra.

Moscas lustrosas pastando en el mostrador de baquelita azul. Una cara aplastada, ¿qué va a ser?, la mesa del subastado. Tuvo que esforzarse lo suyo para no derribar la silla del amputado, que protestaba porque le habían hecho polvo las cuarenta. Un mirón con el pito en los labios le sonrió, felices los tíos, quien pudiera.

El tubo se convertía al fondo en una pieza cuadrada con poca luz. Y allí estaba él, sentado en la mesita de la derecha, remangándose las mangas de la camisa.

—Es Josechu, mi hermano —dijo Mikel.

Un roble, el tío. La palma de su mano quemaba y sus dedos parecían garfios.

—A mí me llaman Papadoc —dijo la voz de metal.

—¿Papa...?

—En realidad es Papa Doc. Pero queda en Papadoc.

Risa franca ante el estupor de Josechu.

—No me preguntes por qué. ¿Queréis?

Ducados en los labios.

Mikel:

—Si prefieres quedarte solo con él...

—Tiempo habrá.

Papadoc escrutaba el rostro de Josechu como quien analiza un cuadro antes de decidirse a extender el talón.

Mikel carraspeó:

—Explícale, hombre. Dile por qué hiciste lo de Sanromán.

—Déjalo.

Cuello de toro, sólida cabeza de pelo entrecano corto y áspero, mirada gris que obligaba a Josechu a abatir la cabeza como el que se avergüenza de su poquedad.

—¿Te quedas con nosotros?

—Es lo único que deseo.

—¿Por qué?

—La verdad es que no lo sé muy bien. Quizá me atrae la lucha.

—Esta bién. Empezarás con los de información. Pero tendrás que vivir conmigo algún tiempo.

—De acuerdo.

Enmudecieron cuando llegó el de la barra con las tacitas de café.

—Mikel te acompañará al piso —dijo Papadoc cuando de nuevo se quedaron solos—. Si todo va bien, te embarcarás en septiembre.

—¿Embarcarme?

—Sé que te gusta el mar.

—Sí.

—¿Te mareas en una barca de pesca, por ejemplo?

—Creo que no.

—Bueno. Las armas no llueven del cielo como el maná. Nos las trae el mar. ¿Comprendes?

—Sí, claro.

En el marco de la puerta se recortaba una figura de hombre. Fornida también, aunque de cabeza pequeña y facciones agitanadas. A Josechu le llamó la atención el negro bigote asilvestrado.

Mikel le saludó levantando un dedo, señal que fue captada inmediatamente por su hermano. Entonces Papadoc preguntó a Josechu:

—Qué te parece. ¿Se conocen?

—No comprendo.

La mirada de Papadoc se hizo dura.

—Está bien —dijo. Y sus ojos se achicaron, mientes, decían

entre la rendija de los párpados, y no me gusta que nadie desconfíe de mí.

—Se conocen —rectificó en seguida Josechu—. Mi hermano al menos le conoce. Al del bigote quiero decir.

—¿Y el del bigote? ¿Conoce a tu hermano?

—Pues claro.

—¿Cómo puedes asegurarlo?

—No sé. Me lo da el corazón.

—Desconfía de tus corazonadas. Y hasta mañana. Mostachos te dejará en casa. O donde quieras. Mikel y yo nos quedamos un rato. Agur.

Ni él ni Mostachos despegaron los labios mientras el coche de éste descendía por la empinada carretera hacia la ciudad. Sólo cuando Josechu le dio las gracias, en una plazoleta ruidosa de pájaros, Mostachos le devolvió el cumplido con una sonrisa de dientes feroces.

Oscurecía.

»—QUIERO ESTAR SOLO —digo a Mikel, y le pregunto a continuación qué hora es, como si el tiempo tuviera importancia para mí.

»—Casi las once. Papadoc no puede tardar.

»Le veo salir. Destrozado, como si la cosa fuera con él. Al llegar a la puerta se vuelve, quizá impulsado por el deseo de mirarme, mas no se atreve y baja la cabeza. Mikel, no me lo pongas más difícil, estoy a punto de decirle, pero le doy la espalda y me siento en la cama con *el libro* sobre las rodillas, qué liviano, pienso, y sin embargo a cuántas personas ayudó a morir, cuánto consuelo vertido sobre la angustia y la incertidumbre.

»Aprieta el calor en este cuartucho insonorizado. A estas horas de la noche, vísperas de Nochebuena, la gente respirará alegría en sus casas. Habrá nuevos olores. Y la ilusión del regalo envuelto en papeles de oro, qué no te habría comprado yo, Begoñita. Me sube el nombre a la garganta como un dulce regüeldo de mazapán que sé que no voy a probar. Por estas fechas solía cenar en mi casa y luego, bien abrigados, montábamos en la Ducati, qué alegre el petardeo bajo un baño de luna de metal, tan fría, el viento helado en la cara, la cabeza de ella rendida sobre mi espalda y sus brazos apresando la historia pequeñita y vulgar de nuestro amor, apretándola con fuerza para que no se escapara a nuestra memoria. Vivíamos el encantamiento de la luna, el mundo irreal de colores diluidos y formas inconcretas. Éramos el sueño de la ensoñación, dos sueños lanzados en la plateada cinta de la carretera. La presencia del mar, su aroma de mujer secreta, me transportaba momentáneamente y era entonces cuando sentía sobre mi espalda los senos de ella y el pequeño foco de calor de su aliento traspasando mi grueso jersey, quemándome por dentro. Siempre recalábamos a nuestra querencia de la playa, un tibio lecho de cañas entre montículos de arena que conservaba el calor del día como si fuera un organismo vivo. Oíamos los embates tranquilos del mar, un jadeo repetido y eterno. Mientras avanzábamos cogidos de la mano, pálidos de luna como dos desangrados, no nos atrevíamos a mirarnos. Quedaban atrás nuestras huellas, todo un poema de amor escrito en la arena, como quedaba atrás el día muerto, borrado como el resto de los tiempos por la segura esperanza de un mañana vivo en los dos. Mirábamos el mar o el mar nos miraba, su mano apretando la mía, dedos helados, la presencia de una uña que se clava en mi piel, ¿no te da miedo el mar por la noche? No nos bañábamos porque no era tiempo, pero recordábamos las noches de verano, una en particular, en la que yo le pedí que se desnudara por completo. Se lo rogué mirando las gotas de luna que resbalaban por su cuerpo joven y fresco. Gotas de luz. Hazlo por mí, Begoñita, desnúdate, me gustaría ver tu cuerpo para tenerlo siempre aquí, y me toqué la frente, sería tu mejor fotografía. Se desnudó. Dios mío, que hermosa obra la tuya. Ninguno de los dos nos atrevimos a desvelar el misterio. Ni ella lo quería, nunca quiso, ni yo habría podido torcer su voluntad. Cuando nos casemos, Josechu, es mejor. Estoy segura de que será mucho mejor.

»Y el regreso, borrachos de luna y de besos, olorosos de mar, heladas las carnes y los deseos.

»Hay realidades a las que resulta imposible sustraerse precisamente por ser sueños. No es posible vivir cabalmente sin ciertos sueños: los seres que regalan su sonrisa a nuestra tristeza, la primera búsqueda de placer en el cuerpo de la mujer-niña, sin llegar a la profanación, como en aquellas noches de luna yacente, rendida sobre las aguas, iluminándolas como Begoña iluminaba mis dudas y las transformaba en evidencias primarias, lo nuestro es más importante que hacer el amor, Josechu, lo nuestro es el amor, ese milagro.

»Ese milagro de armonía, que ni es la fuerza de la costumbre ni consiste en abdicar de uno mismo, sino que nace insensiblemente de los pequeños actos cotidianos, ¿te apetece, Begoñita?, y bebes con ella de la misma botella de *Coca-Cola*, o, espera, te quito el barro, y sabes que ella siente la punzada en su misma piel cuando sus uñas presionan sobre el granito, lo vacían. Era nuestro milagro no lo sentíamos como tal, que en eso está la verdadera esencia del milagro. Era así porque así era. Inaprensible por sencillo. Ignorado de puro sabido.

»Pero yo me vacié de sueños demasiado pronto. Me cercaba la violencia y mis sueños se hicieron de violencia y muerte, nociones a las que asomé temblando de ira. ¡Pero es ira santa!, oía decir. Lo demás es egoísmo: tú y tu amor. Y mientras me sentía cada día más vacío, la violencia crecía a mi alrededor como una hiedra venenosa que nos estrangulaba a todos, que nos hacía perder la cabeza con su tufo de sangre.

»Fue cuando empezaron mis reservas, ese otro veneno que si se diluye en la sustancia del amor termina por destruirlo. Pero ¿cómo explicarle lo que me proponía hacer con Sanromán? ¿Cómo decirle, por mucho que la quisiera, mañana te acariciarán unas manos manchadas de sangre? ¿Y las ausencias? Perdona, Begoña, estaba distraído. No basta, me decía ella, y eso mismo pensaba yo, no puedes ignorar que el cadáver de Sanromán destruiría tu condición humana, Josechu, por muy patriota que te sientas.

»Cuánto has cambiado en unos días, me decía ella, no pareces el mismo de antes. Y es que me convertí en un tipo violento. Hasta mis caricias se volvieron violentas, o destempladas por las cuatro copas, que ya no eran cuatro porque tenía que olvidar mi propósito de matar a un hombre.

»Pienso que debería decirle a Begoñita estas cosas y llamo a la puerta del cuarto. Me abre el Mostachos, qué quieres ahora, me pregunta el desprecio verdeoliva de su cara.

»—¿Puedes darme un bolígrafo y un papel?

»—Eso no es cosa mía.

»—Hazme ese favor, hombre. Yo lo habría hecho por ti.

»—Lo que tenías que hacer por nosotros ya lo has hecho, cerdo. Si quieres se lo diré a Papadoc cuando venga. Pero ¿qué coño pasa aquí?

»Mostachos me da un violento empujón al verme sin esposas. Mientras cierra la puerta con llave le oigo exclamar:

»—¡Me cago en la leche, ya lo ha soltado el Mikel!»

IRÁS CON GAYOLA, le dijeron, y respiró tranquilo porque aquel diablo de mujer, todo diablo cuando actuaba, aquel diablo conocía todos los escondrijos, todos los trucos, se movía con una rapidez pasmosa, estaba en contacto permanente con los grupos de apoyo, activos y de información y, lo más importante, nunca perdía la cabeza.

Mostachos le dio las últimas instrucciones:

—Tú esperas tranquilamente en el kiosko de prensa que hay en la esquina. La verás llegar en un Mini rojo. Sólo tienes que subir aprovechando el semáforo.

—Pues sí que es trasto para correr un Mini.

—Lo robamos anoche. Rojo, para que llame la atención de la gente y lo busque la bofia mientras vosotros navegáis en un Dodge que os esperará donde sabe Gayola. Así que tú tranquilo. Por correr no quedará.

Habían dormido en uno de los pisos del comando y se aseaban en el reducido cuarto de baño, Mostachos rasurando su barba con una navaja cuya hoja desaparecía en la espuma como si estuviera cortando un pastel de nata, y él bajo la ducha, con los labios entreabiertos inundados por el tibio chorrito, el último.

—¿Quién lo hará? —preguntó Josechu remetiéndose la punta de la toalla en la cintura.

—A Gayola le pesa demasiado la culata. Tú en cambio tienes buenas piernas.

—Sin embargo Gayola es una mierda con el rollo en la mano. Sabes que conduce muy mal.

Mostachos le miró por el espejo y su mirada decía ya quieres escurrir el bulto, niño bonito, pues arregladlo a vuestro gusto, mascullό, y siguió apurando el garguero con la punta de la navaja.

—¿Y después?

—Eso no es cosa vuestra. Después ya habrá alguien esperándoos para poneros en lugar seguro.

Desde la ventana de su cuarto Josechu veía levantarse el día, sobre el que se perfilaba la nube que cubría la ciudad, una neblina oscura. En la cubierta del mercante que había abajo, como si alguien lo hubiera aparcado junto al bordillo, muñecos desganados de movimientos torpes empezaban a faenar. Circulaban los primeros autobuses, los que iban a los astilleros, y en el cafetín de enfrente Polo, el dueño, levantaba el cierre. Una luz espesada de ocres inconcretos pugnaba por atravesar la suciedad que se cernía sobre azoteas y tejados pudriendo cuanto tocaba.

Ajustó sobre la camisa de franela gris la banda de la Parabellum y se puso encima una cazadora negra.

—¿Se nota mucho el bulto? —preguntó a Mostachos, que meneó la cabeza como quien no acaba de aprobar.

—Mejor el tabardo. Vas más suelto.

Minutos después bajaba los escalones de dos en dos, es lo difícil, pensó recordando sus días de entrenamiento en San Juan de Luz.

Tomó un conleche fuerte de café con Polo, que apestaba a cazalla y que protestaba desde su afonía, qué mierda de negocio, te lo juro, ¡eh!, te juro que como sigan subiéndome los impuestos estos del ayuntamiento democrático cierro y me largo al pueblo, allí al menos se respira.

—¿Y qué harás allí aparte de respirar? ¿Cultivar cardos borriqueros?

—O desvirgar micos. ¿Y a ti cómo te van las representaciones?

—Regulín.

Narices amoratadas de frío, la resignada cola esperando el autobús, los primeros camiones de pescado, un barrendero viejo orinando vapor en una esquina, felices fiestas de nieve plástica en la luna de un escaparate de pastelería. Veía la película desde el interior del taxi. Otra Navidad. La de cosas que habían pasado desde el último mes de julio. Saldo positivo. ¿O no? Según se mirara. Ahora Josechu formaba en las filas de los héroes de carne y hueso. Era un ser misterioso. Una sombra temible. Estaba aquí o allá, desaparecía y reaparecía. Viajaba a Francia con frecuencia, llegaba a casa sin avisar, ¿qué te traes entre manos, hijo?, le preguntaba su madre cuando se quedaban solos, negándose a aceptar que su Josechu fuera uno de ellos, fingiendo creer o creyendo ciegamente que no, Dios no lo consentiría, ni la Virgen Blanca, ¿por qué no sigues el ejemplo de Mikel?, él, bien lo sabes, formal, ayudándome aquí con las bestias y ganándose sus buenos duros arreglando esos aparatos eléctricos. Josechu sonreía, ama, tú tranquila, yo también tengo mi trabajo, lo demás son manías tuyas. Un héroe de carne y hueso. Veterano o casi, a pesar del miedo que le agarrotaba, miedo hasta de la propia sombra, miedo que superaba con el acto temerario, como cuando se puso a la amedrentada cola de los que desfilaban delante del cadáver de Sanromán aquel lejano día de agosto, cuando vio por primera vez a Papadoc. Le había dejado Mostachos en la ciudad, en una plazoleta con escandalera de pájaros aquerenciados, y anduvo un tiempo sonámbulo hasta despertar frente al edificio de Capitanía. Todas las luces estaban encendidas. ¿Qué pasa aquí?, se preguntó mirando a la gente de la cola, caras ensombrecidas, un silencio de espinas heladas, y comprendió en seguida. A Sanromán, el hombre de los prismáticos, lo habían puesto dentro de un ostentoso ataúd rodeado de cirios y soldados, cubierto en su mitad inferior con una bandera nacional con escudo en oro. A través del cristal, y bañada en la luz jalde de los cirios, vio su cara de cera, se teñía el bigotito, pensó, y un gran esparadrapo en la sien izquierda, la cabeza, seguro que se la he volado. Y le entraron ganas de vomitar. Veía la gaviota por todas partes mientras abandonaba la capilla ardiente, y la cara de Begoñita, gesto desengañado, escuchaba su voz, déjame, me haces daño. Lo último que recordaba de ella era el vuelo de su falda acampanada y las cintas de las alpargatas. Mejor vivirá con Iñaki, se decía de nuevo en el taxi mirando sin ver la ruina de los establecimientos, vacíos o cerrados, el Iñaki es un tipo sin complicaciones, lo que desean las mujeres, aunque estaba seguro de que no era así. Lo sabía. Tenía la evidencia de que Begoñita arrastraba su hermoso cadáver colgado del brazo del marido, así como cansada, indiferente a todo, sin alegría, exactamente igual que el día de su boda. También se fue a la puerta de la iglesia para verla, qué jeta el Josechu, pensaban algunos conocidos, y él en cambio pensaba en la extraña fuerza que le obligaba a mirar los cadáveres que iba dejando en su camino.

Primero Sanromán, después el de Begoñita, los tíos de etiqueta, qué ridículos le parecieron, y las señoras con tobilleros de gasa, empameladas, que era casi verano, por septiembre. Ella no le vio, pero le buscaba con ojos extraviados, se ha quedado en los huesos, mientras que Iñaki, que no sabía que llevaba colgando del brazo el hermoso cadáver, reía, menudo patán, la cara en tecnicolor, el pelo de peluquería cara y en los ojos el triunfo del mercader que ha rematado el negocio. Mejor una magnífica inversión, una mujer honrada que nunca le engañará, como quien adquiere una obra de arte que aumenta de valor a medida que pasa el tiempo. Ni siquiera se emborrachó el nuevo Josechu, cosa rara. Volvió al piso de Papadoc y le contó lo que había, hay que saber renunciar, ha sido tu elección, te quedaste con la Patria a cambio de una mujer, anda háblame de ella. No lo hizo. Se limitó a decir que tenía trabajo y se encerró en su cuartucho para memorizar un texto de 1964, el catecismo de su nueva religión: "Para el gudari-militante comprometido de cuerpo y alma en la GR, engañar, obligar y matar no son actos únicamente deplorables sino necesarios. En este sentido es mucho menos escandaloso fusilar traidores que fusilar enemigos. Somos intransigentes en nuestra idea, en nuestra verdad, en nuestra meta esencial. Nosotros tenemos miles de blancos para elegir el que queremos. Nos podemos permitir el lujo de atacar donde y cuando queramos. Conforme a esto, y aplicando la ley de concentración de fuerzas, atacamos un blanco bien concreto, determinado y previamente estudiado. En el momento de atacar, pues, somos más numerosos y fuertes que el enemigo. La norma es embestida de toro, defensa de jabalí y huida de lobo." Papadoc se lo confesó: el afecto que siento por ti va más lejos del que se siente por el compañero, quizá en mi vida ha faltado el hijo, no lo sé. Lo que sí te digo es que si me defraudas no tendré más remedio que pegarte un tiro. Su conciencia, una roca. Cada palabra, un balazo en el alma. ¿Esperas grandes cosas de mí? Espero que cumplas con tu deber y, si llega el caso, que sepas morir como un buen guerrillero. ¿Es pedirte demasiado? Es pedir lo justo. Lo justo. Josechu se repetía estas dos palabras cada vez que el duro entrenamiento en el área de San Juan de Luz le exigía renunciar al sentimiento de la piedad. Cuando aparecía una luz en el horizonte, semanas después, pensaba son ellos, los tenemos encima, y se disponía a disparar sobre quien fuera esperando a la embarcación que se acercaba, ahora oiremos el altavoz, ¡cabrones!, pero no, resultaba ser un bou despistado en la noche. Entonces escondía la sudada metralleta, sudor de angustia, bromeaba con los demás y concluía satisfecho, ya estamos, ahora no hay peligro. En aquellas largas noches de navegación, cargados de armas, entre la galerna o bajo un firmamento limpio como ojo de pez, cerraba los párpados y veía a Begoñita, rota por dentro, mirada huidiza que expresa no puedo más, Josechu, esto mío no es vida, qué has hecho conmigo, loco, querido loco, adorado loco. Y en aquellos momentos la volvía a ver en el taxi, ¿o la soñaba?, derritiéndosele el aliento en el portal oscuro de su casa, déjame, no puedo más, Josechu, pulso roto, un hilo de voz, no me dejes nunca, no podría vivir, y él aspirando su aroma de mar desnudo, saboreando la rendición en sus labios como espadas frías que se entregan, él, luchando contra el instinto, muriéndose de exceso de vida caliente que crece y engorda y se dilata en un engallado pene independientemente respondón al que no hay forma de acallar más que largándose, huyendo de ella, buenas noches, guapa, hasta mañana, a echar unos potes hasta que la Gloria cierre la taberna y su cuerpo transparente sea bálsamo para el mal de hombre, santo remedio.

Tenía los pies helados cuando el taxi le dejó. Caminó tranquilamente por una acera ya crecida de viandantes atareados, dio la vuelta a la manzana, tomó un cortado, aún hay tiempo, y se dirigió finalmente a la esquina, al kiosko de prensa donde compró un periódico local, no, *El País* no ha llegado aún, lo desplegó, enérgica protesta de los partidos políticos, el Gobierno y las Cámaras por el brutal asesinato... Gesto de desdén, son los tuyos, Josechu, los héroes de carne y hueso, y el rojo chillón del Mini con Gayola al volante frenando a un par de metros de él.

—¿Todo bien?

—Regular. Me han dado un cortado de cagueta.

—Pues a cagar.

Fue visto y no visto. Embocaba el Mini una calle a medio asfaltar con viviendas relativamente nuevas cuando Gayola aminoró y, sin parar el motor, dijo ahí lo tenemos, una suerte.

—Vuelvo en seguida. Tú pasa aquí, guayabete, y sígueme despacio.

Josechu protestó.

—Espera, lo haré yo.

Y ella, con un pie en el suelo, no quiero que mates, yo lo arreglo en seguida. Y la vio avanzar decidida hacia un sujeto rechoncho y medio calvo que se dirigía hacia su coche con las llaves en la mano. El disparo sonó como esos cohetes medio pochos, acorchado, opaco.

Gayola le alcanzó antes de que el otro cayera del todo.

—Arreando, guayabete. Tuerce a la derecha y sigue hasta que yo te diga. Sin correr, ¿eh?

—Eres más rápida que...

—...que un infarto. Ahora cállate y mira por donde vas. Las flores me las echas después porque como te distraigas van a echárnoslas a los dos.

—¿Quién era?

—Un chivato. ¡Deja pasar a la vieja!

El urbano saludó cortésmente a Josechu por haber cedido el paso a un peatón que cruzaba en rojo.

«SEGURO QUE SI PIDEN UN VOLUNTARIO para mi descabello sale Mostachos. Nunca me tragó. Ha tenido celos de mí desde que nos conocimos. Cree que Papadoc me prefiere a él, con lo que lo adora. Un día se lo dije, gitano, si no fuera por la confianza que me merece el jefazo diría que tienes un ataque de cuernos. Menudo el guantazo que me dio el maldito Mostachos, pero no me volví. Lo tenía bien ganado.

»Gayolita vuelve a bramar, ¿qué dices, hijo de la grandísima?, escapar Josechu, ése es mucho más hombre que tú. Algo feo ha debido de replicarle el Mostachos porque parece que hay pelea. Ahora oigo la voz destemplada de Zin, ¡que os pego dos tiros, eh! No sé qué le pasa a Zin. Desde que me han metido en esta ratonera, hace más de tres horas, no me ha dirigido la palabra. Mikel se ha hecho el loco cuando le he preguntado qué tiene contra mí Zin. Menuda sorpresa la nuestra cuando Papadoc reunió a los miembros del nuevo comando, el Moon, Zin se quedó mirándome como un idiota tan idiota al menos como debió de parecerle mi expresión. Lo que menos me imaginaba, le dije, mira por dónde la vida nos junta otra vez, y él arremolinando las cejas como cuando está contrariado, la vida o la muerte. Tenía razón el Zin, íntimo desde que jugábamos en el patio de recreo entre sotanas llenas de polvo hasta el divertido juego del chicle y la Parabellum, un juego de muerte, y la rabia que descubrí en él contra el centralismo y sus guardias, y no lo parecía, siempre de jarana por ahí. La verdad es que nunca supe sus actividades en la Organización, no las sospeché, lo que sí sospecho es que paga de su bolsillo el impuesto de Iñaki, su hermano. Primero porque Iñaki es uno de los primeros carcas de aquí y segundo por lo tozudo que es, la prueba está en cómo se casó con Begoñita después de aguantarle tanto desaire. Porque, además, Iñaki lo único que quiere es estar a bien con Madrid, que es donde pescan sus barcas, y seguir amontonando dinero. De lo demás pasa. Por eso tengo la seguridad de que las doscientas cincuenta mil las paga Zin de su bolsillo y que Iñaki ni sabe de qué va.

»Es una forma de protegerlo, le dije a Zin en cierta ocasión, porque tu hermanito no habría pagado ni a la de tres y tú sabes que aquí el que no paga la paga. Estaba un poco alegre y se rió, las cosas que se te ocurren, dijo, tú tendrías que haber escrito novelas, Josechu, y siguió riéndose hasta la congestión, pero había algo en sus ojos que lo delataba, se reían como toda su persona, bailaban como los de un negro, pero de repente se quedaban quietos un instante, una fracción de segundo, y cuando esto pasaba se le ponía mirada de caballo asesino.

»Peligroso este Zin. Carne terrorista. Yo no digo que no se tenga que luchar por la tierra de uno, únicamente sostengo que todo tiene un límite, menos por lo visto para las personas como Zin, obcecadas, asustadas por el temor de tropezar algún día con la Idea. Quizá por eso me rehúye. Sabe que si viene a mí le hablaré de aquello que más teme, mira, Zin, le diría yo, la Idea es algo que llevamos dentro todos como se lleva un embarazo. O una profecía. Un día se despierta o la pares en cualquier momento, por lo que sea, la persona querida a la que pierdes, una mala enfermedad o una simple gaviota. No sé cómo decírtelo, Zin. Lo que yo he descubierto es que la Idea es un signo de origen divino, no la misma Divinidad, eso no, ni siquiera su expresión, dejémonos de monsergas, es el signo que se funde con la naturaleza humana. Y ahora te prohíbo que te rías por lo que voy a decirte, no lo hagas porque te partiré la boca, pero has de saber que uno de los componentes de la Idea es el mandamiento que prohíbe matar. No se debe matar a nadie, Zin. No hay causa, por noble que sea, que justifique el crimen.

»Mikel abre la puerta y se queda un instante cubriendo el hueco con su cuerpo. Desde allí me suelta:

»—Dice Mostachos que has intentado escaparte. ¿Es cierto eso?

»—Mostachos está como un cencerro.

»—Entonces qué. Explícate, hombre.

»—Estoy cansado —digo. Y me dejo caer sobre la cama.

»Mikel se acerca con la pipa en la mano. Por un momento veo en él a mi padre, qué parecido tan grande, pienso, y me pregunto cómo ha podido envejecer tanto en unas horas.

»Oigo su voz como si resonara muy lejos:

»—Josechu...

»Ladeo la cabeza y le miro pero él rehúye mi mirada.

»—Si tienes algo que decirme dilo de una vez —apremio.

»—No, nada.

»De pronto me asalta una horrible duda.»

—¿CÓMO ES QUE NO HA VENIDO BURGUETE?

—Lo han cazado.

Desde el asiento del volante Mostachos quitó el seguro a una de las puertas de atrás para que entrara Josechu. Luego puso la primera y salió despacio para no llamar la atención.

—¿Cómo os ha ido? —preguntó a Gayola, que se había sentado a su lado.

—Bien. Trabajo hecho.

—Pero ¿bien hecho?

La Gayola se disparó, hay que ver qué mala leche gastas, gitano, ¿no te digo que ya está hecho?, pues déjalo y cuéntanos qué ha pasado con Burguete.

—Lo han hecho pedazos.

Josechu aferró el hombro de Mostachos hasta clavarle los dedos.

—Habla ya, no seas jilipollas. ¿Cómo ha sido lo del Burguete?

Después de sacudirse la garra, Mostachos le ordenó que se quedara en su sitio, como un buen chico, nene, te recuestas tranquilamente, pegado al respaldo, eso es, decía sin dejar de observarle por el retrovisor, como si fuéramos gente decente, buenos amigos que van de paseo.

Calló y pisó el acelerador, con lo que el Dodge fue ganando velocidad ya en la autopista.

La Gayola suspiró con fastidio.

—Le gusta darse importancia —dijo encendiendo un ducados y pasándoselo a Josechu.

—No es eso. Lo primero, primero. Y primero que todo son las órdenes. Os separaréis. ¿Está claro? Dejaré al nene en un sitio y a ti en otro, Gayola. Y no os comuniquéis para nada. ¿Entendido?

Gayola:

—Pero ¿por qué? Ha salido todo perfectamente. Estamos a salvo. ¿Qué diablos pasa?

—Órdenes de Papadoc. A propósito, y esto es lo segundo, a las ocho en punto nos reuniremos en su piso.

Silencio. Y las palabras sentenciosas de Mostachos.

—Burguete se lo ha buscado. Era un golfo.

—¡Era un compañero! —exclamó Gayola.

—De acuerdo, pero un compañero golfo. Y putero como hay Dios. ¿O es que no lo sabéis?

El Burguete, continuó Mostachos masticando con rabia las palabras, era un aventurero. Medio mundo se ha corrido dando tumbos de acá para allá, hasta que conectó con la mafia de los marselleses, ¡el muy macarra! Nadie supo cómo vino a caer por aquí. Dijo después que no había nadie como él al volante de un coche, añadió misterioso:

—Hay una tía de por medio. Una camarera de ésas.

—¿Y tú cómo lo sabes? —preguntóle Josechu.

—Porque le sigo los pasos.

Se calló que también se los seguía a él. Y que le había visto frente al cadáver de Sanromán, blanco como papel estabas en Capitanía, nene, y dejó escapar una risita impertinente mientras pensaba que también le había visto entrar en un hotelucho magreándose con Gloria, la hija de Maite, la de la taberna, y dentro del coche, a un centenar de metros del parvulario en el que trabajaba Begoña, pero no te atreviste, te conformaste con verla salir cargada de libros y mirar la gracia que tiene la nena meneando el culín mientras corría a la esquina donde le esperaba el marido.

Opinó la Gayola que aquello no era decente.

—Porque si has seguido a Burguete igual podrías haberme seguido a mí. O a éste.

—Tú piensa lo que quieras. El pensar es libre.

Después de tomar una salida, el Dodge descendió en dirección al mar, apenas una pincelada azul entrevista a lo lejos.

—Resulta que la camarera tenía un chulo —explicó el Mostachos—, y Burguete, sabiéndolo, siguió jodiendo con ella. El muy animal.

—Fue el chulo, ¿no? —preguntó Gayola.

—No, no fue él. Al Burguete lo ha matado la Guardia Civil. Tenía que pasar. Por lo visto quiso largarse con la tía, o ponerle un piso, vete a saber, o quizá buscara huir del chulo, y no se le ocurre otra cosa que coger la pipa y entrar en un banco, una sucursal del Bilbao. Se hizo con más de tres kilos. Tranquilamente, sí, señor. Que el Burguete sería lo que fuera pero no tenía nervios. Tenía el dinero en el bolso, pero al salir del banco tuvo un encuentro con los del tricornio. Lo volaron, claro. Solo como estaba, ya me diréis. Entonces no se le ocurre a la tía otra cosa más que salir del coche, donde estaba esperando, un coche alquilado, y empezar a llorar sobre los pedazos. La cuestión es qué cojones sabe la camarera de nosotros. Porque a lo mejor el Burguete, como era así con las mujeres, se fue de la lengua. En cuyo caso...

Ahora lo comprendía Josechu. En cuyo caso había que abandonar los pisos una temporada, había que dispersarse, buscar nuevos arrimos hasta que pasara el temporal. Recordó los consejos de Papadoc, grabados en una cinta que había memorizado tiempo atrás: «Si median mujeres te va a resultar mucho más difícil escapar, a no ser que sean de toda confianza. Déjalas estar, sobre todo si tienen amo aunque se trate de un manso idiota. Otra de las cosas que no puedes permitirte es el lujo del amor. Tu amor tiene que estar puesto en el grupo, en el comando, en la Organización, que es la que decide, la que vela por ti y tus compañeros. Desconfía hasta de tu propia mujer. Puede resultar traidora, imprudente o estúpida. Tenla a raya con el dinero aunque te sobre. No demuestres ningún entusiasmo por la causa ni manifiestes simpatía por la Organización delante de ella. Al contrario, disimula. Hazte el estrecho, el ordenado, el carca. Un gesto de desprecio hacia nosotros delante de ella te garantiza la tranquilidad.»

—¿Cómo te has enterado tú de lo de Burguete?

—La radio. No paran, los jodidos. Toda la mañana están que si el asaltante era un delincuente común fichado por los gendarmes, que si patatín. Pero, claro, está la Parabellum. Y la foto suya, que te la pondrán hasta en el papel del retrete, y alguna vez hemos ido juntos por ahí.

Mostachos volvió media cara hacia Josechu, por ejemplo, yo te he visto con él alguna vez, nene.

—Entonces yo digo, ¿quién me asegura que no te ha visto la camarera de los cojones? Así que...

¿Qué trataba de decir? ¿Qué Josechu les había comprometido? ¿Que pensaba matar a la camarera? El Dodge dejó atrás una idílica aldea dormida bajo el sirimiri que se desprendía blandamente de las nubes bajas y plomizas y se detuvo frente a un viejo caserón.

—La pistola, nene —pidió Mostachos alargando la mano.

—¿Piensas dejarme aquí desarmado?

—Es gente de confianza. Y yo cumplo órdenes.

—¿Órdenes de quién?

—De Papadoc. ¿Lo quieres más claro? Ah, y toma este carnet. Ahora te llamas Tomás. Tomás Echagüe Ramos.

Señaló una furgoneta gris que había debajo de un cobertizo de paja.

—Mira, Tomás. Tienes el depósito lleno. A las ocho en punto, en el piso de Papadoc. Si hay contraorden lo sabrás. Y no me hagas ninguna tontería.

La Gayola protestó, ¿y a mí, dónde me llevas a mí? Pero Mostachos no le contestó porque en aquel momento salía por la puerta del caserón un viejo campesino con la nariz comida de bubas, ¿eres Ramiro?, y el Mostachos, pues sí que pierdes vista tú, cegato, más que cegato.

—¡A, Ventura, por la voz te reconozco!

Olía a humo de leña mojada cuando Josechu entró en el caserón precedido del viejo de las bubas.

«QUÉ TIEMPOS, MIKEL, Begoña y yo tomábamos la cesta y nuestro joven amor y tú cargabas con las cañas de pescar. Nos acogía el remanso de cristal, y no es tópico, porque entonces las aguas de aquel río todavía estaban limpias como una luna de espejo, ¡aquí llegan!, gritabas soñando truchas, y Begoña corría entusiasmada sobre el légamo de las lanchas, ¡que te vas a partir la cabeza!, y yo la alcanzaba jugándome un fémur o un peroné, con la esperanza de rozar uno de sus pechos con el codo. Pecho de niña o capullo sin cuajar, no lo podría decir, pero que sin embargo vibraba, te aprovechas, Josechu, y eso no está nada bien, es pecado. Entonces la colegiala se ponía la máscara del enfado y se sentaba sobre la hierba, ya no quiero pescar, ¿ves?, y lo hacía para que yo la mimara, venga, Begoñita, que no hay para tanto, y terminaba besando sus párpados, húmedos de ilusión de pecado, ¿estás más contenta?

»Mikel, todo pasa. Acabo de leerlo aquí, en la Biblia. Sólo permanecen las obras. Me gustaría que meditaras sobre esto porque te veo muy confundido, como si fueras a perder la razón, Mikel, y no me gustaría, créeme. Es bueno recordar. A mí me consuela porque recordar es a veces salir al reencuentro de la inocencia. Tú llevaste siempre las cañas de pescar. El peso, Mikel. Y sé que lo hiciste por mí. Ya ves cómo me acuerdo de todo. Pero los recuerdos no cuentan a la hora definitiva, cuentan las obras, lo que realmente dejamos en los demás. Y a mí me gustaría saber qué piensas dejar en mí, tu hermano menor, el hermano bíblico. ¿Qué me dejas en herencia? ¿Tu propia perdición? ¿Un balazo en la nuca?

»Te has marchado sin decirme nada. ¿Qué pasa, Mikel? Cualquiera diría que me tienes miedo como Zin. ¿O es que ha sido tan importante el telefonazo? Me aseguraste que venía Papadoc y me has dejado en el piso solo. Me tienes en vilo. Si ha de haber juicio dímelo. Y si el telefonazo es de Zin y dice que ha denunciado el piso a la policía para que sea ella la que se encargue de mí, o que hay chicle detrás de la puerta y que volaré dentro de unos minutos, dímelo también. Todo menos este silencio. Nos unen muchas cosas. Mikel.

»A mí me habría gustado hablar contigo un buen rato, porque tengo algo que decirte. Yo quisiera hacerte comprender lo que te espera al final del camino del odio, ¿o es que ya no recuerdas tus propias palabras cuando, a propósito de mi carácter violento, me decías que quien siembra vientos recoge tempestades? Es el momento de que te preguntes cuál será tu cosecha si continúas sembrando de muertos tu camino.

»Gayola entra y se abraza a mí.

»—¿Dónde han ido? —me pregunta. Y yo me encojo de hombros aturdido, mirándome en el espanto de sus ojos.

»—Has estado fuera.

»—No podía aguantar más y me he largado, pero he vuelto, guayabete, he vuelto por ti.

»Y me cuenta que ha caminado por las calles desiertas, no hay ni un alma, Josechu, como si todos los habitantes de la ciudad hubieran muerto, y es que llevo la muerte dentro. Y sigue diciéndome que hace un frío polar, la nieve cubre las calles, y que tiene mucho miedo, no es ya sólo por ti, es como un presentimiento, un mal presentimiento, sólo se ven coches patrulla.

»Le pregunto por Zin.

»—Zin es un maldito traidor. Si te hacen el juicio votará tu muerte, estoy segura.

»—Pero ¿por qué?

»—No lo sé. Lo único que sé es que tienes que escapar. Huir en seguida. Ahora mismo. Te daré un arma y si consigues llegar a un sitio seguro...

»Pongo mi mano sobre sus labios, los sello, no lo haré, Gayolita, le digo con la mirada, y acaba comprendiendo lo inútil que sería insistir.

»Sus dedos tiemblan con temblor de mano ciega mientras palpan mi cara, te matarán. Está dolorida. Pálida como una virgen de cera, ¿qué virgen?, pienso tratando de recordar, y me viene al pensamiento una Dolorosa que tenía los mismos ojos de Begoñita,

»—¿querrías hablarle a Begoñita? Después, cuando haya pasado todo.

»—Pues claro. Pero piénsatelo. Ahora puedes huir. Podemos irnos los dos. ¡Es tu vida!

»Se derrumba, tu vida y un poco la mía, hazme caso de una puñetera vez y sálvate. Sobre la cama, donde cae sin fuerzas, es un estertor la Gayolita, con lo maja que es ella, tan fuerte, con esos nervios templados como cuerdas de guitarra.

»De pronto se levanta.

»—Alguien llega —dice—. Te daré mi pistola.

»—No.

»—Podría ser la policía. Tómala.

»—Es igual.

»Avanzo hacia el vano de la puerta y espero lo que venga con la cabeza muy alta. Unos pasos. Voces. Y las cejas arremolinadas de Zin con, al fondo, su mirada roja.

»—¿Qué diablos haces tú aquí? —me pregunta sacando la pipa.

»—Os espero. Hola, Mikel —saludo fríamente a mi hermano—, creí que no te acordabas de mí.

»Mikel, que parece muy cabreado, entra en el cuarto y saca a Gayolita del brazo. Va casi a rastras. ¿Qué os pasa?, pregunta ella con el pánico en los ojos, ¿qué está pasando aquí? Entonces Mikel se cubre la cara con las manos como si fuera a echarse a llorar.

»—Papadoc —dice.

»Avanzo hacia él trastabilleando.

»—¿Qué le pasa?

»—Se ha perdido el contacto. Nadie, ningún comando sabe nada de él y hace tres horas que tenía que haber venido. En su piso tampoco está.

»Me sale un Dios apagado por la angustia que siento y Zin brama rabioso:

»—Tú eres el único responsable, traidor. Pero vas a pagarlo. ¡Ahora mismo!

»Zin monta la pipa y avanza hacia mí pero Mikel se lanza como una flecha sobre su cintura.

»El disparo que oigo me hace temer por la vida de mi hermano.

»—¡Mikel!»

La voz de Papadoc repetía al oído de Josechu: «Sólo a los que están dispuestos a morir les asiste el derecho a matar. Mas no te ensañes con tu víctima ni te compadezcas por haber matado. Tan peligroso es lo uno como lo otro. En muchas ocasiones parece una crueldad, como cuando has de ajusticiar a un compañero que traiciona. Seguramente te han enseñado que matar es pecado pero en la Guerra Revolucionaria todo es lícito. Y el matar, principalmente el matar, es lo más lícito porque la muerte ajena nos va quitando la vida poco a poco.»

Desde el arco románico de la puerta observaba el campo. A su lado, envuelto en una manta ratada, el viejo de las bubas farfullaba, ochenta y seis cumplí en octubre y todavía brego con las bestias.

Josechu le sonrió y, como si el viejo hubiera adivinado la pregunta pensada, que no llegó a formular, siguió hablando.

—Hijos, tres. Y una niñita rubia como el sol que se me cayó al pozo, cinco años tendría. Buenos mozos eran y la guerra se los llevó. Así que...

Dejó en suspenso la frase y añadió, es duro de pasar, concho, y sin embargo aquí me tienes. La tos de flema añadía por su parte, aquí me tienes, una ruina, un muerto más que muerto porque ni siquiera me es permitido descansar, ni mucho menos tener ilusiones, a no ser encender los candiles del recuerdo y ver cómo baila el fuego en la chimenea.

—¿Es suyo esto?

—¿Eh? Mío, sí. La casa y todo ese rodal. Hasta el barranco. Y las dos vacas. Lo de arriba lo tengo alquilado a un señor de la capital. Pero no viene casi nunca. Amigos me envía. Así como tú ahora. Yo no pregunto. No quiero saber nada. ¿Para qué?

Cargó el viejo una brazada de leña y entró en la casa. Seguía lloviendo blandamente, una lluvia pulverizada como un vapor fresquísimo que exhalara el prado. Josechu pensó en Burguete, me chiflan estos días así tristones, le había dicho poco tiempo antes, y le pareció estar viéndolo. Menudo, nervioso, cetrino, de mirar ligeramente estrábico. Con su famosa cicatriz en la mano derecha, medio pulgar rebanado, esto fue en Marsella, un cornudo, ¡que sí, Jose, no te burles!, que le había quitado yo la hembra en menos que se cuenta y el tío me buscó y me encontró, clarinete, que le endiñé una en el cuello que salió echando sangre como esos toros que vomitan esa cosa negra, y al llegar a la acera se cayó redondo. Sonreía el Burguete, macho él, yo me largué con la prójima, que por cierto tenía un tetamen que yo, con lo chico que soy, me perdía allí, te lo juro. Me moría de sofocación. El Burguete tenía su filosofía, tú, Josechu, aprende de mí, sácale todo lo que puedas a la vida, ¡disfrútala!, que el día que menos te lo pienses, pues eso, a palmar. ¿O qué nos espera? Un balazo, no lo dudes, ¿y entonces qué?

¿Y entonces qué? Veía a pocos metros de él un solitario ciprés verdinegro en cuya urdimbre aleaban frioleros unos gorriones. Esto se acaba, era la voz del padre a punto de expirar bajo el neón que lo desnuda todo, en la habitación del hospital, un neón irreverente hasta con el misterio del más allá, Josechu, ten conocimiento, tan bueno como eres, pero ese genio, Josechu, ese genio puede llevarte a la perdición. Begoñita le tenía cogido del brazo y su mano apretaba, dile que obedecerás, hombre, murmuraba sin quitar la vista de la cara del moribundo. Y Mikel, no hables, padre, te fatigas, tú procura descansar y confía en nosotros. Fue entonces cuando el moribundo clavó el cristal vidrioso de sus ojos en los de Mikel, mirada de repulsa. ¿Qué tenía padre contra ti? Y Mikel, olvídalo, son cosas de viejo. Pero él no conseguía olvidarlo. Ni comprendió nada hasta que supo que Mikel era uno de los héroes de carne y hueso. Padre no se lo perdonó nunca. ¿Y a mí? ¿Podrá perdonarme a mí?, pensaba ahora repentinamente emocionado. Lo malo es, siguió pensando, que cada día pierdo interés por la causa. Me dicen que hay que pegar el chicle aquí o allá y yo cumplo sin rechistar. O tenéis que pasar la factura del impuesto a fulano, a ver si los demás desmemoriados pagan, y si me toca a mí lo hago fríamente, cumplo la orden sin asociar mi trabajo a la causa. Por decirlo de algún modo, es una sensación muy parecida a la del tío que trabaja en una cadena de montaje. Aprieta el tornillo que le han dicho que tiene que apretar y lo hace muy bien, a conciencia, pero acaba por no saber si el tornillo que aprieta es para hacer un coche o una lavadora. Se automatiza, el tío. Se idiotiza. Y es que las cosas han cambiado mucho desde la Operación Ogro. Entonces se veía el fin, o queríamos verlo. Ahora, no. O sea, que todo esto vendría a ser como si el operario que trabaja en cadena tuviera conciencia de que el coche o la lavadora a la que dedica su vida nunca llegará a ser un coche o una lavadora. Para volverse loco.

El de las bubas asomó el hocico desde las sombras del interior.

—Viene alguien —dijo parpadeándole el miedo en la cara.

—¿Seguro que es aquí?

—Acabo de verlo por el ventado de atrás. Baja por el caminal.

—Pero ¿viene solo?

—Solo, sí.

Empujó al viejo hacia el interior de la casa y le ordenó sentarse junto al fuego, en la chimenea. Él, por su parte, se escondió detrás de unos sacos de forraje. A estas horas, pensó, podría estar cercado. Y yo sin armas, no sé cómo me he fiado de ese gitano.

Pero la persona que entró jadeando, con un hule negro sobre la cabeza, era Gayolita.

—¿Dónde está?

Mas el de las bubas se hacía el loco, si es que está, que yo no lo sé, andará por ahí.

—O puede que busque caracoles en la viña. Les gusta cornear a la lluvia.

Gayolita dio un brinco al descubrir a Josechu, ¡qué susto, guayabete!, y le echó los brazos al cuello.

—De prisa —dijo quitándose el chubasquero.

—Pero ¿qué pasa?

—Pasa que no tenemos tiempo. El Mostachos espera arriba en la furgoneta.

Se había quitado el jersey mientras hablaba. Nerviosa, apresurándose como si fuera a acabarse el mundo.

Josechu:

—¿Quieres explicarte de una vez?

Rasgó el silencio la apremiante cremallera del pantalón.

—Venga, guayabete.

En menos que se cuenta la Gayola se quedó como su madre la trajo al mundo, qué, ¿te lo sacas o lo hago yo?

—Pero, ¿y el viejo?

—Deja al viejo. Anda, ven aquí.

Había junto al llar un banco de mampostería con un jergón de hojas de mazorca, y la Gayola lo arrastró hasta él. Usted, al viejo, mire y calle.

—Venga, guayabete. Aunque sea uno solo.

El de las bubas acercó su silla al banco cuando Josechu y la Gayola empezaron la faena. Quejidos y jadeos. Y la añorante voz del anciano:

—Qué buena, la juventud. Quién pudiera.

«ZIN TIENE LA MANO DERECHA DESTROZADA. Llena de sangre. Oigo la voz alterada de Mikel, ¿qué has hecho, Gayola?, y la veo a ella arrastrándose en el suelo hacia la Parabellum, que Mikel tira debajo del aparador de un puntapié.

»—¿Es que os habéis vuelto locos? —grita mi hermano mirando la herida de la mano de Zin.

»La Gayola chilla histérica, ¡quería matarlo!, lo habéis visto todos, mientras Zin se aprieta la muñeca de la mano herida, de la que cae un chorrito de sangre, mala zorra, hace tiempo que te la vienes buscando y esta vez la has encontrado, así que despídete de tu guayabete.

»De nuevo la voz de Mikel, ¡silencio todos!, tú dejame ver esa mano y calla, por favor,

»—tenemos que serenarnos —sigue conciliador. Y añade—: Gayola, el botiquín. Trae un hemostático. Y un sedante.

»Mientras venda cuidadosamente la mano de Zin, que se ha puesto blanco como el papel, me siento en el canto del sofá. Está todo patas arriba, la mesa comedor, la de la vieja tele, derribada por Mikel y Zin al rodar por el suelo, un par de sillas, la estantería a la que se agarró Gayolita antes de tirarse al suelo para disparar. Pienso en cómo estarán las ideas dentro de nuestras cabezas y las veo flotando igual que flota la nieve y se arremolina en el interior de esos pisapapeles de vidrio con una estampita alpina pegada en el culo entre el torbellino de papelitos blancos.

»—Hay que tener calma —repite Mikel, y sus ojos giran hacia mí transmitiéndome el mensaje, por favor, no empeores las cosas, mira la que se ha armado por tu culpa.

»—Descuida, Mikel —digo. Y me vuelvo hacia Gayolita, que se ha sentado en el sofá junto a mí y me presenta el codo despellejado, chupa, por favor.

»Me mira y le sonrío agradecido, quizá me has salvado la vida, le digo en voz baja después de aplicar mis labios a la herida, que me sabe a corcho quemado.

»Las palabras de Zin tiemblan de rabia:

»—Se hará el juicio. Esta misma noche. ¡En seguida!

»—Falta Papadoc —replica Mikel sereno, mientras se dispone a guardar las vendas en el botiquín.

»—Con Papadoc o sin Papadoc, lo haremos.

»Zin, qué odio el tuyo, pienso, y los ojos de Gayolita ríen burlones mientras me pide que le ponga mercromina en el codo.

»—Y unas tiras. Siempre me ha hecho ilusión llevar unas tiritas en cualquier parte. Donde sea.

»Pero me dice al oído, mi pipa, cuando vayas a coger las tiras del botiquín no tiene más que agacharte y cogerla.

»Le sonrío sin moverme del sitio:

»—Perdona, pero me tiemblan los dedos —me disculpo. Que te ponga Mikel la mercromina.

»Mikel comprende mi intención.

»—Vamos a ser formales —dice—. Tú adentro, Josechu. Cuando sea preciso ya te llamaremos.

»Entonces estalla la ira de Zin:

»—¡Exijo que se celebre el juicio!

»—A su tiempo —replica Mikel con las cejas cargadas de paciencia—. Ya te he dicho que sin Papadoc no podemos hacer nada. Además, falta Mostachos.

»Mientras me dirijo al cuarto que hace de prisión oigo lo que dice, ¡Papadoc y Mostachos son dos bolas negras!, y me pregunto a santo de qué su odio contra mí.

»Cierro la puerta a mi espalda y siento mucho miedo. Me adormezco en la cama, donde me parece oír la voz de Papadoc: "Nunca pidas clemencia." Aunque medio dormido soy consciente de mi sobresalto cuando Papadoc me asegura que no hay salvación, borra de tu pensamiento la palabra perdón, no lo encontrarás en ninguno de los compañeros si los traicionas. Aunque sea tu propio hermano.

»Me despiertan unas voces destempladas. Ya están ahí, pienso, y me formulo una serie de preguntas. Qué habrán decidido. Si sigue Papadoc sin aparecer o está en el piso ya. Pienso también si me dejarán ver por última vez el amanecer, si lo harán aquí mismo o lejos, quizá me dejen elegir, me consuelo estúpidamente, y si fuera así les pediría que me ajusticiaran frente al mar, en mi última playa.

»Mostachos me zarandea creyéndome dormido, tú, nene, espabila. Me incorporo.

»—Apestas a coñac de garrafa —le digo sin mirarle.

»—Y tú apestas a muerte. Vamos, sal.

»Zin, Mikel, la Gayolita. Están sentados a la mesa, tres caras blancas como pintadas de albayalde. El Mostachos, por el contrario, está rojo. La congestión del alcohol, pienso, y caigo sentado bruscamente en el sofá del empujón que me da el gitano, que saca la pipa del cinto y la deja aparatosamente enmedio de la mesa.

»—Podrás hablar —me dice mirando al techo mientras pasea nervioso por el comedor—. Vamos a dejar que te expliques, que justifiques lo que has hecho.

»La luz del flexo me molesta.

»—¿Podrías apagar eso?

»Y el gitano, no.

»—¡Muy bonito! —exclama a continuación—. Es todo lo que se te ocurre. La verdad es que nunca debiste venir con nosotros. La negra nos has traído, soplón de mierda.

»Parpadeo deslumbrado por la luz del flexo.

»—¿Y Papadoc? —pregunto con voz débil.

»—No sabemos nada de él —replica Mikel.

»—¿No os parece muy extraño?

»—Puedes ahorrarte tus comentarios —interviene Zin—. Tú estás aquí para ser juzgado. Única y exclusivamente para eso. Así que a callar tocan.

»—Si no está Papadoc me niego a ser juzgado —replico.

»Gayolita se levanta, es lo que digo yo, afirma dando un puñetazo sobre la mesa, no podemos empezar hasta que no sepamos qué ha sido de él, ¿o es que podemos actuar a sus espaldas en un asunto tan importante como éste?

»Se arma el revuelo. Mikel se deja caer con cansancio sobre el respaldo de la silla y cierra los ojos roto por la tensión. Zin calla y me mira siniestramente. ¿Sabes, Zin?, digo aprovechando una pausa, me gustaría hablar contigo sobre algunas cosas. No replica, el cabrón.

»—¿Me oyes, Zin?

»—No tengo nada que hablar contigo.

»De pie en un rincón Gayolita pone el transistor de pilas. Muy bajo. De pronto grita, ¡callaos!, y aumenta el volumen. "... el criminal atentado que ha costado la vida del general Villacorta es obra, al parecer, de un comando, uno de cuyos hombres penetró en la vivienda del ilustre militar vestido con un mono azul. Seguiremos dando información."

»Nos miramos en silencio.»

MIENTRAS SUBÍAN POR EL EMBARRADO SENDERO Gayola comentaba muerta de risa:

—Lo majete que es el viejo. ¿Has visto los ojos que ponía mirándonos? Y después, cuando me calentaba desnuda en la chimenea, va y me dice si podía tocarme, ¡tocarme nada más! Lo bien que me lo pidió. Un día de éstos me dará un patatús y yo me iría al otro barrio contento si me dejaras llenar estas manos pecadoras de tu carne.

—Que le has gustado.

—Tenemos que volver, guayabete. Repetiremos el número para el vejete.

Mostachos les esperaba en el camino al volante de la furgoneta, que conste que me largaba ya, dijo, y masculló jodidos puercos, siempre estáis igual.

—Pero si sólo hemos tardado cinco minutos —dijo Josechu.

—Lo que dura un polvo de urgencia —subrayó ella abriendo una bolsita de pipas, ¿quieres, gitano?, y había intención en el tonillo.

—¡Vete a tomar por donde yo me sé!

Rodaron entre un bosque de pinos un largo trecho, al cabo del cual Mostachos salió a una carretera de escaso tráfico.

—Hay contraorden —dijo. Y la Gayola:

—Era de esperar. ¿Qué pasa ahora?

—No iremos al piso de Papadoc.

—Como que era una barbaridad —convino Gayola—. ¿Adónde nos llevas si puede saberse?

—Estará el jefe, Zin y no sé si tu hermano, nene.

Josechu y Gayola destrozaban pipas en silencio. Sabían que si no le preguntaban el Mostachos acabaría por hablar.

—Me parece que Papadoc piensa adelantar lo de ese general —dijo.

—¿Qué general? —preguntó Josechu.

—Villacorta. Se hará el trabajo de forma que parezca represalia por lo de Burguete.

—Lo de Villacorta lo lleva otro comando. ¿O no es así?

—Sí. El *Chicago*. Pero lo han desarticulado.

—En Madrid, claro.

Mostachos asintió y meneó la cabeza sentencioso.

—Es que llevamos una racha —dijo. Y sacó de la guantera una enorme salchicha de plástico, que desapareció visto y no visto entre la fronda pilosa del bigote. Gruñía de satisfacción cuando se puso a despotricar, ¡es que estáis en las nubes, coño, siempre pensando en la jodienda, como los micos!

Esgarró, escupió por la ventanilla una mucosidad mezclada con la piel de la salchicha y dijo bajando el diapasón:

—Las mujeres tendrías que llevar un gorrito blanco bien almidonado y dedicaros a poner inyecciones. De armas, nada. No os van.

La Gayola volvió la cara hacia él.

—Ya me dirás por qué.

—Emporcáis la guerra más de lo que está.

—Asqueroso machista.

—Sí, sí. Que no servís para eso.

—Pues a mí no me puede ningún tío. A bigotes es posible que sí. No te lo discuto. Pero con una armónica en la mano ni pensarlo. Y si quieres, probamos a ver quién le canta a quién el gorigori.

Escupió una revoloteante cáscara de pipa a la cara de Mostachos, que levantó el codo.

—Mira que te doy.

Josechu soltó una carcajada.

—Es que sois la coña —dijo—. Os juro, si no fuera por estos ratos pedía la baja. Me jubilaba y ya está.

Al entrar en la autopista un guardia civil les dio el alto. Mostachos aminoró, seriedad, ¿eh?, recomendó, y Gayola se hizo la dormida poniendo la cabeza sobre el hombro de Josechu. El guardia civil se limitó a indicarles el carril, indiferente y rutinario.

Un cosmos plomizo y húmedo. Silencio y lluvia. El movimiento pendular del limpiaparabrisas producía una especie de hipnosis. Josechu escuchaba su acompasado rumor, ris-ras, ris-ras, que parecía cortar en rodajas de sueño el rechino monótono de los neumáticos sobre el firme mojado.

Contribuía a la modorra el calorcillo del motor y el peso de la cabeza de Gayola, que empezó fingiendo el sueño y había terminado por dormirse de verdad. Tópico, Josechu, se dijo, pero ¿qué diablos hace un tío como tú en esta furgoneta, con Mostachos y la Gayola? Le pareció oír la voz de la madre, lo que tienen los jóvenes de hoy es que han perdido el temor de Dios. Begoñita sonreía, hay algo de verdad en lo que dice, Josechu. Y Mikel, su voz de metal, ¡buena pareja hacéis, de cine! ¿Me queréis por padrino de boda? Ruido de platos. Estaban en la amplia cocina encristalada de casa y la madre decía entre bromas y veras, tú tendrías que casarte, Mikel, grandullón, que el hombre no es hombre del todo hasta que no toma mujer. Yo ya estoy casado, madre, ya estoy casado, ya es-toy ca-sa-do...

—Despertad. Hemos llegado.

Gayolita, frotándose los ojos con el dorso de la mano:

—Estoy muerta de sed.

—La sal de las pipas —dijo Mostachos—. Venga, rápido.

¿Dónde estaban? Medio dormido como estaba, Josechu miró desolado alrededor. Llovía a mares en la amplia avenida poblada de luciérnagas rojas y verdes que escapaban arriba y abajo, que torcían a derecha e izquierda desdibujadas por la espesa cortina de agua. Begoña, la madre, Mikel, la cocina de casa con sus aromas y el ruido de platos, todo había sido un sueño. Era un sueño en realidad, pensó buscando el paquete de ducados en el bolsillo del tabardo.

—Hale, rápido. No puedo pararme aquí.

—Pero ¿adónde vamos? —preguntó Josechu.

Mostachos le puso un papel arrugado en la mano, ahí tienes la dirección, la aprendes de memoria y te la tragas. Nos veremos allí.

La húmeda bofetada en la cara, el impacto frío de las gotas sobre la cabeza, ¡taxi!, y la voz de Gayola que sale de la capucha del chubasquero,

—Espera, guayabete, ya lo arreglo yo.

—¿Dónde vas?

—Con el agua que cae no conseguirás un taxi ni de milagro. Tómate un café ahí. Vuelvo en seguida.

Tenía pegada al paladar la insípida pasta de la croqueta cuando paró el flamante Supermirafiori a la puerta del bar. El claxon que suena discretamente, unos ojos bailoteantes que le guiñan traviesos desde detrás del cristal, ¡coño, pero si es Gayolita!, y un Josechu atolondrado que paga atropelladamente, quédate el cambio, y sale del establecimiento muy cabreado.

—Un día te la vas a ganar, eh.

—¿Yo? Van listos.

—No había ninguna necesidad de robar el trasto.

—¡Bah! ¿No puede tener una un capricho?

Dejaron la nueva adquisición a un par de manzanas de la finca donde iba a celebrarse la reunión y corrieron bajo la lluvia. Chico, qué postín, exclamó Gayola mirando el lujoso portal, con enlosado de mármol, jarrones pompeyanos en las hornacinas, una alfombra granate de opereta vienesa y, al fondo, sobre el rellano, el impresionante ascensor automático.

—¿Quién será el amiguete de Papadoc? —preguntó Gayola sacudiéndose el agua de la falda.

—Por lo visto en el negocio hay gente importante. Lo que no sabemos es lo que durará.

—Y mientras tanto, tú y yo batiendo el cobre. ¿No seremos del género imbécil?

—A lo mejor.

Les abrió la puerta Mostachos.

Gayolita, con gesto de resignación:

—No podía fallar. El día que me muera y llame al cielo vas a ser tú quien me abra la puerta.

—¿Y San Pedro?

—Sampedros a ti, gitano.

Encontraron a Papadoc sentado a una mesa ministro recargada de dorados y ringorrangos. A su derecha, Zin leía unas notas mecanografiadas. Estaba también Mikel y un tal Santamaría, con expresión de hurón que husmea el tafo de sangre.

—Santamaría es del *Chicago* —explicó Papadoc—, el comando desarticulado en la Operación Puente.

—El único que consiguió escapar con vida —añadió Mikel. Y explicó que se había hecho cargo de la coordinación del ajusticiamiento de Villacorta, trabajo que se os ha asignado a ti y a ti, y señaló a Josechu y a Zin,

—los demás, Gayola y tú, Mostachos, cubriréis la retirada hasta la zona donde operan los comandos de apoyo.

Santamaría:

—Si todo el mundo hace lo que se le ordena es un trabajo fácil.

—¿Y el día? —preguntó Josechu.

—Dentro de esta semana. Se os avisará.

Santamaría expuso el plan y seguidamente se discutieron los detalles. El coche del general, un vehículo conducido por un soldado, tenía que girar en ángulo recto para entrar en la residencia particular del militar, situada en una tranquila calle de un barrio residencial. Había, pues, que aprovechar el instante en que el vehículo iniciaba el giro para entrar en la parte ajardinada de la finca.

—En aquel momento el coche estará prácticamente parado —dijo Santamaría—, lo cual facilitará la puntería. Uno de vosotros dos bajará por la acera y disparará. Hay que tener en cuenta que el vehículo sube una cuesta bastante regular y que no hay escoltas. Únicamente va el chaval del volante y, si acaso, un gorila dormido. Que tampoco creo que esté. No cabe esperar que vaya una tercera persona.

Josechu intervino:

—¿Te refieres al teniente coronel que suele acompañarle?

—Se queda en su casa. Pero si no fuera así es lo mismo.

En la calle, Josechu cambió impresiones con Zin.

—¿Qué te parece este Santamaría?

—Eso habría que preguntárselo a Papadoc. Es él quien lo ha metido en la operación. Yo no le conozco.

—¿Cómo lo haremos?

—Si va en el coche no habrá más remedio que ametrallar.

—¿Caiga quien caiga?

Zin se encogió de hombros.

—Me parece una barbaridad —protestó Josechu.

Fue entonces cuando Zin se disparó. ¿Y qué son los bombardeos sobre ciudades abiertas? ¿Te has parado a pensarlo, Josechu? Un señor declara una guerra, ¡ah, pero este señor es un jefe de Estado o un generalote de campanillas!, y ese señor, llámalo Napoleón o Hitler, o Kennedy, es igual, ese señor resulta que no comete ninguna barbaridad matando a millones de seres humanos. Inocentes o culpables. Combatientes o ciudadanos de a pie. Responsables o no. Y ese señor te llena las cárceles y los campos de concentración, y fusila, tortura, descuartiza, jode a media humanidad, arrasa ciudades, arruina los campos, y si es una guerra civil convierte a su propia nación en un laureado solar de escombros,

—no te hagas el estrecho ahora, Josechu, o dedícate a pintar estampitas de santos.

—De acuerdo. Pero no es lo mismo eso que tener que apretar el gatillo. Y en este caso el que ha de apretarlo soy yo.

—¿Por qué tú?

—Aunque te tocara a ti es lo mismo.

Gayola se interpuso entre ambos despellejando nerviosamente las pipas con los dientes, va, venga, mejor lo dejáis estar, tú no discutas, Josechu, ya lo arreglaréis más tarde, joder,

—venga, vámonos. Hasta la vista, Zin. Y no te sulfures, hombre que no hay para tanto. Tú, guayabete, te invito a cenar. Conozco un sitio.

Lo arrastró con ella y desaparecieron juntos bajo la lluvia.

«—LO QUE PRETENDE LA POLICÍA es liarnos y desorientar a la opinión pública —dice el Mostachos no muy convencido—. No existe tal comando. Esto está más claro que el agua.

»Los demás seguimos callados. Gayola con el transistor pegado a la oreja y Zin en la habitación del teléfono, donde acaba de entrar.

»Esperamos unos minutos.

»—Papadoc sigue sin contestar —nos comunica Zin cuando sale—. Seguro que no está, aunque creo que alguien tendría que ir a su piso por si ha dejado una nota.

»Zin y Mikel se miraron, ¿me acerco yo?, pregunta Zin, y Mikel asiente con los ojos.

»—Tal como están las cosas propongo que se aplace el juicio —dice Zin. Y consulta con Mostachos, que se encoge de hombros.

»Noto que Mikel se relaja.

»—¿Y qué hacemos con éste? —pregunta Mostachos.

»Mikel:

»—Enciérralo en el cuarto. Pero no te guardes la llave como antes. La dejas ahí, que todos sepamos donde está.

»El recelo de Mostachos se despierta, no me fío de ésta, dice señalando a Gayola con la barbilla, y ella, ¡vete a la mierda, gitano!, sin apartarse del transistor.

»Aunque muy cabreado, Mostachos me empuja hacia la puerta de la habitación, la abre de una patada y entramos.

»—No me jodas —le digo cuando veo que saca las esposas.

»Nos miramos, y él exclama fuera de sí:

»—¡Tengo prisa, nene!

»Me siento en la cama y le ofrezco la muñeca izquierda cuando cierra una de las esposas al somier. Mostachos saca sus colmillos por debajo del hirsuto bigote en un gesto realmente feroz. Reza, nene, reza todo lo que sepas porque si le pasa algo a Papadoc por tu culpa pienso descuartizarte vivo.

»—¿A quién crees que asustas?

»—Tú no sabes nada, niñato de mierda.

»—Vete al carajo.

»—Hombres como Papadoc se pueden contar con los dedos de una mano. ¿Y qué eres tú? Un mamarracho.

»Me vuelve la espalda y murmura:

»—Si tú supieras quién es te cagabas encima.

»Le provoco, no será tanto, y le desafío con la mirada,

»—¿qué tiene más que yo?, venga, contesta gitano, que más parece que sea tu querido que otra cosa. ¡Y déjame en paz!

»Después de cerrar la puerta Mostachos se sienta a mi lado, en la cama. Leo su odio en la mirada, lo olfateo en el tufo acre que despide su piel. A Papadoc le conoce mi menda demasiado bien, me dice, y te aseguro que ni para descalzarlo sirves. ¿Sabías que han querido borrar su nombre de la lista de los vivos? Y yo te pregunto, ¿está vivo? ¿Está muerto? Es lo que tú quisieras saber, mequetrefe. Le veo sonreír y noto que su sonrisa es una mueca feroz. Gruñe. Vuelve a enseñar los colmillos y me doy perfecta cuenta de que no trata de asustarme sino que en realidad es así, una fiera.

»—Nos conocemos hasta la última troja de los montes. ¡De nuestros montes! Los que quiere quitarnos el enemigo. Yo era pastor cuando él me buscó. Un día me dijo, Eulalio, tienes corazón. Desde entonces le sigo como un perro. ¡Y lo que he visto, nene! Eso quisieras saber tú, lo que he visto hacer al amo. Con la mirada te desbrava un potro. ¿Lo sabías tú? Amigos, en todo el mundo. Gente de campanillas, pero lo enterró todo por servir a la causa. Lo que todavía me pregunto es qué mierda ha visto en ti para llegar a poner en peligro la vida de sus hombres. Pero hablaremos de esto. Te juro que hemos de hablar, nene, antes de retorcerte el pescuezo.

»—Estás loco —digo. Y busco una postura cómoda en la cama procurando aparentar serenidad.

»—Te digo que nos veremos. Ahora tengo que hacer un trabajito.

»Cuando desaparece Mostachos me quedo solo con mi estupor. Papá Doc, pienso. Doc, ¿doctor? Ahora tengo la seguridad de que se ha doctorado en algo. ¿En Medicina? ¿En Teología? Uno se cree alguien y resulta que es menos que una mierda seca en el desierto. Y es que nos han engañado. Los mayores, los maestros, todos. La filosofía del viejo es un vamos a contar mentiras, a fin de que la carreta siga rodando. Me acuerdo de las clases del Instituto. Qué rollos de maniáticos. La grandeza de la Patria. Pero ¿de qué? Un par de locos. O tres. Ésa es nuestra grandeza, precisamente la que nos ocultan. El manchego flaco, los extremeños desesperados, un Lope de Aguirre que desafía a Dios. ¿Y Papadoc? ¿Llegará a conocer alguien en el futuro a Papadoc?

»Algo quería transmitirme aquellos días, en su piso, cuando me hablaba sin parar. "Aleja de ti la crispación. Procura estar siempre sereno. Haz tu trabajo sin odio. El odio ensucia. Procura andar suelto por la calle. Si digo suelto quiero significarte que te manifiestes a los demás tal como eres. Viste sin llamar la atención. Observa, no mires. Que tu pensamiento sea claro. No te embarulles. Decide sin precipitación pero decide. Demorar es temer. Los hombres como tú han de ser conciencias en acción, no estatuas contemplativas. Piensa que en la vida tenemos el tiempo medido." Su pensamiento era fluido y hablaba con sencillez. Puntería certera. Mas ¿por qué me dedicaba tanto tiempo precisamente a mí?

»Hay tranquilidad en el piso. Lo más probable es que se hayan largado todos a ver qué pasa con el ajusticiamiento de Villacorta y que me hayan dejado solo. Una lástima que no disponga de un papel y un lápiz, le habría puesto unas letras a Begoñita. O quizá no. Demasiado melodramático. Begoña, le habría dicho, porque efectivamentre habría terminado por escribirle, Begoña, todo lo que ofrece la vida de bueno se me ha escapado. También Dios, a quien busqué siempre sin darme cuenta de que lo llevaba puesto. Como te llevo a ti.

»Suena el teléfono, que descuelga alguien, lo cual me da a entender que no estoy solo en el piso.

»Abre la puerta Gayolita.

»—¿De guardia? —le pregunto con cierta intención.

»—Mejor que dejarte solo.

»—No entiendo cómo se fían de ti.

»—Porque tienen la llave de las esposas y te han casado con el somier.

»De pronto se echa a reír.

»—¿Qué te hace tanta gracia?

»—Pues que soy una estúpida. Te llaman al teléfono y yo ni acordarme que te han amarrado como un cristo a la columna. No puedes ir.

»Le pregunto quién me llama.

»—Mikel. Dice que es muy importante.

»En menos que se cuenta cargamos con el somier y lo arrastramos hasta el cuarto del teléfono. Gayolita se retira discretamente cuando cojo el chisme con la mano libre. Lleno los pulmones antes de decidirme a hablar: "Dime, Mikel..." Y tras la pequeña pausa, "soy Begoña, Josechu..."

»No tengo más remedio que creer en los milagros.»

EL CENTINELA SALUDÓ AL COCHE que salía de Capitanía, un Dodge negro con dos estrellas doradas de cuatro puntas en el banderín. El vehículo se deslizaba despacio cuando pasó a pocos metros de Josechu, quien distinguió perfectamente a dos militares en el asiento posterior. El Dodge ganó velocidad y fue a incorporarse a la riada de coches que circulaba por una concurrida arteria urbana. Con paso decidido, Josechu entró en una cabina telefónica, marcó el número dos veces consecutivas y cortó en ambas ocasiones la comunicación al tercer timbrazo.

Miró el reloj al salir de la cabina, las dos y cinco, y paró un taxi. Un ruidoso grupo de colegiales con la ilusión del acné en la frente y una jovencita empinada sobre el poema erótico de sus tacones le compensaron del plantón frente a Capitanía.

Se sintió espléndido y ofreció un ducados al viejo taxista, que resultó ser ecologista y testigo de Jehová.

—La vida es un sagrado que nos ha dado Dios. Hay que cuidarla, ¿no le parece?

—Pues la gente no para de matar.

El taxista le observó por el retrovisor, es el Anticristo que anda suelto, sentenció. Y le preguntó doctoral:

—¿O es que no ve que el fin del mundo está detrás de la esquina?

—Es posible.

—Créame. Es tiempo de penitencia. Lo que pasa es que las personas viven fuera de ellas. No piensan. No tienen tiempo para adorar a su Dios.

Estaba de mal humor cuando dejó el taxi frente a la cafetería donde le esperaba Gayolita, cuyo perfil distinguió al otro lado de la luna del establecimiento.

Desde la puerta, donde se detuvo un instante, echó un vistazo alrededor antes de decidirse a entrar. Luego avanzó resuelto entre la doble fila de mesas.

Gayolita levantó la vista del periódico.

—Jodido, ¿no? —dijo. Y se preguntó qué diablos le pasaba a su guayabete que no parecía el mismo.

—¿Todo bien? —le preguntó él.

Matemático. El Villacorta es un Seiko pantalla doble. A la media menos un minuto paraba el Dodge ahí enfrente. Medio minuto escaso. El tiempo para bajar su ayudante y ponerse tieso como un palo en la acera de su casa. ¿Por qué esa manía de cuadrarse los militares cada dos por tres?

Le enseño el periódico, ¿has visto cómo están?, ayer detuvieron a catorce presuntos y esta mañana no han parado,

—los tíos, ahora quieren hacer ver que el mando único es el coco.

—¿Qué sabes de Zin?

—Nada. Supongo que estará en su puesto. Yo le he llamado tan pronto como ha aparecido el Dodge de Villacorta. Tres de a tres.

Tomó entre las suyas las manos de él.

—A ti te pasa algo —dijo. Y se quedó mirándole fijamente a los ojos.

Josechu se encogió de hombros bruscamente.

—¿Hacia dónde vamos, Gayolita?

—No jodas, guayabete. No empieces otra vez.

—Ese Santamaría no me gusta. No me gusta Zin. Ni nadie. Ni nada.

—Hombre, muchas gracias.

—Dime, ¿qué somos tú y yo? Dos fantasmas de muerte. Actuamos y desaparecemos. Preparamos el golpe cuidadosamente, como ahora mismo, y creemos que estamos haciendo algo positivo, pero...

—Pero qué.

—No sé qué fin le ves tú a esto.

Qué fin. Gayolita no se atreve a decirle que el fin que les espera es la ráfaga que les parta por la mitad o, en el mejor de los casos, esperar en cualquier celda a que se les pudra de viejo el esqueleto.

—Confíate a Papadoc.

—Conozco de sobra sus argumentos.

—Pues descansa. Lárgarte por ahí una temporada. Al vascofrancés. Te ligas una francesita viciosa que te chupe el muermo, ¿no? Volverías nuevo.

—No se trata de eso.

—¿Quieres que te sustituya yo? Si te parece, acompaño a Zin. A mí me da lo mismo.

El camarero sacó a Josechu de su ensimismamiento con el qué va a ser.

—Una cerveza bien fría.

Gayolita:

—¿Por qué no te dejas barba? Estarías guapísimo.

Ríe. Ay, guayabete, qué coña tiene la vida. Se nos ha hecho tarde. Ha oscurecido dentro del túnel, amor. Se acabaron los verdes prados y las margaritas silvestres. Se acabaron las ilusiones, guayabete, ahora sólo queda esperar que nos toque la china. Hemos tenido mala suerte. Una vida corta. Qué más da unos años antes que después.

—Dime Gayolita, ¿tú no tienes escrúpulos de conciencia?

—Mira, tomamos la cerveza y nos vamos a la cama.

—Te estoy hablando en serio.

—¿De verdad quieres hablar en serio? Está bien. Hablemos. Ya no podemos volver atrás. No lo consentirían. Ni unos ni otros. ¿Lo tienes claro?

—Perfectamente claro.

—Y bien, ¿qué manda ahora el señor conde?

—Vámonos de aquí.

Ella le siguió apresuradamente por entre las mesas, espera, hombre, tenemos que pagar esto, se detuvo un instante en el mostrador, quédese el cambio, y salió a la calle, un temblor en el alma, pensando que tenía que hacer algo por él.

Erguido en la acera parecía una estatua. Rígido, con la cara crispada y los rizos alborotados por la ventolera que se había levantado. Gayolita hundió la mano en el bolsillo del tabardo de él hasta dar con la suya, fuerte y helada. Caminaron en silencio proa al vendaval, la falda de ella pegada a los muslos, prometiéndolos, agachada la cabeza como una vaquilla en plena embestida.

—No puedes continar así, Josechu.

—Pues ya me dirás cómo me lo monto.

—Irás con Zin, ¿no?

—Es un chacal.

Zin había dicho la última palabra. Ametrallar. Nada de pistola, demasiado arriesgado según él. Y Josechu le había preguntado, ¿qué diablos te pasa, Zin?, el pobre soldado no debe nada. Tiene una vida. Ilusiones. Tiene una familia y quizá una novia que le espera en el pueblo. Además, el chaval no es nuestro objetivo. Pero Zin no quería saber nada. Puede reconocernos, nunca se sabe. De pronto, la explosión de ira de Zin,

¿no te acuerdas de Burguete?, ¿tuvieron compasión de él?, ¿van a tenerla de nosotros?

—Zin me odia —dijo Josechu apretando el paso.

—No pienses más en él. Déjalo.

—Tan amigos como éramos. Más que hermanos.

—Lo sé, hombre.

Gayolita apretó la mano de Josechu y dijo para sí, si de veras existes ayúdale, Dios mío.

Levantó la cabeza hacia él y le sonrió.

—Parece que hemos perdido el rumbo. ¿Para dónde tiramos?

—Para donde nos lleve el viento.

«SI HUBIERA PODIDO HABLAR contigo sosegadamente te lo habría confesado todo. A ti, sí. Te habría dicho la verdad. Mi verdad, Begoñita. Te habría dicho que mi ánfora sigue estando tan rebosante de ti que no cabe nada más en ella. Ni siquiera la Patria, con ser tan sagrada. O sea, que no es que haya perdido los móviles de la Guerra Revolucionaria, o que los haya perdido por completo para ser más exactos. Sigo conservándolos, pero sin la esperanza de ti la Guerra pierde sentido, como pierde sentido la vida. Y lo que no tiene remedio es que nunca recuperaré la esperanza de ti. No puedes volver conmigo aunque acabes de decirme que estás dispuesta a hacerlo. No puedes volver porque cuando en la persona que se ama hay algo que no se quiere, o que no se acepta, el espíritu del amor se convierte en llanto. Nos habríamos amado sin alegría, que es empezar a destruir, yo queriendo ser el que fui y tú llena de piedad hacia mi deseo. Dime, ¿qué otra cosa habría sido nuestro contacto carnal si no la posesión entre dos cadáveres? Doy por hecho que en mi locura haya podido ametrallar a media humanidad y que tú quizá habrías pasado por ello. Pero nunca habrías podido hacerlo con la fidelidad indiferente con la que el perro ve a su amo dándole de cuchilladas al vecino, porque tú no eres ningún perro. Hemos perdido el tren. Imposible volver conmigo, y necesito que sepas que sangro muy dentro de mis adentros al rechazar lo que acabas de proponerme. No quiero abrirte las puertas del infierno de mi intimidad.

»Porque hay algo más. Existe la conciencia de pecado. Se lleva dentro la transgresión, Begoñita. Y matar es el peor de los pecados, aunque se mate en nombre de los principios más elevados. El mandamiento es taxativo, concluyente: no matarás. Cuando se infringe, uno queda marcado ante sí mismo. Podrá disimular o disfrazar el crimen con ropajes más o menos solemnes, pero la simulación no vale ante la propia conciencia. Luego está el dedo de Dios, que dicta los sueños terribles. ¿Podrías comprender tú mis pesadillas? Hace calor, el viento revuelve mis cabellos, brama dentro de mí un Cantábrico de sangre, ¿una foto, mi coronel?, entonces la gaviota cae sobre mí, me aplasta, me ahoga, y uno siente que pierde el aliento, que está a punto de morir aplastado bajo la losa del remordimiento, que cae sobre uno y se cubre de hiedra en ese instante que es la eternidad. ¿Quién reposa en esta tumba? Y el muerto en vela, el eterno custodio de sus propios crímenes, contesta sin voz que en aquella tumba no reposa nadie porque al espíritu del asesino le está prohibido reposar, hay un Dios, Begoñita, que así lo tiene dispuesto. Y gritas en la noche, ¡no puedo reposar!, y tus gritos se ahogan en el pecho, no salen al exterior, y te vas muriendo cada segundo que pasa, bañado en sudor, el corazón un corcho seco atravesado en la garganta. Te despiertas, te desvelas, tratas de leer con un cigarrillo amargo por todo consuelo, pero las imágenes horrendas siguen estando allí, enmarcadas en las páginas que vas pasando, en cada signo tipográfico, en cada espacio en blanco. Y apagas la luz, levantas el embozo hasta las orejas porque los miedos del hombre son herencia de la niñez y sigues temiendo a la oscuridad y al silencio de la noche alta, y aprietas los párpados pero los ojos siguen llenos de imágenes psicodélicas, manchas rojas en todas sus gradaciones, y vuelve la cara del coronel, ¿qué quiere usted?, y ves la cabeza destrozada de otra de tus víctimas, una instantánea entrevista en el instante de disparar, cristales astillados, muñecos rotos, un pedazo de cara pegado a la tapicería del coche, los dedos de una mano muerta que se mueven débilmente en un último intento de vida vegetativa, un gemido, quizá una lengua inmóvil invocando el nombre de Dios.

»Y sin embargo no somos mala gente. Podemos sonreír a un niño mientras le damos la pelota que rueda a nuestros pies. Somos tiernos con la mujer que se cubre con la misma sábana que nosotros. Sabemos digerir un poema, sentir el escalofrío de una melodía, llorar una muerte de un compañero, sabemos dar limosna y consolar al que sufre. ¿Tú lo entiendes, Begoñita? Conoces a Mikel. Tú y yo nos hemos criado con él. ¿Hay otra persona más abnegada que Mikel? Nos adora. Y sin embargo es uno de los nuestros. Si vieras cómo cambia cuando tiene que actuar te horrorizarías. Yo sé cuando va a hacerlo por la forma de mirarme. Sin verme. Está en otra parte. No es él. Además, su frente trasuda una angustia viscosa, no sudor, que es lo que le pasa a todo el mundo cuando hace un trabajo pesado o camina bajo el sol de agosto. No, suda una grasita viscosa. Suda angustia y miedo, lo que te digo. O sea, que cuando veo ese sudor barnizando la frente de Mikel me digo, ya está. Y sufro por él porque es mi hermano. Y temo por su vida. Lo que me espanta cuando me paro a pensarlo es que la víctima también es un hermano mío y sin embargo no dudo en disparar o poner el trozo de chicle debajo del coche. ¿Comprendes esto, Begoña? Luego, cuando ha realizado el trabajo, hablo de Mikel, le veo distendido, "suelto", que diría Papadoc. Entonces sus ojos me ven, tiene la frente limpia, sabe sonreír, y si entramos en una cafetería le pone cortésmente la silla a Gayolita y bromea con el camarero. Trato de decirte que, precisamente por esta transmutación de bestia en ángel y al revés cada día entiendo menos lo que nos pasa. Me digo que no se puede ser ambas cosas al mismo tiempo. No es posible, porque en tal caso una de estas naturalezas mentiría a la otra, la desvirtuaría. Es como salir de los infiernos y al cabo del rato tentar la escala de Jacob para ver si es capaz de resistir nuestro peso en llamas y remontarnos a otras esferas. Quizás la bondad de Dios sea infinita al punto de guardar un resquicio de esperanza al criminal. No lo sé.

»A Zin también le conoces de siempre. Pero el caso de Zin es diferente. Ha cambiado mucho. Odio, Begoñita. Al menos me odia a mí. ¿Celos de Papadoc? Zin no es un vulgar Mostachos. Lo de Zin es más profundo. Nuevo. Porque al principio de estar con él en el comando no era así. Ahora es implacable con el prójimo. No he dicho con el enemigo, lo cual podría tener su explicación, he dicho con el prójimo. Por ejemplo, si hay que llevar a cabo una acción en la calle, a Zin no le importa la suerte de las personas que puedan circular en aquel momento. Si asalta un banco hay que llevar mucho cuidado con Zin, pues, aunque vaya encapuchado, lo cual no suele suceder, como uno se descuide ya le está dando al gatillo. No acabo de explicarme lo de Zin, a no ser que en la lucha entablada entre la naturaleza bestial y la humana, haya sido la primera la que se haya apoderado de Zin. Porque, además, así como nosotros seguimos sonriendo, él ha extraviado la sonrisa. Únicamente piensa en actuar. Disfruta matando, Begoña. ¿Puedes comprende tú este cambio?

»Teníamos a un tal Burguete, a quien por cierto mató la Guardia Civil, un sujeto elemental, primario. Únicamente pensaba en las fulanas, cuanto más tiradas, mejor. Burguete vivía para el sexo en función del asco. Sin embargo, no compraba a las prostitutas, las conquistaba. Nunca se le ocurría ligarse a una mujer decente. Tenía que ser una furcia. Y cuando se la llevaba al huerto se gastaba con ella todo el dinero que tenía. Y se sentía la mar de feliz. Ufano. Por otra parte, su ternura se desbordaba ante los niños. Los bolsillos de Burguete estaban siempre llenos de caramelos y chupachups. Los compraba y los guardaba para el primer crío que veía por la calle. Se acercaba a él y, a pesar de lo bestia que era, se enternecía como no puedes figurarte. En una ocasión me confesó que tenía el vicio, aunque bien ves que era una virtud, porque a él de niño nunca le habían regalado nada. Ni un simple caramelo.

»Entonces deduje que posiblemente lo que le ocurría al Burguete era que veía en el niño al que obsequiaba su propia niñez, la de Burguete, huérfana de los pequeños detalles propios de la ternura. Es decir, que se regalaba a él mismo los dichosos caramelos. Conque ya ves qué gente tan extraña somos.

»Quiero hablarte también de Gayolita. Es fuerte, tirando a gorda, musculada, ni guapa ni fea. Joven. Vital. Muy cachonda en la cama. A estas alturas, después de todo lo que he tenido que pasar, no te extrañará que te diga que Gayolita y yo nos acostamos juntos siempre que podemos. Hay que verla en la cama. Se enciende como la misma grana. Es glotona, bullidora, sabe inventar caricias. Pero cuando recupera la calma se vuelve maternal. Cálida. Guayabete, necesitas vitaminas. Un vicio que tiene muy arraigado. Come pipas hasta en sueños. Por lo demás es muy normal. Le mataron a su hombre en una acción, un chicarrón como una torre, y a mí se me figura que lo busca en la cama, únicamente en la cama, y trata de vengarlo en la calle con la armónica debajo del brazo. La armónica dice ella a la metralleta, una fiera es con el chisme en la mano. Pero es muy respetuosa con la persona que tiene encañonada, no como Zin, a quien le tiemblan los dedos de ganas de disparar. Gayolita eso no lo hace nunca por capricho. Bueno, pues por lo que te decía, a Gayola no le importa que la maten. Lo que no resistiría es la cárcel. A mí me tiene dicho que si algún día la dejan malherida en la calle, o donde sea, que la remate. Como comprenderás soy incapaz de una acción así, pero me vi obligado a prometérselo porque me lo pidió llorando.

»Al llegar a este punto de mi reflexión oigo la voz de Mikel al otro lado del tabique. Cargo con el somier, al que sigo esposado, y consigo llegar a la puerta:

»—¡Mikel! —gritó—. Tienes que contarme qué pasa con Begoña.

»Me mira asombrado cuando abre.

»—¿Qué haces con ese trasto a cuestas

»Gayola, que asoma la cabeza por encima del hombro de Mikel, le dice:

»—¿Cómo crees que ha llegado antes al cuarto del teléfono?

»Forzudo como es, mi hermano coge el somier y lo deja en su sitio en la cama, y a mí con él, esposado a él. Cuando me siento, Gayolita se da cuenta de que tengo la muñeca despellejada, pero qué bruto eres, dice, y añade levantándose,

»—voy por alcohol.

»Mikel la observa mientras abandona el cuarto, aunque yo pienso que trata de evitar mi mirada. Le pregunto qué le ha dicho Begoña.

»—¿Ya hablaste con ella, no?

»—Algo le pasa.

»—Parece que las cosas no le van bien —replica Mikel evasivamente.

»—Pero a mí no me interesa cómo le van las cosas, yo necesito saber exactamente qué le pasa, por qué quiere abandonar a Iñaki y venirse conmigo.

»Gayolita entra con un algodón empapado de alcohol y lo pone cuidadosamente entre mi muñeca y la manija de la esposa.

»—No muevas el brazo —dice. Y me limpia el sudor de la cara.

»—¿Por qué quiere venirse Begoña conmigo, Mikel?

»Gayolita:

»—Si queréis me largo.

»La retengo. Quédate, digo, y Mikel nos mira.

»—No los aguanta —dice después—. Lo está pasando mal.

»—¿A quiénes no aguanta?

»—A su marido y a...

»—¿A quién más? ¡Habla, coño!

»—A Zin.

»Callo desconcertado. Gayolita me mira. Está angustiada.

»—¿Qué pinta Zin en todo esto?

»Mikel se levanta y pasea arriba y abajo con las manos a la espalda. Mientras le miro, Gayola acaricia mi cabeza y yo quito bruscamente su mano de mi pelo.

»—¿Quieres acabar de una vez?

»Mikel se para. De espaldas a mí como está, veo sus dedos fuertes, musculados. De tanto apretarse entre sí se le han puesto rojos, como si la sangre fuera a brotar a través de la piel.

»—Zin se ha enamorado de ella.

»—¿De Begoñita?

»Gayola esconde la cabeza en mi pecho, no hagas caso, murmura. De repente se levanta y se encara con Mikel:

»—¿Te parece bonito venir con estos chismes de vieja? Parece mentira, Mikel.

»A mi hermano le tiemblan los labios.

»—Me lo ha contado ella misma. Dice que Zin está como loco desde hace un tiempo. La amenaza. La llama por teléfono. Al principio iba a visitarla, el cuñado, pues bueno... Pero acabó haciéndole proposiciones.

»Noto que se me va la cabeza. ¿Tan abyecto es el maldito Zin? Me juro por mi madre que lo mataré.

»—¿Te ha contado ella todo eso que dices?

»—¿Quién si no? Por eso he marcado el número y he consentido que te hablara.

»—Sigue. Cuéntamelo todo.

»Gayola interviene.

»—Déjalo, Mikel. A ver si tienes conocimiento.

»—¡Cállate! Y tú, ya que has empezado, termínalo. ¿Cómo ha sido que te contara esas cosas?

»—Fui a verla para decirle que estabas en peligro. Ella te quiere. Y lo sabe todo.

»—¿Qué sabe?

»—Lo del comando. Todo. Ha comprendido por qué la dejaste. Dice que si se lo hubieras dicho te habría seguido.

»—¿Ella?

»—Pues sí. Eso dice.

»—¿Y lo de Zin? Porque imagino que ahí tiene que haber mucho más.

»—Intentó violarla pero la dejó estar cuando ella le confesó que le daba asco. Él y su hermano, los dos. También le dijo que se había casado con Iñaki por despecho.

»Oigo mil tambores dentro de mi cabeza. Me levanto y grito. Gayolita se abalanza sobre mí para detenerme, no, Josechu, y sale despedida. Arrastro conmigo la cama hacia la puerta hasta que Mikel me inmoviliza, ¡el brazo, Josechu, que te lo rompes!, grita.

»El agudo dolor en el codo me deja sin conocimiento.»

El viento de aquella fría tarde lo arrastró hasta el piso de Papadoc. Penumbra de flexo lector. Bach en los bafles. Al rojo la placa de la estufa y su aliento tibio en la cara, tirante aún de viento gélido, molesto. La expresión de sorpresa en los ojos de Papadoc, ¿tú por aquí?, y la transición inmediata hacia su habitual estado de alerta,

—¿ocurre algo?

—No. Tenía ganas de charlar contigo. ¿Te interrumpo?

—De ninguna manera.

Papadoc, su sólida cabeza de cabello entrecano y corto, suéter de serie y pequeña bufanda oscura, zapatillas de franela a cuadros. Se movía por la pequeña pieza con la alegría contenida de solterón de periquito y gato ante la visita inesperada. Decepcionante imagen para un héroe.

—Encenderé la luz.

—Por mí no lo hagas.

Estaba leyendo. En realidad, explicó, a Horacio le va mucho más una chimenea con buenos troncos, aunque la estufita no está nada mal,

—¿no te parece?

El asiento que acoge a Josechu, un balancín Kennedy con cojín de plumas para la riñonada, invita a la confidencia. Pero Josechu está inquieto. No sabe por dónde empezar.

—Esto está muy cambiado.

—¿Tú crees?

—Lo encuentro hasta confortable. O quizá sea la estufa.

Tenía delante una de las cabezas más buscadas de la Organización y sin embargo le pareció un vulgar funcionario, la mediocridad que deja transcurrir el tiempo apaciblemente hasta la hora de cenar. Josechu pensó que, para completar la imagen, sólo faltaba el televisor encendido.

—¿Algo en concreto? —preguntó Papadoc.

—Zin. Entre otras cosas, claro.

Papadoc ladeó la cabeza intrigado. ¿Zin? La mirada firme preguntaba qué demonios pasa con Zin, pero al mismo tiempo advertía, cuidado con lo que dices, Zin es un buen compañero y un elemento eficaz, lo viene demostrando mucho tiempo antes que tú.

—¿Qué hay de Zin?

—Cada día está más cambiado.

—Tú dirás.

—Demasiado brutal. Como si hubiera perdido los sentimientos. Esto me preocupa, sobre todo cuando tenemos que actuar juntos...

Vaciló. No se atrevía a arropar su pensamiento con palabras por si no conseguía expresarlo fielmente. Por otra parte, le disgustaba la sospecha que leía en los ojos de Papadoc, no me saldrás a estas alturas una conciencia escrupulosa, con lo que pasan los nuestros en las cárceles.

—Por eso qué. Habla, Josechu.

—Lo del general Villacorta —dijo por fin. Y respiró profundamente antes de continuar—. Me gustaría hacerlo a mi manera.

—¿Temes que Zin se ensañe?

—No exactamente.

—¿Entonces?

—Quiere ametrallar, cuando podría hacerse con pistola.

—Es que hay que ametrallar. Cuando el enemigo se encuentra protegido por un vehículo no hay otra solución. Eso o la mina, en el supuesto de que no se pueda echar mano de la goma. Como en este caso.

Y tú lo sabes, decían los ojos de Papadoc, sabes lo que puede pasar si usas la pistola contra un blanco inseguro, un blanco poco claro desdibujado detrás de un cristal, y cuando, además, tú vas a pie y el enemigo dispone de un vehículo ligero con gran capacidad de maniobra. Sabes que si no se acierta, lo cual es más que probable, se queda uno indefenso en mitad de la calle, con la merma psicológica del fracaso, a expensas de la reacción de los del coche, bien armados todos, y de lo que pueda venir después a continuación.

—¿Lo mandas tú así?

—No hace falta. Zin sabe cómo hacer las cosas. Y tú también.

—Pero conduce un soldado. ¿Qué culpa tiene él?

—Estamos en guerra. Y ese soldado no merece compasión porque tiene sus deberes como los tenemos tú y yo. Seguramente lleva una pistola en la guantera. ¿Crees que dudaría en utilizarla contra ti si le dieras ocasión? Contesta.

—Sólo puedo decirte que no me gusta matar innecesariamente.

—Eso no le gusta a nadie. A ninguna persona normal.

—Además, perjudica nuestra imagen. Ya sabes lo que pasa luego. La prensa, la radio, hasta la tele, aprovechan esta clase de muertes. Los capitalizan. Incluso los líderes de los partidos políticos, los de Madrid y los de aquí, hacen declaraciones. Yo creo que no nos favorece en absoluto.

Papadoc se levantó y dejó el volumen de Horacio en una pequeña estantería de madera. Lo hizo casi amorosamente, sin prestar demasiada atención a las palabras de Josechu. Después se volvió cara a él y permaneció de pie con las manos en los bolsillos del pantalón, pero qué diablos estás diciendo, parecía expresar con la postura, en el modo de levantar la cabeza y en el imperceptible tic nervioso del cuello, una leve contracción muscular que descubría los tendones durante una fracción de segundo.

—Puedo prescindir de ti —dijo. Y añadió—: A veces nos falla algún resorte oculto. Somos humanos, no robots. Así que si no te encuentras con ánimos puedes operar en cobertura.

—No, déjalo.

—¿Por qué?

—Es mi trabajo. Y estoy bien. Créeme. Yo lo decía...

—Lo decías porque has estado viendo a ese soldado durante varios días. De tanto observarlo lo conoces ya. Seguramente le has inventado una vida, un chico de casa bien, un enchufadito cuyo padre es amigo del general, mándame al chico, ¿sabe conducir?, me lo llevaré a Capitanía, y hasta le has colgado una novia rubia que cuenta los días que faltan para el permiso de Navidad. ¿O no es así?

—No hay Dios que os entienda.

—¡Deja en paz a Dios!

¿Qué le pasa ahora? Josechu se hacía la pregunta sin dejar de observar a Papadoc, que se miraba estúpidamente las puntas de las zapatillas.

—Perdona —se disculpó—. Has conseguido ponerme nervioso con tus escrúpulos. Eso es todo. Además, no me gusta que la gente use el nombre de Dios alegremente. A Dios hay que dejarlo estar en su sitio. Lo nuestro es diferente.

Papadoc entró en su dormitorio para salir en seguida, debidamente calzado, y arrojarle el tabardo a Josechu, sígueme, anda. Y se vieron bajando la estrecha escalera, Papadoc delante, con el cuello del abrigo subido hasta las orejas, y él tratando de alcanzarle, qué agilidad, el viejo, como si tuviera veinte años, ¿dónde me llevará?

Mientras caminaban en silencio por las oscuras calles del barrio, Josechu se sintió culpable, no puedes erigirte en juez, imbécil, él vale infinitamente más que tú, y si lo que te pasa es que tienes canguelo, haberlo confesado.

De pronto dijo:

—No soporto las ejecuciones.

Y volvió a explicar a ráfagas nerviosas lo de la gaviota cuando disparó sobre Sanromán, ¿sabes lo que ocurre?, siempre que he tomado parte en una ejecución me ha parecido sentir la presencia de la maldita gaviota,

—es algo a lo que no consigo sobreponerme. ¿Tú qué opinas?

—Nada. No soy yo el llamado a opinar.

—Me pongo enfermo cada vez que lo recuerdo. Hasta el aliento me duele.

Apenas conseguía seguir el ritmo cada vez más acelerado de sus pasos, ¿dónde irá con tanta prisa?,

—y yo quiero saber qué opinas de esto.

Pasaban por su lado retales de conversación banal, alguna risa. Se abría ruidosa la taberna llena de obreros, gente que pensaba un día cambiará la suerte y tendremos de todo en casa, un letrero feliznavidad le entristecía le alma, ¿tú qué opinas?, y Papadoc sin contestar, insensible a su lado, corriendo o volando como la gaviota, y dos compadres que se abrazaban en mitad del arroyo, lo del Betis es un dos como una catedral, ya verás si me equivoco.

Se metieron en una calleja mordida de sombras. Papadoc seguía sordo y mudo a su lado, ¿me querrá ajusticiar?, y de pronto la puertecita forrada de latón claveteado, los dos escalones de piedra desgastada, un aroma familiar de infancia.

Papadoc le sonrió.

—Todo eso que tienes que decirme cuéntaselo a Él.

Era una iglesia humilde con penumbra de toses desesperanzadas. Y Josechu se quedó solo frente al sagrario, mientras Papadoc se arrodillaba no lejos de un confesionario de madera sin barnizar.

Hacía un frío de cripta.

«ZIN ESTÁ MUY FLACO con el taparrabos mojado. Un costal de huesos es, con la cara verdosa de frío y un moco amarillento, ¡qué candela, Zin!, me burlo yo, también en bañador, saltando sobre la arena para calentarme. Estamos los dos solos en una playa sin confines, ¿dónde está la gente del mundo, Zin?, y él avanza hacia mí poniendo la cara de Frankestein que sabe y así, con las manos crispadas, enseñando las uñas, te voy a descuartizar, Jose, dice, y sigue acercándose, ya está bien, Zin, que me asustas cuando te pones así, parece un monstruo, y es que se ha metido un palo en la boca, una punta en cada parte, y bizquea meneando la cabeza a uno y otro lado como los mongólicos, te robaré a Begoñita, y yo echo a correr, si dices que Begoñita es fea y está más flaca que tú, que ni culo tiene, y me persigue en la playa llena de gaviotas. Su aliento golpea mi nuca, oigo sus gruñidos y corro, corro hasta sentir una punzada en el costado, que no puedo más, Zin, ya está bien, y caemos riéndonos en el colchón, es la hora de la siesta y estamos en mi casa, ¡a dormir!, ha dicho ama muy enfadada, pero nosotros no tenemos sueño, nos contamos las cosas, yo seré Cara Cortada, dice Zin, ametrallaré a la gente y tendré un auto negro más grande que un transatlántico, lleno de ametralladoras, ra-ta-ta-tá..., y yo, mi sacristán tiene tarjetas de mujeres, es menos pecado que ametrallar, te verá la gaviota blanca. Zin, bajándose los pantalones, mira qué pelambre, ¿a qué tú no la tienes así? Pero lo de la gaviota, Zin, escucha, es el dedo de Dios, pregúntale a Papadoc, él lo sabe todo, deja en paz a Papadoc, es un chiflado, dice que es el Capitán Trueno pero qué va, nadie es el Capitán Trueno, mira lo que hago yo, Josechu, fíjate, y le veo saltar en la cama elástica en que se ha convertido el colchón de mi cama, y a cada salto grita Zin, ¡arriba!, ¡arriba!, y en uno de los saltos lo veo subir ingrávido, moviendo las piernas, pateando y moviendo los brazos hasta hacerse pequeñito entre las nubes, Zin, ¿dónde estás, Zin?

»—Olvídate de Zin, guayabete —dice Gayola a mi lado.

»Miro a mi alrededor, ¿qué ha pasado?, y Gayola me cuenta, es que te has excitado y al dar el tirón, como estabas esposado al somier, se te ha salido el codo.

»Gayolita tiene la cara llena de lágrimas. Me dice:

»—Mikel te lo ha puesto en el sitio y te has desmayado. Eso es todo lo que ha pasado.

»Miro mi brazo dolorido. Se ha puesto negro y está hinchado.

»—¿Y Mikel?

»—Ahí está. Sigue en la radio las emisiones de la policía por si consigue noticias de lo de Villacorta.

»—¿Por qué hacemos todo esto?

»Gayolita me besa los ojos. Sus labios recorren mi cara desde la nariz hasta el cuello, luchamos por destruir todo lo caduco, dice, empezando por la sociedad, tenemos que transformar el mundo.

»—Pero odiamos.

»—Hay que odiar.

»—El odio no sirve para nada.

»—¡Sirve, Josechu! Sin el odio no podríamos seguir adelante. Es el motor, nuestro motor. Por eso no podemos prescindir de él. Tenemos que aferrarnos a él si queremos ganar esta guerra.

»—Yo no puedo odiar. ¡No sé!

»Lágrimas. Llenándome el pecho, ataponando mi garganta, enturbiando mis ojos, que ven bailotear grotescamente las flores azules del empapelado. Las lágrimas queman la piel de mi cara, ¿cómo puede quemar tanto una lágrima?, pienso, y me digo que quizá sea el fuego que supura mi desesperanza.

»—¿Qué está pasando?

»Gayolita me lo explica pacientemente. Alguien ha matado a Villacorta, no se sabe quién. La policía va de cráneo tras un supuesto comando pero no encuentra al responsable. Toda la ciudad está patas arriba, hay un centenar de detenidos.

»—y nosotros tendríamos que estar fuera del piso a estas horas porque aquí no estamos seguros. Pero tal como se han puesto las cosas hemos decidido esperar, o sea, jugarnos el todo por el todo.

»—Lo hacéis por mí. Por mi culpa.

»—Lo hacemos porque no podemos hacer otra cosa. Estamos en la ratonera. En este momento ni siquiera sabríamos dónde ir.

»—¿Y qué ha pasado después?

»—Zin ha desaparecido con la mano herida. Ha ido en busca de un médico y después al piso de Papadoc.

»—¿Y mi juicio?

»—Aplazado. ¿No te acuerdas?

»—Me ejecutaréis.

»—Tranquilo. No pienses en eso. De momento lo más importante es conservar la calma. No ponernos nerviosos.

»Me tranquiliza, todo se arreglará, guayabete, ya verás como todo sale bien.

»—A mí el que me da más miedo es el Mostachos —dice—. Ha desaparecido también, aunque lo más probable es que busque a su Papadoc.

»—En resumidas cuentas, que la he armado.

»—Y gorda.

»—Yo siempre he sido así, Gayolita. No puedo remediarlo. ¿Y qué opinas de ese Santamaría? Me da mala espina.

»—Podría haber sido él.

»—No te entiendo.

»—El que se haya cargado al general. Es que no sabemos nada. Por eso lo mejor que puedes hacer es descansar. Relajarte. ¿Quieres un trago?

»Agua es lo que pido. Gayola me recomienda que no me mueva demasiado. Cuando sale en busca del agua veo aparecer a Mikel en la puerta.

»—¿Todavía duele? —me pregunta.

»—Algo.

»—Pues te he puesto un calmante de caballo.

»De pronto el miedo se apodera de mí. Ya no me acuerdo de Sanromán, ni la que se ha armado por mi culpa. Sólo pienso en mí.

»—¿Qué vais a hacerme, Mikel?

»—Tú reza para que no le pase nada a Papadoc.

»—¿Por qué me dices eso?

»—Porque es el único que podría hacer algo por ti. De los demás no esperes nada. Están rabiosos. En cuanto a lo que decidan, la verdad es que no lo sé. Quizá dejarte en la calle para que defiendas tu vida contra los policías o...

»—O contra un comando ejecutor. ¿No es eso?

»—Sí.

»Insisto. ¿Qué otra solución tiene lo mío? Y Mikel me vuelve la espalda,

»—sacarte —dice.

»Sacarme es llevarme a cualquier parte, donde me dejarán con un tiro en la nuca.

»Gayolita entra con un vaso de agua y el transistor. Callaos, dice, y lo deja sobre una silla, "... la relación sentimental que existió entre María Moscoso y el fallecido miembro de ETA, Burguete, hace pensar que el brutal asesinato de la joven haya sido llevado a cabo por miembros de dicha organización".

»Gayola exclama:

»—El Mostachos. Tiene que ser él.

»Mikel asiente, lleva su sello. El transistor sigue informando. "La residencia del general Villacorta está acordonada —a buenas horas, dice Gayolita secándose los labios— y todas las fuerzas de Orden Público trabajan intensamente en el esclarecimiento de los hechos, así como en la búsqueda de los responsables del vil atentado. Veintitrés personas han sido detenidas..."

»—Quita eso —digo. Y Mikel cierra el transistor.

»Cuando Gayola sale le pregunto a Mikel por su pipa.

»—¿Para qué la quieres?

»—Sería una solución. ¿O es que tú no lo has pensado?

»—¡No seas animal, Josechu!

»Le digo mi sospecha.

»—Por un momento he pensado que me la ponías delante para que te la quitara y...

»—¿Y pegarte un tiro?

»Asiento avergonzado.

»—Estamos todos locos, Josechu. Eso es lo que pasa. Por eso no te lo tengo en cuenta.

»Ahora me mira muy serio.

»—¿Quieres escaparte? Más tarde no vas a tener ocasión.

»—¿Y tú? Te harían responsable.

»Mikel se encoge de hombros.»

ANTE EL SAGRARIO recordó sus lejanos días de monaguillo, con los pequeños hurtos en las colectas y la tirria contra el sacristán, el muy puerco, siempre mostrándole tías despelotadas, dos pesetas si quieres ver la última, una revista alemana, la mejor que hay. Revivió las mañanas invernales de misa, gélidas mañanas en las que el frío ascendía de las losas como una risa helada, un quintal de sueño en cada párpado, no te duermas, Josechu, el vicario joven, y él poniendo un *et cum spiritu tuum* donde sólo cabía el *Deo gratias.* Y después, lenguas, labios, caritas de porcelana o viejas solanescas a la luz del cirio, porque era llegado el momento solemne de recibir al Señor. Y el mes de María, con el polen flotando en el aire espesado de la humanidad sudorosa, un ahogo en el pecho el hedor mezclado con el incienso y el aroma de lirios y rosas, de rodillas las Hijas de María, menudo el culo que saca la Maruxa, murmuraba a su oído el sacristán. Y triduos, novenarios, los solemnes oficios de Semana Santa, cuando Cristo discutía con los fariseos porque quería hacer la revolución, cosas también del sacristán, Sixto, no jodas, le replicaba Josechu, ¿cómo va a ser Cristo del partido comunista? Terminaban crucificándolo los judíos, que nunca creyeron en sus intenciones de cambiar el mundo, pero Cristo tenía una gran ventaja y es que resucitaba cada año por Navidad, ¡paz en la Tierra!, aunque en la tierra de Josechu, la única que él conocía y amaba, en su tierra no había paz, sino todo lo contrario, se mataban unos a otros, ¡fuera los extranjeros! Entre todos, pensaba ahora Josechu, ponían el odio en el sitio que le correspondía al amor, del mismo modo que el sacristán había puesto mal las primeras piedras de la fe de Josechu. Mas ahora sabía que Dios no era un sacristán encanallado. Dios era un latido oculto entre la maraña de mercachifles y politicastros, de tarjetas de crédito, almas negociables, mercancía de cuerpos, suicidas de escándalo, grandes estafas, el compra o muere de la sociedad consumista, la máscara, el gesto, el sermón o el discurso. Dios era mucho más que el deseo de poder disfrazado de ideales nobles, más que la vida y la muerte.

Se sintió angustiado. Él quedaba al margen de la Divinidad. Sin presente ni futuro. Sin esperanza. No era nada. Si acaso, un cadáver al que tarde o temprano abandonaría acribillado en la calle para levantarse de él como el espíritu maldito en que se había convertido. Quedaría eso, un cuerpo roto, humillado por el perdón de las víctimas. Pasarían los tiempos y ni siquiera sería el héroe de la Patria, como había soñado, sino un muerto anónimo y, en el peor de los casos, figuraría en la nómina de los indeseables.

Buscó a Papadoc con la mirada, preguntándose por qué le había llevado a aquella pequeña iglesia. Seguramente sufría tanto o más que él a juzgar por la amargura de su rostro. Pensó también que quizá estaba necesitado de consuelo, por lo que fue en su busca, está tan solo como yo, murmuró, y lo esperó entre las sombras de una capilla hasta que le vio salir.

Caminaron hasta un bar que abría sus puertas en un chaflán lleno de desconchados, continúa el mal tiempo, dijo Papadoc, y Josechu no replicó a la banalidad. Sí quiso saber la causa de que le hubiera llevado a una iglesia.

Papadoc repuso sin mirarle:

—¿Qué querías, que te llevara a un teatro?

Se paró en mitad del arroyo.

Tú tienes problemas de conciencia, ¿no?

—En efecto.

—¿Entonces dónde querías ir?

En el bar, una mujeruca asmática les ofreció tabaco y Josechu le compró dos paquetes de ducados.

—Es lo que menos imaginaba —dijo a Papadoc. Y sonrió mezclando en la sonrisa la desesperanza con un vago desdén.

—Qué.

—Que fueras creyente.

—Mejor lo dejamos estar.

Papadoc revolvía pausadamente el azúcar en su taza de café, lo está pasando mal, pensó Josechu al observar el surco que partía el entrecejo de su acompañante, duda o remordimiento, se dijo, en definitiva es la cuchillada de una obsesión.

Josechu:

—¿Te importa que me quede esta noche en tu piso?

—No, siempre que te apañes con un bote de fabada.

—Me da igual.

Aquella mujeruca, el grupito de obreros medio achispados, maketos en su mayoría, vaciando potes a destajo, ¿estarían alguna vez con ellos? A juzgar por lo que discutían con el del mostrador, si Iríbar era demasiado viejo para estar debajo de los palos, lo que menos les importaba era la suerte del País. Quinielas, fútbol, el endiablado genio que sacaba la costilla si llegaban a casa tarde, el rijo y la risotada. Obreros de la ciudad, los han corrompido, habría dicho Papadoc, imitan al pequeño burgués, sueñan con el utilitario y el que lo tiene sólo piensa en el modo de cambiarlo. Pero ¿y los campesinos?, los campesinos malviven igual de resignados que sus vacas, con sólo un montón de mazorcas por todo capital. El culo en la tierra y los ojos en las nubes del cielo.

Asustados. Jodidos. El tricornio les acojona. Y no digamos nosotros. Nos temen más que a la peste. Josechu le habría dicho todo esto a Papadoc y le habría preguntado, ¿vale la pena seguir?

En el piso, mientras el abrelatas de Papadoc luchaba con el bote de fabada, Josechu le pidió que le relevara del trabajo del día siguiente, no es que renuncie a la lucha, nada de eso, dijo en un tono muy bajo, es que prefiero no actuar con Zin.

Levantó la voz:

—Si quieres lo hago yo solo.

—Te he dicho que no puede ser. En esta clase de operaciones se necesitan dos hombres por lo menos.

—Entonces qué.

—Veré de arreglarlo.

Pero notó que su mirada se había hecho evasiva y que los músculos del brazo se le endurecían excesivamente mientras su mano apretaba con rabia el abrelatas.

—Ahora vamos a cenar —dijo Papadoc. Y entró en la cocina, un pequeño rectángulo en el que su humanidad se agigantaba, la espalda que tiene el tío, pensó Josechu mientras desplegaba sobre la mesa dos servilletas gastadas por el lavado excesivo.

Salió con dos platos, uno en cada mano.

—¿Qué tienes contra Zin?

—Nada. Ya te lo he dicho. No me gusta su crueldad.

—No será nada personal.

—En absoluto. Somos amigos. Pero ha cambiado mucho.

Solía ocurrir. Al entusiasmo de los primeros tiempos sucedía una rutina enervante. Muchos jóvenes de la Organización, adictos a la droga del terrorismo, sentían cómo les abandonaba la mística revolucionaria. Olvidaban los textos sagrados, desmitificaban a los héroes de su épica particular al tratarlos con frecuencia, se vaciaban de nervio. Y a medida que este proceso desintegrador seguía su desarrollo aumentaba la tendencia a la crueldad, como si las víctimas fueran las responsables del deterioro espiritual de sus verdugos.

—Quizá lo que te pasa es que olvidas la crueldad del enemigo. En los cuartelillos se sigue torturando, Josechu. Y no es que lo diga yo bonitamente. Lo sabes tú. Lo sabemos todos. Lo denuncia Amnistía Internacional. En cuanto a las cárceles ya sabes cómo están. A tope. ¿Cómo crees tú que lo están pasando nuestros hombres?

—Aunque sea así.

—¿Aunque sea así?

—Una guerra como la nuestra no constituye únicamente el frente armado. Son otras cosas las que cuentan.

—¿Por ejemplo?

—La limpieza moral y la pureza de intenciones. Éste es un frente que no puede olvidarse.

Se sentaron a la mesa y Papadoc pronunció la palabra crítica mientras rebanaba concienzudamente una barra de pan.

—El pueblo no nos seguirá —dijo Josechu—. Si no se corta la violencia, o se modera, la gente acabará por sentirse asqueada de nosotros. Y si denunciar esta realidad es ser un crítico, pues vale. Es tu problema.

Josechu engrasaba su paladar con un pedazo de tocino mientras pensaba, me estoy jugando el cuello, pero alguien tiene que decírselo.

—No somos indispensables —murmuró.

—O sea que, según tú, la Organización sobra.

—Yo no he dicho tal cosa. Trato de decir que el País, nuestro País, seguirá existiendo pase lo que pase. Y que nuestra historia, si seguimos actuando como hasta ahora, no va a conocernos precisamente como unos caballeros de la Tabla Redonda.

—¿Alguna solución?

—Normas nuevas. La normativa vieja no vale. Hace falta imponer criterios distintos, airear la ideología belicista, ventilarla, limpiarla de fanatismo. Si lo hiciéramos así la gente joven nos seguiría. Los arrastraríamos.

Mientras hablaba, Papadoc le observaba, rígido, inmóvil el tenedor, sin un parpadeo,

—no hay que olvidar por otra parte que tenemos el tiempo en contra. Son muchos años de propaganda antiterrorista y eso cala en las mentes de la nueva generación. Y todo esto sin contar con otro factor que parece olvidar el buru.

—Sí. Explícate.

—Sencillamente, que el terrorismo, como fenómeno sociológico, empieza a aburrir a la gente. Se está gastando, Papadoc. Y al hablar de terrorismo me refiero al de los nacionalismos en particular, no al terrorismo estatal, el del cono Sur y todo eso, que ése va para largo precisamente porque los Estados disponen de los tanques y de otra arma más poderosa, que son los medios de comunicación.

—Sabes que te aprecio —dijo Papadoc levantándose de la mesa—. Te consta que me caíste bien desde el primer momento. Un poco impulsivo, pero ésa es enfermedad que se cura con el tiempo. Sin embargo...

—Te molesta que te hable así, ¿verdad?

—Me sorprende. Creía que te habías curado de tu vanidad. Que sabías lo mucho que te falta por aprender. Y en estos momentos, lo que has de tener presente es que un pronto tuyo, cualquier tontería que hagas sin medir el alcance de sus consecuencias, nos podría costar muy caro a todos. Especialmente a ti.

—Puede que esté equivocado —admitió Josechu.

Pero pensaba, estás envejeciendo, Papadoc, un roble eres, nadie lo pone en duda, y te pasas las noches enteras sin dormir, preparando nuevos planes de ataque, montándote estrategias que desconcierten al enemigo, escuchando las emisiones de la policía, siguiéndoles el rastro, olfateando hasta en las ondas del éter, aunque me consta que empiezas a preguntarte cuánto resistirás en este agujero por muy fuerte que seas.

—¿Quieres que mande a Mostachos en tu lugar?

—¿Qué dirá él?

—Nada. Obedecerá. En cuanto a ti, sigues encargado de la vigilancia en Capitanía.

—¿Cuál va ser mi misión?

—Avisar en seguida que salga el coche de Villacorta. Todo lo demás estará en orden.

Todo en orden. Especialmente tus dudas, Papadoc, tu obcecación, el hecho de negarte a aceptar que el pueblo, nuestro pueblo, empieza a creer más en los caminos de la democracia, caminos difíciles, lo reconozco, que en los sangrientos vericuetos de la alevosía y el crimen. Todo en orden, excepto tu fe en los métodos que utilizas para sembrar el terror entre tus conciudadanos. Pero hay algo más, Papadoc. Está la conciencia. Dejando a un lado las cuestiones de estrategia, sobre lo que habría mucho que discutir, ¿qué me dices del temor de Dios? Es tu tendón de Aquiles, Papadoc. Te lo he notado en la iglesia. De rodillas eres un hombres derrotado, pero un hombre, que es lo que te niegas a ser. Lástima me das, Papadoc.

—Copa es lo que no puedo ofrecerte —se excusó. Y procedió a retirar los platos de la mesa.

Josechu le siguió hasta la cocina.

—¿Desde cuándo estás en la Organización?

—Mucho tiempo hace.

—¿Demasiado quizá?

—Hay ciertas cosas para las que el tiempo no cuenta.

Fregaron los platos en silencio. Después, con el inconcreto relajamiento que se siente después de un trabajo manual, conversaron hasta casi la madrugada. Los argumentos eran floretes sin embotar y la charla se convertía a veces en una sutil esgrima de intenciones. Papadoc pasó revista a la Organización desde sus orígenes, nacimos en el cincuenta y nueve del error de la polícia gubernamental y del carácter reivindicativo y luchador de nuestro pueblo, cuyos objetivos son independentistas, la semántica, Josechu, porque no suena lo mismo independentismo que separatismo, una palabra que viene generando situaciones de recelo, especialmente en el área centralista y entre los llamados vasco-españoles. En seguida se produjo la represión y, con ella, nuestro fortalecimiento. Mas ahora existe un grave peligro, Papadoc, si la democracia avanza, y lo hace escalonadamente, es decir, con cuentagotas, nosotros podríamos llevar al País a una situación de conflictividad permanente, una sangría y, además, algo que a la larga supone la ruina de nuestra propia riqueza, estamos acabando con la economía nuestra y eso la gente lo huele. De seguir como vamos, la espiral de violencia aumentará la crisis económica y el paro, el cuento de nunca acabar. Y la ira de Papadoc, pues que se larguen de aquí y que nos dejen un sitio honorable en nuestro parlamentarismo. Todo se arreglaría.

Josechu:

—¿Tú crees?

—Seguro. Por eso precisamente estamos luchando.

—Vamos a ver. Defíneme la Organización.

—Somos revolucionarios armados que luchan por la independencia del País para convertirlo en un Estado.

—Separado del español y del francés.

—Por supuesto. Y no me vengas con que son utopías. Puede lograrse. ¡Tiene que lograrse! Hay una izquierda abertzale muy fuerte y la juventud está con nosotros.

Pero Josechu sonreía y su sonrisa, tristemente incrédula, empezaba a hacer mella en los nervios de Papadoc, ¿qué te pasa, muchacho?, ¿es que has perdido la fe?

—No es eso. Se trata de una simple cuestión de números.

—Vamos a ver.

—Después de tantos años de violencia, ¿cuántos son en la actualidad los compatriotas dispuestos a seguirnos por el camino de las armas? ¿Conoces tú el número exacto? ¿Lo sabe alguien?

El calor de la estufa encendía sus caras y el fuego de la convicción acentuaba el énfasis de las palabras. Papadoc denegó con la cabeza.

—No, eso no puede saberlo nadie, pero tengo la seguridad de que la mayoría está con nosotros.

—¿Y si no fuera así?

—Imposible.

—Hay algo de fanatismo en tu actitud. ¿Podrías explicar por qué es imposible? Si no lo haces tendrás que aceptar tu valoración dogmática del problema. O no crítica. Opuesta por tanto al socialismo marxista. Creo que la cosa no tiene vuelta de hoja.

—Saca tu conclusión.

—Sencillísima. Si la juventud se inhibe y los sectores que cooperan con la Organización nos dan la espalda, ya podemos echar el cierre.

Y la indignación repentina de Josechu: lo que no me explico es que un hombre como tú, que llevas el realismo en la sangre, ¿o va a resultar que te mueves a impulsos del misticismo?, y Papadoc, frío, frío, Josechu, espera, déjame hablar —Josechu—, perdona, decía que no me explico que tíos como tú, que conoces perfectamente el problema y que has vivido todas las fases de la Guerra Revolucionaria, que la has creado, para ser más exacto, tú, siempre en contacto con el buru, el gran coordinador, el gran teórico, el mejor experto en el tema de la guerrilla urbana, un cerebro privilegiado a la hora de la evasión o de proyectar un secuestro, no me explico cómo tú, esa ibeeme, no te das cuenta del peligro que corre la Organización si el pueblo llega a denunciar nuestras acciones violentas y acaba por repudiarnos, y ahora dime, ¿qué postura adoptarías si se llegara a esa situación?

—Nunca llegaremos a tal situación.

—Dame un argumento válido pero razona. No dogmatices.

—Déjalo. Será mejor.

—Pues acepta mi supuesto. ¿Qué harías tú si el pueblo nos abandonara a nuestra suerte?

Silencio. Y desde el silencio, únicamente alterado por los menudos crujidos de la estufa y por las bofetadas del viento en la ventana, la conclusión de Josechu, te estoy viendo, Papadoc, veo tu futuro de solitario poniendo bombas sin sentido por ahí, veo al lobo expulsado de la manada dando las últimas dentelladas, adivino en ti la sombra que huye, un eco de violencia que se apaga solitario.

—Es que tus razonamientos son hábiles falacias, Josechu.

—Nada de eso. Te he preguntado qué actitud adoptarías si el pueblo vasco nos retirara su confianza. Si es que la tuvimos alguna vez.

—Pues no lo sé.

—Yo sí. Te convertirías en un furtivo. En otras palabras, serías un irredento.

—Es posible.

Papadoc se levantó y cogió de la estantería el tomito de

Horacio. Parecía haber olvidado las tres horas largas de conversación. Horas tensas.

—¿Lees latín? —le preguntó Josechu.

—Horacio sabe mucho mejor en su propia salsa. Carecemos de buenas traducciones. Fray Luis se acerca mucho al pensamiento del autor en las Odas. Pero para las Sátiras y las Epístolas, Bart. En alemán, claro.

Latín y alemán. Josechu se encogió de hombros mientras se dirigía al dormitorio, menudo es Papadoc, pensó, y se preguntó si habría algo que no supiera.

—No quisiera molestarte. Puedo dormir en ese silloncito —dijo asomando la cabeza por la puerta entreabierta.

—Yo no suelo acostarme. Leo aquí. O cavilo.

—Entonces hasta mañana.

—Que descanses.

Pero no pudo descansar. Se ahogaba en aquel cuartucho interior con las paredes forradas de libros. Por otra parte temía haber ido demasiado lejos, aunque yo no puedo engañar a este hombre, se repitió una y otra vez, no puedo engañarle.

Todavía era de noche cuando se levantó. Vio a Papadoc dormido en el sillón y cubrió sus hombros con una manta. Que Dios nos asista, dijo mentalmente mientras se dirigía a la puerta del piso.

En la calle seguía la ventolera.

«ME NIEGO A HUIR, le digo, y Mikel me deja a solas con mi brazo dolorido y el avispero en que se ha convertido mi cabeza, Papadoc sin aparecer, el Mostachos con su trabajito y Zin, ese maldito, suelto por ahí. De vez en cuando resuena en mi oído la voz de Begoñita, "dice Mikel que sólo podemos hablar un minuto, me iré contigo, te quiero, Josechu..." ¿Y qué podía hacer yo sino llorar como un imbécil mientras escuchaba sus palabras?, mas Gayolita apremiaba a mi espalda, corta, guayabete, corta, que la poli lo escucha todo, piensa en los compañeros. Y colgué antes de que transcurriera el minuto. A nadie se lo doy a pasar, oírla, saber que me quiere y tener que renunciar a ella, y Gayola, cada vez más nerviosa, vamos a meter este chisme en el cuarto, de prisa, arrastrándolo entre los dos, que como aparezca Zin nos pega dos tiros. Y ahora, nada que hacer. Mirar las puntas de mis botas estirado en la cama, ¿no es ésta la postura de los muertos solemnes?, y recordar cosas agradables, como la tarde en que la vi por última vez, de lejos, claro, yo en el milcuatrocientos que había afanado Gayola, qué habilidad la tía con los motores, hasta un cohete espacial es capaz de poner en marcha, yo en el coche y Begoñita rodeada de críos en el patio del parvulario, delgada, descolorida, la cintura un suspiro, y yo envidiando a la niña de las trenzas color miel, a la que besa en la frente pienso si para consolarla. Pero qué pedazo de animal eres, me dije rechazando la tentación de masturbarme allí mismo, y aporreo el volante con rabia, la has perdido por idiota. La luz se enturbió en mis ojos igual que la figura de Begoñita, que bailoteaba metida dentro del cristal de mis lágrimas. ¿Y si la llamara por teléfono? Fácil. Con el listín de calles, facilísimo. No seas bruto, reflexioné, que en el negocio en que andas metido no se puede jugar y tú te pierdes por ahí, crees que la vida es un juego y aquí te has dado de narices contra el suelo. Oías lejanas las voces de las niñas pero no oías las de ella aunque la veías mover los labios. Y en eso estabas, tratando de recordar su voz, cuando apareció el urbano, tieso el esqueleto orgulloso, haga el favor de circular, y uno de mis prontos, ¡calla, carajo de mierda!, me revolví con más veneno en el cuerpo que un alacrán, y el tío que se acojona de puro asombro, que reacciona, a ver, documentación, documentación te voy a dar yo, y cogía la pipa de la guantera y sin encomendarme a Dios ni al diablo le metí una píldora entre ceja y ceja, ¡agur, maketo! Qué fácil después abandonar el milcuatrocientos en una esquina, entrar en una cabina y llamar a un periódico, GRAPO reivindica... En seguida, el temporal de noticias absurdas, las mil y una conjeturas de la policía, pero yo no me percataba exactamente del peligro en que ponía a los nuestros ni de cómo me estaba encanallando.

»Me adormezco en la herboristería de la señora Concha, donde el silencio es fresco y compacto, oigo la voz de mi madre, lo haremos monaguillo de la parroquia del Santo Cristo, siento en la piel de mi infancia como un cosquilleo el tiqui-tac de las agujas de hacer punto de la señora Concha, una vieja baldada de cara fofa como un pan a medio hornear, así empezaron muchos santos, dice, y yo me siento culpable, santo, con las porquerías que hacemos Zin y yo, pecados mortales. Hay un reloj de pared grande con las agujas paradas sobre el nueve romano acostado, cadáver de reloj porque en la herboristería el tiempo ha muerto. La voz de la señora Concha es como un viejo fonógrafo que se para, qué suerte usted con los hijos, a cuál de los dos más bueno, y una tan sola. Cada vez que se abre la puerta suena una campanilla alegremente y al mismo tiempo entra el rumor de la calle, las voces de la gente.

»Aunque me esfuerzo, no consiguo distinguir estas nuevas voces. No sé a qué personas pertenecen.

»—Han vuelto, Josechu —dice Gayola.

»—¿Quiénes han vuelto?

»—Zin. Y el Mostachos. Están ahí.

»Pregunto por mi hermano. Mikel no ha llegado aún, no sé qué puede pasarle. ¿Por qué no me dejan apacentar mi niñez en la herboristería de doña Concha?, se me caen los párpados como si fueran dos gruesas gotas de mercurio,

»—mira, Gayola, que hagan lo que quieran —murmuro. Y me dejo arrastrar por la inercia del sueño, un fresco río ahora que la puerta está abierta y pasa el aire. Esperarán media hora, hasta las dos, me dice al oído Gayolita, y yo sonrío escéptico porque sé que el reloj murió a las nueve menos cuarto.

»—Me gustaría hablar contigo, guayabete. Nunca hemos hablado.

»—Te escucho.

»—¿Tú crees en el destino?

»Me encojo de hombros. Pues yo sí, dice, y pienso que el mío es que me maten los hombres que quiero. Y me aprieta la mano sana, que la otra la tengo embotada, una mierda es todo esto, ya está claro. Acaricia mi cara. ¿Sabes? A mí me habría gustado ser una mujer elegante. Me paro delante de los escaparates y es que la gozo, oye. Envidio a esas chavalas que van por ahí pintadas, con zapatos altos, meneando el trasero. Mira, caí en la trampa. Al principio estaba convencida de que los nuestros eran los más listos, los mejores, y que si alguien nos odiaba eran los malditos oligarcas, peor para ellos. Claro, había otro sector de gente que nos ayudaba. ¿Te acuerdas? Cuanto más grande era la burrada que hacíamos más fuerte eran los aplausos de estas personas. ¡Machos ellos! ¡Son geniales! En cambio ahora, con esto de la democracia, cuánto han cambiado las cosas. Bordes. Ya no les interesan nuestras acciones. ¿O me lo parece a mí? Total, que me encuentro a mis veintiséis años con que no soy nadie. Nadie, guayabete. Ni siquiera una mujer.

»La miro a los ojos.

»—Te lo juro, Josechu. En la cama, sí. Doy tanto como la primera. Pero eso no es ser una mujer. Es comportarse como la hembra que ha nacido una, porque de travesti nada. Lo que quiero decir es que las cosas propias de la mujer, cosas ridículas si tú quieres, esas cosas no existen para mí. Por ejemplo, eso que llaman coquetería, medio timarse con un tío, calentarle los cascos o lo que sea, comprar en una perfumería la última marca de rímel y probar a ver si te favorece. O ponerme vestidos en una boutique, aunque no los compre. Si este sacrificio que hacemos tuviera al menos su recompensa, tira que te va. Pero no es así. Ahora parece que les molestamos. Los izquierdosos no saben qué clase de declaraciones hacer a la prensa. Bueno, sí lo saben. Todos condenan la violencia. ¡A buenas horas! Antes bien que se aprovechaban de nuestros actos violentos. Qué se le va a hacer. Me armo un verdadero lío cuando pienso en estas cosas. Lo que quiero decir es que ahora estoy segura de que me habría gustado casarme. O arrejuntarme. Eso me da lo mismo. Pero mejor casarme, de blanco por supuesto, y tener mi piso, mis chismes de cocina, un gran televisor en color, y charlar en el portal de la casa con las vecinas. No sé, de lo que tú quieras. Todo eso habría sido sentirme mujer, que ahora no sé lo que soy. Un tanque me figuro, un blindado contra todo lo que huela a ternura, ¿tú te imaginas lo bonito que debe de ser querer a un hombre, esperarlo por la tarde, que te saque un rato por ahí? Acostarte con él es lo de menos. Bueno, claro, tú no entiendes de estas cosas, pero te juro que sé lo que me digo.

»Apoya la cabeza sobre mi pecho, se ha hecho demasiado tarde, dice, y suspira, porque el caso es que no podemos hacer marcha atrás. Somos mierda, guayabete. Nos han convertido en mierda nuestros propios ideales.

»Pienso que lleva razón esta Gayolita aparentemente fuera de control, máquina destrozapipas a primera vista, extraño bicho mezcla de bestia apayasada y de hermafrodita, tiorra y lesbiana a la vez, pero con un corazón de oro.

»—Tú eres una magnífica compañera y una gran mujer —le digo.

»—¿Lo dices de veras?

»—Completamente.

»—Pues anímate. Podemos huir. Todavía hay esperanza.

»Me incorporo en la cama, no me quedan fuerzas, replico, y no me refiero a las fuerzas físicas, son las de dentro las que me fallan, además

»—me preocupáis todos demasiado para pensar en mí. Mikel, tú misma, Papadoc. ¿Qué va a ser de vosotros? ¿Cuál es vuestro fin? A veces pienso que lo mejor que he hecho en mi vida es haberos llevado a esta situación límite. Ahora no tenéis más remedio que reflexionar.

»—Los de fuera me han quitado la pistola.

»—¿Y si te dijera que me alegro?

»—Sí, claro. Te comprendo.

»—Que hagan lo que quieran.

»—Zin jura que se acabó lo que se daba. Ya no hay comando que valga desde la desaparición de Papadoc. Dice que ahora se trata de un asunto de hombres.

»Zin irrumpe en el cuarto hecho una fiera. ¡Puercos!,

exclama empuñando un nueve Firebird, que sólo pensáis en joder, malditos cochinos. Veo el vendaje de su mano herida empapado en sangre. Y tú, traidor, ¡soplón!, deja de hacerte el interesante y prepárate.

»Gayolita se interpone entre Zin y mi cama, venga, hombre, serénate, Zin, tengo que cambiar esa venda, a ver si calmamos los nervios.

»En la puerta, el Mostachos espera con un trozo de regaliz en la boca. Tiene toda la pinta de un forajido.»

A POCOS METROS DE ÉL, en el césped, picoteaban frioleros unos gorriones. Josechu dobló el *ABC* y lo dejó junto a sí en el banco pintado de verde. Luego estiró las piernas y apoyó la cabeza en el banco buscando la tibieza del sol en la cara. Todo en orden, pensó, ningún movimiento anormal, la misma guardia de siempre, tranquilidad. Guardaba en la retina la imagen del portal de Capitanía, un arco de medio punto sobre el que campeaba el escudo nacional esculpido en una piedra blancuzca, el balcón corrido con el asta de la bandera en el centro y abajo, en la acera, las siluetas de las dos garitas pintadas de gris plomo. Un soldado con capote y casco paseaba arriba y abajo con la metralleta ojo avizor. Entre las sombras del portal circulaban de vez en cuando hombres uniformados. Eran, según la profundidad, medios cuerpos, piernas o botas claveteadas caminando sobre los abrillantados adoquines. Por lo demás, tranquilidad. Algunos transeúntes, pocos, en la acera, y en la glorieta, como siempre, la presencia de los jubilados y algunos críos bajo la vigilancia familiar.

A aquellas horas, sobre las once de la mañana, ya estaría todo preparado en el piso del comando. Josechu veía mentalmente a Zin revisando la Beretz de culata abatible, comprobando el ajuste del cargador, veinte cartuchos ya dan de sí, pensó, y al Mostachos, indiferente, ¿por qué coño tengo que bañarme yo?, rehuyendo como siempre la ablución ritual que limpia el cuerpo de impurezas, despeja la cabeza y aumenta los reflejos en el momento de actuar. El Mostachos, que lo único que había conseguido aprender del *Minimanual de la guerrilla urbana,* de Marighella, era aquello de que «la razón de ser del guerrillero urbano es la de apretar el gatillo de su fusil», gitano, pero qué animal de bellota eres, pensó. Y en sus labios se pintó una leve sonrisa teñida de tristeza.

Tomó el diario y se levantó, observando después alrededor por si había algún vehículo sospechoso, estos cabrones te sacan una foto por menos de nada, ni que fuera uno el Julio Iglesias. Caminaba distendido, el periódico debajo del brazo y la vista en la pequeña fuente de bronce tapizada de verdín, volviéndose de vez en cuando para mirarla desde ángulos distintos, como si aquello le interesara realmente o sufriera la hipnosis de las gotas que danzaban en lo alto grávidas de luz para rebotar ahiladas sobre el temblor de la superficie. Al llegar al final del parque se detuvo junto al bordillo de la acera y esperó a que pasara un autobús de línea. Luego cruzó, caminó por la acera de Capitanía y dobló la esquina. No lejos, en el callejón, empujó la puerta de una tasca frecuentada por soldados. Cómo está esto hoy, pensó al recibir en la cara el acre bofetón del ambiente, se nota que se acerca Navidad. En vista de lo difícil que se hacía avanzar hacia el interior del establecimiento se quedó de pie junto a la puerta. Y allí precisamente, delante de él, rozando con el tabardo el capote de su uniforme, estaba el chófer del general Villacorta. Se acodó a su lado como pudo y pidió un blanco. Pero qué fieras somos los humanos, dentro de poco me hablará, o seré yo quien le dirija la palabra, qué, ¿esperando el permiso?, y ese pobre diablo nunca se enterará de que el chaval tan agradable de la tasca le estaba cavando la sepultura. A lo mejor, si le hace gracia mi chiste, se muere con la imagen de mi cara en el pensamiento. Pero hay que ser así.

No pensar. El verdadero revolucionario no se plantea este tipo de cuestiones. El secreto está, gitano, y en esto he de darte la razón, el secreto está en apretar el gatillo del fusil. No se puede uno encariñar. Tu conciencia es la del grupo. Sin más comentarios. Por eso no puedes permitirte el lujo de considerar a alguien como cosa tuya, este tuyo íntimo, el familiar *tuyo*, el amigo *tuyo*.

Pero el chófer del general no le dirigió la palabra. Se puso a hablar con un cabo imberbe de pelo ratado que salía del fondo de la tasca, ¡demasié tu Leocadia, Fernandillo!, ¿y tú qué haces por aquí tan pronto?, y el chófer del general, tengo que ir al aeropuerto y había que limpiar el coche, pues sí que te han jodido. Y las risas de ambos, un abrazo que no llega a cuajar porque son muchas personas y poco espacio.

Al aeropuerto. ¿A qué? ¿Cuándo tendría que ir? ¿Viajaba Villacorta o esperaba a alguien? ¿Algún jefazo a la vista? Preguntas como alfilerazos. Y el chófer sacando la cartera para pagar su consumición, ¿me cobras, tú?, menos mal que el de la barra iba despistado en el extremo opuesto, y de pronto la voz de Josechu:

—El pobre tío va de culo. Demasiados clientes para él solo.

Y su risita hipócrita, yo le he pedido un blanco y ni puto caso.

—Pues como no se apure me largo sin pagar. Se me está haciendo tarde.

—¿De permiso ya?

—Qué va. Hasta pasado mañana ni olerlo.

Cómplices involuntarios son el paquete de ducados y el bic amarillo, qué seguros son estos encendedores, a mí que no me den otros, y el soldado, pues yo lo he perdido o me lo han afanado por ahí. Y ríe enseñando unos dientes blanquísimos.

—Toma. Llévate éste.

—No, déjalo.

Y Josechu, sacando el bic azul, perdona Gayolita pero es cuestión de minutos,

—tengo, otro. Llévatelo, hombre.

—Pues me haces un favor porque salgo ahora mismo para el aeropuerto, que ya tenía que estar rodando.

—¿Eres chófer?

—De un general.

—Los tíos, qué suerte. Seguro que se va a casa de vacaciones. Y tú al pie del cañón.

—¿Quién, ése? Ése es más tieso que un palo. Hasta el último día está en su despacho. Yo voy a recoger una hija suya que viene de Madrid.

—En Navidad ya se sabe. La familia se junta. ¿Viene sola?

—Con su hija. Una chavala de quince años que está como Dios. Y simpática ella. Llanota.

Y de nuevo la risa hipócrita, afortunado tú que la paseas, hasta casa del general, supongo, y el chófer al de la barra, ¡cóbrame, coño!, y dándole al bic, déjame que te pague el vino,

—por lo menos, ¿no?

—Vale.

Agur. El soldado había puesto sobre la baquelita de la barra dos monedas de veinticinco y una de cinco, de propina, y se dirigía hacia la puerta, que se me escapa, maldita sea, y en un último intento Josechu le agarró del brazo y le dijo al oído querendón, le das un pellizco de mi parte cuando llegues a casa, a ellas les gusta y el general no te verá. Y la risa confiada del otro, que acaba de picar:

—Lo malo es que no vamos a casa.

—¡Una lástima, joder! ¿Dónde vais?

—Volvemos aquí en seguida. Recogemos al general a las

dos en punto, ¿no te digo que éste no se casa con nadie?, y entonces sí, entonces a casita.

—¡Suerte, majo!

Qué putada, Josechu, le deseas suerte a ese infeliz sabiendo que dentro de un par de horas tendrá el cuerpo lleno de agujeros por tu culpa, porque tanto el Mostachos como Zin no se paran en barras, lo destrozarán aunque puedan evitarlo. Fue entonces cuando se dio cuenta de la carnicería que iba a producirse si él no ponía remedio. Porque no caería el chófer solamente, caerían aquellas dos mujeres. Y las vio mentalmente, vio sus pedazos, el rostro crispado de la madre y la carne suave de la niña, perforada, rota entre la sangre negruzca.

Salió de la tasca con el aroma del blanco pegado al paladar. En la acera de Capitanía alguien le saludó. Era el chófer de Villacorta, que le sonreía amistosamente. Caminó de prisa, preguntándose qué clase de persona era, un fanático, un psicópata que trata de justificar sus crímenes con razones de tan poco peso como la libertad de un pueblo que seguramente se negaba a adquirirla a tal precio. «Es necesario, para transformar una crisis política en lucha armada, que obliguemos al poder a instaurar el estado de sitio. Esto le privará de las masas, las cuales no tardarán en rebelarse contra la Policía y el Ejército al hacerlos responsables de esta situación.» Recordaba estas parrafadas de Marighella, el terrorista brasileño, sin hallar justificación al crimen, precisamente porque se hace odioso, sobre todo a las masas, que reaccionan visceralmente contra las *massacres* y el dolor ajeno. Es un planteamiento falso, se decía mientras caminaba en busca de una cabina, porque desde el punto de vista político el terrorismo es una especie de *boomerang* que acaba golpeando a quien lo emplea, que se vuelve contra él. Estaba nervioso, pendiente del reloj, las doce menos cinco, y la única cabina que encuentro está ocupada.

Por la concurrida acera, retazos de conversación, viandantes apresurados, familias cargadas de paquetes, se acerca la Navidad y nosotros, los abnegados héroes del pueblo, monstruos de la Patria, pensando en liquidar mujeres inocentes, ¿qué clase de lenguaje es el nuestro?

De sobra lo conocía él. El lenguaje del terrorismo, fuera cual fuera el signo de éste, pretendía como todo lenguaje persuadir. Cuando se trataba de terrorismo de Estado, el mensaje iba dirigido a ciertas minorías, étnicas o políticas, el caso de Hitler antes de decretar el holocausto de los judíos. En el caso de ellos, el mensaje lo recibía el centralismo estatal en forma de sabotaje, secuestro o muerte. El Estado podía reconstruir fácilmente un puente, podía sustituir al general asesinado por otro, lo que no podía era impedir el clima de pavor creado por el terrorismo. En resumen, no podía contra el propio terrorismo.

Mientras caminaba por la cada vez más concurrida acera dio en imaginar cómo serían la hija y la nieta del general Villacorta. A la madre la vio con la nariz levantada, un gesto muy del sexo débil de la gran familia militar, y sonrió, pero la niña era diferente. Miraba a las señoras de buen ver y a las quinceañeras que se cruzaban con él, tratando de encontrar parecidos físicos entre algunas de ellas y las que imaginaba en su lucubración. Tuvo que desistir porque el tiempo se le echaba encima. Hay que actuar, Josechu, pensó torciendo a la derecha en busca de una cabina conocida. Pero al teléfono de Papadoc no contestaba nadie. Repitió la llamada dos veces con idéntico resultado. Entonces pensó en Gayolita y marcó el número del piso del comando. ¿Todo en orden, Gayola? Tranquilidad en todos los frentes, ¿y a ti cómo te va? Quizá tengamos problemas. Y Gayolita, ¿dónde estás?, tardo diez minutos.

Al verla empujar la puerta de la cafetería donde la había citado se sintió más tranquilo.

—Irán dos mujeres en el coche del general —le dijo ayudándola a empinarse en el taburete de la barra—. Su hija y su nieta, una chavala de quince años.

—Pues sí que estamos buenos.

Levantó las cejas, no sé qué decirte, guayabete, está todo muy adelantado. Hay tres comandos esperando en su puesto, así que si esto no lo para Papadoc creo que no va a tener arreglo.

Se miraron a los ojos preguntándose en silencio, ¿qué podemos hacer? Durante un tiempo fue una conversación mental, ya que sobraban las palabras para comunicarse todo el horror del momento, el horror y al mismo tiempo el pánico, porque tal como está Zin, Gayolita, con el odio que me tiene, le faltaría el tiempo para pegarme cuatro tiros si me decidiera a actuar por mi cuenta, ¿a qué le dices tú actuar?, ¡a parar este golpe como sea! Y, también mentalmente, lloraron sus ojos secos en silencio, y se cogieron de la mano, estrujándose los dedos, llenos de humillación, hasta dónde hemos llegado, Gayolita, pedimos consuelo a nuestras manos y las rechazamos instintivamente porque están manchadas de sangre.

Se soltaron a impulsos de un inconcreto sentimiento de repulsión.

—Van a pensar que hacemos manitas —dijo Gayola.

Y él:

—¿Dónde demonios se habrá metido Papadoc?

—Llama otra vez, aunque sea desde aquí mismo.

—Ahora vuelvo.

Josechu repitió la llamada y consultó su reloj, va a ser la una y el general sale de Capitanía a las dos en punto, pensó mientras buscaba a Gayola con la mirada.

Cuando volvió a su lado estaba muy pálido.

Nada, no está. Y añadió quitándose el tabardo, demasiada calefacción, pero ella sabía que no era la calefacción, era una mezcla de remordimiento, miedo y desesperanza, y un oculto temor hacia un Ser inconcreto que le transmitía el mensaje, no puedes consentirlo, Josechu, sería una acción atroz, dos mujeres...

—Dos mujeres, Gayolita. ¿Te haces cargo? Y una de ellas es una niña todavía.

—El Mostachos tiene razón. De un tiempo a la parte tenemos la negra.

Josechu se había puesto de espaldas a la barra por si descubría entre los clientes algún sospechoso. Nada de particular. Dos parejas jóvenes en las mesas y los habituales del chateo, a juzgar por la familiaridad con que trataban al camarero.

—Tengo que irme —murmuró Gayola—. Si te parece, puedo hablarles a Zin y al Mostachos.

—¿Y qué piensas decirles? ¿Que tiren con agua bendita?

—Simplemente que tengan cuidado.

—¿Ésos?

—Entonces seguiré buscando a Papadoc. No se puede hacer otra cosa.

—Llama a todos los pisos. Puede que lo encuentres en alguno de ellos.

Una pausa.

—Me voy —dijo ella deslizándose del taburete. Y le miró, piensa bien lo que haces, y no te metas en líos, decían sus ojos, y su sonrisa triste añadió, mala suerte, paciencia.

—Hasta las dos menos veinte en punto espero tu llamada aquí. Si dieras con Papadoc, que me llame él personalmente. Pero recuerda, hasta las dos menos veinte. Ni un minuto más.

—Está bien. Ten mucho cuidado.

—Lo mismo digo.

«POR FIN ME ENTERO DEL MOTIVO de tantas idas y venidas. Me lo dice Mostachos, que entra cuando Gayola se lleva a Zin de aquí con el pretexto de cambiarle el vendaje.

»—Hemos vaciado el piso. Nos lo hemos llevado todo a otra parte.

»Sentado a los pies de la cama, el Mostachos continúa, no ha sido nada fácil, joder, todas las pipas, la munición, tres Mariettas, una docena de granadas, no sé cuántos botes de humo, uniformes, placas, la intemerata, joder,

»—pero ya está —añade. Y sonríe pasándose el canutillo de regaliz de un extremo a otro de la boca—. Tu hermano hace el último viaje. Los disfraces. Un circo parecía con tanta ropa.

»Se queda mirando al techo.

»Mikel es todo un hombre —dice—, no como tú, que te metiste en esto por presumir. Ni siquiera ha querido ser un liberado. Se conforma con pertenecer a un comando legal. Y trabaja, el tío. En cambio tú te has cagado.

»De pronto se levanta y grita, ¡has engañado hasta a Papadoc!,

»—yo se lo advertí. No lo liberes. Mira que el nene está sonado y cualquier día nos la arma. ¿No te das cuenta? El hecho de haber matado a ese coronel ya dice la clase de tipo que es.

»Inesperadamente me agarra del cuello y clava sus pulgares en mi garganta.

»—Podría matarte pero no quiero que me debas el favor —dice. Y oigo crujir sus dientes entre el apestoso pedazo de regaliz.

»Tras escupirme en mitad de la frente observo que sus rasgos se relajan. Me suelta y sale precipitadamente para volver en seguida con un cóctel Molotov, que deja en el suelo a un par de metros de la cama, le pegaremos fuego al piso, dice sin mirarme, mientras yo observo la pequeña ampolla con ácido sulfúrico a un centímetro escaso del nivel de la gasolina.

»A fin de ocultar el temor a que me achicharren vivo le pido tranquilamente un ducados. Accede, qué raro, pienso, y se queda mirándome como si fuera un bicho raro, mientras fumo con los ojos entrecerrados, como si en el cuarto no hubiera nadie más que yo.

»—Es cojonudo esto que me pasa a mí —le oigo decir, y por su forma de hablar deduzco que se ha tranquilizado tras el ataque de furor—. ¿Sabes? La verdad es que todavía no te conozco. Y eso que nunca te he perdido de vista. Nunca. ¿Lo oyes? He sido tu sombra. ¿Sabías que también te vi cuando te cargaste al municipal? Se lo conté a Papadoc pero él seguía en sus trece. Necesitamos hombres como él, tiene fibra. Dime, ¿cómo te lo has montado para engañarlo? Claro que ahora no es lo que era. Ha perdido la fe. Y es que tú le haces dudar. Es eso. No sólo provocas la caída del comando y te lo cargas todo sino que además hundes a Papadoc. Lo haces dudar, maricón del culo. Dios, Dios, Dios... A veces, cuando llego tarde al piso, entro despacio y me tumbo al pie de su cama como si fuera un perro. Entonces le oigo. Sólo pronuncia una palabra, Dios... Cuando se levanta parece el mismo de siempre, pero yo sé que no es así,

»Como me intriga lo que está diciendo le dejo hablar,

»—ha perdido interés y como él lo sabe lucha consigo mismo

para que esto no ocurra. Sí, eso lo huele Eulalio, que es su perro fiel, ¡su perro y a mucha honra! Cuando lo borraron de la lista de los vivos no me lo creí porque él es capaz hasta de resucitar, y apareció un día en el caserío, subió a la montaña y vino a buscarme. Me buscó a mí, a nadie más que a mí, cuando todos los periódicos lo daban por muerto. Tú te acordarás de aquello.

»Continúa, gitano, le digo mentalmente, desembúchalo todo, que estás a punto de revelar el misterio, pero el Mostachos enmudece, se pasa la mano por la frente como si volviera en sí tras un desvarío, ¿está loco de atar y se inventa las cosas o está diciendo la verdad?

»—se habló mucho de aquella muerte, pero no se encontró ningún cadáver. Él me dijo, Eulalio, vendrás siempre conmigo. Ahora vamos a hacer un trabajito. Le acompañé a la capital y mató a una persona muy importante. Era el soplón, claro. Lo liquidó limpiamente en el portal de su casa y desde entonces vamos juntos. Catorce meses después reapareció pero nadie sabe quién es Papadoc.

»La risotada del Mostachos me impulsa a jugar fuerte.

»—Yo sí lo sé —le digo.

»—¿Tú? Pero ¿quién diablos te has creído que eres? No eres nadie. ¿Cómo podrías saber quién es Papadoc?

»—Eso a ti no te importa. Lo sé y basta.

»—¡Mentira! —grita. Y le oigo montar la pistola.

»Aplasto la colilla en el suelo y, mientras lo hago, le reto con la mirada, vete a la mierda, gitano apestoso, digo, y me vuelvo cara a la pared. Haz que acierte, Dios mío, pienso al sentir sobre mi nuca el cañón de la Parabellum.»

EL REMEDIO no está en las ideas, el remedio está en ti mismo, Josechu, en tu alma, incapaz de aprender a hacer un surco sobre la tierra o de escribir una simple cifra, tu alma, que nunca conseguirá razonar porque no ha sido creada para ello, que sólo sabe sentir, por eso detecta en seguida el mal y alcanza las cumbres más altas de la contemplación o accede al éxtasis creador. Permanece atento y oirás los himnos secretos de tu alma, Josechu, lucha con todas sus fuerzas, que sea ella el tajamar que abra tu camino hacia la Divinidad en el mar de roca de las ideas.

Escuchaba una voz secreta mientras vigilaba la puerta de la cafetería desde la mesa a la que se había sentado ante un café desangeladamente frío. Achacó a la calefacción el malestar que sentía, algo muy parecido a un mareo acompañado de sudor de manos. Todavía vibraban los músculos de su cara, los acababa de ver él mismo saltando bajo la piel cuando se miró al espejo del servicio, y le salió la pregunta clave, ¿podrás perdonarme, Dios mío?, después de anotar el número de Capitanía tomado del listín. Y fue entonces cuando pensó en su alma y en el alma de los demás, el alma universal, comprendiendo mediante una especie de revelación que en el alma universal se encierra el concepto prójimo y que, por eso mismo, el prójimo quedaba convertido así en el objeto de contemplación más hermoso, el más noble.

¿Qué decides, Josechu, seguir los dictados de tu alma o liar una ensalada de tiros cuando veas entrar por esa puerta a los guardias o quién sabe si a tus propios compañeros? Se hizo esta otra pregunta mientras miraba el reloj, veintitrés minutos para las dos, registró su cerebro, y en aquel instante un jovencísimo camarero con la cara llena de granos, señor, le llaman al teléfono, y sus palabras murmuradas sonaron en los oídos de Josechu como cañonazos de apocalipsis o como campanas al vuelo, no lo habría sabido decir. Le dolían las sienes mientras bajaba precipitadamente los escalones en busca del teléfono, diga y en seguida la voz baquelitizada de Papadoc, ¿Josechu?, sí, acabo de hablar con Gayola y ya es tarde para todo, así que lo siento. Le temblaban los labios como al fumado que empieza a viajar, escupía blancuzcas pelotitas de fiebre, pues escucha bien lo que te digo, el que lo siente soy yo pero ya he llamado al interesado y he hablado con él, no irá, así que puedes retirar a tus perros. Y colgó, para marcar a continuación el número de Capitanía. Con el general Villacorta, en persona, sí, que se ponga en seguida que se trata de un asunto de vida o muerte.

La calle se había llenado de luz. Nubecitas en lo alto impulsadas por un viento residual. Lágrimas en los ojos, de frío o de emoción de vivir y de saber vivos a los demás, al soldado que le había pagado el vino en gratitud por el bic, al general, que nada malo le había hecho, a su hija y a la nieta, a las que ahora veía de verdad, las estaba viendo al solillo tímido de la Navidad urbana, envarada la mamá entre pieles, reidora la hija en la charla insustancial con el chófer. Y un estallido de risas a su alrededor procedente del coro de vírgenes y menos vírgenes de bata azul con el logotipo de la fábrica estampado sobre el bolsillo, y los mismos gorriones de siempre picoteando el frío de las sombras, que empiezan a estirarse soñando estufas de calor familiar, y un anciano perdido dentro de un holgadísimo gabán, vida que espera otra vida perdurable, y el agua del surtidor, el llanto vegetal del sauce, y los cuartos en una campana de reloj de torre, los cuartos de las dos, y finalmente los dos tañidos liberadores, solemnes, tendidos sobre la ciudad. De pronto, avanzando entre un grupo de oficiales, el propio general. Es un hombre menudo de cutis sonrosado y pelo blanco. Josechu se acercaría y estrecharía su mano, se ha quedado un día muy hermoso, general, después del ventarrón de esta noche, y el general le contestaría, no me hable, que no he podido pegar ojo, resulta que mi dormitorio está... El general habla con su hija, que se lleva una mano a los labios, reflejo inequívoco del pánico, mientras la niña sigue charlando con el chófer y un comandante como una torre ordena a un guripa, tú, tráete un taxi en seguida.

Un extraño impulso arrastró a Josechu hacia la acera de Capitanía, de la que ya había desaparecido el general. Al cruzar por delante de la puerta tuvo que saltar para evitar la embestida de la moto precedente del patio de armas. Siguió caminando, zancada larga, la Parabellum en la banda oprimiéndole el pecho, ¿quién es usted?, le había preguntado el general por teléfono, no sea ingenuo, señor, y haga en seguida lo que le digo, refuerce la guardia de su casa y no aparezca por allí hasta dentro de una hora. Pero el motorista de Capitanía le daba muy mala espina.

Se alejó de la replaceta y torció por una calle de poco tránsito en dirección al mar. Se preguntaba si detrás del terror no estaría el alma, en una época de crisis de valores humanos como la que le había tocado en suerte. La Historia no me dará la respuesta, pensó, porque la Historia sólo refleja la imagen del hombre atormentado. La respuesta está en mí, un infeliz que descuida el alma de puro sabida.

El Paseo Marítimo estaba desierto. Había lenguas de arena que se rizaban a impulsos de la brisa, arena crujidora sobre el firme, polvo de arena en el aire y, envolviéndolo todo, el aroma salobrenco del mar. Ni una gaviota. ¿Estaría en su sitio, fresca aún, la sangre de Sanromán? Josechu cruzó el amplio paseo en dirección al lugar. Es el lugar, se dijo, mi lugar, pero la sangre de Sanromán no estaba. La cubría piadosamente una fina capa de arena.

A impulsos de una curiosidad en cierto modo morbosa entró en el bar donde había estado por última vez con Begoñita.

¿Tú por aquí, Josechu?

—Ya ves.

El dueño palmeó su espalda.

—Olvidados nos tenías. ¿Cuánto tiempo hace?

Entornó los ojos haciendo memoria sin necesidad.

—Pues unos dieciséis meses.

—Bien me acuerdo. Fue el día que se cargaron a Sanromán. En agosto, ¿no? A Mikel sí que le veo. Pocas veces, pero viene por aquí. ¿Un blanquito?

—No. Una cerveza fresca.

—Ya sé. Bien fresca. Helada.

Rieron.

El establecimiento estaba desierto y Josechu miró la terraza desde la puerta cristalera. Le parecía estar oyendo la voz de Begoñita, me estás haciendo daño y, en seguida, Iñaki, ¿te molesta?, el vuelo de la falda, las cintas negras de las alpargatas, su explosión de ira, ¡mala zorra! Había pasado la eternidad de unos pocos meses, caminos borrados, arena donde antes estuvo la sangre, la barcarola de la infancia que naufraga entre potes y muslos de mujer, ¿todavía viene Gloria por aquí?,

—...se casa la Gloria.

—No lo sabía. ¿Contra quién?

—Tápate los oídos. Con un nacional de Andújar.

y en esa eternidad de unos meses el mundo seguía empequeñeciendo, nadie estaba de acuerdo con nadie, todos escribían canciones de protesta, todos las cantaban, todos publicaban libros cargados de razón, pero todos seguían siendo insolidarios, cadáver tras cadáver la pila de asesinatos llegaba al cielo, desaparecido tras desaparecido llegaba a desaparecer el mismo Dios, y mientras tanto nacían millones de infortunados, el mar y el campo se morían de vergüenza y la conciencia humana entraba en bancarrota.

—¿Y qué haces ahora, Josechu?

—Viajo.

—¿Por Francia?

—Por donde se tercia.

Viajo con la imaginación, idiota. Entro en el dormitorio de Begoñita, regreso al país de mi infancia, donde el tiempo se murió a las nueve menos cuarto, procuro olvidar que hay un presente.

—Esto es cerveza. Las cosas como sean.

—Tú dejaste la oficina, ¿no?

Lo dejé todo, hasta la esperanza,

—pero gano más.

Te miento. Tengo que mentirte porque tu cerebro no entiende más que las mentiras, si compro a tanto y vendo a tanto gano lo que sea, y los demás que se jodan, ¡mercachifle!

—¿Y Zin? ¿Sigue viniendo por aquí?

—¿A cuál de los dos te refieres?

—Al señorito. El otro se ha casado.

—Con tu novia.

—Cóbrame, anda. Y la lengua te la metes en el culo. Con mi novia no se casa nadie más que yo.

Tus malditos prontos. Papadoc te lo advirtió, reprime tus prontos, pero es que con esta gente no es posible. Caminaba hacia el centro, y aceleró el paso entre sus propias ruinas, el cielorraso que se hunde entre una nube de polvo, la torre de la central que salta por los aires, aquel tipo calvo y bajito que cae a cámara lenta porque un pedacito de plomo soplado por el dedo de Gayola se le mete en la crisma, ¡era un chivato!, pero es que la vida se ha de respetar, aunque sea la de un chivato, allá él con su dios particular, la conciencia, discurría por una calle desierta, puertas y balcones cerrados a cal y canto, ¡cuidado con los terroristas!, cuando distinguió dos figuras escurriéndose en un portal. Me siguen, pensó, y apretó el paso.

Le miraban los muebles de su casa, ¿te has lavado las rodillas?, la voz de la madre, soñaba el soldadito de plomo que murió un día de calor fundido por el sol de agosto, ¿qué quiere usted?, le perseguían los compañeros, ¿será el Mostachos?, mientras sus piernas empezaron a correr por sí solas. Tengo que hablar con Papadoc. Mas el número de Papadoc seguiría con su pitorreo de timbrazos vanos. Y aquéllos le esperaban escondidos en el portal, mejor dar la cara. Volvió sobre sus pasos. El patadón en la puerta, la pipa en la mano, ¡no os mováis!, y la sorpresa. Las nalgas contraídas del chaval y su cara asustada, ¡no tire, no tire!, se la había metido a la niña gorda con cara de pepona triste, y ella, las vergüenzas al aire, no se lo diga a nadie, si quiere lo hace conmigo, y Josechu que suelta la carcajada, podéis continuar, ¡ánimo, macho!

Vibraba en su vientre una risa descontrolada, de nervios, jovencitas empiezan, pensó, y no pudo reprimir una nueva carcajada, seca y triste esta vez, mientras paraba el taxi que avanzaba despacio hacia él. Se hundió en el calorcillo animal del asiento, al centro, dijo, e inmediatamente su cuerpo se tensó de sospechas, pero qué idiota eres, Josechu, son ellos, el taxi es de ellos, de no ser así ¿cómo te explicas la casualidad de encontrarlo a estas horas, casi las tres, en el Paseo Marítimo, con los poquísimos taxis que bajan hasta aquí? Y en eso la voz malhumorada del taxista, el centro es muy grande, si no precisa usted...

—Le avisaré cuando tenga que parar. De momento suba al centro por donde quiera.

—Sí, señor.

Tenía la seguridad de que le buscaban, como locos andarán, sobre todo Zin, mas no quería morir sin confiarse antes a Papadoc. Cien pares de ojos vigilaban desde el vehículo aceras y portales, al tipo que lleva en la mano una abultada cartera y que camina demasiado despistado como para no infundir sospechas, al coche que se pega detrás, un pelillo apenas del taxi, al quiosquero con unos periódicos ocultando su mano, ése es, y la culata de la Parabellum, su piel escamosa, cosquilleando en los dedos de Josechu, pues te la ganas, cabrón, mas el taxi seguía, cruzaba en ámbar en las mismas narices del urbano, sospechoso también porque nunca se sabe quién se esconde debajo de un uniforme.

Aprovechando un cebra saltó a otro taxi, ¿conoce el Delfín Verde? ¿El restaurante? Le apetecía comer bien antes de pasar a la otra orilla. Y de nuevo los semblantes, las miradas, un verdadero río de brazos y piernas, de gestos, ademanes, la disnea en los labios cianóticos de una mujer cargada como un mulo, el jorobado con el baúl de escarnios a la espalda. Recordó la fascinación que en su adolescencia había ejercido sobre él los despojos. Se sentaba en el primer tajamar del puente y veía flotar entre las sucias aguas del río cantidad de desperdicios, un ramo de novia con flores de difunto, abiertos los pétalos como cruces, botellas de plástico, una muñeca sin brazos, feto hinchado y deforme flotando entre dos aguas, una col blancuzca como un cerebro diseminado, la panza globulosa de un gato, una barra de pan deshaciéndose como un puñado de entrañas recién arrancadas. Le fascinaban aquellos despojos como ahora le fascinaba la gente anónima, en cuyos movimientos sólo veía simples reflejos que les conducían aceleradamente hacia la descomposición final, sin tener conciencia de estar atrapados irremisiblemente en la corriente que los arrastraba. Ciegos y sordos a cualquier clase de estímulo que no fuera el material, acumular, situarse o simplemente sobrevivir. Pensaba que habían olvidado el alma, la única forma y posibilidad de expresión de la vida, y que por ello se habían convertido en desperdicios, entrañas de pan gelatinoso, fetos informes o flores de difunto atadas con la cinta del ramo de novia, basura.

En el restaurante vivió fantasmas de toda clase. El de su primera comunión, comilona con familiares ruidosos y un rumor de mariposas santas en el pecho, la mesa estaba allí, en aquel rincón, y padre tenía los sobacos sudados cuando se quitó la americana. Se había sentado a la misma mesa en la que solía almorzar algunos festivos con Begoñita, exactamente bajo el aplique en forma de farol, luz de caramelo disecado, y le parecía tenerla allí, su mano pálida sobre la de él, cuidado, Josechu, el vino te pone burro y luego me las haces pasar moradas, y la sutil intención de su mirada, pero no dejes de beber algún vasín, me gustas burro.

El *maître* le saludó.

—¿Solo?

—Como la una.

—Muy bien, señor. Si me permite, le recomiendo las cocochas.

Fantasmas de la violencia. Sangre en el suelo del cuartelillo, insultos, golpes, cuerpos que se retuercen de dolor, pensó que en aquellos momentos continuaría el despliegue policial empezado sobre las dos de la tarde, con las espectaculares redadas, ¡tú y tú, arriba!, y sufrió con el sufrimiento de sus camaradas pero, se dijo, ni tengo vocación de matarife ni estoy dispuesto a dejarme cazar como si fuera un conejo. Me buscan, tanto unos como otros se han movilizado y van de caza, y mientras tanto, una recordada Begoñita de cristal a su lado, silencios de identidad entre ambos, ningún contorno separándolos, ninguna sombra, metido cada cual entre las paredes del cuerpo del otro. Es el paraíso perdido, Josechu, y sonrió, chocando la mueca de su risa contra la negrura de los ojos de aquella mujer, qué morenaza, muslos entrevistos, el arroyo oscuro de las sombras derramándose entre los pechos,

—¿aceptas que te invite?

—Nunca te he visto por aquí.

—Pues a los siete años ya venía,

recela, es la primera lección que aprenden, ojo, que a lo peor te sale un terrorista que te corta en pedacitos y se pega la gran cena.

—Ya que te sientes rumboso...

—Solo. Eso es lo que estoy. Jodidamente solo.

—Todo el mundo está solo.

Dicen que a los condenados a morir les llevan mujeres, ¿voy a ser menos yo?, y el cuerpo que se levanta y se bambolea dentro de la piel levísima del vestido, que intenta pasar entre dos mesas con mantelitos cafeconleche, no sé por qué ponen las mesas tan juntas, ostras, dos nalgas que se adivinan prietas bajo el pespunte insinuado de la minibraga y que proclaman aquí estamos para lo que quieras mandar y, en seguida, un repicar a gloria de zapatitos de mujer,

—bueno, pues ya estoy aquí.

—Bien venida a bordo. Las cocochas me han recomendado.

—No está mal.

No estaban mal. Ni lo que llegó después de las cocochas, regadas con fresco cartadeplata, ni el champán francés. ¿Para qué necesitas la pasta, Josechu? A nadie tienes, nada esperas, pues que lo disfrute la maciza.

Con el café, el imprescindible,

—¿vives lejos?

—Tengo un apartamento aquí mismo. Pequeño...

—...pero acogedor. ¿Sola?

—Completamente. No me gustan las amigas. Ya sabes lo que pasa. A veces te salen lesbi y te montan el rollo de la ternura clitórica.

Minutos después, el beso en el ascensor, las pieles que se abrasan sobre la fresca sábana y todo lo demás. Al final, nada. El prosaico grifo de un bidé, el crujir de la mercancía en los billetes y, sobre la sábana, como único recuerdo, la enjoyada mancha del amor como un mineral derretido, nada también.

—¿Puedo telefonear?

—Si es interurbana, sí.

—Roñosa.

En vista de que Papadoc seguía sin contestar llamó a Gayolita, ¿cómo va todo por ahí?, y las preguntas de ella martilleando en el oído, ¿sigues entero?, ¿dónde estás?, ¿tampoco sabes nada de Papadoc?, ya te explicaré, tú cuéntame qué ha pasado, todo lo que puedas imaginarte y más, ¿no oíste la radio?

La morenaza le acompañó hasta el ascensor, *adeu, noi,* y se besaron dos nacionalidades.

«LES DIGO,

»—lo que pasa es que yo pienso y los pensamientos se transmiten sin necesidad de emplear palabras, eso es lo que pasa, que vosotros, vagos mentales, me habéis captado lo que vengo rumiando y estáis cabreados porque os consta que tengo razón. Eso os jode, es comprensible, porque os he puesto en el disparadero, o dejáis de hacer el bestia mataperros o ya sabéis lo que os espera, arrastraros por ahí sin ilusión de vivir, porque ya me diréis qué clase de vida es ésta. Y no me vengáis con el cuento de que esto no entra en los cálculos del revolucionario, en su lógica. En los libros queda muy bien, pura teoría, si os apetece os los recito de memoria, pero la vida real, la vida de todos los días, no es un libro, no tengo por qué explicaros esto porque lo sabéis mejor que yo. Ahora, si hay cojones, lo aceptáis sin más y si preferís seguir fingiendo, allá vosotros. Caminos siempre los hay. No sé. Uno puede decir humildemente lo que le pasa, cansancio, manías, lo que sea, que no por eso deja de ser un revolucionario. Puede ser útil a la Organización en cualquier servicio que no sea el de apretar el gatillo contra las personas, eso, lo repito, eso es una barbaridad, digáis lo que digáis. Lo que no puede ser es dejar de pensar, eso ni Papadoc ni nadie, coño, no somos animales. O al menos yo no lo soy. Amaestras un perro y le enseñas a hacer presa en la garganta, ¡pues eso es lo que han hecho con nosotros! Y a mí no me da la gana.

»Veo sobre la mesa los instrumentos de la ejecución, una Parabellum, creo que la de Zin, ¿tendrás valor para liquidarme?, hay también una capucha negra, el rollo de esparadrapo para la boca y las esposas Pegy, las de lujo, pienso, aunque con las que llevo tampoco hay quien se escape.

»Zin y el Mostachos se han sentado a la mesa con la cara muy seria, de tribunal, qué cinismo. Zin, a quien siempre le ha chiflado lo teatral, se levanta y deja junto a la pipa, en la mesa, la bolsita negra con las bolas. Entonces Mikel, que se ha sentado detrás de ellos y que quiere salvarme, Mikel aconseja que no se precipiten.

»—Repito que esto no es un tribunal y lo digo no porque la persona a la que vais a juzgar sea un hermano mío, sino como miembro de un comando legal. Además, hay que contar con la opinión de Gayola, ¿tú qué dices?

»—Digo que no renuncio al derecho de usar bola pero que me niego a la farsa mientras no venga Papadoc.

»Zin:

»—¿Y si no vuelve?

»El Mostachos le mira y sus ojillos de comadreja preguntan qué coño quieres decir, ¿que le han frito por ahí o que se ha largado?

»Gayola vuelve a tomar la palabra:

»—Si es preciso, y en este caso lo es, se aplaza el juicio.

»—Ya lo aplazamos una vez —replica Mostachos.

»—¿Y tú con qué derecho me quitas la pistola? Mira, gitano, que te conozco, eh. Lo que tú quieres es darle gusto al dedo. O di, ¿tanto te estorbaba la camarera esa? Ella no sabía nada.

»—¡Se cargaron al Burguete por culpa suya!

»—Déjate de cuentos. Exijo que me devuelvas el arma. Es mi arma y la quiero aquí y ahora. Ahora mismo, Zin, ya lo sabes. Y tú, Mikel, con que a ver qué pasa aquí.

»Mostachos:

»—¿Para que tú se la des al nene?

»—Para lo que sea.

»Me das asco, Mostachos, pienso, y le escupo mi rabia,

»—tienes muy mala leche, eso es lo que hay. ¿Sabéis que acaba de hacer conmigo ahí dentro?, me ha puesto la pistola en la nuca, ¡te gusta torturar a la gente!, y lo único que pretendes es apoderarte de nosotros, empezando por ti, Zin, que parece mentira que no te des cuenta con lo listo que eres cuando quieres. Desarma a Gayola, me elimina a mí y luego hace contigo lo que le da la gana. Así se hace el amo del comando a falta de Papadoc.

»Mikel levanta la voz más de lo que es habitual en él.

»—Antes tendrá que vérselas conmigo.

»Y Mostachos, pero ¿qué comando ni qué leches? No hay comando. Y tú solamente eres el responsable, nene.

»Gayola grita:

»—¿Qué hay de mi pistola?

»A una señal de Zin el Mostachos saca del cinto la Parabellum y se la entrega a Gayola, que comprueba inmediatamente el cargador.

»—Si queréis, dice Mikel levantándose, podemos empezar. Pero con la condición de que mi voto sea válido.

»—Tú eres su hermano —dice Zin.

»—Muy bien. Pero actúo en lugar de Papadoc. Y no os hagáis ilusiones porque somos dos contra dos.

»Gayolita y Mikel se miran. Silencio. Y la voz serena de Zin:

»—Hay otra solución.

»Mikel le interroga con la mirada.

»—Le damos la pistola con una bala y que se encierre en el cuarto otra vez.

»Meneo la cabeza. Lo siento, Zin, le digo, pero no pienso suicidarme,

»—creo en Dios.

»—Ahora nos sales con Dios. Bonita tapadera. ¿Desde cuándo te has hecho tan beato?

»—Tú no lo comprenderías porque te come el odio. Lo sé todo, Zin. Me odias porque Begoña me quiere. Me quiere a mí. Y cuando trataste de abusar de ella, ¡puerco!, a pesar de ser la mujer de tu hermano, que eso tampoco te quita el sueño, ella te lo dijo. Te dijo que tú y tu hermano le dabais asco y que seguía enamorada de mí.

»Me vuelvo hacia Mostachos.

»—¿Sabías tú esto, gitano? ¿Vas comprendiendo? El juego está entre vosotros dos. Pero yo te digo que no te fíes de Zin, no, Mostachos, desconfía del agua mansa. Te dejará hacer, hará como que se deja engañar, pasará por todo hasta que me pegues un tiro, esa bala que guardas tan cariñosamente para mi nuca, y lo hará porque así nunca sería el asesino del hombre que quiere Begoñita. ¿Comprendes? Y al final te joderá bien jodido y dirá a la Organización que fuiste tú quien forzó un juicio ilegal, quien cometió un asesinato. Y la Organización acabará contigo por ensañamiento. Dos crímenes, esa chica y yo, dos crímenes a sangre fría y en veinticuatro horas, ya me dirás, después de la fama que tienes. Porque con Papadoc no cuentes. Papadoc...

»El Mostachos me fulmina con la mirada.

»—Papadoc qué.

»—Mira, no quiero enredarte pero me da la espina que piensa lo mismo que yo. A saber cómo quiere enfocar su vida.

»Mi andanada hace impacto en Mostachos, que se queda mirando a Zin, se revuelve y acaba levantándose para meterse en la cocina y salir de allí con un botellín de cerveza en la mano.

»—Estamos como cabras —dice. Y después del primer

trago indica a Mikel que puede sentarse a la mesa—. En nombre de la Organización —afirma sin mirarme,— te acuso de traición, de desobediencia al mando y de haber sido el causante de la muerte de un compañero. Si tienes algo que alegar, empieza.

»—No es justo matar a dos mujeres inocentes. Pero, justicias aparte, el hecho resultaba impolítico. La gente se nos habría echado encima.

»—Nuestras muertes son siempre actos de justicia y tú no eres quién para decidir —interviene Zin.

»Luego se extiende sobre lo que ha de ser la disciplina para un milis. Somos un ejército revolucionario en Guerra Revolucionaria contra un enemigo mil veces más fuerte que nosotros. La circunstancia de que esas dos mujeres acompañaran al general no justifica en absoluto la delación, eso sin contar que no sabemos si irían en el coche y si, de ir, habrían muerto en el atentado. Y habla de la brutal represión del enemigo, del cerco al que escaparon de verdadero milagro gracias a la sangre fría del Mostachos, aclara, y de cómo cayeron dos compañeros del comando de apoyo, uno muerto y el otro gravemente herido, por mi falta de responsabilidad.

»—Y esto que digo no lo dicta el odio —brama golpeando la mesa con el puño—, esto son hechos concretos, indiscutibles, ¡hechos reales!

»—Has provocado la caída del comando —remacha el gitano— y pones en peligro la misma Organización. Eso es lo que hay. Así que habla, si es que tienes algo que alegar.

»¿Cómo hablar a esta gente de Dios? Cierro los ojos y contengo la respiración. La sangre me golpea las sienes y siento los coletazos de mi yugular como una sierpe que se revolviera asustada, estoy perdido, pienso, porque en realidad les asiste la razón.

»De repente, el desvalimiento, la desnudez absoluta, como si alguien me hubiera arrancado la piel y mi cuerpo fuese una fruta cuidadosamente pelada. El aire, las palabras, hasta mis propios sentimientos producen un dolor insoportable en mi cuerpo. Siento frío, es el pánico, Josechu, y mis poros abiertos, cada uno de mis poros, absorben el dolor de las palabras de Zin, que sigue hablando,

»—tú mataste por vanidad, ¡tú eres el asesino, no nosotros! habla a impulsos de la ira, y mis poros se llenan de espinas al comprender este cerebro mío la terrible verdad, no soy nada, la vida, mi vida, puede quedarse a oscuras en un momento, el ¡clic! del conmutador que apaga la luz en una habitación. El temor, que supone la existencia de una esperanza, da paso al terror, pero así como la criatura humana puede escapar al temor, huir de él, el terror se vive y lo que me sucede en este momento es que estoy ante el espanto de vivir mi terror, víctima de mi propio terrorismo. ¿Qué me queda? ¿Existe en alguna parte una tabla de salvación? Mi presente se acaba sajado, amputado de mí mismo como a quien le cortan un miembro. Pero ¿existe el futuro? Mi voluntad se levanta dentro de mí y se abre paso a empujones entre los fantasmas. Tengo que convencerles. Hay que luchar si quiero seguir vivo. Abro los ojos y veo la barbilla temblorosa de Gayola, ¿valgo una sola de tus lágrimas?, Mikel me observa y baja la vista para no ver mi cara implorante. Tú y yo íbamos juntos, Mikel, en las tardes encalmadas de Jueves Santo, íbamos a ver a Cristo muerto. También estaba sin piel y yo sentía el mismo frío que siento ahora. ¿Por qué lo han matado, Mikel? Y tú, era demasiado bueno. Pero el suyo no es mi caso, Mikel, ¿dónde está mi futuro?

»Hago un esfuerzo vocal y balbuceo:

»—Nuestro futuro, el mío y el vuestro, es la eternidad.

»Nadie parece comprender mis palabras. Lo que intento

decirles y decirme a mí mismo es que hay que enfrentarse con la muerte para comprender el drama humano. Es entonces cuando se ve la realidad y cuando uno pone en duda lo que en el lenguaje de los ofuscados se llama seguridad, bienestar, fama, ciencia, sabiduría, Historia...,

»—las grandes mentiras de la vida.

»Mi nuevo balbuceo les desconcierta, sin embargo; a mí me traspasa el cerebro la lucidez como una espada de claridad, estamos cercados por las mentiras, compañeros, murallas de mentiras a través de las cuales penetran a veces los relámpagos del misterio, no los dejemos escapar, miremos cara a cara esos relámpagos, oigamos su mensaje,

»—a veces uno se equivoca y cree ver la verdad donde sólo hay mentiras. Nos falta humildad.

»Zin:

»—¿Quién te has creído que eres para soltarnos ese sermón?

»Nadie, Zin. Sin embargo me gustaría decirte, y no creo que pueda conseguirlo ya, que vivir no es tener los pies bien puestos sobre la tierra, ésa es otra de las mentiras que nos han enseñado, vivir es pensar en la profundidad de la tierra bajo nuestros pies, ¿cómo te lo explicaría? Escucha, Zin, hay un pueblo debajo de una gran presa y los habitantes de ese pueblo viven en la irrealidad hasta que la rotura de la presa produce la repentina irrupción de la realidad en la conciencia de esos habitantes. Lo mismo pasa con la vida hasta que se enfrenta con la muerte. Entonces el yo pequeñito desaparece borrado por el yo de la clarividencia, un yo sagrado porque es la pequeñísima parte que nos corresponde a cada uno de nosotros de la Divinidad.

»Después de la larga pausa, Zin me pregunta:

»¿No tienes nada más que decir?

»—Nada más.

»Que os pido perdón y os perdono, pero si os dijera eso mis

palabras os sonarían a melodrama cobarde y tu odio me sonreiría valentón y los ojillos de Mostachos brillarían complacidos, canguelo es lo que tienes, nene.

»Zin se levanta con la bolsita negra en las manos.

»—Dos bolas, una negra y otra blanca, para cada uno. Ya sabéis cómo funciona esto. Metéis en la bolsa una de las dos. La que queráis.

»Mostachos reniega, esto es una farsa, estamos dos a dos como ha dicho Mikel, y Zin pregunta a mi hermano:

»—¿Qué hacemos en caso de empate?

»Mikel me mira.

»—Lo que se hace siempre —contesta.

»Zin hace un gesto de dolor al levantar la mano herida. Después se dirige a mí:

»—En caso de empate te soltaremos en la calle.

»Soltarme en la calle significa la condena al acoso de mis propios compañeros, una sombras que me perseguirán hasta acabar conmigo.

»—De acuerdo, Zin.»

EN EL PORTAL volvieron los recelos. Temiendo que la morenaza sospechara de él y hubiera avisado a la policía, corrió hasta dar con un taxi vacío, al cine Capitol, y en seguida se llenó de la tristeza de la anochecida, el frío de las calles, el halo de los primeros faroles flotando en la niebla, el fantasma grisáceo de las fachadas, detrás de cuyos balcones se presentía el arbolito iluminado envuelto en gritos de niños y en tiras de papeles brillantes. Húmedas de vapor, las lunas de las cafeterías siluetaban perfiles y cuerpos de personas que se permitían el lujo de hacer proyectos, el mañana como una realidad auténtica, pensó. Y lágrimas de frío en los ojos de la enmitonada castañera, jovencísimas mamás empujando su futuro sentado en un jané, parejas maduras exhibiendo el sacramento de su matrimonio, ella aferrada a él, sin soltarlo, la comitiva de un entierro, tú ya llegaste, amiguete.

Dejó el taxi delante del cine y siguió por la acera. Desde la primera cabina volvió a probar suerte con el teléfono de Papadoc, un buen sitio para que le dejen a uno seco, pensó. Y de repente le nacieron ojos por todo el cuerpo, me espían, seguro. Recordó sus palabras, si llegaras a defraudarme no tendría más remedio que pegarte dos tiros, y colgó, un golpe seco como un culatazo en la nuca del mismísimo Papadoc.

Sentía la boca llena de arena, el cartablanca, sospechó, y

aligeró el paso con la esperanza gratificadora de un agua mineral en el primer bar. Un nacional metralleta en mano le miró un instante, ¿qué hace este tío por aquí?, mas Josechu pasó por delante de él seguro de sí, indiferente. Siguió caminando sin abandonar su actitud, sin embargo vigilaba los vehículos que aminoraban a su espalda, escrutaba los ademanes de los transeúntes, tensos los músculos del cuello y las manos listas para actuar en cualquier momento.

En el bar donde entró informaba la radio sobre los resultados de la amplia operación policial llevada a cabo aquel día. Por su parte, el ministro del Interior declaraba que, a pesar de los últimos éxitos, el desmantelamiento de la organización terrorista no iba a resultar fácil, por lo que recababa la colaboración ciudadana. «Ha sido una magnífica operación...», y Josechu se dijo para sus adentros que lo que había sido era un chivatazo como una catedral.

De nuevo en la calle miró el reloj, las siete y media pasadas, y obsesionado por el silencio de Papadoc, tomó otro taxi, dispuesto a buscarle en su cubil. En su movimiento instintivo echó mano de la pistola al oír la sirena de un coche patrulla a un centenar de metros detrás.

Algo gordo está pasando —comentó el taxista—. Toda la ciudad está patas arriba. Dicen que han descubierto tres pisos francos y no sé cuántas cárceles del pueblo.

—La gente suele exagerar.

—No sé. Pero el centro y parte antigua están materialmente tomados. Si le digo que hay un guardia en cada esquina no le exagero. Y en varios lugares han cortado la circulación. Nada, una guerra.

El taxista, que había parado como los demás vehículos de la calzada, volvió media cara.

—¿Es usted de aquí, de la tierra? —le preguntó.

—Yo soy del mundo. A mí estas cosas me resbalan. Paso de ellas.

—Suerte que tiene.

El coche patrulla avanzó como una exhalación por el lado izquierdo del taxi abriendo paso a tres vehículos llenos de guardias.

—Yo opino que esto es una ridiculez —comentó cínicamente Josechu—. Las guerras se hacen o no se hacen, ¿no le parece? Una guerra de verdad tiene que hacerse con tanques, bombarderos, portaaviones. O se mata o no se mata. Nada de medias tintas.

El mutismo del taxista le hizo pensar que se trataba de un simpatizante de la causa, si supieras lo que llevas aquí detrás te quedabas bizco.

—Dicen que ha habido muertos —insistió. Pero el taxista no hizo comentario alguno.

Dejó el taxi cerca de donde vivía Papadoc y anduvo un rato por los alrededores. Nada anormal. Los mismos clientes en los bares, ningún coche patrulla a la vista, calma chicha, murmuró. Pero al entrar en el portal sintió en su cara la bofetada acre del tabaco. Instintivamente se echó al suelo, seguro de que alguien le esperaba en la oscuridad. Percibió un rumor en el primer rellano y empuñó la pistola. Oyó una voz, apenas un susurro:

—Guayabete.

Respiró.

—Menudo susto me has dado.

Al echarse en sus brazos, al final del tramo, la pistola de Gayola le rozó una sien, ¿qué haces tú en la escalera con eso?, los besos de ella junto a la oreja, sus palabras atropelladas, la que se ha armado Josechu, no lo quieras saber. Se había pegado a él como una lapa a la roca y apenas podía respirar de la emoción, pensaba que te habían liquidado, murmuró, te lo advertí, piensas demasiado, y el aliento helado de ella en la boca, bésame, guayabete, ¿sabes?, estaba dispuesta a cargarme a quien fuera, y la risa de él,

—no me lo jures.

—Porque yo estaba segura. O te traía alguien aquí o venías por tu propio pie.

Subieron al piso de Papadoc y Josechu utilizó el llavín que tenía. En el interior, silencio. Y la penumbra de la media luz que entraba por el balcón. Gayola cerró la contrapuerta al mismo tiempo que Josechu encendía la luz. Pegado a la pared avanzó hacia la cocina con el arma en la mano. Todo en orden.

Gayola se dejó caer cansadamente en una silla que había junto a la mesa comedor.

—El asunto está jodidísimo —dijo. Y añadió mirándole a los ojos—: Tienes que desaparecer. Esfumarte.

—Bueno, explícate.

Pero en vez de hablar se abrazó a las piernas de él, que se había sentado en el silloncito de Papadoc, esto es un infierno, y le contó que la orden de retirar los comandos, dada por Papadoc, había llegado demasiado tarde, Zin y el Mostachos aún tuvieron suerte porque el gitano paró un coche a punta de pistola y escaparon al cerco, pero uno de los comandos de apoyo, no sé por qué, se puso nervioso y dos de sus hombres se liaron a tiros con los nacionales, fíjate qué burrada, meterse en un ultramarinos de barrio, y menos mal que estaba vacío,

—mataron a Koldobika, tú le conoces, ¿no?

—Algo.

—Y al otro, todavía no sabemos quién es, dicen que le han metido seis proyectiles. En el pecho, en la barriga...

—¿Y Papadoc?

Gayola meneó la cabeza.

—Otro misterio.

El cuerpo de Gayola descansaba sobre los muslos de él, Zin asegura que está tramando algo.

—¿Papadoc?

—Eso dice. Quiere matarte, Josechu. Y Mostachos igual. Ha perdido la chaveta desde que no encuentra a su Papadoc.

Levantó la cabeza.

—Papadoc nos informó en seguida de lo que habías hecho y dio orden de que te lleváramos al piso.

—Para liquidarme, claro.

—Nos dijo que no te tocáramos ni un pelo de la ropa. Que ya vendría él a reunirse con nosotros. Pero yo le tengo más miedo a Papadoc que a los demás.

Una pausa. Y la pregunta de Gayola, ¿qué crees que hará? Qué va a hacer, pensaba Josechu, rezarme un responso en vida y facturarme para el otro barrio.

Le preguntó qué sabía ella de Papadoc.

—En realidad, nada. Lo que todos. Pero el Mostachos, que le conoce de toda la vida según dice, habló en cierta ocasión de un tío muy importante al que habían dado por muerto. Lo que ya no pudimos sacerle es si se trataba de Papadoc.

—¿Un muerto de la Organización?

—No lo sé. Creo que sí. Claro.

—¿No serán cuentos del gitano?

—No creas. Corre una leyenda según la cual Papadoc podría ser un jefazo cuya muerte fue reivindicada por varios comandos anti-ETA.

—O sea, un muerto que no ha muerto.

—Eso es. Según la misma leyenda, él estaba refugiado en Francia y desapareció misteriosamente en los alrededores de un pueblecito, ¿Behovia?, hace unos cuatro o cinco años.

—Sé algo de eso. No se encontró el cadáver.

—Ahí está el enigma. Pero la leyenda dice que escapó muy malherido. Huyó a las montañas... con un pastor.

—¿El Mostachos?

—Tampoco lo sé. Yo creo que esto son historias. Porque se habla de que el tipo, fuera quien fuese, aprendió la tira de cosas mientras duró la recuperación, años. También se dice que cuando reapareció, la Organización empezó a golpear como nunca lo había hecho desde la operación Ogro. Peces gordos. Y que obligó al Gobierno a pactar con ella a raíz del secuestro de cierto diputado. Que en Madrid se la tiene en cuenta, aunque la gente no lo sepa, claro.

—Yo te diría un nombre ahora mismo.

—Mejor que no lo hagas, guayabete, dejémonos de historias y piensa en tu piel —y Gayolita ocultaba su cara entre las piernas de él.

Levantó la cabeza.

—Si quieres te acompaño —dijo—. Eso es. Nos vamos los dos. Yo sé cómo hacerme con un buen puñado de dinero. Podemos cruzar la frontera y...

—Y qué. Viviríamos como perros y al final nos cazarían.

Gayola le abrazó y de repente levantó los ojos al mismo tiempo que movía la nariz como los conejos.

—Hueles a puta cara —dijo. Y él se encogió de hombros por toda respuesta y sonrió como si fuera un niño travieso—, pero me da lo mismo. Si lo has hecho ha sido porque lo necesitabas. Venga, decide si nos escapamos y me voy en busca de la pasta.

La tomó de una mano y la llevó consigo al pequeño dormitorio de Papadoc, mira, le dijo mostrándole las estanterías llenas de libros, mira lo que se traga nuestro hombre, están escritos en latín o en alemán y pensados por ángeles o por demonios, pero a él no le importa,

—no me extrañaría que hubiese resucitado de entre los muertos —y al decir esto sus palabras temblaron.

—Te obsesiona Papadoc. Siempre te ha obsesionado.

—¿Qué más dice la leyenda?

—Nada más.

—¿No habla de que el resucitado posee el poder de la anticipación? ¿De que lee en el hoy lo que ha de pasar mañana? ¿De que está en todas partes?

Apretó la mano de ella.

—¿Tú te acuerdas de aquel atraco al banco? Fue mi primera acción. Íbamos con Zin y Mostachos. ¿Te acuerdas?

—Sí.

—Había entre los clientes un cura. Yo me distraje mirándole y Papadoc lo supo. Me lo dijo después. ¿Cómo pudo enterarse de que allí había un cura y de que, además, el dichoso cura me distrajo?

Ella sintió un escalofrío.

—Y ahora me espera —continuó Josechu—. Sé que está esperándome en alguna parte. Quizá escondido entre esos libros o aquí dentro —y se golpeó el pecho—, ¡aquí!

—Pero ¿qué tonterías dices? Papadoc se habrá metido en algún sitio seguro hasta más ver. Ten en cuenta que la policía tiene un herido y que lo harán hablar. No está seguro aquí. Ni nosotros. Anda, larguémonos.

Lo arrastró fuera del dormitorio.

—Yo también estoy harta de todo esto —dijo—. Quiero ser libre. Necesito decidir por mí misma. Hazme caso, guayabete, vámonos. Hay otras tierras y en el peor de los casos, pues, mira, mala suerte, ¿qué se le va a hacer? Todo menos este infierno.

—Tengo que ver a Papadoc. Es preciso.

Josechu abrió la puerta y se lanzó escaleras abajo.

«DIOS PROTESTA CALLANDO, por eso escucho su silencio dentro de mí cada vez que le pido el milagro, ¿qué milagro pides a estas alturas?, me pregunto, o quizá me pregunta Él, no lo sé, porque aquí dentro está todo muy oscuro, los pensamientos, la misma razón. Y mientras busco la luz oigo la voz de Zin:

»—Quedamos en que cada uno de nosotros tiene una bola blanca y otra negra, así que podemos proceder a la votación. ¿Dispuestos?

»El milagro que necesito es algo más que abrir el mar en dos como quien traza un surco en la tierra. Tampoco te pido la vida. Si no lo tomaras a mal te diría que estoy cansado de ella, y sin embargo miro con ansiedad los movimientos de Zin, su mano herida, cuyos dedos toman con dificultad la bolsita negra sujetándola por arriba, no con los pulpejos, porque el dolor le impide el movimiento normal de las falanges, y pienso que es capaz de hacer trampa con tal de conseguir mi muerte. Te decía que ignoro el milagro capaz de dejarme limpio, que no me atravo a pedírtelo por si te exijo demasiado, porque yo necesito algo más que tu perdón. Quiero que hagas que lo que fue no haya sido nunca. Así que toma mi pedazo de tiempo, esa minucia, cógelo como si fuera una esponja empapada de crímenes y exprímelo, vacíalo de horror. Sé que puedes hacerlo y que si no lo haces es por la indignidad de mi alma o por mi atrevimiento. Porque no sólo se trata de olvidar los hechos. No es eso lo que pido únicamente. Tendrías que borrarlos de la memoria de todos y, a la vez, destruirlos.

»La mano de Gayolita desaparece dentro de la bolsa y vuelve a aparecer, vacía como mi pensamiento, que se queda en blanco. Mikel, su mano fuerte y velluda, se hunde en la maldita bolsa como si la mano fuera todo él. Los dos me salváis de la ejecución, pienso, mas cuando esta farsa acabe me convertiré en una especie de judío errante con la muerte en los talones. Al Mostachos apenas le caben los dedos cuando insacula. Ahora es él quien coge la bola torpemente y el que vota es Zin, que envenena el recuerdo de nuestra niñez con su sonrisa helada.

»Está bien —dice mirando a Mikel en busca de su asentimiento—. ¿Estáis de acuerdo todos en que se ha votado correctamente?

»Silencio.

»—En tal caso, procedamos al recuento, Mostachos.

»Oigo el ruido de las bolas al caer sobre la mesa. Y juro por Dios que no me sobrecojo al escuchar las palabras de Zin:

»—Tres bolas negras y una blanca. Ejecución.»

GAYOLA LE DIO ALCANCE en el portal, qué modo de correr, resopló, casi me mato bajando la escalera, guayabete, y se colgó de su brazo. Le costaba lo suyo seguir sus zancadas por la desigual acera, miedo me da, pensó, porque cuando se pone así nunca se sabe el Cristo que es capaz de montar. Los rítmicos taconazos de él resonaban perseguidos por el eco en el callejón de sombras desde el que se veía, al fondo, una calle de tráfico regular con establecimientos grandes e iluminados.

Humedad. Niebla. El bulto informe de una rata saliendo de la alcantarilla, una rata cuyo chillido se agarra a la espalda en forma de repeluzno. El papel que cruje en la oscuridad.

—Aminora, hijo.

—Qué.

—Que corres demasiado.

El viejo embufandado que se cruzó con ellos se quedó mirándolos en mitad de la calle con las manos hundidas en los bolsillos del deformado pantalón.

—Estás llamando la atención. Serénate. ¿O es que crees que adelantas algo poniéndote así?

—Tengo que dar con Papadoc.

—¿Y Mikel? ¿Por qué no te pones en contacto con él? A lo mejor sabe dónde está.

—Deja estar a Mikel.

En la oscuridad, Gayola sólo alcanzaba a ver el perfil de

Josechu. Escuchó su voz, alterada por el esfuerzo de la marcha.

—¿Tú qué opinas? ¿He hecho bien llamando a Capitanía o qué?

—Has hecho lo que te dictaba la conciencia. Ni bien ni mal. Pero lo has hecho a destiempo. Tendrías que haber avisado. Al menos a mí. ¿O es que no lo merezco?

—O sea, que he metido la pata. Pero es que ésa es mi especialidad, meter la pata. Bueno, sea como fuere, lo que te digo es que no me arrepiento de haber salvado la vida a esa gente.

—¿Y ahora qué piensas hacer?

Habían llegado a la calle iluminada y Josechu se paró en la esquina.

—Entregarme —contestó secamente.

—A Papadoc, supongo.

—Nada de Papadoc. Yo me entrego a mis compañeros. Al comando al que pertenezco y al que he traicionado. Lo de Papadoc es harina de otro costal. O sea que desde ya me entrego a ti. —Y juntó las muñecas sonriendo, pero Gayola le dio la espalda y echó a andar, no digas burradas va, a mí no se me entrega en la calle ningún tío, tiene que ser en la cama, de manera que corta el rollo.

Anduvieron un trecho en silencio, hasta que ella le propuso hacer unas llamadas.

—Quizá así daríamos con Papadoc —dijo—. Hablas con él, le explicas lo que ha pasado.

—Tú te vas al piso —cortó él—. Con los demás. Allí es donde debes estar. ¿O no son ésas las órdenes?

—¿Y tú?

—Yo iré a buscaros allí en seguida que haya resuelto un par de asuntos.

—No me quedo tranquila. Deja que te acompañe, anda.

Puede haber algún loco suelto por ahí, y el refrán lo dice. Cuatro ojos siempre ven más que dos.

—Déjate de refranes. Mira, ahí tienes un taxi. —Y casi la arrastró hasta el interior del vehículo, donde la dejó después de haber echado un vistazo al conductor, tardo media hora, dijo, y advierte a los compañeros de partida que no se pongan nerviosos, que tengo muchas ganas de jugar con ellos.

Pero había de tardar bastante más por el tiempo que perdió en Saldúbar, la cafetería que solía ir cada tarde Begoñita con su marido y en la que no se presentó aquélla, y luego, en el bar Esquivel, donde conoció a Papadoc año y medio antes.

Unos veinte minutos estuvo en la barra de Saldúbar estirando la copa de Carlos III con la esperanza de verla por última vez. Estaba en su rincón habitual la peña de matrimonios jóvenes, con el marido de Begoñita, Iñaki, seriote como siempre, una sombra tiene encima, el cabrito, rumiaba sin abandonar la vigilancia de la puerta por la que tanto podía aparecer ella como un par de nacionales o cualquiera de los suyos, en cuyo caso sería el fin, el gesto significativo con la cabeza, vamos, sal, que te esperamos, o bien el cañón de una pipa anónima en los riñones, camina tranquilamente hacia la puerta o te abraso ahora mismo. Tendrás que conformarte, pensó, y si quieres verla otra vez no te va a quedar más remedio que cerrar los ojos y evocar la noche de luna en la que se desnudó y apareció ante ti su cuerpo vestido de plata. Pensó luego en la madre, aquella soledad que empezaba a encorvarse, y la recordó todavía lozana, guapa, sembrando estúpidos diminutivos por donde pasaba él, el soldadito, mi niñito, encubriendo más tarde sus fechorías, ¡el chico tiene un gran corazón!, babeando de felicidad cuando le dieron el puesto en la naviera y formalizó las relaciones con Begoñita, sabía que te encarrilarías, una lástima que tu padre no pueda verte ahora que te has hecho todo un hombre.

Vacío de Begoñita tanto como lleno se sentía de su amor, dio al taxista la dirección del caserío familiar, está a unos cinco kilómetros, ya le diré por dónde se entra. Pero la ciudad estaba erizada de metralletas, cada dos por tres aullaban los coches patrulla y él seguía con la pipa en la sobaquera.

—¿Qué pasa con tanto ángel custodio en las esquinas? —le preguntó al taxista.

—Están así desde el mediodía. Van a tiros por las calles como en las películas de vaqueros. Una vergüenza. ¿Es que usted no se ha enterado?

—Acabo de llegar de fuera.

Y el viejo del volante se explayó, abochornado está uno, creáme, en las dos veces que he salido a la carretera me paraban un kilómetro sí y otro también. ¿No es una vergüenza llegar a esta situación?

—Pues mejor lo dejamos estar, no vaya a ser que nos tomen por terroristas y nos dejen fritos. Suele pasar. Suba por ahí a la parte alta.

—Mejor, sí. Yo le dejo donde me diga y me voy a casita, a ver la tele.

Y de nuevo callejas sombrías, piedras viejas, la silueta de la catedral difuminada entre la niebla, que se va espesando a medida que el vehículo asciende, y el aire que se hace jirones blancuzcos, arremolinados, un misterio de siglos como si todo cayera en el pozo del tiempo, hace mil, dos mil años, esto sería igual, pensaba Josechu, con otras luchas y otros luchadores, pero en el fondo lo mismo, y la pregunta de siempre, ¿vale la pena?

En el bar Esquivel el aire podía cortarse con un cuchillo. Guirnaldas descoloridas. Feliz Navidad en el espejo de Anís del Mono. Preguntó al de la barra, maketo él, ¿ha visto por aquí a Eugenio?, porque Papadoc era Eugenio por aquellos andurriales, hace días que no viene aunque a veces aparece con algún amigo, pues espero un rato. Y se sentó a la misma mesa donde conociera a Papadoc, envuelto en un clamor de voces euforizadas por el alcohol y la abundancia que promete la extraordinaria, lo importante es vivir, decía un hombrón afónico a punto de estallar las venas de su cuello de toro, y Josechu se sintió desvalido, una incógnita flotando en la eternidad, ¿tenía futuro la eternidad o era un presente obsesivo como la mente de un loco?, se sintió perdido, todos me abandonan, y recordó las palabras de Cristo, ¿por qué me has abandonado?, consolándose con la idea de que Cristo fue también un revolucionario, un hombre libre con el suficiente valor para enfrentarse solo a las estructuras de su tiempo, un hombre que relativizó la Ley anteponiendo el amor al prójimo al amor a una Ley fósil, es decir, al legalismo. Cristo, el subversivo, desacata la autoridad de los fariseos, Cristo se siente a gusto entre los *hippies* malpensantes y harapientos, frecuenta la compañía de marginados, de publicanos, putas y ladrones, afirmando que todos ellos precederán en el Reino a los buenos por decreto de los hombres. Cristo, que se niega a ser manipulado por los poderes políticos, que denuncia públicamente la estupidez, la hipocresía, la mezquindad, que se niega a ser símbolo de perfección y prefiere quedarse junto al pueblo, entre los suyos, que acabarían traicionándolo o negándolo. El Cristo-hombre transgresor antes que cómplice y que, sin embargo, dejó a la humanidad el mensaje de respeto por la vida. Recordó las palabras de su padre, tienes que respetar a todo el mundo, pero el padre, al decir todo el mundo, expresaba el conformismo, pretendía hacer de él el manso del esquilón que mueve a risa, por eso Josechu lo despreció en secreto, quizá sin saberlo, y por lo mismo rompía violentamente su natural poquedad con actos suicidas que le valieron la fama de rebelde, con la complicidad de la madre, que le alentaba a esa rebeldía seguramente porque también ella despreciaba la resignación del marido, siempre con sus vaquitas, sin empuje para luchar por la vida como hacía su cuñado.

Le había faltado el Cristo-padre, revolucionario, un hombre como Papadoc, pensó, y en aquel momento comprendió la razón de sentirse atraído por él. Y era que Papadoc representaba lo contrario del padre, lo que él hubiera querido ser, la audacia, la astucia, el aplomo y, sobre todo, la rebeldía. Comprendió, además, la sutilidad de los mecanismos mentales: sin la intervención de su voluntad, el subconsciente de Josechu había sustituido la figura del padre por la de Papadoc, su contrafigura. Era el único modo de sentirse protegido, y al llegar a este punto surgió la gran revelación: él, Josechu, se veía repetido en el padre. Una persona bondadosa como él, a quien empezó a despreciar cuando en la calle y en el colegio los niños sólo hablaban de los héroes de carne y hueso, héroes anónimos que mataban y morían por la libertad del pueblo. Su proceso de transformación culminó al descubrir que su hermano Mikel era uno de aquellos héroes. Fue entonces cuando, en un acto de rebeldía contra el padre y contra sí mismo, cogió la pistola de su hermano y mató a Sanromán. Ahora se ha derrumbado todo, pensó sonriendo a la familiaridad beoda de un vejete con cara de pájaro que le invitaba a beber en la barra, olvida las penas, tú eres demasiado joven, le decía golpeando su espalda amistosamente, tienes mucha vida por delante,

—qué coño es eso de estar solo ahí. Si te ha dejado la novia, es un suponer, pues ya saldrá otra. Mujeres es lo que no faltan al hombre que es hombre.

Se dejó convencer y, abrazado por el viejo, se incorporó a la pequeña barra.

—Pon una ronda para todos —dijo al del mostrador.

Y el vejete:

—¿Tú ves, hombre? Eso ya es otro cantar.

Y se extendió en consideraciones de carácter filosófico, es lo que yo digo, nada vale la pena, ¿para qué?, al final uno se enciende en gusanos y a hacer puñetas. Por cierto que en mi pueblo había un sabio así tristón, como tú estabas ahora mismo, nada, que ni se acordaba de comer de tanto como le daba al magín, siempre pensando,

—¿y sabéis qué le pasó?

La rueda de bebedores miraba al vejete en silencio, pues que se apolilló, no os riáis que eso lo ha visto mi menda, nadie me lo ha contado, empezó a llenarse de polillas, sí, mariposillas torponas, primero los sobacos, luego le salían de todos los pelos, de la cabeza, de los oídos y cuando quiso hablar empezaron a salir polillas de su boca, nubes de polillas, hasta que el pueblo se llenó ¡que no se veía!, y...

El hombrón afónico quiso saber cómo quedó la cosa.

—Termine usted, abuelo. Y qué.

—¡Y yo qué sé! Venga, tú —al del mostrador—, a ver la ronda que paga este buen mozo.

La niebla se había espesado. Le rodeaba un mundo fantasmal mientras bajaba paseando al centro de la ciudad. Callejas angostas con alaridos de gatos encelados. Húmedas plazoletas con árboles desnudos. Una farola de esquina encharcando su halo luminoso en la niebla. Y gotas que son alfilerazos en la cara. Hasta que empezaron los primeros copos de nieve. Caían desflecados, bamboleándose hasta fundirse en el aire cargado de humedad. Josechu apoyó la espalda en el quicio de un viejo soportal y se angustió, mientras los copos grávidos de frío se espesaban y se tendían a sus pies, resbaladizos. Siguió caminando, una sombra solitaria, fantasmal. Y al doblar una esquina sintió en un costado el cañón de su arma.

—Adelante, nene, sin rechistar.

Reconoció la voz de Mostachos.

—¡Quita ya, animal! —Y su codo se disparó—. Pero ¿qué te crees, que vas a poder conmigo?

Cogido por sorpresa, Mostachos se vio encañonado por la Parabellum de Josechu mientras su arma rodaba por el suelo.

—Anda, coge eso y lárgarte. Y dile a Zin que voy en seguida. Tenemos mucho que hablar.

«ME PONGO DE PIE Y LES DIGO.

»—Lo que tenéis que pensar es hasta qué extremos estáis llegando. Al matarme a mí matáis al hermano, al amante, al amigo.

»Mientras les hablo miro a Gayola, a Zin, a Mikel, mas ellos no se atreven a levantar la vista de las cuatro bolas.

»—Destruís lo que más queréis.

»Zin sostiene su mano herida con la sana. Le veo apretar los labios como si tragara saliva.

»—Tendrás que esperar en el cuarto —dice—. Hemos de echar suertes a ver quién...

»Mikel aprieta los puños y su vozarrón nos ensordece a todos.

»—¡Deja que hable!

»No quiero que el dolor que le produce mi sentencia sea una especie de venganza mía. Detesto la venganza. Y le digo que se tranquilice, no pasa nada, Mikel, a estas alturas sería una estupidez negar la evidencia: tú o Gayolita me habéis condenado a muerte. Pero eso no importa, Mikel, créeme. Quizá si te dijera que no me he inmutado lo más mínimo no me creerías. Pero es así. O puede que los dos hayáis metido dos bolas negras en la bolsa y que Mostachos se haya apiadado de mí a última hora. O Zin. Tampoco importa demasiado.

»La voz de Gayolita se levanta remota, como un muerto que resucitara:

»—¿Qué quieres decir?

»—Que lo único que lava mi traición es recibir la muerte de vuestras propias manos, pero que carece de importancia de las manos que venga. Es igual.

»Le sonrío, y ella lee en mi sonrisa el mensaje, nos lo hemos pasado bien en la cama, no dirás que no, mas tampoco me negarás lo atormentados que estábamos. Como si con la explosión de vida de nuestros cuerpos compensáramos las vidas que acabábamos de segar. Y pienso, tú, glotona, insaciable, un jadeo loco, la misma desesperanza, porque sabías que no me amabas, que no podías amar, Gayolita, y ésa es tu condena de por vida, saber que has perdido la capacidad de amar confiadamente, y yo, Gayolita, yo hastiado porque buscaba en tu carne apretada otra hecha de luna que tampoco tendré nunca. ¿Por qué, Gayolita? Yo diría que porque me suicidé la mañana que disparé la Parabellum de Mikel sobre Sanromán, y mi otro yo, el muerto, me repetía a cada jadeo mientras me introducía en tus entrañas, ¿qué quiere usted?, ¿qué quiere usted?, y era como si mi deseo se llenara de los gusanos de su cadáver, Gayolita.

»—Quiero pediros perdón. Llanamente. Sin solemnidades. Como si os hubiera pisado sin querer o hubiera derramado la salsa sobre vuestros pantalones. Creo que me comprendéis. Yo no tengo nada que perdonaros, únicamente agradeceros lo que vais a hacer por mí. Pero hacedlo bien. Eso sí. No me jodáis con los dichosos nervios, ¿eh, Mikel?

Zin me mira a la cara por primera vez.

»—Tu hermano no te ajusticiará —dice.

»Y yo le sonrío.

»—Cualquiera de vosotros que apriete el gatillo es mi hermano. Esto es lo que quiero que entendáis.

»Oímos los timbrazos del teléfono.»

RECELANDO TODAVÍA de Mostachos, que había desaparecido entre la niebla, esperó unos minutos. Luego siguió bajando, envuelto en los remolinos de una niebla cada vez menos consistente. Ni un alma en las calles del casco antiguo, donde había dejado de nevar aunque el frío se sentía más. De vez en cuando una tarberna abría su panza iluminada a la oscuridad de una calleja. Cuando esto sucedía, Josechu miraba por el rabillo del ojo. Entonces su retina registraba la instantánea de un adiospamplona de dudosa entonación.

No pudo evitar la fascinación del río y, tras haber bajado por el embarrado desmonte, trepó hasta el primer tajamar, quizá sería lo mejor, pensó, y se vio mentalmente flotando entre inmundicias, como el feto de muñeca hinchada que tanto le había impresionado en su niñez. El bronco ruido de las aguas en crecida le obsesionaba. Auscultaba los chasquidos y lengüetazos al pie del tajamar. Perseguía en las sombras el regolfar del agua bajo el primer arco, no es esto lo que esperaba de ti, Josechu, dijo en voz alta, y se sintió lleno de desprecio hacia sí mismo.

Cuando saltó el desmonte sus botas se hundieron en el barro medio helado. Creyó que iba a vomitar el corazón mientras trepaba por la pendiente del ribazo, también tú te haces viejo, macho, y siguió caminando en favor de la corriente. A pocos metros de él, en la calzada, la luz de los pocos vehículos que circulaban barría la oscuridad como si una milagrosa manga de riego limpiara el mundo de sombras. De pronto se detuvo un coche a su espalda. Le deslumbró el potente foco en el preciso instante en que se volvía, ya los tienes ahí, pensó, y los músculos de su cara temblaron. Veía a contraluz la silueta del guardia que se acercaba a él. Distinguió perfectamente la gorra ladeada y la culata de la metralleta, pero siguió inmóvil, esperando el descuido, que se produjo cuando el guardia se paró frente a un charco. Fue una fracción de segundo, lo suficiente para que Josechu saltara el pretil a la torera. Caía en el vacío cuando las primeras balas empezaron a silbar, he podido matarlo, pensó mientras se ponía de pie abajo, pero no quiero más muertes. Y la nueva ráfaga, disparada a ciegas. De repente se le borró el mundo del pensamiento. Únicamente sabía que tenía que correr y corrió, corrió sobre un suelo viscoso buscando ganar distancia a los de arriba, ¿para qué fin fue creado el hombre?, y contestaba él mismo a su pregunta, para correr, correr, correr... Curioso, pero le entraron ganas de reír, qué jodidamente complicado es el hombre, pensó mientras clavaba sus tacones en la oscuridad sin ver lo que tenía delante, corre, Josechu, hasta que te descrismes contra lo que sea, pero mueve las piernas, condenado. Resollaba cuando se paró un instante para mirar hacia atrás, un blanco perfecto, murmuró al ver asomar a lo lejos la cabeza de un nacional, mas no le tentó la idea de disparar. Hay que salir de la ratonera, se dijo, y reanudó la carrera favorecido por un tenue resplandor procedente de Dios sabe dónde y porque sus ojos se habían hecho a la oscuridad. Pensó en el cerco. Traerán perros, los jodidos, tengo que darme prisa. Y salió disparado hacia un pequeño terraplén, ¡arriba, Josechu, es tu única posibilidad! De lo alto del terraplén, a la rama que le tendía el robusto árbol que crecía junto al río. Le resultó fácil subir agarrándose a ella y dejarse caer blandamente a la otra parte del pretil. ¿Y ahora qué? Había que correr de nuevo aprovechando el despiste de los guardias. Y en eso una voz a su espalda, te tenemos cogido, así que sal de ahí con las manos en la cabeza y no hagas jilipolleces. Siguió deslizándose y rodó por el suelo hasta la fila de coches aparcados junto al bordillo. Pensó en Gayolita, si estuviera aquí no habría problema. Le dolían las muñecas de tanto gatear, sudaba. De pronto, el fordfiesta que se mueve lentamente. Levantó la cabeza y allí, en los asientos delanteros, la pareja de tórtolos.

Atrajo su atención golpeando el cristal con el cañón de la pistola. Un gesto enérgico con la cabeza, mientras piensa rápido, venga, tío, ya has chingado bastante.

En seguida que se entreabrió la puerta le metió la Parabellum debajo de la nariz.

—¡Quietos! Tú maja, pasa detrás. Y calladita, ¿eh?

El muchacho le miró con ojos de espanto.

—Sólo llevo dos mil pesetas —dijo levantando las manos tímidamente.

—Yo llevo más. Pero no busco dinero. Así que tranquilo.

Se volvió hacia la muchacha, que saltaba medio desnuda sobre el respaldo delantero.

—No va a pasaros nada si colaboráis —dijo—. Así que échate ahí y no te muevas para nada. Ni hables. A no ser que quieras que me cargue a tu amiguete.

Se le había enganchado algo en la punta de la bota, una braga, pudo comprobar, y se la tiró detrás a la muchacha.

—Póntela —dijo. Y añadió—: Una niña no puede entrar en casa sin las braguitas puestas. Puede perderlo todo menos eso. No lo olvides nunca.

Al principio todo fue bien, pero al tomar el puente Josechu advirtió que el coche patrulla se dirigía hacia ellos.

—Acelera mientras cruzamos —ordenó—. Y mucho cuidado con sentirte héroe. Te juro que lo pasarías mal.

La sirena parecía enrollarse en las ruedas traseras del fordfiesta, cuyos faros taladraban la niebla despedazándola, sorbiéndola en parte, desplazándola violentamente hacia ambos lados del vehículo.

Josechu:

—Acelera, chaval. Hemos de cruzar este maldito puente antes de que nos pesquen por el otro lado.

Y pensó, llevan radio, mientras presionaba las costillas del conductor con el cañón de la pipa,

—¡a fondo, macho, hazte cuenta que rodamos una de gángsters!

—Hace poco que tengo el carnet.

—Da lo mismo. Tú a lo tuyo. Sin distraerte. Y olvídate de los semáforos. El renuncio lo pago yo.

—¿El qué?

—La multa, hombre.

Tenía que estar pendiente del gimoteo de la niña, tú a callar, no me lo pongas nervioso, de la niebla, entre la que podía aparecer un coche que lo estropeara todo, del canguelo del conductor,

—más rápido, lo estás haciendo muy bien.

Como se temió, al otro extremo del puente les esperaba otro coche patrulla.

—Ahí los tienes —dijo Josechu—. Ahora tuerce a la derecha.

—Es contradirección.

Un empujón a la pistola.

—Haz lo que te digo. Sin miedo. Así. Ahora que están desconcertados tira por esa calle de la izquierda. Saldrás a la avenida.

Con los impactos recibieron una lluvia de vidrios astillados, ¿estás bien?, preguntó Josechu a la atemorizada chavala, que siguió gimiendo.

—¿Te han dado? ¡Contesta, coño!

—No.

—Pues adelante.

La amplia avenida estaba descongestionada de tráfico y Josechu sacó su pañuelo por la ventanilla, ¡sigue arreando!, creerán que llevamos un herido. Pasaban a los demás vehículos, ¡el claxon, no dejes de tocar el claxon!, perseguidos por el vehículo policial a todo gas.

—¡Lo tenemos encima! —gritó nerviosamente el muchacho.

—Ahora da lo mismo. No dispararán. ¿Ves aquella esquina? La de la plaza.

—Sí.

—Está bien. Frenas en seco cuando yo te diga y arreas otra vez. Pero arrea bien fuerte porque si no lo haces os frío a los dos.

Josechu asió la manilla del cierre y esperó el momento preciso en que el coche doblaba la esquina, ahora no nos ven, dijo, y tras el frenazo en seco saltó,

—¡sigue!

Recuperó el equilibrio en la acera y todavía le sobró tiempo para ver al coche patrulla persiguiendo al par de tórtolos.

Al otro lado de la plaza, aparcados en batería, vio unos cuantos taxis. Cruzó despacio y después de echar un vistazo a su alrededor se metió en uno de ellos.

Quince minutos después entraba en el piso del comando.

«CINCO TIMBRAZOS. Después, silencio.

»Cinco —dice el Mostachos—. Sea quien sea, la señal indica que volverá a llamar.

»Zin vuelve la cabeza hacia él y le mira desdeñosamente como quien dice vaya descubrimiento que haces, gitano. Nadie se ha movido del sitio. Únicamente Gayola se ha acercado a Mikel como si buscara su protección. De ser así, pienso, ¿es que se siente culpable? ¿Es ella la que ha metido la bola negra en la bolsita? O puede que no, dudo. Es posible que haya adivinado que es Mikel quien ha votado mi ejecución y que se haya aproximado a él en un arranque de protección. Sí, quizá haya sido él. Es muy suyo. Siempre lo fue. Aparte de que es posible que no quiera dejarme morir en la calle como un perro después de pasar la humillación del acoso. Porque Gayolita no es tan cerebral. La conozco. Eso sin contar con que nunca pierde la esperanza. Lo extraño es que no me haya mirado abiertamente a la cara desde la votación.

»El Mostachos da la vuelta a la mesa, recoge su pipa y se la mete en el cinto. Luego elige un trozo de regaliz del mazo que hay sobre el aparador, ahora le ha dado por dejar de fumar, pienso, y le sonrío con guasa, como si fueras a vivir cien años, y desaparece en el cuarto del teléfono.

Zin levanta la voz: destemplada,

»—¿adónde vas, gitano?

»Desde el cuartito nos llegan las broncas palabras del Mostachos, ¿también tú?, yo no soy ningún gitano, ¿lo oís, cabrones?, y asoma la cabeza y me mira seguramente porque el inventor del mote soy yo, que le vuelvo la cara, ¡a la mierda!, mientras él sigue despotricando.

»Zin interviene:

»—Al teléfono contesto yo. Tú mismo me has hecho responsable del comando o de lo que queda de él.

»Y Mikel:

»—Aquí no manda nadie en particular. Si quieres contestar al teléfono hazlo, pero sin darte humos. No faltaría más.

»Están nerviosos. Menos Gayolita, que no sabe qué hacer, anda, pon el transistor, le digo, a ver qué dice del comando fantasma que se ha cargado a Villacorta. La veo buscar el chisme, pero sigue eludiendo mi mirada, ¿no me habrá salido rana la Gayola?

»Al Mostachos le pesa su propia vertical. Nunca lo he visto de pie como Dios manda. Siempre busca un arrimo, como las bestias asustadas, el quicio de una puerta, una pared, lo que sea. Ahora se apoya en el marco de la puerta del cuarto en el que Zin está esperando la llamada. Mira al techo sin dejar de morder la regaliz, los brazos cruzados a lo John Wayne, una pierna sobre la otra, los ojos muy abiertos. La luz que incide sobre él, oblicuamente, da a su cara una tonalidad verdosa, gitano, me pregunto, ¿no será que has metido en la bolsa una bola blanca para darte el gustazo de matarme en la calle? Me confesaste en cierta ocasión que es la caza que más te gusta, ¿cómo dijiste, caza mayor?, no, no, decías que por encima de la caza mayor estaba la caza *mejor*, la caza del hombre. Gitano, creo que he resuelto el enigma. Tanto Gayola como mi hermano han metido en la bolsa bolas negras. Ahora está claro. Dos de ellos más la de Zin, las tres que han salido. Luego la blanca es la tuya.

»Zin le dice a Mikel:

»—Si quieres puedes marcharte. Lo que falta por hacer es asunto nuestro.

»—Pero qué mala bestia eres —replica mi hermano, y le veo ponerse blanco, menos la frente, que se tiñe de rosa y empieza a barnizarse de ese sudorcillo viscoso que padece cuando tiene que actuar.

»—No te hagas mala sangre —le digo. Y el Mostachos me mira echando chispas por los ojos desde el marco de la puerta, ¿por qué no lo encerramos ahí dentro?, pregunta a los demás, lo menos que podría hacer es no meter baza en nuestros asuntos.

»Nadie le hace caso.

»En los labios de Zin relampaguea a veces un gesto de dolor. Lleva la mano herida a la altura del pecho, abierta y con la palma vuelta hacia delante, y de repente le grita a Gayola, esto me lo pagarás, zorra. Ella se encoge de hombros, ya te pedí perdón, dice con la boca llena de pipas, y sigue con el transistor pegado al oído.

»—El que ha llamado podría ser Papadoc —dice Mostachos como si monologara.

»—También puede tratarse de un despistado que se equivoca de número —le replica Zin.

»Pienso que la bola blanca puede ser también cosa de Zin. Mientras fuimos niños éramos como hermanos. Después, de mayores, en nuestras charlas varábamos a veces en la infancia, el ancla enganchada en los fondos del recuerdo, las barrabasadas que hacíamos, cosas así. Y yo opino que todo esto no puede olvidarse por mucho que sea el rencor y que por eso cabe pensar que a última hora Zin haya decidido salvarme, de momento al menos. Por otra parte, si quiere de verdad a Begoñita y se siente culpable, no es de extrañar que lo haya hecho por ella. No creo en la absoluta maldad humana. Por densas que sean las tinieblas siempre hay un resquicio por el que acaba entrando la luz. Sería idiota pensar que Zin es íntegramente malo. Zin es como lo han hecho las circunstancias, lo mismo que yo, por eso no puede excluirse la posibilidad de la bola blanca. En cuyo caso debería mi sentencia al Mostachos, eso es. Y a Gayolita y Mikel, claro.

»Mikel se acerca a mí.

»—¿Quieres algo?

»—Sí. Dame una de esas inyecciones contra el dolor. Me duele el brazo hasta el hombro.

»Le veo dirigirse a la habitación del fondo, donde está el botiquín, de donde sale al instante con una pequeña palangana en las manos. Gayola le dice, deja, lo haré yo, y su mirada se cruza con la mía por primera vez desde la votación. Gayolita no me ha hecho la guarrada, me digo posiblemente para convencerme de que es así, pero reflexiono y concluyo que en realidad no se trata de ninguna guarrada. Se trata de terminar cuanto antes, aguzo el oído, ¿está llorando Mikel en el cuarto del botiquín? El Mostachos me mira muy serio y Gayolita vuelve la cabeza hacia el corredor, al fondo del cual se oye un llanto confuso, algo así como un quejido entrecortado.

»También el Mostachos parece conmovido cuando me recrimina, menuda la has armado, Josechu, no me ha dicho nene, y acaba exclamando ¡rediós! mientras desaparece en la penumbra del pasillo. Y es que a Mikel lo quieren todos.

»Gayolita se me acerca con la jeringa en la mano.

»—Yo te remango —dice. Y siento el aroma de su piel qué difícil de entender es la naturaleza humana, le digo, pues no se me está levantando.

»—Por favor, Josechu.

»—¿A ti no te apetece?

»—Quita esa mano.

»La aguja penetra en mis músculos y el aliento de Gayolita penetra hasta lo más profundo de mi sexualidad. Si me lo permitiera, ahora mismo la desnudaría prenda por prenda hasta dejarla como vino al mundo y palparía sus pechos, tan duros, hasta encenderle los pezones y llevármelos a la boca como si fueran guindas confitadas.

»—La verdad, ¿no te gustaría hacerlo con un proyecto de cadáver?

»—Qué quieres, di.

»—Todo. Ahora mismo lo querría todo.

»—¿Quieres martirizarme?

»—Dame un beso.

»Gayolita mira alrededor y como estamos solos me entrega su boca entreabierta, chupo su lengua, bebo sus lágrimas, toma, guayabete, se levanta el suéter, qué hermosura, murmuro, y sepulto la cara entre sus pechos mientras mi mano libre se mueve bajo la falda.

»Me toma la cabeza, los dedos extraviados entre mi pelo, y murmura a mí oído:

»—Sigue.

»Segundos después se desploma en mis brazos gimiendo.

»—Si quieres les digo que nos dejen un rato —me propone.

»—Se van a reír.

»—¿Tú lo deseas?

»Afirmo en silencio y ella se levanta y se aleja al oír los pasos del Mostachos, que viene por el pasillo. Pienso en algo que oí sobre que a los condenados a muerte se les despierta un fuerte apetito sexual. La comida no les dice nada pero a la mayoría de ellos se les hinchan los órganos sexuales y no quieren más que estar con una mujer. De ahí la vieja costumbre de darles una prostituta la víspera de la ejecución.

»El Mostachos dice preocupado:

»—Son más de las dos.

»—¿Sigue nevando? —le pregunto.

»—Qué va. Hace luna.

»Entra Mikel. Más viejo. Como cansado. ¿Para qué atormentarlo más?, pienso, y decido no decirle nada. Sin embargo Gayola se pone de puntillas y murmura algo en su oído, qué va a pensar de ti, me pregunto, pero comprendo que tampoco es ninguna guarrada que quiera acostarme con una mujer, esta tarde lo he hecho con una desconocida, aunque la verdad es que el polvo no me ha sabido a nada. Pura mecánica. No es el caso de Gayolita y suspiro al pensar lo que habría sido poder estar con Begoña.

»Me invade un suave sopor, es el sedante, y no sé si es la voz de Zin la que dice que habría que aligerar las cosas. Creo que en un caso como el mío Begoñita habría accedido, pero ¿y yo? ¿Habría sido capaz ni siquiera de proponérselo? Qué bichos complicados somos. Entresueño su cuerpo pálido de luna, vuelvo a oír mi propia voz, es la mejor fotografía, su sexo es pálido también con una sonrisa de cera virgen cuando se abre para mí, Begoñita..., tengo el slip mojado.»

MOSTACHOS TENÍA LOS PIES dentro de una palangana con agua caliente. Ni le oyó entrar. Por eso levantó la cabeza con cierto sobresalto al oír la mortificación de Josechu:

—¿Tienes sabañones, gitano?

—Lo que tengo es muy mala leche.

—Eso ya lo sabemos todos.

Pasó despreciativo por delante de él y casi se dio de bruces con Gayolita en la puerta del dormitorio.

—¿Ninguna novedad?

—Nada.

Preguntó por Zin.

—No sé. Quizá está buscando a Papadoc.

—¿A Papadoc o a mí?

Gayolita miró las botas embarradas de Josechu, ¿dónde te has metido, si puede saberse?, y escuchó de sus labios todo lo que le había pasado desde que se separaron.

Josechu:

—¿No te ha contado el gitano el resultado de su hazaña? Quería detenerme, el muy animal, y traerme aquí del hocico.

Los ojos de Gayolita sonrieron.

—No ha dicho nada, pero ten la seguridad de que te la guarda. Ya lo verás.

Le ayudó a quitarse las botas y Josechu se metió en la ducha.

Bajo la tibieza del agua reconsideró su situación. Las cosas estaban bastante mal, lo cual no impedía que conservase la esperanza de que Papadoc encontrara un medio para evitar lo peor, aunque si no aparece, pensó, estos tipos van a destrozarme, el primero Zin. Pensó que lo mejor sería hablarle claro, juégate el todo por el todo, le diría, abandona antes de que sea demasiado tarde, mira que no puedes hacer un cementerio de tu vida. Y si te he faltado en algo dilo, coño, aclaremos las cosas.

Mostachos, su cara huraña, le esperaba en el dormitorio.

—Pero ¿con qué permiso entras tú aquí?

—Menos chulerías.

Gayolita acudió al oír las voces, ¿qué os pasa?, y miraba a Josechu conteniendo la risa,

—tú, déjalo al menos que se vista —dijo a Mostachos.

—Pues que me entregue su pistola. ¡La ha escondido, el cabrón!

Josechu avanzó hacia él desnudo, sin darse cuenta de que la toalla se le había escurrido de la cintura.

—¡Que te parto la cara, gitano!

—Ya será menos.

Pero Mostachos retrocedió mordiendo con rabia un trozo de regaliz.

—Cuando estén los demás os daré la pistola. Me entrego. ¿Qué más quieres? Pero no voy a darte el arma a ti solo. ¿Por qué no me la has quitado hace un rato? Ya te digo, yo la entregaré a ésta —y señaló a Gayola—, a Zin, a mi hermano, a todos, pero no quiero que farolees y vayas diciendo luego por ahí que me has desarmado. ¿Lo oyes bien, gitano?

Siguió avanzando hacia él y mira quítate de mi vista, no me calientes más la sangre.

—Te juro que me las pagarás.

Comprendió lo apurado de su situación cuando habló con su hermano.

—Te has jugado el cuello y lo has perdido —le dijo Mikel.

—Lo sé.

—¡No lo sabes! Nunca has sabido nada, Josechu. Has jugado a vivir. Tú, hale, a tu capricho. De manera que no lo sabes. Esto es mucho más serio de lo que tú crees. Que no, Josechu. No se pueden desobedecer las órdenes. No se puede coger un teléfono y llamar a Capitanía alegremente, oiga, que le van a matar unos etarras medio locos. ¡Eso no se puede hacer, leche!

—Está bien, hombre. Yo soy el único responsable y por eso estoy aquí. Por eso me entrego.

Mikel paseaba el dormitorio arriba y abajo, ésa es la cuestión, que tú no eres responsable porque eres un irresponsable. ¡Me cago en la leche! Pero cómo hacértelo comprender —miró a Gayola y le mandó salir de la habitación—, tú, largo, hazme el favor, y siguió paseando como una fiera enjaulada,

—esto es mucho peor que un sumarísimo, Jose. Allí al menos te ponen un defensor, hay un código, un tribunal. Tienes apelaciones. Cuentan muchas cosas, la hoja de servicios, qué sé yo. Pero aquí no hay nada de eso. Aquí no encontrarás piedad. El que traiciona a la Organización puede darse por muerto. ¡Y eso es lo que tú no sabes! Lo que te espera. Venga, di. A ver qué crees que te espera, qué esperanza tienes de vivir después de lo que has hecho. El chivatazo, la muerte de un compañero y todo lo demás. Mira que te lo advertí cuando entraste en la Organización. Aquí no cuentan los sentimientos. Aquí no valen esos lujos. Te lo dije, mira que te conozco y sé que eres todo corazón y esto no te va. Déjalo antes de enmendarte. ¿Que mueren dos mujeres inocentes? Pues qué se le va a hacer. Nosotros somos los primeros en sentirlo, porque no somos fieras, pero no podemos hacer nada para remediarlo. Mira ellos. Le ha faltado el tiempo al tal Villacorta para movilizar a toda la policía. Como fieras han caído sobre los nuestros. ¿Entonces qué? ¿Sólo a nosotros nos corresponde dar beligerancia? ¿Ellos tienen bula?

Fue la primera vez que comprendió su verdadera situación.

—Tenías que haber visto a aquellas dos mujeres, Mikel.

—Y tú tenías que ver cómo ha quedado Koldobika. ¡Lo han partido por la mitad! Es lo que dicen ellos. Además, no sólo es el mal que has hecho sino el que puedes hacer, ¿Eh? ¿Qué me dice el niño mimado? A madre, a mí... ¿Por qué no llamas ahora a la hija del general y a su nietecita para que te saquen del atolladero? ¿Qué crees que harían? Torcer el morro. Esa gente es así. Lo siento mucho, la Patria y todas esas monsergas, pero te mandan a tomar por el saco. Luego, si acaso, se confiesan y se van al cine. ¿Sabes tú por lo que estabas luchando? ¿Lo has sabido alguna vez? Luchabas para terminar de una vez con los principios por los que se rige esa gente.

—¡Son seres humanos!

—¡Pues llámalos! Acude a su humanidad. Diles que te ayuden, porque lo que es yo no puedo ayudarte y te vamos a matar.

Lo agarró de los brazos y lo zarandeó, ¿sabes lo que te espera?, ni siquiera el consuelo de pegarte un tiro porque no se fían de ti. Te echarán a la calle. Harás el mismo papel que hacen esos zorros perseguidos por los cazadores a caballo hasta que acaban con él. Sólo que en tu caso irán a pie o en coche, te buscarán por donde menos puedas imaginarte y no te valdrán tus tretas. Todo esto sin contar con que también la policía te sigue el rastro.

—Puedo pedir que se me haga un juicio. Tengo derecho.

—Allá tú.

Mikel se sentó en el borde de la cama, al lado de su hermano,

—haz lo que quieras. Si pides juicio lo tendrás, pero será el tiro en la nuca.

Le abrazó, lo que quiero que comprendas es que no puedo hacer nada por ti, ni siquiera Papadoc hará nada porque no conoce la piedad con los traidores. Y levantándose maldijo y golpeó la pared con el puño hasta sentir el dolor en la nuca, maldito chiquillo, que has pasado por la vida sin enterarte de nada, ¡de nada, coño!, y ahora tampoco sabes lo vacío que me dejas, cargado de remordimientos y solo. Y es que Mikel, que había renunciado hasta a casarse, vivía para su hermano y para la causa, mas especialmente para él, el niño difícil que se hacía querer precisamente a causa de su irreflexión y de sus insospechadas reacciones.

—Nunca creí que fuera tan inútil —murmuró Mikel, voz apenas audible, rota por el fracaso, la voz de un hombre que ve ante sí su propia imagen hecha añicos y cómo las trizas desaparecen en el abismo de soledad que se abre a sus pies, porque ya no tendrá a quién proteger, vida sin sentido.

Fue en aquel momento cuando entró Zin. Todavía llevaba puestos los guantes y el chaquetón de piel forrado de lana.

—Me ha parecido que gritaba alguien —dijo displicente. Y, en seguida Josechu, precisamente quería hablar contigo, Zin, a ver qué tienes contra mí,

El gesto era amistoso, pero Zin levantó con su fría actitud una muralla de desprecio entre los dos.

—Somos amigos desde críos, Zin.

—Lo que quieras, pero no tengo nada que hablar contigo.

Se volvió hacia el vano de la puerta y llamó a Mostachos a grandes voces.

—Tráete unas esposas —le ordenó secamente al verlo aparecer—. Se las pones a éste.

A Josechu se le heló el aliento, pero, Zin..., y comprendió su soledad al ver que su hermano desaparecía más seco que un leño, hasta habría asegurado que vagamente satisfecho y con cierto énfasis de aprobación en el talante.

Mostachos estaba junto a Zin con las esposas en la mano.

—Todavía tiene la pistola —dijo, y su cuerpo se tensó dispuesto a saltar sobre su presa. Pero Josechu metió la mano debajo del colchón y sacó el arma.

—Que conste que me entrego al comando.

Y Zin:

—Otro acto heroico del niño bonito. De nada te va a servir.

—No te reconozco, Zin.

—Las personas nunca llegan a conocerse del todo. Sujétalo al somier, Mostachos.

Le entregó la muñeca izquierda y Mostachos le obligó a tumbarse de un empujón, pero Gayola entró en el cuarto echando veneno por la boca, ¿qué pretendéis?, a ver, Zin, ¿con qué derecho lo esposáis?, esto no son procedimientos,

—parecéis fascistas, desgraciados.

Josechu la obligó a callar, y cuando Zin y Mostachos abandonaron la habitación, pidió a Gayola la bolsa de viaje que había al fondo, sobre una mesita baja.

—Tienes que luchar, guayabete. No te acobardes.

—Ahora hay que pensar en otras cosas. Déjame solo, por favor.

Tan pronto como Gayola desapareció, cerrando la puerta, Josechu revolvió en su bolsa y sacó un pequeño volumen de tapas amarronadas. Era la Biblia.

«EL PRIMER TIMBRAZO del teléfono me devuelve parte de la lucidez. Zin corre sobre mis pestañas y su voz cosquillea en mis oídos, "empezábamos a estar intranquilos". Intento escuchar lo que dice pero sólo oigo sus repetidos monosílabos, "sí..., sí..., sí..." Recibe órdenes, pienso, y me pregunto si no será Papadoc. Unos dedos fríos recorren mi cara, son dedos frágiles, de mujer, ¿Begoñita?, que más quisieras tú, y se me escapa un intento de carcajada reseca como un quejido.

»—¿Te duele el brazo?

»Reconozco la voz. Gayolita.

»—Apenas. ¿Sabes? El sedante me deja atontado.

»Le pregunto qué está pasando, por qué esperan Mikel y el Mostachos tiesos como si estuvieran en posición de firmes,

»—¿con quién habla Zin?

»El aliento de Gayolita hiere mi oído:

»—Me parece que es Papadoc. Todavía hay esperanza.

»Ha dicho esperanza. ¿Qué puede esperar un condenado a muerte en su última noche? Quizá acostarse con Gayolita cachonda, eso nada más,

»—quiero olvidar todo esto.

»—Lo olvidarás.

»—Cuando me ejecutéis, claro. Por cierto, yo quería hacerte una pregunta sobre lo de las bolas, Gayolita.

»—Me imagino cuál es. No la hagas. Hace un rato, cuando

no te habíamos dado el sedante, te portaste como un hombre entero. Bravo, Josechu. Pero, por favor, no lo estropees ahora.

»—O sea, que estoy en lo cierto y tú votaste...

»Gayolita se aleja de mí meneando el trasero como cuando se enfada. Zin sigue al teléfono diciendo sí, sí, qué manía, pienso, y me río de mí mismo, lo que pasa es que te ha drogado, payaso, te preparan para el viaje final con el pretexto del brazo.

»Llamo a Mikel con la mirada.

»—¿Qué diablos me habéis puesto?

»También él toca mi cara igual que acaba de hacerlo Gayolita.

»—Un calmante.

»—Me hace bien. Cuando llegue el momento me pones una dosis más fuerte. No me enteraré.

»—¿Sabes quién llama?

»—No.

»—Papadoc.

»Repito estúpidamente Papadoc, Papadoc..., y Zin vuelve a correr sobre mis pestañas, ahora en dirección contraria, es decir, saliendo del cuárto del teléfono, qué peso en los malditos párpados, pero esta vez su voz me llega muy clara.

»—hay que evacuar el piso. Orden de Papadoc. Luego nos dispersaremos. Ya diré a cada cual dónde tiene que ir. Prohibido acercarse al piso de Papadoc. Prohibido llevar armas. Prohibido hacer cualquier clase de manifestación a los compañeros ni usar los teléfonos. Prohibido salir a la calle hasta nueva orden.

»Zin se calla. El silencio me pesa dentro de la cabeza como si la tuviera rellena de plomo.

»Ahora es la voz de mi hermano:

»—Pero ¿dónde está Papadoc?

»—No lo sé —Zin—. Me ha dicho que viene en seguida pero que no quiere ver a nadie aquí excepto a ése.

»El dedo índice de Zin, que apunta a mi cara, me parece una oruga enorme de cartón piedra como las que salen en las películas de monstruos. La uña es una lanza afilada entre mis ojos, que empiezan a bizquear, excepto a ése, pienso, y ése soy yo.

—¿Me podéis dar un vaso de agua?

»—Es el sedante lo que te produce la sed —dice Mikel.

»Veo a Gayola corriendo hacia la cocina y al Mostachos con cara de Pascuas, ¿qué pasa, gitano, creías que tu Papadoc la había espichado?, le digo gangoseando.

»—Papadoc no la espicha nunca. Es inmortal.

»Mostachos tira al suelo triunfante el cacho de regaliz y va al aparador en busca de un caliqueño, le veo morder la punta, escupirla sobre la mesa, si será puerco, y Gayolita me pone el vaso entre los labios.

»—Qué atenciones —le digo—. Ni que uno fuera un moribundo.

»Un moribundo es lo que eres, pienso, pedazo de animal. Según me transmite Gayolita, Zin acaba de dar órdenes para que cada cual prepare sus cosas y se largue cuanto antes del piso.

»—El Mostachos le prenderá fuego —le digo a Gayola—. Hay cócteles Molotov.

»—El Mostachos no hará nada. Tranquilo. Tú te quedas esperando a Papadoc, pero mucho ojo. Ah, te dejan sin esposar. Órdenes. A lo mejor aún hay suerte.

»—No me dores la píldora.

»—Tienes que ser astuto, guayabete. Lucha hasta el final. ¡Miente! A lo mejor da resultado y todo se reduce a una temporada en las Ardenas. O donde sea.

»—No mentiré. A nadie. Y menos que a nadie a Papadoc. No se lo merece.

»—Él es peor que todos nosotros. Las mujeres tenemos un instinto secreto, y yo sé que él es mucho peor que todos nosotros juntos.

»—¿Papadoc?

»—Si tienes ocasión de acabar con él, hazlo. Es una fiera escondida detrás de sus buenos modales.

»—Nunca volveré a matar. Creo en Dios, Gayolita. Estoy arrepentido de lo que he hecho.

»—Sí, claro. Eso está muy bien. Pero también Dios te dice que has de conservar la vida.

»—No creo que Papadoc...

»—Lo que te pasa a ti es que lo has divinizado. Nunca ves a las personas. Te las inventas. Las haces como a ti te gustaría que fueran.

»Empiezo a hablar conmigo mismo, el sedante, porque a Gayolita la ha llamado alguien y ha cortado el rollo. Ahora, medio dormido, la veo otra vez delante de mí cargada con un montón de billetes, venga, ¡despierta, hombre!, toma un par de fajos y métetelos donde puedas, y en vista de que no me muevo guarda su tesoro en una maletita y descorre la cremallera de mi pantalón,

»—te lo pongo en los slips.

»—El muchacho de los huevos de oro —le digo. Y la veo sonreír.

»Se arrodilla y se abraza a mis piernas, piernas de serrín, espabila, guayabete,

»—nosotros, nos vamos, ¿me oyes?

»—Os vais.

»—Eso es. Mira, si te vieras perdido con Papadoc tira a matar. Un blanco seguro es la cabeza. Tú lo sabes. La cabeza, ¿eh?

»Vuelve a hurgar en mi bragueta y me pone junto a los

billetes el pájaro de fuego, un Firebird, entre mi triste pajarito y el slip.

»Está cargado. Ánimo, guayabete. Adiós.

»Mikel me besa en la frente como se besa a los difuntos. Le veo salir con un maletín y detrás de él a Gayolita cargada de bultos y ropa. Antes de hundirse en el corredor se vuelve por última vez. Me da el corazón que no volveremos a vernos.»

EL HOMBRE DEL MONO AZUL sonrió a la vieja sirvienta que le abrió, perdone, me han dicho que entre por aquí, y dejó en el suelo la caja metálica de las herramientas.

—¿De qué se trata?

—Un grifo que hay que cambiar. De bañera.

La sirvienta se quejó, tres días llevamos esperando, y el del mono repuso como cabreado que lo sentía, pero que todo el mundo se acordaba del fontanero a última hora.

—Y menos mal que no me han llamado el día de Navidad.

—Ande, acompáñeme.

Una puertecita pintada de blanco, el corredor enmoquetado, un dormitorio de matrimonio amueblado con severidad, el crucifijo sobre la cama,

—pase por aquí. Es en el baño del general.

El hombre del mono azul observó la pieza que se abría al extremo del corredor. Era bastante grande, iluminada, junto a la puerta forrada de piel granate que se veía al fondo. Un oficial paseaba sosegadamente con las manos a la espalda. En la mesa, otro hombre de uniforme aporreaba una máquina de escribir.

—Mire, es este grifo. Se sale a chorro, como ve.

—Ya.

Cuando se hubo marchado la criada, el hombre se quitó el mono y apareció vestido de militar. Comprobó su atuendo en el espejo y sacó de la caja de herramientas una gorra de plato con la estrella de comandante. Pegado a la badana había un postizo de pelo grisáceo, hasta guapo vas a estar, pensó el comandante Dauden encasquetándose la gorra. Luego sacó un peine y se alisó el postizo sobre la nuca. Finalmente pegó sobre su labio un bigotito gris y cogió de la caja una pistola con silenciador. Por último, escondió el mono y la caja en el cajón más alto del armario empotrado.

El comandante Dauden presentó su credencial al brigada que había a la máquina, Servicio de Información, es muy urgente, dijo en voz baja, y el brigada anotó la filiación en un cuaderno registro.

—Un momento —dijo después, y entró en el despacho del general.

Cuando el joven capitán que esperaba sacó un cigarrillo, el comandante Dauden le dio fuego con un Ronson de oro, perdone, termino en seguida, le dijo, pero el capitán repuso que él estaba al servicio del general.

—Creí que hacía antesala.

—No. Simplemente estiro las piernas.

—¿Hay alguien dentro?

El capitán se encogió de hombros, acabo de subir. En aquel preciso instante se abrió la puerta forrada, puede pasar, mi comandante, y Papadoc inclinó la cabeza al brigada, franqueó la puerta y sacó la pistola que llevaba en el bolsillo de la guerrera. Minutos después abandonaba el despacho del general Villacorta, que no le molesten, al brigada, y se colgaba del brazo del joven capitán sonriéndole, si fuera usted tan amable de ayudarme a encontrar la salida,

—siempre me faltó el sentido de la orientación.

—A sus órdenes.

Le esperaba al otro lado de la verja un Seat negro ET con soldado al volante. El capitán se cuadró al arrancar el coche y Papadoc se llevó los dedos a la visera, gracias, capitán, —ha sido usted muy amable.

Cerraba la noche cuando el vehículo enfiló la silenciosa calle flanqueada de árboles desnudos.

—¿Todo bien? —preguntó Goiri, un miembro de apoyo. Y Papadoc, perfecto, mientras se quitaba la gorra de plato, hay que ver el calor que da este chisme, insoportable.

—Una verdadera suerte la llamada que hizo ayer Carlos —comentó Goiri—. Sin su ayuda no se habría podido llevar a cabo la operación.

Papadoc entornó los ojos. Sí, una suerte que un confidente de la Organización que cumplía el servicio militar en la Sección de Mantenimiento de Capitanía, les hubiera informado de que el humilde grifo de una vulgar bañera se había declarado en huelga. Una verdadera suerte, sobre todo para vanidad de Papadoc. Lo había conseguido. Ahora podía presentarse delante de Josechu y decirle, a ver si te enteras de que no te necesito. Y después recordarle algunas cosas. ¿O es que has olvidado? «Somos intransigentes en nuestra idea, en nuestra verdad, en nuestra meta esencial. Nos podemos permitir el lujo de atacar donde y cuando queremos. La norma es embestida de toro, defensa de jabalí y huida de lobo.» Nuestra norma es la ferocidad, pensó, y recordó la extrañeza que había en el rostro del hombre que acababa de asesinar y el salto que dio en el sillón al recibir los dos impactos en la cabeza, un pedazo de masa encefálica pegado al marco de plata de la foto familiar, el ojo derecho colgando como un despojo de carnicería. Como siempre que llevaba a cabo una acción personal, se sintió orgulloso de su astucia.

—Ha sido más fácil de lo que creía —dijo. Y encendió un cigarrillo, mientras Goiri comentaba entusiasmado la importancia de la hazaña.

—Hay que vengar a nuestros muertos —terminó sentencioso el joven conductor.

—Los muertos no se vengan. Somos los vivos quienes les involucramos en nuestras venganzas.

El Seat atravesaba las calles de la ciudad en dirección a la autopista. Se espesaba la niebla y había en el aire como una silenciosa profecía de nieve.

—¿Se sabe algo del soplón? —preguntó Goiri.

—Daremos con él.

Papadoc pensó que estaba ante otro joven patriota. Todos empezaban bebiéndose el mar y terminaban supurando malicia por los poros, quemados unos, sin más voluntad otros que la que dicta el crimen cuando se convierte en vicio, medio locos de tantos días de encierro, de tanta intención oculta.

Después de rodar varios kilómetros por la autopista, Goiri paró en el arcén, donde cambió las placas ET por otras de iguales siglas y distinta numeración. La celeridad con que realizó el cambio y la niebla impedían la sospecha de cualquier viajero de los que iban en los escasos coches que circulaban en aquel momento.

—Toma la salida tres —dijo después Papadoc—. Ya te avisaré dónde tienes que parar.

Cómodamente recostado en su asiento, Papadoc imaginó a Josechu perdido en la ciudad, una sombra entre la niebla. Habría podido ser el hombre, pensó. Y de repente se vio rodeado de fantasmas, guardias civiles destrozados, ancianos de uniforme que caían rotos a sus pies, el *jeep* que salta en el aire entre una nube de polvo, la niña que se desploma en la glorieta abrazada al muñeco. Decían que era un solitario pero no era verdad. Cuando no trabajaba en sus planes u ordenaba un proyecto, o una operación, es decir, cuando su mente estaba ociosa, se veía rodeado de sus trágicos fantasmas, su compañía víctimas y de los verdugos no cuentan. Ni el número. Asesinamos a la humanidad entera todos y cada uno de nosotros.

»Empiezo a comprender. Mi padre ha querido demostrarme que no es el gallina que yo me figuro y ha cogido a la humanidad del rabo y le ha cortado el pescuezo, ¿te acuerdas, padre?, cuando había que matar un pollo tú te escondías, siempre se te escapaba el ternero, y era madre quien le cortaba el cuello. Hasta el día que yo me animé. Fue ella quien me enseñó, no tú. Le agarras por la cabeza, de forma que aprietes el pico con la mano, así no grita y uno no se remuerde, pones el cuchillo, bien afilado, ¿eh?, tiene que estar bien afilado...

»—¡Tampoco soy tu padre! Soy Papadoc.

»Por fin mi padre me pega dos guantazos. Me arde la cara, qué fuerza, ¿eh? Y la voz, yo soy una persona lúcida, sé que desafío a la Divinidad, y me habría gustado hablarte de estas cosas,

»—¿quién te ha drogado?

»—Pues no lo sé. Estábamos todos aquí, la Gayolita...

»—Drogado o no, tengo que matarte.

»La voz se hace cálida, ¿sabes cuál es el peligro?, que le tomes gusto, la conciencia se va envenenando, ¿me comprendes?, y el alma, que se ensucia, se corrompe, y cuando esto sucede el asesino queda como tú estás ahora, drogado, no piensa más que en darle al gatillo, le persiguen imágenes antiguas, pesadillas, entonces uno piensa, ¿cómo se moriría fulano?, me asusta comprobar que el vicio se haya apoderado de mí, pero mira lo que te digo, ahora mismo, cuando todavía no he apretado el gatillo, siento una gran curiosidad por saber cómo morirás tú. Unos dan un salto, suelen ser los que están sentados, como el general Villacorta, ¡si lo hubieras visto!, otros se desploman, los hay que parece que se hacen añicos como si fueran una porcelana, otros todavía consiguen dar unos pasos, un cadáver andando, ¿lo has visto nunca? Hay otro aspecto todavía más sugestivo, el que muere asustado en el suelo, como Santamaría, lo acabo de matar, ni una hora hace, ¿sabes?, si lo hubieras visto, estaba ridículo pataleando en el aire, no lo hacía con el orgullo con que lo hace el toro apuntillado en la plaza, nada de eso, pataleaba como un pelele o como el niño que ha cogido la rabieta, un pataleo que mueve a risa, Josechu. Luego están las imágenes que se quedan grabadas. Las vísceras rotas, ¡qué formas tan extrañas! Y los colores. El verde del miedo, el amarillo de la bilis, porque los hay que se cabrean mucho a la hora de morir, el morado de los labios, eso es un corazón asustado, y es que todos los colores cambian en una fracción de segundo, y cada uno de ellos tiene un significado, por ejemplo, el morado es el miedo, lo comprendes, ¿verdad? Y está el rojo de la sangre. No toda la sangre es igual, depende del momento en que te cargues al tío y del sitio de donde salga. La sangre de la cabeza es brillante y saltarina, en cambio la del pecho es más opaca y la del vientre es una sangre que se remansa gorda y negruzca.

»Ahora recuerdo las palabras de Gayolita, es una fiera escondida detrás de los buenos modales. De repente se hace la luz en mi cerebro, ¡es Papadoc que viene a matarme! Y aprieto las piernas, aquí está el Firebird, lo siento latir entre mis genitales como si estuviera vivo. Tengo que darme prisa porque Papadoc se ha vuelto loco. Está loco. Siempre lo ha estado. Por eso en vez de dormir maquina la destrucción de los demás. De los otros y de nosotros mismos, los que integramos sus comandos. Es un pobre cerebro enfermo este Papadoc.

»—Me duele la barriga —digo. Y me aflojo el cinturón, mientras Papadoc continúa, ése es mi castigo, Dios me ha condenado en vida, ¿lo comprendes?, ha puesto en mi cerebro la droga del crimen y ya no puedo librarme de ella.

»Tengo la mano abierta sobre el vientre. Mi dedo meñique roza el elástico del slip, es cuestión de entretenerlo un poco más, será un movimiento rápido, coger el revólver y apuntar a la cabeza, me lo dijo Gayolita, la cabeza, Josechu.

»—Tu causa es sagrada —le digo.

»Se llega a un momento en que ya no hay causa. Hay curiosidad por saber cómo muere la víctima. De ver cómo muere. Verlo y, al mismo tiempo, aspirar el olor de la sangre, un tufillo que acaba por volverle loco a uno, porque la sangre huele a vida que se va. Entre el ser y el no ser no hay más que una línea difusa, una sutil frontera que ningún biólogo ha podido determinar, y esa frontera la huelo yo. Olerla nada más un instante, aspirarla, compensa todo el sufrimiento, créeme. Te lo confieso a ti porque sé que me comprendes. Eres inteligente.

»—Dame un poco de agua —le pido.

»—No.

»—¿Por qué?

»—Tratas de engañarme. No me preguntes cómo lo sé, pero estoy seguro de que tramas algo.

»—Entonces vas a matarme a sangre fría.

»—A sangre fría, sí.

»—¿No sientes miedo de Dios?

»—Eso queda para los supersticiosos. Yo tengo verdadero temor de Dios, que no es lo mismo. Y sé que me condeno. No me preguntes de qué modo porque lo ignoro. Quizá tenga que vivir eternamente las pesadillas de mis sueños. No sé si será ése mi infierno. Pero de todas formas tengo que matarte. Ahora.

»—Estoy desarmado. Enfermo.

»—Necesito ver cómo mueres. Es un poco como si viera mi propia muerte.

»Al fondo, en el pasillo, entreveo la sombra del Mostachos pegada a la pared. Ahora empuña una pistola y apunta hacia aquí.

»Oigo unos disparos.»

EPÍLOGO

LOS MEDIOS DE DIFUSIÓN calificaron el suceso de un vulgar ajuste de cuentas. En la refriega, el tipo agitanado murió instantáneamente de un tiro en la cabeza. Al otro, vestido de uniforme, lo mataron por la espalda, a traición. Sobre este último empezó a divulgarse la leyenda de que se trataba de una de las cabezas más buscadas de la Organización, un hombre misteriosamente desaparecido en la frontera francesa durante el verano del setenta y seis, cuyo cadáver nunca apareció a pesar de que la muerte había sido reivindicada por comandos anti-ETA.

Pero yo sé que no existió tal ajuste de cuentas. Mostachos mató en efecto a Papadoc, la persona a la que más quiso en su vida y a la que sirvió con toda lealtad. Lo mató, obviamente, por error. Nunca olvidaré su alarido de impotencia al percatarse de lo que había hecho. Yo, que estaba allí, pensé que iba a matarme. Pero le vi ponerse la pistola en la sien y apretar el gatillo. Su cuerpo tembló en el suelo como galvanizado por una fuerte corriente eléctrica.

Debo añadir que asistí al entierro de Gayolita, descerebrada dos meses después de estos sucesos en un enfrentamiento callejero con la Guardia Civil. Estuve comiendo pipas en su honor todo el tiempo que duró el trayecto hasta el cementerio.

A Mikel, que se entregó la misma noche de los sucesos, le siguen tratando en la enfermería de la cárcel de una depresión al parecer irreversible. En cuanto a Zin, sigue mi rastro desde que abandoné la Organización y me instalé en esta aldea de pescadores, donde he escrito este relato frente al mar y entre gaviotas propicias.

Algún día nos encontraremos inevitablemente. Lo leo cada mañana, al despertar, en los ojos de Begoñita.

Índice

Impreso en
Talleres Gráficos "Duplex, S. A.",
Ciudad de la Asunción, 26-D,
Barcelona-30

habitual, la única. Hasta en sueños los veía. Y era entonces cuando llamaba a Dios, la única palabra que le oía pronunciar Mostachos, que tiritaba de terror como el can que ventea la muerte.

Delante del caserón donde pararon les esperaba el anciano de la nariz roída. Papadoc ordenó a Goiri que se cambiara de ropa y que volviera a la ciudad con la furgoneta.

—¿Y Fermín? —le preguntó después al viejo, que le miraba sin reconocerlo.

—Arriba sigue. Durmiendo. ¿Le llamo?

—No, déjalo. Yo también voy a tumbarme un rato.

Sin quitarse el uniforme se dejó caer en la estrecha cama de un cuartucho. Oía espaciado el mugido lúgubre de una res que reclamaba la querencia del establo. Al menos el animal tiene algo seguro, pensó, algo que le protege, pero ¿quién me protege a mí contra mis terrores? Era la única razón por la que se negaba el sueño a sí mismo, a pesar de lo cual acabó rindiéndose a él.

Una media hora después le despertó un leve crujido. Atisbó en la oscuridad, es él, pensó, y los músculos de su cuerpo se tensaron. Sin producir el menor ruido, el cuerpo se acercaba a la cama, lo olfateo, se dijo Papadoc, y en el momento en que se abalanzaba sobre él lo inmovilizó con una llave de cuello.

Lo sacó en vilo del cuartucho y las sombras de los dos bailotearon agigantadas por las llamas de la chimenea.

Cuando Santamaría rodó por el suelo Papadoc lo encañonó.

—Estaba seguro, sabandija —dijo. Y montó la pistola ante los ojos espantados del traidor, que pedía clemencia, te lo diré todo pero no dispares, y habló atropelladamente de la caída del comando de Madrid y de su participación.

—Pero yo no los delaté.

—Lo hiciste, rata asquerosa. Lo mismo que has avisado hoy a Villacorta antes de que lo hiciera Josechu.

Y la punta de su zapato se estrelló contra el maxilar de Santamaría, que lloraba ensangrentado, fuiste tú, confiesa, ¿o es que me tomas por un imbécil?, Josechu llamó a las dos y a esa hora ya estaban cercados los comandos,

—habla, cerdo. Además, ahora venías por mí.

—Iba a despertarte por si querías algo. Pongo a Dios por testigo.

—¡Deja estar a Dios!

Y disparó. Tres, cuatro, cinco veces seguidas.

El repentino manotazo que aplastaba su pecho le impedía respirar, por lo que gritó quizá buscando una justificación al nuevo crimen, ¡era una sabandija, un maldito infiltrado!, mientras se aflojaba el cuello de la guerrera, roja la cara y los ojos inyectados en sangre.

El viejo de las bubas, que hasta entonces había estado mirando impasible el fuego, apareció ante él.

—Vaya con el Ferminillo —dijo—. Y parecía un hombre cabal.

Y Papadoc:

—Haz un agujero en cualquier parte y entiérralo. Te pagarán.

Se había serenado como por ensalmo. Alisó la guerrera, cambió el cargador de la Parabellum y, después de ponerse cuidadosamente la gorra, se metió en el coche.

Nevaba intensamente cuando abandonó el caserón. Una hora después entraba en el portal de la finca donde le esperaba Josechu.

Era de madrugada.

«ME LLAMA ALGUIEN, Josechu, y entreabro los ojos. Un hombre de uniforme. Está de pie delante de mí encañonándome con una extraña pipa. Digo extraña porque, drogado como estoy, soy incapaz de fijar los ojos en un objeto. Hasta el hombre del uniforme se me desdibuja. Aparece y desaparece o lo veo como si estuviera detrás de un cristal esmerilado. Sin contornos. Eso es. Josechu, repite una voz conocida, y levanto los párpados. Se me escapa un hilo de baba. Lo siento escurrirse hasta la barbilla, donde se encharca en un instante para gotear después en el dorso de mi mano izquierda, ¿o es la otra? Miro la mano babeada y me conmuevo ante las ganas de llorar que me entran de repente, no por lo crítico de mi situación sino por el lamentable aspecto de subnormal que debo presentar. El uniforme sigue delante de mí. Inmóvil. Metido dentro de un bloque de agua. Ahora distingo unas piernas, pantalón de paseo. Veo también los zapatos. Negros. Manchados de barro. Impropio de un militar, pienso, y trato de levantar la cabeza para ver la cara que pone un muerto año y medio después de enterrado.

»—Le esperaba, coronel —mediodice mi lengua de corcho.

»Y la voz conocida, no soy quien te figuras, ¿ah, no?, tengo la punta de la nariz helada, un carámbano,

»—no me engaña, usted es el coronel Sanromán, lo sé por la gaviota.

»Le miro sin verle, la gaviota, señor, se asfixia dentro de mi cabeza, claro, no puede volar, las aves necesitan espacios abiertos, si las encierra usted dentro de una cabeza las bisagras de las alas terminan por soldarse, ¿me comprende, coronel? Y la voz se levanta como un tremendo temporal de voces, los oídos van a estallarme, ¡no grites más, voz!, y dice cosas extrañas como que su conciencia es una llaga viva, ¿tienen conciencia las voces o es que oigo mal?

»—El bigotito le delata, Sanromán.

»Sanromán se quita el bigote de un tirón.

»—¿Sabe a quién me recuerda ahora? ¿A que no lo sabe usted, señor Sanromán?

»—Vengo a matarte.

»—Eso ya lo sabía. Podía habérselo ahorrado. Pero le advierto que le va a quedar muy mal sabor de boca. ¿No hay ninguna gaviota por aquí? Es igual. Acabará metiéndosele en el coco. Ya lo verá, señor Sanromán.

»—No soy Sanromán. Soy Papadoc y vengo a matarte. Serás el tercero hoy.

»¿El tercero? Trato de sonreír pero resulta que no sé y en lugar de poner cara simpática me sale una mueca y se me vence la cabeza sobre el pecho.

»—Me habría gustado hablar contigo, Josechu.

»—Pues, adelante. Venga, coronel, hable. Yo le escucho. Soy todo oídos. ¿No se dice así?

»La voz, he ajusticiado al general, yo solo, y lo he hecho para demostrarte de lo que soy capaz. Fácil. He llegado hasta su despacho, en su propia casa, y le he metido dos balas en la cabeza. Mientras lo hacía estaba pensando en ti, o sea...

»—Pues enhorabuena —le interrumpo.

»—...que lo has matado tú. Tú has sido la causa. Te lo digo para que comprendas que matamos todos. Los nombres de las